Fachwörterbuch Dictionary Dictionnaire Telecom

Fachwörterbuch
Dictionary
Dictionnaire
Telecom

Deutsch   *English*   *Français*

Herausgeber
Telenorma GmbH, Frankfurt am Main

Hüthig Buch Verlag Heidelberg

Die Verfasser sind Mitarbeiter der Firma Telenorma GmbH, Frankfurt am Main.

Leitender Redakteur: Eckhard Schmid

Mitarbeiter: Andrea Kahmann, Justino Parigi, Roberto Cortès.

Die Deutsche Bibliothek – CIP-Einheitsaufnahme

Fachwörterbuch, dictionary, dictionnaire Telecom deutsch, English, français / Hrsg.: Telenorma-GmbH, Frankfurt am Main. [Leitender Red.: Eckhard Scmid. Mitarb.: Andrea Kahmann ...]. – Heidelberg : Hüthig, 1991
ISBN 3-7785-2080-6

NE: Schmid, Eckhard [Red.]; Telenorma <Frankfurt, Main>; Telecom

Vorwort zur zweiten Auflage

In gleichem Maße wie sich die technischen Möglichkeiten der Telekommunikation erweitern, wächst auch die Internationalisierung in diesem Bereich. Ebenso ist mit Blick auf den zukünftigen europäischen Binnenmarkt und die Liberalisierung durch die nationalen Postverwaltungen heute Mehrsprachigkeit eine Grundvoraussetzung im Umgang mit den neuen Technologien. Ständig neue Fachbegriffe machen es selbst Spezialisten oftmals schwer, fremdsprachige Texte vollständig zu verstehen.

Telenorma hat daher vor längerer Zeit zunächst für den eigenen Bedarf eine Sammlung wichtiger Fachbegriffe in den Sprachen Englisch, Französisch und Deutsch angelegt und fortlaufend weitergeschrieben, da auf dem Markt keine entsprechenden aktuellen Wörterbücher verfügbar waren.

Zwischenzeitlich hat es sich gezeigt, daß auch außerhalb unseres Unternehmens lebhaftes Interesse an einer Sammlung von Fachbegriffen besteht. Deshalb haben wir daraus erstmals zur CEBIT 1989 ein Wörterbuch entwickelt und Geschäftspartnern sowie Freunden unseres Hauses zur Verfügung gestellt.

Auf Grund der großen Nachfrage wurde die Erstausgabe konsequent durch weitere Fachwörter vervollständigt. In der nun vorliegenden zweiten erweiterten Auflage sind außerdem wichtige Abkürzungen in 3 Sprachen zusätzlich eingefügt worden.

Ein zweiter Band des vorliegenden Fachwörterbuchs in Deutsch, Italienisch und Spanisch wird vorbereitet.

Wir hoffen, daß dieses aus der Praxis entstandene Fachwörterbuch Ihnen bei Ihrer täglichen Arbeit hilfreich und nützlich ist. Für Hinweise und Anregungen sind wir dankbar, da wir diese Sammlung auch weiterhin ergänzen wollen.

Frankfurt/Main,
September 1991

P.S. Bitte beachten Sie unsere Anregung auf den letzten Seiten.

Foreword to the second edition

The technical capabilities in the field of telecommunications are expanding at a stunningly fast pace, and so is the internationalization of this industry. When one considers the forthcoming open European market and the liberaliation of many PTTs, a multi-lingual approach to new technology is more essential than ever before. The constant flow of new terms often makes it difficult even for old hands to fully grasp the meaning of foreign language papers and articles.

A long time ago, Telenorma started to gather and update a collection of technical terms primarily for its own use, in English, French and German, as there were no suitable dictionaries currently in print. In the meantime, our list of technical terms has caught the attention of interested parties outside our company. From this list we therefore produced a dictionary for the CeBIT 1989 exhibition, and distributed it to our business partners.

Because of the subsequent demand for this publication, we have considerably enhanced the first edition with further technical terms. In this expanded second edition, we have also taken the opportunity to include a list of common abbreviatons found in the three languages. A second volume of this technical dictionary in German, Italian and Spanish is in preparation.

We hope that this technical dictionary, which has been developed from practical experience, will be useful to you in your daily work. We are, of course, always grateful to receive comments and suggestions for its improvement and enlargement.

Frankfurt/Main,
September 1991

P.S. Please read our comments on the last page.

Préface de la deuxième édition

Parallèlement à l'évolution technique des Télécommunications, on assiste à une internationalisation croissante de ce secteur. Le futur marché unifié européen et la libéralisation progressive des Administrations nationales des postes et Télécommunications vont rendre indispensable la connaissance de plusieures langues pour accéder aux nouvelles technologies. La création constante de nouveaux concepts et la terminologie qui les accompagne, rendent souvent difficile la lecture d'un texte étranger, même pour un spécialiste.

Pour cette raison, Telenorma a commencé depuis longtemps la rédaction d'un lexique en anglais, français et allemand comprenant les termes techniques les plus usuels. A l'origine, il était destiné à ses propres besoins internes; en effet, aujourd'hui encore, il n'existe pas de dictionnaire de ce genre dans le commerce.

L'expérience nous a montré que le besoin d'un glossaire de termes techniques dépassait largement le cadre de notre entreprise. Nous avons donc décidé de composer le présent dictionnaire, dont la première édition a vu le jour à l'occasion du CEBIT 89, et de le mettre à la disposition de nos partenaires.

Le succès remporté par cette première édition nous a encouragés à en préparer une deuxième dans laquelle bon nombre de termes nouveaux ont été ajoutés, ainsi que de nombreuses abréviations dans les trois langues.

Un deuxième volume du présent dictionnaire, en allemand, italien et espagnol, est également en préparation.

Nous espérons que cet ouvrage vous sera utile dans la vie professionnelle. Vos remarques et suggestions pour en améliorer le contenu, seront toujours les bienvenues et nous vous en remercions par avance.

Francfort/Main,
Septembre 1991

P.S. Faites attention à notre notes sur les pages dernières s'il vous plaît.

Bezeichnung der
verwendeten Abkürzungen

Meaning
of used abbreviations

Signification
des abréviations employées

m = männlich
      masculinum

f = weiblich
      femininum

n = sächlich
      neutrum

pl = Mehrzahl
       pluralis

(Brit) = nur im britischen
          Sprachraum gebräuchlich
          British term
          terme anglais

(Am) = nur im amerikanischen
        Sprachraum gebräuchlich
        American term
        terme américain

Inhalt – Contents – Contenu

Fachwörterbuch
Telecom

Teil 1
Deutsch   *Englisch*   *Französisch*

A

AAF = alphanumerisches Anzeigefeld *n*	alphanumeric display field	affichage *m* alphanumérique
AB = Adressenpuffer *m*	address buffer	adresse *f* bus *m*
A/B Sprechader *f*	A/B speaking wire	fil *m* A/B de conversation *f*
Abbildung *f*	figure	figure *f*
		illustration *f*
Abbruch *m* (EDV)	abort (EDP)	troncature *f* (ordinateur *m*)
Abdeckblech *n*	cover plate	tôle *f* de protection *f*
		couvercle *m* de protection *f*
Abdeckung *f*	cover(ing)	couverture *f*
		couvercle *m*
Abdeckungsbereich *m*	coverage area	zone *f* de recouvrement *m*
Abfallverzögerung *f*	release delay	retard *m* au déclenchement *m*
	delayed release	retombée *f* temporisée
Abfallzeit *f* (Impuls)	decay time (pulse)	temps *m* de mise *f* à zéro *m* (impulsion *f*)
Abfallzeit *f* (Relais)	release time (relay)	temps *m* de déplacement *m* (relais *m*)
		temps *m* de relâchement *m* (relais *m*)
Abfallzeit *f* (Schalttransistor und Impulse)	fall time (switching transistor and pulses)	temps *m* de décroissance *f* (transistor *m*)
abfangen	intercept	intercepter
Abfrage *f* (Computer *m*)	scanning (computer)	scrutation *f* (ordinateur *m*)
Abfrage *f* (Telefon *n*)	answering (telephone)	réponse *f*
Abfrageapparat *m*	operator set	poste *m* d'opérateur *m* (P.O.)
	operator position	pupitre *m* d'opérateur *m*
	answering set	
Abfragebaustein *m*	answering module	module *m* de réponse *f*
Abfragebefehl *m* (Fernwirktechnik *f*)	interrogation command (telecontrol)	commande *f* d'interrogation *f* (télécommande *f*)
Abfrageeinrichtung *f*	answering equipment	poste *m* d'opérateur *m* (P.O.)
		pupitre *m* d'opérateur *m*
abfragen	accept a call	se renseigner
	answer	répondre
	enquire (Brit)	interroger
	inquire (Am)	
Abfrageplatz *m*	inquiry station	position *f* de réponse *f*
	operator position	position *f* d'opératrice *f*
	answering position	
Abfragesatz *m*	answering set	poste *m* opérateur *m* (P.O.)
Abfragestelle *f*	answering position	position *f* de réponse *f*
	operator position	position *f* d'opératrice *f*
Abfragestelle *f* für Amtsleitungen *f/pl*	answering station for external lines	position *f* d'opératrice *f* pour les lignes *f/pl* réseau *m*
Abfragesteuerung *f*	answering control	gestion *f* de réponse *f/pl*
Abfragetakt *m*	interrogation clock pulse	rythme *m* de scrutation *f*
		cycle *m* de scrutation *f*
Abfragetaste *f*	answering button	touche *f* de réponse *f/pl*
Abfragetisch *m*	operator desk	table *f* d'opératrice *f*
AbfrSt = Abfragestelle *f*	operator position	position *f* d'opérateur *m*
	answering station	
abgehend	outgoing	sortant
		de départ *m*
abgehende Leitung *f*	outgoing line	ligne *f* départ *m*
abgehende Verbindung *f*	outgoing connection	liaison *f* sortante
abgehender Auslandsverkehr *m*	outgoing international traffic	trafic *m* sortant international

abgehender Fernverkehr *m*	outgoing long distance traffic outgoing trunk traffic	trafic *m* sortant international
abgehender Ruf *m*	outgoing call	appel *m* sortant
abgehender Verkehr *m*	outgoing traffic	trafic *m* sortant
abgehendes Amtsgespräch *n*	outgoing exchange call	appel *m* PTT sortant
abgeriegelte Fernmeldeleitung *f*	DC-isolated communication line	ligne *f* de communication *f* imperméable au CC (courant *m* continu)
abgerundet (Zahl *f*)	rounded off (number)	arrondi (nombre *m*)
abgeschaltet	cut off disconnected switched off	déconnecté
abgeschirmt	screened protected (Brit) shielded (Am)	blindé (inf. blinder) protégé (inf. protéger)
abgesetzte Wahl *f*	transmitted dialing	numérotation *f* transmise
Abgleich *m*	alignment	alignement *m*
Abgleichgenauigkeit *f*	adjustment accuracy	précision *f* d'alignement précision *f* d'équilibrage
Abgleichschraube *f*	tuning screw trimming screw	vis *f* à syntoniser
Abgleichwiderstand *m*	adjustable resistor balancing resistor	résistance *f* de tarage *m* résistance *f* d'équilibrage *m*
abheben	lift pick up	décrocher
Abhörschaltung *f*	monitoring circuit	circuit *m* d'écoute *f*
Abklingzeit *f* (Signal *n*)	release time (signal) decay time	durée *f* de retour *m* au zéro *m* temps *m* d'amortissement *m*
Ablauf *m*	flow run	exécution *f* procédure *f*
Ablauf *m* (Verfahren *n*)	procedure	procédure *f*
Ablauffolge *f*	sequence	séquence *f*
Ablaufsteuerung *f* (BTX- Modem)	process control (videotex modem)	commande *f* séquentielle
Ableitung *f* (Verlust *m*)	derivation leakage	dérivation *f*
Ableitungswiderstand *m*	leak resistance (resistor)	résistance *f* de fuite *f*
Ablenkung *f*	deviation	déviation *f*
abmelden, sich ~ (Programm *n*)	log off (program)	se déloguer
Abmessung *f*	dimension	dimension *f* taille *f* dimensionnement *m*
abnehmbar	dismountable removable	séparable démontable
abnehmen (Spannung *f* vom Verstärker *m*)	tap (voltage from amplifier)	prendre (la tension d'un amplificateur *m*)
Abnehmer *m*	consumer user customer	usager *m*
Abnehmeradresse *f*	customer address	adresse *f* de l'usager *m*
Abnehmerbündel *n*	customer bundle	faisceau *m* d'usagers *m/pl*
Abrechnung *f* zwischen Postverwaltungen *f/pl*	accounting between postal administrations	facturation *f* entre administrations f/pl des postes *f/pl*
Abrechnungsverfahren *n*	accounting method billing method	méthode *f* de facturation *f* méthode *f* de taxation *f*
Abrechnungszettel *m*	call charge ticket	ticket *m* de taxation *f*
abrufen	request	demander interroger

abschalten	disconnect	débrancher
	switch off	couper le circuit
		déconnecter
Abschaltung *f*	disconnection	déconnection *f*
abschirmen	shield	blinder
	screen (Brit)	protéger
Abschirmung *f*	shielding	écran *m*
		blindage *m*
Abschluß *m* (Endverschluß *m*)	termination (cable end)	extrémité *f* (boîte *f* d'~)
		terminaison *f*
Abschlußwiderstand *m*	terminal resistance	résistance *f* terminale
Abschnitt *m*	section	segment *m*
		section *f*
abschnittweise	in sections	par sections *f/pl*
	section by section	par tranches *f/pl*
		section *f* par section *f*
abschnittweise Signalisierung *f*	link-by-link signaling	signalisation *f* par section *f*
Abschwächung *f* (eines Signals *n*)	attenuation (transmit signal)	atténuation *f*
		amortissement *m*
Absender *m* (eines Rufes *m*)	calling party	appelant *m*
	originator	usager *m* appelant *m*
Absicherung *f*	fusing	protection *f* fusible *m*
	fuse protection	
absoluter Pegel *m*	absolute level	niveau *m* absolu
abspeichern (EDV)	store (EDP)	mémoriser
		mettre en mémoire *f*
Absuchvorgang *m*, geordneter~	sequential hunting	appel *m* tournant
Abtast- und Haltetechnik *f*	sample-and-hold technique	technique *f* d'échantillonage *m*
Abtaster *m*	scanner	dispositif *m* de balayage *m*
	sampler	
Abtastfrequenz *f*	scanning frequency	fréquence *f* de balayage *m*
	sampling frequency	
Abtastimpuls *m*	sample pulse	impulsion *f* d'échantillonnage *m*
Abtastsystem *n*	scanning system	système *m* de scrutation *f*
abweichen (Frequenz *f*)	deviate (frequency)	dévier
Abweichung *f*	deviation	déviation *f*
	inaccuracy	
Abwesenheitsdienst *m*	absent-subscriber service	service *m* des abonnés *m/pl* absents
Abwurf *m*	return	retour *m*
	release	libération *f*
Abwurf *m* auf den Bedienplatz *m*	call return to attendant	retour *m* d'appel *m* sur opérateur *m*
	call return to operator	
Abwurf zur Abfragestelle *f*	call return to attendant	renvoi *m* à l'opérateur *m*
Abzweigleitung *f*	branch line	ligne *f* de branchement *m*
		ligne *f* de dérivation *f*
AC = Akkumulator *m*	accumulator	accumulateur *m*
	battery	
Achtung *f*	attention	attention *f*
	caution	précaution *f*
	warning	
AD = Adresse *f*	address	adresse *f*
A/D = Analog-Digital-Wandlung *f*	analog-digital conversion	transformation *f* analogique - numérique
Ader *f* (Draht *m*)	wire	fil *m*
		brin *m*
Aderndicke *f*	wire diameter	diamètre *m* de brin *m*
		diamètre *m* de fil *m*
ADO = Anschlußdose *f*	connection box	douille *f* de connexion *f*
		boîte *f* de connexion *f*

Adresse *f* (EDV)	address (EDP)	adresse *f*
Adressierung *f*	addressing	adressage
AED =	inquiry device	dispositif *m* d'interrogation *f* du
Abfrageeinrichtungen *f/pl* für	interrogator unit for data	trafic *m* des données *m/pl*
Datenverkehr *m*	traffic	
aktivieren	activate	activer
	enable	
aktualisieren (Daten *f/pl*)	update (data)	actualiser
Aktualität *f*	up-grading	mise *f* à jour *m*
akustisches	acoustic data entry system	système *m* acoustique
Datenerfassungssystem *n*		d'écriture *f* de données *f/pl*
akustisches Zeichen *n*	audible signal	signal *m* acoustique
		signal *m* audible
Al = Amtsleitung *f*	exchange line	ligne *f* réseau *m*
Alarmmeldung *f*	alarm signal	signal *m* d'alarme
Allband-Tuner *m*	all-band tuner	tuner *m* à large bande *f*
Allgemeiner Anruf *m*	common ringing	signalisation *f* collective des
		appels *m/pl*
		signalisation *f* collective de
		réseau *m*
Allgemeines *n*	general	généralités *f/pl*
alphanumerische Tastatur *f*	alphanumeric keyboard	clavier *m* alphanumérique
Alterung *f*	aging	vieillissement *m*
	degradation (Brit)	
Alterungsbeständigkeit *f*	aging stability	resistance *f* au vieillissement *m*
ALU = arithmetische	arithmetic logic unit	unité *f* arithmétique et logique
Logikeinheit *f*		
Amplitude *f*	amplitude	amplitude *f*
Amt *n*	exchange	central *m* public
	central office (Am)	central *m* téléphonique
	public exchange	
Ämtersignalisierung *f*	interexchange signaling	signalisation *f* inter-
		centraux *m/pl*
Amtsabfrage *f*, offene~	unassigned answer	réponse *f* non affectée
		réponse *f* non attribuée
Amtsaufschaltung *f*	cut-in on exchange line	routage *m* de la connexion *f*
Amtsbatterie *f*	exchange battery	batterie *f* du central (public)
amtsberechtigt	direct outward dialing	autorisation *f* globale réseau *m*
	nonrestricted dialing	prise *f* réseau *m* sans
		discrimination *f*
Amtsberechtigung *f*	class of service (COS)	classe *f* de service *m*
Amtsberechtigungsanzeige *f*	COS display	visualisation *f* de la classe *f* de
		service *m*
Amtsbündel *n*	exchange line trunk group	faisceau *m* de lignes *f/pl*
	exchange line bundle	réseau *m*
Amtsgabel *f*	exchange hybrid	circuit *m* hybride
Amtsgebührenerfassung *f*	call charge registering	enregistrement *m* de la
	call charge recording	taxation *f*
Amtsgespräch *n*	external call	appel *m* réseau *m*
	exchange line call	communication *f* réseau *m*
Amtshaltedrossel *f*	exchange line holding coil	self *f* de garde *f* du réseau *m*
		bobine *f* de garde *f* du réseau *m*
Amtskartei *f*	exchange file	fichier *m* réseau *m*
Amtskennzahl *f*	exchange code	code *m* réseau *m*
Amtskennziffer *f*	external line code	code *m* de numérotation *f*
		réseau *m*
Amtsleitung *f*	exchange line	ligne *f* réseau *m*
		ligne *f* principale
Amtsleitungsrangierung *f*	exchange line jumpering	répartition *f* des lignes *f/pl*
		réseau *m*

Amtsleitungs-Schutzzeit *f*	line protection time	temps *m* de protection *f* de ligne *f*
Amtsleitungsübertrager *m*	exchange line repeater coil exchange line transformer	translateur *m* de ligne *f* réseau *m*
Amtsleitungsübertrager *m* (Wählanlage *f*)	exchange line relay set	relais *m* de ligne *f* réseau *m*
Amtsleitungsübertragung *f*	exchange line circuit	translateur *m* de ligne *f* réseau *m*
Amtsleitungs-Zustandsanzeige *f*	display of line status	indication *f* d'état *m* pour la ligne *f* réseau *m*
Amtsorgan *n*	exchange circuit	organe *m* circuit *m* réseau *m*
Amtsrufnummer *f*	exchange call number	numéro *m* d'appel *m* réseau *m*
Amtssperrtaste *f*	exchange line barring button	touche *f* d'interdiction *f* réseau *m*
Amtsverbindung *f*	exchange line call exchange line connection	appel *m* réseau *m* connexion *f* réseau *m*
Amtsverbindungssatz *m*	exchange line junction	joncteur *m* réseau *m*
Amtsverbindungs-satzsteuerung *f*	exchange line junction control	gestion *f* des joncteurs *m/pl* réseau *m*
Amtswählton *m*	exchange dial tone	tonalité *f* d'invitation *f* à numéroter
Amtszeichen *n*	dial tone	signal *m* de numérotation *f* signal *m* d'invitation *f* à numéroter
Amtszugriff *m*	access to public exchange	accès *m* au central *m* public
analog	analogic	analogique
Analoganschluß *m*	analog line	ligne *f* analogique
analoges Kennzeichen *n*	analogue signal	signal *m* analogique
Analogsignal *n*	analogue signal	signal *m* analogique
Analogsystem *n*	analog system	système *m* analogique
Analyse *f*	analysis	analyse *f*
Anbietezeichen *n*	offering signal	signal *m* d'offre *f*
Anbietezeichenverstärker *m*	offering signal amplifier offering signal regenerator	amplificateur *m* du signal *m* d'offre *m*
Änderung *f*	modification change	modification *f*
Änderungsgrund *m*	reason for modification	raison *f* de modification *f* motif *m* de modification *f*
Änderungsmaßnahme *f*	modification measure modification step	décision *f* de modification *f* mesure *f* de modification *f*
Änderungsschaltung *f*	modification circuit	circuit *m* de modification *f*
Andruckverbinder *m*	pressure connector	connecteur *m* par pression *f*
anfordern	request	demander exiger
Anforderung *f* **des Dienstes** *m*	request for service	demande *f* de service *m*
Anforderung *f* **Register** *n*	register request	demande *f* de registre *m*
Anforderungen *f/pl*	requirements	exigences *f/pl* conditions *f/pl*
Anforderungsdienst *m*	demand service	service *m* de demandes *f/pl*
Anhang *m*	appendix annex	appendice *m* annexe *f*
anklopfen	knocking	signalisation *f* d'appel *m* en instance
Anklopfen *n*	call waiting knocking	offre *f* en tiers *m* attente *f*
ankommend	incoming	entrant
ankommende Auslandsverbindung *f*	incoming international call	appel *m* international entrant
ankommende Fernverbindung *f*	incoming long-distance call incoming trunk call	appel *m* international entrant appel *m* réseau *m* entrant

ankommender Auslandsverkehr *m*	incoming international traffic	trafic *m* international entrant
ankommender Verkehr *m*	incoming traffic	trafic *m* entrant
Anl. = Anlage *f*	system	système *m*
Anlage *f* zur Gebührenzählung *f*	call charge metering system	équipement *m* de taxation *f*
anlassen	start	démarrer
		mettre en marche *f*
		mise *f* en service *m*
anlaufen (Stromversorgung *f*)	start up (power supply)	démarrer
anlegen (Spannung *f*)	apply (voltage)	appliquer (tension *f*)
Anmerkung *f*	note	remarque *f*
		note *f*
Annahme *f* der Gebührenübernahme *f*	reverse charging acceptance	acceptation d'appel en PCV
Annullieren *n*, allgemeines ~	general cancellation	annulation *f* générale
Anordnung *f*	arrangement	arrangement *m*
	configuration	configuration *f*
Anpassung *f*	adaptation	adaptation *f*
	adaption	
	matching	
Anpassungsdämpfung *f*	matching attenuation	affaiblissement *m* d'adaptation *f*
	return loss	
Anpassungskoeffizient *m*	return current coefficient	coefficient *m* d'adaptation *f*
anregen (Pulsfolge *f*)	stimulate (pulse train)	exciter
		stimuler
Anreiz *m*	event	excitation *f*
		évènement *m*
Anreizbit *n*	event bit	bit *m* d'excitation *f*
		un évènement *m*
Anreizindikator *m*	event indicator	indicateur *m* d'évènement *m*
Anreizsucher *m*	event detector	détecteur *m*
Anruf *m* (Telefonanruf *m*)	telephone call	appel *m*
Anrufanzeige *f*	call waiting indication	indication *f* d'appels *m/pl* en attente *f*
Anrufbeantworter *m*	answering machine	répondeur *m* téléphonique
Anrufbestätigung *f*	call confirmation signal	signal *m* de confirmation *f* d'appel *m*
Anrufer *m*	calling party	appelant *m*
	caller	abonné *m* appelant
Anruferkenner *m*	call identifier	identificateur *m* d'appels *m/pl*
Anrufflanke *f*	call signal edge	front *m* du signal *m* d'appel *m*
Anrufkonzentration *f*	concentrated call facility	concentration *f* d'appels *m/pl*
Anruflampe *f*	calling lamp	voyant *m* d'appel *m*
Anrufordnung *f*	call queuing	file *f* d'attente *f* sur poste *m* opérateur *m* (P.O.)
Anruforgan *n*	ringing unit	dispositif *m* de sonnerie *f*
Anrufschutz *m* (Leistungsmerkmal *n*)	do-not-disturb facility	faculté *f* "ne pas déranger"
	station guarding	fonction *f* "ne pas déranger"
		limitation *f* des appels *m/pl* en arrivée *f*
Anrufsignal *n*	calling signal	signal *m* d'appel *m*
Anrufteilung *f*	call sharing	distribution *f* d'appels *m/pl*
Anrufton *m*	ringing tone	signal *m* d'appel *m*
Anrufübernahme *f*	call pick up	interception *f* d'appel *m*
Anrufumleitung *f*	call diversion	renvoi *m* d'un poste *m*
Anrufverteilsystem *n*	call distribution system	système *m* d'allocation *f* d'appels *m/pl*
Anrufverteilung *f*	call distribution	répartition *f* des appels *m/pl*
Anrufweiterschaltung *f*	call forwarding	renvoi *m* fixe temporisé
Ansage *f*	announcement	annonce *f*

Ansagedienst *m*	recorded information service	service *m* des annonces *f/pl*
		appels *m/pl* renseignements *m/pl*
ansammeln	accumulate	accumuler
Anschaltekasten *m*	connection box	boîte *f* de jonction *f*
	junction box	
Anschaltetaste *f*	connect button	bouton *m* de connexion *f*
Anschaltsatz *m*	connecting set	apppareil *m* connecté
		appareil *m* branché
Anschaltung *f* (an)	connection (to)	connexion *f* (avec)
anschließen	connect	connecter
		brancher
Anschluß *m*	connection	connexion *f*
	port	raccordement *m*
	line	port *m*
	terminal	ligne *f*
Anschluß *m* gesperrt oder aufgehoben	line blocked or ceased	terminal *m* verrouillé/hors-service
Anschluß *m* je Anschlußleitung *f*	terminal per line	raccordement *m* par ligne *f* terminal *m* par ligne *f*
Anschluß *m* je Sprechstelle *f*	terminal per station	terminal *m* par poste *m* téléphonique
		raccordement *m* par poste *m* téléphonique
Anschlußbedingungen *f/pl*	interface conditions	conditions *f/pl* de branchement *m*
	terminal conditions	
Anschlußberechtigung *f*	class of line	classe *f* de service *m*
Anschlußbereich *m*	exchange area	circonscription *f* téléphonique
	service area	
	line circuit area	
Anschlußbesetztton *m*	line-busy tone	tonalité *f* d'occupation *f*
Anschlußeinheit *f*	exchange connection	connexion *f* de commutateur
Anschlußerkennung *f*	line identification code	code *m* de d'identification *f* de ligne *f*
Anschlußfähigkeit *f*	access capability	capacité *f* d'accès *m*
Anschlußkabel *n*	connecting cable	câble *m* de raccordement *m*
Anschlußkanal *m*	access channel	canal *m* d'accès *m*
Anschlußkapazität *f*	access capability	capacité *f* d'accès *m*
Anschlußkasten *m*	connecting box	boîtier *m* de raccordement *m*
	junction box	
Anschlußklasse *f*	class of line	catégorie *f* de poste *m*
		classe *f* d'abonné *m*
Anschlußklemme *f*	connecting clamp	bornier *m* de raccordement *m*
	terminal clamp	
Anschlußlage *f*	position	couche *f* de raccordement *m*
	line location	position *f* de raccordement *m*
Anschlußleitung *f*	subscriber line	ligne *f* d'abonné *m*
Anschlußorgan *n*	connecting device	équipment *m* de raccordement *m*
	connecting circuit	circuit *m* de raccordement *m*
Anschlußplatte *f*	connecting board	carte *f* de raccordement *m*
Anschlußschnur *f*	connecting cord	cordon *m* de raccordement *m*
	connecting flex	câble *m*
Anschlußseite *f*	connection side	côté *m* raccordement *m*
Anschlußspannung *f*	mains voltage	tension *f* secteur *m*
	a.c. voltage (rectifier)	
Anschlußsperre *f*	interface lockout	couper la ligne *f* à un utilisateur *m*
		blocage *m* de terminal *m*
Ansicht *f*	view	vue *f* d'ensemble *m*
Ansprechgeschwindigkeit *f*	response rate	vitesse *f* de réponse *f*

Ansprechschwelle *f*	response threshold threshold	seuil *m* de réponse *f*
Ansprechverzögerung *f*	response delay	retard *m* de réponse *f*
Ansprechwert *m*	response threshold threshold value	valeur *f* seuil *m*
ansteuern	drive trigger activate	exciter
Anstieg *m* (Signal *n*)	rise (signal)	montée *f* (signal *m*)
Antennenausricht- mechanismus *m*	antenna pointing mechanism	dispositif *m* d'orientation *f* d'antenne *f*
Antennensystem *n*	antenna system	système *m* d'antenne *f*
Antriebsrolle *f*	capstan	cabestan *m*
anwählen	dial a number	composer un numéro *m* numéroter
Anweisung *f*	instruction	instruction *f*
Anwendung *f*	application use	application *f* utilisation *f*
ANZ = Anzeige *f*	display (unit)	afficheur *m*
Anzahl *f*	quantity number	quantité *f* nombre *m*
Anzeige *f*	display indication	affichage *m*
Anzeige *f* aus	display off indication off	affichage *m* éteint
Anzeige *f* ein	display on indication on	affichage *m* allumé
Anzeige- und Bediensystem *n*	display and control system	système *m* de contrôle *m* et affichage *m*
Anzeigeeinrichtung *f*	display equipment	unité *f* de visualisation *f*
Anzeigefeld *n*	display panel	écran *m*
Anzeigefeld *n* (Telefon *n*)	display area	zone *f* d'affichage *m*
Anzeigegerät *n*	display unit display device	unité de visualisation *f*
Anzeigenblock *m*	display block	bloc *m* d'affichage *m* afficheur *m*
Anzeigesystem *n*	display system	système *m* d'affichage *m*
Anzeigetafel *f*	display panel	tableau *m* d'affichage *m*
Anzeigeteil *m*	display unit display section	zone *f* d'affichage *m*
Anzeigeverteilung *f*	display distribution	répartition *f* d'affichage *m*
AO = Anschlußorgan *n*	connecting circuit	circuit *m* de connexion *f*
AP = Ausgabepuffer *m*	output buffer	buffer *m* de sortie *f*
Apparat *m*	instrument set telephone	poste *m* téléphonique
Apparaturraum *m*	equipment room	cabine *f*
Arbeitsbereich *m* (Gerät *n*)	operating range (equipment)	domaine *m* d'utilisation *f*
Arbeitsgeschwindigkeit *f*	switching speed working speed	vitesse *f* de fonctionnement *m*
Arbeitsplatz *m*	workstation	poste *m* de travail *m* workstation *f* position *f* de travail *m*
Arbeitsspeicher *m*	main memory	mémoire *f* principale
Arbeitsweise *f*, grundsätzliche ~	mode of operation basic principles of operation	mode *m* opératoire de base *f*
AS = Arbeitsspeicher *m*	main memory	mémoire *f* principale
ASCII-Code = Amerik. Standard-Code = Code DIN 66 003 = CCITT	American Standard Code for Information Interchange	code *m* ASCII
assoziierte Kanalzeichengabe *f*	channel associated signaling	signalisation *f* voie *f* par voie *f*

ASU = Asynchron/Synchron-Umsetzer *m*	aynchronous-to-synchronous converter	convertisseur *m* synchrone-asynchrone
AT = Aufschalteton *m*	cut-in tone	tonalité *f* d'intrusion *f*
A-Taste = Abfragetaste *f*	answering key	bouton *m* de réponse *f*
ätzen	etch	corroder
Audiotechnik *f*	audio engineering	technique *f* audio
AUE = Amtsübertragung *f*	exchange line circuit	circuit *m* de ligne *f* réseau *m*
Aufbauanleitung *f*	installation instructions	instructions *f/pl* de montage *m*
aufbauen (Verbindung *f*, Gespräch *n*)	set up (connection, call) establish (connection, call)	établir (une communication *f*)
Aufbausystem *n*	module system	système *m* de construction *f*
Aufbauzeichnung *f*	component layout plan	schéma *m* de montage *m*
Aufbauzeit *f* einer Verbindung *f*	connection set-up time	temps *m* d'établissement *m* d'une communication *f* durée *f* d'établissement *m* d'une communication *f*
Aufbereitung *f* Systemtakt *m*	system clock processing	gestion *f* de l'horloge *f* système *m*
Aufhebung *f* des geheimen Internverkehrs *m/pl*	station override security	désactivation *f* du trafic *m* local confidentiel
Aufkleber *m*	sticker adhesive label	autocollant *m*
Aufladezeit *f*	charging time	temps *m* de charge *f*
auflegen	replace the handset go on-hook	raccrocher
auflösen	cancel clear	annuler
Auflösung *f* des Zugriffskonfliktes *m*	access coontention resolution	résolution *f* de conflit *m* d'accès *m*
Aufmerksamkeitssignal *n*	special information signal	signal *m* de mise *f* en garde *f*
Aufnahme *f* (Strom-)	consumption (current, power)	consommation *f* (courant *m*)
Aufputzmontage *f*	surface wiring	installation *f* sur crépi *m*
Aufruf *m*	call-in call	recherche *f* appel *m* de recherche *f*
Aufrufanzeige *f*	call-up display	affichage *m* d'appel *m*
aufrufbar	addressable	adressable
aufschalten	break in cut-in	intrusion *f*
Aufschalten *n*	cut-in, break-in busy override intrusion call offering	intervention *f* en ligne *f* priorité avec écoute *f* intrusion *f*
Aufschaltesperre *f*	cut-in prevention	blocage d'entrée *f* en tiers *m*
Aufschalteton *m*	intrusion tone cut-in tone	tonalité *f* d'entrée *f* en tiers *m*
Aufschaltsatz *m*	cut-in set	appareil *m* d'entrée *f* en tiers *m*
aufsetzbarer Bausatz *m*	detachable kit	module *m* enfichable
Aufstellungshöhe *f*	installation height	hauteur *f* d'installation *f* hauteur *f*
Auftragnehmer *m*	supplier contractor	fournisseur *m* adjudicataire *m* titulaire *m*
auftrennen	disconnect	déconnecter
Aufzeichnung *f*	recording	enregistrement *m*
Aufzeichnungssystem *n*	recorder system	système *m* d'enregistrement *m*
Auge *n*, durchplattiertes ~ (LP)	plated-through hole (PCB)	trou *m* métallisé
Ausbau *m*	capacity type	capacité *f* type *m*
Ausbaustufe *f*	version	version *f*

Ausdehnung f	extension	extension f
	extent	expansion f
	expansion	
Ausdruck m	print-out	sortie f machine f
		impression f
		édition f
Ausfall m	failure	coupure f
	breakdown	panne f
	outage	
Ausfallhäufigkeitsdichte f	failure density	taux m de pannes f/pl
Ausfallrate f	failure rate	taux m de pannes f/pl
Ausfallzeitraum m	down time	temps m d'arrêt m
ausführen (Signal n)	execute (e.g. signal)	exécuter (signal m)
Ausführung f	version	version f
	execution	exécution f
Ausgabe f	edition	édition f
	output	sortie f
Ausgangsleitwert m (Halbleiter)	output conductance (semiconductor)	conductance f de sortie f
Ausgangsspannung f	output voltage	tension f de sortie f
Ausgangsstufe f	output stage	étage m de sortie f
Ausgangstreiber m	output driver	driver m de sortie f
ausgeben (Werte m/pl, Signale n/pl)	read out (data)	émetttre (signal m)
	output (informations, signals)	écrire (données f/pl)
Ausgleichserdung f	compensating earth	terre f de compensation f
Ausgleichsschaltung f	compensating circuit	réseau m correcteur m
aushängen	lift the handset	décrocher (le combiné m)
	go off-hook	
Auskunftsdienst m	information service	service m de renseignements m//pl
Auskunftsplatz m	information position	poste m de renseignements m/pl
Auskunftssystem n	information system	système m d'interrogation f
		réponse f de renseignements m/pl
Auslandsbündel n	international line group	faisceau m de lignes f/pl
	international line bundle	internationales
Auslandsgebühren f/pl	international call charge rates	taxes f/pl internationales
Auslandskennziffer f	international line code	code m d'appels m/pl internationaux
Auslandsleitung f	international circuit	circuit m international
	international line	ligne f internationale
Auslandsverbindung f	international call	communication f internationale
	international connection	liaison f internationale
Auslandsverkehr m	international traffic	trafic m international
Auslandsvermittlung f	international call exchange	centre m international
		central m international
Auslandswahl f	international dialing	numérotation f internationale
Auslandswählverkehr m	automatic international traffic	trafic m international automatique
Auslösedauer f	release time	temps m de libération f
Auslöseimpuls m	release pulse	impulsion f de libération f
	clearing pulse	
auslösen (Verbindung f)	clear down (connection)	libérer (une communication f)
	release (connection)	
	disconnect (connection)	
Auslösen n durch den gerufenen Teilnehmer m	called-party release	libération f de la ligne f par l'abonné m demandé
Auslösen n durch den rufenden Teilnehmer m	calling-party release	libération f de la ligne f par l'abonné m demandeur
Auslösen n durch den zuerst auflegenden Teilnehmer m	first-party release	libération f par raccrochage m du premier abonné m

Auslösen *n* durch den zuletzt auflegenden Teilnehmer *m*	last-party release	libération *f* de la ligne *f* par raccrochage *m* du dernier abonné *m*
Auslösequittungszeichen *n*	release guard signal	signal *m* d'acquit *m* de libération *f*
Auslöse-Verzögerungszeit *f*	release delay time	retard *m* de libération *f*
Auslösezeichen *n*	release signal	signal *m* de libération *f* (de ligne *f*)
auslöten	unsolder	dessouder
ausnehmen	exempt	faire une exception *f*
	except	exclure
	exclude	
Ausnutzung *f* des 1. Gebührenimpulses *m*	utilization of 1st metering pulse	utilisation *f* de la première impulsion *f* de taxation *f*
Aussage *f*	statement	affirmation *f*
ausschalten	switch off	déconnecter
Ausschaltzeit *f* (Halbleiter *m*)	turn-off time (semiconductor)	temps *m* de coupure *f* (semiconducteur *m*)
Ausscheidungskette *f*	discrimination chain	chaîne *f* de discrimination *f* chaîne *f* de sélection *f*
Ausscheidungsziffer *f*	programmable access code selection code	code *m* d'accès *m* programmable
Ausschlag *m* (Anzeige *f*)	deflection (meter)	déviation *f* excursion *f* (instrument *m*)
außen	outside external	extérieur externe
Außenband-Kennzeichengabe *f*	out-slot signaling	signalisation *f* hors créneau *m* temporel
Außenband-Signalisierung *f*	out-slot signaling	signalisation *f* hors créneau *m* temporel
Außenkamera *f*	outside camera	caméra *f* extérieure
außenliegende Nebenstelle *f*	off-premises extension (OPX)	poste *m* distant
Außennebenstelle *f*	outside extension/station external extension/station off-premises extension/station	poste *m* distant
ausspeichern	read out roll out	lire la mémoire *f* extraire
aussteuern (Relaiskontakt *m*)	drive (relay contact)	régler au maximum *m*
austauschen	interchange	échanger
Auswahl *f* bei ankommenden Gesprächen *n/pl*	selective call acceptance	réponse *f* sélective
Auswählkette *f*	select chain pick-out chain	chaîne *f* de sélection *f*
Auswahlspeicher *m*	selection memory	mémoire *f* de sélection *f*
Auswahlverteiler *m*	selection distributor	répartiteur *m* de sélection *f*
Ausweisleser *m*	identity card (ID) reader badge reader	lecteur *m* de carte *f* d'identité *f*
Auswerte-Einrichtung *f*	evaluation unit	interpréteur *m* analyseur *m*
auswerten (Daten)	evaluate detect (signal) analyze (error listing etc.) interpret (statement, signal)	interpréter utiliser évaluer
ausziehbar	removable	déconnectable
Auszug *m*	extract excerpt	extrait *m*
AU-Taste = Aufschaltetaste *f*	cut-in key	touche *f* d'entrée *f* en tiers
Autofahrer-Leit- und Infosystem *n* (ALI)	Route Guidance and Info system (ALI)	système *m* de radioguidage et d'information *f* routière
automatische Abfrage *f*	automatic answer	réponse *f* automatique

automatische Anschaltung *f* von Amtsleitungen *f/pl*	automatic line connection	connexion *f* automatique des lignes *f/pl* réseau *m*
automatische Gebührenregistrierung *f*	automatic call charge recording	enregistrement *m* automatique de taxes *f/pl*
automatische Rufbeantwortung *f*	automatic answering	réponse *f* automatique
automatische Rufwiederholung *f*	automatic retry call repetition	rappel *m* automatique
automatische Wahl *f*	automatic dialing automatic selection	numérotation *f* automatique
automatische Wähleinrichtung *f*	automatic dialing equipment	équipement *m* de numérotation *f* automatique
automatischer Abgleich *m*	automatic alignment	alignement *m* automatique
automatischer Prüfteilnehmer *m*	automatic test extension	poste *m* de test *m* automatique
automatischer Rückruf *m*	automatic callback call-back	rappel *m* automatique rétro-appel *m*
Autoreverse *n*	auto-reverse	auto-reverse
Autotelefon *n*	car telephone	téléphone-radio *m* autotéléphone *m*
AV-Anschluß *m*	AV jack	connecteur *m* AV
AWD = Automatische Wähleinrichtung *f* für Datenverbindungen *f/pl* im Fernsprechnetz	automatic dialing unit for data connection in telephone networks	numérotation *f* automatique pour lignes *f/pl* de données *f/pl*
AZF = Anzeigefeld *n*	display field	bloc *m* afficheur

B

B = Betriebsdämpfung *f*
  gemessen in dB (Dezibel)
Babbeln *n*
Ballastlampe *f*

BAM = Besetzanzeigemodul *n*

Bandaufnahme *f*
Bandkabel *n*

Basisanschluß *m*
Basisleiterplatte *f*

Basisstation *f*
Batterie *f*

Baud (Bd) = Maßeinheit *f* für
  Schrittgeschwindigkeit *f*
Bauelement *n*

Baugruppe *f*
Baugruppenrahmen *m*

Baugruppenträger *m*

Baukastenprinzip *m*

Bausatz *m*

Bauschaltplan *m*
Baustein *m*

Bausteinsystem *n*
Baustufe *f*

Bauteil *n*

Bauteilausfall *m*
Bauteile *n/pl* entfallen

Bauteile *n/pl* hinzu

Bauteilseite *f*
Bauteilseiten-Nummer *f*

Bauweise *f*

BE = Bedienungseinrichtung *f*

beachten

overall attenuation measured
  in decibels
babble
ballast lamp

busy display module

tape recording
ribbon cable
flat cable
basic access
motherboard

base station
battery

unit for modulation rate (Bd)

component

module
module frame
subrack
subrack

modularity
modular concept
modular principle
assembly set
kit
wiring diagram
module
component
unit
modular system
type
version
part
component
component failure
parts dropped
parts not required
parts added

components side
components side No.

construction
design
style
operator control
operating facility
operating equipment
observe
mind
take into account
follow

amortissement *m*
  d'exploitation *f*
murmure *m* confus
lampe *f* ballast *m*
lampe *f* à résistance *f*
module *m* d'occupation *f* des
  postes *m/pl*
enregistrement *m* sur bande *f*
câble *m* plat

accès *m* de base *f*
carte *f* principale
carte *f* mère *f*
station *f* de base *f*
batterie *f*
pile *f*
Baud *m* (Bd)

composant *m*
pièce *f* détachée
module *m*
cage *f*

châssis *m*
rack *m*
système *m* à éléments *m/pl*
  standardisés

ensemble *m* de montage *m*
jeu *m* de montage *m*
schéma *m* de connexions *f/pl*
module *m*
composant *m*

système *m* modulaire
type *m*
version *f*
composant *m*

défault *m* de composant *m*
composants *m/pl* supprimés

composants *m/pl*
  supplémentaires
côté *m* composants *m/pl*
numéro *m* côté *m*
  composants *m/pl*
système *m* de construction *f*
exécution *f*

équipement *m* opérateur

observer
prendre en considération *f*
tenir compte

Bearbeitung *f* (EDV)	processing (EDP)	traitement *m*
Bedarf *m*	requirement	besoin *m*
Bedarfsänderungsschaltung *f*	required circuit modification	modification *f* optionnelle de circuit *m*
Bedienaufruf *m*	console request	appel *m* PO
	call to operator	appel *m* opératrice *f*
Bedienbarkeit *f*	ease of operation	facilité *f* d'opération *f*
Bedienfeld *n*	control panel	panneau *m* de service *f*
		tableau *m* de commande *f*
Bedientableau *n*	operator panel	tableau *m* d'opérateur *m*
Bedienungsanleitung *f*	operating instructions	mode *m* d'emploi *m*
Bedienungseinrichtung *f*	operating control	équipement *m* de commande *f*
	operating facilities	
Bedienungselement *n*	control element	élémemt *m* de commande *f*
Bedienungsfehler *m*	operator's mistake	erreur *f* de manipulation *f*
	operating error	erreur *f* d'opération *f*
bedienungsfreundlich	user-friendly	convivial
Bedienungsperson *f*	operator	opérateur *m*
		opératrice *f*
Bedienungsperson *f* (Nebenstellenanlage *f*)	attendant operator (PABX)	opérateur *m* (PABX) opératrice *f*
Bedienungsplatz *m*	attendant console	poste *m* opérateur *m* (PO)
	operator's console	position *f* d'opératrice *f*
Befehl *m*	instruction	commande *f*
	command	instruction *f*
Befehlsbus *m*	instruction bus	bus *m* de commande *f*
Befestigungsbügel *m*	mounting bracket	réglette *f* de fixation *f*
Befestigungsschelle *f*	mounting clip	anneau *m* de fixation *f*
befreien	disengage	libérer
befreit	disengaged	libéré
Beginnzeichen *n*	answer signal	signal *m* de réponse *f*
	start signal	signal *m* de début *m*
begrenzen	limit	limiter
Begrenzer *m*	delimiter	limiteur *m*
	limiter	
Behörde *f*	public authority	autorités *f/pl*
	government agencies and services	
Belastung *f*	load (electrical)	charge *f*
	strain (mechanical)	
	stress (mechanical)	
Belastungsbereich *m*	load range	régime *m* de charge *f*
belegen (Leitung *f*)	seize (line)	occuper (un circuit *m*)
	engage	affecter
Belegt-Anzeigenfeld *n*	busy indication field	écran *m* de visualisation *f* de l'occupation *f*
Belegt-Zeitüberwachung *f*	holding time supervision	supervision *f* du temps *m* d'occupation *f*
		contrôle *m* du temps *m* d'occupation
Belegtzustand *m*	busy condition	état *m* d'occupation *f*
Belegung *f*	seizure	occupation *f*
	allocation	prise *f*
	occupancy	
Belegung *f* von Buchten *f/pl*	allocation of bays	affectation *f* des baies *f/pl*
Belegungsdauer *f*	seizure time	durée *f* d'occupation *f*
	holding time	
Belegungsplan *m*	location plan	plan *m* d'implantion *f*
	layout diagram	
Belegungssignal *n*	seizing signal	signal *m* de prise *f*
		signal *m* d'occupation *f*

Belegungssteuerung *f*	seizure control	gestion *f* de prise *f*
Belegungsversuch *m*	call attempt	tentative *f* de prise *f*
Belegungsverzeichnis *n*	layout index	index *m* d'implantation *f*
Belegungswunsch *m*	call request	demande *f* de communication *f*
		demande *f* de prise *f*
Belegungszählung *f*	seizure counter	comptage *m* du temps *m* d'occupation *f*
Belegungszeit *f*	seizure time	temps *m* d'occupation *f*
	holding time	
Bemerkung *f*	note	observation *f*
		remarque *f*
Benennung *f*	designation	désignation *f*
		nomenclature *f*
Benutzer *m*	user	usager *m*
Benutzeranschluß *m* (Anwenderzugriff *m*)	user access	accès *m* usager *m*
Benutzerklasse *f*	user class of service	classe *f* de service *m*
Benutzer-Netzzugang *m*	user-network access	accès usager-réseau
Benutzerprotokoll *n*	user-to-user protocol	protocole *m* usager *m*
Benutzerschnittstelle *f*	user interface	interface *f* usager *m*
	user surface	
Benutzerzugang *m*	user access	accès *m* d'usager *m*
BER = Berechtigung *f*	class of service (COS)	classe *f* de service *m*
Berechnung *f*	calculation	calcul *m*
	invoicing	facturation *f*
Berechtigung *f*	class of service (COS)	classe *f* de service *m*
	access status	catégorie *f*
Berechtigungskarte *f*	authorization card	carte *f* d'accès *m*
Berechtigungsklasse *f*	class of service (COS)	classe *f* de service *m*
	authorization	
Berechtigungsumschaltung *f*	modification of COS	modification *f* de la classe *f* de service *m*
	COS changeover	
Berechtigungszeichen *n*	right-of-access code	code *m* de classe *f* de service *m*
	class-of-service code	
Bereich *m*	area	zône *f*
	range	gamme *f*
	field	plage *f*
	sector	secteur *m*
Bereichsaufteilung *f*	area partitioning	répartition *f* de zones *f/pl*
Bereitschaftstaste *f*	ready-to-operate button	bouton *m* de disponibilité *f*
	ready key	
Bereitstellung *f*	provision	préparation *f*
	load (DP)	mise *f* en place *f*
		mise *f* à disposition *f*
Bereitzustand *m*	ready condition	prêt
Beschaffungszeitraum *m*	acquisition time	temps *m* d'approvisionnement *m*
	procurement time	
Beschallungsanlage *f*	plublic address (PA) system	système *m* d'annonces *f/pl*
Beschallungssystem *n*	public-address (PA) system	système *m* d'annonces *f/pl*
Beschaltungsliste *f*	assignment list	liste *f* de connexion *f* des lignes *f/pl*
	allocation list	
Bescheiddienst *m*	intercept service	service *m* d'information *f*
Beschreibung *f*	description	description *f*
Beschriftung *f*	lettering	repérage *m*
	marking	marquage *m*
	labeling	étiquetage *m*
Beschriftungsbeispiel *n*	lettering example	exemple *m* de repérage *m*
		exemple *m* de marquage *m*
		exemple *m* d'étiquetage *m*

Beschriftungsfilm *n*	lettering film	film *m* de repérage *m* film *m* de marquage *m* film *m* d'étiquetage *m*
besetzt	busy engaged	occupé
Besetztanzeige *f*	busy lamp display	signal *m* lumineux d'occupation *f* signal *m* lumineux de prise *f*
Besetztanzeiger *m*	busy indicator	indicateur *m* d'occupation *f*
Besetztlampenfeld *n*	busy lamp panel	tableau *m* des voyants *m/pl* d'occupation *f*
Besetztprüfung *f*	busy test	test *m* d'occupation *f*
Besetztschauzeichen *n*	visual busy indicator	signal *m* lumineux d'occupation *f*
Besetztton *m*	busy tone busy signal	tonalité *f* d'occupation *f*
Besetztzählgerät *n*	busy counter	compteur *m* d'occupation *f*
Besetztzeichen *n*	busy signal busy tone	signal *m* d'occupation *f* tonalité *f* d'occupation *f*
bespultes Kabel *n*	coiled cable loaded cable	câble *m* pupinisé
Bestätigung *f*	confirmation	confirmation *f*
bestückt	assembled provided fitted	équipé
Bestückung *f*	arrangement equipment outfitting configuration	équipement *m* arrangement *m* implantation *f* configuration *f*
Bestückungsseite *f*	front side components side	côté *m* composants *m/pl*
Bestückungsvariante *f*	equipping variant	variante *f* d'équipement *m*
Besuchsschaltung	call transfer	transfert *m* renvoi *m* temporaire
Besuchsschaltung *f*, feste ~	fixed call transfer	transfert *m* fixe
Besuchsschaltung *f*, veränderliche ~	flexible call transfer	transfert *m* variable
Betrieb *m* eines Netzes *n*	network operation	exploitation *f* en réseau *m*
Betriebsart *f*	operating mode	mode *m* opératoire
Betriebsbedingungen *f/pl*	operating conditions	conditions *f/pl* opératoires
Betriebsberechtigung *f*	class of service (COS)	classe *f* de service *m*
betriebsbereit	ready for operation operative	prêt à fonctionner
Betriebsdämpfung *f*	overall loss overall attenuation	affaiblissement *m* composite
Betriebsdatenerfassung *f*	industrial data acquisition	saisie *f* de données *f/pl* industrielles
Betriebserde *f*	operating earth operational earth	terre *f*
Betriebsfall *m*	type of operation	type *m* d'exploitation *f* type *m* de fonctionnement *m*
Betriebsfunk *m*	professional radio equipment	radiotechnique *f* professionnelle
Betriebsgüte *f*	grade of service operational qualitiy	qualité *f* de service *m*
Betriebskapazität *f*	mutual capacitance operating capacity	capacité *f* effective
Betriebsmerkmal *n*	operating feature	caractéristique *f* d'exploitation *f* faculté *f* de service *m*

Betriebssicherheit *f*	operating reliability	sécurité *f* de service *m*
	operational security	sécurité *f* de fonctionnement *m*
		sécurité *f* opérationnelle
Betriebssoftware *f*	system software	logiciel *m* d'exploitation *f*
Betriebsspannung *f*	operating voltage	tension *f* de service *m*
		tension *f* de fonctionnement *m*
		tension *f* d'exploitation *f*
Betriebsüberwachung *f*	monitoring	monitoring *m*
	operating observation	surveillance *f* système *m*
Betriebsverstärkung *f*	overall amplification	gain *m* composite
Betriebszuverlässigkeit *f*	operational reliability	fiabilité *f* opérationnelle
bevorrechtigte Nebenstelle *f*	priority extension	poste *m* prioritaire
Bevorrechtigungstaste *f*	priority button	bouton *m* priorité *f*
		touche *f* priorité *f*
Bewegtbild *n*	moving image	image *f* mobile
	full-motion image	
Bezeichnung *f*	designation	désignation *f*
Bezeichnungsschild *n*	nameplate	plaque *f* signalétique
	designation plate	
Bezeichnungsstreifen *m*	designation strip	étiquette *f* de repérage *m*
Bezirksnetz *n*	district network	réseau *m* régional
Bezirkssprung *m*	intradistrict traffic	trafic *m* régional
Bezugsdämpfung *f*	reference equivalent	affaiblissement *m* équivalent
Bezugskonfiguration *f*	reference configuration	configuration *f* de référence *f*
Bezugspegel *m*	reference level	niveau *m* de référence *f*
Bezugspunkt *m*	reference point	point *m* de référence *f*
Bezugsverbindung *f*	reference circuit	circuit *m* de référence *f*
BIGFON = Breitbandiges Integriertes Glasfaser-Fernmelde-Ortsnetz *n*	BIGFON wideband integrated optical fiber local communications network	BIGFON réseau *m* intégré de fibre *f* optique à large bande *f*
Bild *n*	figure	figure *f*
	picture	illustration *f*
	illustration	schéma *m*
	image	
Bildauflösung *f*	image resolution	résolution *f* d'image *f*
Bildfernsprecher *m*	video (display) telephone	visiotéléphone *m*
Bildgeometrie *f*	image geometry	géométrie *f* d'image *f*
Bildingenieur *m*	picture engineer	ingénieur *m* d'image *f*
Bildkodierer *m*	video coder	encodeur *m* vidéo
Bildmischer *m*	video mixer	vidéo-mixeur *m*
Bildmischgerät *n*	video mixing equipment	équipement *m* mixeur d'image *f*
Bildschärfe *f*	sharpness	définition *f* (d'image *f*)
Bildschirm *m*	screen	écran *m*
Bildschirmarbeitsplatz *m*	video workstation	poste *m* de travail *m* vidéo
Bildschirmtelefon *n*	video telephone	vidéo-téléphone *m*
Bildschirmtext *m* (BTX)	interactive videotex (Btx)	vidéotext *m*
	videotex	télétel *m*
Bildschirmtextbenutzer *m*	Btx user	utilisateur *m* vidéodext *m*
Bildschirmtext-Eingabegerät *n*	Btx workstation	poste *m* de travail *m* vidéotext
Bildschirmtext-Zentrale *f*	Btx center	centre *m* vidéotext *m*
Bildtechnik *f*	video engineering	technique *f* vidéo *f*
Bildtelefon *n*	picturephony	vidéo-téléphone *m*
Bildtelefonie *f*	videotelephone	vidéo-téléphonie *f*
Bildübertragung *f*	picture transmission	transmission *f* d'image *f*
Bildvorlage *f*	picture original	modèle *m*
Binär-Zähler *m*	binary counter	compteur *m* binaire
B-ISDN = Breitband-ISDN *n*	broadband ISDN	NUMERIS à large bande *f*
Bit *n*	bit	bit *m*
		élément *m* binaire (eb)
Bitrate *f*	bit rate	débit *m* binaire

bit/s = Maßeinheit für die Übertragungsgeschwindigkeit	bits per second (unit for transmission speed)	bit/s
B-Kanal = 64-kbit/s-Informationskanal *m*	64 kbit information channel, basic access	canal *m* B
Blankdraht *m*	bare wire	fil *m* dénudé
	naked wire	
Blankdrahtbrücke *f*	bare wire strap	strap *m* de fil *m*
Blatt *n*	sheet	feuille *f*
blau	blue	bleu
blendfrei	nonglare	antiaveuglant
Blindbelegung *f*	dummy connection	occupation *f* fictive
Blindbuchse *f*	dummy jack	douille *f* entretoise
Blindenplatz *m*	sight-impaired operator position	position *f* pour opérateur *m* non-voyant
	blind-operator position	
Blindstopfen *m*	dummy plug	bouchon *m*
Blindverkehr *m*	blind traffic	trafic *m* fictif
	dummy traffic	
blinken	blink	scintiller
	flash	clignoter
blinken (Displayanzeige)	flashing	clignoter
		scintiller
Blinklicht *n*	flashing light	lumière *f* clignotante
Blitzschutz *m*	lightning protection	parafoudre *m*
	surge arrester	éclateur *m*
Blockierung *f*	blocking	blocage *m*
	congestion	
Blockierung *f*, äußere~	external blocking	blocage *m* extérieur
Blockierung *f*, innere~	internal blocking	blocage *m* intérieur
blockierungsfrei (Durchschaltung *f*)	non-blocking (switching)	système *m* non bloquant
Blockschaltbild *n*	block diagram	diagramme *m*
B-Netz *n*	B-network	réseau *m* B
Boden *m*	base	sol *m*
Bodenstation *f*	earth station	station *f* au sol *m*
bohren	drill	percer
Bohrung *f*	drilling	perçage *m*
	bore hole	trou *m*
	boring	
Bosch-Text-Übertragungssystem *n*	Bosch text transmission system (BOTE)	système *m* de transmission *f* de text *m* Bosch
Brandmelderzentrale *f*	fire alarm system	centrale *f* de détection *f* incendie *m*
	fire alarm terminal station	
Brandmeldesystem *n*	fire-alarm system	système *m* d'alarme *f* incendie *m*
braun	brown	brun
Breitband *n* ISDN	broadband ISDN	large bande *f* RNIS
Breitband-Datenkanal *m*	broadband data channel	canal *m* de données *f/pl* large bande *f*
	wideband data channel	
Breitbandkabelnetz *n*	broadband cable network	réseau *m* câblé large bande *f*
Breitbandkommunikation *f*	broadband communication	communication *f* large bande *f*
Breitbandnetz *n*	broadband network	réseau *m* à large bande *f*
Breitband-Richtfunk *m*	broad-band microwave transmission	transmission *f* ondes *f/pl* courtes large bande *f*
Breitbandrichtfunksystem *n*	broadband microwave radio system	système *m* ondes *f/pl* courtes à large bande *f*
Breitbandsystem *n*	broadband system	système *m* large bande *f*
Breitbandverteilernetz *n*	broad-band distributor network	réseau *m* de distribution *f* large bande *f*
Breitbandverteil-kommunikation *f*	broad-band distributor communications	distributeur *m* de communications *f/pl* large bande *f*

Breite *f*	width	largeur *f*
Brücke *f* einlegen	bridge	ponter
	set up a bridge	
Brücken *f/pl*	bridges	straps *m/pl*
	links	pontages *m/pl*
Brückenstecker *m*	bridging plug	fil *m* de pont *m*
BS = Betriebssystem *n*	operating system	système *m* d'exploitation *f*
BT = Besetztton *m*	busy tone	tonalité *f* d'occupation *f*
Btx	interactive videotex (Btx)	vidéotext *m*
Btx-Decoder *m*	Btx decoder	décodeur *m* vidéotext *m*
Buchse *f*	sleeve	douille *f*
	socket	
Buchsenklemmleiste *f*	sleeve connector strip	plaque *f* à bornes *f/pl*
Bucht *f*	bay	baie *f*
Buchtsignale *n/pl*	bay signals	signaux *m/pl* de baie *f*
Buchungsanlage *f*	Automatic Call Distributor (ACD)	distributeur *m* automatique d'appels *m/pl*
	automatic call distribution (ACD) system	dispositif *m* de distribution *f* d'appels *m/pl*
	reservation system	système *m* de réservation *f*
Bügel *m*	bracket	support *m*
	brace	agrafe *f*
Bündel *m*	group	faisceau *m* de lignes *f/pl*
	bundle	
	trunk group	
	line group	
Bündel *n* besetzt	bundle busy	faisceau *m* occupé
Bündel *n*, Mischung *f* von ~	mixing of bundles	mixage *m* de faisceaux *m/pl*
		faisceau *m* mixte
Bündelauswahl *f*	bundle selection	sélection *f* de faisceaux *m/pl*
Bündelbelastung *f*	bundle usage load	charge *f* du faisceau *m*
		densité *f* de trafic *m* du faisceau *m*
Bündelbeschreibung *f*	bundle description	description *f* de faisceau *m*
Bündelbetriebsart *f*	bundle operating mode	mode *m* de fonctionnement *m* du faisceau *m*
Bündelereigniszähler *m*	bundle event counter	compteur *m* d'évènements *m/pl* du faisceau *m*
Bündelerkennung *f*	bundle identification	identificateur *m* de faisceau *m*
Bündelerweiterungstabelle *f*	bundle expansion table	table *f* d'extension *f* du faisceau *m*
Bündelgröße *f*	bundle size	taille *f* du faisceau *m*
Bündellampe *f*	bundle lamp	voyant *m* d'occupation *f* de faisceau *m*
Bündelleitung *f*	bundle line	ligne *f* du faisceau *m*
Bündelliste *f*	bundle list	liste *f* de faisceau *m*
Bündelposition *f*	bundle number	numéro *m* de faisceau *m*
Bündelspaltung *f*	bundle splitting	répartition *f* du trafic *m* sur les faisceaux *m/pl*
Bündelstärke *f*	bundle size	taille *f* de faisceaux *m/pl*
Bündeltaste *f*	bundle button	touche *f* de sélection *f* de faisceaux *m/pl*
Bündeltrennung *f*	bundle separation	séparation *f* de faisceaux *m/pl*
Bündelüberlauf *m*	bundle overflow	surcharge *f* de faisceau *m*
Bündelwarteliste *f*	bundle waiting list	file *f* d'attente *f* de faisceau *m*
Bündelweiche *f*	bundle switch	aiguillage *m* de faisceau *m*
	group switch	
Bundespost *f* (DBP)	German Federal Post Office (DBP)	Administration *f* des PTT en Allemagne

BUNI = Breitband *m*
  User/Network Interface
  (RACE-Projekt)
Burn-in *m* (Einbrennen *n*)
Büro-Arbeitsplatz *m*

Büroinformationstechnik *f*
Bürokommunikation *f*
Bürotelefonanlage *f*

Buskoppler *m*
BU-Taste =
  Berechtigungsumschaltetaste *f*
Byte *n*

Broadband User/Network
  Interface (RACE-project)

burn-in
office workstation

office-information technology
office communications
office telephone system

bus coupler
COS switchover button
COS changeover key
byte
octet

interface *f* usager *m* à large
  bande *f*

surchauffe *f*
poste *m* de travail *m* de
  bureau *m*
bureautique *f*
bureautique *f*
installation *f* téléphonique de
  bureau *m*
coupleur *m* de bus *m*
bouton *m* de changement *m* de
  classe *f*
octet *m*

C

Cassettendeck *n*	cassette deck	pochette *f* de cassette *f*
CCITT (internationaler beratender Ausschuß *m* für den Telegrafen- u. Fernsprechdienst *m*)	International Telegraph und Telephone Consultative Committee	Comité *m* Consultatif International Téléphonique et Télégraphique
CEPT (Europäische Konferenz *f* für das Post- u. Fernmeldewesen *n*)	European conference of postal and telecommunications administrations	Conférence *f* Européene des Administrations des Postes et Télécommunications
Chefanlagen *f/pl*	chief/secretary extensions	postes *m/pl* patron *m*/secretaire *f*
Chefapparat *m*	executive set	poste *m* de directeur *m*
Chef-/Sekretär-Funktion *f*	executive/secretary function	fonction *f* patron *m*/secretaire *f*
Chip *m*	chip	puce *f*
Chipkarte *f*	chipcard	carte *f* à mémoire *f*
Chipkartentelefon *n*	card-operated telephone	poste *m* téléphonique à carte *f*
CID = Verbindungsidentifikation *f*	connection identification	identification *f* de ligne *f*
C-Netz *n*	C-network	réseau *m* C
Code *m* 1 aus 10	one-out-of-ten code	code *m* 1 parmi 10
Codefehler *m*	code error	erreur *f* de code *m*
Codeprüfung *f*	code check	vérification *f* de code *m* test *m* de code *m*
Codewahl *f*	code dialing abbreviated dialing	numérotation *f* abrégée
codewahlberechtigter Teilnehmer *m* (TENOCODE)	TENOCODE-authorized extension	abonné *m* ayant accès *m* à la numérotation *f* abrégée (TENOCODE)
Codewahl-Kennzeichen *n*	abbreviated-dialing code	préfixe *m* de numérotation *f* abrégée
Codewandler *m*	code converter	convertisseur *m* de code *m*
COFI = (Kodierer *m*/ Dekodierer *m*/Filter *n*/m)	CODEC (coder/decoder/filter)	COFIDEC (codeur/décodeur/filtre)
Computerdialog *m*	computer dialogue	dialogue *m* avec l'ordinateur *m*
computergesteuert	computer controlled	géré par ordinateur *m*
computergestützte Entwicklung *f*	computer-aided design (CAD)	déssin *m* assisté par ordinateur *m* (DAO)
computergestützte Herstellung *f*	computer-aided manufacturing (CAM)	fabrication *f* assistée par ordinateur *m* (FAO)
CPU *f* = Zentraleinheit *f*	central processing unit CPU	unité *f* centrale de traitement UC
crimpen	crimp	sertir emboutir
Crimpwerkzeug *n*	crimping tool	outil *m* de sertissage *m*
C-Taste = Codewahltaste *f*	code dialing key	touche *f* de numérotation *f* abrégée

D

D/A = Digital-Analog-Wandlung *f*	digital-analog conversion	conversion *f* numérique-analogique
DAE = digitale Anschlußeinheit *f*	digital connecting unit	unité *f* de raccordement *m* numérique
Dämpfung *f*	attentuation	affaiblissement *m*
	loss	atténuation *f*
Dämpfungsglied *n*	attenuator	atténuateur *m*
	attenuator pad	
Dämpfungskonstante *f*	attenuation coefficient	constante *f* d'affaiblissement *m*
	attenuation constant (Am)	coefficient *m* d'affaiblissement
		constante *f* d'atténuation *f*
		coefficient *m* d'atténuation *f*
Dämpfungsmaß *n* (einer Leitung *f*)	attenuation measure (of a line)	taux *m* d'affaiblissement *m* (d'une ligne *f*)
	attenuation constant	
	attenuation equivalent	
Dämpfungsplan *m*	overall loss plan	plan *m* d'affaiblissement *m*
	overall attenuation plan	
Dämpfungsverlauf *m*	attenuation characteristic	courbe *f* d'atténuation *f*
		caractéristique *f* d'atténuation *f*
Dämpfungsverzerrung *f*	attenuation distortion	distortion *f* d'affaiblissement *m*
	frequency distortion (Am)	en fonction *f* de la fréquence *f*
Datei *f* (EDV)	data file (EDP)	fichier *m* de données *f/pl*
Datenadresse *f*	data address	adresse *f* des données *f/pl*
Datenanzeigeeinrichtung *f*	data display equipment	console *f* de visualisation *f* de données *f/pl*
Datenaufbereitung *f*	data preparation	préparation *f* des données *f/pl*
Datenaustausch *m*	data exchange	échange *m* de données *f/pl*
Datenbestand *m* (EDV)	data stock (EDP)	base *f* de données *f/pl*
	database	
Datenblatt *n*	data sheet	fiche *f* de caractéristiques *f/pl*
Datenblatt *n*, technisches~	data sheet	fiche *f* technique
Datenblock *m*	data block	paquet *m* de données *f/pl*
Dateneingabe *f*	data input	entrée *f* de données *f/pl*
	data entry	
Datenendeinrichtung *f*	data terminal	terminal *m* de transmission *f* de données *f/pl*
Datenerfassung *f* (EDV)	data acquisition (EDP)	saisie *f* de données *f/pl*
	data collection	
	data recording	
Datenerfassungsgerät *n*	data acquisition unit	unité *f* d'acquisition *f* de données *f/pl*
Datenerfassungssystem *n*	data acquisition system	système *m* d'acquisition *f* de données *f/pl*
Datenfernverarbeitung *f*	remote data processing	télégestion *f* de données *f/pl*
	teleprocessing	
Datenfunk *m*	data radio	données *f/pl* radio *f*
Datengeber *m*	data transmitter	émetteur *m* de données *f/pl*
Datenkanal *m*	data channel	canal *m* de données *f/pl*
Datenkommunikation *f*	data communication	communication *f* de données *f/pl*
Datenladegerät (LG) *n*	data loader	moyen *m* de chargement *m* de données *f/pl*
Datenleitung *f*	data line	ligne *f* de transmission *f* de données *f/pl*
		ligne *f* de données *f/pl*
Datenleser *m*	data reader	lecteur *m* de données *f/pl*
Datennetz *n*	data network	réseau *m* de données *f/pl*

Datennetzabschlußeinrichtung (DNAE) *f*	data network terminating equipment	terminal *m* de réseau *m* de données *f/pl*
Datenprüfung *f*	data validation	scrutation *f* de données *f/pl*
		contrôle *m* de données *f/pl*
Datenquelle *f*	data source	source *f* de données *f/pl*
Datenrate *f*	data rate	flux *m* de données *f/pl*
Datenregistriereinrichtung *f*	data recording equipment	équipement *m* d'enregistrement *m* de données *f/pl*
Datenrückkopplung *f*	data feedback	asservissement *m* de données *f/pl*
Datenschnittstelle *f*	data interface	interface *f* de données *f/pl*
Datenschutz *m*	data protection	protection *f* de données *f/pl*
	data privacy	
Datensicherheit *f*	data security	sécurité *f* de données *f/pl*
Datensicherung *f*	data protection	protection *f* de données *f/pl*
		sauvegarde *f* de données *f/pl*
Datensichtgerät *n*	video display unit	appareil *m* console *m* de
	VDU	visualisation *f* des données *f/pl*
	CRT display	afficheur *m*
Datenstelle *f*	data station	terminal *m* de données *f/pl*
Datensystem *n*	data system	système *m* de données *f/pl*
	data-processing system	
Datentechnik *f*	data engineering	technique *f* de l'informatique *f*
Datenterminal *m*	data terminal	terminal *m* de données *f/pl*
Datenträger *m*	data support	support *m* de données *f/pl*
Datenübertragung *f*	data transmission	transmission *f* de données *f/pl*
Datenverarbeitung *f*	data processing	traitement *m* de données *f/pl*
Datenverarbeitungsanlage *f*	data-processing system	installation *f* de traitement *m* de données *f/pl*
datenverkehrsberechtigt	nonrestricted data traffic	accès *m* au trafic *m* de données *f/pl*
Datenvielfach *n*	data multiple	multiplex *m* de données *f/pl*
Datenvorbereitung *f*	data preparation	préparation *f* des données *f/pl*
Datenwandler *m*	data converter	convertisseur *m* de données *f/pl*
Datum *n*	date	date *f*
Dauergeräusch *n*	continuous noise	bruit *m* blanc
Dauerkennzeichen *n*	continuous signal	signal *m* continu
Dauerton *m*	continuous tone	tonalité *f* continue
D/A-Umsetzung *f* (Digital-Analog-Umsetzung)	digital-to-analog conversion D-A conversion	conversion *f* numérique-analogique
D/B = Digitale Bitratenanpassung *f*	digital bit rate adaption	adaptation *f* numérique de débit *m*
DBP = Deutsche Bundespost	German Federal Postal Administration	PTT allemands
DCM = Terminal Adapter von IBM	terminal adapter from IBM	adaptateur *m* de terminal *m* de IBM
D/D = Digital-Digital-Geschwindigkeitsanpassung *f*	digital-digital speed adaption	adaptateur *m* de vitesse *f* numérique-numérique
Deckblatt *n*	cover sheet	page *f* de garde *f*
Deckel *m*	cover	couvercle *m*
		couverture *f*
		capot *m*
Deckplatte *f*	cover plate	plaque *f* de couverture *f*
		couvercle *m*
DEE = Datenendeinrichtung *f*	data terminal equipment	terminal *m* de données *f/pl*
dezentral	decentralized	décentralisé
DFG = Deutsche Fernsprech Gesellschaft	German telephone association	Société Téléphonique Allemande
Diaabtaster *m*	slide scanner	balayage *m* de diapositive *f*
Diagramm *n*	diagram	diagramme *m*

35

Dialoggerät *n*	Acoustic Data Entry system	système *m* acoustique d'entrée *f* de données *f/pl*
DIC = digitaler Konzentrator *m*	digital concentrator	concentrateur *m* numérique
Dichte (Netz) *f*	coverage (of network)	densité *f* (du réseau *m*)
Dickschicht *f*	thick-film	couche *f* épaisse
Dickschichthybrid *n*	thick-film hybrid	hybride *m* couche *f* épaisse
Diebstahlsicherung *f*	theft protection	protection *f* antivol *m*
Dienst *m*	service	service *m*
Dienst *m* mit festen Verbindungen *f/pl*	permanent circuit service permanent circuit telecommunication service	service *m* de circuit *m* permanent service *m* de circuit *m* de télécommunications *f/pl* permanent
diensteintegrierendes digitales Fernmeldenetz *n*	integrated services digital network (ISDN)	réseau *m* numérique avec intégration *f* des services *m/pl* (RNIS) NUMERIS
diensteintegrierendes Fernmeldenetz *n*	integrated services network	réseau *m* avec intégration *f* des services *m/pl*
Dienstgang *m*	official trip	démarche *f* administrative
Dienstgespräch *n*	service call	appel *m* de service *m*
Dienstgüte *f*	service quality	qualité *f* de service *m*
Dienstmerkmal *n*	facility service attribute	faculté *f*
Dienstmerkmal *n* (Merkmalsattribut *n*)	service attribute	attribut *m* de service *m* attribut *m* de service *m* de télécommunications *f/pl*
Dienstreise *f*	offical trip	voyage *m* d'affaires *f/pl*
Dienststelle *f*	public service office	bureau *m* de service *m* public
Differentialkuppler *m*	differential coupler	couple *m* différentiel
differenzieren	differentiate	différentier
DigFeAp = digitaler Fernsprechapparat *m*	digital telephone	poste *m* numérique
digital	digital	numérique
Digital Wählsystem *n*	digital dialing system	système *m* de sélection *f* numérique
Digitalanschluß *m*	digital line	ligne *f* numérique
Digitalanzeige *f*	digital display	affichage *m* numérique
digitale Anschlußeinheit *f* (DAE)	digital connecting unit	unité *f* de raccordement *m* numérique
digitale Durchschaltung *f*	digital switching	commutation numérique
digitale Leitung *f* (Schaltkreis *m*)	digital circuit	circuit *m* numérique
digitale Straßenkarte *f*	digital road map	carte *f* routière numérique
digitale Teilnehmerschaltung *f* (TDN)	digital subscriber circuit	circuit *m* d'abonné *m* numérique
digitale Telekommunikationsleitung *f*	digital telecommunication circuit	circuit *m* numérique de télécommunications *f/pl*
digitale Übertragerverbindung *f* (DUEV)	digital transmission link	ligne *f* de transmission *f* numérique
digitale Übertragung *f*	digital transmission	transmission *f* numérique
digitale Vermittlung *f*	digital switching digital exchange	commutation *f* numérique commutateur *m* numérique
digitale Vermittlungseinrichtung *f*	digital exchange	central *m* numérique
digitale zentrale Einrichtung *f*	digital exchange	commutateur *m* numérique
digitaler Durchschalteknoten *m*	digital switching node	nœud *m* de commutation *f* numérique
digitaler Fernkopierer *m*	digital telecopier	télécopieur *m* numérique

digitaler	digital link	liaison *f* numérique
Übertragungsabschnitt *m*	digital transmission link	liaison *f* de transmission *f* numérique
digitaler Übertragungskanal *m*	digital channel	voie *f* numérique
	digital transmission channel	voie *f* de transmission *f* numérique
digitaler Vermittlungsknoten *m*	digital switching node	nœud *m* de commutation *f* numérique
digitales Großsystem *n*	large-scale digital system	système *m* numérique grande capacité *f*
digitales Netz *n*	digital network	réseau *m* numérique
digitales Signal *n*	digital signal	signal *m* numérique
digitales Vermitteln *n*	digital switching	commutation *f* numérique
Digitalisierung *f*	digitalization	numérisation *f*
Digitalsignal *n*	digital signal	signal *m* numérique
Digitalsystem *n*	digital system	système *m* numérique
Digitaltechnik *f*	digital technology	technique *f* numérique
Digitalverbindung *f*	digital connection	connexion *f* numérique
DIN = Deutsches Institut für Normung (Deutsche Industrienorm)	German Institute for Standardization	DIN (norme *f* industrielle allemande)
Diode *f*	diode	diode *f*
direkt gesteuertes System *n*	direct-control system	système *m* à contrôle *m* direct
Direktanruf *m*	direct call	appel *m* direct
Direktbündel *n*	primary trunk group	faisceau *m* de premier choix *m*
	direct circuit group	
direkte Amtswahl *f*	direct access to external lines	accès *m* direct aux lignes *f/pl* réseau *m*
direkter Wahlverkehr *m* zwischen Teilnehmern *m/pl*	direct extension-extension dialing	appel *m* direct d'abonné *m* à abonné *m*
direktes Bündel *n*	direct trunk bundle	faisceau *m* de lignes *f/pl* directes
Direktruf *m*	hot line	appel *m* au décroché *m*
	direct line	
	direct-access call	
Direktrufdienst *m*	hot-line service	ligne *f* directe
Direktrufeinrichtung *f*	direct-access facility	faculté *f* d'appel *m* au décroché *m*
Direktrufteilnehmer *m*	direct-access extension	poste *m* d'appel *m* au décroché *m*
Direktwahlverkehr *m*	direct-dialing traffic	trafic *m* d'appel *m* au décroché *m*
Direktweg *m*	direct route	acheminement *m* direct
	high-usage route	
Diskette *f*	diskette	disquette *f*
	floppy disk	
diskret-getaktetes Signal *n*	discretely-timed signal	signal *m* (temporel) discret
Distanzrohre *n/pl*	distance pieces	entretoises *f/pl*
	spacers	
DIV = digitale Vermittlungsstelle *f*	digital exchange	poste *m* opérateur *m* numérique
D-Kanal *m* (Steuerkanal ISDN)	D channel (ISDN)	canal *m* D (RNIS)
D-Kanal = ISDN-Steuerkanal *m* auf der Tln-Anschlußleitung *f*	ISDN channel on the subscriber line	canal D
DKZ-N1 = digitales Kennzeichenverfahren *n/pl* für Nebenstellenanlagen *f/pl* Nr. 1	digital signaling method for private branch exchanges	signalisation *f* numérique
DNAE = Datennetzabschluß-einrichtung *f*	data network terminating equipment	terminal *m* de réseau *m* de données *f/pl*
D-Netz *n*	D-network	réseau *m* D

DNG = Datennetzabschlußgerät *n*	data network termination	appareil *m* terminal de données *f/pl*
DNKZ = Datennetzkontrollzentrum *n*	data network control center (NCC)	centre *m* de contrôle du réseau *m* de données *f/pl*
Doppelader *f*	wire pair	paire *f*
Doppelanschluß *m*	dual-telephone connection	connecteur *m* téléphonique double
doppelt gerichtet	bothway two way	bidirectionnel
Doppelverbindung *f*	double connection	connexion *f* bidirectionnelle
Dr = Draht *m*	wire	fil *m*
Draht *m*	wire	fil *m*
Drahtbrücke *f*	strap wire bridge jumper	strap *m* cavalier *m*
Drahtbrücken *f/pl* - Zweipunktverbindung *f*	jumpers 2-point connection	strap *m/pl*
drahtlos	wireless	sans fil *m*
Drängellampe *f*	reminder lamp hurry-up lamp urgent lamp	voyant *m* d'appel *m* en attente *f*
Draufsicht *f*	top view	vue *f* de dessus
DRE = Einberufer *m* - Chefapparat *m*	convener (executive set DKC) originator (executive set DKC)	maître *m* de conférence *f* (poste *m* chef *m*)
Drehrahmengestell *n*	hinged frame rack	bâti *m* pivotant
Dreiergespräch *n*	three-party call	conférence *f* à trois
Dreiergespräch *n*, Konferenzgespräch *n*	three-party call	conférence *f* à trois
Dreier-Konferenz *f*	tree-way calling three-party conference three-party call	conférence *f* à trois
Dreipunktschaltung *f*	three-point connection (circuit) Hartley circuit (oscillator)	montage *m* de Hartley
DRN = Direktrufnetz *n*	network for fixed connections	réseau *m* d'appel *m* direct
Dropout *m*	dropout	perte *f* d'information *f*
Drossel *f*	choke	bobine *f* self *f*
Druck- *m*, Andruckverbinder *m*	pressure connector	connecteur *m* par pression *f*
drücken	press operate depress	appuyer actionner
Drucker *m*	printer	imprimante *f*
Druckknopf *m*	pushbutton	bouton *m* poussoir *m*
Druckrolle *f* (Drucker *m*)	print roll	rouleau *m* d'impression *f*
DSEL = Datenselektor *m*	data selector	selecteur *m* de données *f/pl*
DSP = dynamischer Speicher *m*	dynamic memory	mémoire *f* vive dynamique
DSV = Digitalsignalverbindung *f*	digital signal connection digital path	connexion *f* par signaux *m/pl* numériques
DÜ = Dienstübergang *m*	service interworking	changement *m* de service *m*
Dualcode *m*	binary code	code *m* binaire
DÜE = Datenübertragungs- einrichtung *f*	data communications equipment (DCE)	appareil *m* de transmission *f* de données *f/pl*
DUe = Durchwahlübertragung *f*	direct inward dialing circuit DID circuit	circuit *m* de sélection *f* directe à l'arrivée *f*
DUEV = digitale Übertragerverbindung *f*	digital transmission link	ligne *f* de transmission *f* numérique
Dünnschichtschaltung *f*	thin-film circuit	circuit *m* couche *f* fine
Duplexbetrieb *m*	duplex operation	fonctionnement *m* en duplex *m*
duplizierte Rechnersteuerung *f*	duplicated computer control	gestion *f* dupliquée par ordinateur *m*
durch gleichwertige Typen *f/pl*	with equivalent types	par types *m/pl* equivalents

durchführen	carry out	exécuter
	conduct	conduire
	make	faire
	effect	effectuer
Durchgangsamt *n*	tandem switching center exchange tandem exchange	central *m* de transit *m*
Durchgangsdämpfung *f*	insertion loss	affaiblissement *m* d'insertion *f*
Durchgangsprüfung *f*	continuity check	test *m* de continuité *f*
Durchgangsregister *n*	transit register	registre *m* de transit *m*
Durchgangsverkehr *m*	transit traffic	trafic *m* de transit *m*
Durchgangs- vermittlungsstelle *f*	transit exchange	centre *m* de transit *m*
durchgehende Signalisierung *f*	end-to-end signaling	signalisation *f* de bout *m* en bout *m*
durchkontaktierte Bohrung *f*	plated-through hole feed-through	trou *m* métallisé
Durchsage *f*	announcement	annonce *f*
Durchschalteknoten *m*	switching node	næud *m* de commutation *f*
durchschalten	switch through through connect	commuter basculer brancher
Durchschaltephase *f*	switching phase through-connect phase	phase *f* de commutation *f*
Durchschaltesignal *n*	through-connection signal	signal *m* de commutation *f*
Durchschaltetechnik *f*	circuit switching	technique *f* de commutation *f*
Durchschalteverbindungs- satz *m*	through-switching junction	joncteur *m* de commutation *f*
Durchschaltezusatz *m*	through-switching supplementary unit through-switching supplementary attachment	équipement *m* supplémentaire de commutation *f*
Durchschaltung *f*	switching through-connection	commutation *f*
Durchschlagspannung *f*	disruptive voltage breakdown voltage	tension *f* disruptive
Durchsetztaste *f*	carry-through button	bouton *m* de transfert *m*
Durchwahl *f* (DUWA)	direct inward dialing (DID)	sélection *f* directe à l'arrivée *f* (SDA)
Durchwahlprüfteilnehmer *m*	in-dialing test extension	combiné *m* d'essai de sélection *f* directe à l'arrivée *f*
Durchwahlübertragung *f* (DUE)	in-dialing circuit DID circuit	circuit *m* de sélection *f* directe à l'arrivée *f*
Durchwahlzusatz *m*	through dialing attachment	dispositif *m* de sélection *f* directe à l'arrivée *f*
DUST = Datenumsetzerstelle *f*	data converter center	poste *m* de conversion *f* de données *f/pl*
DUWA = Durchwahl *f*	direct inward dialing (DID)	sélection *f* directe à l'arrivée *f* (SDA)
DVST = Datenvermittlungsstelle *f*	data switching exchange (DSE)	poste *m* de commutation *f* de données *f/pl*
DVSt-L = Datenvermittlungsstelle *f*, leitungsvermittelt	data switching exchange circuit-switched	poste *m* de commutation *f* de données *f/pl* par circuits *m/pl*
DVSt-P = Datenvermittlungsstelle *f*, paketvermittelt	data switching exchange, packet-switched	poste *m* de commutation *f* de données *f/pl* par paquets *m/pl*
dx = duplex	duplex	duplex *m*
Dynamik *f* (der Sprache *f*)	dynamic range	dynamique *f*
dynamischer Speicher *m* (DSP)	dynamic memory	mémoire *f* vive dynamique

E

E + M-Signalisierung *f*	E + M signaling	procédure *f* RON et TRON
EA = Eingabe/Ausgabe *f*	Input (Voltage Earth), Output (I/O)	entrée/sortie *f*
EBCDIC = 8-Bit-Code *m* für IBM und kompatible Anlagen *f/pl*	8-bit code for IBM and compatible systems	code *m* à 8 bits pour installations *f/pl* IBM et compatibles
Echo *n*	echo	écho *m*
Echodämpfung *f*	echo attenuation active return loss (Am)	affaiblissement *m* d'écho *m*
Echolaufzeit *f*	echo-transmission time	temps *m* de propagation *f* de l'écho *m*
Eckfrequenz *f*	limit frequency cut-off frequency	fréquence *f* limite *f*
editieren	edit	éditer
Editiertasten *f/pl*	editing keys	touches *f/pl* d'édition *f*
EDS = Elektronisches Datenvermittlungs-System *n*	electronic data switching system	système *m* électronique de commutation *f* de données *f/pl*
EE = Endeinrichtung mit a/b-Schnittstelle (z.B. Modem)	terminal equipment with a/b interface	installation *f* terminale avec interface *f* a/b
EFTA = Europäische Freihandelsgesellschaft *f*	EFTA (European Free Trade Association)	AELE (Association *f* Européenne de Libre Échange)
EHKP = einheitliche höhere Kommunikations-protokolle *n/pl*	uniform higher-level communications protocols	protocole *m* unitaire de communications *f/pl*
Eichleitung *f*	standard transmission line reference circuit	ligne *f* d'étalonnage *m* circuit *m* d'étalon *m*
Eigendämpfung *f* (Gerät)	intrinsic loss (equipment)	affaiblissement *m* intrinsèque
Eigenzuweisung *f*	self-assignment	affectation *f* particulière
ein/aus (Anzeige *f*)	on/off (display)	allumé/éteint (affichage *m*)
Ein-Ausgabeanschluß *m*	I/O port	port *m* entrée *f* sortie *f*
Ein/Ausgabeschnittstelle *f*	I/O interface	interface *f* entrée *f* sortie *f*
Einbau ...	built-in ...	encastré inséré
Einbaubuchse *f*	panel jack	jack *m* encastré
Einbaumaß *n*	mounting dimensions	dimension *f* de montage *m*
Einbausatz *m*	build-in set assembly set	lot *m* de montage *m*
Einbausatz *m* (Gestell-~)	kit (rack)	kit *m* (bâti *m*)
Einbauschiene *f*	built-in bar	réglette *f* incorporée
Einbautaster *m*	build-in pushbutton	bouton-poussoir *m* encastré
Einberufer *m* - Chefapparat *m* DRE	convener (executive set DKC) originator (executive set DKC)	maître *m* de conférence *f* (poste *m* chef *m*)
Einbruchmeldesystem *n*	burglar-alarm system	avertisseur *m* d'effraction *f*
einfache Datenübertragung *f*	simple data transmission	transmission *f* simple de données *f/pl*
einfacher Datendienst *m*	simple data service	service *m* simple de données *f/pl*
Einfachzählung *f*	single metering	taxation *f* simple
Einfallabstand *m* -RUF-	interval time of calls	intervalle *m* de temps *m* entre appels *m/pl*
Einfügungsdämpfung *f*	insertion loss	affaiblissement *m* d'insertion *f*
Einfügungsgewinn *m*	insertion gain	gain *m* d'insertion *f*
Einfügungsverlust *m*	insertion loss	affaiblissement *m* d'insertion *f*
Eingabe/Ausgabe-Schaltung *f*	input/output circuit	circuit *m* d'entrée *f* sortie *f*
Eingabegerät *n*	input unit	unité *f* d'entrée *f*
Eingabetastatur *f*	input keyboard	clavier *m* d'entrée *f*
Eingabe-Terminal *m*	input terminal	terminal *m* d'entrée *f*

Eingang *m*	input	entrée *f*
Eingangschaltung *f*	input circuit	circuit *m* d'entrée *f*
Eingangsfeld *n*	input panel	tableau *m* d'entrée *f*
Eingangsscheinwiderstand *m*	input impedance	impédance *f* d'entrée *f*
	sending end impedance	
eingangsseitige Stifte *m/pl*	input side pins	broches *f/pl* d'entrée *f*
Eingangsspannung *f*	input voltage	tension *f* d'entrée *f*
Eingangssymmetriedämpfung *f*	input balance attenuation	affaiblissement *m* d'équilibre *m* d'entrée *f*
eingebaut	built-in	encastré
	integrated	inséré
		incorporé
		intégré
Einhandbedienung *f*	one-hand control	contrôle *m* d'une seule main *f*
einhängen	hang up	raccrocher
	replace the handset	
	go on-hook	
Einhängezeichen *n*	on-hook	signal *m* de raccrochage *m*
	clearing signal	
Einigungstakt *m*	agreement pulse	top *m* de synchronisation *f*
einkoppeln	apply	coupler
	couple	
	link	
einlegen	insert	insérer
einlöten	solder	souder
einmalige Gebühr *f*	nonrecurring charge	taxation *f* simple
	one-time charge	
Einmann-Umlegung *f*	hold-for pickup	transfert *m* non-supervisé
Einmodemfaser *f*	single-mode fibers	fibre *f* monomode
Einmodemtechnik *f*	single-mode technology	technique *f* monomode
einpegeln	adjust (level)	ajuster
		régler
Einphasung *f* Synchrontakt *m* (ESY)	sync clock phase-in	synchronisation *f*
einrasten	latch	enficher
	snap in	
	catch	
	lock	
Einsatz *m*	insertion	insertion *f*
	use	utilisation *f*
	application	application *f*
Einschalteroutine *f* (ER)	power-up routine	routine *f* de mise *f* sous tension *f*
Einschaltung *f*	cut-over	mise *f* sous tension *f*
	starting	démarrage *m*
	switching on	
einschleifen	loop in	roder
		meuler
		insérer dans la boucle *f*
Einschränken *n* des Internverkehrs *m*	limitation of internal traffic	limitation *f* du trafic *m* interne
Einschränkung *f*	limitation	limitation *f*
	restriction	restriction *f*
Einschubtechnik *f*	slide-in technique	principe *m* d'enfichage *m* de carte *f*
Einschwingzeit *f* (Oszillator *m*)	response time (oscillator)	temps *m* de réponse *f* (oscillateur *m*)
einseitig	single-sided	à sens *m* unique
	one way	simple face *f*
einspeichern	store	mémoriser
		sauvegarder

Einspeichersteuerung *f*	storing control	commande *f* de sauvegarde *f*
	read-in control	
Einsteckplatz *m*	plug-in position	emplacement *m* de la carte *f*
einstellige Kennzahl *f*	single-digit code	code *m* à un chiffre *m*
Einstelltaste *f*	adjusting button	bouton *m* de réglage *m*
Einstellung *f*	setting	réglage *m*
	adjustment	ajustement *m*
Einstellvorschrift *f*	adjustment instructions	instruction *f* de réglage *m*
einstufige Koppelung *f*	single-stage switching array	réseau *m* de connexion *f* à un
	single-stage switching coupling	étage *m*
eintasten	key in	saisir
eintreten	assist	entrer
	intrude	intervention *f* en ligne *f*
	cut-in	intrusion *f*
Eintretezeichen *n*	intrusion tone	signal *m* d'entrée *f* en tiers *m* de
	intervention tone	l'operatrice *f*
Einzelabrechnung (Gebühr) *f*	detailed bill	facturation *f* détaillée
	charge per-call basis	facturation *f* détaillée par
	itemized billing	communication *f*
Einzelabtastimpuls *m*	discrete sampling pulse	impulsion *f* d'échantillonnage *m*
		unique
Einzelanschluß *m*	single line	ligne *f* individuelle
Einzelanschlußleitung *f*	single-line circuit	ligne *f* individuelle d'abonné *m*
	single-line subscriber	
Einzeleingabe *f*	individual input	entrée *f* individuelle
Einzelgesprächserfassung *f*	detailed registration of call	enregistrement *m* détaillé de
	charges	taxes *f/pl*
		facturation *f* détaillée des
		communications *f/pl*
einzeln	single	seul
		unique
		individuel
Einzelruf *m*	direct individual access	accès *m* direct individuel
Einzeltakt *m*	single clock	impulsions *f/pl* d'horloge *f*
	single pulse	
	single timing pulse	
elektrische Daten *n/pl*	electrical data	caractéristiques *f/pl* électriques
Elektrolyt-Kondensator *m*	electrolytic capacitor	condensateur *m* électrolytique
elektro-magnetische	electro-magnetic compatibility	compatibilité *f*
Verträglichkeit *f* (EMV)	(EMC)	électromagnétique (EMC)
elektronische Nachrichten *f*	electronic mail	messagerie *f* électronique
Elektronischer	autonomous traffic pilot for	pilote *m* électronique pour les
Verkehrslotse *m* für	motorists	automobilistes *m/pl*
Autofahrer *m/pl*		
Elektronisches Telefonbuch *n*	electronic telephone directory	annuaire *m* électronique
(ETB)		
eloxieren	anodize	oxyder électrolytiquement
		anodiser
Empfangen *n*	reception	réception *f*
Empfänger *m*	destination	destinataire *m*
	receiver	récepteur *m*
	address	
Empfängererkennung *f*	destination identifier	code *m* de destination *f*
Empfangsader *f*	receive wire	fil *m* de réception *f*
Empfangsanlage *f*	reception facility	équipement *m* de réception *f*
	reception equipment	
Empfangsbestätigung *f*	reception confirmation	confirmation *f* de réception *f*
	acknowledgement signal	acquit *m*
		signal *m* d'acquit *m*

Empfangsbezugdämpfung *f*	receiving reference loss	équivalent *m* de référence *f* à la réception *f* affaiblissement *m* de référence *f* de réception *f*
Empfangseinrichtung *f*	receiving equipment receiver	récepteur *m*
Empfangsfrequenz *f*	receiving frequency	fréquence *f* de réception *f*
Empfangsgerät *n*	receiver	appareil *m* de réception *f*
Empfangsleitung *f*	receive path	ligne *f* de réception *f*
Empfangsmodul *n*	receiving module	module *m* récepteur
Empfangsmonitor *m*	reception monitor	moniteur *m* de réception *f*
Empfangsqualität *f*	reception quality	qualité *f* de réception *f*
Empfangssammelschiene *f* (ESA)	receiving bus	bus *m* de réception *f*
Empfangstakt *m*	received clock pulse	impulsion *f* de réception *f*
Empfangsteilnehmer *m*	receiving subscriber	abonné *m* destinataire *m* abonné *m* récepteur *m*
Empfindlichkeit *f* (Meßgerät *n*)	sensitivity (measuring instrument)	sensibilité *f*
EMV = elektro-magnetische Verträglichkeit *f*	electro-magnetic compatibility (EMC)	compatibilité *f/pl* électromagnétique (EMC)
Endamt *n*	terminal exchange end exchange	central *m* régional
Endausbau *m*	final capacity	capacité finale
Ende *n* (-Taste *f*)	clearing button end button	libération *f* (bouton *m* de ~)
Endgerät *n*	terminal equipment peripheral equipment station terminal	équipement *m* terminal terminal *m*
Endgeräte *n/pl* der Kommunikationstechnik *f*	communication terminals	terminaux *m/pl* de communication *f*
Endgeräte-Anpassung *f*	terminal adapter	adaptateur *m* de terminal
Endgeräte-Einrichtung *f*	terminal equipment	équipement *m* terminal
Endmarkierer *m*	end marker final marker	marqueur *m* final
Endregler *m*	final control	commande *f* finale
Endschaltung *f*	terminating circuit	circuit *m* termineur
Endstelle *f*	terminal station	poste *m* terminal
Endstelleneinrichtung *f*	subscriber apparatus	équipement *m* terminal
Endstörfilter *m*	noise suppression filter	filtre *m* anti-parasite
Endvermittlungsstelle *f*	local exchange	centre *m* terminal de commutation *f*
Endverstärker *m*	terminal repeater terminal amplifier	amplificateur *m* final
Endzeichen *n*	terminating character	caractère *m* final
Energie-, Stromversorgung *f*	power supply	alimentation *f* alimentation d'énergie *f* approvisionnement *m* en énergie *f*
Energiebedarf *m*	power consumption	consommation *f* en énergie *f*
Engpass *m*	traffic bottleneck	surcharge *m* de trafic *m*
Entdämpfung *f*	deattenuation regeneration	compensation *f* de l'amortissement *m* régénération *f*
entfällt	omitted deleted dropped not required	supprimé
entfällt (bei Ausbau *m*)	removed dropped	démonté

entfernen	remove	enlever
		démonter
		retirer
Entkopplungskondensator *m*	isolating capacitor	condensateur *m* de
	decoupling capacitor	découplage *m*
Entkopplungsschaltung *f*	decoupling circuit	circuit *m* de découplage *m*
Entladung *f* (Stromkreis *m*)	discharge (circuit)	décharge *f*
Entlötgerät *n*	unsoldering set	déssoudeur *m*
	solder extraction device	appareil *m* à déssouder
Entmagnetisierung *f*	demagnetization	démagnétisation *f*
Entprellung *f*	chatter suppression	anti-rebonds *m*
Entsperren einer Leitung *f*	unblocking a line	déblocage *m* d'une ligne *f*
	clearing a line	
	releasing a line	
	enabling of a line	
Entstörglied *n*	interference suppressor	élément *m* d'antiparasitage *m*
Entstörkondensator *m*	anti-interference capacitor	condensateur *m* anti-parasite
Entwurfsverfahren *n*	design method	méthode *f* de conception *f*
Entwurftechnik *f*	design techniques	technique *f* de conception *f*
Entzerrbereich *m*	equalization range (received	domaine *m* de correction *f*
(Empfangssignal *n*)	signal)	
ER = Einschalteroutine *f*	power-up routine	routine *f* de mise *f* sous
	start routine	tension *f*
ER = externer Rechner *m*	information provider database	calculateur *m* extérieur
	(Vtx)	
Erdanschlußklemme *f*	earthing terminal	borne *f* de terre *f*
erdfrei	ungrounded	montage *m* flottant
	earth free	non relié à la terre *f*
Erdfunkstelle *f*	earth station	station *f* au sol *m*
Erdkapazität *f*	earth capacitance	capacité *f* par rapport *m* à la
	capacity to earth	terre *f*
Erdsammelschiene *f*	earth bus (cable cabinet)	bus *m* de terre *f*
(Kabelschrank *m*)		
Erdschiene *f*	earth bar	barre *f* de masse *f*
	earth bus	
Erdtaste *f*	earth button	bouton *m* de terre *f*
		touche *f* de mise *f* à la terre *f*
Erdtastenerkennung *f*	earth button identification	identification *f* du bouton *m* de
	ground button identification	terre *f*
	(Am)	
Erdung *f*	grounding system	système *m* de mise *f* à la terre *f*
	earthing (Brit)	mise *f* à la terre *f*
erfolglose Verbindung *f*	ineffective connection	connexion *f* non réalisée
	unsuccessful connection	
erfolgloser Anruf *m*	ineffective call	appel *m* infructueux
	unsuccessful call	appel *m* non abouti
Ergänzungen *f/pl*	supplementary units	équipements *m/pl*
	optional extras	complémentaires
		équipements *m/pl* optionnels
Ergänzungseinrichtung *f*	supplementary equipment	équipement *m* supplémentaire
	supplementary unit	
Erhöhung *f*	increase	augmentation *f*
Erhöhung *f* der	increase of operational	augmentation *f* de la sécurité *f*
Betriebssicherheit *f*	reliability	de fonctionnement *m*
Erkenner *m*	identifier	identificateur *m*
	recognition circuit	
	recognizer	
Erkennung *f* (Signalisierung *f*)	recognition (signal)	reconnaissance *f*
		détection *f*
Erkennung *f* des Wähltons *m*	dial tone detection	détection *f* du signal *m* de
		numérotation *f*

Erkennungsmethode *f*	recognition system	méthode *f* de reconnaissance *f*
Erlang *n*	erlang	erlang *m*
erregen (Relais *n*)	energize	exciter (un relais *m*)
	operate	
	pick-up (relay)	
erreichen	access	atteindre
	reach	parvenir à
		obtenir
Ersatzblatt *n*	replacement sheet	feuille *f* de mise *f* à jour *m*
Ersatzleitung *f*	standby path	ligne *f* d'attente *f*
Ersatzschaltung *f*	standby circuit	circuit *m* d'attente *f*
Ersatzteilliste *f*	spare parts list	liste *f* de pièces *f/pl* détachées
Ersatzweg *m*	alternate route	chemin *m* alternatif *m*
ersetzt (durch)	replaced (by)	remplacé (par)
Erstanruf *m*	first call attempt	appel *m* initial
Erstausbau *m*	initial capacity	capacité *f* initiale
	basic capacity	
Erstprogrammierung *f*	initialization programming	programme *m* d'initialisation *f*
Erstweg *m*	first choice route	chemin *m* de premier choix *m*
Erweiterungsbaugruppe *f*	expansion module	module *m* d'extension *f*
ESA = Empfangssammelschiene *f*	receiving busbar	bus *m* de réception *f*
ESR = Einschalteroutine *f*	power-up routine	programme *m* de mise *f* en route *f*
	start routine	
ESY = Einphasung *f* Synchrontakt *m*	sync clock phase-in	synchronisation *f*
ETB = Elektronisches Telefonbuch *n*	electronic telephone directory	annuaire *m* électronique
Etikett *n*, Schiebebild *n*	label	étiquette *f*
ETSI Europäisches Institut *n* für Telekommunikations- standards *m/pl*	European Telecomms Standards Institute (ETSI)	Institut *m* Européen des Normes *f/pl* de Télécommunications *f/pl*
Europakartenformat *n*	Eurocard (Euroformat card)	carte *f* européenne
Eurosignal *n*	Eurosignal	Eurosignal *m*
Eurosignalempfänger *m*	Eurosignal receiver	récepteur *m* Eurosignal *m*
EVSt = Endvermittlungsstelle *f*	local exchange	central *m* terminal
	terminal exchange	
EWG (Europäische Wirtschaftsgemeinschaft) *f*	EEC (European Economic Community)	CEE (communauté économique européenne)
EWSD	digital switching system	système *m* de commutation *f* numérique
explosionsgeschützt	intrinsically safe	antidéflagrant
EXSYN = externer Synchrontakt *m*	external sync clock	top *m* de synchronisation *f* externe
externer Synchrontakt *m* (EXSYN)	external sync clock	top *m* de synchronisation *f* externe
externes Gespräch	external call	appel *m* externe

F

FA = Fernmeldeamt *n* — trunk exchange — bureau *m* des PTT
long-distance exchange
Fahrzeugfunkgerät *n* — in-vehicle radio unit — appareil *m* radio pour véhicules *m/pl*
Fahrzeugnavigationssystem *n* — vehicle navigation system — système *m* de navigation *f*
Fahrzeugsystem *n* — in-car system — système *m* véhicule
falsch wählen — faulty dialing — numérotation *f* erronée
wrong dialing
incorrect dial
Falschverbindung *f* — wrong connection — fausse connexion *f*
Falschwahl *f* — faulty selection — fausse numérotation *f*
wrong selection
Fangen *n* — malicious call tracing — détection *f* d'appels *m/pl* malveillants
Fangtaste *f* — intercept key — touche *f* d'interception *f*
Farbbild-Qualitäts-Kontroll-Empfänger *m* — color-quality control monitor — moniteur *m* de contrôle *m* de qualité *f* de couleur *f*
Farbbildrohr *n* — color picture tube — tube *f* image *f* en couleurs *f/pl*
Farbdatensichtgerät *n* — high-resolution color data display — appareil *m* de visualisation *f* de données *f/pl* couleur *f*
Farbe *f* — colour (Brit) — couleur *f*
color (Am)
Farbfernsehmonitor *m* — color video monitor — moniteur *m* vidéo en couleur *f*
Farbkamera *f* — color TV camera — caméra *f* couleur *f*
Farbtreue *f* — color accuracy — précision *f* de couleur *f*
Farbvideosignal *n* — color TV images — vidéo-signal *m* couleur *f*
FBO = Fernmeldebauordnung *f* — telecommunications regulations — règlementation *f* de la construction *f* téléphonique
FDV = Ferndiagnose *f*/Fernverwaltung — remote diagnostic/remote management — télémaintenance *f*/télégestion *f*
FE = Fernmeldebetriebserde *f* — system earth — terre *f* téléphonique
Fe = Fernsprechnetz *n* — telephone network — réseau *m* téléphonique
FeAp = Fernsprechapparat *m* — telephone — appareil *m* téléphonique
set
instrument
Federleiste *f* — spring connector strip — jack *m* à ressorts *m/pl*
socket connector
female multipoint connector
Federleistenträger *m* — socket connector bracket — connecteur *m* à jack *m* à ressorts *m/pl*
socket connector support
Fehler *m* — defect — défaut *m*
error — erreur *f*
Fehler *m* **Taktsystem** *n* (FTS) — system clock error — erreur *f* de l'horloge *f* système *m*
Fehler *m*, Störung *f* — fault — défaut *m*
panne *f*
Fehlerdämpfung *f* — balance return loss — affaiblissement *m* d'équilibrage *m*
return loss between line and network (Am)
Fehlerdiagnose *f* — error diagnosis — diagnostic *m* d'erreur *f*
fault diagnosis
fehlererkennender Code *m* — self-checking code — code *m* détecteur *m* d'erreur *f*
Fehlererkennung *f* — error detection — détection *f* d'erreur *f*
Fehlerfortpflanzung *f* — error propagation — propagation *f* de l'erreur *f*
Fehlerimpulshäufigkeit *f* — error pulse rate — taux *m* d'impulsion *f* d'erreur *f*
fehlerkorrigierender Code *m* — self-correcting code — code *m* auto-correcteur
code *m* correcteur *m* d'erreur *f*

Fehlermeldung *f*	error message fault report	message *m* d'erreur *f*
Fehlerortung *f*	fault location	localisation *f* de défauts *m*/*pl*
Fehlerquelle *f*	error source	source *f* d'erreurs *f*/*pl*
Fehlerrate *f*	error rate	taux *m* d'erreurs *f*/*pl*
Fehlerstörung *f*	trouble failure	panne *f* avarie *f*
Fehlersuche *f* (Hardware)	fault location (hardware) troubleshooting	dépannage *m*
Fehlersuche *f* (Software)	debugging (software)	dépannage *m* (logiciel)
Fehlersuchprogramm *n*	debugger	programme *m* de recherche *f* d'erreurs *f*/*pl*
Fehlerüberwachung *f*	error control	surveillance *f* d'erreurs *f*/*pl*
Fehlfunktion *f*	malfunction	défaut *m* de fonctionnement *m*
Fehlschaltung *f*	wrong connection faulty switching	connection *f* erronée
Feineinstellbereich *m*	fine adjustment range	domaine *m* de réglage *m* fin
Feld *n*, elektrisches ~	electric field	champ *m* électrique
Feld *n*, magnetisches ~	magnetic field	champ *m* magnétique
Feldfernkabel *n*	field trunk cable	câble *m* de télécommunication *f* de campagne *f*
Feldfernsprecher *m*	field telephone	téléphone *m* de campagne *f*
Feldkabel *n*	field cable	câble *m* de campagne *f*
Fenster *n*	window frame	fenêtre *f*
Fernbedienung *f*	remote control	commande *f* à distance *f*
Ferndiagnose *f*	remote diagnostic	télémaintenance *f*
Ferndiagnose *f*/ **Fernverwaltung** *f* (FDV)	remote diagnostic/remote maintenance	télémaintenance *f*/télégestion *f*
Ferneinstellen *n*	remote adjustment	réglage *m* à distance *f*
Ferngespräch *n*	trunk call (Brit) toll call (Am)	appel *m* tandem communication téléphonique interurbaine
Fernkabel *n*	long-distance cable	câble *f* longue distance *f*
Fernkennzeichen *n*	trunk call signal	signal *m* d'appel *m* réseau *m*
Fernkopieren *n*	telecopying	télécopie *f*
Fernkopierer *m*	fax facsimile (machine) telecopier	télécopieur *m*
Fernleitung *f*	long-distance line long-trunk line	ligne *f* réseau *m* interurbain
Fernmeldeamt *n*	telecommunications office	central *m* public
Fernmeldeanlage *f*	telecommunications system	système *m* de télécommunication *f*
Fernmeldebehörde *f*	telecommunications authorities	administration *f* des télécommunications *f*/*pl*
Fernmeldebetriebserde *f* (FE)	system earth	terre *f* téléphonique
Fernmeldedienst *m*	telecommunication service telephone service	service *m* de télécommunications *f*/*pl* service *m* téléphonique
Fernmeldekabelanlage *f*	fiber-optic telecommunications system	système *m* de télécommunications *f*/*pl* par fibre *f* optique
Fernmeldenetz *n*	telecommunications network telephone network	réseau *m* téléphonique
Fernmeldeordnung *f* (FO)	telecommunications act	règlements *m*/*pl* des télécommunications *f*/*pl*
Fernmeldeschutzschalter *m*	circuit breaker automatic cutout fuse switch	coupe-circuit *m*

fernmeldetechnisches Zentralamt *n* (FTZ)	telecommunications engineering centre	centre *m* technique de télécommunications *f/pl*
Fernmeldewesen *n*	telecommunication	télécommunication *f*
Fernmessen *n*	telemetering	télémesure *f*
Fernnebensprechen *n*	far-end crosstalk	télédiaphonie *f* diaphonie *f*
Fernnetz *n*	long-distance network toll network (Am)	réseau *m* interurbain
Fernschalten *n*	remote switching	commutation *f* à distance *f*
Fernschreiber *m*	teleprinter (Brit) teletype machine teletypewriter (Am)	téléscripteur *m* télétype *m*
Fernseh- und Rundfunktechnik *f*	radio and television engineering	technique *f* radio *f* et télévision *f*
Fernseh- und Studiotechnik *f*	television and studio equipment	équipement *m* de studio *m* et télévision *f*
Fernsehanstalt *f*	TV broadcasting corporation TV broadcasting station	station *f* de télédiffusion *f*
Fernsehempfang *m*	TV reception	téléréception *f*
Fernsehregie *f*	production direction	régie *f* de production *f*
Fernsehsendung *f*, intercontinentale	intercontinental telecasting	télédiffusion *f* intercontinentale
Fernsehsignal *n*	TV signal	signal *m* télévisuel
Fernsehstudio *n*	television studio	studio *m* de télévision *f*
Fernsehtechnik *f*	television technology video technology	technique *f* télévisuelle
Fernsehtelefonie *f*	video telephony	visiophone *m*
Fernsehübertragung *f*	television transmission telecast	transmission *f* de télévision *f*
Fernsehübertragungsnetz *n*	TV network	réseau *m* de télédiffusion *f*
Fernsehüberwachungssystem *n*	video monitor system	système *m* de moniteur *m* vidéo *f*
Fernsprechanlage *f*	telephone exchange (Brit) CO (Central Office) (Am)	installation *f* téléphonique
Fernsprechanschluß *m*	telephone connection subscriber set (device)	connexion *f* téléphonique poste *m* téléphonique
Fernsprechapparat *m*	subscriber set telephone set telephone instrument	téléphone *m* poste *m* d'abonné *m* poste *m* téléphonique
Fernsprechauskunft *f*	directory inquiries (service)	information *f* téléphonique
Fernsprechbuch *n*	telephone directory	annuaire *m* téléphonique
Fernsprecheinrichtung *f*	telephone equipment	équipement *m* téléphonique
Fernsprechkommunikation *f*	telephone communication	communication *f* téléphonique
Fernsprechleitung *f*	telephone circuit	ligne *f* téléphonique
Fernsprech-Nebenstellenanlage *f*	PABX	installation *f* téléphonique
Fernsprechnetz *n*	telephone network	réseau *m* téléphonique
Fernsprechnetz *n* (öffentliches)	public switched telephone network (PSTN)	réseau *m* téléphonique public réseau *m* téléphonique commuté
Fernsprechsystem *n*	telephone system	système *m* téléphonique
Fernsprechtechnik *f*	telephone technology	technique *f* téléphonique
Fernsprechtischapparat *m*	desk telephone desk set desk instrument	poste *m* de bureau *m*
Fernsprechverkehr *m*	telephone traffic	trafic *m* téléphonique
Fernsprechvermittlungsnetz *n*	telephone switching network	réseau *m* de commutation *f* téléphonique
Fernsprech-Wandapparat *m*	wall telephone set wall telephone instrument	poste *m* téléphonique mural
Fernsprechzelle *f*	pay telephone	cabine *f* téléphonique

Fernsteuern *n*	long-distance control telecomand	contrôle *m* à distance *f* télécommande *f*
Fernsteuerung *f*	remote control	commande *f* à distance *f*
Ferntarif *m*	long-distance rate	tarif *m* interurbain
Fernteilnehmer *m*	long-distance subscriber	abonné *m* interurbain
Fernteilnehmeranschluß *m*	long-distance subscriber circuit	circuit *m* d'abonné *m* interurbain
Fernüberwachung *f*	long-distance monitoring	surveillance *f* à distance *f*
Fernverbindung *f*	long-distance trunk call inter-office trunk call	appel *m* interurbain
Fernverkehr *m*	long-distance traffic long-distance calls trunk calls	trafic *m* interurbain
Fernverkehrskennziffer *f*	long-distance code	préfixe *m* interurbain indicatif *m* interurbain
Fernverkehrszone *f*	telephone trunk zone	zone *f* interurbaine
Fernvermittlung *f*	trunk exchange toll exchange trunk switching center long-distance exchange	central *m* distant central *m* interurbain
Fernvermittlungsstelle *f*	long-distance center toll office (Am)	centre *m* interurbain
Fernverwaltung *f*	remote maintenance	télégestion *f*
Fernwahl *f*	long-distance dialing trunk dialing	sélection *f* interurbaine automatique *f* numérotation *f* interurbaine
fernwahlberechtigt	nonrestricted trunk dialing	numérotation *f* sans discrimination *f*
Fernwirkanlage *f*	remote-control systems	système *m* de contrôle *m* à distance *f*
Fernwirkdienst *m*	teleaction service	service *m* de téléaction *f*
Fernwirksignal *n*	remote-control signal	signal *m* de contrôle *m* à distance *f*
Fernzone *f*	long-distance zone	zone *f* téléphonique interurbaine
Fertigungsdatenerfassung *f*	production data gathering	saisie *f* de données *f/pl* de fabrication *f*
Fertigungsnummer *f*	serial number manufacturing number	numéro *m* de série *f* numéro *m* de fabrication *f*
Festbildtelefonie *f*	fixed-image videotelephony	vidéo-téléphonie *f* à images *m/pl* fixes
feste monatliche Gebühr *f*	fixed monthly charge	abonnement *m* mensuel
feste Rufumleitung *f*	fixed call diversion	renvoi *m* d'appel *f* fixe
festgeschaltete Leitung *f*	leased line permanently connected line hot line service dedicated line	ligne *f* spécialisée ligne *f* louée liaison *f* fixe
festgeschaltete Verbindung *f*	point-to-point circuit non-switched connection permanently connected circuit dedicated circuit	circuit *m* point-à-point circuit *m* permanent connexion *f* non commutée
festgeschaltetes ISDN- Verbindungselement *n*	non-switched ISDN connection element	élément *m* de connexion *f* RNIS non commutée
festgeschaltetes Verbindungselement *n*	non-switched connection element	élément *m* de connexion *f* non commutée
festlegen (Kriterien)	define (criteria) determine	définir (critères) déterminer
Festspeicher *m*	read-only memory (ROM)	mémoire *f* morte ROM

Festverbindungsdienst *m*	permanent circuit service
	permanent circuit
	  telecommunication service
		service *m* de circuit *m*
		  permanent
		service *m* de circuit *m* de
		  télécommunications *f/pl*
		  permanent

Festwertspeicher *m*	ROM	mémoire *f* morte (ROM)
Festwiderstand *m*	fixed resistor	résistance *f* fixe
Feuermeldesystem *n*	fire-detection system	système *m* de détection *f* d'incendie *m*
Feuerwehr *f*	fire department	service *m* d'incendies *m/pl*

FFU = Fax G3 - Fax G4 -
  Umsetzer *m*
	FAX group 3 - FAX group 4
	  converter
		convertisseur *m* de téléfax *m*
		  G3/G4

FG BIT = Fachgemeinschaft *f*
  Büro- und
  Informationstechnik *f*
	Professional community for
	  office and information
	  technology
		Association *f* Professionnelle de
		  l'Informatique

Film *m*	film	film *m*
Filmabtaster *m*	film scanner telecine	analyseur *m* de films *m/pl*
Filmbild *n*	frame	image *f* de film *m*
Filter *m*	filter	filtre *m*
Flachbandkabel *n*	ribbon cable flat cable	câble *m* plat
Flachbaugruppe *f*	flat module	module *m* plat
Flächenkabelrost *m*	overhead cable rack	châssis *m* de câble *m*
Flachstecker *m*	low-profile plug	connecteur *m* plat
flackern	flicker flutter	clignoter scintiller
Flashtaste *f*	flash key	bouton *m* de coupure *f* calibré bouton *m* de flashing *m*
flink (bei Sicherungen *f/pl*)	quick acting (fuse)	fusion *f* rapide
Flip - Flop *n*	flip-flop	bascule *f*
FO = Fernmeldeordnung *f*	telecommunications act	règlements *m/pl* des télécommunications *f/pl*
Folgeanruf *m*	repeated call attempt	appel *m* renouvelé
Folientastatur *f*	membrane keypad membrane keyboard	clavier *m* à effleurement *m*
follow-me	follow-me	renvoi *m*
Fortpflanzungs- geschwindigkeit *f*	speed of propagation	vitesse *f* de propagation *f*
Fortpflanzungskonstante *f*	propagation constant	constante *f* de propagation *f*
frei	idle free disengaged	libre
Frei/Besetzt-Vielfach *n*	free/busy multiple	multible *m* libre-occupé
Frei/Besetzt-Zustand *m*	free/busy status free/busy condition	état *m* libre/occupé
freie Anschlußorganzuordnung *f*	free port assignment	port *m* universel
freie Leitung *f*	free-line condition free line	circuit *m* libre ligne *f* libre
freie Rufnummernzuordnung *f*	flexible numbering system	plan *m* de numérotation *f* programmable
freie Zuordnung *f* von Modems *m*	modem pools	pool *m* de modems *m/pl*
Freigabe *f*	release	déblocage *m*
Freilandsicherung *f*	security system for open field	système *m* de sécurité *f* de plain champ *m*
Freileitung *f*	overhead line open-air line	ligne *f* aérienne
freischalten	release clear	libérer

Freisprechapparat *m*	handsfree telephone	poste *m* mains-libres
		téléphone *m* mains-libres
Freisprecheinrichtung *f*	handsfree unit	équipement *m* mains-libres
Freiton *m*	ringback tone	tonalité *f* de retour *m* d'appel *m*
freizügige	fexible call numbering	assignation *f* variable de la
Rufnummernzuteilung *f*		numérotation *f*
Freizustand *m*	idle condition	état *m* libre
Fremdspannung *f*	external voltage	tension *f* indépendante
	unweighted noise voltage	tension *f* externe
Frequenzabweichung *f*	frequency deviation	déviation *f* en fréquence *f*
		fluctuation *f* en fréquence *f*
Frequenzanhebung *f*	boost (graphic equalizer)	renforcement *m* de fréquence *f*
(Oktavfilterentzerrer)		
Frequenzbereich *m*	frequency range	domaine *m* des fréquences *f/pl*
Frequenzeinstellung *f*	frequency setting	réglage *m* de fréquence *f*
Frequenzknappheit *f*	congestion ... frequency	saturation *f* de fréquence *f*
Frequenzmeßgerät *n*	frequency meter	fréquencemètre *m*
Frequenzmodulation *f*	frequency modulation	modulation *f* en fréquence *f*
Frequenzmultiplex *n*	frequency-division multiplex	multiplexage *m* fréquentiel
	(FDM)	
Frequenzmultiplexer *m*	frequency-division multiplexer	multiplexeur *m* fréquentiel
		multiplexeur *m* de fréquence *f*
Frequenzraster *m*	frequency pattern	grille *f* de fréquences *f/pl*
Frequenzverwerfung *f*	frequency shift	décalage *m* de fréquence *f*
	deviation	
Frittpotential *n*	coherer potential	potentiel *m* cohérent
Frontplatte *f*	front plate	plaque *f* frontale
	panel	face *f* avant
Frühwahl *f*	premature dialing	numérotation *f* prématurée
Ft = Freiton *m*	ringback tone (RBT)	retour *m* d'appel
F-Ton = Freiton *m*	ringing tone	tonalité *f* de poste *m* libre
	ringback tone	
FTS = Fehler *m* Taktsystem *n*	clock system error	erreur *f* de l'horloge *f*
		système *n*
FTZ = Fernmeldetechnisches	Federal Bureau for	Département *m* Technique
Zentralamt *n*	Telecommunications	Central des
		Télécommunications *f/pl*
Führungsblech *n*	guide plate	tôle *f* de guidage *m*
Führungsschiene *f*	guide bar	barre *f* de guidage *m*
		rail *m* de guidage *m*
Funkalarm *m*	radio alarm	alarme *f* radio *f*
Funkalarmsystem *n*	radio alarm system	système *m* d'alarme *f* radio *f*
Funkfeld *n*	radio hop	champs *m* hertzien
Funkfernsprechsystem *n*	radio telephone system	système *m* de radio-téléphone *m*
Funkgerät *n*	two-way radio	poste *m* de radio *f*
Funknetz *n*	radio network	réseau *m* de radio *f*
Funkrufdienst *m*	paging-service number	service *m* de recherche *f* de
		personnes *f/pl*
Funkruf-Feststation *f*	paging base station	station *f* de recherche *f* de
		personnes *f/pl*
Funkrufnetz *n*	paging network	réseau *m* de recherche *f* de
		personnes *f/pl*
Funkstörgrad *m*	degree of RFI	niveau *m* de parasites *m/pl*
Funksystem *n*	radio system	système *m* radio *f*
Funktechnik *f*	radio technology	radiotechnique *f*
Funktelefon *n*	radiotelephone (public)	radiotéléphone *m*
Funktion *f*	function	fonction *f*
	operation	exploitation *f*
funktionelles Modell *n* der	network architecture functional	modèle *m* fonctionnel
Netzwerkarchitektur *f*	model	d'architecture *f* de réseau *m*

Funktionen *f/pl* höherer Schichten *f/pl*	higher layer functions	fonctions *f/pl* des couches *f/pl* supérieures
Funktionsalarm *m*	function alarm	fonction *f* d'alarme *f*
Funktionsgruppe *f*	functional group	groupe *m* fonctionnel
	functional grouping	groupement *m* fonctionnel
Funktionskoppler *m*	functional coupling unit	coupleur *m* de fonction *f*
Funktionstaste *f*	function key	touche *f* de fonction *f*
Funktionsteilung *f*	function sharing	partage *m* de fonction *f*
Funktionszustand *m*	function state	état *m* de fonctionnement *m*
Funkübertragung *f*	radio broadcasting	transmission *f* radio *f*
Funkverbindung *f*	radio link	liaison *f* radio *f*
Funkvermittlung *f*	mobile switching center	commutation *f* radio *f*
Funkvermittlungseinrichtung *f*	radio-exchange facilities	dispositif *m* de commutation *f* radio *f*
Funkzentrale *f*	(private) radio center	central *m* radio *f*
Fußnote *f*	note	note *f*
Fußrahmen *m*	base frame	socle *m*

G

Gabel *f* (Abzweigung)	branch connection	embranchement *m*
		dérivation *f*
Gabel *f* (Gabelschaltung)	hybrid	termineur *m*
	terminating circuit	
	termination	
Gabeldämpfung *f*	attenuation of a terminating	affaiblissement *m* d'une
	circuit	terminaison *f*
	attenuation of a terminating set	
Gabelschlag *m*	hook flash	crochet *m* commutateur *m*
Gabelübergangsdämpfung *f*	transhybrid loss	affaiblissement *m* d'une
		terminaison *f*
Gabelumschalter *m*	hook switch	contacts *m/pl* du crochet *m*
	cradle switch	commutateur *m*
Gabelverstärker *m*	hybrid amplifier	amplificateur *m* d'un
		termineur *m*
GAP = Gruppe Analysen und Prognosen (SOGT Untergruppe)	analysis and prognosis group	Groupe d' Analyse et de Prévision
gassenbesetzt	congestion	encombrement *m*
	all trunks busy	
	no-exit condition	
Gatter *n*	gate	grille *f*
		porte *f*
GDA = Gebührendatenauswertung *f*	call data evaluation	évaluation *f* des taxes *f/pl*
GDV = Gebührendatenverarbeitung *f*	call data processing	traitement *m* des taxes *f/pl*
Geber *m*	transmitter	émetteur *m*
Gebühr *f*	charge	redevance *f*
	fee	taxe *f*
		tarif *m*
Gebühren *f/pl* zuschreiben	allocate the charges to the caller	taxer
Gebührenabrechnungs-verfahren *n*	accounting method	méthode *f* de taxation *f*
	billing method	méthode *f* de facturation *f*
Gebührenanzeige *f*	call charge display	visualisation *f* de la taxation *f*
	tax indication	
Gebührenaufzeichnung *f*	call charge recording	enregistrement *m* de la
	rate accounting	taxation *f*
Gebührenberechnung *f*	call rate accounting	taxation *f*
	call charging	
Gebührenbezeichnung *f*	rate district	circonscription *f* de taxes *f/pl*
Gebührendaten *f*	charging information	données *f/pl* de taxation *f*
	call charge data	
Gebührendatenzuschreibung *f*	call data notification	attribution *f* de la taxation *f*
Gebühreneinheit *f*	call charge unit	unité *f* de taxe *f*
	unit fee	
Gebührenempfangskreis *m* (GEK)	call charge receiving unit	circuit *m* récepteur *m* de taxe *f*
Gebührenerfassung *f*	call charge registration	taxation *f*
	call charge recording	
	call metering	
	SMDR (Am)	
Gebührenerfassungs-einrichtung *f*	call charge equipment	équipement *m* de taxation *f*

gebührenfrei	non-chargeable free	non soumis à la taxation *f* non-taxé gratuit
gebühren⌐ ⌐e Verbindung *f*	non-chargeable free call	communication *f* en franchise *f* appel *m* gratuit
Gebührengestaltung *f*	rate structure	système *m* de taxation *f* (principe)
gebührengünstig	cheap-rate period low-rate	tarif *m* heures *f/pl* creuses
Gebührenimpuls *m* **Gebühreninformation** *f* **Gebührenmeldung** *f* **Gebührenordnung** *f*	meter pulse call charge data customer billing information schedule of rates scale of charges	impulsion *f* de taxe *f* données *f/pl* de taxation *f* message *m* de taxation *f* réglementation *f* de la taxation *f*
gebührenpflichtig	chargeable	soumis à la taxe *f* taxable
gebührenpflichtige **Verbindungsdauer** *f*	chargeable call time	durée *f* taxable d'une communication *f* durée *f* taxable d'un appel *m*
gebührenpflichtige Zeit *f* **Gebührenrechnung** *f* des Teilnehmers	chargeable time extension rate bill	durée *f* taxable facturation *f* abonné
Gebührenspeicher *m* **Gebührentaktserie** *f* **Gebührentarif** *m*	call charge memory metering pulse train call charge rate tariff rate	mémoire *f* de taxation *f* impulsions *f/pl* de taxation *f* tarif *m* de taxation *f* tarification *f*
Gebührenübernahme *f* **Gebührenumrechner** *m* **Gebührenumsetzer** *m* **Gebührenweiche** *f*	reverse charging call charge converter call charge translator switch (call charge)	PCV convertisseur *m* de taxes *f/pl* convertisseur *m* de taxes *f/pl* détecteur *m* de taxes *f/pl* aiguille *f* de taxes *f/pl*
Gebührenzähler *m* **Gebührenzählung** *f* **Gebührenzählung** *f* (Nebenstelle) **Gebührenzone** *f*	call charge meter call charge metering call charge metering (extension) meter pulse rate tariff zone metering zone	compteur *m* des taxes *f/pl* comptage *m* des taxes *f/pl* taxation *f* des abonnés *m/pl* circonscription *f* de taxes *f/pl* zone *f* de taxation *f*
Gebührenzuschreibung *f*	notification of chargeable time	imputation *f* des unités *f/pl* de taxation *f*
gedrückte (Taste *f*)	pressed (key) depressed (key) pushed (key)	appuyée (touche *f*)
gedruckte Schaltung *f* **Gefahrenmeldeanlage** *f* **gefaltetes Koppelnetz** *n* **Gegenanlage** *f*	printed circuit danger alarm system folded network opposite system distant system	circuit *m* imprimé système *m* d'alarme *f* réseau *m* de connexion *f* système *m* en duplex *m*
Gegenschreiben *n*	full-duplex traffic operation	fonctionnement *m* en full- duplex *m*
gegenseitige Beeinflussung *f* (Signalkanal *m*) **Gegensprechanlage** *f*	mutual interference (signaling channel) two-way intercom system	interférence *f* mutuelle système *m* d'intercommunication *f*
Gegensprechen *n*	duplex operation duplex communication	téléphonie *f* bidirectionelle téléphonie *f* duplex *m*
Gegenzelle *f* **Gehäuse** *n*	countercell housing casing case	contre-cellule *f* bôitier *m* coffret *m*

geheimer Internverkehr *m*	internal call privacy secret internal traffic	trafic *m* interne privé secret *m* des communications *f/pl* internes
gehende Fernleitung *f*	outgoing trunk line	circuit *m* interurbain de sortie *f* ligne *f* réseau *m* sortante
Gehörschutz *m*	click absorber acoustic shock absorber	anti-choc *m* acoustique circuit *m* de protection *f* anti- choc *m* acoustique
Gehörschutzdiode *f*	acoustic shock absorber diode	diode *f* de protection *f* anti-choc *m* acoustique
Gehörschutzgleichrichter *m*	acoustic shock absorber rectifier	redresseur *m* anti-choc *m* acoustique
GEK = Gebührenempfangskreis *m*	call charge receiving unit	circuit *m* récepteur *m* de taxes *f/pl*
gelb	yellow	jaune
Geld *n* (~stücke *n/pl*)	coins	pièces *f/pl* de monnaie *f*
gelöscht	erased canceled cleared	effacé annulé
gemeinsam	common	commun
gemeinsame Einrichtung *f*	common equipment	équipement *m* commun
Gemeinschaftsanschluß *m*	shared line	raccordement *m* collectif lignes *f/pl* collectives
Gemeinschaftsantenne *f*	community antenna	antenne *f* collective
geordneter Absuchvorgang *m*	sequential hunting	acheminement *m* séquentiel de l'appel *m* sur une ligne *f*
geprüft	checked tested	vérifié testé contrôlé
gepuffert	buffered	tamponné bufférisé
Gerätealarm *m*	equipment alarm	alarme *f* système *m*
Geräteinterface *n* (GI)	device interface	interface *f* d'unité *f*
Gerätetreiber *m*	device driver	driver *m* d'unité *f*
Geräusch *n*	noise	bruit *m*
Geräusch *n* durch Einschwingvorgänge *m/pl*	transient noise	bruits *m/pl* transitoires
Geräuschabstand *m*	signal-to-noise ratio	rapport *m* signal *m* sur bruit *m*
Geräuschspannung *f*	weighted noise psophometric voltage	bruit *m* pondéré tension *f* psophométrique
gerufener Teilnehmer *m*	called subscriber called party	abonné demandé abonné appelé correspondant *m* au téléphone *m*
Gesamtausfall *m*	blackout	panne *f* générale
Gesamtdauer *f*	total duration	durée *f* totale
Gesamtsteuerung *f*	overall control	commande *f* générale supervision *f*
Gesamtverzerrung *f*	total distortion	distorsion *f* totale
Geschäftsbereich *m* Mobile Kommunikation *f*	Mobile Communications Division	Département communication mobile
geschlossene Teilnehmergruppe *f*	closed extension group closed user group	groupe *m* fermé d'usagers *m/pl* groupement *m* de postes *m/pl*
geschützte Datenverbindung *f*	protected data connection	liaison *f* de données *f/pl* protégée
gesehen	approved	confirmé lu et approuvé
Gesellschaftsanschluß *m*	party-line (station)	branchement *m* sur ligne *f* commune

gesickt	crimped	serti
	creased	
	flanged	
gesperrt	barred	verrouillé
	blocked	bloqué
Gesprächsanmeldung *f*	call request	demande *f* d'appel *m*
	call booking	
Gesprächsband *n*	voice channel	bande *f* vocale
Gesprächsdatenerfassung *f*	call charge data recording	enregistrement *m* de la
	SMDR (Am)	taxation *f*
Gesprächsdatenverarbeitung *f*	call charge data processing	traitement *m* de la taxation *f*
(GDV)		
Gesprächsdauer *f*	call duration	durée *f* de la conversation *f*
	conversation time	durée *f* de la communication *f*
Gesprächsfilterung *f*	call filtering	filtrage *m* d'appel *m*
(Voranmeldung *f*)		
Gesprächskanal *m*	voice channel	canal *m* vocal
	telephone channel	
Gesprächsvermittlung *f*	call switching	commutation *f* de parole
Gesprächsweiterleitung *f*	call forwarding	transfert *m* de base *f*
	call transfer	transfert *m* en cas *m* de non-réponse *m*
		transfert *m*
		renvoi *m* temporaire
Gesprächszähler *m*	call meter	compteur *m* de communication *f*
		compteur *m* d'appels *m/pl*
Gesprächszustand *m*	conversation condition	état *m* de la communication *f*
	call condition	
Gesprächszuteilung *f*	call assignment	répartition *f* d'appel *m*
gesteckt	plugged	enfiché
Gestell *n*	rack	support *m*
		rack *m*
		bâti *m*
Gestellrahmen *m*	rack	baie *f*
	frame (Am)	
Gestellreihe *f*	rack line	travée *f*
	rack row	
gesteuert	controlled	commandé
		contrôlé
		dirigé
Gewicht *n*	weight	poids *m*
Gewichtsdatenerfassung *f*	weight data gathering	acquisition *f* de données *f/pl* de poids *m*
		saisie *f* des données *f/pl* concernant le poids *m*
GI = Geräteinterface *n*	device interface	interface *m*
Glasfaser-Anschluß *m*	fiber-optic connection	connexion *f* fibre *f* optique
Glasfaserkabel *n*	fiber-optic cable	câble *m* de fibre *f* optique
Glasfasernetz *n*	fiber-optics network	réseau *m* à fibre *f* optique
Glasfasertechnik *f*	fiber optics	technique *f* des fibres *f/pl* optiques
Gleichrichter *m*	rectifier	redresseur *m*
Gleichrichtergerät *n*	rectifier unit	appareil *m* redresseur *m*
		alimentation *f*
Gleichspannungsmodul *n*	DC voltage module	alimentation courant *m* continu
Gleichspannungswandler *m*	DC voltage converter	convertisseur *m* continu-continu
	DC voltage transformer	convertisseur *m* à courant *m* continu

Gleichstrom-Durchlaßwiderstand *m* (Halbleiter *m*)	DC forward resistance (semiconductor)	résistance *f* passante (semiconducteur)
Gleichstromsignalisierung *f*	DC signaling	signalisation *f* en courant *m* continu
Gleichstrom-Tastwahl *f*	DC push-button dialing	sélection *f* par clavier *m* pour courant *m* continu
Gleichwellen-System *n*	common wave system	système *m* à onde *f* commune
gleichwertig	equivalent	équivalent
Glimmentladung *f* (Stromkreis *m*)	glow discharge (circuit)	décharge *f* luminescente (circuit)
golddiffundierte Kontaktlamellen *f/pl*	gold-diffused reed contacts	contact reed *m* en or *m*
grau	grey	gris
Grenzfrequenz *f*	threshold frequency limiting frequency	fréquence *f* limite
Griff *m*	handle	poignée *f*
Großanzeige *f*	large-scale display	grand affichage *m*
Groß-Fernsprechsystem *n*	large-capacity telephone system	système *m* téléphonique à grande capacité *f*
Großrechner *m*	host computer mainframe	ordinateur *m* central ordinateur *m* principal
grün	green	vert
Grundausbau *m*	basic design basic capacity	exécution *f* de base *f* équipement *m* de base *f*
Grundbaustein *m*	basic unit	unité *f* de base *f* module *m* de base *f*
Grundgebühr *f*	fixed charge	redevance *f* d'abonnement *m* taxe *f* de base *f*
Grundsignal *n* (Takt *m*)	basic signal (clock pulse)	signal *m* de base *f*
Grundstellung *f* (Gerät *n*)	normal position initial position	position *f* initiale
Grundtakt *m*	basic clock signal basic timing signal	horloge *f* de référence *f*
Grundwert *m* des Nebensprechens	signal-to-crosstalk ratio	écart *m* diaphonique
Gruppenauswahl *f*	group selection	sélection *f* de groupe *m*
Gruppenerkenner *m*	group identifier	identificateur *m* de groupes *m/pl*
Gruppengeschwindigkeit *f*	envelope velocity group velocity	vitesse *f* de propagation *f* de groupe *m*
Gruppenkoppelstufe *f*	group coupling stage	niveau *m* de couplage *m* du groupe *m*
Gruppenkoppler *m*	group coupler	coupleur *m* de groupe *m*
Gruppenkurzwahl *f*	group abbreviated dialing	numérotation *f* abrégée du groupement *m*
Gruppenlaufzeit *f*	envelope delay group delay	temps *m* de propagation *f* de group *m*
Gruppennummer *f*	group number	numéro *m* du groupement *m*
Gruppennummernzuordner *m*	extension group number translator	traducteur *m* du numéro *m* de groupe *m* d'abonnés *m/pl*
Gruppenruf *m*	group call	accès *m* direct à un groupe *m*
Gruppensignal- und Zeittaktgeber *m*	group signal and clock	signal *m* et horloge *f* de groupe *m*
Gruppensignale *n/pl*	group signals	signaux *m/pl* de groupe *m*
Gruppensignalfeld *n*	group signaling panel	tableau *m* de signalisation *f* de groupe *m*
Gruppensignalfeld-Anzeigeteil *m/n*	group signaling display panel	afficheurs *m/pl* du tableau *m* signalisation *f* de groupement *m*
Gruppensteuerung *f*	group control	gestion *f* de groupement *m*
Gruppenverbinder *m*	group connector	connecteur *m* de groupement *m*

Gruppenverbindungsplan *m*	trunking diagram	plan *m* de groupement *m* diagramme *m* général des jonctions *f/pl*
Gruppenverbindungssatz *m*	group junction equipment	joncteur *m*
Gruppenvermittlungsstelle *f*	local tandem exchange	réseau *m* d'autocommutateurs *m/pl* autocommutateurs *m/pl* en réseau *m*
Gruppenvielfachleitung *f*	group multiwire line	ligne *f* multibrin *m*
Gruppenvorsatz *m*	group adaptor	adaptateur *m* de groupement *m*
Gruppenweiche *f*	group branching switch	sélection *f* de groupement *m*
Gruppierung *f* des Wegevielfachs	trunk scheme grouping path-multiple grouping	groupement *m* de multiples des routes *f/pl*
Gruppierung *f*, einstufig	single-stage grouping	groupement *m* à un étage *m*
Gruppierungsanordnung *f*	trunking array	configuration *f* de groupes *m/pl*
Gruppierungsbaustein *m*	trunking unit	module *m* de groupement *m*
GS = Gruppensteuerung *f*	group control	unité *f* de contrôle *m* de groupe *m*
GT = gerufener Teilnehmer *m*	called extension	poste *m* appelé
Gültigkeit *f*	validity	validité *f*
Gummifuß *m*	rubber foot	patin *m* en caoutchouc *m*
Güteprüfprotokoll *n*	quality control protocol	protocole *m* de contrôle *m* qualité *f*
gütlich (nach freier Übereinkunft *f*)	settlement	de gré à gré
GZ = Gebührenzähler *m*	call charge meter	compteur *m* de taxes *f/pl*

H

H = Hausanschluß *m*	private connection	ligne *f* interne
H12 = Breitband-Informationskanal mit einer Bitrate von 1920 kbit/s	broadband information channel with a bit rate of 1920 kbit/s	canal *m* d'information *f* large bande *f* avec un débit *m* de 1920 kbit/s
ha = halbamtsberechtigt	semirestricted	semi-discriminé
HA = Handapparat *m*	handset	combiné *m*
Hakenschalter *m*	hook switch	commutateur *m* à crochet *m* contacteur *m* à crochet *m*
halbamtsberechtigt	semirestricted	prise *f* contrôlée du réseau *m* discrimination *f* partielle prise *f* directe réseau *m*
halbamtsberechtigter Teilnehmer *m*	semirestricted extension	abonné *m* ayant droit à prise *f* directe réseau *m* partielle discriminée
Halbduplexbetrieb *m*	half-duplex operation	fonctionnement *m* en mi-duplex *m*
Halbkanalmessung *f*	half channel measurement	mesure *f* sur demi-canal *m*
Halbleiter *m*	semiconductor	semi-conducteur *m*
Halbleitergleichrichtergerät *n*	semiconductor rectifier unit	redresseur *m* à semi-conducteurs *m/pl*
Halbleiterlaser *m*	semiconductor laser	laser *m* à semiconducteurs *m/pl*
halbsynthetische Stimme *f*	semi-synthesized voice	voix *f* à demi-synthétisée
Halbwelle *f*	half-wave	demi-onde *f*
Haltedrossel *f*	holding coil	bobine *f* de garde *f*
Haltelampe *f*	holding lamp	voyant *m* de mise *f* en garde *f*
halten	hold	mise *f* en garde *f*
Halterung *f*	support bracket base (fuse)	fixation *f*
Haltetaste *f*	holding key	touche *f* de mise *f* en garde *f*
Handapparat *m*	handset	combiné *m*
Handapparat-Ablage *f*	handset cradle	crochet *m* combiné *m*
Handsprechfunk *m*	hand-held two-way radio	poste *m* émetteur-récepteur *m* portatif
Handsprechfunkgerät *n*	walkie-talkie	walkie-talkie *m*
Handtelefon *n*	hand-held telephone with integrated pushbutton dialing	poste *m* portatif avec clavier *m* incorporé
handvermittelt	manually switched manually put through	établi en service *m* manuel passer une communication *f* en manuel
Handvermittlungsplatz *m*	manual operator position	standard *m* manuel
Hardware *f*	hardware	matériel *m*
harmonische Verzerrung *f*	harmonic distortion	distorsion *f* harmonique
HAs = Hauptanschluß *m*	main line main station external line	poste *m* principal
Hauptamt *n*	district exchange main exchange	central *m* principal
Hauptamtsverkehr *m*	district exchange traffic main exchange traffic	trafic *m* du central *m* principal
Hauptanschluß *m*	main line main telephone subscriber telephone	poste *m* principal d'abonné *m* poste *m* d'abonné *m*
Hauptanschluß-Kennzeichen *n* (HKZ)	loop-disconnect signaling	identification *f* du poste *m* principal signalisation *f* par rupture *f* de boucle *f*

Hauptbild *n*	primary image	image *f* primaire
Hauptgruppen-Trennzeichen *n*	file separator	séparateur *m* de fichiers *m/pl*
Hauptstelle *f*	main station	poste *m* principal
Hauptverkehrsstunde *f*	main traffic	heure *f* chargée
	busy hour	heure *f* de pointe *f*
	peak hour	
Hauptverteiler *m* (HVT)	main distribution frame (MDF)	répartiteur *m* général
		répartiteur *m* principal
Hausanschluß *m*	internal connection	ligne *f* de service *m*
	house connection	
hausberechtigt	fully restricted	poste *m* privé
Hausgespräch *n*	internal call	numérotation *f* d'accès *m* à l'opératrice *f*
Hausnotrufsystem *n*	in-house emergency alarm system	système *m* d'alarme *f* interne
Hausnotrufzentrale *f*	house emergency alarm terminal	terminal *m* d'alarme *f* interne
Hausverbindung *f*	internal call connection	communication *f* interne
Hausverbindungssatz *m*	internal connecting set	circuit *m* des communications *f/pl* internes
Hausverkehr *m*	internal call traffic	trafic *m* des communications *f/pl* internes
Hauszentrale *f*	private automatic exchange (PAX)	central *m* domestique
		autocommutateur *m* local
		autocommutateur *m* privé
heranholen	pick up	capter
Heranholen *n* von Anrufen	call pick-up	interception *f* d'appel *m*
Herausschalten *n* aus dem Sammelanschluß *m*	withdrawing from automatic hunting	poste *m* déconnecté du groupement *m* de postes *m/pl*
herausschalten, sich ~	withdraw	retirer
		se déconnecter
Hereinwahl *f*	direct dial-in (DDI)	sélection *f* directe
Herkon-Kontakt *m*	hermetically sealed dry-reed contact	relais *m* à lames *f/pl* vibrantes
Herkon-Relais *n*	reed relay	relais *m* reed
Herstellungsdatum *n*	manufacturing date	date *f* de fabrication *f*
Hexateilung *f*	hexa division	division *f* en hexadécimal
HF = Hochfrequenz *f*	high frequency	haute fréquence *f* (HF)
HfD = Hauptanschluß *m* für Direktruf *m*	main station for fixed connection	poste *m* principal pour appel *m* direct
HGS = Hintergrundspeicher *m*	background memory	mémoire *f* de masse *f*
hierarchisches Netz *n*	hierarchical network	réseau *m* hyerarchisé
Hilfskoppler *m*	auxiliary connector	coupleur *m* auxiliaire
	auxiliary coupler	
Hilfsleitung *f*	information line	ligne *f* pilote
		ligne *f* de transmission *f* d'informations *f/pl*
Hilfstaste *f*	auxiliary button	touche *f* auxiliaire
Hintereinanderschalten *n*	connection in series	montage *m* en série
Hintergrundmusik *f*	background music	musique *f* de fond *m*
Hintergrundspeicher *m* (HGS)	background memory	mémoire *f* de masse *f*
Hinweisdienst *m*	intercept service	service *m* d'interception *f* d'appels *m/pl*
	interception of calls service	d'informations *f/pl*
		service *m* d'informations *f/pl*
Hinweisleitung *f*	intercept line	ligne *f* d'informations *f/pl*
	information line	
Hinweiston *m*	reference information tone	tonalité *f* d'information *f* spéciale
	special information tone	tonalité *f* modulée

hinzu, kommt hinzu	added	supplémentaire ajouté(e)
HK = Hauptkabel *n*	main cable	câble *m* principal
H-Kanal = transparenter Breitband- Informationskanal *m*	transparent broadband communications channel	canal *m* d'information transparent à large bande *f*
HKZ = Hauptanschluß- Kennzeichen *n*	loop-disconnect signaling	identification *f* du poste *m* principal
Hkz = Hauptanschluß- kennzeichengabe *f*	loop-disconnect signaling	signalisation *f* du poste *m* principal
HO = Breitband- Informationskanal *m* mit einer Bitrate *f* von 384 kbit/s	broadband information channel with a bit rate of 384 kbit/s	canal *m* d'information *f* large bande *f* avec un débit *m* de 384 kbit/s
hochauflösend	high-resolution	haute résolution *f*
Hochfrequenz *f* (HF)	high frequency	haute-fréquence *f* (HF)
Hochfrequenzstörung *f*	radiofrequency interference (RFI)	perturbation *f* haute fréquence *f*
hochintegriert (Schaltungen *f/pl*)	large-scale integration (LSI) circuits)	haute intégration *f* (circuits *m/pl* intégrés)
Hochpegelwahl *f*	high-level selection	sélection *f* de niveaux *m/pl* hauts
Höchstwert *m* (Stromkreise *m/pl*)	peak value (circuits) maximum	valeur *f* pic valeur *f* maximum
Höhe *f*	height	hauteur *f*
Homogenisierung *f* des Anschlußnetzes *n*	homogenization of the subscriber network	homogénéisation *f* du réseau *m* abonneés *m/pl*
Hörer *m*	receiver handset	combiné *m*
Hörkapsel *f*	receiver inset receiver capsule	capsule *f* réceptrice
Hörmuschel *f*	earpiece	capsule *f* d'écoute
Hörtöne *m/pl*	audible tones	signaux *m/pl* audibles signaux *m/pl* tonalités *f/pl*
Hörtongenerator *m* (HTG)	audible tone generator	générateur *m* de tonalités *f/pl*
Hoyt-Nachbildung *f*	Hoyt balancing network	équilibreur *m* Hoyt
HSt = Hauptstelle *f*	main station	poste *m* principal
HTG = Hörtongenerator *m*	audible tone generator	générateur *m* de tonalités *f/pl*
Hülsen *f* (Steck-) für Anschlußdraht	adaptor plug	douilles *f/pl* cosses *f/pl*
HV = Hauptverteiler *m*	main distribution frame (MDF)	répartiteur *m* principal
HVSt = Hauptvermittlungsstelle *f*	primary exchange main exchange	poste *m* opérateur *m* principal
HVT = Hauptverteiler *m*	main distribution frame (MDF)	répartiteur *m* général, répartiteur *m* principal

I

IBFN = Integriertes Breitbandfernmeldenetz *n*	integrated broadband communications network	réseau *m* de télécommunications *f/pl* intégré à large bande *f*
identifizieren	identify	identifier
Identifizierung *f*	identification	identification *f*
Identifizierung *f* des Anrufers *m*	call identification	identification *f* (de l'appelant *m*)
Identifizierung *f* des Rufes, automatische	automacic caller's identification	identification *f* automatique du demandeur *m*
Identifizierungseinrichtung *f*	identification facility	dispositif *m* d'identification *f*
Identifizierungskasten *m*	associated identification box	boîtier *m* auxiliaire d'identification *f*
Identifizierungskode *m*	identification code	code *m* d'identification *f*
Identifizierungsspeicher *m*	identification store	sauvegarde *f* de l'identification *f*
IDN = integriertes Datennetz *n*	integrated text and data network	réseau *m* de données *f/pl* intégré
I-Feld = Informationsfeld *n*	information field	champ *m* d'information *f*
I-frames = numerierte Informationsrahmen *m*	numbered information frame	trame *f* d'information *f* numérisée
IKZ = Impulskennzeichen *n*, Impulskennzeichengabe *f*	pulse signaling	signalisation *f* par impulsions *f/pl*
Illustration *f*	figure	figure *f*
Impedanz *f*	impedance	impédance *f*
Impuls *m*	pulse	impulsion *f*
Impulsdauer *f*	pulse duration	durée *f* d'impulsion *f*
Impulsdiagramm *n*	timing diagram	chronogramme *m* diagramme *m* temporel
Impulsfolge *f* (Serie *f*)	pulse train	train *m* d'impulsions *f/pl*
Impulsgeber *m*	digit emitter electronic pulse generator	générateur *m* d'impulsions *f/pl*
Impulskennzeichen *n* (IKZ)	pulse signal pulse signaling	code *m* d'identification *f* de l'impulsion *f* signalisation *f* par impulsions *f/pl*
Impulssignalisierung *f*	pulse signaling	signalisation *f* par impulsions *f/pl*
Impulsunterdrückung *f*	pulse absorbtion pulse suppression	suppression *f* des impulsions *f/pl*
Impulsverfahren *n*	pulsing system	technique *f* par impulsions *f/pl*
Impulsverhalten *n*	pulse behaviour	comportement *m* des impulsions *f/pl*
Impulsverhältnis *n*	pulse ratio	rapport *m* d'impulsions *f/pl*
Impulsverzerrung *f*	impulse distortion	distortion *f* d'impulsion *f*
Impulswahl *f*	pulse dialing	numérotation *f* décimale
Impulswahlempfänger *m*	pulse dialing receiver	récepteur *m* de numérotation *f* décimale
Impulswahlsender *m*	pulse dialing sender pulse dialing transmitter	émetteur de numérotation *f* décimale
Impulswahlverfahren *n* (IWF)	pulse dialing method pulse dialing system pulse dialing principle	procédure *f* de numérotation *f* décimale système *m* de numérotation *f* décimale principe *m* de numérotation *f* décimale
Impulswiederholung *f*	pulse repetition	répétition *f* d'impulsion *f*
Impulszahlgeber *m*	pulsing keysender	générateur *m* d'impulsions *f/pl*

Inband-Kennzeichengabe *f*	in-slot signalling	signalisation *f* dans le créneau *m* temporel
Inbetriebnahme *f*	commissioning	mise *f* en service *m*
indirekt gesteuertes System *n*	indirect-control system	système *m* à commande *f* indirecte
Induktionsschleife *f*	induction loop	boucle *f* inductive
Induktivwahl *f*	inductive dialing	sélection *f* par induction *f*
Informations-Abruf *m*	information retrieval	récupération *f* d'information
Informationsdichte *f*	information density	densité *f* d'information *f*
Informationsdienst *m*	information service	service *m* d'information *f*
Informationsfluß *m*	information flow	débit *m* d'information *f*
Informationsgeber *m*	information generator	générateur *m* d'information *f*
Informationskapazität *f*	information capacity	capacité *f* d'informations *f/pl*
Informationstechnik *f*	information technology	technique *f* de l'information *f*
Informationsverarbeitung *f*	information processing	traitement *m* des informations *f/pl*
Informationsvielfach *n*	information multiple	ensemble *m* d'informations *f/pl*
Informationsvielfach-Verstärker *m*	information multiple amplifier	amplificateur *m* d'informations *f/pl* multiples
Informationszuordner *m*	information translator	translateur *m* d'informations *f/pl*
infrastrukturgebunden	infrastructural	infrastructurel
Inhalt *m*	contents content	contenu *m*
Inhalt *m* (Raum *m*)	volume	volume *m*
Inhaltsverzeichnis *n*	index table of contents	sommaire *m* table *f* des matières *f/pl*
In-Haus-Datennetz *n*	in-house data network	réseau *m* interne
initialisieren (Digitalschaltung *f*)	initialize (digital circuit)	initialiser
Initialisierung *f* (Gerät *n*)	initialization setup (device)	initialisation *f*
Inlands-Fernverbindung *f*	domestic trunk call	communication *f* à longue distance *f* nationale appel *m* national
Inlandsnetz *n*	domestic network	réseau *m* national
Inlandsverkehr *m*	domestic trunk traffic national trunk traffic	trafic *m* interurbain trafic *m* national
innen	inside internal	intérieur interne
Innenkern *m* (Glasfaser *f*)	core	âme *f* (fibre *f* optique)
Innenverbindungssatz *m*	internal link	circuit *m* de connexion *f* interne
innerbetriebliche Informationswesen *n*	intracompany information system	système *m* d'information *f* à usage *m* interne
integrierte Digitalübertragung *f* und -durchschaltung *f*	integrated digital transmission and switching	transmission *f* et commutation *f* numériques intégrées
integrierter Zuordner *m*	integrated translator	translateur *m* intégré
integrierter Zuordner-Sender *m*	integrated translator sender	translateur *m* intégré émetteur *m*
integrierter Zuordner-Zentralteil *m* A, B	integrated translator central part A, B integrated central part A, B	translateur *m* intégré-point *m* milieu A, B
integriertes Digitalnetz *n*	integrated digital network	réseau *m* numérique intégré
integriertes Text- und Datennetz *n* (IDN)	integrated text and data network	réseau *m* intégré de données *f/pl*
intelligenter Fernsprechapparat *m* (IFA)	automatic computerized telephone	poste *m* téléphonique évolué
Interface *n* Peripheriebus *m* (IPB)	peripheral interface bus	bus *m* d'interface *m* périphérique
Interface *n* Sammelschiene *f* Gruppen *f/pl* (ISSG)	group busbars interface	interface *f* barrres *f/pl* omnibus *m* - groupes /pl

Interface *n* Systembus *m* für Koppelfeldsteuerung *f*	system bus interface for switching matrix control	interface *f* bus *m* système *m* pour la gestion *f* des matrices *f/pl* de connexion *f*
internationale Leitung *f*, Auslandsleitung	international line	ligne *f* internationale
interne Gespräche *n/pl*	internal calls	appels *m/pl* internes
internes Aufschalten *n*	internal cut-in	entrée en tiers *m* dans une communication *f* intérieure
internes Gespräch *n*	extension-to-extension call	appel *m* intérieur
Interngespräch *n*	internal call	appel *m* intérieur
Intern-Konferenz *f*	internal conference	conférence *f* intérieure
Internverkehr *m*	internal traffic	trafic *m* interne
Interruptroutine *f*	interrupt routine	sous-programme *m* d'interruption *f* routine *f* d'interruption *f*
Irrungstaste *f*	fault button	touche *f* de dérangement *m*
ISDN *n*	integrated services digital network	réseau *m* Numéris RNIS (Réseau *m* Numérique à Intégration de Services)
ISDN-Anschlußeinheit *f*	ISDN connection	connexion *f* RNIS
ISDN-Bezugskonfiguration *f*	ISDN reference configuration	configuration *f* de référence *f* du RNIS
ISDN-Bezugspunkt *m*	ISDN reference point	point *m* de référence *f* du RNIS
ISDN-Punkt-zu-Mehrpunkt-Verbindung *f*	point-to-multipoint ISDN connection	connexion *f* RNIS point-multipoints
ISDN-Punkt-zu-Punkt-Verbindung *f*	point-to-point ISDN connection	connexion *f* RNIS point-à-point
ISDN-Referenzpunkt *m*	ISDN reference point	point *m* de référence *f* du RNIS
ISDN-Verbindung *f*	ISDN connection	connexion *f* RNIS
ISDN-Verbindungs-, Anschlußart *f*	ISDN connection type	type *m* de connexion *f* RNIS
ISDN-Verbindungselement *n*, -abschnitt *m*	ISDN connection element	élément *m* de connexion *f* RNIS
ISDN-Verbindungsmerkmal *n*	ISDN connection attribute	attribut *m* de connexion *f* RNIS
ISDN-Wählverbindungselement *n*	switched ISDN connection element	élément *m* de connexion *f* RNIS commutée
ISO *f* (Intern. Normungsorganisation)	International Standards Organisation	Organisation *f* Internationale de Normalisation *f*
Isolationsfestigkeit *f*	insulation strength	résistance *f* d'isolement *m*
Isolationswiderstand *m*	insulating resistance	résistance *f* d'isolement *m*
Isolator *m*	insulator	isolateur *m*
Isolierung *f*	insulation (electrical) isolation (separation)	isolation *f*
ISSG = Interface *n* Sammelschiene *f/pl* Gruppen *f/pl*	group busbar interface	interface *m* barrres *f/pl* omnibus *m* - groupes /pl
IWV = Impulswahlverfahren *n*	pulse dialing method (DP) pulse dialing (PD)	procédure *f* de numérotation *f* décimale, système *m* de numérotation *f* décimale, principe *m* de numérotation *f*, décimale

J

jeweilig	respective	respectif
	each time	chaque fois
justieren	adjust	ajuster
Justierrad *n*	adjusting wheel	roue *f* de réglage *m*

K

K. Bel = Keine Belegung *f*	no seizure	sans occupation, charge *f*
Kabelbaum *m*	cable form	forme *f* de câbles *m/pl*
	wiring harness (Am)	peigne *m* de câbles *m/pl*
Kabelfernsehanlage *f*	cable TV system	télévision *f* câblée
Kabelinduktivität *f*	mutual inductance	induction *f* effective
Kabelkanal *m*	cable channel	caniveau *m* des câbles *m/pl*
	cable duct	
	cable conduit	
Kamera-Aufzeichnungssystem *n*	TV camera recording system	système *m* d'enregistrement *m* par caméra *f*
Kameramonitor *m*	camera monitor	moniteur *m* de caméra *f*
Kamerastation *f*	camera station	station *f* caméra *f*
Kanal *m*	channel	voie *f*
		canal *m*
Kanalaufbereitung *f*	channel processing equipment	traitement *m* de canal *m*
Kanalfilter *m*	channel filter	filtre *m* de canal *m*
kanalgebundene Signalisierung *f*	channel associated signaling	signalisation *f* voie *f* par voie *f*
Kanalumsetzer *m*	channel converter	convertisseur *m* de canaux *m/pl*
K-Anlagen = Kommunikationsanlagen *f/pl*	communications systems	installations *f/pl* de communications *f/pl*
Kapazität *f* (Batterie *f*)	capacity (battery)	capacité *f* (batterie *f*)
Kartentelefon *n*	card-operated telephone	poste *m* téléphonique à carte *f*
Kehrwert *m* (Math.)	reciprocal (value)	valeur *f* réciproque
Kennung *f*	code	code *m*
	identification	identification *f*
Kennung *f*, nachgesetzte	suffix	suffixe *m*
Kennung *f*, vorgesetzte	prefix	préfixe *m*
Kennungsaustausch *m*	exchange of identification	échange *m* d'identification *f*
Kennungssystem *n*	identification system	système *m* d'identification *f*
Kennwiderstand *m*	characteristic impedance	impédance *f* cractéristique
	image impedance	impédance *f* image *f*
Kennzahl *f*	code	indicatif *m*
Kennzeichen *n*	index	index *m*
	mark	repère *m*
Kennzeichengabe *f*	signaling	signalisation *f*
Kennzeichnung *f*	signaling	signalisation *f*
Kennziffer *f*	code digit	digit *m*
Keramik *f*	ceramic	céramique *f*
Keramik-Rohr-Kondensator *m*	ceramic tubular capacitor	condensateur *m* céramique tubulaire
Keramiksubstrat *n*	ceramic substrate	couche *f* céramique *f*
Keramik-Vielschicht-Kondensator *m*	ceramic multiple layer capacitor	condensateur *m* céramique multicouche
Kernspeicher *m*	core memory	mémoire *f* à noyau *m*
		mémoire *f* à ferrite *m*
Kettendämpfung *f*	attenuation constant	affaiblissement *m* itératif
	iterative attenuation constant	
Kettengespräch *n* (-e *n/pl*)	sequential call	chaînage *m* d'appels *m/pl*
	chain call	
	serial call	
Kettengesprächseinrichtung *f*	sequential call facility	facultés *f/pl* de chaînage *m*
	sequential call transfer facility	
Kettenübertragungsmaß *n*	iterative propagation constant	constante *f* itérative de propagation *f*
	iterative propagation coefficient	coefficient *m* itératif de propagation *f*

Kettenwiderstand *m*	iterative impedance	impédance *f* itérative
Kettenwinkelmaß *n*	phase constant	déphasage *m* itératif
	iterative phase coefficient	
	iterative phase constant	
KF = Koppelfeld *n*	switching matrix	matrice f de connexion *f*
Kippschalter *m*	toggle switch	interrupteur *m* à bascule *f*
Klammer *f*	clip	pine *f*
	clamp	agrafe *f*
		attache *f*
Klammer *f* (eckig)	bracket(s)	crochet *m*
Klangbild *n*	sound pattern	image *f* sonore
Klartextanzeige *f*	alphanumeric display	plain language *m* display *m*
		afficheur *m* de messages *m/pl*
Klemme *f*	terminal	borne *f*
	clamp	broche *f* terminale
	binder	pince *f*
Klemmleiste *f*	terminal strip	réglette *f* à bornes *f/pl*
		bornier *m*
Klemmvorrichtung *f*	clamping arrangement	dispositif *m* de verrouillage *m*
Klirrdämpfung *f*	harmonic distortion	affaiblissement *m* de distortion *f*
	attenuation	harmonique
Klirrfaktor *m*	K factor	coefficient *m* de distortion *f*
	nonlinear distortion factor	harmonique
Knackgeräusche *n/pl*	clicks	friture *f*
	clicking noise	clics *m/pl*
Knackschutz *m*	click suppression	suppression *f* de la friture *f*
	acoustic shock absorber	limiteur *m* de chocks *m/pl*
		acoustiques
Knopf *m* (Betätigungs-)	button	bouton *m*
Knoten *m*	node	næud *m*
Knotenvermittlungsstelle *f*	tandem exchange	central *m* nodal
KO4S = Konferenznetzwerk *m*,	conference network	réseau *m* de conférence *f*,
4-dr Schnittstelle *f*	4-wire interface	interface *f* 4 fils *m/pl*
Kode *m*	code	code *m*
Kodierer *m*	coder	codeur *m*
	encoder	
	coding device	
	coding	
Kodierschalter *m*	coding switch	interrupteur *m* de codage *m*
Kodierstecker *m*	coding plug	douille *f* de codage *m*
Kohlemikrofon *n*	carbon microphone	microphone *m* au carbone *m*
		microphone *m* à grenaille *f* de
		carbone *m*
Kombinationston *m*	combination tone	tonalité *f* composée
Komfort-Apparat *m*	convenience telephone	poste *m* évolué
	feature set	
Komfortausstattung *f*	convenience outfitting	équipement *m* de luxe *m*
	deluxe outfitting	
Komforttelefon *n*	convenience telephone	téléphone *m* évolué
	deluxe set	
	feature telephone	
kommende Fernleitung *f*	incoming trunk line	ligne *f* réseau *m* arrivée (SPB)
kommt hinzu	added	ajouté
kommunale Verkehrsbetrieb *m*	public transport authority	autorité *f* des transports *m/pl*
		publics
Kommunikation *f*	communication	communication *f*
Kommunikation *f* offener	open systems interconnection	interconnexion *f* des
Systeme *n/pl*		systèmes *m/pl* ouverts
Kommunikationsmittel *n*	means of communication	moyens *m/pl* de
		communication *f*
Kommunikationsnetz *n*	communication network	réseau *m* de communication *f*

Kommunikationsschnittstelle *f*	communication interface	interface *f* de communication *f*
Kommunikationsschreibplatz *m*	communication workstation	poste *m* de travail *m* en communications *f/pl*
Kommunikationssystem *n*	communication system	système *m* de communications *f/pl*
Kommunikationstechnik *f*	communication(s) technology	technique *f* de communication *f*
Kompensationsglied *n*	compensator	équilibreur *m*
komplexes Nachbild *n*	complex terminal balance	équilibreur *m* complexe
Komponentenanlage *f*	component system	système *m* de composants *m/pl*
komprimiert	compressed	compressé
Kondensator *m*	capacitor	condensateur *m*
Konferenzberechtigung *f*	conference access status	accès *m* à la conférence *f*
Konferenzeinrichtung *f*	conference equipment	équipement *m* de conférence *f*
Konferenzgespräch *n*	conference call	conférence *f*
Konferenzlampe *f*	conference lamp	voyant *m* de conférence *f*
Konferenzsammelschiene *f*	conference bus	bus *m* de conférence *f*
Konferenzschaltung *f*	conferencing	circuit *m* de conférence *f*
	conference circuit	
	conference connection	
Konferenztaste *f*	conference key	touche *f* de conférence *f*
	conference button	
konjugierte-komplexe Dämpfung *f*	conjugate attenuation constant	affaiblissement *m* conjugué
konjugiert-komplexer Widerstand *m*	conjugate impedance	impédance *f* conjugée
konjugiert-komplexes Übertragungsmaß *n*	conjugate transfer constant	exposant *m* de transfert *m* sur impédance *f* conjuguée
konjugiert-komplexes Winkelmaß *n*	conjugate phase constant	déphasage *m* conjugué
Kontakt- u. Feldanzeige *f*	contact and square designation	repère *m* de contacts *m/pl* et de colonnes *f/pl*
Kontaktübergangswiderstand *m*	contact transition resistance	résistance *f* de contact *m*
Kontinuitätsprüfung *f*	continuity check	test *m* de continuité *f*
Kontrastverstärkung *f*	contrast control	contrôle *m* de contraste *m*
Kontrollampe *f*	pilot lamp	voyant *m* de contrôle *m*
		lampe *f* pilote *m*
Kontrollbit *n*	check bit	bit *m* de contrôle *m*
	flag bit	
Kontrolle *f*	check	contrôle *m*
	control	vérification *f*
	examination	
Konzentrator *m*	concentrator	concentrateur *m*
konzentrierte Abfrage *f*	concentrated answering	réponse *f* concentrée
konzentrierte Leitungsanschaltung *f*	concentrated line connection	raccordement *m* concentré de lignes *f/pl*
Koordinatenwähler *m*	crossbar switch	commutateur *m* crossbar
Kopfhörer *m*	headphone	casque *m*
		écouteur *m*
Kopfrahmen *m*	top frame	châssis *m* supérieur
Kopfstation *f*	hed-end station	station *f* de tête *f*
Koppelabschnitt *m*	switching section	section *f* de commutation *f*
Koppelbaustein *m*	switching component	composant *m* de commutation *f*
Koppelbefehl *m*	through-switching instruction	instruction *f* de connexion *f*
Koppelblock *m*	coupling block	bloc *m* de couplage *m*
	matrix block	
Koppelelement *n*	switching element	élément *m* de connexion *f*
Koppelfeld *n*	switching matrix	réseau *m* de connexion *f*
		réseau *m* de couplage *m*
Koppelfeld *n*, **blockierungsfreies**	non-blocking switching matrix	réseau *m* de connexion *f* sans blocage *m*

Koppelfeld *n*, **Koppelnetzwerk** *n*	switching network	réseau *m* de connexion *f*
Koppelfeldeinstellzeit *f*	matrix setting time	temps *m* d'établbissement *m* d'une connexion *f* dans le réseau *m* de connexion *f*
Koppelfeldsteuerung *f* (KST)	switching matrix control	commande *f* de panneau *m* de couplage *m* gestion *f* du réseau *m* de connexion *f* commande *f* du réseau *m* de connexion *f*
Koppelfeldsteuerungs- baugruppe *f* (KS)	switching matrix control module	module *m* de gestion *f* du réseau *m* de connexion *f*
Koppelfeldweg *m*	matrix path	itinéraire *m* dans le réseau *m* de connexion *f*
Koppelgruppe *f*	matrix group	groupe *m* de connexion *f*
Koppelkontrolle *f*	coupling control	gestion *f* de couplage *m*
Koppelmatrix *f*	switching matrix	matrice *f* de commutation *f*
koppeln	switching	commutation *f*
Koppelnetz *n*	coupling network switching network	réseau *m* de connexion *f*
Koppelpunkt *m*	crosspoint	point *m* de connexion *f*
Koppelpunkteinstellung *f*	crosspoint setting	établissement *m* du point *m* de connexion *f*
Koppelsteuerwerk *n*	coupling control unit	unité *f* de commande *f* du réseau *m* de connexion *f*
Koppelstufe *f*	matrix stage switching stage	étage *m* du réseau *m* de connexion *f*
Koppelverlust *m*	coupling loss	perte *f* de couplage *m*
Koppelvielfach *n*	switching matrix	réseau *m* de connexion *f* multiple
Koppler *m*, **Koppeleinheit** *f*	coupling unit	coupleur *m*
Korrektur *f*	correction	correction *f* rectification *f*
Kraft *f*, **elektromotorische ~ (EMK, Widerstand)**	electromotive force (EMF, resistance)	force *f* électromotrice (fem)
Kraftfahrzeugfunk *m*	in-car transceiver (private) mobile radio	radio-téléphone *m* radio *f* mobile
Kratzgeräusche *n/pl*	line scratches contact noise (Am)	bruits *m/pl* de friture *f* bruits *m/pl* de contact *m*
Kriterium *n*	criterion	critère *m* critérium *m*
KS = **Koppelfeldsteuerungs- baugruppe** *f*	switching matrix control module	module *m* de gestion *f* du réseau *m* de connexion *f*
KST = **Kanalsteuerung** *f*	channel control device	dispositif *m* de contrôle *m* de canal *m*
KST = **Koppelfeldsteuerung** *f*	switching matrix control	gestion *f* du réseau *m* de connexion *f*, commande *f* du réseau *m* de connexion *f*
Kühler *m*	cooler	refroidisseur *m* radiateur *m*
Kühlkörper *m*	heat sink	élément *m* de refroidissement *m*
Kunde *m*	customer	client *m*
kundenspezifisch	customer-specific user-defined	relatif aux données *f/pl* client *m*
künstlicher Mund *m*	artificial mouth	voix *f* artificielle
künstliches Ohr *n*	artificial ear	oreille *f* artificielle
Kunststoffbeutel *m*	plastic bag	sac *m* en plastique *m*
Kunststoff-Spritzgußteil *n*	injection-moulded plastic part	élément *m* en plastique *m* injecté
Kupfer *n*	copper	cuivre *m*

Kurvenverlauf *m*	curve shape	allure *f* de la courbe *f*
Kurzansage *f*	short announcement	message *m* court
		message *m* bref
Kurzbeschreibung *f*	short description	descriptif *m* condensé
Kurzrufnummer *f*	abbreviated number	numéro *m* abrégé
	repertory code	
Kurzschlußbügel *m*	shorting plug	shunt *m*
kurzschlußfest	short-circuit-proof	protégé contre le court-circuit *m*
Kurzwahl *f*	abbreviated code dialing	numérotation *f* abrégée
	short code dialing	numéro *m* court
	speed dialing	
Kurzwahlprozessor *m*	abbreviated dialing processor	processeur *m* de numérotation *f* abrégée
Kurzwahlzuordner *m*	abbreviated dialing translator	translateur *m* de numéro *m* abrégé
Kurzwellenverbindung *f*	short-wave link	liaison *f* par ondes *f/pl* courtes (o.c.)
KVSt = Knotenvermittlungsstelle *f*	tandem exchange	centre *m* nodal
KZA = Anwesenheitskennung *f*	presence signal	indicateur *m* de présence *f*

L

L = Lampe *f*	lamp	lampe *f*
LA = Leitungsanpassung *f*	line adapter	interface *f* de ligne *f*
Lage *f* (räumliche)	location	emplacement *m*
	position	
Landesfernwahl *f*	nationwide trunk dialing	numérotation *f* interurbaine
Landeskennzahl *f*	destination country code	indicatif *m* national
	destination code	
Langrufnummer *f*	non-abbreviated call number	numéro *m* complet
Last *f*	load	charge *f*
	charge	
Lastteilung *f*	load sharing	partage *m* de charge *f*
Lastverteilung *f*	load distribution	répartition *f* de charge *f*
	call load sharing	distribution *f* de charge *f*
laufend	currend	courant
laufende Nummer *f* (Lfd. Nr.)	consecutive No.	numéro *m* d'ordre *m*
Laufwerk *n*	disk drive	pilote *m*
	drive	driver *m*
Laufzeit *f*	transit time	temps *m* de propagation *f*
	propagation time	
Laufzeitausgleich *m*	delay equalization	compensation *f* du temps *m* de propagation *f*
Laufzeitverzerrung *f*	frequency delay distortion	distorsion *f* de phase *f*
	envelope delay distortion	distorsion *f* du temps *m* de propagation
Laufzeitverzerrung *f* der Gruppe *f/pl*	group delay distortion	distortion *f* du temps *m* de propagation *f* de groupe *f*
Lauthören	monitoring	écoute *f* amplifiée *f*
	amplified voice	
	open listening	
Lautsprecher *m*	loudspeaker	haut-parleur *m*
Lautstärke *f*	volume	volume *m*
		niveau *m* sonore
		intensité *f* du son *m*
Lautstärketaste *f*	volume control	touche *f* de volume *m*
		bouton *m* de réglage *m* du volume *m*
LB = Leitungsbelegung *f/pl*	line seizure	prise *f* de ligne *f*
LE = Leitungsempfänger *m*	line receiver	récepteur *m* de ligne *f*
LE = Leitungsendgerät (PCM)	line termination unit	termineur *m* de ligne *f*
Lebensdauer *f*	lifetime	durée *f* de vie *f*
	service life	
LED = Leuchtdiode *f*	light-emitting diode (LED)	diode *f* électroluminescente (DEL)
Leerbit *n*	stuffing bit	binaire *m* vide
Leertaste *f* (Tastatur *f*)	space bar (keyboard)	tiret *m* d'espacement *m* (clavier *m*)
Leerzeichen *n*	space	espace *m* (clavier *m*)
	blank	
leise	low	bas
		faible
Leiste *f*	strip	réglette *f*
Leistung *f* (z.B. eines Bündels)	traffic handling capacity	capacité *f* (ex. d'un faiseau)
Leistungsfähigkeit *f*	call handling capacity	rendement *m*
		capacité *f*
Leistungsmerkmal *n* (LM)	performance feature	fonction *f*
	feature	facilité *f*
Leistungsmesser *m*	power meter	wattmètre *m*

Leistungsverbrauch *m* (Watt)	power consumption (watts)	consommation *f* de puissance *f*
Leistungsverstärker *m*	power amplifier	amplificateur *m* de puissance *f*
Leistungsverstärkung *f* (Halbleiter *m*)	power-level gain (semiconductor) power amplification	amplification *f* de puissance *f*
Leit- und Informationssystem *n* Berlin (LISB)	Navigation Information System Berlin (LISB)	Système *m* d'information *f* et navigation *f* Berlin
Leitader *f*	guide wire	fil *m* de commande *f*
Leiter *m*	conductor	conducteur *m*
Leiterbahn *f*	conductor track conducting path	conducteur *m* imprimé voie *f* conductrice piste *f*
Leiterbahntrennung *f*	conductor track cut conductor track separation	séparation *f* entre pistes *f/pl*
Leiterplatte *f* (LP)	PC board (PCB)	circuit *m* imprimé carte *f* module *m*
Leiterseite *f*	solder side	côté *m* soudure *f*
Leitfähigkeit *f*	conductivity	conductivité *f*
Leitregister *n*	originating register	registre *m* de commande *f*
Leitung *f* (Ltg)	line	ligne *f* raccordement *m* connexion *f*
Leitung *f* (Schaltkreis *m*)	circuit	circuit *m*
Leitung *f*, Ausnutzungsgrad *m* einer Leitung	line utilization rate	taux *m* d'utilisation *f* de la ligne *f*
Leitung *f*, doppeltgerichtete	bothway line two-way line	ligne *f* bidirectionnelle
Leitung *f*, gerichtet betriebene	one-way trunk	ligne *f* unidirectionnelle
Leitung *f*, ungerichtet betriebene	bothway trunk	ligne *f* bidirectionnelle
Leitungs- und Platzanschaltungsorgane *n/pl*	line and position connecting units	organes *m/pl* de connexion *f* pour des lignes *f/pl* et du poste *m* opérateur *m*
Leitungsanpassung *f*	line matching line adaption	adaption *f* de lignes *f/pl*
Leitungsanschaltung *f*	line connection	connexion *f* de lignes *f/pl*
Leitungsausgleich *m*, automatischer	automatic line equalization	équilibrage *m* automatique de lignes *f/pl*
Leitungsbelegung *f*	line seizure	prise *f* (de ligne *f*)
Leitungsbündel *n*	group of trunks line bundle	faisceau *m* de lignes *f/pl* faisceau *m* de circuits *m/pl*
Leitungsdämpfung *f*	line attenuation transmission loss	pertes *f/pl* en ligne *f*
Leitungseinrichtungen *f/pl*	line facilities circuit facilites	facultés *f/pl* offertes sur la ligne *f*
Leitungsendgerät *n*	line-terminating equipment (LTE)	équipement *m* de terminaison *f* de ligne *f*
Leitungsgeräusche *n/pl*	line noise	bruits *m/pl* de ligne *f*
Leitungskennung *f*	circuit identification	identificateur *m* de ligne *f*
Leitungskonzentrator *m*	line concentrator	concentrateur *m* de lignes *f/pl*
Leitungskosten *f/pl*	line expenses	frais *m/pl* de ligne *f*
Leitungsmiete *f*	lease of circuits	location *f* de ligne *f*
Leitungsnachbildung *f*	line balancing network	équilibreur *m* de ligne *f* artificielle
Leitungsnetz *n*	network	réseau *m*
Leitungspaar *n*	wire pair	paire *f* (ligne *f*)
Leitungsschnittstelle *f*	line interface	interface *f* de ligne *f*
Leitungssignal *n*	line signal	signal *m* de ligne *f*
Leitungsstörung *f*	line fault	dérangement *m* de ligne *f*

Leitungsteil *m*	line section	section *f* d'une ligne *f*
Leitungsumschaltung *f*	line switchover	basculement *m* de ligne *f*
Leitungsverstärker *m*	circuit release	répéteur *m* (de circuit *m*)
	line amplifier	
Leitungsverzweigung *f*	line branching	branchement *m* de ligne *f*
Leitungsvoranmeldedienst *m*	reserved circuit service	service *m* de circuit *m* réservé
	reserved circuit telecommunication service	service *m* de circuit *m* de télécommunications *f/pl* réservé
Leitungswähler *m*	final selector	sélecteur *m* final
Leitungswiderstand *m*	line resistance	résistance *f* de ligne *f*
Leitungszeichen *n*	line signal	signal *m* de ligne *f*
Leitweg *m*	route	voie *f* d'acheminement *m* route *f*
Leitweglenkung *f*	alternate routing route advance (Am)	routage *m*
Lesestift *m*	decoder light pen	lecteur *m* de code *m* barre *f*
Letztweg *m*	last-choice route	dernière route *f* accessible chemin *m* de dernier choix *m*
Leuchtanzeige *f*	light display	écran *m* de visualisation *f*
Leuchtdiode *f* (LED)	light-emitting diode (LED)	diode *f* électroluminescente (DEL)
Leuchtdiodenmatrix *f*	LED matrix	matrice *f* de DEL
leuchten	light	allumer briller rayonner
Leuchttaste *f*	illuminated push-button light-up push-button	bouton-poussoir *m* lumineux
Leuchtziffernanzeige *f*	luminous display illuminated display	indication *f* digitale lumineuse afficheur *m* digital lumineux
Lfd. Nr. = laufende Nummer *f*	consecutive number sequence number	numéro *m* d'ordre *m*
LG = Datenladegerät *n*	data loader	moyen *m* de chargement *m* de données *f/pl*
Lichtblitz *m*	light impulse	impulsion *f* optique
lichtempfindliche Diode *f*	light-sensitive diode	diode *f* photosensible
Lichtleitfaser *f*	optical fiber glass fiber	fibre *f* optique
Lichtrufsystem *n*	signal light system	système *m* de signalisation *f* lumineuse
Lichtverlust *m*	light loss	perte *f* de lumière *f*
Lichtwellenleiter *m*	beam waveguide	guide *m* d'ondes *f/pl* optique
Lichtwellenleiterfaser *f*	optical fiber	fibre *f* optique
Lichtwellenleiterkabel *n*	fiber-optic cable	câble *m* de fibre *f* optique
Lichtzeicheneinrichtung *f*	light signal unit luminous signal unit	équipement *m* de signal *m* lumineux afficheur *m*
Line-Plex Verfahren *n*	Lineplex process	méthode *f* Line-Plex
Linienruftaste *f*	line call button	bouton *m* d'appel *m* de ligne *f*
Linienverteilerplatte *f*	line distribution plate	carte *f* de distribution *f* de lignes *f/pl*
Listing *n*	listing	liste *m*
LM = Leistungsmerkmal *n*	performance feature	fonction *f*, facilité *f*, faculté *f*
Loch *n*	hole	perforation *f* orifice *m*
Lochkartenleser *m*	punched card reader	lecteur *m* de cartes *f/pl* perforées
Lochstreifenleser *m*	punched tape reader	lecteur *m* de rubans *m/pl* perforés
Logatomliste *f*	logatom list	liste *f* de logatome
lokales Netzwerk *n*	local area network (LAN)	réseau *m* local

Löschdiode *f*	quenching diode	diode *f* d'amortissement *m*
löschen (Speicher *m*)	erase	effacer (mémoire *f*)
	clear	
	cancel	
	delete	
Löschsignal *n*	erase signal	signal *m* d'effacement *m*
loslassen (Taste *f*)	release (button)	relâcher (touche *f*)
Lötanschluß *m*	soldered connection	borne *f* de soudure *f*
	solder terminal	
Lötbrücke *f*	solder jumper	strap *m* à souder
	strap	
lötfrei (Anschlußdraht auflegen)	solderless	sans soudure *f*
Lötöse *f*	soldering lug	cosse *f* à souder
	soldering tag	
	soldering eyelet	
Lötpunkte *m/pl*	soldering points	points *m/pl* de soudure *f*
Lötseite *f*	soldering side	côté *m* soudure *f*
Lötstift *m*	soldering pin	broche *f*
		cheville *f*
		plot *m* à soudure *f*
Lötverteiler *m*	solder distributor	réglette *f* à souder
LP (Leiterplatte)	CB (circuit board)	CI (circuit *m* imprimé)
LRa = lokale Referenz *f* a	local reference a	référence *f* locale
Ls Nr. *f*	solder side No.	numéro *m* côté *m* soudure *f*
LT = Leitungstreiber *m*	line driver	driver *m* de ligne *f*
Ltg = Leitung *f*	line	ligne *f*, raccordement *m*, connexion *f*
LWL = Lichtwellenleiter *m*	optical fiber	guide *m* d'ondes *f/pl*
	optical waveguide	

M

MAC = TV-Standard	Multiplexed Analog Component	composant *m* analogique multiplexé
Magnetaufzeichnungsgerät *n*	magnetic tape-recording equipment	appareil *m* d'enregistrement *m* magnétique
Magnetbandleser *m*	tape reader	lecteur *m* de bande *f* magnétique
Magnetbandmaschine *f*	tape unit	appareil *m* à bandes *f/pl* magnétiques
makeln	brokerage conduct broker's calls switch between lines (Brit) consultation hold (Am)	double appel *m* courtier *m*
Makeln *n*	brokerage	va-et-vient *m*
Makelverbindung *f*	broker's call	double appel *m* courtier *m*
Makleranlage *f*	brogerage system	système *m* courtier *m* système *m* d'appel *m* courtier *m*
Marke *f*	mark	marque *f*
markieren	mark	marquer indiquer repérer
Markierer *m*	marker	marqueur *m*
Markierrelais *n*	marking relay	relais *m* de repère *m*
Maßbild *n*	scale drawing	plan *m*
Masse *f*	earth ground (Am)	terre *f* masse *f*
Massenspeicher *m*	mass storage	mémoire *f* de masse *f*
Maßnahme *f*	step measure	mesure *f* décision *f*
Maßstab *m*	scale graduation	échelle *f* graduation *f*
Maßzeichnung *f*	dimensional drawing dimensioned drawing	plan *m* échelonné
Master Arbeitsplatz *m*	master workstation	poste *m* de travail *m* maître *m* station *f* de travail *m* principale
Materialdatenerfassung *f*	materials data gathering	saisie *f* de données *f/pl* matériel *m*
Matrix-Drucker *m*	dot-matrix printer	imprimante *f* à matrice *f*
matrixfähige Anzeigentafel *f*	matrix-capable display panel	tableau *m* d'affichage *m* matriciel
Matrixsteuerung *f*	matrix control	gestion *f* de matrice *f*
MAZ	magnetic recording equipment	équipement *m* d'enregistrement *m* magnétique
Mehrfachanschluß *m*	multiplex link multi-access line multipoint access	connexion *f* multiple accès multipoint *m*
Mehrfachanschrift *f*	multi-address	adresse *f* multiple
Mehrfachnebenstellenanlage *f*	multi-PBX	PBX *m* multiple
Mehrfach-Platzgruppe *f*	multiple position group	groupe *m* de positions *f/pl* multiples
Mehrfachzählung *f*	multi-metering	taxation *f* multiple
Mehrfachzählung *f* während einer Verbindung *f*	periodic metering during a connection	taxation *f* périodique au cours *m* d'une communication *f*
Mehrfrequenzsignalisierung *f*	dual-tone multifrequency signaling	signalisation *f* multifréquence *f*

Mehrfrequenzverfahren *n* (MFV) — dual-tone multifrequency dialing (DTMF) — numérotation multifréquence *f*

Mehrkanalausstattung *f* — multi-channel outfitting — équipement *m* multicanal

Mehrlagen *f/pl* (ML) — multilayer — multicouche

Mehrplatzsystem *n* — multi-user system — poste *m* de travail *m* multiple

mehrpolig — multipole — multipolaire

Mehrpunkt-Anschluß *m* — multipoint connection — connexion *f* multi-point

Mehrpunktbetrieb *m*, zentralgesteuerter ~ — centrallized multipoint facility — fonctionnement *m* multi-point à commande *f* centrale

mehrstufiges Netzwerk *n* — multistage network — réseau *m* à étages *m/pl* multiples

Mehrwegführung *f* (Vermit.) — multiple routing (exchange) — acheminement *m* multiple

Mehrwertdienste *m/pl* — value-added services — services *m/pl* à valeur *f* ajoutée

Meldeanruf *m* — service call — appel *m* d'information *f*

Meldebit *n* — signaling bit — binaire *m* de signalisation *f*

Meldebus *m* — signaling bus — bus *m* de signalisation *f*

Meldeknoten *m* — alarm node — nœud *m* d'alarme *f*

Melder *m* — detector / call point / alarm device — détecteur *m*

Meldesignal *n* — answering signal — signal *m* de réponse *f*

Meldeverzug *m* — answering delay — délai *m* de réponse *f* / retard *m* de réponse *f*

Meldezentrale *f* — alarm terminal — terminal *m* d'alarme *f*

Mensch *m* und Telefon *n* — human factors in telephony — facteurs *m/pl* humains en téléphonie *f*

Mensch-Maschinen-Sprache *f* (MML) — man-machine language — dialogue *m* homme *m* - machine *f*

Merkbit *n* — check bit / note bit — bit *m* de test *m* / bit *m* de repère *m*

Messerleiste *f* — terminal strip — réglette *f* terminale

Meßpegel *m* — test level / through level / expected level (Am) — niveau *m* de mesure *f* / dénivellement *m* / niveau *m* attendu

Meßplatz *m* — test station — table *f* de mesure *f*

Meßpunkt *m* — test point — point *m* de mesure *f*

Metallschichtwiderstand *m* — metal film resistor — résistance *f* à couche *f* métallique

MFT = Multifunktionsterminal *n* — multifunctional terminal — terminal *m* multifonctions *f/pl*

MFV = Mehrfrequenzwahlverfahren *n* — dual tone multifrequency (DTMF) dialing — numérotation *f* multifréquence (MF)

MFV-Empfänger *m* — DTMF receiver — récepteur *m* MF (Q 23) de signalisation *f* multifréquence *f*

MFV-Sender *m* — DTMF-transmitter — émetteur *m* MF (Q23)

MFV-Verfahren *n* — DTMF-system — procédé *m* de signalisation *f* multifréquence *f* / technique *f* MF (multifréquence)

Mietleitung *f* — leased circuit — circuit *m* loué / circuit *m* de location

Mikroelektronik *f* — microelectronics — microélectronique *f*

Mikrofon-Abschaltetaste *f* — microphone disconnect button — touche *f* microphone *m* marche *f* / arrêt *m*

Mikrofongeräusch *n* — frying noise / transmitter noise — bruits *m/pl* parasites du microphone *m*

Mikrokassettenmodul *n* — microcassette module — module *m* à microcassettes *f/pl*

Mikrowellen-Funkstrecke *f* — microwave radio link — liaison *f* radio *f* par ondes *f/pl* courtes

Mindestausbau *m* — minimum configuration — configuration *f* minimale

Mindestgebühr *f*	minimum charge	taxe *f* minimum
	minimum fee	
MINITEL = Elektron.	electronic telephone directory	MINITEL *m*
Telefonbuch		
MIS = Mischer *m*	mixer	mélangeur *m*
Mischer *m* (MIS)	mixer	mélangeur *m*
Mischkoppelgruppe *f*	grading switching group	circuits *m/pl* de couplage *m*
Mischpulte *n/pl*	mixer control panel	table *f* de mixage *m*
Mithörapparat *m*	monitoring set	poste *m* de surveillance *f*
Mithöraufforderungstaste *f*	monitoring request button	touche *f* d'observation *f*
Mithöreinrichtung *f*	monitoring device	dispositif *m* d'observation *f*
mithören	monitor	observer
	listen	surveiller
		être à l'écoute *f*
Mithörtaste *f*	listen-in key	touche *f* d'observation *f*
	monitoring button	touche *f* d'écoute *f*
Mithörverbindungstaste *f*	monitoring-connection button	touche *f* de connexion *f* pour
		observation *f*
		touche *f* de connexion *f*
		pour écoute *f*
Mitsprecheinrichtung *f*	call participation device	équipement *m* de conférence *f*
Mitteilungsnummer *f*	note No.	numéro *m* d'information *f*
		numéro *m* de message *m*
Mittelbandsystem *n*	medium system	système *m* bande *f* moyenne
Mittelpunktschaltung *f*	mid-point tapping	circuit *m* à point *m* milieu
Mittelteil *m*	middle part	partie *f* centrale
mittelträge (Si)	semi time-lag (fuse)	action *f* demi-retardée
mittlere Belegungsdauer *f*	mean holding duration	durée *f* moyenne d'occupation *f*
		de ligne
		durée *f* moyenne de prise *f* de
		ligne
mittlere Belegungszeit *f*	mean holding time	temps *m* moyen de prise *f* (de
		ligne *f*)
mittlere Wartedauer *f*	mean delay	délai *m* d'attente *f* moyen
		durée *f* moyenne d'attente *f*
ML = Mehrlagen *f/pl*	multilayer	multicouche *f*
ML = Meldeleitung *f*	operator line	ligne *f* de service *m*
		d'opérateur *m*
mobile Aufnahmeeinheit *f*	mobile studio unit	unité *f* de studio *m* mobile
mobile Fernsprechtechnik *f*	mobile-telephone technology	technique *f* de téléphonie *f*
		mobile
mobile Informationstechnik *f*	mobile communications	communications *f/pl* mobiles
mobile Richtfunkstation *f*	mobile microwave station	station *f* mobile ondes *f/pl*
		courtes
mobiles Funksystem *n*	mobile radio system	système *m* de radio *f* mobile
Mobilfunknetz *n*	mobile-telephone network	réseau *m* de téléphonie *f* mobile
Mobiltelefon *n*	mobile telephone	téléphonie *f* mobile
Modem *n*	modem	modem *m*
Modemschaltung *f*	modem circuit	circuit *m* modem *m*
modulares Mehrplatzsystem *n*	modular multi-user system	système *m* multi-poste *m*
		modulaire
Modulationsfrequenz *f*	modulation frequency	fréquence *f* de modulation *f*
Modulationsgerät *n*	modulator	modulateur *m*
Modulaufbau *m*	modular construction	construction *f* modulaire
moduliertes Licht *n*	modulated light	lumière *f* modulée
monolitische	monolitique semiconductor	circuit *m* intégré monolithique
Halbleiterschaltung *f*	circuit	à semiconducteurs *m/pl*
Montage *f*	installation	montage *m*
	mounting	installation *f*
Montageanleitung *f*	assembly instructions	notice *f* de montage *m*
Montageanweisung *f*	mounting instructions	instruction *f* de montage *m*

Montagerahmen *m*	mounting frame	châssis *m* de montage *m*
Montageschaltplan *m*	installation wiring diagram	plan *m* de câblage *m*
		schéma *m* de câblage *m*
Morseruf *m*	manual signaling	signalisation *f* manuelle
MUL = Multiplexer *m*	multiplexer (MUX)	multiplexeur *m*
Multifrequenzverfahren *n* (MFV)	dual-tone multi-frequency signaling (DTMF)	signalisation *f* multifréquence *f*
Multifunktionsterminal *n* (MFT)	multifunctional terminal	terminal *m* multifonctions *f/pl*
Multiplexbetrieb *m*	multiplex operation	trafic *m* multiplex *m*
	mulitplex mode	mode *m* multiplex *m*
		en multipex *m*
Multiplexbetrieb *m*, im Multiplexbetrieb arbeiten	perform a multiplex function multiplexing	exploitation *f* en multiplex *m*
Multiplexeinrichtungen *f/pl*	multiplexing equipment	équipement *m* de multiplexage *m*
Multiplexgerät *n*	multiplex unit	appareil *m* multiplex *m*
Multiplexleitung *f*	multiplex line	ligne *f* multiplex *m*
Multiplexorkanal *m*	multiplexor channel	canal *m* multiplexeur *m*
Multiplexsystem *n*	multiplex system	système *m* multiplex *m*
Münzfernsprecher *m*	coin telephone	taxiphone *m*
	payphone (Am)	appareil *m* téléphonique à jetons *m/pl*
Musik *f* in Wartestellung *f*	music on hold	attente *f* musicale
		musique *f* d'ambiance *f*
Mutter *f* (Schrauben)	nut	écrou *m*
Muttervermittlungsstelle *f*	master exchange	central *m* maître *m*
		autocommutateur *m* maître *m*

N

N = Nulleiter *m*	neutral conductor	neutre *m*
na = nichtamtsberechtigt	fully restricted	totalement discriminé
Nachbild-Fehlerdämpfung *f*	terminal balance return loss	écho *m* et stabilité *f*
		effet *m* anti-local
Nachbildung *f* (Leitung)	balancing network	équilibreur *m*
Nachhall *m*	reverbertion	réverbération *f*
	double echo	
Nachprüfen *n* einer	verification	vérification *f* d'une
Identitätsangabe *f*		identification *f*
Nachrichtennetz *n*	communications network	réseau *m* de
		communications *f/pl*
Nachrichtenpfad *m*	information path	routage *m*
	transmission path	
Nachrichtensatellit *m*	communications satellite	satellite *m* de
		communications *f/pl*
nachrichtentechnisch ...	communications	de la technique *f* de
		communications *f/pl*
nachrichtentechnische	telecommunications payload	charge *f* utile de
Nutzlast *f*		communications *f/pl*
Nachrichtenträger *m*	carrier for ...	porteur *m* d'information *f*
Nachrichtenübertragung *f*	information transmission	transmission *f* d'information *f*
Nachrichtenübertragungs-	transmission systems	systèmes *m/pl* de transmission *f*
systeme *n/pl*		(d'information *f*)
Nachrichten-Verbindung *f*	telecommunications link	liaison *f* de
		télécommunications *f/pl*
nachrüsten	retrofit	effectuer une extension *f* (de
		l'équipement *m*)
Nachtrag *m*	addendum	addenda *m*
	addenda	supplément *m*
Nachtrufnummer *f*	night service number	numéro *m* d'appel *m* de nuit *f*
Nachtschaltung *f*	night service	service *m* de nuit *f*
	night switching	renvoi *m* de nuit *f*
Nachttarif *m*	night-time rate	tarif *m* de nuit *f*
	overnight rate	
Nachtumschalter *m*	night changeover switch	commutateur *m* pour renvoi *m*
		de nuit *f*
Nachwahl *f*	suffix dialing	post-sélection *f*
	subsequent dialing	suffixe *m*
	postdialing	
Nahbereichszone *f*, Ortszone *f*	local zone	zone *f* locale
Nahnebensprechen *n*	near-end crosstalk	paradiaphonie *f*
Nahzieheffekt *m*	lag effect	effet *m* de rémance *f*
NAL = Nebenanschlußleitung *f*	extension line	ligne *f* de poste *m* secondaire
	sub-exchange line	
nb = nahbereichsberechtigt	access restricted to local calls	autorisé à des appels *m/pl*
		locaux
Nebenanschluß *m*	extension line	poste *m* supplémentaire (P.S.)
		raccordement *m* secondaire
Nebenanschlußleitung *f* (NAL)	extension line	ligne *f* de poste *m* secondaire
	sub-exchange line	
Nebensprechdämpfung *f*	crosstalk attenuation	affaiblissement *m* diaphonique
Nebensprechen *n*	crosstalk	diaphonie *f*
Nebensprechkopplung *f*	crosstalk coupling	capacité *f* de couplage *m*
Nebenstelle *f*	extension	poste *m* supplémentaire
Nebenstelle *f* zur	delayed call transfer extension	poste *m* destinataire *m* des
Rufweiterleitung *f*		appels *m/pl* transférés

Nebenstelle *f*, halbamtsberechtigte	partially-restricted extension semirestricted extension	poste *m* à sortie *f* limitée
Nebenstelle *f*, vollamtsberechtigte	nonrestricted extension	poste *m* à sortie *f* illimitée
Nebenstellenanlage *f*	PABX	installation *f* téléphonique
Nebenstellenanlage *f*, automatische (W)	Private Telecommunication Network (PTN)	installation *f* téléphonique d'abonnés *m/pl* réseau *m* privé d'entreprise *f*
Nebenstellenapparat *m*	extension	poste *m* supplémentaire
Nebenstellen-Besetztanzeige *f*	extension busy indication	indication *f* de poste *m* occupé
Nebenstellendurchwahl *f*	direct inward dialing (DID)	sélection *f* directe à l'arrivée *f* (SDA)
Nebenuhr *f*	slave clock	horloge *f* secondaire
Nebenuhrwerk *n*	slave clock movement	mouvement *m* récepteur *m*
Nennbitrate *f*	nominal bit rate	flux *m* numérique nominal
Nennfrequenz *f*	rated frequency nominal frequency	fréquence *f* nominale fréquence *f* assignée
Nennlast *f*	nominal load rated load	charge *f* nominale
Nennspannung *f*	nominal voltage rated voltage	tension *f* nominale
Nennstrom *m*	nominal current	courant *m* nominal
Nennstrom *m*, Last *f*	nominal current, load	courant *m* nominal, charge *f*
Nennstrom *m*, Leerlauf *m*	nominal current, no load	courant *m* nominal, tension *f* à vide
Netz *n*	network	réseau *m*
Netzabschluß *m*	network termination (NT)	terminaison *f* réseau *m*
Netzanschluß *m* (Lichtnetz)	power connection mains connection	branchement *m* secteur *m* alimentation *f* secteur *m*
Netzanschluß *m* (Netzwerk)	network connection	connexion *f* réseau *m*
Netzanschlußkabel *n*	power cord mains connecting cable	câble *m* d'alimentation *f*
Netzausfall *m*	mains failure power outage (Am)	panne *f* de secteur *m*
Netzausfall-Restart *m*	power fail restart	redémarrage *m* aprés panne *f* de secteur *m*
Netzausfallschaltung *f*	mains failure operation	connexion *f* en cas de panne *f* secteur *m*
Netzebene *f*	network level	niveau *m* de réseau *m*
Netzendeinrichtungen *f/pl*	network terminations	terminaisons *f/pl* réseau *m*
Netzersatzapparatur *f*	standby power supply	alimentation *f* secourue
Netzfilter *n*/m	mains filter	filtre *m* de secteur *m*
Netzfrequenzschwankungen *f/pl*	fluctuations of the mains frequency	variations *f* de fréquences *f/pl* du réseau *m* fluctuations *f/pl*
Netzführung *f*	network management	gestion *f* du réseau *m*
Netzgerät *n*	mains unit	appareil *m* d'alimentation *f*
netzinterner Takt *m*	internal network timing internal network clock	horloge *f* interne au réseau *m*
Netzkabel *n*	power connecting cable mains connecting cable	câble *m* secteur *m* câble *m* d'alimentation *f*
Netzkabelanschluß *m*	power cable connection mains cable connection	branchement *m* de câble *m* secteur *m* branchement *m* de câble *m* d'alimentation *f*
Netzkennzahl *f*	network code number	numéro *m* de code *m* du réseau *m* code réseau *m*
Netzladegerät *n*	line charger	chargeur *m* de ligne *f*
Netzleitung *f*	power line mains lead	câble *m* secteur *m*

Netzmerkmal *n*	network utility	caractéristique *f* du secteur *m*
	network parameter	
Netzsicherung *f*	mains fuse	fusible *m* secteur *m*
Netzspeisegerät *n* (NSG)	mains unit	bloc-secteur *m*
Netzstecker *m*	mains connector	douille *f* secteur *m*
	mains plug	connecteur *m* secteur *m*
Netzstruktur *f*	network structure	structure *f* du réseau *m*
Netzüberwachung *f*	mains supervision	surveillance *f* du réseau *m*
netzunabhängig	battery-powered	alimenté par batterie *f*
NF = Niederfrequenz *f*	voice frequency (VF)	basse fréquence (BF)
nicht beschaltet	vacant	non connecté
	not wired	
	not connected	
nicht empfangsbereit	receive not ready (RNR)	non disponible pour la réception *f*
nichtamtsberechtigt, hausberechtigt	fully restricted	discrimination *f* d'accès *m* au réseau *m*
nichtamtsberechtigte Nebenstelle *f*	fully-restricted extension	poste *m* supplémentaire sans accès *m* au réseau *m* public
nichtbedingte Wegsuche *f*	unconditional path search	recherche *f* de lignes *f/pl* inconditionnelle
	unconditional route search	
nichtlineare Verzerrung *f*	nonlinear distortion	distortion *f* non linéaire
		distortion *f* de non-linéarité *f*
Niederfrequenzverstärker *m*	audio-frequency amplifier	amplification *f* audio
NN (Normalnull *n*)	mean sea level (MSL)	niveau *m* moyen de la mer *f*
Nockenkontakt *m*	cam contact	contact *m* à came *f*
NOSFER-Verfahren *n*	new master system for the determination of reference equivalents	NOSFER Nouveau Système Fondamental pour la détermination des Equivalents de Référence
Notbetrieb *m*	emergency operation	fonctionnement *m* secouru
Notbetriebsberechtigung *f*	emergency operation authorization	autorisation *f* au service *m* secouru
Notiz *f* (Leistungsmerkmal *n*)	notepad	bloc-notes *m*
	scratchpad	
Notruf *m*	emergency call	appel *m* d'urgences *f/pl*
Notstrombetrieb *m*	emergency operation	foncionnement sur alimentation *f* secourue
Notstromversorgung *f*	emergency power supply	alimentation *f* secourue
NSG = Netzspeisegerät *n*	mains unit	bloc *m* secteur *m*
NSt = Nebenstelle *f*	extension	poste *m* supplémentaire
NStAnl = Nebenstellenanlage *f*	private automatic branch exchange (PABX)	installation *f* téléphonique privée, autocommutateur *m* privé
	private branch exchange (PBX)	
Null *f*	zero	zéro *m*
		nul *m*
Nulleiter *m* (N)	neutral conductor	neutre *m*
Numerierung *f*	numbering	numérotage *m*
		numérotation *f*
Numerierung *f*, offene	open numbering	numérotation *f* ouverte
Numerierung *f*, verdeckte	closed numbering	numérotation *f* fermée
Numerierungsplan *m*	numbering scheme	plan *m* de numérotage *m*
Nummerngeber *m*	electric key sender	émetteur *m* de numéros *m/pl*
Nummernschalter *m*	dial switch	cadran *m* décimal
	dial	
Nummernschalterwahl *f*	dial selection	émission *f* d'impulsions *f/pl* du cadran *m*
Nummernschalterwerk *n*	rotary dial	cadran *m* d'appel *m*
Nummernscheibe *f*	rotary dial	cadran *m* d'appel *m*

81

nur bei Bedarf *m*	only if required optional	seulement en cas *m* de nécessité *f* optionnel en option *f*
Nutzbitrate *f*	effective bit rate	flux *m* numérique efficace débit *m* efficace
Nutzkanal *m*	user channel information channel	canal *m* utile
Nutzpegel *m*	usable level	niveau *m* utile
Nutzungsdauer *f*	service life useful time	durée *f* de vie *f* durée *f* d'utilisation *f* longévité *f*
Nutzungszeit *f* (Nutzzeit *f*)	utilization time	temps *m* d'utilisation
NW = Nummernschalterwahl *f*	dial (plate) selection	numérotation *f* décimale

O

OB-Betrieb *m*	local battery operation	fonctionnement *m* en batterie *f* locale
OBDM = objektiver Bezugsdämpfungsmeßplatz *m*	electroacoustic transmission measuring system (EATMS)	appareil *m* de mesure *f* objective d'affaiblissement *m* équivalent (OREM)
Oberbitrate *f*	upper bit rate	limite *f* du flux *m* numérique
Oberfläche *f*	surface	surface *f*
Oberflächentemperatur *f* von ...	surface temperature of ...	température *f* surfacique de ...
Oberteil *n*	upper part	partie *f* supérieure sommet *f* haut *m*
objektiver Bezugsdämpfungsmeßplatz *m* (OBDM)	objicitve reference system test station	appareil *m* de mesure *f* objective d'affaiblissement *m* équivalent = OREM
Objektivfehler *m*	lens aberrations	erreur *m* d'objectif *m*
Objektschutzsystem *n*	property-protection system	système *m* de protection *f* des objets *m/pl*
Oder-Schaltung *f*	OR circuit	porte *f* OU
offene Kommunikationssysteme *f/pl*	open systems interconnection	interconnexion *f* des systèmes *m/pl* ouverts
öffentliche Kommunikationssysteme *n/pl*	public communications systems	systèmes *m/pl* de communications *f/pl* publics
öffentliche Vermittlungsstelle *f*	public exchange	central *m* public
öffentliche Vermittlungstechnik *f*	public exchange engineering	technique *f* de commutation *f* publique
öffentliches Datennetz *n*	public data network	réseau *m* public de données *f/pl*
öffentliches Digital- Vermittlungssystem *n*	public digital switching system	système *m* numérique de commutation *f* publique
öffentliches Netz *n*	public telephone network (ATN)	réseau *m* public
öffentliches Vermittlungssystem *n*	public switching system	centre *m* de commutation *f* public
öffnen	open	ouvrir
ON = Ortsnetz *n*	local network	réseau *m* local
optische Übertragungssystem *n*	optical transmission system	système *m* de transmission *f* optique
optisch-elektrischer Wandler *m*	opto-electrical converter	convertisseur *m* opto-électrique
Optoelektronik *f*	optoelectronics	optoélectronique *f*
Optokoppler *m*	optocoupler	coupleur *m* optique
Organ *n*	device circuit element unit	dispositif *m* équipement *m* circuit *m* organe *m*
Ortsamt *n*	local exchange	central *m* local central *m* urbain
ortsamtsberechtigt	nonrestricted local exchange dialing	ayant accès *m* aux appels *m/pl* locaux
Ortsbatterievorsatz *m*	local battery adapter	adapteur *m* de batterie *f* locale
Ortsbereich *m*	local area	zone *f* locale
ortsfeste Sprechfunkanlage *f*	base-station transceiver	installation *f* fixe de radiotéléphonie *f*
Ortsgebühr *f*	local rate local call fee	taxe *f* locale
Ortsgespräch *n*	city call	communication *f* locale
Ortskabel *n*	local cable	câble *m* local

Ortskabelnetz *n*	local cable network	réseau *m* local câblé
Ortskreis *m*	local circuit	circuit *m* local
Ortskreisleitung *f*	local line	ligne *f* locale
Ortsleitungsnetz *n*	local line network	réseau *m* urbain
		réseau *m* local
Ortsnetz *n*	local network	réseau *m* de distribution *f* local
		réseau *m* local
Ortsnetzkennzahl *f*	area code	indicatif *m* interurbain
Ortsspeisung *f* (von	local feeding	batterie *f* locale
Fernsprechgeräten *n/pl*)		
Ortstarif *m*	local tariff	tarif *m* urbain
		tarif *m* local
Ortsteilnehmer *m*	local subscriber	poste *m* d'abonné *m* local
	local subscriber station	
Ortsverbindung *f*	local call	liaison *f* locale
Ortsverbindungsleitung *f*	interoffice trunk junction line	ligne *f* locale
	interoffice local junction line	
Ortsverkehr *m*	local traffic	service *m* urbain
		trafic *m* local
Ortsvermittlung *f*	local exchange	central *m* local
Ortsvermittlungsstelle *f* (OVSt)	local office	central *m* local
	local exchange	central *m* urbain
		service *m* urbain des
		télécommunications
Ortszeit *f*	local time	heure *f* locale
Ortszeitfehlerregister *n*	local time error register	registre *m* d'erreurs *f/pl*
		d'heure *f* locale
Ortszeituhr *f*	local time clock	horloge *f* d'heure *f* locale
Ortszone *f*	local zone	zone *f* locale
		zone *f* urbaine
Ortung *f* von	automatic vehicle location	système *m* de repérage *m* de
Kraftfahrzeugen *n/pl* für	system for fleet management	véhicules *m/pl* pour les
Einsatzfahrzeuge *n/pl*	(OKE)	véhicules d'intervention *f*
OVSt =	local exchange	centre *m* de commutation *f*
Ortsvermittlungsstelle *f*		local, central *m* local
OZZ = Orts-Zeit-Zählung *f*	local time metering	enregistrement *m* en heure *f*
		locale

P

Paketvermittlung *f*	packet switching	commutation *f* par paquets *m/pl*
Paketvermittlungsnetz *n*	packet-switched network	réseau *m* de commutation *f* par paquets *m/pl*
PAL = TV-Standard	Phase Alternation Line (German TV standard)	norme *f* TV
PAM = Pulsamplituden-Modulation *f*	Pulse Amplitude Modulation (PAM)	MIA (modulation *f* par impulsions *f/pl* en amplitude *f*)
Papieralarm *m*	end-of-paper warning paper-out alarm	alarme *f* fin *f* de papier *m*
Papierstau *m*	paper jam	engorgement *m* du papier *m*
Papiervoralarm *m*	paper-supply-low alarm	présignalisation *f* fin *f* de papier *m*
PAR = Paritätsprüfer *m*	parity checker	contrôleur *m* de parité *f*
Parabolantenne *f*	parabolic antenna	antenne *f* parabolique
Parallelbetrieb *m*	parallel operation parallel mode	service *m* en parallèle *f* exploitation *f* en parallèle *f*
Parallelcode *m*	parallel code	code *m* parallèle *f*
Parallelschaltung *f*	parallel connection	connexion *f* parallèle
Parallelzugriff *m*	simultaneous access	accès *m* parallèle
Paritätsbit *n*	parity bit	bit *m* de parité *f*
Paritätskontrolle *f*	parity check	contrôle *m* de parité *f*
PAS = Peripherie-Anschluß-Simulator *m*	peripheral connection simulator	simulateur *m* de connexion *f* de périphérique *m*
Pauschalgebühr *f*	flat fee flat rate bulk connection charge flat connection charge	taxe *f* forfaitaire
Pauschaltarif *m*	flat-rate tariff	tarif *m* forfaitaire
Pause zwischen zwei Impulsen *m/pl*	interdigital pause	entre-train *m* créneau *m* entre deux impulsions *f/pl* intervalle *m*
PB = Peripheriebus *m*	peripheral bus	bus *m* périphérique
PCM (Pulscode-Modulation *f*)	Pulse Code Modulation (PCM)	MIC (modulation *f* par impulsions *f/pl* et codage *m*)
PCM-System *n*	PCM system	système *m* MIC
PE = periphere Einrichtung *f*	peripheral equipment, unit	équipement *m* périphérique
PE = Prozessoreinheit *f*	processor unit	processeur *m*, unité *f* centrale
Pegel *m*	level	niveau *m*
Pegelüberwachung *f*	level monitoring	surveillance *f* de niveau *m*
Peripherie *f*	periphery peripherals	périphérie *f*
Peripherie-Anschluß-Simulator *m* (PAS)	peripheral connection simulator	simulateur *m* de connexion *f* périphérique *m*
Peripheriebus *m* (PB)	peripheral bus	bus *m* périphérique
Personenruf- und Informationsanlage *f*	radiopaging and information system	système *m* d'information *f* et recherche *f* de personnes *f/pl*
Personenrufempfänger *m*	pocket receiver	récepteur *m* de poche *f*
Personensuchanlage *f*	paging system staff-location system paging device	système *m* de recherche *f* de personnes *f/pl*
Perspektivdarstellung *f*	perspective aspect	vue *f* éclatée
Pflichtenheft *n*	equipment specifications	cahier *m* de charges *f/pl*
Phantomleitung *f*	phantom circuit	circuit *m* fantôme
Phantomspeisung *f*	phantom power supply	alimentation *f* fantôme *m*
Phasengeschwindigkeit *f*	phase velocity speed of phase	vitesse *f* de phase *f*

Phasenlaufzeit *f*	phase delay	temps *m* de propagation *f* de
	phase lag	phase *f*
		déphasage *m*
physikalis⌐ʰe Schnittstelle *f*	physical interface	interface *f* physique
physikalische	physical interface specification	spécification *f* d'interface *f*
Schnittstellenspezifikation *f*	(physical interface)	physique (interface physique)
Pilotüberwachung *f*	pilot control	contrôle *m* de porteuse *f*
PIN = Persönliche	Personal Identification (I.D.)	numéro *m* d'identification *f*
Identifikationsnr. *f* (Bank)	Number	personnelle
PL = Programmliste *f*	program list	liste *f* de programme *m*
Plasmaanzeige *f*	plasma display	affichage *m* par plasma *m*
Plattengröße *f* (LP-)	size of PCB	format *m* de carte *f*
Plattenlaufwerk *n* (EDV)	disk drive (EDP)	unité *f* de disques *m/pl*
Plattenspeicher *m* (EDV)	disk storage (EDP)	disque *m* mémoire *f*
Platzanruf *m*	call to operator	appel *m* opératrice *f*
Platzbedarf *m*	space requirement (module)	dimensionnement *m*
(Gerät *n*/Baugruppe *f*)		
Platzbelegung *f*	position seizure	prise *f* de ligne *f* opératrice *f*
Platzgruppe *f*	position group	standard *m*
		pupitre *m*
Platzkontroll- und	position control and	système *m* de relais *m* pour
Mithörrelaissatz *m*	monitoring relay set	oberservation *f* d'une table *f*
Platzsucher *m*	position searcher	recherche *f* d'une opératrice *f*
	position finder	libre
Platzüberweisung *f*	interposition call and transfer	appel *m* transfert entre
		positions *f/pl*
platzvermittelte Verbindung *f*	operator-assisted call	appel *m* transféré par
		opératrice *f*
Platzwähler *m*	position selector	emplacement *m* d'opératrice *f*
Platzzuordnung *f*	multiple attendant position	affectation *f* de table *f*
		d'opératrice *f*
Plusspannungsüberwacher *m*	positive voltage	contrôleur *m* de tension *f*
	supervisory unit	positive
Positionsnummer *f*	position number	numéro *m* d'emplacement *m*
	item No.	
Positionsnummernvielfach *n*	equipment number program	numéro *m* d'équipement *m*
	equipment program	
Postbehörde *f*	PTT	autorités *f/pl* postales
Postnetz *n*	PTT network	réseau *m* PTT
PRB = Prozessorbus	processor bus	bus *m* du processeur *m*
primärgetaktete	primary-switched power supply	alimentation *f* primaire
Stromversorgung *f*		commutée
Primärmultiplexanschluß *m*	primary rate access	accès *m* primaire multiplex *m*
Prinzipschaltbild *n*	basic circuit diagram	schéma *m* de principe *m*
	principle layout	
private	private communications	technique *f* de communication *f*
Kommunikationstechnik *f*	engineering	privée
privates	private communication system	système *m* de communication *f*
Kommunikationssystem *n*		privé
privates Netz *n*	private network	réseau *m* privé
Privatfernsprechanlage *f*	private exchange (PX)	installation *f* téléphonique *m*
		privée
Programm *n* im Speicher *m*	stored-program control (SPC)	programme *m* mise *f* en
		mémoire *f*
Programm *n* in der	wired-program control	programme *m* en logique *f*
Verdrahtung *f*		câblée
Programmabbruch *m*	program abortion	interruption *f* de programme *m*
Programmauswahl *f*	program selection	sélection *f* de programme *m*
Programmdirektwahl *f*	program direct selection	sélection *f* directe programmée
Programmfeld *n*	program field	zone *f* de programme *m*
	program panel	

Programmlaufzeit *f*	program delay time	temps *m* d'exécution *f* de programme *m*
Programmliste *f* (PL)	program list	liste *f* de programme *m*
Programmsteckerfeld *n*	program plug panel	tableau *m* de fiches *f/pl* programme
Programmsteuerung *f*	program control	gestion *f* de programme *m*
Protokoll *n*	protocol	protocole *m*
Protokolldrucker *m*	printer	imprimante *f*
Protokoll-Referenzmodell *n*	protocol reference model	modèle *m* de référence *f* de protocoles *m/pl*
Prozessorbus *m* (PRB)	processor bus	bus *m* du processeur *m*
Prozessoreinheit *f* (PE)	processor unit	processeur *m* unité *f* centrale
prüfen	test	contrôler
	check	vérifier
		tester
Prüfergebnis *n*	test result	résultat *m* (d'un contrôle *m*)
Prüfgerät *n*	test set	dispositif *m* de test *m*
	test unit	dispositif *m* de contrôle *m* contrôleur *m*
Prüfgeräte-Koppelvielfach *n*	test set coupling matrix	matrice *f* de couplage *m* de dispositifs *m/pl* de test *m*
Prüfgerätezusatz *m*	test set attachment	adapteur *m* des dispositifs *m/pl* de test *m*
Prüfpunkt *m*	test point	point *m* de contrôle *m* (test *m*)
Prüfschleife *f*	test loop	boucle *f* d'essai *m*
Prüfteilnehmer *m*	test extension	poste *m* de maintenance *f*
Prüfverteiler *m*	test allotter	répartiteur *m* de test *m*
PT = Prüfpunkt *m*	test point	point *m* de test *m*
Puffer *m*	buffer	tampon *m*
Pufferbatterie *f*	buffer battery	batterie *f* tampon *m*
Pufferspeicher *m*	buffer memory	mémoire *f* tampon *m*
Pulsamplitudenmodulation *f* (PAM)	pulse-amplitude modulation (PAM)	modulation *f* par amplitude *f* d'impulsion *f*
Pulscode-Modulation *f* (PCM)	pulse-code modulation (PCM)	modulation *f* par impulsion *f* codée (MIC)
Pulsflanke *f*	pulse edge	flanc *m* d'impulsion *f*
Pulsform *f*	pulse shape	forme *f* de l'impulsion *f*
Pulsfrequenz *f*	pulse frequency repetition rate	fréquence *f* d'impulsion *f*
Pulsfrequenzmodulation *f* (PFM)	pulse-frequency modulation (PFM)	modulation *f* par fréquence *f* d'impulsion *f*
Puls/Pausenverhältnis *n*	mark-to-space ratio	intervalle *m* d'impulsions *f/pl*
Pulteinbau-Sprechstelle *f*	desk-mounted set	combiné *m* monté sur pupitre *m*
Punktverbindung *f*	point connection	liaison *f* point *m* à point *m*
Punkt-zu-Mehrpunkt-Verbindung *f*	point-to-multipoint connection	connexion *f* point *m* à multi-point *m*
Punkt-zu-Punkt Verbindung *f*	point-to-point communication point-to-point connection	connexion *f* point *m* à point
Pupinspule *f*	Pupin coil	bobine *f* de pupinisation *f*

Q

QL = Querleitung *f*   tie-line   ligne *f* spécialisée
QUA = Querverbindung *f* (a/b   tie-line circuit (a/b earth)   connexion *f* interautomatique,
  Erde *f*)   ligne *f* spécialisée
Qualitätsklasse *f*   quality class   classe *f* de qualité
Quantisierungsgeräusch *n*   quantization noise   bruit *m* de quantification *f*
QUE =   tie-line circuit   circuit *m* de ligne *f* spécialisée
  Querleitungsübertrager *m*
QUE =   tie-line transmission   circuit *m* de ligne *f*
  Querverbindungsübertragung *f*   interautomatique
Querschnitt *m* (Kabel *n*)   cross section (cable)   diamètre *m* (câble *m*)
         section *f* (câble *m*)
Querspannung *f*   transverse voltage   tension *f* transversale
Querverbindung *f* (a/b Erde *f*) -   tie line (a/b earth)   connection *f* interautomatique
  (QUA)
Querverbindung *f* E + M-   tie line E and M signaling   ligne *f* interautomatique
  Kennzeichen *n* (QUM)   signalisation *f* RON-TRON
Querverbindung *f*/   tie-line connection   ligne *f* interautomatique en
  Verbundleitung *f*   tandem tie trunk switching   fonctionnement *m* tandem *m*
      (Am)
Querverbindung *f*   tie line a.c. signaling   ligne *f* interautomatique
  Wechselstrom-Kennzeichen *n*   signalisation *f* en c.a.
Querverbindungsleitung *f*   tie line   ligne *f* interautomatique
Querverbindungssatz *m*   tie line   joncteur *m* pour liaison *f*
         interautomatique
Querverbindungsübertragung *f*   tie-line circuit   circuit *m* de ligne *f*
  (QUE)   interautomatique
Querverkehrszusatz *m*   tie-line attachment   adaptateur *m* de trafic *m*
         interautomatique
Querweg *m*   high-usage route   voie *f* à fort trafic *m*
quittieren (Signal *n*)   acknowledge   acquitter (signal *m*)
Quittung *f*   acknowledgment   acquittement *m*
         acquit *m*
Quittungszeichen *n*   acknowledgment signal   signal *m* d'accusé *m*
      receipt signal   signal *m* de réception *f*
QUM = Querverbindung *f*   tie-line circuit E + M signaling   ligne *f* interautomatique
E + M-Kennzeichen *n*   signalisation *f* RON-TRON

R

R-(Reihen *f/pl*)Teilnehmer *m*	four-wire extension	poste *m* à quatre fils *m/pl*
RA = Registeradresse *f*	register address	adresse *f* registre *m*
Rahmen *m*	frame	baie *f*
	rack	
Rahmentakt *m*	frame clock-timing	impulsion *f* de trame *f*
Rangierdraht *m*	jumpering wire	jarretière *f* de connexion *f*
Rangierfeld *n*	jumpering field	baie *f* de connexion *f*
Rangierplatte *f*	jumper board	carte *f* de connexions *f/pl*
Rangierverteiler *m*	jumpering distributor	répartiteur *m*
rastend	locking	automaintenu *m*
rastende Taste *f*	locking button	bouton *m* maintenu
Raster *n*	grid	grille *f*
	screen	trame *f*
Raumgeräusch *n*	room noise	bruit *m* de salle *f*
		bruit *m* de fond *m*
Raumhöhe *f*	headroom	hauteur *f* de passage *m*
	clear height	
	stud (Am)	
räumliche Durchschaltung *f*	space-division switching	commutation *f* spatiale
	space-spatial switching	
räumliche	spatial path through-	commutation *f* de voie *f* spatiale
Wegedurchschaltung *f*	connection	
Raummultiplex *n*	space-division multiplex (SDM)	commutation *f* spaciale
		multiplex *m* spatial
Raummultiplexbetriebsweise *f*	space-division mode	exploitation *f* en multiplex *m* spatial
Raummultiplexdurchschaltung *f*	space-division through-connection	commutation *f* en multiplex *m* spatial
Raummultiplexkoppelfeld *n*	space-division matrix field	matrice *f* de connexion *f* de multiplex *m* spatial
	space-division coupling field	réseau *m* de connexion de multiplex *m* spatial
Raummultiplexnetzwerk *n*	space-division network	réseau *m* en multiplex *m* spatial
Raummultiplexverfahren *n*	space-division multiplex method	principe *m* de multiplex *m* spatial
Raumrückfrage *f*	internal consultation call	double appel *m* intérieur
Raumrückfragetaste *f*	internal refer-back button	touche *f* de double appel *m* intérieur
Raumsicherung *f*	home or office protection	protection *f* domestique
Raumvielfach *n*	space-division multiple (SDM) principle	principe *m* de multiplex *m* spatial
Raumvielfachsystem *n*	space-division multiplex system	système *m* de communication *f* spatiale
		système *m* de multiplex *m* spatial
Rauschen *n*	noise	bruit *m*
Rauschunterdrückungssystem *n*	noise-reduction system	système *m* de réduction *f* de bruit *m*
RC-Glied *n*	RC (resistance-capacitance) element	circuit *m* RC
RDS	Radio Data System (RDS)	RDS
		système *m* de données *f/pl* radio
rechnergesteuert	computer-controlled	piloté par ordinateur *m*
rechnergesteuerter Prüfplatz *m*	computer-controlled test station	banc *m* de test *m* piloté par ordinateur *m*
rechnergesteuertes Vermittlungssystem *n*	computer-controlled switching system	autocommutateur *m* géré par calculateur *m*

rechnergestützt	computerized computer-assisted	assisté par ordinateur *m*
Rechner-Verbundnetz *n*	computer network	réseau *m* d'ordinateurs *m/pl* ordinateurs *m/pl* en réseau *m*
Rechnung *f*, detaillierte	itemized bill	facture *f* détaillée
Redundanz *f*	redundancy	redondance *f*
Reduzierungsfaktor *m*	reduction factor	facteur *m* de réduction *f*
Referenzpunkt *m*	reference point	point *m* de référence *f*
Reflexionsdämpfung *f*	return loss	affaiblissement *m* d'adaptation *f*
Reflexionsfaktor *m*	return current coefficient return current factor	coefficient *m* d'adaptation *f*
regeln	control	régler
Regelschaltung *f*	control circuit	circuit *m* de réglage *m*
Regelung *f*	automatic control	contrôle *m* automatique
Regenerator *m*	regenerator	régénérateur *m*
regenerieren	regenerate	régénérer
Regionaltaste *f*	regional key	touche *f* régionale
Register *n*	register	index *m*
Registergerät *n*	register unit	enregistreur *m*
Registergruppenverbinder *m*	register group connector	connecteur *m* de groupes *m/pl* de registre *m*
Registerkoppelgruppe *f*	register coupling group	groupe *m* de connexions *f/pl* de registre *m*
Registerkoppelnetz *n*	register switching network	réseau *m* de connexion *f* de registre *m*
Register-Markierer *m*	register marker	marqueur *m* de registre *m*
Registersignal *n*	register character register mark	signal *m* de registre *m*
Registerspeicher *m*	register store	mémoire *f* de registre *m*
Registersteuerung *f*	register control	gestion *f* de registre *m*
Registerzeichen *n*	register signal	signal *m* de registre *m*
Registriersatz *m*	recording set	équipement *m* d'enregistrement *m*
Registrierspeicher *m*	recording store	mémoire *f* d'enregistrement *m*
Reichweite *f*	range	portée *f*
Reihenanlage *f*	intercom system key system	système *m* d'intercommunication *f*
Reihencode *m*	series code	code *m* série *f*
Reihenparallelschaltung *f*	series-parallel circuit	connexion *f* série-parallèle
Relais *n*	relay	relais *m*
Relaissatz *m*	relay set	jeu *m* de relais *m/pl*
Relaisschiene *f*	relay bus	bus *m* relais *m*
Relaisspeicher *m*	relay store	mémoire *f* à relais *m*
Relaisstation *f*	relay station repeater station	station *f* relais *m* répétiteur *m*
Relaisstreifen *m*	relay strip	barette *f* à relais *m*
Relaisverstärker *m*	relay repeater	station *f* répétrice
Relaiszahlengeber *m*	relay keysender	clavier *m* à relais *m*
relative Luftfeuchte *f*	relative humidity	humidité *f* relative
relativer Pegel *m*	relative level	niveau *m* relatif
Reserve *f*	spare standby	réserve *f*
Reserve-Blei-Akkubatterie *f*	standby lead-acid accumulator standby lead-acid battery	accumulateur *m* de secours *m* au plomb *m* batterie *f* de secours *m* au plomb *m*
reserviert	reserved	réservé
Reservierungsdienst *m*	reserved circuit service reserved circuit telecommunication service	service *m* de circuit *m* réservé service *m* de circuit *m* de télécommunications *f/pl* réservé

Restart *m*	restart	redémarrage *m*
Restdämpfung *f*	overall loss	affaiblissement *m* effectif
	net loss (Am)	
restliche	remaining	résiduel
	residual	
Restspannung *f*	residual voltage	tension *f* résiduelle
Reststrom *m*	residual current	courant *m* résiduel
Rfr = Rückfrage *f*	refer-back/consultation call	rappel *m*
RG = Register *n*	register	registre *m*
R-Gespräch *n*	reversed charge call (Brit)	PCV
	collect call (Am)	conversation *f* payable à l'arrivée *f*
Richtantenne *f*	directional antenna	antenne *f* directionnelle
Richtfunk *m*	microwave system	système *m* radio à micro-ondes *f/pl*
	radio-relay system	
Richtfunkanlage *f*	radio-link installation	installation *f* de liaison *f* radio
Richtfunkfrequenz *f*	microwave frequency	fréquence *f* des micro-ondes *f/pl*
Richtfunkrelaisstation *f*	microwave relay station	station *f* relais *m* à micro-ondes *f/pl*
Richtfunksystem *n*	microwave radio system	système *m* à micro-ondes *f/pl*
Richtfunktechnik *f*	microwave radio-link technology	technique *f* radio à micro-ondes *f/pl*
Richtfunkverbindung *f*	microwave connection	connexion *f* par micro-ondes *f/pl*
Richtmaß *n*	microwave equipment	dimension *f* théorique
	standard dimension	
	guiding dimension	
Richtung *f*	direction	direction *f*
		sens *m*
Richtungsausscheidung *f*	direction selection	sélection *f* de route *f*
	route selection	routage *m*
	direction discrimination	
Richtungsausscheidung *f* für Leitungsbündel *n/pl*	direct bundle selection	routage *m* de faisceau *m*
Richtungskoppelfeld *n*	directional matrix field	matrice *f* de routage *m*
	directional coupling field	
Richtungskoppelgruppe *f*	directional coupling group	groupe *m* de connexions *f/pl* de direction *f*
Richtungskoppelnetz *n*	directional coupling network	réseau *m* de connexion *f* de direction *f*
Richtungsmarkierer *m*	directional marker	marqueur *m* de direction *f*
Ringabfrage *f* bei Nacht *f*	night ringer	renvoi *m* de nuit *f* tournant
Ringmodulator *m*	ring modulator	modulateur *m* en anneau *m*
		modulateur *m* toroïdal
RL = Richtlinie *f*	recommendation	directive *f*
RN = Rufnummer *f*	call number	numéro d'appel *m*
	subscriber number	numéro d'abonné *m*
Rohr *n*	tube	tube *m*
	pipe	tuyau *m*
Röhrenparameter *m*	tube parameter	paramètre *m* de tube *m*
rosa	pink	rose
rot	red	rouge
ru = Rufumleitung *f*, variable	class of service "variable call forwarding"	renvoi *m* variable
RU = Rufumschaltung *f*	call diversion forwarding	renvoi *m*
Rückauslösung *f*	back release	libération *f* inverse
Rückbelegung *f*	seizing acknowledgement signal	signal *m* d'acquit *m* de prise *f*
Rückflußdämpfung *f*	regularity return loss (Brit)	affaiblissement *m* de régularité *f*
	structural return loss (Am)	

Rückfrage *f*	consultation call refer-back call (Brit) call hold (Am)	double appel *m* attente *f* pour recherche *f*
Rückfrage *f*, Halten *n* in Rückfrage *f*	consultation hold	consultation *f*
Rückfragegespräch *n*	consultation call refer-back call (Brit) call hold (Am)	rétro-appel *m* double appel *m* attente *f* pour recherche *f*
Rückfragekoppler *m*	consultation call coupling unit refer-back coupler	coupleur *m* de rétro-appel *m*
Rückfragen *f/pl* während eines Gespräches *n*	refer-back during a call	consultation *f* pendant une conversation *f*
Rückfrageteilnehmer *m*	refer-back extension	abonné *m* de rétro-appel *m* poste *m* de rétro-appel *m*
Rückfrageverbindung *f*	enquiry call	connexion *f* de rétro-appel *m*
Rückholtaste *f*	reset key	touche *f* d'initialisation *f*
Rückhörbezugsdämpfung *f*	sidetone reference equivalent	affaiblissement *m* d'effet *m* local affaiblissement *m* d'effet *m* anti- local
Rückhördämpfung *f*	sidetone attenuation	affaiblissement *m* du signal *m* local
Rückkopplung *f*	feedback	asservissement *m*
Rücklauf *m*	rewind	recul *m*
Rückmeldung *f*	answer back acknowledge message reply	signal *m* de confirmation *f* acquit *m*
rückprüfen	number verification	vérification *f* de numéro
Rückruf *m*	callback recall	rappel *m* retour *m* d'appel *m*
Rückrufautomatik *f*	automatic call-back	rappel *m* automatique
Rückseite *f*	rear side back side	côté *m* postérieur côté *m* arrière
rücksetzen	reset resetting	ré-initialiser
Rücksprache *f*	consultation	consultation *f*
rückstellbarer Zähler *m*	resettable meter	compteur *m* avec remise *f* à zéro *m*
Rückstellung *f*	resetting	remise *f* reset *m* ré-initialisation *f*
Rückwärtsauslösung *f*	backward release called-subscriber release	libération *f* au raccrochage *m* du demandeur *m*
rückwärtsverfolgen	call tracing	suiveur *m* de communications *f/pl*
Rückwärtszeichen *n*	backward signal	signal *m* inverse
Ruf *m*	call	appel *m* sonnerie *f*
Ruf *m*, unterschiedlicher	distinctive ring	sonnerie *f* différenciée
Ruf- und Signalgeber *m*	ringing and tone generator	générateur *m* de tonalité *f* et de sonnerie *f*
Ruf- und Signalmaschine *f*	ringing and signaling machine	machine *f* d'appels *m/pl* et de signaux *m/pl*
Ruf- und Wahlinformationsspeicher *m*	information store	enregistreur *m* d'appel *m* et de numérotation *f*
Rufabweisung *f*	call stopping	rejet *m* d'appel *m* arrêt *m* d'appel *m*
Rufanforderung *f*	call request	demande *f* d'appel *m*
Rufannahme *f*	call-accepted signal	acceptation *f* d'appel *m*
Rufanzahlüberschreitung *f*	call rate overflow	saturation *f*
Rufanzeiger *m*	call indicator	indicateur *m* d'appel *m*

Rufbeantwortung *f,* automatische	automatic answering	réponse *f* automatique
Rufbeantwortung *f,* manuelle	manual answering	réponse *f* manuelle
Rufbegrenzungszähler *m*	call limiting counter	compteur *m* de limitation *f* d'appels *m/pl*
Rufdauer *f*	ringing time	durée *f* de sonnerie *f*
Rufempfänger *m*	call receiver	récepteur *m* d'appel *m*
rufen (läuten)	ringing	appeler
	ring	sonner
	ring up	
rufender Teilnehmer *m*	calling subscriber	abonné *m* demandeur *m*
	calling station	
	calling extension	
Ruferkennung *f*	call identification	identification *f* d'appel *m*
Ruferkennungszeit *f*	call identification time	temps *m* d'identification *f* d'appel *m*
Rufgenerator *m*	ringing generator	générateur *m* de sonnerie *f*
Rufimpuls *m*	ringing pulse	impulsion *f* de sonnerie *f*
Rufmitnahme *f* (follow me)	follow me	suivez-moi *m*
		renvoi *m*
Rufnummer *f* (RN)	call number	numéro *m* d'appel *m*
	subscriber's number	numéro *m* d'abonné *m*
Rufnummer *f,* Prinzip *n* der konstruierbaren ~	deducible directory number	numéro *m* complet obtenu par construction *f*
Rufnummernauskunft *f*	directory information service	service *m* de renseignements *m/pl* téléphoniques
Rufnummernfeld *n*	call number field	zone *f* de numéro *m* d'abonné *m* plan *m* de numérotation *f*
Rufnummerngeber *m*	call number transmitter	émetteur *m* de numéros *m/pl* d'appel *m* abrégés
	automatic dialer	numéroteur *m* automatique
Rufnummernplan *m*	numbering plan	plan *m* de numérotation *f*
Rufnummernspeicher *m*	call number memory	mémoire *f* de numéros *m/pl*
Rufnummernsperre *f*	call restrictor	discrimination *f* d'appel *m*
	discriminator	discriminateur *m*
Rufnummernzuordner *m*	call number translator	traducteur *m* de numéros *m/pl* d'appel *m*
	call number allotter	
Ruforgan *n*	ringing unit	sonnerie *f*
Rufspannung *f*	ringing voltage	tension *f* de sonnerie *f*
Rufstrom *m*	ring power	courant *m* de sonnerie *f*
	ringing current	
Rufsystem *n*	call system	système *m* d'appel *m*
Ruftaste *f*	call button	touche *f* d'appel *m*
Rufton *m*	ringing tone	retour *m* d'appel *m*
	ringback tone	sonnerie *f*
Rufüberwachungszeit *f*	call monitoring time	temps *m* de surveillance *f* d'appel *m*
Rufumleitung *f*	call diversion	renvoi *m* d'appel *m*
	call forwarding	suivez-moi *m* renvoi *m*
Rufverzug *m*	post-dialing delay	délai *m* d'attente *f* de la tonalité *f* de retour *m* d'appel *m* retard *m* d'appel *m*
Rufwechselstrom *m*	ac ringing current	courant *m* alternatif de sonnerie *f*
Rufweitergabe *f*	call transfer	transfert *m*
Rufweiterleitung *f*	call transfer	transfert *m* d'appel *m*
Rufweiterleitung *f* bei besetztem Anschluß *m*	busy line transfer	transfert *m* en cas *m* d'occupation *f*

93

Rufweiterleitung *f* nach Zeit *f*	delayed call transfer	renvoi *m* temporisé
Rufweiterschaltung *f*	call forwarding	renvoi *m* automatique
	call transfer	
Rufzustand *m*	ringing condition	phase *f* sonnerie *f*
Ruhe *f*	rest	repos *m*
Ruhe *f* vor dem Telefon *n*	do-not-disturb service	interdiction *f* de déranger
	do-not-disturb facility	ne pas déranger
Ruhekontakt *m*	break contact	contact *m* de repos *m*
	normally closed (nc) contact	interrupteur *m* à contact *m* au repos
Rundfunkanstalt *f*	broadcasting corporation	station *f* de radio-diffusion *f*
	broadcasting station	
Rundfunkempfang *m*	radio reception	réception *f* radio
Rundfunktechnik *f*	radio engineering	technique *f* radio
	radio technology	
Rundspruchverbindungssatz *m*	broadcasting junction	joncteur *m* de messages *m/pl* généraux
Rundumkennleuchte *f*	rotary beacon	feu *m* tournant à éclats *m/pl* généraux
Rural Telefon *n*	rural telephone	téléphonie *f* rurale
RW = Rufweiterschaltung *f*	call transfer	transfert *m*

S

S = Servicestecker *m*	service plug	prise *f* de maintenance *f*
Sachnummer *f*	reference number (Ref. No.)	numéro de référence *f*
Sammelanschluß *m*	group hunting	lignes *f/pl* groupées
	extension hunting	groupement *m* de postes *m/pl*
	station hunting	
Sammelanschlußmarkierer *m*	hunt group marker	marqueur *m* de lignes *f/pl* groupées
Sammelerdschiene *f*	grounding busbar	barre *f* de terre *f* commune
	common earth bar	
Sammelgespräch *n*	multi-party facility	conférence *f*
Sammelleitung *f*	group hunting line	barre *f* omnibus *m*
	communication bus	bus *m* de communication *f*
	communication line	
Sammelnachtschaltung *f*	common night switching	renvoi *m* de nuit *f* collectif
Sammelrufnummer *f*	collective number	numéro *m* d'appel *m* collectif
Sammelruftaste *f*	collective call button	touche *f* d'appel *m* collectif
Sammelschiene *f* (SS)	busbar	barre *f* collectif
	bus	bus *m*
Sammelschienenzugang *m* (SSZ)	bus access	accès *m* au bus *m*
Satellitenabschnitt *m*	satellite section	section *f* satellite *m*
Satellitenempfänger *m*	satellite receiving system	système *m* de réception *f* satellite
Satellitenempfangsstelle *f*	satellite reception station	station *f* de réception *f* satellite *m*
Satelliten-Kommunikations-Empfang *m* (SKE)	sat communications reception system (SKE)	système *m* de réception *f* de communications *f/pl* par satellite *m*
Satelliten-Rundfunkdienst *m*	satellite radio TV service	service *m* de radio TV par satellite *m*
Satellitentechnik *f*	satellite technology	technologie *f* des satellites *m/pl*
Satellitentransponder *m*	satellite transponder	transpondeur *m* satellite *m*
Satellitenübertragung *f*	satellite transmission	transmission *f* satellite *m*
Satzverständlichkeit *f*	phrase intelligibility	netteté *f* pour les phrases *f/pl* netteté *f* de la parole
Sauber *m* (nicht pulsierende Spannung *f*)	ripple-free	sans ondulation *f*
Säule *f*	column	colonne *f*
SB = Systembus *m*	system bus	bus *m* système *m*
SBA = Siemens-Netzarchitektur für Büro-Automatisierung	Siemens office architecture	architecture *f* du réseau *m* Siemens pour la bureautique *f*
SBB = Systembuspuffer *m*	system bus buffer	registre *m* tampon *m* du bus *m* système *m*
SBD = Sendebezugsdämpfung *f*	sending reference equivalent	équivalent *m* de référence *f* à l'émission *f*
Schalleigenschaft *f*	resonance quality	facteur *m* de qualité *f*
Schallzeile *f*	horizontal row of radiators	rangée *f* horizontale de radiateurs *m/pl*
Schaltdraht *m*	jumper	fil *m* de connexion *f*
	hookup wire	
Schaltereinstellung *f*	switch setting	positionnement *m* des interrupteurs *m/pl*
Schaltkennzeichengabe *f*	signalling	signalisation *f*
Schaltschloß *n*	switch lock	verrouillage *m* de connexion *f*
Schaltsignal *n*	switch signal	signal *m* de connexion *f*
Schaltspannung *f*	switching voltage	tension *f* de connexion *f*

Schaltung *f*	circuit diagram	schéma *m*
	schematic	schéma *m* de circuit *m*
Schaltungsblock *m*	circuit block	bloc *m* circuit *m*
Schaltungsnachtrag *m*	circuit addendum	mise *f* à jour *m* schéma *m*
Scheibe *f*	washer	rondelle *f*
Schicht *f* (Ebene *f*)	layer (level)	couche *f* (niveau)
Schichtschnittstelle *f*	layer interface	interface *f* de couche *f*
Schiebeschalter *m*	slide switch	commutateur *m* à coulisse *f*
Schiene *f*	bar	alvéole *f*
		barre *f*
Schienenbauweise *f*	bar-mounted execution	système *m* de construction *f* sur
	bar-mounted construction	rail *m*
	bar-mounted design	exécution *f* sur rail *m*
	bar-mounted style	
Schienenkoppelpunkt *m*	bar crosspoint	point *m* de couplage *m* de
		barre *f*
Schild *n* anbringen	attach lable	fixer/coller une plaque *f*
	attach plate	signalétique
	glue label	
	stick label	
Schlagfestigkeit *f* (Dielektr.)	impact resistance (dielectrics)	résistance *f* au choc *m*
Schleife *f*	loop	boucle *f*
Schleifenerkennung *f*	loop identification	détection *f* de boucle *f*
Schleifenspannung *f*	loop voltage	tension *f* de boucle *f*
Schleifenstromkennlinie *f*	loop current characteristic	caractéristique *f* de courant *m*
		de boucle *f*
Schleifenunterbrechung *f*	loop interruption	ouverture *f* de boucle *f*
		rupture *f* de boucle *f*
Schleifenverstärkung *f*	loop gain	gain *m* de boucle *f*
Schleifenwahl *f*	loop dialing	numérotation *f* décimale
Schleifenwiderstand *m*	loop resistance	résistance *f* de boucle *f*
Schleuse *f*	sluice	sas *m*
	lock	
Schloß *n*	lock	serrure *f*
Schlüsselzahl *f*	security code	clé *f* de codage *m*
	code number	code *m* chiffré
Schlüsselzeichen *n*	key signal	indication *f* de clé *f*
Schlußtaste *f*	clearing button	bouton *m* de fin *f*
	clearing key	
Schlußtastennachbildung *f*	auto mode	mode *m* auto
	manual mode	mode *m* manu
Schlußzeichen *n*	clear-back signal	signal *m* de libération *f*
	disconnect signal	
Schmalband-Netz *n*	narrowband network	réseau *m* à bande *f* étroite
Schmalbandsystem *n*	narrowband system	système *m* à bande *f* étroite
Schmalbandübertragung *f*	narrowband transmission	transmission *f* bande *e* étroite
Schmalgestellbauweise *f*	slimline rack	châssis *m* étroit
Schmelzeinsatz *m*	fuse cartridge	lame *f* fusible
		cartouche *f* fusible *m*
Schmelzpunkt *m* (Dielektr.)	melting point (dielectric)	point *m* de fusion *f*
Schnarre *f*	buzzer (ac)	vibreur *m*
		ronfleur *m*
		buzzer *m*
schnell	fast	vite
	rapid	rapide
	quick	
Schnellruf *m*	direct station selection	appel *m* direct
Schnellruftaste *f*	quick-call key	touche *f* d'appel *m* rapide
	quick-call button	touche *f* d'appel *m* direct
Schnitt *m* (Profil *n*)	section	coupe *f*
Schnittstelle *f* (Interface *n*)	interface	interface *f*

Schnittstellenanpassung *f*	interface adapter	adaptateur *m* d'interface *f*
	adapter circuit	
Schnittstellenkarte *f* (SSK)	interface board	carte *f* d'interface *f*
Schnittstellenschalter *m*	interface switch	interrupteur *m* d'interface *f*
Schnittstellenspezifikation *f*	interface specification	spécification *f* d'interface *f*
Schnittstellenstruktur *f*	interface structure	structure *f* d'interface *f*
Schnittstellenverteiler *m* (SSV)	interface distributor	répartiteur *m* d'interface *f*
Schrank *m*	cabinet	armoire *f*
Schrankgehäuse *n*	cabinet housing	coffret *m*
		armoire *f*
Schraube *f*	screw	vis *f*
Schraubenmutter *f*	nut	écrou *m*
Schraubkappe *f*	screw cap	capuchon *m* à vis *f*
Schreiblesespeicher *m*	read-write memory	mémoire *f* d'écriture/lecture *f*
Schreibwerk *n*	typing mechanism	mécanisme *m* enregistreur *m*
		imprimeur *m*
Schrittgeschwindigkeit *f*	modulation rate	rapidité *f* de modulation *f*
		vitesse *f* de modulation *f*
Schutz *m*	protection	protection *f*
Schutz *m* gegen hohes	overload protection	protection *f* contre les
Verkehrsaufkommen *n*		surcharges *f/pl*
Schutz *m* von	data privacy	protection *f* des lignes *f/pl* de
Datenverbindungen *f/pl* gegen	data restriction	données *f/pl* contre
Aufschalten *n*		l'intrusion *f*
Schutzerde *f* (PE)	protection earth	terre *f* de protection *f*
	protection ground	
Schutzmaßnahme *f*	safety precaution	mesure *f* de protection *f*
Schutzschalter *m*	automatic circuit breaker	disjoncteur *m* de protection *f*
Schutzschaltung *f*	protective circuit	circuit *m* de protection *f*
Schwanenhalsmikrofon *n*	gooseneck microphone	microphone *m* sur flexible
Schwankung *f*	fluctuation	fluctuation *f*
		oscillation *f*
schwarz	black	noir
Schwellwert *m*	threshold value	seuil *m*
Schwellwertspannung *f*	threshold value voltage	tension *f* de seuil *m*
schwenkbar	swinging	pliant
	swiveling	pivotant
	hinged	
Schwenkteil *n*	hinged part	partie *f* pivotante
Schwingquarz *m*	quartz oscillator	oscillateur *m* à quartz *m*
Schwund *m* (Radio *n*/Telefon *n*)	fading	fading *m*
Schwungrad *n*	momentum wheel	volant *m*
Sechskantmutter *f*	hexagonal nut	écrou hexagonal
		écrou 6 pans *m/pl*
Sechskantschraube *f*	hexagonal screw	vis *f* hexagonale
		vis *f* à tête *f* 6 pans *m/pl*
SEE = Serviceendeinrichtung *f*	service terminal equipment	terminal *m* de maintenance *f*
Seekabel *n*	submarine cable	câble *m* sous-marin
Segmentstecker *m*	square-section plug	#####
Seite *f*	page	page *f*
Sekundaranschluß *m*	secondary connection	connexion *f* secondaire
selbsttätige	automatic exchange call	transfert *m* automatique
Amtsrufweiterschaltung *f*	transfer	d'appel *m* réseau *m*
selbsttätige Rückfrage *f*	automatic refer-back	rétro-appel *m* automatique
selbsttätige Rufweiterleitung *f*	automatic call transfer	transfert *m* d'appel *m*
		automatique
selbsttätige	automatic call forwarding	renvoi *m* automatique
Rufweiterschaltung *f*		
selbsttätiger Rückruf *m*	automatic callback	rappel *m* automatique
	outgoing trunk queuing	

Selbstwahl *f*	direct dialing	sélection *f* directe
	automatic dialing	prise *f* directe
		appel *m* automatique
Selbstwähl- **Auslandsverbindung** *f*	subscriber-dialed international call	service *m* international automatique
		prise *f* directe pour l'international *m*
Selbstwählferndienst *m*	subscriber trunk dialing service	service *m* interurbain automatique
		prise *f* directe pour l'interurbain *m*
Selbstwählfernverkehr *m*	direct distance dialing (DDD)	trafic *m* interurbain automatique *f*
		prise *f* directe pour l'interurbain *m*
Selbstwählfernwahl *f*	subscriber trunk dialing	sélection *f* à distance *f* de l'abonné *m* demandé
Selbstzuordnung *f* von Amtsleitungen *f/pl*	self-allocation of external lines	affectation *f* automatique de lignes *f* extérieurs
Sende-Anlage *f*	transmission facility	dispositif *m* d'émission *f*
Sendebezugsdämpfung *f*	transmitting reference loss	affaiblissement *m* relatif à l'émission *f*
Sendedaten *f/pl*	transmit data	données *f/pl* de transmission *f*
sendefähig	broadcast-ready	apte à l'émission *f*
Sendefrequenzbereich *m*	transmission frequency range	domaine *m* de fréquence *f* en émission *f*
Sendemonitor *m*	transmission monitor	moniteur *m* d'émission *f*
senden	transmit	transmettre
Sendepegel *m*	transmission level	niveau *m* d'émission *f*
Sender *m*	transmitter	générateur *m*
Senderichtung *f*	transmission direction	direction *f* d'émission *f*
Senderidentifizierung *f*	transmitting identification	identification *f* d'émission *f*
Sendermodul *n*	transmitting module	module *m* d'émission *f*
Sendersuchlauf *m*	music scan	marche *f* de détection *f* des émetteurs *m/pl*
Sendesammelschiene *f* (SSA)	transmitting busbar	bus *m* d'émission *f*
Sendestation *f*	broadcasting station	station *f* émettrice
Senkschraube *f*	countersunk screw	vis *f* noyée
Sensor *m*	detector	détecteur *m*
	sensor	
Sensorgerät *n*	sensor	détecteur *m*
Serienverbindung *f*	polling call	liaison *f* série
Server	server	serveur *m*
Serverbereich *m*	servers sector	domaine *m* du serveur *m*
Serviceendeinrichtung *f* (SEE)	service terminal	terminal *m* de maintenance *f*
Servicestecker *m*	service plug	prise *f* de maintenance *f*
setzen	set	mettre en service *m*
		activer
SHF-Umsetzer *m*	SHF converter	convertisseur *m* SHF
Sicherheitsdienst *m*	security service	service *m* de sécurité *f*
Sicherheitsleitstelle *f*	security control center	centre *m* principal de sécurité *f*
Sicherheitsservice *m*	security service	service *m* de sécurité *f*
Sicherheitssystem *n*	security system	système *m* de sécurité *f*
Sicherheitstechnik *f*	security engineering	technique *f* de sécurité *f*
Sicherung *f*	fuse	fusible *m*
Sicherungsautomat *m*	automatic cut-out	coupe-circuit *m* automatique
	safety cut-out	
Sicherungshalter *m*	fuse holder	porte *m* fusible
Sichtgerät *n*	display device (VDU)	appareil *m* de visualisation *f*
	display unit	
Sichtkontakt *m*	line-of-sight contact	contact *m* visuel

Sichtprüfung *f*	visual inspection	inspection *f* visuelle
Sichtverbindung *f*	line-of-sight connection	connexion *f* visuelle
Sichtvermerk *m*	endorsement	visa *m*
Siebdruck *m*	serigraphy	sérigraphie *f*
	screen printing process	
Signal *n*	signal	signal *m*
Signalempfänger *m*	signal receiver	récepteur *m* de signalisation *f*
		récepteur *m* de signaux *m/pl*
Signalfeld *n*	signaling panel	champ *m* de signalisation *f*
Signalfeldanzeige *f*	signal panel display	afficheur *m* du tableau *m* de
		signalisation *f*
Signalfeldeinschub *m*	slide-in panel	module *m* enfichable du
	signaling panel	tableau *m* de signalisation *f*
Signalgabe *f*	signal transmission	transmission *f* de signaux *m/pl*
	signaling	signalisation *f*
Signalgeber *m*	signal transmitter	émetteur *m* de signaux *m/pl*
Signalgenerator *m*	signal generator	générateur *m* de signalisation *f*
Signalgeräuschabstand *m*	signal-to-noise ratio	rapport *m* signal/bruit *m*
Signalisierung *f*	signaling	signalisation *f*
Signalisierung *f* außerhalb des	outband signaling	signalisation *f* hors bande *f*
Sprachbandes		
Signalisierung *f* im	inband signaling	signalisation *f* dans la bande *f*
Sprachband *n*		
Signalisierung *f* wartender	automatic ring back on held	signalisation *f* des appels *m/pl*
Gespräche *f/pl*	calls	en attente *f*
Signalisierung *f*, abschnittweise	link-by-link signaling	signalisation *f* section *f* par
		section *f*
		signalisation *f* de proche en
		proche
Signalisierungskreis *m*	signaling circuit	circuit *m* de signalisation *f*
Signalisierungsverfahren *n*	signaling system	système *m* de signalisation *f*
Signalkontrolleinrichtung *f*	signal controller	circuit *m* de contrôle *m* de
		signalisation *f*
Signalregenerierung *f*	signal regeneration	régénération *f* de signal *m*
Signalstörung *f*	signal breakdown	dérangement *m* de
		signalisation *f*
		panne *f* de signalisation *f*
Signalübertragung *f*	signal transmission	transmission *f* de signalisation *f*
Signalverzerrung *f*	signal distortion	distorsion *f* du signal *m*
Signalvielfach *n*	signal multiple	multiplex *m*
		signal *m* multiple
Silbenverständlichkeit *f*	syllable intelligibility	netteté *f* pour les
	syllable articulation	logatomes *m/pl*
Simplexbetrieb *m*	one-way operation	fonctionnement *m* en simplex *m*
	simplex operation	
simultane Zeichengabe *f*	simplex signaling	signalisation *f* simultanée
Simultanwahl *f*	simplex dialing	numérotation *f* simultanée
sinusförmig	sinusoidal	sinusoïdal
Sinusschwingung *f*	sine wave	oscillation *f* sinusoïdale
Si-Transistor *m*	Si transistor	transistor *m* au silicium *m*
SK = Schnellkanal *m*	highspeed channel	canal *m* à grande vitesse *f*
Sockel *m*	base	socle *m*
		embase *f*
Sofortruf *m*	immediate call	appel *m* immédiat
Sofortsperre *f*	immediate busy	blocage *m* immédiat
Sofortverkehr *m*	no-delay traffic	trafic *m* direct
	straight outward completion	
	(Am)	
Software *f*	software	logiciel *m*
Softwareschloß *n*	software lock	verrouillage *m* pour logiciel *m*

Sollwert *m*	reference value	valeur *f* de référence *f*
	set value	paramètre *m* de référence *f*
	control value	
Sonderdienst *m*	special service	service *m* spécial
Sonderkennzeichen *n*	special identifier (code, mark)	code *m* spécial
		identificateur *m* particulier
Sonderteilnehmer *m*	special line circuit	abonné *m* spécial
	special line extension	ligne *f* spécialisée
Sonderverbindungssatz *m*	special junction	joncteur *m* spécial
Spalte *f*	column	colonne *f*
Spannrolle *f*	drag roller	galet *m* tendeur *m*
Spannungsabfall *m*	voltage drop	chute *f* de tension *f*
Spannungsabweichung *f*	voltage deviation	écart *m* de tension *f*
Spannungsdämpfung *f*	voltage loss	affaiblissement *m* de tension *f*
	voltage drop	
	voltage attenuation	
Spannungsfestigkeit *f*	dielectric strength	résistance *f* diélectrique
spannungsfrei	stress-free	sans tension *f*
	without tension	
Spannungsimpuls *m*	voltage pulse	impulsion *f* en tension *f*
spannungslos	dead	sans tension *f*
	idle (electr.)	
Spannungsmeßgerät *n*	voltmeter	voltmètre *m*
Spannungsschutzeinrichtung *f*	overvoltage protection equipment	équipement *m* de protection *f* contre les surtensions *f/pl*
	overload protection equipment	
Spannungsteiler *m*	voltage divider	diviseur *m* de la tension *f*
Spannungsüberwachung *f*	voltage monitoring	contrôle *m* de tension *f*
Spannungsumschaltung *f*	voltage changing	commutation *f* de la tension *f*
Spannungswandler *m*	voltage transformer	transformateur *m* de tension *f*
Speicher *m*	memory	mémoire *f*
	store	
Speicher *m* löschen	clear memory	effacer une mémoire
	erase memory	
Speichereinheit *f*	memory unit	module *m* mémoire *f*
		unité *f* mémoire *f*
Speichermedium *n*	storage medium	moyen *m* de mémorisation *f*
speichern	store	mémoriser
Speicherplatz *m*	memory location	position *f* de la mémoire
speicherprogrammgesteuertes System *n*	stored-program control system (SPC)	système *m* piloté par programme *m* gravé en mémoire *f*
Speicherzahlengeber *m*	store keysender	clavier *m* à mémoire *f*
Speisebrücke *f*	feeding bridge	pont *m* d'alimentation *f*
speisen	feed	alimenter
Speisespannung *f*	supply voltage	tension *f* d'alimentation *f*
Speisestromdämpfung *f*	feeding loss	affaiblissement *m* d'alimentation *f*
Sperreinrichtung *f*	barring unit	discriminateur *m*
	discriminator	faculté *f* de discrimination *f*
	dial code restriction facility	
sperren	bar	bloquer
	inhibit	interdire
	disable	discriminer
Sperrschloß *n*	barring facility	serrure *f* d'interdiction *f*
Sperrsignal *n*	blocking signal	signal *m* de blocage *m*
Sperrtaste *f*	lockout key	touche *f* de blocage *m*
	locking key	
Sperrung *f*	barring	blocage *m*
	blocking	interdiction *f*
		discrimination *f*

Sperrwerk *n*	discriminator	discriminateur *m*
	code restriction (Am)	
Sperrzahl *f*	barring number	code *m* de blocage *m*
spezifisch	specific	spécifique
Spitzenbelastung *f*	peak load	charge *f* de pointe *f*
Spitzendiode *f*	point contact diode	diode *f* à pointe *f*
Spitzendurchgangsspannung *f*	peak forward voltage	tension *f* de pointe *f* en direct
(Transistoren *m/pl*)	(transistors)	
Spitzenspannungsmessgerät *n*	peak voltmeter	voltmètre *m* de pointe *f*
Spitzensperrspannung *f*	peak reverse voltage	tension *f* de pointe *f* à l'état *m*
(Transistoren *m/pl*)	(transistors)	bloqué
Spleiße *f*	splice	épissure *f*
Spleißtechnik *f*	splicing technique	technique *f* de l'épissure *f*
Sprachaufzeichnungsgerät *n*	speech recording unit	enregistreur *m* de messagerie *f*
		vocale
Sprachausgabe *f*	speech reproduction	reproduction *f* de la voix *f*
Sprachausgabesystem *n*	voice reproduction system	système *m* de reproduction *f* de
(SPRAUS)		la voix *f*
Sprachband *n*	voiceband	bande *f* de fréquences *f/pl*
		vocales
Sprachband-Signalisierung *f*	speech digit signaling	signalisation *f* par éléments *m/pl*
		numériques vocaux
Sprachcodierer *m*	vocoder (voice-operated coder)	codeur *m* vocal
	voice encoder	
Sprachdurchsage *f*	spoken message	annonce *f* parlée
	voice calling	
Sprachdurchsage *f* an alle	general call	appel *m* général
Sprache *f*	speech	langue *f*
	voice	conversation *f*
		discours *m*
		voix *f*
Spracheingabesystem *n*	voice entry system	système *m* de saisie *f* vocal
Spracherkennung *f*	speech recognition	reconnaissance *f* de la voix *f*
Spracherkennungssystem *n*	speech-recognition system	système *m* de reconnaissance de
		la voix *f*
Sprachmuster *n*	speech sample	échantillon *m* de parole *f*
Sprachpegel *m*	speech level	niveau *m* de modulation *f*
	audio level	
Sprachschutz *m*	speech protection	protection *f* contre les
		fréquences *f/pl* parlées
		circuit *m* de protection *f* de la
		voix *f*
Sprachschutzfaktor *m*	speech protection factor	sensibilité *f* relative du circuit *m*
		de garde *f*
		sensibilité *f* relative du circuit *m*
		de signalisation *f*
Sprachsicherheit *f*	speech security	sécurité *f* vers fréquences *f/pl*
		parlées
Sprachsignal *n*	speech signal	signal *m* de parole *f*
Sprachspeicher *m*	voice mail	mémoire *f* de parole *f*
		boîte *f* à lettre *f* vocale
Sprachsteuerung *f*	speech-based control	contrôle *m* vocal
Sprachsynthesierer *m*	speech synthesizer	synthétiseur *m* vocal
Sprachübertragung *f*	speech transmission	transmission *f* de la parole *f*
Sprachverständlichkeit *f*	speech intelligibility	intelligibilité *f* de la parole
Sprechader *f*	speech wire	fil *m* de parole *f*
Sprechfunkanlage *f*	radiotelephone system	installation *f* radio-téléphonique
Sprechfunkgerät *n*	radiotelephone	radio-téléphone *m*
	walkie-talkie	
Sprechgarnitur *f*	headset	casque *m*
Sprechkapsel *f*	transmitter inset	capsule *f* microphonique

Sprechkreis *m*	speech circuit	circuit *m* de parole *f*
Sprechstelle *f*	telephone station	poste *m* (téléphonique)
Sprechsystem *n*	intercom system	intercom *m*
Sprechtaste *f*	talk button	bouton *m* de conversation *f*
	speak key	
Sprechverbindung *f*	speech connection	liaison *f* de parole *f*
Sprechweg *m*	speech path	voie *f* de conversation *f*
	channel	voie *f* de communication *f*
		canal *m* téléphonique
Sprechweganpassung *f*	speech path adaption	adaptation *f* de canal *m*
	speech path matching	
Sprechwegenetz *n*	connecting matrix	matrice *f* de connexion *f*
	speech path network	
Sprechwegenetzwerk *n*	speech path network unit	réseau *m* de connexion *f*
Sprechwirkungsgrad *m*	efficiency of speech	rendement *m* acoustique
Sprungausfall *m* (Bauteil *n*)	sudden failure	panne *f* subite
SPS =	stored-program control (SPC)	commande *f* programmable
speicherprogrammierbare Steuerung *f*		
Spulenfeld *n* (Magnetfeld *n*)	coil field	champ *m* magnétique d'une bobine *f*
Spur *f* (Magnetband *n*)	track	piste *f*
		trace *f*
SS = Sammelschiene *f*	busbar	barre *f* collectrice, bus *m*
SSA = Sendesammelschiene *f*	transmitting busbar	bus *m* d'émission *f*
SSA = Serienschnittstelle *f* Ausgang *m*	series interface output	interface *f* avec sortie *f* série *f*
SSB = Sternpunkt *m* Systembus	system bus neutral point	point *m* neutre du bus *m* système *m*
SSK = Schnittstellenkarte *f*	interface board	carte *f* d'interface *f*
SSV = Schnittstelle *f* V.24	V.24 interface	interface *f* V.24
SSV = Schnittstellenverteiler *m*	interface distributor	répartiteur *m* d'interface *f*
SSZ = Sammelschienenzugang *m*	busbar access	accès *m* au bus *m*
ST = Steuerung *f*	control	commande *f*, gestion *f*
ST = Systemtakt *m*	system clock	horloge *f* système *m*
STA = Steuerung *f* A	control A	contrôle *m*
Stabilität *f*	stability	stabilité *f*
Stadtfunkrufdienst *m* (SFuRD)	city radio-paging service	service *m* local de recherche *f* de personnes *f/pl* par radio *f*
Standleitung *f*	dedicated (leased or private) line	ligne *f* spécialisée
Standort *m*	location	localité *f*
Standverbindung *f*	dedicated line	liaison *f* fixe
	hot line service	
Starkstromgeräusch *n*	power induction noise	bruit *m* d'induction *f*
	induced noise (Am)	
S-Taste = Schlußtaste *f*	clearing button	bouton *m* de libération *f*
	disconnect button	
Stationsspeicher *m*	station store	mémoire *f* de la station *f*
Staubschutzhülle *f*	dust cover	housse *f*
STE = Synchrontakterzeugung *f*	sync clock generation	générateur *m* d'horloge *f* synchrone
steckbare Baugruppe *f*	plug-in module	module *m* enfichable
steckbares Schaltkabel *n*	plug-in switchboard cable	câble *m* de liaison *f* enfichable
Steckbaugruppe *f*	plug-in module	module *m* enfichable
	plug-in unit	
Steckbrücke *f*	jumper plug	strap *m* enfichable
Steckdose *f*	socket	prise *f* femelle
	outlet	douille *f*
	plug receptacle (Am)	

Stecker *m*	plug	connecteur *m*
	connector	prise *f* mâle
Steckerbelegung *f*	plug connections	affectation *f* du connecteur *m*
	pin configuration	
Steckerfeld *n*	plug connector field	ensemble *m* de connecteurs *m/pl*
Steckerleiste *f*	multipoint connector	connecteur *m* multi-point
Steckernetzgerät *n*	plug-in mains unit	alimentation *f* enfichable
Steckerpunkt *m*	plug-in point	point *m* de connexion *f*
Steckerstift *m*	plug pin	douille *f* mâle
	male plug	
Steckertransformator *m*	plug transformer	adapteur *m* de prise *f*
Steckhülse *f*	receptacle	prise *f* femelle
Steckhülse *f* mit Rastung *f*	snap-on contact	avéole *m*
Steckkarte *f*	plug-in card	carte *f* enfichable
	pulg-in board	
Steckplatz *m*	slot	encoche *f*
Stecksockel *m*	plug holder	socle *m* à fiches *f/pl*
Steckverbinder *m*	plug connector	embase *f*
Stellschraube *f*	adjusting screw	vis *f* de réglage *m*
	setscrew	
Stellstrom *m*	corrective current	courant *m* correcteur
	control current	
Stelltaste *f*	set key	touche *f* de réglage *m*
	regulating key	
Stereo-Hörfunk *m*	stereo radio	radio *f* en stéréo
Stereo-Übertragungsmöglichkeit *f*	stereo transmission capability	possibilité *f* de transmission *f* stéréo
Sternpunkt *m* Systembus *m* (SSB)	system bus neutral point	point *m* neutre du bus *m* système *m*
Sternverteiler *m*	star coupler	coupleur *m* en étoile *f*
Steuereinheit *f*	control unit	unité *f* de commande *f*
Steuerelement *n*	control unit	élément *m* de contrôle *m*
Steuerkanal *m*	control channel	canal *m* de commande *f*
Steuerkennung *f*	control identification	identification *f* de commande *f*
Steuerplatte *f*	control board	platine *f* de commande *f*
Steuerrelaisschiene *f*	control relay bar	platine *f* de relais *m* de commande *f*
Steuersatz *m*	control set	élément *m* de contrôle *m*
Steuerung *f* (ST)	control	commande *f*
		gestion *f*
Stichprobe *f*	random check	contrôle *m* aléatoire
Stichprobenprüfung *f*	sampling test	test *m* d'échantillonnage *m*
Stichprobenverfahren *n*	sampling	échantillonnage *m*
Stift *m*	pin	broche *f*
Stiftleiste *f*	pin strip	barrette *f* à broches *f/pl*
Stoppuhr *f*	stop watch	chronomètre *m*
Störabstand *m*	signal-to-noise ratio	rapport *m* signal/bruit
Störbeeinflussung *f*	interference	interférence *f*
Störempfindlichkeit *f*	interference susceptibility	sensibilité *f* aux interférences *f/pl*
Störfestigkeit *f*	noise immunity	résistance *f* aux interférences *f/pl*
Störpegel *m*	noise level	niveau *m* de bruit *m*
Störspannung *f*	interference voltage	tension *f* perturbatrice
	noise voltage	tension *f* parasite
Störunempfindlichkeit *f*	immunity to EMI (electromagnetic interference)	résistance *f* aux interférences *f/pl*
	interference immunity	

Störung *f*	malfunction	perturbation *f*
	fault	dérangement *m*
	failure	panne *f*
	interference	interférence *f*
Störungsannahme *f*	fault recording	réception *f* de défauts *m/pl*
Störungsaufzeichnung *f*	fault recording	enregistrement *m* de
		défauts *m/pl*
Störungsmeldung *f*	fault report	message *m* de perturbation *f*
	failure indication	indication *f* de défaut *m*
Störungssignal *n*	alarm signal	signal *m* d'alarme *f*
	trouble signal	
Störungsursache *f*	cause of malfunction	cause *f* de la perturbation *f*
Störunterdrückung *f*	noise suppression	suppression *f* de l'interférence *f*
Stoßdämpfung *f*	mismatch	affaiblissement *m* de
	transition loss	désadaption *f*
		perte *f* de transition *f*
Stoßspannung *f*	surge voltage	tension *f* de choc *m*
Stoßspannungsbegrenzer *m*	surge voltage limiter	limiteur *m* de tension *f* de
		choc *m*
Stoßsperrspannung *f*	surge reverse voltage	surtension *f* à l'état *m* bloqué
(Transistor *m*)	(transistor)	
Straßenabschnitt *m*	road section	section *f* routière
Straßendaten *f/pl*	road data	données *f/pl* routières
Straßenverlauf *m*	route	route *f*
		chemin *m*
Streckenverstärker *m*	trunk amplifier	amplificateur *m* de ligne *f*
streichen, tilgen	delete	rayer
	cancel	annuler
	erase	effacer
Streuverlust *m*	scatter loss	fuite *f*
Strichcode-Lesestift *m*	bar-code scanner	lecteur *m* de code *m* barre *f*
Stromaufnahme *f*	power consumption	consommation *f* de courant *m*
Strombegrenzung *f*	current control	limitation *f* du courant *m*
	current limiting	
Stromlaufplan *m*	schematic	schéma *m* (de circuit *m*)
	circuit diagram	
Stromschnittstelle *f*	current loop	interface *f* de courant *m*
Stromversorgung *f*	power supply	alimentation *f* de courant *m*
Stromversorgungsgeräusch *n*	power supply circuit noise	bruit *m* d'alimentation *f*
	hum	
Stromverteilung *f*	current distribution	distribution *f* de courant *m*
Stückliste *f*	parts list	liste *f* de pièces *f/pl* détachées
	itemized list	
Studiokamera *m*	studio camera	caméra *f* de studio *m*
Stufe *f*	stage	étage *m*
		niveau *m*
SU = Summer *m*	buzzer	ronfleur *m*
Subadressierung *f*	sub-addressing	sous-adressage *m*
(Unteradressierung *f*)		
Submodul *n*	submodule	sous-module *m*
SUE = Sonderübertragung *f*	special link	liaison *f* spécialisée
Summenrechnung *f*	bulk billing	facturation *f* globale
Summenzähler *m*	totalizing meter	compteur *m* totalisateur *m*
Summenzähler *m* für	departmental account meter	compteur *m* de taxes *f/pl* de
Kostenstelle *f*		frais *m/pl*
		totalisateur *m* pour centre *m* de
		frais *m/pl*
Summenzählung *f*	totalizing metering	comptage *m* de taxes *f/pl*
Summer *m*	buzzer	ronfleur *m*
Summerabschaltung *f*	buzzer cut-off	arrêt *m* du ronfleur *m*
SUZ = Summenzähler *m*	totalizing meter	compteur *m* totalisateur *m*

sw1 = inlandswahlberechtigt	class of service "domestic trunk access"	classe *f* de service *m* accès *m* urbain
SYE = Synchronisiereinrichtung *f*	timing generator synchronizing unit	générateur *m* d'horloge *f*
Symmetrie *f*	symmetry balance	symétrie *f*
Symmetriedämpfung *f*	balance loss balanced attenuation	affaiblissement *m* symétrique
Synchronisiereinrichtung *f* (SYE)	timing generator synchronizing device	générateur *m* d'horloge *f*
Synchrontakterzeugung *f* (STE)	sync clock generation	générateur *m* d'horloge *f* synchrone
synthetische Stimme *f*	(fully) synthesized voice	voix *f* synthétique
System *n*, direkt gesteuert	direct-control system	système *m* à commande *f* directe
Systemarchitektur *f*	system architecture	architecture *f* du système *m*
Systemausbau *m*	system configuration	configuration *f* de système *m*
Systembaustein *m*	system unit	module *m* système *m*
systembedingt	system-dependent	en fonction *f* du système *m*
Systembelastung *f*	system load	charge *f* admissible
Systembus *m* (SB)	system bus	bus *m* système *m*
Systembuspuffer *m* (SBB)	system bus buffer	registre *m* tampon *m* du bus *m* système *m*
systemeigene Wahl *f*	outband signaling for carrier system	signalisation *f* hors bande *f* pour système *m* à porteuse
systemgebunden	system-associated system-dependent system-related system-tied	associé au système *m* dépendant du système *m*
Systemtakt *m* (ST)	system clock	horloge *f* système *m*
Systemverbund *m*	systems network compound	compound *m* de systèmes *m/pl* réseau *m*

T

TAB = Taktaufbereitung *f*	clock pulse processing	traitement *m* d'impulsions *f/pl*
Tabellenkalkulation *f*	spreadsheet calculation	calcul *m* par tableaux *m/pl*
TAE = Telexanschlußeinheit *f*	telex connecting unit	équipement *m* de connexion *f* de télex *m*
Tag *m*	day	jour *m*
Tag/Nacht-Umschaltung *f* der Gebühren *f/pl*	day/night change-over of tariff rates	commutation *f* du tarif *m* jour *m*/nuit *f*
Takt *m*, Takte *m/pl*	timing pulse clock	impulsions *f/pl* d'horloge *f*
Taktaufbereitung *f* (TAB)	clock pulse processing	traitement *m* d'impulsions *f/pl*
taktautonom	with independent timing clock-autonomous	avec horloge *f* indépendante
Takterzeugung *f*	pulse generation	générateur *m* d'impulsions *f/pl*
Takterzeugungssystem *n* (TSE)	clock generator system	système *m* de génération *f* des impulsions *f/pl* d'horloge *f* du groupe *m*
Taktfolge *f*	clock pulse rate timing pulse rate	fréquence *f* des impulsions *f/pl* d'horloge *f*
Taktfrequenz *f*	clock pulse frequency	fréquence *f* des impulsions *f/pl* d'horloge *f*
Taktgeber *m*	clock generator	minuterie *f* générateur *m* d'impulsions *f/pl* d'horloge *f*
Taktschema *n*	timing scheme	diagramme *m* des temps *m/pl* schéma *m* des signaux *m/pl* d'horloge *f*
Taktsignal *n*	signal pulse clock pulse	impulsion *f* d'horloge *f*
taktsynchron	clock-synchronous	synchrone avec l'horloge *f*
Taktsystem *n* Gruppe *f* (TSG)	group system clock	système *m* d'horloge *f* du group *m*
Taktsystem *n* Sammelschiene *f* (TSS)	bus system clock	système *m* d'horloge *f* du bus *m*
Taktversorgung *f*	clock pulse supply clock supply	système *m* d'horloge *f*
Taktverstärker *m*	timing pulse generator clock pulse amplifier	amplificateur *m* du signal *m* d'horloge *f*
Taktverteilung *f* Gruppe *f* (TVG)	group clock distribution	distribution *f* d'horloge *f* du groupe *m*
Taktverteilung *f* Sammelschiene *f* (TVS)	bus clock distribution	distribution *f* d'horloge *f* du bus *m*
Taktverteilung *f* Zentral (TVZ)	central clock distribution	distribution *f* d'horloge *f* centrale
Taktverzögerung *f*	clock delay	retard *m* d'horloge *f*
Taktvielfach *n*	timing pulse bus clock timing pulse bus multiple	impulsions *f/pl* multiples de l'horloge *f*
Taktzähler *m*	pulse counter	compteur *m* d'impulsions *f/pl* cadencement *m*
Tarifgerät *n*	tariff zoner rate meter	taxeur *m*
Tarifstufe *f*	tariff stage	niveau *m* de taxes *f/pl*
Tastatur *f*	keyboard keypad	clavier *m*
Tastatursperre *f*	keyboard lock	verrouillage *m* du clavier *m*
Tastaturwahl *f*	keyboard dialing	numérotation *f* clavier *m*

Taste *f*	pushbutton	touche *f*
	key	bouton *m*
		bouton *m* poussoir *m*
Tastenblock *m*	keyboard block	bloc *m* à touches *f/pl*
	pushbutton block	pavé *m* de touches *f/pl*
tastend	keying	par touches *f/pl*
Tastenebene *f* (Telefon *n*)	keyboard level	niveau *m* clavier *m*
Tastenfeld *n*	key field	clavier *m*
	keyboard	
Tastenschalter *m*	key switch	commutateur *m* à touches *f/pl*
Tastenverhältnis *n*	keying ratio	rapport *m* de touches *f/pl*
Tastenwahl *f*	pushbutton dialing	numérotation *f* clavier *m*
Tastenzuteilung *f*	pushbutton assignment	affectation *f* par clavier *m*
Tastwahl *f*	pushbutton selection	numérotation *f* clavier *m*
Tastwahl *f*, unechte	quasi pushbutton dialing	numérotation *f* clavier *m* fictive
Tastwahl-Empfänger *m*	keying pulse selection receiver	récepteur *m* à clavier *m*
	pushbutton selection receiver	
TDA = Teilnehmerschaltung *f*, analog	analog subscriber circuit	circuit *m* analogique d'abonné *m*
TDEC = Tondecoder *m*	tone decoder	décodeur *m* de tonalité *f*
TDN = digitale Teilnehmerschaltung *f*	digital subscriber circuit	circuit *m* d'abonné *m* numérique
Teamfunktion *f*	custom intercom	fonction *f*
	team function	d'intercommunication *f*
Technik *f*	technology	technique *f*
	engineering	technologie *f*
technische Daten *f/pl*	technical data	spécification *f* technique
	technical specification	
Teil *n*	part	composant *m*
	component part	pièce *f*
teilamtsberechtigt	semirestricted exchange dialing	partiellement discriminé pour la prise *f* réseau *m*
Teilausfall *m*	partial failure	défaillance *f* partielle
Teilesatz *m*	components set	lot *m* de composants *m/pl*
teilfernwahlberechtigt	semirestricted trunk dialing	partiellemennt discriminé pour la prise *f* réseau *m* interurbain
Teilnehmer *m*	extension	abonné *m*
	subscriber	usager *m*
	extension user	titulaire *m*
Teilnehmer *m* besetzt	extension busy	poste *m* abonné *m* occupé
Teilnehmer *m* des Telekommunikationsnetzes *n*	user of a telecommunication network	usager *m* d'un réseau *m* de télécommunications *f/pl*
Teilnehmer, Amts- *m*	public exchange subscriber	abonné *m* du réseau *m* public
Teilnehmeramt *n*	subscriber exchange	central *m* d'abonnés *m/pl*
Teilnehmer-Amtsschnittstelle *f*	user-network interface	interface *f* usager-réseau *m*
Teilnehmeranbietekoinzidenz *f*	extension offering coincidence	coïncidence *f* d'abonnés *m/pl* d'extension
Teilnehmeranschalteeinheit *f*	subscriber connector	connecteur *m* d'abonné *m*
Teilnehmeranschluß *m*	subscriber line	ligne *f* d'abonné *m*
	user access	accès *m* d'usager *m*
Teilnehmeranschlußleitung *f*	subscriber line	ligne *f* d'abonné *m*
		ligne *f* d'usager *m*
Teilnehmerberechtigung *f*	extension access status	discrimination *f* des abonnés *m/pl* d'extension *f*
Teilnehmerbesetztzustand *m*	extension busy condition	condition *f* d'abonné *m* occupé
Teilnehmerendeinrichtung *f*	subscriber terminal	terminal *m* d'abonné *m*
Teilnehmererkenner *m*	extension recognizing unit	identificateur *m* d'abonné *m*
	extension recognizing identifier	
Teilnehmererkennung *f*	subscriber identification	identification *f* d'abonnés *m/pl*
Teilnehmerfernwahl *f*	subscriber trunk dialing	numérotation *f* d'abonné *m* sur réseau *m* interurbain

Teilnehmergebührenerfassung *f*

| | extension call charge recording | taxation *f* d'abonnés *m/pl* |

Teilnehmergruppe *f* — extension group — groupe *m* d'abonnés *m/pl*
Teilnehmergruppenverbinder *m* — extension group connector — connecteur *m* de groupes *m/pl* d'abonnés *m/pl*

Teilnehmeridentifizierung *f* — extension identification — identification *f* d'abonnés *m/pl*
Teilnehmerklasse *f* — class of service (COS) — classe *f* de service *m* catégorie *f*

Teilnehmer-Koppelfeld *n* — extension matrix — matrice *f* d'abonnés *m/pl*
Teilnehmerkoppelgruppe *f* — extension switching group — groupe *m* de couplage *m* d'abonnés *m/pl*

Teilnehmerkoppelnetz *n* — extension coupling network — réseau *m* de couplage *m* d'abonnés *m/pl*

Teilnehmerkoppler *m* — extension coupler — coupleur *m* d'abonné *m*
Teilnehmermarkierer *m* — extension marker — marqueur *m* d'abonné *m*
Teilnehmermeldung *f* — call connected signal / extension answering — information *f* d'abonné *m*

Teilnehmernummer *f* — extension number / subscriber number — numéro *m* de poste *m*

Teilnehmerprüfgerät *n* — extension test set — testeur *m* de lignes *f/pl* d'abonné *m*

Teilnehmerrangierung *f* — extension jumpering — répartition *f* d'abonné *m*
Teilnehmerruf *m* — subscriber ringing signal — signal *m* d'appel *m* d'abonné *m*
Teilnehmerrufnummer *f* — subscriber number — numéro *m* d'appel *m* d'abonné *m*

Teilnehmerschaltung *f* — line circuit / extension circuit / subscriber circuit — circuit *m* d'abonné *m*

Teilnehmerschaltung *f*, analog (TSA) — analog subscriber circuit — circuit *m* analogique d'abonné *m*
Teilnehmersteuerung *f* — extension control — commande *f* des équipements *m/pl* d'abonné *m*

Teilnehmersystem *n* — subscriber system — système *m* d'abonné *m*
Teilnehmer-Teilnehmer-Protokoll *n* — user-user protocol — protocole *m* d'usager *m* à usager
Teilnehmerverzeichnis *n* — extension list / telephone directory — annuaire *m* téléphonique
Teilnehmerwahl *f* — subscriber dialing — appel *m* d'abonné *m* / appel *m* du correspondant *m* / appel *m* d'un usager *m*

Teilnehmerwahlverkehr *m* — subscriber dialing traffic — trafic *m* d'appel *m* d'abonné *m*
Teilnehmerzähler *m* — extension rate meter / subscriber rate meter — compteur *m* d'abonné *m*

Teilnehmerzuordner *m* — extension allotter — attribution *f* de l'extension *f* abonné *m*

Teilsperre *f* — partial barring — discrimination *f* partielle
Teilstreckentechnik *f* — message switching / store-and-forward principle — système *m* avec mémorisation *f* intermédiaire

Teilstreckentechnik *f* mit paketweiser Übertragung *f* — paket switching — commutation *f* par paquet *m/pl*
Teilvermittlungsstelle *f* — satellite exchange / subcenter — central *m* satellite *m*

Teilwiderstand *m* — partial resistor — résistance *f* partielle
Tel = Telefondienst *m* — telephone service / telephony — service *m* téléphonique
Teledienst *m* — teleservice — téléservice *m*
Telefax *n* — telefax — télécopie *f* (message) / télécopieur *m* (appareil)

Telefonanlage *f* — telephone system — installation *f* téléphonique
Telefonanschluß *m* — telephone connection — connexion *f* téléphonique

Telefonapparat *m*	telephone instrument	poste *m* téléphonique
	telephone set	téléphone *m*
Telefongespräch *n*	telephone call	appel *m* téléphonique
Telefonschaltung *f*	telephone circuit	circuit *m* téléphonique
Telefonterminal *n*	telephone terminal	terminal *m* téléphonique
Telefonverkehr *m*	telephone traffic	trafic *m* téléphonique
Telegrafiegeräusch *n*	telegraph noise	bruit *m* de télégraphe *m*
Telegrafiergeschwindigkeit *f*	telegraph speed	vitesse *f* de télégraphie *f*
Telekommunikation *f*	telecommunication	télécommunication *f*
Telekommunikationsanlage *f*	telecommunications system	système *m* de télécommunication *f*
Telekommunikationsanlage *f* (auf einem Grundstück *n*)	Private Telecommunication Network (PTN)	réseau *m* privé d'entreprise *f*
Telekommunikationsdienst *m*	telecommuncations service	service *m* de télécommunications *f/pl*
Telekommunikationsleitung *f*	telecommunication circuit	circuit *m* de télécommunications *f/pl*
Telekommunikationsmedium *n*	telecommunications station	station *f* de télécommunication *f*
Telekommunikationsnetz *n*	telecommunication network	réseau *m* de télécommunications *f/pl*
Telekommunikationsordnung *f* (TKO)	Telecommunications Act	réglementation *f* des télécommunications *f/pl*
Telekommunikationssystem *n* (auf mehreren Grundstücken *n/pl*)	Private Telecommunication Network (PTN)	réseau *m* privé d'entreprise *f*
Telemetriedienst *m*	telemetry service	service *m* de télémesure *f*
Teletex	teletex	télétext *m*
Teletexanschlußeinheit *f* (TAE)	teletex connecting unit	équipement *m* de connexion *f* de télétext *m*
Teletex-Endgerät *n*	teletex terminal	terminal *m* télétext *m*
Teletexstation *f*	teletex station	station *f* télétext *m*
Telex-Umsetzer *m* Integriertes Datennetz *n* (TUI)	telex converter integrated data network	réseau *m* de données *f/pl* avec convertisseur *m* de télétex *m*
TelN = Telefonnetz *n*	telephone network	réseau *m* téléphonique
Temex	Telemetry exchange service	Temex (service T.e.l.e.c.o.m.)
Temperaturfühler *m*	temperature sensor	palpeur *m* de température *f*
	temperature feeler	sonde *f* de température *f*
Tenofixleiste *f*	Tenofix strip	réglette *f* TENOFIX
Termin *m* (Leistungsmerkmal *n*)	appointment (feature)	rendez-vous *m* (faculté *f* téléphonique)
Terminal *n*	terminal	terminal *m*
Testpunkte *m/pl*	test points	points *m/pl* de test *m*
Testschleife *f*	test loop	boucle *f* d'essai *m*
Texteinblendung *f*	text overlay	composition *f* de texte *m*
	fade-in	
Textkommunikation *f*	text communication	communication *f* de texte *m*
Textübertragung *f*	text transmission	transmission *f* de texte *m*
Textverarbeitung *f*	text processing	traitement *m* de texte *m*
	word processing	
TF = Trägerfrequenz *f*	carrier frequency (CF)	fréquence *f* porteuse
TF-Leitung *f* (Trägerfrequenz-)	carrier frequency (CF) line	ligne *f* à fréquence *f* porteuse
Tfx = Telefaxdienst *m*	facsimile transmission service	service *m* téléfax *m*
	telecopying service, fax service	
TG = Taktgenerator *m*	clock generator	générateur *m* d'horloge *f*
Thermoaufzeichnung *f*	thermal printout	impression *f* thermique
Tiefe *f*	depth	profondeur *f*
Tiefentladung *f*	total discharge	décharge *f* totale
Tiefpassfilter *m*	lowpass filter	filtre *m* passe-bas
Tiefpegelwahl *f*	low-level selection	sélection *f* bas niveau *m*
Tieftonsystem *n*	low-frequency system	système *m* à basse fréquence *f*

Tischgehäuse *n*	desk housing	boîtier *m* de table *f*
	table housing	
TKAnl =	telecommunications system	installation *f* téléphonique
Telekommunikationsanlage *f*		
TKO =	Telecommunications Act	règlementation *f* des
Telekommunikationsordnung *f*		télécommunications *f/pl*
Tln = Teilnehmer *m*	extension	usager *m*, abonné *m*
	subscriber	
Tochtervermittlungsstelle *f*	slave exchange	central *m* esclave
Ton- und Bildmischer *m*	sound and video mixer	mixeur *m* son *m* et image *f*
Tonaufnahme *f*	audio recording	enregistrement *m* audio
Tonbandmaschine *f*	tape recorder	magnétophone *m*
Töne *m/pl*	tones	tonalités *f/pl*
tonfrequente Tastwahl *f*	VF/AF pushbutton selection	numérotation *f* clavier *m* à
	touch-tone dialing	fréquences *f/pl* vocales
Tonfrequenzsignalisierung *f*	VF/AF-signaling	signalisation *f* à fréquences *f/pl*
		vocales
Toningenieur *m*	audio engineer	ingénieur *m* du son *m*
Tonmischanlage *f*	sound-mixing system	système *m* de mixage *m* du
		son *m*
Tonmischpult *m*	audio-mixing control panel	pupitre *m* de mixage *m* du
		son *m*
Tonregie-Anlage *f*	sound-control system	système *m* de contrôle *m* du
		son *m*
Tonruf *m*	VF ringing	sonnerie *f*
	tone ringing	tonalité *f* d'appel *m*
Tonsignal-Rhythmus *m*	tone cadence	cadencement *m* de tonalité *f*
Tonstudio-Einrichtung *f*	sound studio equipment	équipement *m* du son *m* pour
		studio *m*
Tontechnik *f*	audio engineering	technique *f* du son *m*
Torschaltung *f*	gate circuit	circuit *m* porte *f*
	AND circuit	circuit *m* ET
Torsprechstelle *f*	gate station	poste *m* extérieur
Torstation *f*	door station	portier *m*
Touchbetätigung *f*	activation by touching	activation *f* tactile
Touchscreen *f*	touchscreen	écran *m* tactil
TR = Treiber *m*	driver	driver *m*
Tragsäule *f*	supporting column	colonne *f* support *m*
Transistor *m*	transistor	transistor *m*
Transistormikrofon *n*	transistorized microphone	microphone *m* à transistors *m/pl*
Transitvermittlungsstelle *f*	transit exchange	central *m* de transit *m*
Transmissionskoeffizient *m*	transmission coefficient	coefficient *m* de transmission *f*
Treiber *m*	driver	driver *m*
Treiber- und	driver and supervisory unit	unité *f* de driver *m* et de
Überwachungseinheit *f*		contrôle *m*
(TRU)		
trennen	disconnect	déconnecter
	cut off	couper
		séparer
Trennendverschluß *m*	cable distribution head	tête *f* de distribution *f* de
		câble *m*
Trenntaste *f*	cut-off key	touche *f* de coupure *f*
	cancel key	
	disconnect button	
Trenntransformator *m*	isolating transformer	transformateur *m* d'isolation *f*
Trichterlautsprecher *m*	horn loudspeaker	haut-parleur *m* à pavillon *m*
TRU = Treiber- und	driver and supervisory unit	unité *f* de driver *m* et de
Überwachungseinheit *f* (TRU)		contrôle *m*
TS = Teilnehmerschaltung *f*	extension line circuit	circuit *m* d'usager *m*
TSE =	clock generation system	système *m* de génération *f* des
Takterzeugungssystem *n*		impulsions *f/pl* d'horloge *f*

TSG = Taktsystem *n* Gruppe *f*	group system clock	système *m* d'horloge *f*
TSS = Taktsystem *n* Sammelschiene *f*	busbar clock system	système *m* d'horloge *f* du bus
T-Taste = Trenntaste *f*	disconnect/clearing button	bouton *m* de libération *f*
TUI = Telex-Umsetzer *m* Integriertes Datennetz	telex converter integrated data network	réseau *m* de données *f/pl* avec convertisseur *m* de télex *m*
Türfreisprecheinrichtung *f*	door handsfree device door handsfree unit	portier *m* mains-libre
Türtableau *n*	do-not-enter sign	panneau *m* de porte *f*
tV = technische Vorschrift *f*	technical regulation	prescription *f* technique
TVG = Taktverteilung *f* Gruppe *f*	group clock distribution	distribution *f* d'horloge *f* du groupe *m*
TVS = Taktverteilung *f* Sammelschiene *f*	busbar clock distribution	distribution *f* d'horloge *f* du bus *m*
TV-Überwachung *f*	TV supervision	surveillance *f* par télévision *f*
TVZ = Taktverteilung *f* zentral	central clock distribution	distribution *f* d'horloge *f* centrale
Typenschild *n*	identification plate type plate	plaque *f* signalétique

U

über	via	via
	through	par l'intermédiaire de
	by means of	
überblenden	fading one image into another	enchaîner
überbrücken	bridge	ponter
	jumper	straper
Überfallmeldesystem *n*	hold-up alarm system	système *m* d'alarme *f* anti-vol *m*
Übergabestecker *m*	transfer plug	fiche *f* de tranfert *m*
übergeordneter Rechner *m*	host computer	ordinateur *m* principal
übergeordnetes Amt *n*	higher rank exchange	central *m* subordonné
	higher parent exchange	
übergreifen	cover	couvrir
	overlap	
	cross	
überlagertes Netz *n*	overlay network	réseau *m* de débordement *m*
Überlastung *f*	overload	surcharge *f*
Überlastungsschutz *m*	overload protection	protection *f* contre la surcharge *f*
Überlauf *m*	overflow	débordement *m*
Überleittechnik *f*	relay technology	technique *f* de transition *f*
übermitteln	transmit	transmettre
	send	commuter
	forward	envoyer
	pass on	
Übermittlung *f*	communication	communication *f*
Übermittlungsdienst *m*	bearer service	service *m* de transmission *f*
überprüfen	check	vérifier
	verify	contrôler
überschreiten	exceed	dépasser
Übersichtsplan *m*	general drawing	diagramme *m* schématique
	overall layout	plan *m* général
	overall plan	
Überspannung *f*	overvoltage	surtension *f*
Überspannungsableiter *m*	overvoltage protector	éclateur *m*
	overvoltage surge arrester	
Übersprechdämpfung *f*	cross-talk attenuation	affaiblissement *m* de diaphonie *f*
überspringen	skip	sauter
		jaillir
übertragen	transmit	transmettre
	send	
Übertrager *m*	transformer	transformateur *m*
Übertragung *f*	transmission	transmission *f*
Übertragungsabschnitt *m*	transmission link	liaison *f* de transmission *f*
Übertragungsbandbreite *f*	transmission bandwidth	largeur *f* de *f* bande *f* de transmission *f*
Übertragungsbereich *m*	transmission range	domaine *m* de transmission *f* portée *f* de la transmission *f*
Übertragungsbereitschaft *f*	ready for data	prêt à transmettre
Übertragungseinrichtung *f*	transmission equipment	équipement *m* de transmission *f*
Übertragungsfaktor *m*	transfer factor	facteur *m* de transmission *f*
	steady state gain	
Übertragungsgeschwindigkeit *f*	data signaling rate	vitesse *f* de transmission *f*
	transmission speed	débit *m* de transmission *f*
Übertragungsgüte *f*	transmission quality	qualité *f* de transmission *f*
Übertragungskanal *m*	transmission channel	voie *f* de transmission *f*
Übertragungskapazität *f*	transmission capacity	capacité *f* de transmission *f*

Übertragungskonstante f	propagation factor	constante f de propagation f
	propagation constant	constante f de transmission f
Übertragungsmessung f	transmission measurement	téléphonométrie f
Übertragungsmöglichkeit f	transmission capability	possibilité f de transmission f
Übertragungsprotokoll n	link access protocol (LAP)	protocole m d'accès m à la liaison f (PAL)
Übertragungsrate f	transfer rate	débit m de transmission f
Übertragungsstörung f	transmission disturbance	bruit m de transmission f
Übertragungsstrecke f	transmission link	liaison f de transmission f
Übertragungstechnik f	transmission technology	technique f de transmission f
Übertragungsweg m	channel	canal m de transmission f
	transmission path	voie f
	transmission route	canal m
	transmission channel	voie f de transmission f
Übertragungszeit f	transmission time	temps m de transmission f
Überwachung f (UEB)	supervision	contrôle m
	monitoring	surveillance f
		observation f
Überwachungsgerät n	monitoring equipment	poste m de contrôle m
	supervisory unit	poste m de surveillance f
		poste m d'observation f
Überwachungstaste f	supervisory button	touche f d'observation f
UEB = Überwachung f	supervision	contrôle m
	monitoring	surveillance f
		observation f
UE-g = Übertragung f, gehend	circuit outgoing	transmission f sortante
Ue-k = Übertragung f, kommend	circuit incoming	transmission f en arrivée f
UEM = Übertragungs-Einheit mit Modem-Verfahren n	transmission unit in modem procedure	unité f de transmission f par modem m
Uhr f	clock	horloge f
Uhr f stellen	set the clock	mise f à l'heure f
Uhrzeitanzeige f	time display	affichage m de l'heure f
Uhrzeitgeber m	time transmitter	horloge f
Umgebungstemperatur f	ambient temperature	température f ambiante
Umkehrverbindng f	revertive call	appel m inverse
UML = Umschaltelogik f	switchover logic	logique f de basculement m
Umlaufdämpfung f	feedback loss	affaiblissement m de réaction f
Umlaufspeicher m	cyclic storage	sauvegarde f cyclique
Umlegekennzeichen n	call transfer code	doce m de transfert m d'apppel m
umlegen (Ruf m)	transfer (call)	transférer (une communication f)
Umlegen n besonderer Art f	special transfer	transfert m spécial
Umlegetaste f	transfer button	touche f de transfert m
Umleiten n von Verbindungen f/pl	redirection of calls	ré-acheminement m des appels m/pl
umschaltbar	switchable	commutable
Umschaltelogik f (UMML)	switchover logic	logique f de basculement m
umschalten	switch over	commuter
	change over	basculer
Umschalten n, abfrage-/zuteilseitig	splitting	va-et-vient m
Umschalten auf Nachtbetrieb m	night-service	basculer sur service m de nuit f basculer en service m réduit
Umschaltetaste m	switchover button	touche f de basculement m
Umschaltung f (UM)	switchover	basculement m
Umsetzer m	converter	convertisseur m
umsteuern	rerouting	rerouter
Umweg m	alternate route	voie f détournée

Umwerter *m*	translator	traducteur *m*
	director	translateur *m*
	route interpreter	
unbelastet	unloaded	déchargé
	off-load	
unbelegt	free	non employé
		libre
unbenutzt	unassigned	non utilisé
	unused	
unbespult	non-loaded	non chargé
unbespultes Kabel *n*	loose cable	câble *m* non pupinisé
	unloaded cable	
und-Verknüpfung *f*	AND-operation	liaison *f* ET
		porte *f* ET
ungeregelt	uncontrolled	non régularisé
ungültig	void	non valable
	null	nul
	invalid	annulé
	illegal	
Universal-Vielfachmeßgerät *n*	multimeter	multimètre *m*
UNIX = Betriebssystem *n* von Bell Lab (16 bit Processor)	Bell Laboratories' operating system for mini- and microcomputers	UNIX
unnötige Belegung *f*	unnecessary seizure	prise *f* inutile
Unsymmetrie *f*	imbalance	asymétrie *f*
	asymmetry	disymétrie *f*
Unsymmetriedämpfung *f*	balance-to-imbalance ratio	affaiblissement *m* asymétrique
Unsymmetriegrad *m*	imbalance degree	gain *m* asymétrique
Unteramt *n*	sub-exchange	sous-central *m*
	sub-office	central *m* rural détaché
Unteranlage *f*	satellite exchange	central *m* satellite *m*
	sub-exchange	sous-central *m*
Unterbaugruppe *f*	sub-module	sous-module *m*
unterbrechen (Programm *n*)	abort (program)	interrompre
	interrupt	
Unterbrechung *f*	interruption	interruption *f*
unterbrochen	interrupted	déconnecté
	cut off	coupé
unterdrückt	suppressed	supprimé
Unterhaltung *f* eines Netzes	network maintenance	maintenance *f* du réseau *m*
Unterhaltung *f*, instandsetzende	corrective maintenance	maintenance *f* corrective
Unterhaltung *f*, vorbeugende	preventive maintenance	maintenance *f* préventive
Unterhaltungselektronik *f*	home entertainment electronics	électronique *f* grand public *m*
	consumer electronics	
Unterprogramm *n* (EDV)	sub-routine (EDP)	sous-programme *m*
Unterschrank *m*	lower cabinet	armoire *f* inférieure
Unterstützungsdienst *m*	bearer service	service *m* support *m*
unverständliches Nebensprechen *n*	unintelligible crosstalk	diaphonie *f* inintelligible
	inverted crosstalk (Am)	
unvollständige Wahl *f*	incomplete dialing	numérotation *f* incomplète
unwirksam	ineffective	inefficient
unzulässig	inadmissible	inadmissible
	inacceptable	inacceptable
UPO = Leitungsschnittstelle *f*	line interface	interface *f* de ligne *f*
Ureichkreis *m*	master telephone transmission reference system	système *m* fondamental de référemce *f* pour la transmission *f* téléphonique SFERT
Ursprungsverkehr *m*	originating traffic	trafic *m* d'origine *f*
Ursprungsvermittlungsstelle *f*	originating exchange	central *m* d'origine *f*

USDN = ISDN von ITT
Ü-Wagen *m*

ISDN from ITT
outside-broadcasting vehicle

RNIS de ITT
car *m* de reportage *m*

V

VA = Vermittlungsapparat *m*	operator set operator position	poste *m* opératrice *f* (P.O.)
va = vollamtsberechtigt	nonrestricted	indiscriminé
VAO = Verdrahtungsplatte *f* für Anschlußorgane *n/pl*	motherboard for connecting devices	carte *f* de câblage *m* pour organes *m/pl* de connexion *f*
VDE = Verband *m* deutscher Elektrotechniker	German association of electrotechnical engineers	Association *f* allemande des ingénieurs *m/pl* en électricité *f*
VDMA = Verein *m* Deutscher Maschinenbauanstalten *f*	Association of German engineering shops	Association *f* de Constructeurs de Machines Allemands
veränderliche Besuchsschaltung *f*	flexible call transfer	renvoi *m* d'appel *m* variable
Verband *m* deutscher Elektrotechniker *m/pl* (VDE)	German association of electrical engineers	Association *f* allemande des ingénieurs *m/pl* en électricité *f*
verbilligter Nachttarif *m*	reduced night-time rate	tarif *m* de nuit *f* (réduit)
verbilligter Tarif *m*	reduced rate	tarif *m* réduit
verbinden	connect hook up tie	connecter relier
Verbinder *m*	connector	joncteur *m*
Verbinder *m* für dreistellige Wahl *f*	connector for 3-digit selection	joncteur *m* pour numérotation *f* à 3 chiffres *m/pl*
Verbindung *f*	connection	connexion *f* chaîne *f* de connexion *f*
Verbindung *f* aufbauen	set up a connection establish a connection	établir une liaison *f* établir une communication *f*
Verbindung *f*, gekennzeichnete	flagged call	communication *f* identifiée
Verbindungs-, Anschlußart *f*	connection type	type *m* de connexion *f*
Verbindungsanforderung *f*	call request	demande *f* de communication *f*
Verbindungsart *f*	type of connection	type *m* de connexion *f*
Verbindungsaufbau *m*	connection set up call set up call establishment	établissement *m* d'une communication *f*
Verbindungsaufbau *m* mit direkter Wählereinstellung *f*	step-by-step switching	connexion *f* en mode *m* pas à pas
Verbindungsaufbau *m* mit Rücksprung *m*	call setup with return	établissement *m* d'une communication *f* avec retour *m*
Verbindungsaufbau *m*, nicht schritthaltender	common control switching	connexion *f* non synchronisée
Verbindungsaufbau *m*, schritthaltender	stage-by-stage switching	connexion *f* synchronisée
Verbindungsdaten *f/pl*	call data connecting data	données *f/pl* de connexion *f*
Verbindungsdauer *f*, gebührenpflichtige	chargeable time billing time	durée *f* de communication *f* taxable
Verbindungselement *n*	connecting piece joining element	élément *m* de raccordement *m*
Verbindungselement *n*, -abschnitt *m*	connection element	élément *m* de connexion *f*
Verbindungserkennung *f*	connection identifier	identificateur *m* de connexion *f*
Verbindungsherstellung *f*	call establishment	établissement *m* d'une communication *f*
Verbindungskabel *n*	connecting cable	câble *m* de connexion *f*
Verbindungsleitung *f*	link	liaison *f*
Verbindungsmerkmal *n*	connection attribute	caractéristique *f* de la connexion *f* attribut *m* de connexion *f*

Verbindungssatz *m*	connecting junction connecting set	joncteur *m* équipement *m* de connexion *f*
Verbindungssatzgruppe *f*	junction group	groupe *m* de joncteur *m*
Verbindungssatzmarkierer *m*	junction marker	marqueur *m* de joncteurs *m/pl*
Verbindungsschutzmuffe *f*	joint protection closure	fermeture *f* de protection *f* d'une connexion *f*
Verbindungsstecker *m*	connecting plug connector	connecteur *m*
Verbindungssuchgerät *n*	path tracing unit	équipement *m* de recherche *f* de voie *f*
Verbindungsweg *m*	connection	connexion *f* chaîne *f* de connexion *f*
Verbindungsweg *m* (Sprechweg *m*)	speech path connecting path	voie *f* de communication *f* voie *f* de liaison *f*
Verbindungszustand *m*	connection status	état *m* de communication *f*
Verbraucher *m*	consumer	usager *m* utilisateur *m* consommateur *m*
verdeckte Rufnummern *f/pl*	closed numbering schema	plan *m* de numérotation *f* fermé
Verdrahtung *f*	wiring	câblage *m*
Verdrahtungsplatte *f* (VP)	wiring plate wiring board	plaque *f* de câblage *m* carte *f* de câblage *m*
Verdrahtungsplatte *f* für Anschlußorgane *n/pl* (VAO)	motherboard for connecting circuits	carte *f* de câblage *m* pour organes *m/pl* de connexion *f*
Verdrahtungsplatte *f* für einfache Steuerung *f* (VSE)	motherboard for single control system	carte *f* de câblage *m* pour système *m* de gestion *f* simple
Verdrahtungsplatte *f* für gedoppelte Steuerung *f* (VSD)	motherboard for duplicated control system	carte *f* de câblage *m* pour système de gestion *f* doublé
Verdrahtungsplatte *f* für mehrgruppige Anlage *f*	motherboard for multi-group system	carte *f* de câblage *m* pour système *m* de gestion *f* multigroupe
Verdrahtungsplatte *f* für Stromversorgung *f* (VSV)	motherboard for power supply	carte *f* de câblage *m* pour l'alimentation *f*
Verdrahtungsrahmen *m* (VR)	wiring frame	fond *m* de cage *f*
Verdrahtungsseite *f*	wiring side rear side	côté *m* câblage *m*
verdrängen	pre-empt displace supersede	repousser déplacer
Verfälschung *f*	falsification	falsification *f*
Verflechtung *f* von Netzen *n/pl*	interlacing of networks	interconnexion *f* de réseaux *m/pl*
Verfügbarkeit *f*	availability	disponibilité *f*
Verfügbarkeitszeitraum *m*	uptime available time	période *f* de disponibilité *f*
Vergleichsfrequenz *f*	reference frequency	fréquence *f* de référence *f*
Vergleichsimpuls *m*	comparison pulse	impulsion *f* de référence *f*
verhindern	prevent (from)	préserver protéger
Verkabelung *f*	cabling	câblage *m*
Verkehr *m*	traffic	trafic *m*
Verkehrsaufkommen *n*	traffic volume	volume *m* de trafic *m*
Verkehrsausgleich *m*	traffic balancing	comparaison *f* du trafic *m*
Verkehrsausscheidungszahl *f*, ~ziffer *f*	prefix	préfixe *m*
Verkehrsbelastung *f*	traffic load	charge *f* de trafic *m*
Verkehrsbelegung *f*	traffic occupancy	charge *f* de trafic *m*
Verkehrsdichte *f*	traffic density	densité *f* de trafic *m*
Verkehrsfluß *m*	traffic flow	trafic *m*

Verkehrsgüte *f*	traffic quality	qualité *f* de trafic *m*
	grade of service	qualité *f* de service *m*
Verkehrsinformation *f*	traffic information	information *f* sur le trafic *m*
Verkehrsleistung *f*	traffic capacity	capacité *f* de trafic *m*
Verkehrsleitsystem *n*	traffic-control system	système *m* de contrôle *m* de trafic *m*
Verkehrsmenge *f*	traffic volume	volume *m* de trafic *m*
Verkehrsmessgerät *n*	traffic measuring unit	équipement *m* de mesure *f* du trafic *m*
Verkehrsmessung *f*	traffic measurement	mesure *f* du trafic *m*
Verkehrsordner *m*	traffic control unit	directeur *m* de trafic *m*
Verkehrsrichtung *f*	traffic direction	direction *f* du trafic *m*
		sens *m* du trafic *f*
verkehrsschwache Zeit *f*	low traffic period	période *f* creuse de trafic *m*
Verkehrssteuerung *f*	traffic control	contrôle *m* de trafic *m*
Verkehrsüberlastung *f*	traffic overload	surcharge *f* de trafic *m*
	traffic overflow	
Verkehrsüberwachung *f*	traffic monitoring	surveillance *f* du trafic *m*
Verkehrswertanzeige *f*	traffic intensity indication	visualisation *f* de la densité de trafic *m*
Verlagern *n* einer Verbindung *f*	re-arrangement of a call	réarrangment *m* d'une communication *f*
Verlängerungsleitung *f*	artificial line	ligne *f* de prolongement *m*
	pad	
	extension cable	
verlöschen	extinguish	éteindre
	go out	
Verlustleistung *f*	power loss	puissance *f* dissipée
	dissipated power	
verlustlos (Leitung *f*)	zero-loss (circuit)	sans pertes *f/pl*
Verlustsystem *n*	loss system	système *m* à perte *f*
vermitteln	switching	commutation *f*
vermittelte Verbindung *f*	exchange connection	connexion *f* de commutateur *m*
Vermittlung *f* (Anlage *f*)	exchange	commutateur *m* (central)
	CO (Am)	
Vermittlung *f* (Person *f*)	attendant	opérateur *m*
	operator	
Vermittlung *f* (Tätigkeit *f*)	switching	commutation *f*
	routing	acheminement *m*
Vermittlungsamt *n*	exchange	central *m* (téléphonique)
Vermittlungsapparat *m* (VA)	operator set	poste *m* opératrice *f* (P.O.)
	operator position	
Vermittlungseinrichtung *f*	Private (Automatic) Branch Exchange (PABX, PBX)	PABX *m*
		autocommutateur *m* privé
	exchange equipment	équipement *m* de commutation *f*
	switching equipment	
Vermittlungsgüte *f*	switching quality	qualité *f* de commutation *f*
Vermittlungsknoten *n*	switching node	nœud *m* de commutation *f*
Vermittlungspult *n*	operator console	console *f* d'opératrice *f*
Vermittlungssatz *m*	operator circuit	circuit *m* d'opératrice *f*
Vermittlungsstelle *f*	exchange	central *m* téléphonique
	switching center	
	central office (Am)	
Vermittlungssteuerung *f*	operator control	commande *f* du poste *m* d'opérateur *m*
Vermittlungssystem *n*	switching system	système *m* de commutation *f*
Vermittlungtechnik *f*	switching technology	technique *f* de commutation *f*
vermittlungstechnische Einrichtung *f*	switching facility	faculté *f* de commutation *f*
Vermittlungstisch *m*	operator desk	table *f* d'opératrice *f*
	operator console	

Vermittlungs-Zentrale *f*	transmission center	centre *m* de commutation *f*
vernetzt	networked	en réseau *m*
Vernetzung *f*	networking	mise *f* en réseau *m*
Vernetzungslösungen *f/pl*	networking solutions	solutions *f/pl* de mise *f* en réseau *m*
Verpolung *f*	reversed polarity	inversion *f* de polarité *f*
Verrechnungsnummer *f*	account No.	numéro *m* de facturation *f*
Verriegelung *f*	interlock	verrouillage *m*
	locking	
Verseilung *f*	twisting of cables	câblage *m*
Versenkantenne *f*	retractable antenna	antenne *f* téléscopique
versetzt (zeitlich)	staggered (in time)	en temps *m* différé
Versorgungsleitung *f*	supply line	ligne *f* auxiliaire
Versorgungsschnittstelle *f*	power supply interface	interface *f* d'alimentation *f*
Versorgungsspannung *f*	supply voltage	tension *f* d'alimentation *f*
Versorgungsstrom *m*	supply current	courant *m* d'alimentation *f*
verständliches	intelligible crosstalk	diaphonie *f* intelligible
Nebensprechen *n*	uninverted crosstalk (Am)	
Verständlichkeit *f*	intelligibility	intelligibilité *f*
Verstärker *m*	amplifier	amplificateur *m*
Verstärkermodul *m*	amplifier module	module *m* amplificateur *m*
Verstärkerstation *f*	amplifier station	station *f* d'amplification *f*
verstellbar	adjustable	ajustable
		réglable
verstümmelt	mutilated pulse	mutilé
	garbled message	
Versuchsanordnung *f*	experimental arrangement	mise *f* en place *f* d'un test *m*
	test setup	
Versuchs-Nachrichten-Satellit *m*	experimental communications satellite	satellite *m* expérimental de télécommunications *f/pl*
Verteiler *m*	distributor	répartiteur *m*
Verteilerkasten *m*	distribution box	boîte *f* de distribution *f*
Verteilerleiste *f*	terminal strip	barrette *f* terminale
Verteilsystem *n*	distributor system	système *m* de distribution *f*
verteiltes Betriebssystem *n*	distributed operating system	système *m* d'opération *f* partagé
vertikale Auflösung *f*	vertical resolution	résolution *f* verticale
Verunreinigung *f*	contamination	pollution *f*
	pollution	
Vervielfacher *m*	multiplier	multiplicateur *m*
verwendet	applied	utilisé
	utilized	employé
Verwendung *f*	application	application *f*
		usage *m*
		emploi *m*
		utilisation *f*
Verzerrung *f*	distortion	distorsion *f*
verzinnt	tinned	étamé
	tin-coated	étainé
verzögert	delayed	temporisé
		retardé
Verzögerungsglied *n*	time element	temporisateur *m*
	time-lag device	dispositif *m* de retard *m*
Verzögerungsschaltung *f*	delay circuit	circuit *m* de temporisation *f*
		circuit *m* retardateur
verzonen	zoning	répartir en zone *f*
		zonage *m*
Verzoner *m*	zoner	calculateur *m* de zonage *m*
Video-Aufnahme *f*	video recording	enregistrement *m* vidéo
Videobandanlage *f*	video-tape equipment	équipement *m* de cassettes *f/pl* vidéo *f*
Videoingenieur *m*	video engineer	ingénieur *m* d'image *f*

Videokamera *f*	video camera	caméra *f* vidéo
Video-Magnetbandmaschine *f*	video tape unit	unité *f* de bande *f* magnétique
Videorecorder *m*	video cassette recorder	enregistreur *m* vidéo
Videotechnik *f*	video technology	technique *f* vidéo
Video-Trennverstärker *m*	video isolating amplifier	amplificateur - séparateur *m* de vidéo *f*
Videoturm *m*	video rack	châssis *m* vidéo *m*
Vielfach *n*	multiple	multiple *m*
	bus	bus *m*
Vielfachschaltung *f*	multiple connection	connexion *f* multiple
Vielfachverstärker *m*	multiple regenerator	amplificateur *m* multiple
	multiple amplifier	
Vierdraht-Durchschaltung *f*	four-wire switching	commutation *f* à quatre fils *m/pl*
Vierdraht-Gabel *f*	four-wire termination	terminaison *f* quatre fils *m/pl*
Viererleitung *f*	phantom circuit	ligne *f* fantôme
		circuit *m* fantôme
Vierpol *m*	four-terminal network	quadripôle *m*
	fourpole	
Vierpoldämpfung *f*	image attenuation	affaiblissement *m* du quadripôle *m*
	image loss	
Vierpoldämpfungsmaß *n*	image-attenuation coefficient	coefficient *m* d'affaiblissement *m* du quadripôle *m*
	image-attenuation constant (Am)	
Vierpolübertragungsmaß *n*	image-transfer coefficient	mesure *f* de transmission *f* du quadripôle *m*
	image-transfer constant (Am)	
Vierpolwinkelmaß *n*	image-phase change coefficient	déphasage *m* introduit par le quadripôle *m*
	image-phase change constant (Am)	
violett	violet	violet
vollamtsberechtigt	nonrestricted	non discriminé
		ayant la prise *f* directe
Vollamtsberechtigung *f*	direct outward dialing (DOD)	prise *f* directe
Vollausbau *m*	fully equipped configuration	pleine capacité *f*
	full capacity	
Vollmatrixtafel *f*	full-matrix display board	tableau *m* d'affichage *m* matriciel
Vollsperre *f*	total barring	discrimination *f* totale
Volumen *n* (Fernsprechen *n*)	volume (telephony)	volume *m*
Voranmeldegespräch *n*	personal call	appel *m* avec préavis
	person-to-person call (Am)	
Vorbelegung *f* (Reservierung *f*) von Amtsleitungen *f/pl*	pre-selection of external lines	pré-sélection *f* de lignes *f/pl* externes
Vorbereitung *f*	preparation	préparation *f*
Vorderseite *f*	front side	front *m*
	front view	face *f* avant
Vorgabezeit *f*	time-out-control	temps *m* alloué
	allowed time	
vorgeschlagen	recommended	recommandé
vorgesehen	intended	prévu
vorhanden	existing	existant
	available	disponible
Vorlauf *m*	forward run	avance *f*
vormerken	note	noter
		réserver
Vormerkgespräch *n*	delayed call	appel *m* avec attente *f*
Vorschub *m*	feed	avancement *m*
		avance *f*
Vorsicht *f*	caution	précaution *f*
		attention *f*
Vortelegramm *n*	pretelegram	pré-télégramme *m*
Vorverzerrung *f*	pre-emphasis	pré-accentuation *f*

Vorwahl *f*	area code prefix	préfixe *m*
Vorwahlnummer *f*	area code number	préfixe *m* interurbain
Vorwärtsauslösung *f*	forward release	remise *f* en circuit *m*
vorzeitige **Verbindungsauflösung** *f*	premature disconnection cleardown release clearing release	déconnexion *f* prématurée libération *f* prématurée
vorzeitiges Auftrennen *n*	premature disconnection	déconnexion *f* prématurée
Vorzimmeranlage *f*	executive system secretary system	poste *m* patron poste *m* secrétaire *f*
VP = Verdrahtungsplatte *f*	wiring board motherboard	plaque *f* de câblage *m* carte *f* de câblage *m*
VR = Verdrahtungsrahmen *m*	wiring frame	fond *m* de cage *f*
VSD = Verdrahtungsplatte *f* für gedoppelte Steuerung *f*	motherboard for duplicated control	carte *f* de câblage *m* pour système de gestion *f* doublé
VSE = Verdrahtungsplatte *f* für einfache Steuerung *f*	motherboard for single control	carte *f* de câblage *m* pour système *m* de gestion *f* simple
VSt = Vermittlungsstelle *f*	exchange/central office	central *m* public
VSV = Verdrahtungsplatte *f* für Stromversorgung *f*	motherboard for power supply	carte *f* de câblage *m* pour l'alimentation *f*

W

W = Wahl *f*	dialing	numérotation *f*
W(Wähl)-Teilnehmer *m*	two-wire extension	poste *m* à deux fils *m/pl*
Wächterprotokolleinrichtung *f*	watchman feature	équipement *m* de rapport *m* de ronde *f*
Wächterrundgangsmeldung *f*	watchman's round report	rapport de ronde *f*
Wackelkontakt *m*	loose contact	connexion *f* lâche
	loose connection	
WAD = Wählautomat *m* für Datenverbindung *f*	automatic call unit	numérotation *f* automatique pour liaison *f* de données *f/pl*
Wahl *f*	dialing	numérotation *f* numérotage *m*
Wahl *f* bei aufgelegtem Handapparat *m*	on-hook dialing	numérotation *f* sans décrocher
Wahlabrufzeichen *n*	proceed-to-select signal	signal *m* d'invitation *f* à numéroter
Wählaufforderung *f*	proceed-to-dial	invitation *f* à numéroter
Wahlaufforderungszeichen *n*	dialing request signal proceed-to-dial signal	signal *m* de numérotation *f*
Wahlaufnahme *f*	dial reception selection code acceptance	réception *f* de la numérotation *f* acceptation *f* de la numérotation *f*
Wählbaustein *m*	dialing chip	circuit *m* intégré de numérotation *f*
Wahlbeginnzeichen *n*	proceed-to-dial signal dial beginning request	signal *m* de début *m* de numérotation *f*
Wahlbegleitrelais *n*	pulse supervisory relay	relais *m* d'impulsion *f* d'appel *m*
Wahlbegleitzeichen *n*	pulse supervisory signal	signal *m* d'impulsion *f* d'appel *m*
Wählbereitschaft *f*	proceed-to-dial condition	état *m* de disponibilité *f* pour la numérotation *f*
Wahlbereitschaftsfühler *m*	proceed-to-dial detector	détecteur *m* de disponibilité *f* pour la numérotation *f*
Wählbetrieb *m*	automatic operation	exploitation *f* avec numérotation *f* automatique
Wähldauer *f*	dialing time	durée *f* de numérotation *f*
Wähleinleitungszeichen *n*	start-of-selection signal	signal *m* de début *m* de numérotation *f*
Wähleinrichtung *f*, automatische	automatic calling equipment	équipement *m* de numérotation *f* automatique
Wahlempfänger *m*	dial receiver	récepteur *m* de numérotation *f*
Wahlempfängerkoppelfeld *n*	dial receiver switching matrix (network)	matrice *f* de réception *f* de numérotation *f*
Wahlempfängermarkierer *m*	dial receiver marker	marqueur *m* de réception *f* de numérotation *f*
wählen	dial	numéroter composer sélectionner
Wahlende *n*	end of selection end of dialing	fin *f* de numérotation *f*
Wahlendezeichen *n*	end of dialing signal end of clearing signal end-of-selection signal	signal *m* de fin *f* de numérotation *f*
wahlfähiger Verkehr *m*	dial traffic	trafic *m* avec numérotation *f*
Wahlgeber *m*	dial transmitter	générateur *m* de numérotation *f*
Wahlimpuls *m*	dial pulse	impulsion *f* de numérotation *f*

Wahlimpulszeitmesser *m*	dial pulse meter	contrôleur *m* de durée *f* d'impulsions *f/pl* de numérotation *f*
Wahlinformation *f*	dialing information	information *f* de numérotation *f*
Wählnetz *n*	switched network	réseau *m* commuté
	automatic network	réseau *m* automatique
Wählpause *f*	interdigital pause	pause *f* inter-digit *m*
Wahlsender *m*	signal sender	transmetteur *m* de
	dial transmitter	numérotation
Wahlsenderkoppelfeld *n*	signal sender switching matrix (network)	matrice *f* de transmission *f* de la numérotation *f*
Wahlsendermarkierer *m*	dial sender marker	marqueur *m* de transmission *f* de la numérotation *f*
Wahlsenderspeicher *m*	dial sender memory	mémoire *f* de transmission *f* de la numérotation *f*
Wählsterneinrichtung *f*	line concentrator	concentrateur *m* de lignes *f/pl*
Wahlstufe *f*	selection stage	étage *m* de sélection *f*
Wähltastatur *f*	keypad	clavier *m* de numérotation *f*
	keyboard	
Wählton *m* (WT)	dial tone	tonalité *f* d'invitation *f* à numéroter
	dialing tone	tonalité *f* de numérotation *f*
Wähltonverzug *m*	pre-dialing delay	attente *f* de tonalité *f* d'invitation *f* à numéroter
Wahlumschaltetaste *f*	dial changeover key	touche *f* de commutation *f* d'appel *m*
Wählverbindung *f*	dial connection	liaison *f* commutée
	automatic connection	connexion *f* commutée
	switched connection	
Wählverbindungselement *n*	switched connection element	élément *m* de connexion *f* commutée
Wählverkehr *m*	automatic traffic	trafic *m* automatique
Wählvermittlungsstelle *f*	automatic exchange	central *m* automatique
		autocommutateur *m*
Wählversuch *m*	dial attempt	essai *m* de numérotation *f*
Wahlwiederholung *f*	redialing	répétition *f* du dernier numéro *m* composé
	last number redial (Am)	répétition *f* de la numérotation *f*
Wahlwiederholung *f* der zuletzt gewählten Rufnummer *f*	last number redial	répétition *f* du dernier numéro *m*
Wählziffer *f*	selection digit	chiffre *m* de sélection *f*
Walzenstecker *m*	cylindrical plug	fiche *f* cylindrique
		connecteur *m* cylindrique
		douille *f* cylindrique
WAN	Wide-Area Network	réseau *m* des communications *f/pl* à longue distance *f*
Wandgehäuse *n*	wall housing	boîtier *m* mural
		coffret *m* mural
Wandler *m*	converter	convertisseur *m*
Wärmeabfuhr *f*	heat dissipation	dissipation *f* de chaleur *f*
	power dissipation	
Wärmeableiter *m*	heat sink	dissipateur *m* de chaleur *f*
	heat dissipation	
Wärmebeständigkeit *f*	thermal resistivity	résistance *f* calorifique
	heat resistance	
wärmeempfindlich	heat-sensitive	sensible à la chaleur *f*
wärmeleitend	heat-conductive	conducteur *m* de chaleur *f*

Warnung f (auf Geräten n/pl)	CAUTION (damage to equipment) WARNING (danger to life)	ATTENTION f MISE EN GARDE f
Wartefeldanzeige f	waiting field display queuing field display	tableau m d'attente f afficheur m de file f d'attente
Wartefeldbelegung f	queue seizure	occupation f de file f d'attente f
Wartefeldrelaissatz m	queue relay set	relais m de file d'attente
Wartekreis m	call parking	circuit m d'attente f parcage m
Warten n auf Freiwerden n	camp on busy park on busy queuing camp on individual (Am)	attendre la libération f se mettre en file f d'attente f
warten auf Freiwerden n der Nebenstelle f	waiting for extension to become free	attente f de libération f
Warteschlange f	queue	file f d'attente f
Wartestellung f	camp-on status camp-on position	mise f en attente f
Wartestellung f bei Internverbindungen f/pl	hold on internal calls	attente f sur poste m occupé attente f sur appel m intérieur
Wartestellung f für Nebenstellen f/pl	station camp-on	mise f en attente f
Wartesystem n	delay system	système m à attente f
Warteton m	hold-on tone	tonalité f d'attente f
Wartezustand m (im ~)	standby condition calls on hold	appel m en attente f
Wartung f	maintenance	entretien m maintenance f
Wartung f, vorbeugende	preventive maintenance	entretien m préventif
WASD = Wahlaufnahmesatz m, digital	digit input circuit, digital	récepteur m de numérotation f
wasserdicht	waterproof	étanche
Wasserleitung f	water conduit water pipe	conduite f d'eau f
Wattangaben f/pl bezogen auf	wattage referred to	indication f de puissance f par rapport m à
WE = Wechselrichter m	inverter d.c.-a.c. converter	convertisseur m continu-alternatif m
Wechsel m	change	change m
Wechsel m der Gebührenpflicht f	reversed charges	taxation f inverse
wechseln	interchange	échanger remplacer
Wechselrichter m	inverter dc/ac converter	onduleur m
Wechselspannung f	ac voltage	tension f alternative
Wechselsprechanlage f	press-to-talk system intercom system two-way telephone system	installation f d'intercommunication f
Wechselsprechen n	intercom	communication f par intercom m
Wechselsprechverbindung f	two-way communication	liaison f par intercom m
Wechselstromsignalisierung f	ac signaling	signalisation f par courant m alternatif
Weckdienst m	wake-up service	service m de réveil m
Wecker m	telephone bell bell (Brit) ringer (Am)	réveil m
Wegeauswahl f	route selection path selection	sélection f de route f

Wegeauswahlspeicher *m*	route selection store	mémoire *f* de sélection *f* de
	path selection store	route *f*
Wegeauswahlsteuerung *f*	route selection control	gestion *f* de sélection *f* de
	path selection control	route *f*
Wegebesetztton *m*	congestion tone	tonalité *f* d'encombrement *m*
	trunk-busy tone	de lignes *f/pl*
		tonalité *f* de surcharge *f* de
		lignes *f/pl*
Wegedurchschaltung *f*	speechpath through-connection	commutation *f* de lignes *f/pl*
Wegereservierung *f*	route reservation	réservation *f* de lignes *f/pl*
	path reservation	
Wegesuche *f*	path searching	recherche *f* de chemin *m*
	route searching	recherche *f* de lignes *f/pl*
Wegesuchprogramm *n*	route-finding program	programme *m* de recherche *f*
	path-finding program	de lignes *f/pl*
Wegevoreinstellung *f*	route preselection	présélection *f* de lignes *f/pl*
	path preselection	
Wegsensor *m*	distance sensor	détecteur *m* de voie *f*
Wegsuche *f*	route search	recherche *f* de chemin *m*
	path search	recherche *f* de lignes *f/pl*
Weiche *f* (Gebühren *f/pl*)	switch (call charge)	détecteur *m* (de taxes *f/pl*)
weiß	white	blanc
Weißabgleich *m*	white balance	équilibrage *m* des blancs *m/pl*
Weitergabe *f*	transfer	transfert *m*
Weitergeben *n* eines	transfer of call	transfert *m*
Gespräches *n*		
Weiterruf *m*	periodic ring condition	répétition *f* d'appel *m*
	periodic ringing condition	
Weitervermittlung *f*	call transfer	transfert *m* d'appel *m*
	call assignment	
Weitschweifigkeit *f*	redundancy	redondance *f*
Weitverkehrsbündel *n*	long-distance trunk group	faisceau *m* de circuits *m/pl*
		interurbains
Weitverkehrsnetz *n*	long-distance traffic network	trafic *m* réseau *m* longue
		distance *f*
Weitverkehrsystem *n*	long-distance traffic system	système de trafic *m* longue
		distance *f*
Wellendämpfung *f*	wave attenuation	affaiblissement *m*
		caractéristique
Wellenwiderstand *m*	characteristic wave impedance	impédance *f* caractéristique
Wicklung *f*	winding	enroulement *m*
Wicklung- u.	winding and square	repérage *m* de l'enroulement *m*
Feldbezeichnung *f*	designation	et du champ *m*
Widerstand *m* (Bauteil *n*)	resistor (unit)	résistance *f* (composant *m*)
Widerstand *m* (Wert *m*)	resistance (value)	résistance *f* (valeur *f*)
Widerstandsnetz *n*	resistor network	réseau *m* de résistances *f/pl*
Wiederanlauf *m*	restart	remise *f* sous tension *f*
		redémarrage *m*
Wiederanruf *m*	automatic recall	rappel *m* automatique
	recall	rappel *m*
Wiederanruf *m* nach Zeit *f*	timed recall	appel *m* temporisé
Wiederbelegung	reseizure	reprise *f*
Wiedergabe *f*	playback (microcassette)	reproduction *f*
(Mikrokassettenmodul *n*)		
Wiederholung *f*	repeat	répétition *f*
	repetition	
Winkel *m*	angle	angle *m*
Winkelsensor *m*	angle sensor	détecteur *m* d'angle *m*
		détecteur *m* de phase *f*
Wirkdämpfung *f*	effective attenuation	affaiblissement *m* réel
	transducer loss (Am)	

wirksam	effective	efficient
		actif
Wirkschaltplan *m*	effective circuit diagram	schéma effectif
Wirkverstärkung *f*	effective amplification	gain *m* transductique
wrappen	wrap	sertir
		wrapper
Wrapwerkzeug *n*	wire-wrapping tool	outil *m* de sertissage *m*
	wrapping tool	
WT = Wählton *m*	dial tone	tonalité *f* d'invitation *f* à numéroter (TIN)
W-Ton = Wählton *m*	dial tone	tonalité *f* d'invitation *f* à numéroter (TIN)
Wurzel *f* (aus)	root (of)	racine *f* carrée (de)
WW-Taste = Wahlwiederholungstaste *f*	redialing key/last number redial key	bouton *m* de répétition *f*

X

XENIX = Betriebssystem von Microsoft Inc.

mini- and microcomputer operating system similar to UNIX

système *m* d'exploitation *f* de Microsoft Inc.

Z

z.B.	e.g. = exempli gratia	p.e(x). = par exemple
Zähleinsatz *m*	start of charging	début *m* de taxation *f*
		départ *m* de taxation *f*
Zahlengeber *m*	keysender	émetteur *m* d'impulsions *f/pl*
		tabulateur *m*
Zahlengeberanschaltsatz *m*	keysender connecting set	équipement *m* de connexion *f*
		d'émetteur *m* d'impulsions *f/pl*
Zahlengebertastatur *f*	keysender keyboard	clavier *m* d'émetteur *m*
		automatique d'impulsions *f/pl*
		clavier *m* numérique
Zahlenkombinationsblockschloß *n*	numerical combination block lock	serrure *f* à combinaison *f*
Zahlenschloß *n*	combination lock	verrou *m* codé
Zähler *m* (Meßgerät- *n*)	counter	compteur *m*
	meter	
Zählimpuls *m*	metering pulse	impulsion *f* de comptage *m*
Zählkette *f*	counter chain	châine *f* de comptage *m*
	counting chain	
Zählrelais *n*	counting relay	relais *m* de comptage *m*
Zähltakt *m*	counting pulse	impulsion *f* de comptage *m*
	counter pulse	
Zahnscheibe *f*	serrated washer	rondelle *f* éventail *m*
Zeichen *n*	character	caractère *m*
	symbol	signal *m*
		signe *m*
		symbole *m*
Zeichenabgabesystem *n*	common-channel signaling system	canal *m* commun de signalisation *f*
Zeichenaustausch *m*	exchange of signals	échange *m* de signaux *m/pl*
Zeichenfolge *f*	character string	série *f* de signaux *m/pl*
	signal sequence	
Zeichengabe *f*	signaling	signalisation *f*
Zeichengabe *f* mit gemeinsamen Zeichenkanal *m*	common channel signaling	signalisation *f* sur voie *f* commune
Zeichengabeverfahren *n* (Schnittstelle *f*)	signaling protocol (interface)	protocole *m* de signalisation *f*
Zeichengeschwindigkeit *f*	character rate	vitesse *f* de frappe *f*
Zeichenimitation *f*	signal imitation	imitation *f* de signal *m*
Zeichen/Pausen-Verhältnis *n*	mark-to-pulse ratio	rapport *m* d'impulsions *f/pl*
Zeichentakt *m*	character pulse	impulsion *f* de caractère *m*
Zeile *f*	line	rangée *f*
	row	ligne *f*
Zeilenvorschub *m*	line feed	saut *m* de ligne *f*
		interligne *m*
zeitabhängig	time-dependent	fonction *f* du temps *m*
Zeitanzeige *f*	time display	affichage *m* de l'heure *f*
Zeitbasisfehler *m*	time-base fault	défaut *m* de la base *f* de temps *m*
Zeitdienst *m*	timekeeping service	service *m* horaire
Zeitdienstanlage *f*	time-service system	système *m* de service *m* horaire
Zeiteinheit *f*	time unit	unité *f* de temps *m*
	clock unit	
Zeiterfassung *f*	time recording	contrôle *m* horaire
		enregistrement *m* horaire
Zeiterfassungssystem *n*	time-recording system	sytème *m* d'enregistrement *m* horaire

Zeitgetrenntlageverfahren *n*	ping-pong (time-separation) technique	technique *f* ping-pong
Zeitglied *n*	timing element	circuit *m* temporisé
Zeitkanal *m*	time slot	voie *f* temporelle
Zeitlage *f* (ZL)	time slot	voie *f* temporelle intervalle *m* de temps *m*
Zeitlagenvielfach *n*	time-slot interchange element	multiplexage *m* temporel
Zeitlupenmöglichkeit *f*	slow-motion capability	faculté *f* ralenti *m*
Zeitmeßeinrichtung *f*	timing device	chronomètre *m*
Zeitmessung *f*	time metering	chronométrage *m*
Zeitmultiplex *m*	Time-Division Multiplex (TDM)	multiplex *m* temporel commutation *f* temporelle
Zeitmultiplexbetrieb *m*, im ~ arbeiten	operate in the time-division multiplex mode	exploitation *f* en mode *m* temporel
Zeitmultiplexbetriebsweise *f*	time-division multiplex mode	mode *m* de multiplexage *m* par répartition *f* dans le temps *m* multiplexage *m* temporel mode *m* temporel
Zeitmultiplexdurchschaltung *f*	time-division multiplex switching	commutation *f* par répartition *f* dans le temps *m* commutation *f* temporelle connexion *f* temporelle
zeitmultiplexe Wegedurchschaltung *f*	time-division multiplex switching of connecting paths	commutation *f* de lignes *f/pl* par répartion *f* dans le temps *m*
zeitmultiplexes Durchschalteverfahren *n*	time-division multiplex switching technique	technique *f* de commutation *f* temporelle
zeitmultiplexes Vermittlungssystem *n*	time-division multiplex switching system	système *m* de commutation *f* temporelle
Zeitmultiplexgerät *n*	time-division multiplexing equipment	équipement *m* de commutation *f* temporelle
Zeitmultiplexkanal *m*	time-division multiplex channel	voie *f* temporelle
Zeitmultiplexkoppelfeld *n*	time-division multiplex switching matrix time-division multiplex switching coupling field	réseau *m* de commutation *f* temporelle
Zeitmultiplexsystem *n*	time-division multiplex system	système *m* multiple à répartition *f* dans le temps *m*
Zeitmultiplexsystem *n* für Sprachübermittlung *f*	time-division multiplex system for speech transmission	système *m* de commutation *f* temporelle pour la parole *f*
Zeitmultiplexübertragungseinrichtung *f*	time-division multiplex equipment	équipement de multiplexage *m* temporel
Zeitplan *m*	time schedule	chronologie *f*
Zeitschlitz *m*	time slot	intervalle *m* temporel
Zeittakt *m*	clock pulse	impulsion *f* d'horloge *f*
Zeittaktgeber *m*	time pulse generator time pulse clock	générateur *m* d'horloge *f*
Zeittarif *m*	time tariff	taxation *f* en fonction *f* de la durée *f*
Zeitverzögerung *f*	time delay	retard *m*
Zeitvielfachsystem *n*	time-division multiplex system	système *m* de multiplexage *m* temporel système *m* temporel
zeitweilige Rufumleitung *f*	temporary call forwarding temporary call diversion	renvoi *m* temporaire
zeitweilige Rufumschaltung *f*	temporary call transfer	transfert *m* temporaire
Zeitwirtschaftssystem *n*	time-management system	système *m* de gestion *f* temporelle
Zeitzähler *m*	time counter	compteur *m* horaire
Zeitzonenzähler *m*	time-zone meter	compteur *m* de zones *f/pl* horaires
Zelle *f* (Element *n*)	cell	cellule *f*

zellulares Funktelefonnetz *n*	cellular radio telephone network	réseau *m* de radio-téléphone *m* cellulaire
Zentralamt *n*	central exchange	central *m* principal
	central office	centre *m* principal
Zentralbatterie *f* (ZB)	central battery (CB)	batterie *f* centrale
zentrale Busstation *f*	master bus unit	unité *f* principale de bus *m*
zentrale Datenverarbeitung *f*	centralized data processing	traitement *m* des données *f/pl* centralisé
zentrale Einrichtung *f*	PABX	PABX *m*
	PBX	commutateur *m* (central)
	exchange	
zentrale Gebührenerfassung *f*	centralized call charge recording	taxation *f* centralisée
	CAMA (Am)	
zentrale Steuerung *f*	central control	commande *f* centrale
zentrale Überwachung *f*	central monitoring	surveillance *f* centrale
	central supervision	
zentrale Wegevoreinstellung *f*	central path preselection	pré-routage *m* central
	central route preselection	
Zentraleinheit *f*	central processing unit (CPU)	unité *f* centrale
zentraler Codewandler *m*	central code converter	traducteur *m* de code *m* central
zentraler Taktgeber *m*	central clock	horloge *f* maître *f*
zentraler Zeichenabgabekanal *m*	common signaling channel	canal *m* commun de signalisation *f*
zentraler Zeichenkanal *m*	common signaling channel	canal *m* sémaphore
zentrales Signalisierungsverfahren *n*	common-channel signaling system	méthode *f* de signalisation *f* centrale
zentrales Zeichenabgabesystem *n*	common-channel signaling system	système *m* de signalisation *f* par voie *f* commune
Zentralkanal-Zeichengabe *f*	common channel signaling	signalisation *f* par canal *m* sémaphore
Zentralsteuerung *f*	central control	commande *f* centrale
Zentralteil *n*	central section	partie *f* centrale
Zentralüberwachungsfehler *m*	central monitoring fault	défaut *m* de supervision *f*
Zentralüberwachungsgemeinsam *n*	central monitoring multiple	commun *m* de supervision *f*
Zentralüberwachungsgeräteumschaltung *f*	central monitoring device switching	basculement *m* des équipements *m/pl* de supervision *f*
Zentralüberwachungskanalwerk *n*	central monitoring channel unit	unité *f* de canaux *m/pl* de supervision *f*
Zentralüberwachungsleitungsteil *m*	central monitoring line section	ligne *f* de supervision *f*
Zentralüberwachungsperipherie *f*	central monitoring periphery	périphérique *m* de supervision *f*
Zentralüberwachungsregister *n*	central monitoring register	registre *m* de supervision *f*
Zentralüberwachungssteuerung *f*	central monitoring control	gestion *f* de la supervision *f*
Zentralüberwachungstakte *m/pl*	central monitoring clocks	horloge *f* de supervision *f*
Zentralverband *m* Elektrotechnik- und Elektronikindustrie (ZVEI)	central association of the German electrical and electronics industry	association *f* centrale de l'industrie *f* de l'équipement *m* électrique
zerlegen	separate disassemble	séparer
Zeugenschaltung *f*	witness circuit	circuit *m* témoin *m*
Zeugnis *n*	record certificate	certificat *m*
ZF-Verstärker *m*	IF-amplifier	amplificateur *m* de fréquence *f* intermédiaire (F.I.)
ZG = Zahlengeber *m*	key sender	émetteur *m* de numérotation *f*
Zielbereich *m*	destination area	zone *f* de destination *f*

Zielbereich *m*, schwer erreichbar	hard-to-reach code	zone *f* de destination *f* difficilement accessible
Zieltaste *f* (Telefon *n*)	destination key	touche *f* de numérotation *f* abrégée
Zielvermittlungsstelle *f*	destination exchange	central *m* de destination *f*
Zielwahl *f*	destination speed dialing automatic full-number dialing automatic speed dialing	numérotation *f* du destinataire *m* numérotation *f* automatique complète numérotation *f* abrégée
Zielwahleinrichtung *f*	automatic full-number dialing unit	faculté *f* de numérotation *f* abrégée
Ziffer *f*	digit	digit *m* chiffre *m*
Zifferntastatur *f*	keyboard keypad	clavier *m* de numérotation *f*
ZKS = Zwischenkreisspannung *f*	intermediate circuit voltage	tension *f* de circuit *m* intermédiaire
ZL = Zeitlage *f*	time slot	voie *f* temporelle, intervalle *m* de temps *m*
Zoner *m*	zoner	générateur *m* d'impulsions *f/pl* par zones *f/pl*
Zubehör *n*	accessories	accessoires *m/pl*
Zugang *m*	access	entrée *f* accès *m*
Zugangsfähigkeit *f*	access capability	capacité *f* d'accès *m*
Zugangskennung *f*	access code	code *m* d'accès *m*
Zugangsprotokoll *n*	access protocol	protocole *m* d'accès *m*
zugehörig	associated (with)	associé (avec)
Zugentlastung *f*	pull relief strain relief	décharge *f* de traction *f* soutenu en traction *f*
Zugfestigkeit *f*	tensile strength	résistance *f* à la traction *f*
Zugriffskennziffer *f*	access digit	préfixe *m* d'accès *m*
Zugriffskonflikt *m*	access conflict access contention	conflit *m* d'accès *m*
Zugriffszeit *f*	access time	temps *m* d'accès *m*
zulässige Aufstellungshöhe *f* über NN	permissible installation height above mean sea level	altitude *f* admissible pour l'installation *f* par rapport *m* à la mer *f*
Zulassung *f*	approval	agrément *m*
ZulB = Zulassungsbedingungen *f/pl*	conditions of approval	conditions *f/pl* d'agrément *m*
Zunge *f*	lug tongue	cosse *f* lame *f*
Zuordner *m*	allocator translator	translateur *m*
Zuordnung *f*	arrangement assignment allocation	attribution *f* affectation *f* assignation *f* adjonction *f*
Zusammenbau *m*	assemblage	assemblage *m*
zusammenschalten	interconnect	interconnecter
zusammensetzen	combine	combiner regrouper
Zusatz *m*	supplement supplementary unit attachment	supplément *m*
Zusatzbit *n*	extra bit	bit *m* supplémentaire
Zusatzeinrichtungen *f/pl*	optional extras	équipements *m/pl* complémentaires options *f/pl*

Zusatzspeisegerät *n*	booster	équipement *m* d'alimentation *f* supplémentaire
Zusatzunterlagen *f/pl*	additional documents additional data	documents *m/pl* supplémentaires
Zuschaltechip *m*	connection chip	chip *m* de connexion *f*
zuschalten	switch on	allumer mettre sous tension *f*
Zustand *m*	status state condition	état *m* condition *f*
Zustandsmeldung *f*	status report	message *m* d'état *m*
Zustandsteuerwerk *n*	status control unit	unité *f* de contrôle *m* d'état *m*
zuteilen	assign allot	répartir offrir
Zuteilmarkierer *m*	assignment marker	marqueur *m* de répartition *f*
Zuteilregister *n*	assignment register	registre *m* de répartition *f*
Zuteiltastatur *f*	assignment keyboard	clavier *m* de répartition *f*
Zuteilung *f*	allocation assignment	répartition *f* assignation *f*
Zuteilung *f* auf besetzte Nebenstelle *f*	camp-on	file *f* d'attente *f* sur abonné *m* occupé
Zutrittskontrolle *f*	access control	contrôle *m* d'accès *m*
Zuverlässigkeit *f*	reliability	fiabilité *f*
Zuweisung *f*	assignment allocation	affectation *f*
ZVE = Zentrale Vorverarbeitungseinheit *f*	central preprocessing unit	unité *f* de traitement *m* central
ZVEI = Zentralverband *m* Elektrotechnik und Elektronikindustrie *f* e.V.	central association of electrical and electronics industry	Association *f* Nationale de l'Industrie Électrique et Électrotechnique
Zwangsauslösung *f*	forced release	libération *f* forcée
Zwangslaufverfahren *n*	compelled signaling system	système *m* asservi
Zwangslaufverfahren *n*, Signalisierung im ~	compelled signaling	signalisation *f* par système *m* asservi
zweiadrig	two-wire bifilar	à deux fils *m/pl*
zweidimensionale Codierverfahren *n*	two-dimensional coding	codage *m* bi-dimensionnel
Zweidrahtdurchschaltung *f*	two-wire switching	commutation *f* à deux fils *m/pl*
Zweidrahtleitung *f* (Teilnehmer *m*)	two-wire line (subscriber)	ligne *f* à deux fils *m/pl*
Zweieranschluß *m*	two-party line	ligne *f* commune ligne *f* partagée
Zweitanzeige *f*	second display	visualisation *f* doublée deuxième affichage *m*
Zweitnebenstellenanlage *f*	secondary PABX satellite PABX sub-exchange	autocommutateur *m* satellite *m*
Zweiwegeübertragung *f*	duplex transmission	transmission *f* en duplex *m*
Zwischenfrequenzband *n*	intermediate frequency band i.f. band	bande *f* de fréquence *f* intermédiaire
Zwischenkreisspannung *f* (ZKS)	intermediate circuit voltage	tension *f* de circuit *m* intermédiaire
Zwischenleitung *f*	link line auxiliary line	ligne *f* intermédiaire ligne *f* auxiliaire
Zwischenleitungsanordnung *f*	link arrangement	disposition *f* des lignes *f/pl* intermédiaires
Zwischenleitungsmarkierer *m*	link marker	marqueur *m* de lignes *f/pl* intermédiaires
Zwischenleitungsprüfung *f*	link test	contrôle *m* de ligne *f* intermédiaire

Zwischenleitungssystem *n*	link system	système *m* de lignes *f/pl* intermédiaires
Zwischenspeicher *m*	intermediate electronic memory	mémoire *f* tampon *m*
	intermediate electronic buffer buffer memory	mémoire *f* intermédiaire tampon *m*
zwischenspeichern	buffer	mémoriser
		transférer en mémoire *f* auxiliaire
Zwischenspeicherung *f*	buffering	sauvegarde *f* intermédiaire
Zwischenverbindungssatz *m*	intermediate junction	joncteur *m* intermédiaire
Zwischenverstärkung *f*	intermediate amplification	amplification *f* intermédiaire
Zwischenwahlzeit *f*	interdigital interval	pause *f* inter-digit *m*
	interdigital pause	
	interdialing time	
	interdialing pause	
ZWR = Zwischenregenerator *m*	regenerative repeater	générateur *m* intermédiaire
Zyklus *m*	cycle	cycle *m*
Zylinderschraube *f*	cheesehead screw	vis *f* à tête *f* cylindrique
ZZF = Zentralamt *n* für Zulassungen *f/pl* im Fernmeldewesen *n*	central office for approvals in the telecommunications sector	Bureau *m* Central des Agréments *m/pl* des Télécommunications *f/pl*
ZZK = Zentraler Zeichengabe-Kanal *m*	common signaling channel	canal *m* de signalisation *f* central

Dictionary
Telecom

Part 2
English   *German*   *French*

A

a.c. voltage (rectifier)	Anschlußspannung *f*	tension *f* secteur *m*
A/B speaking wire	A/B Sprechader *f*	fil *m* A/B de conversation *f*
abbreviated code dialing	Kurzwahl *f*	numérotation *f* abrégée
		numéro *m* court
abbreviated dialing	Codewahl *f*	numérotation *f* abrégée
abbreviated dialing processor	Kurzwahlprozessor *m*	processeur *m* de numérotation *f* abrégée
abbreviated dialing translator	Kurzwahlzuordner *m*	translateur *m* de numéro *m* abrégé
abbreviated number	Kurzrufnummer *f*	numéro *m* abrégé
abbreviated-dialing code	Codewahl-Kennzeichen *n*	préfixe *m* de numérotation *f* abrégée
abort (EDP)	Abbruch *m* (EDV)	troncature *f* (ordinateur *m*)
abort (program)	unterbrechen (Programm *n*)	interrompre
absent-subscriber service	Abwesenheitsdienst *m*	service *m* des abonnés *m/pl* absents
absolute level	absoluter Pegel *m*	niveau *m* absolu
ac ringing current	Rufwechselstrom *m*	courant *m* alternatif de sonnerie *f*
ac signaling = alternating current signaling	Wechselstromsignalisierung *f*	signalisation *f* par courant *m* alternatif
ac voltage	Wechselspannung *f*	tension *f* alternative
accept a call	abfragen	se renseigner
		répondre
		interroger
access	Zugang *m*	entrée *f*
	erreichen	accès *m*
		atteindre
		parvenir à
		obtenir
access capability	Anschlußfähigkeit *f*	capacité *f* d'accès *m*
	Anschlußkapazität *f*	
	Zugangsfähigkeit *f*	
access channel	Anschlußkanal *m*	canal *m* d'accès *m*
access code	Zugangskennung *f*	code *m* d'accès *m*
access conflict	Zugriffskonflikt *m*	conflit *m* d'accès *m*
access contention	Zugriffskonflikt *m*	conflit *m* d'accès *m*
access control	Zutrittskontrolle *f*	contrôle *m* d'accès *m*
access coontention resolution	Auflösung *f* des Zugriffskonfliktes *m*	résolution *f* de conflit *m* d'accès *m*
access digit	Zugriffskennziffer *f*	préfixe *m* d'accès *m*
access protocol	Zugangsprotokoll *n*	protocole *m* d'accès *m*
access status	Berechtigung *f*	classe *f* de service *m*
		catégorie *f*
access time	Zugriffszeit *f*	temps *m* d'accès *m*
access to public exchange	Amtszugriff *m*	accès *m* au central *m* public
accessories	Zubehör *n*	accessoires *m/pl*
account No.	Verrechnungsnummer *f*	numéro *m* de facturation *f*
accounting between postal administrations	Abrechnung *f* zwischen Postverwaltungen *f/pl*	facturation *f* entre administrations f/pl des postes *f/pl*
accounting method	Abrechnungsverfahren *n*	méthode *f* de facturation *f*
	Gebührenabrechnungs-verfahren *n*	méthode *f* de taxation *f*
accumulate	ansammeln	accumuler
ACD = automatic call distribution system	Buchungsanlage *f*	système *m* de réservation *f*

acknowledge	Rückmeldung *f*	signal *m* de confirmation *f*
	quittieren (Signal *n*)	acquit *m*
		acquitter (signal *m*)
acknowledgement	Quittung *f*	acquittement *m*
		acquit *m*
acknowledgement signal	Empfangsbestätigung *f*	confirmation *f* de réception *f*
	Quittungszeichen *n*	signal *m* d'acquit *m*
		signal *m* d'accusé *m*
		signal *m* de réception *f*
Acoustic Data Entry system	Dialoggerät *n*	système *m* acoustique d'entrée *f* de données *f/pl*
acoustic data entry system	akustisches Datenerfassungssystem *n*	système *m* acoustique d'écriture *f* de données *f/pl*
acoustic shock absorber	Gehörschutz *m*	anti-choc *m* acoustique
	Knackschutz *m*	circuit *m* de protection *f* anti-choc *m* acoustique
		suppression *f* de la friture *f*
		limiteur *m* de chocks m/pl *acoustique*
acoustic shock absorber diode	Gehörschutzdiode *f*	diode *f* de protection *f* anti-choc *m* acoustique
acoustic shock absorber rectifier	Gehörschutzgleichrichter *m*	redresseur *m* anti-choc *m* acoustique
acquisition time	Beschaffungszeitraum *m*	temps *m* d'approvisionnement *m*
activate	aktivieren	activer
	ansteuern	exciter
activation by touching	Touchbetätigung *f*	activation *f* tactile
active return loss (Am)	Echodämpfung *f*	affaiblissement *m* d'écho *m*
adaptation	Anpassung *f*	adaptation *f*
adapter circuit	Schnittstellenanpassung *f*	adaptateur *m* d'interface *f*
adaption	Anpassung *f*	adaptation *f*
adaptor plug	Hülsen *f* (Steck-) für Anschlußdraht	douilles *f/pl*
		cosses *f/pl*
added	hinzu,	supplémentaire
	kommt hinzu	ajouté(e)
addenda	Nachtrag *m*	addenda *m*
		supplément *m*
addendum	Nachtrag *m*	addenda *m*
		supplément *m*
additional data	Zusatzunterlagen *f/pl*	documents *m/pl* supplémentaires
additional documents	Zusatzunterlagen *f/pl*	documents *m/pl* supplémentaires
address	Empfänger *m*	destinataire *m*
		récepteur *m*
address (EDP)	Adresse *f* (EDV)	adresse *f*
addressable	aufrufbar	adressable
addressing	Adressierung *f*	adressage
adhesive label	Aufkleber *m*	autocollant *m*
adjust	justieren	ajuster
adjust (level)	einpegeln	ajuster
		régler
adjustable	verstellbar	ajustable
		réglable
adjustable resistor	Abgleichwiderstand *m*	résistance *f* de tarage *m*
		résistance *f* d'équilibrage *m*
adjusting button	Einstelltaste *f*	bouton *m* de réglage *m*
adjusting screw	Stellschraube *f*	vis *f* de réglage *m*
adjusting wheel	Justierrad *n*	roue *f* de réglage *m*

adjustment	Einstellung *f*	réglage *m*
		ajustement *m*
adjustment accuracy	Abgleichgenauigkeit *f*	précision *f* d'alignement
		précision *f* d'équilibrage
adjustment instructions	Einstellvorschrift *f*	instruction *f* de réglage *m*
aging	Alterung *f*	vieillissement *m*
aging stability	Alterungsbeständigkeit *f*	resistance *f* au vieillissement *m*
agreement pulse	Einigungstakt *m*	top *m* de synchronisation *f*
alarm device	Melder *m*	détecteur *m*
alarm node	Meldeknoten *m*	nœud *m* d'alarme *f*
alarm signal	Alarmmeldung *f*	signal *m* d'alarme *f*
	Störungssignal *n*	
alarm terminal	Meldezentrale *f*	terminal *m* d'alarme *f*
alignment	Abgleich *m*	alignement *m*
all trunks busy	gassenbesetzt	encombrement *m*
all-band tuner	Allband-Tuner *m*	tuner *m* à large bande *f*
allocate the charges to the caller	Gebühren *f/pl* zuschreiben	taxer
allocation	Belegung *f*	occupation *f*
	Zuordnung *f*	prise *f*
	Zuteilung *f*	attribution *f*
	Zuweisung *f*	affectation *f*
		assignation *f*
		adjonction *f*
		répartiton *f*
allocation list	Beschaltungsliste *f*	liste *f* de connexion *f* des lignes *f/pl*
allocation of bays	Belegung *f* von Buchten *f/pl*	affectation *f* des baies *f/pl*
allocator	Zuordner *m*	translateur *m*
allot	zuteilen	répartir
		offrir
allowed time	Vorgabezeit *f*	temps *m* alloué
alphanumeric display	Klartextanzeige *f*	plain language *m* display *m*
		afficheur *m* de messages *m/pl*
alphanumeric keyboard	alphanumerische Tastatur *f*	clavier *m* alphanumérique
alternate route	Ersatzweg *m*	chemin *m* alternatif *m*
	Umweg *m*	voie *f* détournée
alternate routing	Leitweglenkung *f*	routage *m*
ambient temperature	Umgebungstemperatur *f*	température *f* ambiante
amplified voice	Lauthören	écoute *f* amplifée *f*
amplifier	Verstärker *m*	amplificateur *m*
amplifier module	Verstärkermodul *m*	module *m* amplificateur *m*
amplifier station	Verstärkerstation *f*	station *f* d'amplification *f*
amplitude	Amplitude *f*	amplitude *f*
analog line	Analoganschluß *m*	ligne *f* analogique
analog subscriber circuit	Teilnehmerschaltung *f*, analog (TSA)	circuit *m* analogique d'abonné *m*
analog system	Analogsystem *n*	système *m* analogique
analogic	analog	analogique
analogue signal	Analogsignal *n*	signal *m* analogique
	analoges Kennzeichen *n*	
analysis	Analyse *f*	analyse *f*
analyze (error listing etc.)	auswerten (Daten)	interpréter
		utiliser
		évaluer
AND circuit	Torschaltung *f*	circuit *m* porte *f*
		circuit *m* ET
AND-operation	und-Verknüpfung *f*	liaison *f* ET
		porte *f* ET
angle	Winkel *m*	angle *m*

angle sensor	Winkelsensor *m*	détecteur *m* d'angle *m*
		détecteur *m* de phase *f*
annex	Anhang *m*	appendice *m*
		annexe *f*
announcement	Ansage *f*	annonce *f*
	Durchsage *f*	
anodize	eloxieren	oxyder électrolytiquement
		anodiser
answer	abfragen	se renseigner
		répondre
		interroger
answer back	Rückmeldung *f*	signal *m* de confirmation *f*
		acquit *m*
answer signal	Beginnzeichen *n*	signal *m* de réponse *f*
		signal *m* de début *m*
answering (telephone)	Abfrage *f* (Telefon *n*)	réponse *f*
answering button	Abfragetaste *f*	touche *f* de réponse *f/pl*
answering control	Abfragesteuerung *f*	gestion *f* de réponse *f/pl*
answering delay	Meldeverzug *m*	délai *m* de réponse *f*
		retard *m* de réponse *f*
answering equipment	Abfrageeinrichtung *f*	poste *m* d'opérateur *m* (P.O.)
		pupitre *m* d'opérateur *m*
answering machine	Anrufbeantworter *m*	répondeur *m* téléphonique
answering module	Abfragebaustein *m*	module *m* de réponse *f*
answering position	Abfrageplatz *m*	position *f* de réponse *f*
	Abfragestelle *f*	position *f* d'opératrice *f*
answering set	Abfrageapparat *m*	poste *m* d'opérateur *m* (P.O.)
	Abfragesatz *m*	pupitre *m* d'opérateur *m*
answering signal	Meldesignal *n*	signal *m* de réponse *f*
answering station for external lines	Abfragestelle *f* für Amtsleitungen *f/pl*	position *f* d'opératrice *f* pour les lignes *f/pl* réseau *m*
antenna pointing mechanism	Antennenausricht-mechanismus *m*	dispositif *m* d'orientation *f* d'antenne *f*
antenna system	Antennensystem *n*	système *m* d'antenne *f*
anti-interference capacitor	Entstörkondensator *m*	condensateur *m* anti-parasite
appendix	Anhang *m*	appendice *m*
		annexe *f*
application	Anwendung *f*	application *f*
	Einsatz *m*	utilisation *f*
	Verwendung *f*	insertion *f*
		usage *m*
		emploi *m*
applied	verwendet	utilisé
		employé
apply	einkoppeln	coupler
apply (voltage)	anlegen (Spannung *f*)	appliquer (tension *f*)
appointment (feature)	Termin *m* (Leistungsmerkmal *n*)	rendez-vous *m* (faculté *f* téléphonique)
approval	Zulassung *f*	agrément *m*
approved	gesehen	confirmé
		lu et approuvé
area	Bereich *m*	zône *f*
		gamme *f*
		plage *f*
		secteur *m*
area code	Ortsnetzkennzahl *f*	indicatif *m* interurbain
	Vorwahl *f*	préfixe *m*
area code number	Vorwahlnummer *f*	préfixe *m* interurbain
area partitioning	Bereichsaufteilung *f*	répartition *f* de zones *f/pl*

arrangement	Anordnung *f*	arrangement *m*
	Bestückung *f*	configuration *f*
	Zuordnung *f*	équipement *m*
		implantation *f*
		attribution *f*
		affectation *f*
		assignation *f*
		adjonction *f*
artificial ear	künstliches Ohr *n*	oreille *f* artificielle
artificial line	Verlängerungsleitung *f*	ligne *f* de prolongement *m*
artificial mouth	künstlicher Mund *m*	voix *f* artificielle
assemblage	Zusammenbau *m*	assemblage *m*
assembled	bestückt	équipé
assembly instructions	Montageanleitung *f*	notice *f* de montage *m*
assembly set	Bausatz *m*	ensemble *m* de montage *m*
	Einbausatz *m*	jeu *m* de montage *m*
		lot *m* de montage *m*
assign	zuteilen	répartir
		offrir
assignment	Zuordnung *f*	attribution *f*
	Zuteilung *f*	affectation *f*
	Zuweisung *f*	assignation *f*
		adjonction *f*
		répartition *f*
assignment keyboard	Zuteiltastatur *f*	clavier *m* de répartition *f*
assignment list	Beschaltungsliste *f*	liste *f* de connexion *f* des
		lignes *f/pl*
assignment marker	Zuteilmarkierer *m*	marqueur *m* de répartition *f*
assignment register	Zuteilregister *n*	registre *m* de répartition *f*
assist	eintreten	entrer
		intervention *f* en ligne *f*
		intrusion *f*
associated (with)	zugehörig	associé (avec)
associated identification box	Identifizierungskasten *m*	boîtier *m* auxiliaire
		d'identification *f*
asymmetry	Unsymmetrie *f*	asymétrie *f*
		disymétrie *f*
attach lable	Schild *n* anbringen	fixer/coller une plaque *f*
		signalétique
attach plate	Schild *n* anbringen	
attachment	Zusatz *m*	supplément *m*
attendant	Vermittlung *f* (Person *f*)	opérateur *m*
attendant console	Bedienungsplatz *m*	poste *m* opérateur *m* (PO)
		position *f* d'opératrice *f*
attendant operator (PABX)	Bedienungsperson *f*	opérateur *m* (PABX)
	(Nebenstellenanlage *f*)	opératrice *f*
attention	Achtung *f*	attention *f*
		précaution *f*
attentuation	Dämpfung *f*	affaiblissement *m*
		atténuation *f*
attenuation (transmit signal)	Abschwächung *f* (eines	atténuation *f*
	Signals *n*)	amortissement *m*
attenuation characteristic	Dämpfungsverlauf *m*	courbe *f* d'atténuation *f*
		caractéristique *f* d'atténuation *f*
attenuation coefficient	Dämpfungskonstante *f*	constante *f* d'affaiblissement *m*
		coefficient *m* d'affaiblissement
		constante *f* d'atténuation *f*
		coefficient *m* d'atténuation *f*
attenuation constant	Dämpfungsmaß *n* (einer	taux *m* d'affaiblissement *m*
	Leitung *f*)	(d'une ligne *f*)
	Kettendämpfung *f*	affaiblissement *m* itératif

attenuation constant (Am)	Dämpfungskonstante *f*	constante *f* d'affaiblissement *m* coefficient *m* d'affaiblissement constante *f* d'atténuation *f* coefficient *m* d'atténuation *f*
attenuation distortion	Dämpfungsverzerrung *f*	distortion *f* d'affaiblissement *m* en fonction *f* de la fréquence *f*
attenuation equivalent	Dämpfungsmaß *n* (einer Leitung *f*)	taux *m* d'affaiblissement *m* (d'une ligne *f*)
attenuation measure (of a line)	Dämpfungsmaß *n* (einer Leitung *f*)	taux *m* d'affaiblissement *m* (d'une ligne *f*)
attenuation of a terminating circuit	Gabeldämpfung *f*	affaiblissement *m* d'une terminaison *f*
attenuation of a terminating set	Gabeldämpfung *f*	affaiblissement *m* d'une terminaison *f*
attenuator	Dämpfungsglied *n*	atténuateur *m*
attenuator pad	Dämpfungsglied *n*	atténuateur *m*
ATU = Arab Telecommunication Union	Arabische Fernmeldeunion	Union Arabe des Télécommunications
audible signal	akustisches Zeichen *n*	signal *m* acoustique signal *m* audible
audible tone generator	Hörtongenerator *m* (HTG)	générateur *m* de tonalités *f/pl*
audible tones	Hörtöne *m/pl*	signaux *m/pl* audibles signaux *m/pl* tonalités *f/pl*
audio engineer	Toningenieur *m*	ingénieur *m* du son *m*
audio engineering	Audiotechnik *f* Tontechnik *f*	technique *f* audio technique *f* du son *m*
audio level	Sprachpegel *m*	niveau *m* de modulation *f*
audio recording	Tonaufnahme *f*	enregistrement *m* audio
audio-frequency amplifier	Niederfrequenzverstärker *m*	amplification *f* audio
audio-mixing control panel	Tonmischpult *m*	pupitre *m* de mixage *m* du son *m*
authorization	Berechtigungsklasse *f*	classe *f* de service *m*
authorization card	Berechtigungskarte *f*	carte *f* d'accès *m*
auto mode	Schlußtastennachbildung *f*	mode *m* auto mode *m* manu
automacic caller's identification	Identifizierung *f* des Rufes, automatische	identification *f* automatique du demandeur *m*
automatic alignment	automatischer Abgleich *m*	alignement *m* automatique
automatic answer	automatische Abfrage *f*	réponse *f* automatique
automatic answering	Rufbeantwortung *f*, automatische	réponse *f* automatique
automatic call charge recording	automatische Gebührenregistrierung *f*	enregistrement *m* automatique de taxes *f/pl*
automatic call distribution (ACD) system	Buchungsanlage *f*	distributeur *m* automatique d'appels *m/pl* dispositif *m* de distribution *f* d'appels *m/pl* système *m* de réservation *f*
Automatic Call Distributor (ACD)	Buchungsanlage *f*	distributeur *m* automatique d'appels *m/pl* dispositif *m* de distribution *f* d'appels *m/pl* système *m* de réservation *f*
automatic call forwarding	selbsttätige Rufweiterschaltung *f*	renvoi *m* automatique
automatic call transfer	selbsttätige Rufweiterleitung *f*	transfert *m* d'appel *m* automatique
automatic call-back	Rückrufautomatik *f*	rappel *m* automatique
automatic callback	automatischer Rückruf *m* selbsttätiger Rückruf *m*	rappel *m* automatique rétro-appel *m*

automatic calling equipment	Wähleinrichtung *f*, automatische	équipement *m* de numérotation *f* automatique
automatic circuit breaker	Schutzschalter *m*	disjoncteur *m* de protection *f*
automatic computerized telephone	intelligenter Fernsprechapparat *m* (IFA)	poste *m* téléphonique évolué
automatic connection	Wählverbindung *f*	liaison *f* commutée
		connexion *f* commutée
automatic control	Regelung *f*	contrôle *m* automatique
automatic cut-out	Sicherungsautomat *m*	coupe-circuit *m* automatique
automatic cutout	Fernmeldeschutzschalter *m*	coupe-circuit *m*
automatic dialer	Rufnummerngeber *m*	émetteur *m* de numéros *m/pl* d'appel *m* abrégés
		numéroteur *m* automatique
automatic dialing	Selbstwahl *f*	sélection *f* directe
	automatische Wahl *f*	prise *f* directe
		appel *m* automatique
		numérotation *f* automatique
automatic dialing equipment	automatische Wähleinrichtung *f*	équipement *m* de numérotation *f* automatique
automatic exchange	Wählvermittlungsstelle *f*	central *m* automatique
		autocommutateur *m*
automatic exchange call transfer	selbsttätige Amtsrufweiterschaltung *f*	transfert *m* automatique d'appel *m* réseau *m*
automatic full-number dialing	Zielwahl *f*	numérotation *f* du destinataire *m*
		numérotation *f* automatique complète
		numérotation *f* abrégée
automatic full-number dialing unit	Zielwahleinrichtung *f*	faculté *f* de numérotation *f* abrégée
automatic international traffic	Auslandswählverkehr *m*	trafic *m* international automatique
automatic line connection	automatische Anschaltung *f* von Amtsleitungen *f/pl*	connexion *f* automatique des lignes *f/pl* réseau *m*
automatic line equalization	Leitungsausgleich *m*, automatischer	équilibrage *m* automatique de lignes *f/pl*
automatic network	Wählnetz *n*	réseau *m* commuté
		réseau *m* automatique
automatic operation	Wählbetrieb *m*	exploitation *f* avec numérotation *f* automatique
automatic recall	Wiederanruf *m*	rappel *m* automatique
		rappel *m*
automatic refer-back	selbsttätige Rückfrage *f*	rétro-appel *m* automatique
automatic retry	automatische Rufwiederholung *f*	rappel *m* automatique
automatic ring back on held calls	Signalisierung *f* wartender Gespräche *f/pl*	signalisation *f* des appels *m/pl* en attente *f*
automatic selection	automatische Wahl *f*	numérotation *f* automatique
automatic speed dialing	Zielwahl *f*	numérotation *f* du destinataire *m*
		numérotation *f* automatique complète
		numérotation *f* abrégée
automatic test extension	automatischer Prüfteilnehmer *m*	poste *m* de test *m* automatique
automatic traffic	Wählverkehr *m*	trafic *m* automatique
automatic vehicle location system for fleet management (OKE)	Ortung *f* von Kraftfahrzeugen *n/pl* für Einsatzfahrzeuge *n/pl*	système *m* de repérage *m* de véhicules *m/pl* pour les véhicules d'intervention *f*
autonomous traffic pilot for motorists	Elektronischer Verkehrslotse *m* für Autofahrer *m/pl*	pilote *m* électronique pour les automobilistes *m/pl*

auto-reverse	Autoreverse *n*	auto-reverse
auxiliary button	Hilfstaste *f*	touche *f* auxiliaire
auxiliary connector	Hilfskoppler *m*	coupleur *m* auxiliaire
auxiliary coupler	Hilfskoppler *m*	coupleur *m* auxiliaire
auxiliary line	Zwischenleitung *f*	ligne *f* intermédiaire
		ligne *f* auxiliaire
AV jack	AV-Anschluß *m*	connecteur *m* AV
availability	Verfügbarkeit *f*	disponibilité *f*
available	vorhanden	existant
		disponible
available time	Verfügbarkeitszeitraum *m*	période *f* de disponibilité *f*

B

babble	Babbeln *n*	murmure *m* confus
back release	Rückauslösung *f*	libération *f* inverse
back side	Rückseite *f*	côté *m* postérieur
		côté *m* arrière
background memory	Hintergrundspeicher *m* (HGS)	mémoire *f* de masse *f*
background music	Hintergrundmusik *f*	musique *f* de fond *m*
backward release	Rückwärtsauslösung *f*	libération *f* au raccrochage *m* du demandeur *m*
backward signal	Rückwärtszeichen *n*	signal *m* inverse
badge reader	Ausweisleser *m*	lecteur *m* de carte *f* d'identité *f*
balance	Symmetrie *f*	symétrie *f*
balance loss	Symmetriedämpfung *f*	affaiblissement *m* symétrique
balance return loss	Fehlerdämfung *f*	affaiblissement *m* d'équilibrage *m*
balanced attenuation	Symmetriedämpfung *f*	affaiblissement *m* symétrique
balance-to-imbalance ratio	Unsymmetriedämpfung *f*	affaiblissement *m* asymétrique
balancing network	Nachbildung *f* (Leitung)	équilibreur *m*
balancing resistor	Abgleichwiderstand *m*	résistance *f* de tarage *m*
		résistance *f* d'équilibrage *m*
ballast lamp	Ballastlampe *f*	lampe *f* ballast *m*
		lampe *f* à résistance *f*
bar	Schiene *f*	alvéole *f*
	sperren	barre *f*
		bloquer
		interdire
		discriminer
bar crosspoint	Schienenkoppelpunkt *m*	point *m* de couplage *m* de barre *f*
bar-code scanner	Strichcode-Lesestift *m*	lecteur *m* de code *m* barre *f*
bare wire	Blankdraht *m*	fil *m* dénudé
bare wire strap	Blankdrahtbrücke *f*	strap *m* de fil *m*
bar-mounted construction	Schienenbauweise *f*	système *m* de construction *f* sur rail *m*
		exécution *f* sur rail *m*
bar-mounted design	Schienenbauweise *f*	système *m* de construction *f* sur rail *m*
		exécution *f* sur rail *m*
bar-mounted execution	Schienenbauweise *f*	système *m* de construction *f* sur rail *m*
		exécution *f* sur rail *m*
bar-mounted style	Schienenbauweise *f*	système *m* de construction *f* sur rail *m*
		exécution *f* sur rail *m*
barred	gesperrt	verrouillé
		bloqué
barring	Sperrung *f*	blocage *m*
		interdiction *f*
		discrimination *f*
barring facility	Sperrschloß *n*	serrure *f* d'interdiction *f*
barring number	Sperrzahl *f*	code *m* de blocage *m*
barring unit	Sperreinrichtung *f*	discriminateur *m*
		faculté *f* de discrimination *f*
base	Boden *m*	sol *m*
	Sockel *m*	socle *m*
		embase *f*
base (fuse)	Halterung *f*	fixation *f*
base frame	Fußrahmen *m*	socle *m*

base station	Basisstation *f*	station *f* de base *f*
base-station transceiver	ortsfeste Sprechfunkanlage *f*	installation *f* fixe de radiotéléphonie *f*
basic access	Basisanschluß *m*	accès *m* de base *f*
basic capacity	Erstausbau *m*	capacité *f* initiale
	Grundausbau *m*	exécution *f* de base *f*
		Équipement *m* de base *f*
basic circuit diagram	Prinzipschaltbild *n*	schéma *m* de principe *m*
basic clock signal	Grundtakt *m*	horloge *f* de référence *f*
basic design	Grundausbau *m*	exécution *f* de base *f*
		équipement *m* de base *f*
basic principles of operation	Arbeitsweise *f*, grundsätzliche ~	mode *m* opératoire de base *f*
basic signal (clock pulse)	Grundsignal *n* (Takt *m*)	signal *m* de base *f*
basic timing signal	Grundtakt *m*	horloge *f* de référence *f*
basic unit	Grundbaustein *m*	unité *f* de base *f*
		module *m* de base *f*
battery	Batterie *f*	batterie *f*
		pile *f*
battery-powered	netzunabhängig	alimenté par batterie *f*
bay	Bucht *f*	baie *f*
bay signals	Buchtsignale *n/pl*	signaux *m/pl* de baie *f*
beam waveguide	Lichtwellenleiter *m*	guide *m* d'ondes *f/pl* optique
bearer service	Übermittlungsdienst *m*	service *m* de transmission *f*
	Unterstützungsdienst *m*	service *m* support *m*
bell (Brit)	Wecker *m*	réveil *m*
bifilar	zweiadrig	à deux fils *m/pl*
billing method	Abrechnungsverfahren *n*	méthode *f* de facturation *f*
	Gebührenabrechnungs-verfahren *n*	méthode *f* de taxation *f*
billing time	Verbindungsdauer *f*, gebührenpflichtige	durée *f* de communication *f* taxable
binary code	Dualcode *m*	code *m* binaire
binary counter	Binär-Zähler *m*	compteur *m* binaire
binder	Klemme *f*	borne *f*
		broche *f* terminale
		pince *f*
bit	Bit *n*	bit *m*
		élément *m* binaire (eb)
bit rate	Bitrate *f*	débit *m* binaire
black	schwarz	noir
blackout	Gesamtausfall *m*	panne *f* générale
blank	Leerzeichen *n*	espace *m* (clavier *m*)
blind traffic	Blindverkehr *m*	trafic *m* fictif
blind-operator position	Blindenplatz *m*	position *f* pour opérateur *m* non-voyant
blink	blinken	scintiller
		clignoter
block diagram	Blockschaltbild *n*	diagramme *m*
blocked	gesperrt	verrouillé
		bloqué
blocking	Blockierung *f*	blocage *m*
	Sperrung *f*	interdiction *f*
		discrimination *f*
blocking signal	Sperrsignal *n*	signal *m* de blocage *m*
blue	blau	bleu
B-network	B-Netz *n*	réseau *m* B
boost (graphic equalizer)	Frequenzanhebung *f* (Oktavfilterentzerrer)	renforcement *m* de fréquence *f*
booster	Zusatzspeisegerät *n*	équipement *m* d'alimentation *f* supplémentaire

bore hole	Bohrung *f*	perçage *m*
		trou *m*
boring	Bohrung *f*	perçage *m*
		trou *m*
Bosch text transmission	Bosch-Text-	système *m* de transmission *f* de
system (BOTE)	Übertragungssystem *n*	text *m* Bosch
bothway	doppelt gerichtet	bidirectionnel
bothway line	Leitung *f*, doppeltgerichtete	ligne *f* bidirectionnelle
bothway trunk	Leitung *f*, ungerichtet	ligne *f* bidirectionnelle
	betriebene	
brace	Bügel *m*	support *m*
		agrafe *f*
bracket	Bügel *m*	support *m*
	Halterung *f*	agrafe *f*
		fixation *f*
bracket(s)	Klammer *f* (eckig)	crochet *m*
branch connection	Gabel *f* (Abzweigung)	embranchement *m*
		dérivation *f*
branch line	Abzweigleitung *f*	ligne *f* de branchement *m*
		ligne *f* de dérivation *f*
break contact	Ruhekontakt *m*	contact *m* de repos *m*
		interrupteur *m* à contact *m* au
		repos
break in	aufschalten	intrusion *f*
breakdown	Ausfall *m*	coupure *f*
		panne *f*
breakdown voltage	Durchschlagspannung *f*	tension *f* disruptive
bridge	überbrücken	ponter
	Brücke *f* einlegen	straper
bridges	Brücken *f/pl*	straps *m/pl*
		pontages *m/pl*
bridging plug	Brückenstecker *m*	fil *m* de pont *m*
broadband cable network	Breitbandkabelnetz *n*	réseau *m* câblé large bande *f*
broadband communication	Breitbandkommunikation *f*	communication *f* large bande *f*
broadband data channel	Breitband-Datenkanal *m*	canal *m* de données *f/pl* large
		bande *f*
broad-band distributor	Breitbandverteil-	distributeur *m* de
communications	kommunikation *f*	communications *f/pl* large
		bande *f*
broad-band distributor	Breitbandverteilernetz *n*	réseau *m* de distribution *f* large
network		bande *f*
broadband ISDN	Breitband *n* ISDN	large bande *f* RNIS
broadband microwave radio	Breitbandrichtfunksystem *n*	système *m* ondes *f/pl* courtes à
system		large bande *f*
broad-band microwave	Breitband-Richtfunk *m*	transmission *f* ondes *f/pl* courtes
transmission		large bande *f*
broadband network	Breitbandnetz *n*	réseau *m* à large bande *f*
broadband system	Breitbandsystem *n*	système *m* large bande *f*
broadcasting corporation	Rundfunkanstalt *f*	station *f* de radio-diffusion *f*
broadcasting junction	Rundspruchverbindungssatz *m*	joncteur *m* de messages *m/pl*
		généraux
broadcasting station	Rundfunkanstalt *f*	station *f* de radio-diffusion *f*
	Sendestation *f*	station *f* émettrice
broadcast-ready	sendefähig	apte à l'émission *f*
brogerage system	Makleranlage *f*	système *m* courtier *m*
		système *m* d'appel *m* courtier *m*
broker's call	Makelverbindung *f*	double appel *m* courtier *m*
brokerage	Makeln *n*	va-et-vient *m*
	makeln	double appel *m* courtier *m*
brown	braun	brun
Btx center	Bildschirmtext-Zentrale *f*	centre *m* vidéotext *m*

Btx decoder	Btx-Decoder *m*	décodeur *m* vidéotext *m*
Btx user	Bildschirmtextbenutzer *m*	utilisateur *m* vidéodext *m*
Btx workstation	Bildschirmtext-Eingabegerät *n*	poste *m* de travail *m* vidéotext
buffer	Puffer *m*	tampon *m*
	zwischenspeichern	mémoriser
		transférer en mémoire *f* auxiliaire
buffer battery	Pufferbatterie *f*	batterie *f* tampon *m*
buffer memory	Pufferspeicher *m*	mémoire *f* tampon *m*
	Zwischenspeicher *m*	mémoire *f* intermédiaire
		tampon *m*
buffered	gepuffert	tamponné
		bufférisé
buffering	Zwischenspeicherung *f*	sauvegarde *f* intermédiaire
build-in pushbutton	Einbautaster *m*	bouton-poussoir *m* encastré
build-in set	Einbausatz *m*	lot *m* de montage *m*
built-in	eingebaut	encastré
		inséré
		incorporé
		intégré
built-in ...	Einbau ...	encastré
		inséré
built-in bar	Einbauschiene *f*	réglette *f* incorporée
bulk billing	Summenrechnung *f*	facturation *f* globale
bulk connection charge	Pauschalgebühr *f*	taxe *f* forfaitaire
bundle	Bündel *m*	faisceau *m* de lignes *f/pl*
bundle busy	Bündel *n* besetzt	faisceau *m* occupé
bundle button	Bündeltaste *f*	touche *f* de sélection *f* de faisceaux *m/pl*
bundle description	Bündelbeschreibung *f*	description *f* de faisceau *m*
bundle event counter	Bündelereigniszähler *m*	compteur *m* d'évènements *m/pl* du faisceau *m*
bundle expansion table	Bündelerweiterungstabelle *f*	table *f* d'extension *f* du faisceau *m*
bundle identification	Bündelerkennung *f*	identificateur *m* de faisceau *m*
bundle lamp	Bündellampe *f*	voyant *m* d'occupation *f* de faisceau *m*
bundle line	Bündelleitung *f*	ligne *f* du faisceau *m*
bundle list	Bündelliste *f*	liste *f* de faisceau *m*
bundle number	Bündelposition *f*	numéro *m* de faisceau *m*
bundle operating mode	Bündelbetriebsart *f*	mode *m* de fonctionnement *m* du faisceau *m*
bundle overflow	Bündelüberlauf *m*	surcharge *f* de faisceau *m*
bundle selection	Bündelauswahl *f*	sélection *f* de faisceaux *m/pl*
bundle separation	Bündeltrennung *f*	séparation *f* de faisceaux *m/pl*
bundle size	Bündelgröße *f*	taille *f* du faisceau *m*
	Bündelstärke *f*	taille *f* de faisceaux *m/pl*
bundle splitting	Bündelspaltung *f*	répartition *f* du trafic *m* sur les faisceaux *m/pl*
bundle switch	Bündelweiche *f*	aiguillage *m* de faisceau *m*
bundle usage load	Bündelbelastung *f*	charge *f* du faisceau *m*
		densité *f* de trafic *m* du faisceau *m*
bundle waiting list	Bündelwarteliste *f*	file *f* d'attente *f* de faisceau *m*
burglar-alarm system	Einbruchmeldesystem *n*	avertisseur *m* d'effraction *f*
burn-in	Burn-in *m* (Einbrennen *n*)	surchauffe *f*
bus	Sammelschiene *f* (SS)	barre *f* collectif
	Vielfach *n*	bus *m*
		multiple *m*
bus access	Sammelschienenzugang *m* (SSZ)	accès *m* au bus *m*

bus clock distribution	Taktverteilung *f* Sammelschiene *f* (TVS)	distribution *f* d'horloge *f* du bus *m*
bus coupler	Buskoppler *m*	coupleur *m* de bus *m*
bus system clock	Taktsystem *n* Sammelschiene *f* (TSS)	système *m* d'horloge *f* du bus *m*
busbar	Sammelschiene *f* (SS)	barre *f* collectif bus *m*
busy	besetzt	occupé
busy condition	Belegtzustand *m*	état *m* d'occupation *f*
busy counter	Besetztzählgerät *n*	compteur *m* d'occupation *f*
busy hour	Hauptverkehrsstunde *f*	heure *f* chargée heure *f* de pointe *f*
busy indication field	Belegt-Anzeigenfeld *n*	écran *m* de visualisation *f* de l'occupation *f*
busy indicator	Besetztanzeiger *m*	indicateur *m* d'occupation *f*
busy lamp display	Besetztanzeige *f*	signal *m* lumineux d'occupation *f* signal *m* lumineux de prise *f*
busy lamp panel	Besetztlampenfeld *n*	tableau *m* des voyants *m/pl* d'occupation *f*
busy line transfer	Rufweiterleitung *f* bei besetztem Anschluß *m*	transfert *m* en cas *m* d'occupation *f*
busy override	Aufschalten *n*	intervention *f* en ligne *f* priorité avec écoute *f* intrusion *f*
busy signal	Besetztton *m* Besetztzeichen *n*	tonalité *f* d'occupation *f* signal *m* d'occupation *f*
busy test	Besetztprüfung *f*	test *m* d'occupation *f*
busy tone	Besetztton *m* Besetztzeichen *n*	tonalité *f* d'occupation *f* signal *m* d'occupation *f*
button	Knopf *m* (Betätigungs-)	bouton *m*
buzzer	Summer *m*	ronfleur *m*
buzzer (ac)	Schnarre *f*	vibreur *m* ronfleur *m* buzzer *m*
buzzer cut-off	Summerabschaltung *f*	arrêt *m* du ronfleur *m*
by means of	über	via par l'intermédiaire de
byte	Byte *n*	octet *m*

C

cabinet	Schrank *m*	armoire *f*
cabinet housing	Schrankgehäuse *n*	coffret *m*
		armoire *f*
cable channel	Kabelkanal *m*	caniveau *m* des câbles *m/pl*
cable conduit	Kabelkanal *m*	caniveau *m* des câbles *m/pl*
cable distribution head	Trennendverschluß *m*	tête *f* de distribution *f* de câble *m*
cable duct	Kabelkanal *m*	caniveau *m* des câbles *m/pl*
cable form	Kabelbaum *m*	forme *f* de câbles *m/pl*
		peigne *m* de câbles *m/pl*
cable TV system	Kabelfernsehanlage *f*	télévision *f* câblée
cabling	Verkabelung *f*	câblage *m*
calculation	Berechnung *f*	calcul *m*
		facturation *f*
call	Aufruf *m*	recherche *f*
	Ruf *m*	appel *m* de recherche *f*
		appel *m*
		sonnerie *f*
call assignment	Gesprächszuteilung *f*	répartition *f* d'appel *m*
	Weitervermittlung *f*	transfert *m* d'appel *m*
call attempt	Belegungsversuch *m*	tentative *f* de prise *f*
call booking	Gesprächsanmeldung *f*	demande *f* d'appel *m*
call button	Ruftaste *f*	touche *f* d'appel *m*
call charge converter	Gebührenumrechner *m*	convertisseur *m* de taxes *f/pl*
call charge data	Gebührendaten *f*	données *f/pl* de taxation *f*
	Gebühreninformation *f*	
call charge data processing	Gesprächsdatenverarbeitung *f* (GDV)	traitement *m* de la taxation *f*
call charge data recording	Gesprächsdatenerfassung *f*	enregistrement *m* de la taxation *f*
call charge display	Gebührenanzeige *f*	visualisation *f* de la taxation *f*
call charge equipment	Gebührenerfassungs-einrichtung *f*	équipement *m* de taxation *f*
call charge memory	Gebührenspeicher *m*	mémoire *f* de taxation *f*
call charge meter	Gebührenzähler *m*	compteur *m* des taxes *f/pl*
call charge metering	Gebührenzählung *f*	comptage *m* des taxes *f/pl*
call charge metering (extension)	Gebührenzählung *f* (Nebenstelle)	taxation *f* des abonnés *m/pl*
call charge metering system	Anlage *f* zur Gebührenzählung *f*	équipement *m* de taxation *f*
call charge rate	Gebührentarif *m*	tarif *m* de taxation *f*
		tarification *f*
call charge receiving unit	Gebührenempfangskreis *m* (GEK)	circuit *m* récepteur *m* de taxe *f*
call charge recording	Amtsgebührenerfassung *f*	enregistrement *m* de la taxation *f*
	Gebührenaufzeichnung *f*	
	Gebührenerfassung *f*	taxation *f*
call charge registering	Amtsgebührenerfassung *f*	enregistrement *m* de la taxation *f*
call charge registration	Gebührenerfassung *f*	taxation *f*
call charge ticket	Abrechnungszettel *m*	ticket *m* de taxation *f*
call charge translator	Gebührenumsetzer *m*	convertisseur *m* de taxes *f/pl*
call charge unit	Gebühreneinheit *f*	unité *f* de taxe *f*
call charging	Gebührenberechnung *f*	taxation *f*
call condition	Gesprächszustand *m*	état *m* de la communication *f*
call confirmation signal	Anrufbestätigung *f*	signal *m* de confirmation *f* d'appel *m*

call connected signal	Teilnehmermeldung *f*	information *f* d'abonné *m*
call data	Verbindungsdaten *f/pl*	données *f/pl* de connexion *f*
call data notification	Gebührendatenzuschreibung *f*	attribution *f* de la taxation *f*
call distribution	Anrufverteilung *f*	répartition *f* des appels *m/pl*
call distribution system	Anrufverteilsystem *n*	système *m* d'allocation *f* d'appels *m/pl*
call diversion	Anrufumleitung *f*	renvoi *m* d'un poste *m*
	Rufumleitung *f*	renvoi *m* d'appel *m*
		suivez-moi *m*
		renvoi *m*
call duration	Gesprächsdauer *f*	durée *f* de la conversation *f*
		durée *f* de la communication *f*
call establishment	Verbindungsaufbau *m*	établissement *m* d'une
	Verbindungsherstellung *f*	communication *f*
call filtering	Gesprächsfilterung *f*	filtrage *m* d'appel *m*
	(Voranmeldung *f*)	
call forwarding	Anrufweiterschaltung *f*	renvoi *m* fixe temporisé
	Gesprächsweiterleitung *f*	transfert *m* de base *f*
	Rufumleitung *f*	transfert *m* en cas *m* de non-réponse *m*
	Rufweiterschaltung *f*	transfert *m*
		renvoi *m* temporaire
		renvoi *m* d'appel *m*
		suivez-moi *m*
		renvoi *m*
		renvoi *m* automatique
call handling capacity	Leistungsfähigkeit *f*	rendement *m*
		capacité *f*
call hold (Am)	Rückfrage *f*	double appel *m*
		attente *f* pour recherche *f*
call hold (Am)	Rückfragegespräch *n*	rétro-appel *m*
		double appel *m*
		attente *f* pour recherche *f*
call identification	Identifizierung *f* des Anrufers *m*	identification *f* (de l'appelant *m*)
	Ruferkennung *f*	identification *f* d'appel *m*
call identification time	Ruferkennungszeit *f*	temps *m* d'identification *f* d'appel *m*
call identifier	Anruferkenner *m*	identificateur *m* d'appels *m/pl*
call indicator	Rufanzeiger *m*	indicateur *m* d'appel *m*
call limiting counter	Rufbegrenzungszähler *m*	compteur *m* de limitation *f* d'appels *m/pl*
call load sharing	Lastverteilung *f*	répartition *f* de charge *f*
		distribution *f* de charge *f*
call meter	Gesprächszähler *m*	compteur *m* de communication *f*
		compteur *m* d'appels *m/pl*
call metering	Gebührenerfassung *f*	taxation *f*
call monitoring time	Rufüberwachungszeit *f*	temps *m* de surveillance *f* d'appel *m*
call number	Rufnummer *f* (RN)	numéro *m* d'appel *m*
		numéro *m* d'abonné *m*
call number allotter	Rufnummernzuordner *m*	traducteur *m* de numéros *m/pl* d'appel *m*
call number field	Rufnummernfeld *n*	zone *f* de numéro *m* d'abonné *m*
		plan *m* de numérotation *f*
call number memory	Rufnummernspeicher *m*	mémoire *f* de numéros *m/pl*
call number translator	Rufnummernzuordner *m*	traducteur *m* de numéros *m/pl* d'appel *m*

call number transmitter	Rufnummerngeber *m*	émetteur *m* de numéros *m/pl* d'appel *m* abrégés numéroteur *m* automatique
call offering	Aufschalten *n*	intervention *f* en ligne *f* priorité avec écoute *f* intrusion *f*
call parking	Wartekreis *m*	circuit *m* d'attente *f* parcage *m*
call participation device	Mitsprecheinrichtung *f*	équipement *m* de conférence *f*
call pick up	Anrufübernahme *f* Heranholen *n* von Anrufen	interception *f* d'appel *m*
call point	Melder *m*	détecteur *m*
call queuing	Anrufordnung *f*	file *f* d'attente *f* sur poste *m* opérateur *m* (P.O.)
call rate accounting	Gebührenberechnung *f*	taxation *f*
call rate overflow	Rufanzahlüberschreitung *f*	saturation *f*
call receiver	Rufempfänger *m*	récepteur *m* d'appel *m*
call repetition	automatische Rufwiederholung *f*	rappel *m* automatique
call request	Belegungswunsch *m* Gesprächsanmeldung *f* Rufanforderung *f* Verbindungsanforderung *f*	demande *f* de communication *f* demande *f* de prise *f* demande *f* d'appel *m*
call restrictor	Rufnummernsperre *f*	discrimination *f* d'appel *m* discriminateur *m*
call return to attendant	Abwurf *m* auf den Bedienplatz *m* Abwurf zur Abfragestelle *f*	retour *m* d'appel *m* sur opérateur *m* renvoi *m* à l'opérateur *m*
call return to operator	Abwurf *m* auf den Bedienplatz *m*	retour *m* d'appel *m* sur opérateur *m*
call set up	Verbindungsaufbau *m*	établissement *m* d'une communication *f*
call setup with return	Verbindungsaufbau *m* mit Rücksprung *m*	établissement *m* d'une communication *f* avec retour *m*
call sharing	Anrufteilung *f*	distribution *f* d'appels *m/pl*
call signal edge	Anrufflanke *f*	front *m* du signal *m* d'appel *m*
call stopping	Rufabweisung *f*	rejet *m* d'appel *m* arrêt *m* d'appel *m*
call switching	Gesprächsvermittlung *f*	commutation *f* de parole
call system	Rufsystem *n*	système *m* d'appel *m*
call to operator	Bedienaufruf *m* Platzanruf *m*	appel *m* PO appel *m* opératrice *f*
call tracing	rückwärtsverfolgen	suiveur *m* de communications *f/pl*
call transfer	Besuchsschaltung Gesprächsweiterleitung *f* Rufweitergabe *f* Rufweiterleitung *f* Rufweiterschaltung *f* Weitervermittlung *f*	transfert *m* renvoi *m* temporaire transfert *m* de base *f* transfert *m* en cas *m* de non-réponse *m* transfert *m* d'appel *m* renvoi *m* automatique
call transfer code	Umlegekennzeichen *n*	doce *m* de transfert *m* d'apppel *m*
call waiting	Anklopfen *n*	offre *f* en tiers *m* attente *f*
call waiting indication	Anrufanzeige *f*	indication *f* d'appels *m/pl* en attente *f*
call-accepted signal	Rufannahme *f*	acceptation *f* d'appel *m*
call-back	automatischer Rückruf *m*	rappel *m* automatique rétro-appel *m*

callback	Rückruf *m*	rappel *m*
		retour *m* d'appel *m*
called party	gerufener Teilnehmer *m*	abonné demandé
		abonné appelé
		correspondant *m* au
		téléphone *m*
called subscriber	gerufener Teilnehmer *m*	abonné demandé
		abonné appelé
		correspondant *m* au
		téléphone *m*
called-party release	Auslösen *n* durch den	libération *f* de la ligne *f* par
	gerufenen Teilnehmer *m*	l'abonné *m* demandé
called-subscriber release	Rückwärtsauslösung *f*	libération *f* au raccrochage *m*
		du demandeur *m*
caller	Anrufer *m*	appelant *m*
		abonné *m* appelant
call-in	Aufruf *m*	recherche *f*
		appel *m* de recherche *f*
calling lamp	Anruflampe *f*	voyant *m* d'appel *m*
calling extension	rufender Teilnehmer *m*	abonné *m* demandeur *m*
calling party	Absender *m* (eines Rufes *m*)	appelant *m*
	Anrufer *m*	usager *m* appelant *m*
		abonné *m* appelant
calling signal	Anrufsignal *n*	signal *m* d'appel *m*
calling station	rufender Teilnehmer *m*	abonné *m* demandeur *m*
calling subscriber	rufender Teilnehmer *m*	abonné *m* demandeur *m*
calling-party release	Auslösen *n* durch den	libération *f* de la ligne *f* par
	rufenden Teilnehmer *m*	l'abonné *m* demandeur
calls on hold	Wartezustand *m* (im ~)	appel *m* en attente *f*
call-up display	Aufrufanzeige *f*	affichage *m* d'appel *m*
cam contact	Nockenkontakt *m*	contact *m* à came *f*
CAMA = Centralized	zentrale Gebührenerfassung *f*	taxation *f* centralisée
Automatic Message		
Accounting, centralized call		
charge recording (Am)		
camera monitor	Kameramonitor *m*	moniteur *m* de caméra *f*
camera station	Kamerastation *f*	station *f* caméra *f*
camp on busy	Warten *n* auf Freiwerden *n*	attendre la libération *f*
		se mettre en file *f* d'attente *f*
camp on individual (Am)	Warten *n* auf Freiwerden *n*	attendre la libération *f*
		se mettre en file *f* d'attente *f*
camp-on	Zuteilung *f* auf besetzte	file *f* d'attente *f* sur abonné *m*
	Nebenstelle *f*	occupé
camp-on position	Wartestellung *f*	mise *f* en attente *f*
camp-on status	Wartestellung *f*	mise *f* en attente *f*
cancel	auflösen	annuler
	löschen (Speicher *m*)	effacer (mémoire *f*)
	streichen, tilgen	rayer
cancel key	Trenntaste *f*	touche *f* de coupure *f*
canceled	gelöscht	effacé
		annulé
capacitor	Kondensator *m*	condensateur *m*
capacity	Ausbau *m*	capacité *f*
		type *m*
capacity (battery)	Kapazität *f* (Batterie *f*)	capacité *f* (batterie *f*)
capacity to earth	Erdkapazität *f*	capacité *f* par rapport *m* à la
		terre *f*
capstan	Antriebsrolle *f*	cabestan *m*
car telephone	Autotelefon *n*	téléphone-radio *m*
		autotéléphone *m*

carbon microphone	Kohlemikrofon *n*	microphone *m* au carbone *m*
		microphone *m* à grenaille *f* de carbone *m*
card-operated telephone	Chipkartentelefon *n*	poste *m* téléphonique à carte *f*
	Kartentelefon *n*	
carrier for ...	Nachrichtenträger *m*	porteur *m* d'information *f*
carrier frequency (CF) line	TF-Leitung *f* (Trägerfrequenz-)	ligne *f* à fréquence *f* porteuse
carry out	durchführen	exécuter
		conduire
		faire
		effectuer
carry-through button	Durchsetztaste *f*	bouton *m* de transfert *m*
case	Gehäuse *n*	bôitier *m*
		coffret *m*
casing	Gehäuse *n*	bôitier *m*
		coffret *m*
cassette deck	Cassettendeck *n*	pochette *f* de cassette *f*
catch	einrasten	enficher
cause of malfunction	Störungsursache *f*	cause *f* de la perturbation *f*
caution	Achtung *f*	attention *f*
		précaution *f*
caution	Vorsicht *f*	précaution *f*
		attention *f*
CAUTION (damage to equipment)	Warnung *f* (auf Geräten *n/pl*)	ATTENTION *f*
		MISE EN GARDE *f*
CB (circuit board)	LP (Leiterplatte)	CI (circuit *m* imprimé)
cell	Zelle *f* (Element *n*)	cellule *f*
cellular radio telephone network	zellulares Funktelefonnetz *n*	réseau *m* de radio-téléphone *m* cellulaire
center	Durchgangsamt *n*	central *m* de transit *m*
central association of the German electrical and electronics industry	Zentralverband *m* Elektrotechnik- und Elektronikindustrie (ZVEI)	association *f* centrale de l'industrie *f* de l'équipement *m* électrique
central battery (CB)	Zentralbatterie *f* (ZB)	batterie *f* centrale
central clock	zentraler Taktgeber *m*	horloge *f* maître *f*
central clock distribution	Taktverteilung *f* Zentral (TVZ)	distribution *f* d'horloge *f* centrale
central code converter	zentraler Codewandler *m*	traducteur *m* de code *m* central
central control	Zentralsteuerung *f*	commande *f* centrale
	zentrale Steuerung *f*	
central exchange	Zentralamt *n*	central *m* principal
		centre *m* principal
central monitoring	zentrale Überwachung *f*	surveillance *f* centrale
central monitoring channel unit	Zentralüberwachungs-kanalwerk *n*	unité *f* de canaux *m/pl* de supervision *f*
central monitoring clocks	Zentralüberwachungstakte *m/pl*	horloge *f* de supervision *f*
central monitoring control	Zentralüberwachungs-steuerung *f*	gestion *f* de la supervision *f*
central monitoring device switching	Zentralüberwachungs-geräteumschaltung *f*	basculement *m* des équipements *m/pl* de supervision *f*
central monitoring fault	Zentralüberwachungsfehler *m*	défaut *m* de supervision *f*
central monitoring line section	Zentralüberwachungs-leitungsteil *m*	ligne *f* de supervision *f*
central monitoring multiple	Zentralüberwachungs-gemeinsam *n*	commun *m* de supervision *f*
central monitoring periphery	Zentralüberwachungs-peripherie *f*	périphérique *m* de supervision *f*
central monitoring register	Zentralüberwachungsregister *n*	registre *m* de supervision *f*
central office	Zentralamt *n*	central *m* principal
		centre *m* principal

central office (Am)	Amt *n*	central *m* public
	Vermittlungsstelle *f*	central *m* téléphonique
central path preselection	zentrale Wegevoreinstellung *f*	pré-routage *m* central
central processing unit (CPU)	Zentraleinheit *f*, CPU *f*	UC, unité *f* centrale
central route preselection	zentrale Wegevoreinstellung *f*	pré-routage *m* central
central section	Zentralteil *n*	partie *f* centrale
central supervision	zentrale Überwachung *f*	surveillance *f* centrale
centralized call charge recording	zentrale Gebührenerfassung *f*	taxation *f* centralisée
centralized data processing	zentrale Datenverarbeitung *f*	traitement *m* des données *f/pl* centralisé
centrallized multipoint facility	Mehrpunktbetrieb *m*, zentralgesteuerter ~	fonctionnement *m* multi-point à commande *f* centrale
CEPT = Conference of European Postal and Telecommunication Administrations	Europäische Konferenz *f* für das Post- und Fernmeldewesen *n*	Conférence *f* Européenne des Administrations *f/pl* des Postes et des Télécommunications *f/pl*
ceramic	Keramik *f*	céramique *f*
ceramic multiple layer capacitor	Keramik-Vielschicht-Kondensator *m*	condensateur *m* céramique multicouche
ceramic substrate	Keramiksubstrat *n*	couche *f* céramique *f*
ceramic tubular capacitor	Keramik-Rohr-Kondensator *m*	condensateur *m* céramique tubulaire
certificate	Zeugnis *n*	certificat *m*
CF = Carrier Frequency (line)	Trägerfrequenz(-Leitung) *f* (TF)	ligne *f* à fréquence *f* porteuse
chain call	Kettengespräch *n* (-e *n/pl*)	chaînage *m* d'appels *m/pl*
change	Änderung *f*	modification *f*
	Wechsel *m*	change *m*
change over	umschalten	commuter
		basculer
channel	Übertragungsweg *m*	canal *m* de transmission *f*
	Kanal *m*	voie *f*
	Sprechweg *m*	canal *m*
		voie *f* de transmission *f*
		voie *f* de conversation *f*
		voie *f* de communication *f*
		canal *m* téléphonique
channel associated signaling	assoziierte Kanalzeichengabe *f*	signalisation *f* voie *f* par voie *f*
	kanalgebundene Signalisierung *f*	
channel converter	Kanalumsetzer *m*	convertisseur *m* de canaux *m/pl*
channel filter	Kanalfilter *m*	filtre *m* de canal *m*
channel processing equipment	Kanalaufbereitung *f*	traitement *m* de canal *m*
character	Zeichen *n*	caractère *m*
		signal *m*
		signe *m*
		symbole *m*
character pulse	Zeichentakt *m*	impulsion *f* de caractère *m*
character rate	Zeichengeschwindigkeit *f*	vitesse *f* de frappe *f*
character string	Zeichenfolge *f*	série *f* de signaux *m/pl*
characteristic impedance	Kennwiderstand *m*	impédance *f* cractéristique
		impédance *f* image *f*
characteristic wave impedance	Wellenwiderstand *m*	impédance *f* charactéristique
charge	Gebühr *f*	redevance *f*
	Last *f*	taxe *f*
		tarif *m*
		charge *f*
charge per-call basis	Einzelabrechnung (Gebühr) *f*	facturation *f* détaillée
		facturation *f* détaillée par communication *f*

155

chargeable	gebührenpflichtig	soumis à la taxe *f*
		taxable
chargeable call time	gebührenpflichtige	durée *f* taxable d'une
	Verbindungsdauer *f*	communication *f*
		durée *f* taxable d'un appel *m*
chargeable time	Verbindungsdauer *f*,	durée *f* de communication *f*
	gebührenpflichtige	taxable
	gebührenpflichtige Zeit *f*	durée *f* taxable
charging information	Gebührendaten *f*	données *f/pl* de taxation *f*
charging time	Aufladezeit *f*	temps *m* de charge *f*
chatter suppression	Entprellung *f*	anti-rebonds *m*
cheap-rate period	gebührengünstig	tarif *m* heures *f/pl* creuses
check	überprüfen	vérifier
	Kontrolle *f*	contrôler
	prüfen	contrôle *f*
		vérification *f*
		tester
check bit	Kontrollbit *n*	bit *m* de contrôle *m*
check bit	Merkbit *n*	bit *m* de test *m*
		bit *m* de repère *m*
checked	geprüft	vérifié
		testé
		contrôlé
cheesehead screw	Zylinderschraube *f*	vis *f* à tête *f* cylindrique
chief/secretary extensions	Chefanlagen *f/pl*	postes *m/pl* patron *m*/secretaire *f*
chip	Chip *m*	puce *f*
chipcard	Chipkarte *f*	carte *f* à mémoire *f*
choke	Drossel *f*	bobine *f*
		self *f*
circuit	Leitung *f* (Schaltkreis *m*)	circuit *m*
	Organ *n*	dispositif *m*
		équipement *m*
		organe *m*
circuit addendum	Schaltungsnachtrag *m*	mise *f* à jour *m* schéma *m*
circuit block	Schaltungsblock *m*	bloc *m* circuit *m*
circuit breaker	Fernmeldeschutzschalter *m*	coupe-circuit *m*
circuit diagram	Schaltung *f*	schéma *m* (de circuit *m*)
	Stromlaufplan *m*	
circuit facilites	Leitungseinrichtungen *f/pl*	facultés *f/pl* offertes sur la
		ligne *f*
circuit identification	Leitungskennung *f*	identificateur *m* de ligne *f*
circuit release	Leitungsverstärker *m*	répéteur *m* (de circuit *m*)
circuit switching	Durchschaltetechnik *f*	technique *f* de commutation *f*
CITEL = Committee for Inter-	Interamerikanische	Conférence *f* Interaméricaine
American	Konferenz *f* für das	pour les
Telecommunications	Nachrichtenwesen *n*	Télécommunications *f/pl*
city call	Ortsgespräch *n*	communication *f* locale
city radio-paging service	Stadtfunkrufdienst *m* (SFuRD)	service *m* local de recherche *f*
		de personnes *f/pl* par radio *f*
clamp	Klammer *f*	pine *f*
	Klemme *f*	agrafe *f*
		attache *f*
		borne *f*
		broche *f* terminale
		pince *f*
clamping arrangement	Klemmvorrichtung *f*	dispositif *m* de verrouillage *m*
class of line	Anschlußberechtigung *f*	classe *f* de service *m*
	Anschlußklasse *f*	catégorie *f* de poste *m*
		classe *f* d'abonné *m*

class of service (COS)	Amtsberechtigung *f*	classe *f* de service *m*
	Berechtigung *f*	catégorie *f*
	Berechtigungsklasse *f*	
	Betriebsberechtigung *f*	
	Teilnehmerklasse *f*	
class-of-service code	Berechtigungszeichen *n*	code *m* de classe *f* de service *m*
clear	auflösen	annuler
	freischalten	libérer
	löschen (Speicher *m*)	effacer (mémoire *f*)
clear down (connection)	auslösen (Verbindung *f*)	libérer (une communication *f*)
clear height	Raumhöhe *f*	hauteur *f* de passage *m*
clear memory	Speicher *m* löschen	effacer une mémoire
clear-back signal	Schlußzeichen *n*	signal *m* de libération *f*
cleardown release	vorzeitige	déconnexion *f* prématurée
	Verbindungsauflösung *f*	libération *f* prématurée
cleared	gelöscht	effacé
		annulé
clearing a line	Entsperren einer Leitung *f*	déblocage *m* d'une ligne *f*
clearing button	Ende *n* (-Taste *f*)	libération *f* (bouton *m* de ~)
	Schlußtaste *f*	bouton *m* de fin *f*
clearing key	Schlußtaste *f*	bouton *m* de fin *f*
clearing pulse	Auslöseimpuls *m*	impulsion *f* de libération *f*
clearing release	vorzeitige	déconnexion *f* prématurée
	Verbindungsauflösung *f*	libération *f* prématurée
clearing signal	Einhängezeichen *n*	signal *m* de raccrochage *m*
click absorber	Gehörschutz *m*	anti-choc *m* acoustique
		circuit *m* de protection *f* anti-choc *m* acoustique
click suppression	Knackschutz *m*	suppression *f* de la friture *f*
		limiteur *m* de chocks *m/pl* acoustiques
clicking noise	Knackgeräusche *n/pl*	friture *f*
		clics *m/pl*
clicks	Knackgeräusche *n/pl*	friture *f*
		clics *m/pl*
clip	Klammer *f*	pine *f*
		agrafe *f*
		attache *f*
clock	Takt *m*, Takte *m/pl*	impulsions *f/pl* d'horloge *f*
	Uhr *f*	horloge *f*
clock delay	Taktverzögerung *f*	retard *m* d'horloge *f*
clock generator	Taktgeber *m*	minuterie *f*
		générateur *m* d'impulsions *f/pl* d'horloge *f*
clock generator system	Takterzeugungssystem *n* (TSE)	système *m* de génération *f* des impulsions *f/pl* d'horloge *f* du groupe *m*
clock pulse	Taktsignal *n*	impulsion *f* d'horloge *f*
	Zeittakt *m*	
clock pulse amplifier	Taktverstärker *m*	amplificateur *m* du signal *m* d'horloge *f*
clock pulse frequency	Taktfrequenz *f*	fréquence *f* des impulsions *f/pl* d'horloge *f*
clock pulse processing	Taktaufbereitung *f* (TAB)	traitement *m* d'impulsions *f/pl*
clock pulse rate	Taktfolge *f*	fréquence *f* des impulsions *f/pl* d'horloge *f*
clock pulse supply	Taktversorgung *f*	système *m* d'horloge *f*
clock supply	Taktversorgung *f*	système *m* d'horloge *f*
clock unit	Zeiteinheit *f*	unité *f* de temps *m*
clock-autonomous	taktautonom	avec horloge *f* indépendante
clock-synchronous	taktsynchron	synchrone avec l'horloge *f*

closed extension group	geschlossene Teilnehmergruppe *f*	groupe *m* fermé d'usagers *m/pl* groupement *m* de postes *m/pl*
closed numbering	Numerierung *f*, verdeckte	numérotation *f* fermée
closed numbering schema	verdeckte Rufnummern *f/pl*	plan *m* de numérotation *f* fermé
closed user group	geschlossene Teilnehmergruppe *f*	groupe *m* fermé d'usagers *m/pl* groupement *m* de postes *m/pl*
C-network	C-Netz *n*	réseau *m* C
CO = Central Office (Am), telephone exchange (Brit)	Vermittlung *f* (Anlage *f*) Fernsprechanlage *f* Vermittlungsamt *n*	commutateur *m* (central) installation *f* téléphonique central *m* teléphonique
CO call = city call, exchange call	Amtsgespräch *n*	appel *m* réseau *m*
code	Kennung *f* Kennzahl *f* Kode *m*	code *m* identification *f* indicatif *m*
code check	Codeprüfung *f*	vérification *f* de code *m* test *m* de code *m*
code converter	Codewandler *m*	convertisseur *m* de code *m*
code dialing	Codewahl *f*	numérotation *f* abrégée
code digit	Kennziffer *f*	digit *m*
code error	Codefehler *m*	erreur *f* de code *m*
code number	Schlüsselzahl *f*	clé *f* de codage *m* code *m* chiffré
code restriction (Am)	Sperrwerk *n*	discriminateur *m*
CODEC (coder/decoder/filter)	COFI (Kodierer *m*/Dekodierer *m*/ Filter *n/m*)	COFIDEC
coder	Kodierer *m*	codeur *m*
coding	Kodierer *m*	codeur *m*
coding device	Kodierer *m*	codeur *m*
coding plug	Kodierstecker *m*	douille *f* de codage *m*
coding switch	Kodierschalter *m*	interrupteur *m* de codage *m*
coherer potential	Frittpotential *n*	potentiel *m* cohérent
coil field	Spulenfeld *n* (Magnetfeld *n*)	champ *m* magnétique d'une bobine *f*
coiled cable	bespultes Kabel *n*	câble *m* pupinisé
coin telephone	Münzfernsprecher *m*	taxiphone *m* appareil *m* téléphonique à jetons *m/pl*
coins	Geld *n* (~stücke *n/pl*)	pièces *f/pl* de monnaie *f*
collect call (Am)	R-Gespräch *n*	PCV conversation *f* payable à l'arrivée *f*
collective call button	Sammelruftaste *f*	touche *f* d'appel *m* collectif
collective number	Sammelrufnummer *f*	numéro *m* d'appel *m* collectif
color (Am)	Farbe *f*	couleur *f*
color accuracy	Farbtreue *f*	précision *f* de couleur *f*
color picture tube	Farbbildrohr *n*	tube *f* image *f* en couleurs *f/pl*
color TV camera	Farbkamera *f*	caméra *f* couleur *f*
color TV images	Farbvideosignal *n*	vidéo-signal *m* couleur *f*
color video monitor	Farbfernsehmonitor *m*	moniteur *m* vidéo en couleur *f*
color-quality control monitor	Farbbild-Qualitäts-Kontroll-Empfänger *m*	moniteur *m* de contrôle *m* de qualité *f* de couleur *f*
colour (Brit)	Farbe *f*	couleur *f*
column	Säule *f* Spalte *f*	colonne *f*
combination lock	Zahlenschloß *n*	verrou *m* codé
combination tone	Kombinationston *m*	tonalité *f* composée
combine	zusammensetzen	combiner regrouper
command	Befehl *m*	commande *f* instruction *f*

commissioning	Inbetriebnahme *f*	mise *f* en service *m*
common	gemeinsam	commun
common channel signaling	Zeichengabe *f* mit gemeinsamen Zeichenkanal *m*	signalisation *f* sur voie *f* commune
	Zentralkanal-Zeichengabe *f*	signalisation *f* par canal *m* sémaphore
common control switching	Verbindungsaufbau *m*, nicht schritthaltender	connexion *f* non synchronisée
common earth bar	Sammelerdschiene *f*	barre *f* de terre *f* commune
common equipment	gemeinsame Einrichtung *f*	équipement *m* commun
common night switching	Sammelnachtschaltung *f*	renvoi *m* de nuit *f* collectif
common ringing	Allgemeiner Anruf *m*	signalisation *f* collective des appels *m/pl*
		signalisation *f* collective de réseau *m*
common signaling channel	zentraler Zeichenabgabekanal *m*	canal *m* commun de signalisation *f*
	zentraler Zeichenkanal *m*	canal *m* sémaphore
common wave system	Gleichwellen-System *n*	système *m* à onde *f* commune
common-channel signaling system	Zeichenabgabesystem *n*	canal *m* commun de signalisation *f*
	zentrales Signalisierungsverfahren *n*	méthode *f* de signalisation *f* centrale
	zentrales Zeichenabgabesystem *n*	système *m* de signalisation *f* par voie *f* commune
communication	Übermittlung *f*	communication *f*
	Kommunikation *f*	
communication bus	Sammelleitung *f*	barre *f* omnibus *m*
		bus *m* de communication *f*
communication interface	Kommunikationsschnittstelle *f*	interface *f* de communication *f*
communication line	Sammelleitung *f*	barre *f* omnibus *m*
		bus *m* de communication *f*
communication network	Kommunikationsnetz *n*	réseau *m* de communication *f*
communication system	Kommunikationssystem *n*	système *m* de communications *f/pl*
communication terminals	Endgeräte *n/pl* der Kommunikationstechnik *f*	terminaux *m/pl* de communication *f*
communication workstation	Kommunikationsschreibplatz *m*	poste *m* de travail *m* en communications *f/pl*
communication(s) technology	Kommunikationstechnik *f*	technique *f* de communication *f*
communications	nachrichtentechnisch ...	de la technique *f* de communications *f/pl*
communications network	Nachrichtennetz *n*	réseau *m* de communications *f/pl*
communications satellite	Nachrichtensatellit *m*	satellite *m* de communications *f/pl*
community antenna	Gemeinschaftsantenne *f*	antenne *f* collective
comparison pulse	Vergleichsimpuls *m*	impulsion *f* de référence *f*
compelled signaling	Zwangslaufverfahren *n*, Signalisierung im ~	signalisation *f* par système *m* asservi
compelled signaling system	Zwangslaufverfahren *n*	système *m* asservi
compensating circuit	Ausgleichsschaltung *f*	réseau *m* correcteur *m*
compensating earth	Ausgleichserdung *f*	terre *f* de compensation *f*
compensator	Kompensationsglied *n*	équilibreur *m*
complex terminal balance	komplexes Nachbild *n*	équilibreur *m* complexe
component	Bauelement *n*	composant *m*
	Baustein *m*	pièce *f* détachée
	Bauteil *n*	module *m*
component failure	Bauteilausfall *m*	défault *m* de composant *m*
component layout plan	Aufbauzeichung *f*	schéma *m* de montage *m*
component part	Teil *n*	composant *m*
		pièce *f*

component system	Komponentenanlage *f*	système *m* de composants *m/pl*
components set	Teilesatz *m*	lot *m* de composants *m/pl*
components side	Bauteilseite *f*	côté *m* composants *m/pl*
	Bestückungsseite *f*	
components side No.	Bauteilseiten-Nummer *f*	numéro *m* côté *m*
		composants *m/pl*
compressed	komprimiert	compressé
computer controlled	computergesteuert	géré par ordinateur *m*
computer dialogue	Computerdialog *m*	dialogue *m* avec l'ordinateur *m*
computer network	Rechner-Verbundnetz *n*	réseau *m* d'ordinateurs *m/pl*
		ordinateurs *m/pl* en réseau *m*
computer-aided design (CAD)	computergestützte Entwicklung *f*	déssin *m* assisté par ordinateur *m* (DAO)
computer-aided manufacturing (CAM)	computergestützte Herstellung *f*	fabrication *f* assistée par ordinateur *m* (FAO)
computer-assisted	rechnergestützt	assisté par ordinateur *m*
computer-controlled	rechnergesteuert	piloté par ordinateur *m*
computer-controlled switching system	rechnergesteuertes Vermittlungssystem *n*	autocommutateur *m* géré par calculateur *m*
computer-controlled test station	rechnergesteuerter Prüfplatz *m*	banc *m* de test *m* piloté par ordinateur *m*
computerized	rechnergestützt	assisté par ordinateur *m*
concentrated answering	konzentrierte Abfrage *f*	réponse *f* concentrée
concentrated call facility	Anrufkonzentration *f*	concentration *f* d'appels *m/pl*
concentrated line connection	konzentrierte Leitungsanschaltung *f*	raccordement *m* concentré de lignes *f/pl*
concentrator	Konzentrator *m*	concentrateur *m*
condition	Zustand *m*	état *m*
		condition *f*
conduct	durchführen	exécuter
		conduire
		faire
		effectuer
conduct broker's calls	makeln	double appel *m* courtier *m*
conducting path	Leiterbahn *f*	conducteur *m* imprimé
		voie *f* conductrice
		piste *f*
conductivity	Leitfähigkeit *f*	conductivité *f*
conductor	Leiter *m*	conducteur *m*
conductor track	Leiterbahn *f*	conducteur *m* imprimé
		voie *f* conductrice
		piste *f*
conductor track cut	Leiterbahntrennung *f*	séparation *f* entre pistes *f/pl*
conductor track separation	Leiterbahntrennung *f*	séparation *f* entre pistes *f/pl*
conference access status	Konferenzberechtigung *f*	accès *m* à la conférence *f*
conference bus	Konferenzsammelschiene *f*	bus *m* de conférence *f*
conference button	Konferenztaste *f*	touche *f* de conférence *f*
conference call	Konferenzgespräch *n*	conférence *f*
conference circuit	Konferenzschaltung *f*	circuit *m* de conférence *f*
conference connection	Konferenzschaltung *f*	circuit *m* de conférence *f*
conference equipment	Konferenzeinrichtung *f*	équipement *m* de conférence *f*
conference key	Konferenztaste *f*	touche *f* de conférence *f*
conference lamp	Konferenzlampe *f*	voyant *m* de conférence *f*
conferencing	Konferenzschaltung *f*	circuit *m* de conférence *f*
configuration	Anordnung *f*	arrangement *m*
	Bestückung *f*	configuration *f*
		équipement *m*
		implantation *f*
confirmation	Bestätigung *f*	confirmation *f*
congestion	Blockierung *f*	blocage *m*
	gassenbesetzt	encombrement *m*

congestion ... frequency	Frequenzknappheit *f*	saturation *f* de fréquence *f*
congestion tone	Wegebesetztton *m*	tonalité *f* d'encombrement *m* de lignes *f/pl*
		tonalité *f* de surcharge *f* de lignes *f/pl*
conjugate attenuation constant	konjugierte-komplexe Dämpfung *f*	affaiblissement *m* conjugué
conjugate impedance	konjugiert-komplexer Widerstand *m*	impédance *f* conjugée
conjugate phase constant	konjugiert-komplexes Winkelmaß *n*	déphasage *m* conjugué
conjugate transfer constant	konjugiert-komplexes Übertragungsmaß *n*	exposant *m* de transfert *m* sur impédance *f* conjuguée
connect	anschließen	connecter
	verbinden	brancher
		relier
connect button	Anschaltetaste *f*	bouton *m* de connexion *f*
connecting board	Anschlußplatte *f*	carte *f* de raccordement *m*
connecting box	Anschlußkasten *m*	boîtier *m* de raccordement *m*
connecting cable	Anschlußkabel *n*	câble *m* de raccordement *m*
	Verbindungskabel *n*	câble *m* de connexion *f*
connecting circuit	Anschlußorgan *n*	équipment *m* de raccordement *m*
		circuit *m* de raccordement *m*
connecting clamp	Anschlußklemme *f*	bornier *m* de raccordement *m*
connecting cord	Anschlußschnur *f*	cordon *m* de raccordement *m*
		câble *m*
connecting data	Verbindungsdaten *f/pl*	données *f/pl* de connexion *f*
connecting device	Anschlußorgan *n*	équipment *m* de raccordement *m*
		circuit *m* de raccordement *m*
connecting flex	Anschlußschnur *f*	cordon *m* de raccordement *m*
		câble *m*
connecting junction	Verbindungssatz *m*	joncteur *m*
		équipement *m* de connexion *f*
connecting matrix	Sprechwegenetz *n*	matrice *f* de connexion *f*
connecting path	Verbindungsweg *m*	voie *f* de communication *f*
	(Sprechweg *m*)	voie *f* de liaison *f*
connecting piece	Verbindungselement *n*	élément *m* de raccordement *m*
connecting plug	Verbindungsstecker *m*	connecteur *m*
connecting set	Anschaltsatz *m*	apppareil *m* connecté
	Verbindungssatz *m*	appareil *m* branché
		joncteur *m*
		équipement *m* de connexion *f*
connection	Anschluß *m*	connexion *f*
	Verbindung *f*	raccordement *m*
	Verbindungsweg *m*	port *m*
		ligne *f*
		chaîne *f* de connexion *f*
connection (to)	Anschaltung *f* (an)	connexion *f* (avec)
connection attribute	Verbindungsmerkmal *n*	caractéristique *f* de la connexion *f*
		attribut *m* de connexion *f*
connection box	Anschaltekasten *m*	boîte *f* de jonction *f*
connection chip	Zuschaltechip *m*	chip *m* de connexion *f*
connection element	Verbindungselement *n*, -abschnitt *m*	élément *m* de connexion *f*
connection identifier	Verbindungserkennung *f*	identificateur *m* de connexion *f*
connection in series	Hintereinanderschalten *n*	montage *m* en série
connection set up	Verbindungsaufbau *m*	établissement *m* d'une communication *f*

connection set-up time	Aufbauzeit *f* einer Verbindung *f*	temps *m* d'établissement *m* d'une communication *f*
		durée *f* d'établissement *m* d'une communication *f*
connection side	Anschlußseite *f*	côté *m* raccordement *m*
connection status	Verbindungszustand *m*	état *m* de communication *f*
connection type	Verbindungs-, Anschlußart *f*	type *m* de connexion *f*
connector	Stecker *m*	connecteur *m*
	Verbinder *m*	prise *f* mâle
	Verbindungsstecker *m*	joncteur *m*
connector for 3-digit selection	Verbinder *m* für dreistellige Wahl *f*	joncteur *m* pour numérotation *f* à 3 chiffres *m/pl*
consecutive No.	laufende Nummer *f* (Lfd. Nr.)	numéro *m* d'ordre *m*
console request	Bedienaufruf *m*	appel *m* PO
		appel *m* opératrice *f*
construction	Bauweise *f*	système *m* de construction *f*
		exécution *f*
consultation	Rücksprache *f*	consultation *f*
consultation call	Rückfrage *f*	double appel *m*
	Rückfragegespräch *n*	attente *f* pour recherche *f*
		rétro-appel *m*
		attente *f* pour recherche *f*
consultation call coupling unit	Rückfragekoppler *m*	coupleur *m* de rétro-appel *m*
consultation hold	Rückfrage *f*, Halten *n* in Rückfrage *f*	consultation *f*
consultation hold (Am)	makeln	double appel *m* courtier *m*
consumer	Abnehmer *m*	usager *m*
	Verbraucher *m*	utilisateur *m*
		consommateur *m*
consumer electronics	Unterhaltungselektronik *f*	électronique *f* grand public *m*
consumption (current, power)	Aufnahme *f* (Strom-)	consommation *f* (courant *m*)
contact and square designation	Kontakt- u. Feldanzeige *f*	repère *m* de contacts *m/pl* et de colonnes *f/pl*
contact noise (Am)	Kratzgeräusche *n/pl*	bruits *m/pl* de friture *f*
		bruits *m/pl* de contact *m*
contact transition resistance	Kontaktübergangswiderstand *m*	résistance *f* de contact *m*
contamination	Verunreinigung *f*	pollution *f*
content	Inhalt *m*	contenu *m*
contents	Inhalt *m*	contenu *m*
continuity check	Durchgangsprüfung *f*	test *m* de continuité *f*
	Kontinuitätsprüfung *f*	
continuous noise	Dauergeräusch *n*	bruit *m* blanc
continuous signal	Dauerkennzeichen *n*	signal *m* continu
continuous tone	Dauerton *m*	tonalité *f* continue
contractor	Auftragnehmer *m*	fournisseur *m*
		adjudicataire *m*
		titulaire *m*
contrast control	Kontrastverstärkung *f*	contrôle *m* de contraste *m*
control	Kontrolle *f*	contrôle *m*
	Steuerung *f* (ST)	vérification *f*
	regeln	commande *f*
		gestion *f*
		régler
control board	Steuerplatte *f*	platine *f* de commande *f*
control channel	Steuerkanal *m*	canal *m* de commande *f*
control circuit	Regelschaltung *f*	circuit *m* de réglage *m*
control current	Stellstrom *m*	courant *m* correcteur
control element	Bedienungselement *n*	élémemt *m* de commande *f*
control identification	Steuerkennung *f*	identification *f* de commande *f*
control panel	Bedienfeld *n*	panneau *m* de service *f*
		tableau *m* de commande *f*

control relay bar	Steuerrelaisschiene *f*	platine *f* de relais *m* de commande *f*
control set	Steuersatz *m*	élément *m* de contrôle *m*
control unit	Steuereinheit *f*	unité *f* de commande *f*
	Steuerelement *n*	élément *m* de contrôle *m*
control value	Sollwert *m*	valeur *f* de référence *f*
		paramètre *m* de référence *f*
controlled	gesteuert	commandé
		contrôlé
		dirigé
convener (executive set DKC)	Einberufer *m* - Chefapparat *m* DRE	maître *m* de conférence *f* (poste *m* chef *m*)
convenience outfitting	Komfortausstattung *f*	équipement *m* de luxe *m*
convenience telephone	Komfort-Apparat *m*	poste *m* évolué
	Komforttelefon *n*	téléphone *m* évolué
conversation condition	Gesprächszustand *m*	état *m* de la communication *f*
conversation time	Gesprächsdauer *f*	durée *f* de la conversation *f*
		durée *f* de la communication *f*
converter	Umsetzer *m*	convertisseur *m*
	Wandler *m*	
cooler	Kühler *m*	refroidisseur *m*
		radiateur *m*
copper	Kupfer *n*	cuivre *m*
core	Innenkern *m* (Glasfaser *f*)	âme *f* (fibre *f* optique)
core memory	Kernspeicher *m*	mémoire *f* à noyau *m*
		mémoire *f* à ferrite *m*
correction	Korrektur *f*	correction *f*
		rectification *f*
corrective current	Stellstrom *m*	courant *m* correcteur
corrective maintenance	Unterhaltung *f*, instandsetzende	maintenance *f* corrective
COS = class of service	Amtsberechtigung *f*	classe *f* de service *m*
COS changeover	Berechtigungsumschaltung *f*	modification *f* de la classe *f* de service *m*
COS display	Amtsberechtigungsanzeige *f*	visualisation *f* de la classe *f* de service *m*
counter	Zähler *m* (Meßgerät- *n*)	compteur *m*
counter chain	Zählkette *f*	châine *f* de comptage *m*
counter pulse	Zähltakt *m*	impulsion *f* de comptage *m*
countercell	Gegenzelle *f*	contre-cellule *f*
countersunk screw	Senkschraube *f*	vis *f* noyée
counting chain	Zählkette *f*	châine *f* de comptage *m*
counting pulse	Zähltakt *m*	impulsion *f* de comptage *m*
counting relay	Zählrelais *n*	relais *m* de comptage *m*
couple	einkoppeln	coupler
coupling block	Koppelblock *m*	bloc *m* de couplage *m*
coupling control	Koppelkontrolle *f*	gestion *f* de couplage *m*
coupling control unit	Koppelsteuerwerk *n*	unité *f* de commande *f* du réseau *m* de connexion *f*
coupling loss	Koppelverlust *m*	perte *f* de couplage *m*
coupling network	Koppelnetz *n*	réseau *m* de connexion *f*
coupling unit	Koppler *m*, Koppeleinheit *f*	coupleur *m*
cover	übergreifen	couvrir
	Deckel *m*	couvercle *m*
		couverture *f*
		capot *m*
cover plate	Abdeckblech *n*	tôle *f* de protection *f*
	Deckplatte *f*	couvercle *m* de protection *f*
		plaque *f* de couverture *f*
		couvercle *m*
cover sheet	Deckblatt *n*	page *f* de garde *f*

cover(ing)	Abdeckung *f*	couverture *f*
		couvercle *m*
coverage (of network)	Dichte (Netz) *f*	densité *f* (du réseau *m*)
coverage area	Abdeckungsbereich *m*	zone *f* de recouvrement *m*
CPU = central processing unit	Zentraleinheit *f*, CPU *f*	UC, unité *f* centrale
cradle switch	Gabelumschalter *m*	contacts *m/pl* du crochet *m*
		commutateur *m*
creased	gesickt	serti
crimp	crimpen	sertir
		emboutir
crimped	gesickt	serti
crimping tool	Crimpwerkzeug *n*	outil *m* de sertissage *m*
criterion	Kriterium *n*	critère *m*
		critérium *m*
cross	übergreifen	couvrir
cross section (cable)	Querschnitt *m* (Kabel *n*)	diamètre *m* (câble *m*)
		section *f* (câble *m*)
crossbar switch	Koordinatenwähler *m*	commutateur *m* crossbar
crosspoint	Koppelpunkt *m*	point *m* de connexion *f*
crosspoint setting	Koppelpunkteinstellung *f*	établissement *m* du point *m* de
		connexion *f*
crosstalk	Nebensprechen *n*	diaphonie *f*
cross-talk attenuation	Übersprechdämpfung *f*	affaiblissement *m* de
	Nebensprechdämpfung *f*	diaphonie *f*
		affaiblissement *m* diaphonique
crosstalk coupling	Nebensprechkopplung *f*	capacité *f* de couplage *m*
CRT display	Datensichtgerät *n*	appareil *m* console *m* de
		visualisation *f* des données *f/pl*
		afficheur *m*
CTD = Center for	Zentrum *n* zur Förderung *f*	Centre pour le Dévelopment
Telecommunication	des Fernmeldewesens in	de Télécommunication *f*
Development	Entwicklungsländern *n/pl*	
currend	laufend	courant
current control	Strombegrenzung *f*	limitation *f* du courant *m*
current distribution	Stromverteilung *f*	distribution *f* de courant *m*
current limiting	Strombegrenzung *f*	limitation *f* du courant *m*
current loop	Stromschnittstelle *f*	interface *f* de courant *m*
curve shape	Kurvenverlauf *m*	allure *f* de la courbe *f*
custom intercom	Teamfunktion *f*	fonction *f*
		d'intercommunication *f*
customer	Abnehmer *m*	usager *m*
	Kunde *m*	client *m*
customer address	Abnehmeradresse *f*	adresse *f* de l'usager *m*
customer billing information	Gebührenmeldung *f*	message *m* de taxation *f*
customer bundle	Abnehmerbündel *n*	faisceau *m* d'usagers *m/pl*
customer-specific	kundenspezifisch	relatif aux données *f/pl* client *m*
cut off	abgeschaltet	déconnecté
	trennen	déconnecter
	unterbrochen	couper
		séparer
		coupé
cut over	Einschaltung *f*	mise *f* sous tension *f*
cut-in	aufschalten	intrusion *f*
	eintreten	entrer
		intervention *f* en ligne *f*
cut-in on exchange line	Amtsaufschaltung *f*	routage *m* de la connexion *f*
cut-in prevention	Aufschaltesperre *f*	blocage d'entrée *f* en tiers *m*
cut-in set	Aufschaltsatz *m*	appareil *m* d'entrée *f* en tiers *m*
cut-in tone	Aufschalteton *m*	tonalité *f* d'entrée *f* en tiers *m*

cut-in, break-in	Aufschalten *n*	intervention *f* en ligne *f*
		priorité avec écoute *f*
		intrusion *f*
cut-off frequency	Eckfrequenz *f*	fréquence *f* limite *f*
cut-off key	Trenntaste *f*	touche *f* de coupure *f*
cut-over	Einschaltung *f*	mise *f* sous tension *f*
		démarrage *m*
cycle	Zyklus *m*	cycle *m*
cyclic storage	Umlaufspeicher *m*	sauvegarde *f* cyclique
cylindrical plug	Walzenstecker *m*	fiche *f* cylindrique
		connecteur *m* cylindrique
		douille *f* cylindrique

D

D channel (ISDN)	D-Kanal *m* (Steuerkanal ISDN)	canal *m* D (RNIS)
D-A conversion	D/A-Umsetzung *f* (Digital-Analog-Umsetzung)	conversion *f* numérique-analogique
danger alarm system	Gefahrenmeldeanlage *f*	système *m* d'alarme *f*
data acquisition (EDP)	Datenerfassung *f* (EDV)	saisie *f* de données *f/pl*
data acquisition system	Datenerfassungssystem *n*	système *m* d'acquisition *f* de données *f/pl*
data acquisition unit	Datenerfassungsgerät *n*	unité *f* d'acquisition *f* de données *f/pl*
data address	Datenadresse *f*	adresse *f* des données *f/pl*
data block	Datenblock *m*	paquet *m* de données *f/pl*
data channel	Datenkanal *m*	canal *m* de données *f/pl*
data collection	Datenerfassung *f* (EDV)	saisie *f* de données *f/pl*
data communication	Datenkommunikation *f*	communication *f* de données *f/pl*
data converter	Datenwandler *m*	convertisseur *m* de données *f/pl*
data display equipment	Datenanzeigeeinrichtung *f*	console *f* de visualisation *f* de données *f/pl*
data engineering	Datentechnik *f*	technique *f* de l'informatique *f*
data entry	Dateneingabe *f*	entrée *f* de données *f/pl*
data exchange	Datenaustausch *m*	échange *m* de données *f/pl*
data feedback	Datenrückkopplung *f*	asservissement *m* de données *f/pl*
data file (EDP)	Datei *f* (EDV)	fichier *m* de données *f/pl*
data input	Dateneingabe *f*	entrée *f* de données *f/pl*
data interface	Datenschnittstelle *f*	interface *f* de données *f/pl*
data line	Datenleitung *f*	ligne *f* de transmission *f* de données *f/pl*
		ligne *f* de données *f/pl*
data loader	Datenladegerät (LG) *n*	moyen *m* de chargement *m* de données *f/pl*
data multiple	Datenvielfach *n*	multiplex *m* de données *f/pl*
data network	Datennetz *n*	réseau *m* de données *f/pl*
data network terminating equipment	Datennetzabschlußeinrichtung (DNAE) *f*	terminal *m* de réseau *m* de données *f/pl*
data preparation	Datenaufbereitung *f*	préparation *f* des données *f/pl*
	Datenvorbereitung *f*	préparation *f* des données *f/pl*
data privacy	Datenschutz *m*	protection *f* de données *f/pl*
	Schutz *m* von Datenverbindungen *f/pl* gegen Aufschalten *n*	protection *f* des lignes *f/pl* de données *f/pl* contre l'intrusion *f*
data processing	Datenverarbeitung *f*	traitement *m* de données *f/pl*
data protection	Datenschutz *m*	protection *f* de données *f/pl*
	Datensicherung *f*	sauvegarde *f* de données *f/pl*
data radio	Datenfunk *m*	données *f/pl* radio *f*
data rate	Datenrate *f*	flux *m* de données *f/pl*
data reader	Datenleser *m*	lecteur *m* de données *f/pl*
data recording	Datenerfassung *f* (EDV)	saisie *f* de données *f/pl*
data recording equipment	Datenregistriereinrichtung *f*	équipement *m* d'enregistrement *m* de données *f/pl*
data restriction	Schutz *m* von Datenverbindungen *f/pl* gegen Aufschalten *n*	protection *f* des lignes *f/pl* de données *f/pl* contre l'intrusion *f*
data security	Datensicherheit *f*	sécurité *f* de données *f/pl*
data sheet	Datenblatt *n*, technisches	fiche *f* technique
	Datenblatt *n*	fiche *f* de caractéristiques *f/pl*

data signaling rate	Übertragungsgeschwindigkeit *f*	vitesse *f* de transmission *f*
		débit *m* de transmission *f*
data source	Datenquelle *f*	source *f* de données *f/pl*
data station	Datenstelle *f*	terminal *m* de données *f/pl*
data stock (EDP)	Datenbestand *m* (EDV)	base *f* de données *f/pl*
data support	Datenträger *m*	support *m* de données *f/pl*
data system	Datensystem *n*	système *m* de données *f/pl*
data terminal	Datenendeinrichtung *f*	terminal *m* de transmission *f* de
	Datenterminal *m*	données *f/pl*
		terminal *m* de données *f/pl*
data transmission	Datenübertragung *f*	transmission *f* de données *f/pl*
data transmitter	Datengeber *m*	émetteur *m* de données *f/pl*
data validation	Datenprüfung *f*	scrutation *f* de données *f/pl*
		contrôle *m* de données *f/pl*
database	Datenbestand *m* (EDV)	base *f* de données *f/pl*
data-processing system	Datensystem *n*	système *m* de données *f/pl*
	Datenverarbeitungsanlage *f*	installation *f* de traitement *m* de
		données *f/pl*
date	Datum *n*	date *f*
day	Tag *m*	jour *m*
day/night change-over of tariff rates	Tag/Nacht-Umschaltung *f* der Gebühren *f/pl*	commutation *f* du tarif *m* jour *m*/nuit *f*
DC = direct current	Gleichstrom *m*	courant *m* continu
DC forward resistance (semiconductor)	Gleichstrom-Durchlaßwiderstand *m* (Halbleiter *m*)	résistance *f* passante (semiconducteur)
DC push-button dialing	Gleichstrom-Tastwahl *f*	sélection *f* par clavier *m* pour courant *m* continu
DC signaling	Gleichstromsignalisierung *f*	signalisation *f* en courant *m* continu
DC voltage converter	Gleichspannungswandler *m*	convertisseur *m* continu-continu convertisseur *m* à courant *m* continu
DC voltage module	Gleichspannungsmodul *n*	alimentation courant *m* continu
DC voltage transformer	Gleichspannungswandler *m*	convertisseur *m* continu-continu convertisseur *m* à courant *m* continu
dc/ac converter	Wechselrichter *m*	onduleur *m*
DC-isolated communication line	abgeriegelte Fernmeldeleitung *f*	ligne *f* de communication *f* imperméable au CC (courant *m* continu)
DDD = direct distance dialing	Selbstwählfernverkehr *m*	trafic *m* interurbain automatique *f*, prise *f* directe pour l'interurbain *m*
dead	spannungslos	sans tension *f*
deattenuation	Entdämpfung *f*	compensation *f* de l'amortissement *m* régénération *f*
debugger	Fehlersuchprogramm *n*	programme *m* de recherche *f* d'erreurs *f/pl*
debugging (software)	Fehlersuche *f* (Software)	dépannage *m* (logiciel)
decay time	Abklingzeit *f* (Signal *n*)	durée *f* de retour *m* au zéro *m* temps *m* d'amortissement *m*
decay time (pulse)	Abfallzeit *f* (Impuls)	temps *m* de mise *f* à zéro *m* (impulsion *f*)
decentralized	dezentral	décentralisé
decoder light pen	Lesestift *m*	lecteur *m* de code *m* barre *f*
decoupling capacitor	Entkopplungskondensator *m*	condensateur *m* de découplage *m*
decoupling circuit	Entkopplungsschaltung *f*	circuit *m* de découplage *m*

dedicated (leased or private) line	Standleitung *f*	ligne *f* spécialisée
dedicated circuit	festgeschaltete Verbindung *f*	circuit *m* point-à-point
		circuit *m* permanent
		connexion *f* non commutée
dedicated line	Standverbindung *f*	liaison *f* fixe
	festgeschaltete Leitung *f*	ligne *f* spécialisée
		ligne *f* louée
deducible directory number	Rufnummer *f*, Prinzip *n* der konstruierbaren ~	numéro *m* complet obtenu par construction *f*
defect	Fehler *m*	défaut *m*
		erreur *f*
define (criteria)	festlegen (Kriterien)	définir (critères)
		déterminer
deflection (meter)	Ausschlag *m* (Anzeige *f*)	déviation *f*
		excursion *f* (instrument *m*)
degradation (Brit)	Alterung *f*	vieillissement *m*
degree of RFI	Funkstörgrad *m*	niveau *m* de parasites *m/pl*
delay circuit	Verzögerungsschaltung *f*	circuit *m* de temporisation *f*
		circuit *m* retardateur
delay equalization	Laufzeitausgleich *m*	compensation *f* du temps *m* de propagation *f*
delay system	Wartesystem *n*	système *m* à attente *f*
delayed	verzögert	temporisé
		retardé
delayed call	Vormerkgespräch *n*	appel *m* avec attente *f*
delayed call transfer	Rufweiterleitung *f* nach Zeit *f*	renvoi *m* temporisé
delayed call transfer extension	Nebenstelle *f* zur Rufweiterleitung *f*	poste *m* destinataire *m* des appels *m/pl* transférés
delayed release	Abfallverzögerung *f*	retard *m* au déclenchement *m*
		retombée *f* temporisée
delete	löschen (Speicher *m*)	effacer (mémoire *f*)
	streichen, tilgen	rayer
		annuler
deleted	entfällt	supprimé
delimiter	Begrenzer *m*	limiteur *m*
deluxe outfitting	Komfortausstattung *f*	équipement *m* de luxe *m*
deluxe set	Komforttelefon *n*	téléphone *m* évolué
demagnetization	Entmagnetisierung *f*	démagnétisation *f*
demand service	Anforderungsdienst *m*	service de demandes *f/pl*
departmental account meter	Summenzähler *m* für Kostenstelle *f*	compteur *m* de taxes *f/pl* de frais *m/pl*
		totalisateur *m* pour centre *m* de frais *m/pl*
depress	drücken	appuyer
		actionner
depressed (key)	gedrückte (Taste *f*)	appuyée (touche *f*)
depth	Tiefe *f*	profondeur *f*
derivation	Ableitung *f* (Verlust *m*)	dérivation *f*
description	Beschreibung *f*	description *f*
design	Bauweise *f*	système *m* de construction *f*
		exécution *f*
design method	Entwurfsverfahren *n*	méthode *f* de conception *f*
design techniques	Entwurftechnik *f*	technique *f* de conception *f*
designation	Benennung *f*	désignation *f*
	Bezeichnung *f*	nomenclature *f*
designation plate	Bezeichnungsschild *n*	plaque *f* signalétique
designation strip	Bezeichnungsstreifen *m*	étiquette *f* de repérage *m*
desk housing	Tischgehäuse *n*	boîtier *m* de table *f*
desk instrument	Fernsprechtischapparat *m*	poste *m* de bureau *m*
desk set	Fernsprechtischapparat *m*	poste *m* de bureau *m*

desk telephone	Fernsprechtischapparat *m*	poste *m* de bureau *m*
desk-mounted set	Pulteinbau-Sprechstelle *f*	combiné *m* monté sur pupitre *m*
destination	Empfänger *m*	destinataire *m*
		récepteur *m*
destination area	Zielbereich *m*	zone *f* de destination *f*
destination code	Landeskennzahl *f*	indicatif *m* national
destination country code	Landeskennzahl *f*	indicatif *m* national
destination exchange	Zielvermittlungsstelle *f*	central *m* de destination *f*
destination identifier	Empfängererkennung *f*	code *m* de destination *f*
destination key	Zieltaste *f* (Telefon *n*)	touche *f* de numérotation *f* abrégée
destination speed dialing	Zielwahl *f*	numérotation *f* du destinataire *m*
		numérotation *f* automatique complète
		numérotation *f* abrégée
detachable kit	aufsetzbarer Bausatz *m*	module *m* enfichable
detailed bill	Einzelabrechnung (Gebühr) *f*	facturation *f* détaillée
		facturation *f* détaillée par communication *f*
detailed registration of call charges	Einzelgesprächserfassung *f*	enregistrement *m* détaillé de taxes *f/pl*
		facturation *f* détaillée des communications *f/pl*
detect (signal)	auswerten (Daten)	interpréter
		utiliser
		évaluer
detector	Melder *m*	détecteur *m*
	Sensor *m*	
determine	festlegen (Kriterien)	définir (critères)
		déterminer
deviate (frequency)	abweichen (Frequenz *f*)	dévier
deviation	Ablenkung *f*	déviation *f*
	Abweichung *f*	décalage *m* de fréquence *f*
	Frequenzverwerfung *f*	
device	Organ *n*	dispositif *m*
		équipement *m*
		circuit *m*
		organe *m*
device driver	Gerätetreiber *m*	driver *m* d'unité *f*
device interface	Geräteinterface *n* (GI)	interface *f* d'unité *f*
diagram	Diagramm *n*	diagramme *m*
dial	Nummernschalter *m*	cadran *m* décimal
	wählen	numéroter
		composer
		sélectionner
dial a number	anwählen	composer un numéro *m*
		numéroter
dial attempt	Wählversuch *m*	essai *m* de numérotation *f*
dial beginning request	Wahlbeginnzeichen *n*	signal *m* de début *m* de numérotation *f*
dial changeover key	Wahlumschaltetaste *f*	touche *f* de commutation *f* d'appel *m*
dial code restriction facility	Sperreinrichtung *f*	discriminateur *m*
		faculté *f* de discrimination *f*
dial connection	Wählverbindung *f*	liaison *f* commutée
		connexion *f* commutée
dial pulse	Wahlimpuls *m*	impulsion *f* de numérotation *f*
dial pulse meter	Wahlimpulszeitmesser *m*	contrôleur *m* de durée *f* d'impulsions *f/pl* de numérotation *f*

dial receiver	Wahlempfänger *m*	récepteur *m* de numérotation *f*
dial receiver marker	Wahlempfängermarkierer *m*	marqueur *m* de réception *f* de numérotation *f*
dial receiver switching matrix (network)	Wahlempfängerkoppelfeld *n*	matrice *f* de réception *f* de numérotation *f*
dial reception	Wahlaufnahme *f*	réception *f* de la numérotation *f* acceptation *f* de la numérotation *f*
dial selection	Nummernschalterwahl *f*	émission *f* d'impulsions *f/pl* du cadran *m*
dial sender marker	Wahlsendermarkierer *m*	marqueur *m* de transmission *f* de la numérotation *f*
dial sender memory	Wahlsenderspeicher *m*	mémoire *f* de transmission *f* de la numérotation *f*
dial switch	Nummernschalter *m*	cadran *m* décimal
dial tone	Amtszeichen *n* Wählton *m* (WT)	signal *m* de numérotation *f* signal *m* d'invitation *f* à numéroter tonalité *f* d'invitation *f* à numéroter tonalité *f* de numérotation *f*
dial tone detection	Erkennung *f* des Wähltons *m*	détection *f* du signal *m* de numérotation *f*
dial traffic	wahlfähiger Verkehr *m*	trafic *m* avec numérotation *f*
dial transmitter	Wahlgeber *m* Wahlsender *m*	générateur *m* de numérotation *f* transmetteur *m* de numérotation
dialing	Wahl *f*	numérotation *f* numérotage *m*
dialing chip	Wählbaustein *m*	circuit *m* intégré de numérotation *f*
dialing information	Wahlinformation *f*	information *f* de numérotation *f*
dialing request signal	Wahlaufforderungszeichen *n*	signal *m* de numérotation *f*
dialing time	Wähldauer *f*	durée *f* de numérotation *f*
dialing tone	Wählton *m* (WT)	tonalité *f* d'invitation *f* à numéroter tonalité *f* de numérotation *f*
DID = direct inward dialing	Durchwahl *f* (Duwa)	sélection *f* directe à l'arrivée *f* (SDA)
DID circuit	Durchwahlübertragung *f* (DUE)	circuit *m* de sélection *f* directe à l'arrivée *f*
dielectric strength	Spannungsfestigkeit *f*	résistance *f* diélectrique
differential coupler	Differentialkuppler *m*	couple *m* différentiel
differentiate	differenzieren	différentier
digit	Ziffer *f*	digit *m* chiffre *m*
digit emitter	Impulsgeber *m*	générateur *m* d'impulsions *f/pl*
digital	digital	numérique
digital channel	digitaler Übertragungskanal *m*	voie *f* numérique voie *f* de transmission *f* numérique
digital circuit	digitale Leitung *f* (Schaltkreis *m*)	circuit *m* numérique
digital connecting unit	digitale Anschlußeinheit *f* (DAE)	unité *f* de raccordement *m* numérique
digital connection	Digitalverbindung *f*	connexion *f* numérique
digital dialing system	Digital Wählsystem *n*	système *m* de sélection *f* numérique
digital display	Digitalanzeige *f*	affichage *m* numérique

digital exchange	digitale Vermittlung *f*	commutation *f* numérique
	digitale	commutateur *m* numérique
	Vermittlungseinrichtung *f*	central *m* numérique
	digitale zentrale Einrichtung *f*	
digital line	Digitalanschluß *m*	ligne *f* numérique
digital link	digitaler	liaison *f* numérique
	Übertragungsabschnitt *m*	liaison *f* de transmission *f* numérique
digital network	digitales Netz *n*	réseau *m* numérique
digital road map	digitale Straßenkarte *f*	carte *f* routière numérique
digital signal	Digitalsignal *n*	signal *m* numérique
	digitales Signal *n*	
digital subscriber circuit	digitale Teilnehmerschaltung *f* (TDN)	circuit *m* d'abonné *m* numérique
digital switching	digitale Durchschaltung *f*	commutation *f* numérique
	digitale Vermittlung *f*	commutateur *m* numérique
	digitales Vermitteln *n*	
digital switching node	digitaler Durchschalteknoten *m*	nœud *m* de commutation *f* numérique
	digitaler Vermittlungsknoten *m*	
digital switching system	EWSD	système *m* de commutation *f* numérique
digital system	Digitalsystem *n*	système *m* numérique
digital technology	Digitaltechnik *f*	technique *f* numérique
digital telecommunication circuit	digitale Telekommunikationsleitung *f*	circuit *m* numérique de télécommunications *f/pl*
digital telecopier	digitaler Fernkopierer *m*	télécopieur *m* numérique
digital transmission	digitale Übertragung *f*	transmission *f* numérique
digital transmission channel	digitaler Übertragungskanal *m*	voie *f* numérique
		voie *f* de transmission *f* numérique
digital transmission link	digitale Übertragerverbindung *f* (DUEV)	ligne *f* de transmission *f* numérique
	digitaler Übertragungsabschnitt *m*	liaison *f* de transmission *f* numérique
		liaison *f* numérique
digital transmission link		
digitalization	Digitalisierung *f*	numérisation *f*
digital-to-analog conversion	D/A-Umsetzung *f* (Digital-Analog-Umsetzung)	conversion *f* numérique-analogique
dimension	Abmessung *f*	dimension *f*
		taille *f*
		dimensionnement *m*
dimensional drawing	Maßzeichnung *f*	plan *m* échelonné
dimensioned drawing	Maßzeichnung *f*	plan *m* échelonné
diode	Diode *f*	diode *f*
direct access to external lines	direkte Amtswahl *f*	accès *m* direct aux lignes *f/pl* réseau *m*
direct bundle selection	Richtungsausscheidung *f* für Leitungsbündel *n/pl*	routage *m* de faisceau *m*
direct call	Direktanruf *m*	appel *m* direct
direct circuit group	Direktbündel *n*	faisceau *m* de premier choix *m*
direct dial-in (DDI)	Hereinwahl *f*	sélection *f* directe
direct dialing	Selbstwahl *f*	sélection *f* directe
		prise *f* directe
		appel *m* automatique
direct distance dialing (DDD)	Selbstwählfernverkehr *m*	trafic *m* interurbain automatique *f*
		prise *f* directe pour l'interurbain *m*
direct extension-extension dialing	direkter Wahlverkehr *m* zwischen Teilnehmern *m/pl*	appel *m* direct d'abonné *m* à abonné *m*

direct individual access	Einzelruf *m*	accès *m* direct individuel
direct inward dialing (DID)	Durchwahl *f* (DUWA)	sélection *f* directe à l'arrivée *f*
	Nebenstellendurchwahl *f*	(SDA)
direct line	Direktruf *m*	appel *m* au décroché *m*
direct outward dialing	amtsberechtigt	autorisation *f* globale réseau *m*
		prise *f* réseau m sans
		discrimination *f*
direct outward dialing (DOD)	Vollamtsberechtigung *f*	prise *f* directe
direct route	Direktweg *m*	acheminement *m* direct
direct station selection	Schnellruf *m*	appel *m* direct
direct trunk bundle	direktes Bündel *n*	faisceau *m* de lignes *f/pl* directes
direct-access call	Direktruf *m*	appel *m* au décroché *m*
direct-access extension	Direktrufteilnehmer *m*	poste *m* d'appel *m* au
		décroché *m*
direct-access facility	Direktrufeinrichtung *f*	faculté *f* d'appel *m* au
		décroché *m*
direct-control system	System *n*, direkt gesteuert	système *m* à commande *f*
		directe
		système *m* à contrôle *m* direct
direct-dialing traffic	Direktwahlverkehr *m*	trafic *m* d'appel *m* au
		décroché *m*
direction	Richtung *f*	direction *f*
		sens *m*
direction discrimination	Richtungsausscheidung *f*	sélection *f* de route *f*
		routage *m*
direction selection	Richtungsausscheidung *f*	sélection *f* de route *f*
		routage *m*
directional antenna	Richtantenne *f*	antenne *f* directionnelle
directional coupling field	Richtungskoppelfeld *n*	matrice *f* de routage *m*
directional coupling group	Richtungskoppelgruppe *f*	groupe *m* de connexions *f/pl* de
		direction *f*
directional coupling network	Richtungskoppelnetz *n*	réseau *m* de connexion *f* de
		direction *f*
directional marker	Richtungsmarkierer *m*	marqueur *m* de direction *f*
directional matrix field	Richtungskoppelfeld *n*	matrice *f* de routage *m*
director	Umwerter *m*	traducteur *m*
		translateur *m*
directory information service	Rufnummernauskunft *f*	service *m* de
		renseignements *m/pl*
		téléphoniques
directory inquiries (service)	Fernsprechauskunft *f*	information *f* téléphonique
disable	sperren	bloquer
		interdire
		discriminer
disassemble	zerlegen	séparer
discharge (circuit)	Entladung *f* (Stromkreis *m*)	décharge *f*
disconnect	abschalten	débrancher
	auftrennen	couper le circuit
	trennen	déconnecter
		couper
		séparer
disconnect (connection)	auslösen (Verbindung *f*)	libérer (une communication *f*)
disconnect button	Trenntaste *f*	touche *f* de coupure *f*
disconnect signal	Schlußzeichen *n*	signal *m* de libération *f*
disconnected	abgeschaltet	déconnecté
disconnection	Abschaltung *f*	déconnection *f*
discrete sampling pulse	Einzelabtastimpuls *m*	impulsion *f* d'échantillonnage *m*
		unique
discretely-timed signal	diskret-getaktetes Signal *n*	signal *m* (temporel) discret
discrimination chain	Ausscheidungskette *f*	chaîne *f* de discrimination *f*
		chaîne *f* de sélection *f*

discriminator	Rufnummernsperre *f*	discrimination *f* d'appel *m*
	Sperreinrichtung *f*	discriminateur *m*
	Sperrwerk *n*	faculté *f* de discrimination *f*
disengage	befreien	libérer
disengaged	befreit	libéré
	frei	libre
disk drive	Laufwerk *n*	pilote *m*
		driver *m*
disk drive (EDP)	Plattenlaufwerk *n* (EDV)	unité *f* de disques *m/pl*
disk storage (EDP)	Plattenspeicher *m* (EDV)	disque *m* mémoire *f*
diskette	Diskette *f*	disquette *f*
dismountable	abnehmbar	séparable
		démontable
displace	verdrängen	repousser
		déplacer
display	Anzeige *f*	affichage *m*
display and control system	Anzeige- und Bediensystem *n*	système *m* de contrôle *m* et affichage *m*
display area	Anzeigefeld *n* (Telefon *n*)	zone *f* d'affichage *m*
display block	Anzeigenblock *m*	bloc *m* d'affichage *m*
		afficheur *m*
display device	Anzeigegerät *n*	unité de visualisation *f*
display device (VDU)	Sichtgerät *n*	appareil *m* de visualisation *f*
display distribution	Anzeigeverteilung *f*	répartition *f* d'affichage *m*
display equipment	Anzeigeeinrichtung *f*	unité *f* de visualisation *f*
display of line status	Amtsleitungs-Zustandsanzeige *f*	indication *f* d'état *m* pour la ligne *f* réseau *m*
display off	Anzeige *f* aus	affichage *m* éteint
display on	Anzeige *f* ein	affichage *m* allumé
display panel	Anzeigefeld *n*	écran *m*
	Anzeigetafel *f*	tableau *m* d'affichage *m*
display section	Anzeigeteil *m*	zone *f* d'affichage *m*
display system	Anzeigesystem *n*	système *m* d'affichage *m*
display unit	Anzeigegerät *n*	unité de visualisation *f*
	Anzeigeteil *m*	zone *f* d'affichage *m*
	Sichtgerät *n*	appareil *m* de visualisation *f*
disruptive voltage	Durchschlagspannung *f*	tension *f* disruptive
dissipated power	Verlustleistung *f*	puissance *f* dissipée
distance pieces	Distanzrohre *n/pl*	entretoises *f/pl*
distance sensor	Wegsensor *m*	détecteur *m* de voie *f*
distant system	Gegenanlage *f*	système *m* en duplex *m*
distinctive ring	Ruf *m*, unterschiedlicher	sonnerie *f* différenciée
distortion	Verzerrung *f*	distorsion *f*
distributed operating system	verteiltes Betriebssystem *n*	système *m* d'opération *f* partagé
distribution box	Verteilerkasten *m*	boîte *f* de distribution *f*
distributor	Verteiler *m*	répartiteur *m*
distributor system	Verteilsystem *n*	système *m* de distribution *f*
district exchange	Hauptamt *n*	central *m* principal
district exchange traffic	Hauptamtsverkehr *m*	trafic *m* du central *m* principal
district network	Bezirksnetz *n*	réseau *m* régional
D-network	D-Netz *n*	réseau *m* D
DOD = direct outward dialing	Vollamtsberechtigung *f*	prise *f* directe
domestic network	Inlandsnetz *n*	réseau *m* national
domestic trunk call	Inlands-Fernverbindung *f*	communication *f* à longue distance *f* nationale
		appel *m* national
domestic trunk traffic	Inlandsverkehr *m*	trafic *m* interurbain
		trafic *m* national

do-not-disturb facility	Anrufschutz *m* (Leistungsmerkmal *n*)	faculté *f* "ne pas déranger"
	Ruhe *f* vor dem Telefon *n*	fonction *f* "ne pas déranger"
		limitation *f* des appels *m/pl* en arrivée *f*
		interdiction *f* de déranger ne pas déranger
do-not-disturb service	Ruhe *f* vor dem Telefon *n*	interdiction *f* de déranger ne pas déranger
do-not-enter sign	Türtableau *n*	panneau *m* de porte *f*
door handsfree device	Türfreisprecheinrichtung *f*	portier *m* mains-libre
door handsfree unit	Türfreisprecheinrichtung *f*	portier *m* mains-libre
door station	Torstation *f*	portier *m*
dot-matrix printer	Matrix-Drucker *m*	imprimante *f* à matrice *f*
double connection	Doppelverbindung *f*	connexion *f* bidirectionnelle
double echo	Nachhall *m*	réverbération *f*
down time	Ausfallzeitraum *m*	temps *m* d'arrêt *m*
drag roller	Spannrolle *f*	galet *m* tendeur *m*
drill	bohren	percer
drilling	Bohrung *f*	perçage *m* trou *m*
drive	Laufwerk *n*	pilote *m* driver *m*
drive	ansteuern	exciter
drive (relay contact)	aussteuern (Relaiskontakt *m*)	régler au maximum *m*
driver	Treiber *m*	driver *m*
driver and supervisory unit	Treiber- und Überwachungseinheit *f* (TRU)	unité *f* de driver *m* et de contrôle *m*
dropout	Dropout *m*	perte *f* d'information *f*
dropped	entfällt (bei Ausbau *m*)	démonté
	entfällt	supprimé
DTMF = dual-tone multifrequency dialing	Mehrfrequenzverfahren *n*	numérotation multifréquence *f*
DTMF receiver	MFV-Empfänger *m*	récepteur *m* MF (Q 23) de signalisation *f* multifréquence
DTMF-system	MFV-Verfahren *n*	procédé *m* de signalisation *f* multifréquence *f* technique *f* MF (multifréquence)
DTMF-transmitter	MFV-Sender *m*	émetteur *m* MF (Q23)
dual-telephone connection	Doppelanschluß *m*	connecteur *m* téléphonique double
dual-tone multifrequency dialing (DTMF)	Mehrfrequenzverfahren *n* (MFV)	numérotation multifréquence *f*
dual-tone multifrequency signaling	Mehrfrequenzsignalisierung *f*	signalisation *f* multifréquence *f*
dual-tone multi-frequency signaling (DTMF)	Multifrequenzverfahren *n* (MFV)	signalisation *f* multifréquence *f*
dummy connection	Blindbelegung *f*	occupation *f* fictive
dummy jack	Blindbuchse *f*	douille *f* entretoise
dummy plug	Blindstopfen *m*	bouchon *m*
dummy traffic	Blindverkehr *m*	trafic *m* fictif
duplex communication	Gegensprechen *n*	téléphonie *f* bidirectionelle téléphonie *f* duplex *m*
duplex operation	Duplexbetrieb *m*	fonctionnement *m* en duplex *m*
	Gegensprechen *n*	téléphonie *f* bidirectionelle téléphonie *f* duplex *m*
duplex transmission	Zweiwegeübertragung *f*	transmission *f* en duplex *m*
duplicated computer control	duplizierte Rechnersteuerung *f*	gestion *f* dupliquée par ordinateur *m*
dust cover	Staubschutzhülle *f*	housse *f*
dynamic memory	dynamischer Speicher *m* (DSP)	mémoire *f* vive dynamique

174

dynamic range Dynamik *f* (der Sprache *f*) dynamique *f*

E

E + M signaling	E + M-Signalisierung *f*	procédure *f* RON et TRON
e.g. = exempli gratia	z.B.	p.e(x). = par exemple
each time	jeweilig	respectif
		chaque fois
earpiece	Hörmuschel *f*	capsule *f* d'écoute
earth	Masse *f*	terre *f*
		masse *f*
earth bar	Erdschiene *f*	barre *f* de masse *f*
earth bus	Erdschiene *f*	barre *f* de masse *f*
earth bus (cable cabinet)	Erdsammelschiene *f* (Kabelschrank *m*)	bus *m* de terre *f*
earth button	Erdtaste *f*	bouton *m* de terre *f*
		touche *f* de mise *f* à la terre *f*
earth button identification	Erdtastenerkennung *f*	identification *f* du bouton *m* de terre *f*
earth capacitance	Erdkapazität *f*	capacité *f* par rapport *m* à la terre *f*
earth free	erdfrei	montage *m* flottant
		non relié à la terre *f*
earth station	Bodenstation *f*	station *f* au sol *m*
	Erdfunkstelle *f*	
earthing (Brit)	Erdung *f*	système *m* de mise *f* à la terre *f*
		mise *f* à la terre *f*
earthing terminal	Erdanschlußklemme *f*	borne *f* de terre *f*
ease of operation	Bedienbarkeit *f*	facilité *f* d'opération *f*
echo	Echo *n*	écho *m*
echo attenuation	Echodämpfung *f*	affaiblissement *m* d'écho *m*
echo-transmission time	Echolaufzeit *f*	temps *m* de propagation *f* de l'écho *m*
edit	editieren	éditer
editing keys	Editiertasten *f/pl*	touches *f/pl* d'édition *f*
edition	Ausgabe *f*	édition *f*
		sortie *f*
EEC (European Economic Community)	EWG (Europäische Wirtschaftsgemeinschaft) *f*	CEE (communauté économique européenne)
effect	durchführen	exécuter
		conduire
		faire
		effectuer
effective	wirksam	efficient
		actif
effective amplification	Wirkverstärkung *f*	gain *m* transductique
effective attenuation	Wirkdämpfung *f*	affaiblissement *m* réel
effective bit rate	Nutzbitrate *f*	flux *m* numérique efficace
		débit *m* efficace
effective circuit diagram	Wirkschaltplan *m*	schéma effectif
efficiency of speech	Sprechwirkungsgrad *m*	rendement *m* acoustique
electric field	Feld *n*, elektrisches ~	champ *m* électrique
electric key sender	Nummerngeber *m*	émetteur *m* de numéros *m/pl*
electrical data	elektrische Daten *n/pl*	caractéristiques *f/pl* électriques
electrolytic capacitor	Elektrolyt-Kondensator *m*	condensateur *m* électrolytique
electro-magnetic compatibility (EMC)	elektro-magnetische Verträglichkeit *f* (EMV)	compatibilité *f* électromagnétique (EMC)
electromotive force (EMF, resistance)	Kraft *f*, elektromotorische ~ (EMK, Widerstand)	force *f* électromotrice (fem)
electronic pulse generator	Impulsgeber *m*	générateur *m* d'impulsions *f/pl*
electronic mail	elektronische Nachrichten *f*	messagerie *f* électronique

electronic telephone directory	Elektronisches Telefonbuch *n* (ETB)	annuaire *m* électronique
element	Organ *n*	dispositif *m*
		équipement *m*
		circuit *m*
		organe *m*
EMC = electro-magnetic compatibility	elektro-magnetische Verträglichkeit (EMV)	compatibilité *f/pl* électromagnétique (EMC)
emergency call	Notruf *m*	appel *m* d'urgences *f/pl*
emergency operation	Notbetrieb *m*	fonctionnement *m* secouru
	Notstrombetrieb *m*	foncionnement sur alimentation *f* secourue
emergency operation authorization	Notbetriebsberechtigung *f*	autorisation *f* au service *m* secouru
emergency power supply	Notstromversorgung *f*	alimentation *f* secourue
enable	aktivieren	activer
enabling of a line	Entsperren einer Leitung *f*	déblocage *m* d'une ligne *f*
encoder	Kodierer *m*	codeur *m*
end button	Ende *n* (-Taste *f*)	libération *f* (bouton *m* de ~)
end exchange	Endamt *n*	central *m* régional
end marker	Endmarkierer *m*	marqueur *m* final
end of clearing signal	Wahlendezeichen *n*	signal *m* de fin *f* de numérotation *f*
end of dialing	Wahlende *n*	fin *f* de numérotation *f*
end of dialing signal	Wahlendezeichen *n*	signal *m* de fin *f* de numérotation *f*
end of selection	Wahlende *n*	fin *f* de numérotation *f*
end-of-paper warning	Papieralarm *m*	alarme *f* fin *f* de papier *m*
end-of-selection signal	Wahlendezeichen *n*	signal *m* de fin *f* de numérotation *f*
endorsement	Sichtvermerk *m*	visa *m*
end-to-end signaling	durchgehende Signalisierung *f*	signalisation *f* de bout *m* en bout *m*
energize	erregen (Relais *n*)	exciter (un relais *m*)
engage	belegen (Leitung *f*)	occuper (un circuit *m*)
		affecter
engaged	besetzt	occupé
engineering	Technik *f*	technique *f*
		technologie *f*
enquire (Brit)	abfragen	se renseigner
		répondre
		interroger
enquiry call	Rückfrageverbindung *f*	connexion *f* de rétro-appel *m*
ENV = European Pre-Standard	Europäische Vornorm	Prénorme Européenne
envelope delay	Gruppenlaufzeit *f*	temps *m* de propagation *f* de group *m*
envelope delay distortion	Laufzeitverzerrung *f*	distorsion *f* de phase *f*
		distorsion *f* du temps *m* de propagation
envelope velocity	Gruppengeschwindigkeit *f*	vitesse *f* de propagation *f* de groupe *m*
equalization range (received signal)	Entzerrbereich *m* (Empfangssignal *n*)	domaine *m* de correction *f*
equipment	Bestückung *f*	équipement *m*
		arrangement *m*
		implantation *f*
		configuration *f*
equipment alarm	Gerätealarm *m*	alarme *f* système *m*
equipment number program	Positionsnummernvielfach *n*	numéro *m* d'équipement *m*
equipment program	Positionsnummernvielfach *n*	numéro *m* d'équipement *m*

177

equipment room	Apparaturraum *m*	cabine *f*
equipment specifications	Pflichtenheft *n*	cahier *m* de charges *f/pl*
equipping variant	Bestückungsvariante *f*	variante *f* d'équipement *m*
equivalent	gleichwertig	équivalent
erase	löschen (Speicher *m*)	effacer (mémoire *f*)
	streichen, tilgen	rayer
		annuler
erase memory	Speicher *m* löschen	effacer une mémoire
erase signal	Löschsignal *n*	signal *m* d'effacement *m*
erased	gelöscht	effacé
		annulé
erlang	Erlang *n*	erlang *m*
error	Fehler *m*	défaut *m*
		erreur *f*
error control	Fehlerüberwachung *f*	surveillance *f* d'erreurs *f/pl*
error detection	Fehlererkennung *f*	détection *f* d'erreur *f*
error diagnosis	Fehlerdiagnose *f*	diagnostic *m* d'erreur *f*
error message	Fehlermeldung *f*	message *m* d'erreur *f*
error propagation	Fehlerfortpflanzung *f*	propagation *f* de l'erreur *f*
error pulse rate	Fehlerimpulshäufigkeit *f*	taux *m* d'impulsion *f* d'erreur *f*
error rate	Fehlerrate *f*	taux *m* d'erreurs *f/pl*
error source	Fehlerquelle *f*	source *f* d'erreurs *f/pl*
establish (connection, call)	aufbauen (Verbindung *f*, Gespräch *n*)	établir (une communication *f*)
establish a connection	Verbindung *f* aufbauen	établir une liaison *f*
		établir une communication *f*
etch	ätzen	corroder
ETSI = European Telecommunications Standards Institute	Europäisches Institut für Telekommunikationsstandards	Institut Européen des Normes de Télécommunication
Eurocard (Euroformat card)	Europakartenformat *n*	carte *f* européenne
European conference of postal and telecommunications administrations	CEPT (Europäische Konferenz *f* für das Post- u. Fernmeldewesen *n*)	Conférence *f* Européene des Administrations des Postes et Télécommunications
European Telecomms Standards Institute (ETSI)	ETSI Europäisches Institut *n* für Telekommunikations-standards *m/pl*	Institut *m* Européen des Normes *f/pl* de Télécommunications *f/pl*
Eurosignal	Eurosignal *n*	Eurosignal *m*
Eurosignal receiver	Eurosignalempfänger *m*	récepteur *m* Eurosignal *m*
evaluate	auswerten (Daten)	interpréter
		utiliser
		évaluer
evaluation unit	Auswerte-Einrichtung *f*	interpréteur *m*
		analyseur *m*
event	Anreiz *m*	excitation *f*
		évènement *m*
event bit	Anreizbit *n*	bit *m* d'excitation *f*
		un évènement *m*
event detector	Anreizsucher *m*	détecteur *m*
event indicator	Anreizindikator *m*	indicateur *m* d'évènement *m*
examination	Kontrolle *f*	contrôle *m*
		vérification *f*
exceed	überschreiten	dépasser
except	ausnehmen	faire une exception *f*
		exclure
excerpt	Auszug *m*	extrait *m*

exchange	Amt *n*	central *m* public
	Durchgangsamt *n*	central *m* téléphonique
	Vermittlung *f* (Anlage *f*)	central *m* de transit *m*
	Vermittlungsamt *n*	commutateur *m* (central)
	Vermittlungsstelle *f*	central *m* (téléphonique)
	zentrale Einrichtung *f*	PABX *m*
exchange area	Anschlußbereich *m*	circonscription *f* téléphonique
exchange battery	Amtsbatterie *f*	batterie *f* du central (public)
exchange call number	Amtsrufnummer *f*	numéro *m* d'appel *m* réseau *m*
exchange circuit	Amtsorgan *n*	organe *m* circuit *m* réseau *m*
exchange code	Amtskennzahl *f*	code *m* réseau *m*
exchange connection	Anschlußeinheit *f*	connexion *f* de commutateur
	vermittelte Verbindung *f*	
exchange dial tone	Amtswählton *m*	tonalité *f* d'invitation *f* à
		numéroter
exchange equipment	Vermittlungseinrichtung *f*	PABX *m*
		autocommutateur *m* privé
		équipement *m* de
		commutation *f*
exchange file	Amtskartei *f*	fichier *m* réseau *m*
exchange hybrid	Amtsgabel *f*	circuit *m* hybride
exchange line	Amtsleitung *f*	ligne *f* réseau *m*
		ligne *f* principale
exchange line barring button	Amtssperrtaste *f*	touche *f* d'interdiction *f*
		réseau *m*
exchange line bundle	Amtsbündel *n*	faisceau *m* de lignes *f/pl*
		réseau *m*
exchange line call	Amtsgespräch *n*	appel *m* réseau *m*
	Amtsverbindung *f*	communication *f* réseau *m*
		connexion *f* réseau *m*
exchange line circuit	Amtsleitungsübertragung *f*	translateur *m* de ligne *f*
		réseau *m*
exchange line connection	Amtsverbindung *f*	appel *m* réseau *m*
		connexion *f* réseau *m*
exchange line holding coil	Amtshaltedrossel *f*	self *f* de garde *f* du réseau *m*
		bobine *f* de garde *f* du réseau *m*
exchange line jumpering	Amtsleitungsrangierung *f*	répartition *f* des lignes *f/pl*
		réseau *m*
exchange line junction	Amtsverbindungssatz *m*	joncteur *m* réseau *m*
exchange line junction control	Amtsverbindungs-satzsteuerung *f*	gestion *f* des joncteurs *m/pl*
		réseau *m*
exchange line relay set	Amtsleitungsübertrager *m* (Wählanlage *f*)	relais *m* de ligne *f* réseau *m*
exchange line repeater coil	Amtsleitungsübertrager *m*	translateur *m* de ligne *f*
		réseau *m*
exchange line transformer	Amtsleitungsübertrager *m*	translateur *m* de ligne *f*
		réseau *m*
exchange line trunk group	Amtsbündel *n*	faisceau *m* de lignes *f/pl*
		réseau *m*
exchange of identification	Kennungsaustausch *m*	échange *m* d'identification *f*
exchange of signals	Zeichenaustausch *m*	échange *m* de signaux *m/pl*
exclude	ausnehmen	faire une exception *f*
		exclure
execute (e.g. signal)	ausführen (Signal *n*)	exécuter (signal *m*)
execution	Ausführung *f*	version *f*
		exécution *f*
executive set	Chefapparat *m*	poste *m* de directeur *m*
executive system	Vorzimmeranlage *f*	poste *m* patron
		poste *m* secrétaire *f*
executive/secretary function	Chef-/Sekretär-Funktion *f*	fonction *f* patron *m*/secretaire *f*

exempt	ausnehmen	faire une exception *f*
		exclure
existing	vorhanden	existant
		disponible
expansion	Ausdehnung *f*	extension *f*
		expansion *f*
expansion module	Erweiterungsbaugruppe *f*	module *m* d'extension *f*
expected level (Am)	Meßpegel *m*	niveau *m* de mesure *f*
		dénivellement *m*
		niveau *m* attendu
experimental arrangement	Versuchsanordnung *f*	mise *f* en place *f* d'un test *m*
experimental communications satellite	Versuchs-Nachrichten-Satellit *m*	satellite *m* expérimental de télécommunications *f/pl*
extension	Ausdehnung *f*	extension *f*
	Nebenstelle *f*	expansion *f*
	Nebenstellenapparat *m*	poste *m* supplémentaire
	Teilnehmer *m*	abonné *m*
		usager *m*
		titulaire *m*
extension access status	Teilnehmerberechtigung *f*	discrimination *f* des abonnés *m/pl* d'extension *f*
extension allotter	Teilnehmerzuordner *m*	attribution *f* de l'extension *f* abonné *m*
extension answering	Teilnehmermeldung *f*	information *f* d'abonné *m*
extension busy	Teilnehmer *m* besetzt	poste *m* abonné *m* occupé
extension busy condition	Teilnehmerbesetztzustand *m*	condition *f* d'abonné *m* occupé
extension busy indication	Nebenstellen-Besetztanzeige *f*	indication *f* de poste *m* occupé
extension cable	Verlängerungsleitung *f*	ligne *f* de prolongement *m*
extension call charge recording	Teilnehmergebührenerfassung *f*	taxation *f* d'abonnés *m/pl*
extension circuit	Teilnehmerschaltung *f*	circuit *m* d'abonné *m*
extension control	Teilnehmersteuerung *f*	commande *f* des équipements *m/pl* d'abonné *m*
extension coupler	Teilnehmerkoppler *m*	coupleur *m* d'abonné *m*
extension coupling network	Teilnehmerkoppelnetz *n*	réseau *m* de couplage *m* d'abonnés *m/pl*
extension group	Teilnehmergruppe *f*	groupe *m* d'abonnés *m/pl*
extension group connector	Teilnehmergruppenverbinder *m*	connecteur *m* de groupes *m/pl* d'abonnés *m/pl*
extension group number translator	Gruppennummernzuordner *m*	traducteur *m* du numéro *m* de groupe *m* d'abonnés *m/pl*
extension hunting	Sammelanschluß *m*	lignes *f/pl* groupées groupement *m* de postes *m/pl*
extension identification	Teilnehmeridentifizierung *f*	identification *f* d'abonnés *m/pl*
extension jumpering	Teilnehmerrangierung *f*	répartition *f* d'abonné *m*
extension line	Nebenanschluß *m*	poste *m* supplémentaire (P.S.)
	Nebenanschlußleitung *f* (NAL)	raccordement *m* secondaire ligne *f* de poste *m* secondaire
extension list	Teilnehmerverzeichnis *n*	annuaire *m* téléphonique
extension marker	Teilnehmermarkierer *m*	marqueur *m* d'abonné *m*
extension matrix	Teilnehmer-Koppelfeld *n*	matrice *f* d'abonnés *m/pl*
extension number	Teilnehmernummer *f*	numéro *m* de poste *m*
extension offering coincidence	Teilnehmeranbietekoinzidenz *f*	coïncidence *f* d'abonnés *m/pl* d'extension
extension rate bill	Gebührenrechnung *f* des Teilnehmers	facturation *f* abonné
extension rate meter	Teilnehmerzähler *m*	compteur *m* d'abonné *m*
extension recognizing identifier	Teilnehmererkenner *m*	identificateur *m* d'abonné *m*
extension recognizing unit	Teilnehmererkenner *m*	identificateur *m* d'abonné *m*

extension switching group	Teilnehmerkoppelgruppe *f*	groupe *m* de couplage *m* d'abonnés *m/pl*
extension test set	Teilnehmerprüfgerät *n*	testeur *m* de lignes *f/pl* d'abonné *m*
extension user	Teilnehmer *m*	abonné *m*
		usager *m*
		titulaire *m*
extension-to-extension call	internes Gespräch *n*	appel *m* intérieur
extent	Ausdehnung *f*	extension *f*
		expansion *f*
external	außen	extérieur
		externe
external blocking	Blockierung *f*, äußere~	blocage *m* extérieur
external call	Amtsgespräch *n*	appel *m* réseau *m*
	externes Gespräch	communication *f* réseau *m*
		appel *m* externe
external extension/station	Außennebenstelle *f*	poste *m* distant
external line code	Amtskennziffer *f*	code *m* de numérotation *f* réseau *m*
external sync clock	externer Synchrontakt *m* (EXSYN)	top *m* de synchronisation *f* externe
external voltage	Fremdspannung *f*	tension *f* indépendante
		tension *f* externe
extinguish	verlöschen	éteindre
extra bit	Zusatzbit *n*	bit *m* supplémentaire
extract	Auszug *m*	extrait *m*

F

facility	Dienstmerkmal *n*	faculté *f*
facsimile (machine)	Fernkopierer *m*	télécopieur *m*
fade-in	Texteinblendung *f*	composition *f* de texte *m*
fading	Schwund *m* (Radio *n*/Telefon *n*)	fading *m*
fading one image into another	überblenden	enchaîner
failure	Ausfall *m*	coupure *f*
	Fehlerstörung *f*	panne *f*
	Störung *f*	avarie *f*
		perturbation *f*
		dérangement *m*
		interférence *f*
failure density	Ausfallhäufigkeitsdichte *f*	taux *m* de pannes *f/pl*
failure indication	Störungsmeldung *f*	message *m* de perturbation *f*
		indication *f* de défaut *m*
failure rate	Ausfallrate *f*	taux *m* de pannes *f/pl*
fall time (switching transistor and pulses)	Abfallzeit *f* (Schalttransistor und Impulse)	temps *m* de décroissance *f* (transistor *m*)
falsification	Verfälschung *f*	falsification *f*
far-end crosstalk	Fernnebensprechen *n*	télédiaphonie *f*
		diaphonie *f*
fast	schnell	vite
		rapide
fault	Fehler *m*, Störung *f*	défaut *m*
		panne *f*
		perturbation *f*
		dérangement *m*
		interférence *f*
fault button	Irrungstaste *f*	touche *f* de dérangement *m*
fault diagnosis	Fehlerdiagnose *f*	diagnostic *m* d'erreur *f*
fault location	Fehlerortung *f*	localisation *f* de défauts *m/pl*
fault location (hardware)	Fehlersuche *f* (Hardware)	dépannage *m*
fault recording	Störungsannahme *f*	réception *f* de défaults *m/pl*
	Störungsaufzeichnung *f*	enregistrement *m* de défaults *m/pl*
fault report	Fehlermeldung *f*	message *m* d'erreur *f*
	Störungsmeldung *f*	message *m* de perturbation *f*
		indication *f* de défaut *m*
faulty dialing	falsch wählen	numérotation *f* erronée
faulty selection	Falschwahl *f*	fausse numérotation *f*
faulty switching	Fehlschaltung *f*	connection *f* erronée
fax	Fernkopierer *m*	télécopieur *m*
FDM = frequency-division multiplex	Frequenzmultipex *n*	multiplexage *m* fréquentiel
feature	Leistungsmerkmal *n* (LM)	fonction *f*
		facilité *f*
feature set	Komfort-Apparat *m*	poste *m* évolué
feature telephone	Komforttelefon *n*	téléphone *m* évolué
fee	Gebühr *f*	redevance *f*
		taxe *f*
		tarif *m*
feed	Vorschub *m*	avancement *m*
	speisen	avance *f*
		alimenter
feedback	Rückkopplung *f*	asservissement *m*

feedback loss	Umlaufdämpfung *f*	affaiblissement *m* de réaction *f*
feeding bridge	Speisebrücke *f*	pont *m* d'alimentation *f*
feeding loss	Speisestromdämpfung *f*	affaiblissement *m* d'alimentation *f*
feed-through	durchkontaktierte Bohrung *f*	trou *m* métallisé
female multipoint connector	Federleiste *f*	jack *m* à ressorts *m/pl*
fexible call numbering	freizügige Rufnummernzuteilung *f*	assignation *f* variable de la numérotation *f*
fiber optics	Glasfasertechnik *f*	technique *f* des fibres *f/pl* optiques
fiber-optic cable	Glasfaserkabel *n* Lichtwellenleiterkabel *n*	câble *m* de fibre *f* optique
fiber-optic connection	Glasfaser-Anschluß *m*	connexion *f* fibre *f* optique
fiber-optic telecommunications system	Fernmeldekabelanlage *f*	système *m* de télécommunications *f/pl* par fibre *f* optique
fiber-optics network	Glasfasernetz *n*	réseau *m* à fibre *f* optique
field	Bereich *m*	zône *f* gamme *f* plage *f* secteur *m*
field cable	Feldkabel *n*	câble *m* de campagne *f*
field telephone	Feldfernsprecher *m*	téléphone *m* de campagne *f*
field trunk cable	Feldfernkabel *n*	câble *m* de télécommunication *f* de campagne *f*
figure	Abbildung *f* Bild *n* Illustration *f*	figure *f* illustration *f* schéma *m*
file separator	Hauptgruppen-Trennzeichen *n*	séparateur *m* de fichiers *m/pl*
film	Film *m*	film *m*
film scanner	Filmabtaster *m*	analyseur *m* de films *m/pl*
filter	Filter *m*	filtre *m*
final capacity	Endausbau *m*	capacité finale
final control	Endregler *m*	commande *f* finale
final marker	Endmarkierer *m*	marqueur *m* final
final selector	Leitungswähler *m*	sélecteur *m* final
fine adjustment range	Feineinstellbereich *m*	domaine *m* de réglage *m* fin
fire alarm terminal station	Brandmelderzentrale *f*	centrale *f* de détection *f* incendie *m*
fire alarm system	Brandmelderzentrale *f*	centrale *f* de détection *f* incendie *m*
fire department	Feuerwehr *f*	service *m* d'incendies *m/pl*
fire-alarm system	Brandmeldesystem *n*	système *m* d'alarme *f* incendie *m*
fire-detection system	Feuermeldesystem *n*	système *m* de détection *f* d'incendie *m*
first call attempt	Erstanruf *m*	appel *m* initial
first choice route	Erstweg *m*	chemin *m* de premier choix *m*
first-party release	Auslösen *n* durch den zuerst auflegenden Teilnehmer *m*	libération *f* par raccrochage *m* du premier abonné *m*
fitted	bestückt	équipé
fixed call diversion	feste Rufumleitung *f*	renvoi *m* d'appel *f* fixe
fixed call transfer	Besuchsschaltung *f*, feste ~	transfert *m* fixe
fixed charge	Grundgebühr *f*	redevance *f* d'abonnement *m* taxe *f* de base *f*
fixed monthly charge	feste monatliche Gebühr *f*	abonnement *m* mensuel
fixed resistor	Festwiderstand *m*	résistance *f* fixe
fixed-image videotelephony	Festbildtelefonie *f*	vidéo-téléphonie *f* à images *m/pl* fixes
flag bit	Kontrollbit *n*	bit *m* de contrôle *m*
flagged call	Verbindung *f*, gekennzeichnete	communication *f* identifiée
flanged	gesickt	serti

flash	blinken	scintiller
		clignoter
flash key	Flashtaste *f*	bouton *m* de coupure *f* calibré
		bouton *m* de flashing *m*
flashing	blinken (Displayanzeige)	clignoter
		scintiller
flashing light	Blinklicht *n*	lumière *f* clignotante
flat cable	Bandkabel *n*	câble *m* plat
	Flachbandkabel *n*	
flat connection charge	Pauschalgebühr *f*	taxe *f* forfaitaire
flat fee	Pauschalgebühr *f*	taxe *f* forfaitaire
flat module	Flachbaugruppe *f*	module *m* plat
flat rate	Pauschalgebühr *f*	taxe *f* forfaitaire
flat-rate tariff	Pauschaltarif *m*	tarif *m* forfaitaire
flexible call transfer	Besuchsschaltung *f*,	transfert *m* variable
	veränderliche	renvoi *m* d'appel *m* variable
flexible numbering system	freie Rufnummernzuordnung *f*	plan *m* de numérotation *f*
		programmable
flicker	flackern	clignoter
		scintiller
flip-flop	Flip - Flop *n*	bascule *f*
floppy disk	Diskette *f*	disquette *f*
flow	Ablauf *m*	exécution *f*
		procédure *f*
fluctuation	Schwankung *f*	fluctuation *f*
		oscillation *f*
fluctuations of the mains frequency	Netzfrequenzschwankungen *f/pl*	variations *f* de fréquences *f/pl* du réseau *m*
		fluctuations *f/pl*
flutter	flackern	clignoter
		scintiller
folded network	gefaltetes Koppelnetz *n*	réseau *m* de connexion *f*
follow	beachten	observer
		prendre en considération *f*
		tenir compte
follow me	Rufmitnahme *f*	suivez-moi *m*
	follow me	renvoi *m*
forced release	Zwangsauslösung *f*	libération *f* forcée
forward	übermitteln	transmettre
		commuter
		envoyer
forward release	Vorwärtsauslösung *f*	remise *f* en circuit *m*
forward run	Vorlauf *m*	avance *f*
fourpole	Vierpol *m*	quadripôle *m*
four-terminal network	Vierpol *m*	quadripôle *m*
four-wire extension	R-(Reihen *f/pl*)Teilnehmer *m*	poste *m* à quatre fils *m/pl*
four-wire switching	Vierdraht-Durchschaltung *f*	commutation *f* à quatre fils *m/pl*
four-wire termination	Vierdraht-Gabel *f*	terminaison *f* quatre fils *m/pl*
frame	Fenster *n*	fenêtre *f*
	Filmbild *n*	image *f* de film *m*
	Rahmen *m*	baie *f*
frame (Am)	Gestellrahmen *m*	baie *f*
frame clock-timing	Rahmentakt *m*	impulsion *f* de trame *f*
free	frei	libre
	gebührenfrei	non soumis à la taxation *f*
	unbelegt	non-taxé
		gratuit
		non employé
free call	gebührenfreie Verbindung *f*	communication *f* en franchise *f*
		appel *m* gratuit

free line	freie Leitung *f*	circuit *m* libre
		ligne *f* libre
free port assignment	freie Anschlußorganzuordnung *f*	port *m* universel
free/busy condition	Frei/Besetzt-Zustand *m*	état *m* libre/occupé
free/busy multiple	Frei/Besetzt-Vielfach *n*	multible *m* libre-occupé
free/busy status	Frei/Besetzt-Zustand *m*	état *m* libre/occupé
free-line condition	freie Leitung *f*	circuit *m* libre
		ligne *f* libre
frequency delay distortion	Laufzeitverzerrung *f*	distorsion *f* de phase *f*
		distorsion *f* du temps *m* de propagation
frequency deviation	Frequenzabweichung *f*	déviation *f* en fréquence *f*
		fluctuation *f* en fréquence *f*
frequency distortion (Am)	Dämpfungsverzerrung *f*	distortion *f* d'affaiblissement *m* en fonction *f* de la fréquence *f*
frequency meter	Frequenzmeßgerät *n*	fréquencemètre *m*
frequency modulation	Frequenzmodulation *f*	modulation *f* en fréquence *f*
frequency pattern	Frequenzraster *m*	grille *f* de fréquences *f/pl*
frequency range	Frequenzbereich *m*	domaine *m* des fréquences *f/pl*
frequency setting	Frequenzeinstellung *f*	réglage *m* de fréquence *f*
frequency shift	Frequenzverwerfung *f*	décalage *m* de fréquence *f*
frequency-division multiplex (FDM)	Frequenzmultiplex *n*	multiplexage *m* fréquentiel
frequency-division multiplexer	Frequenzmultiplexer *m*	multiplexeur *m* fréquentiel
		multiplexeur *m* de fréquence *f*
front plate	Frontplatte *f*	plaque *f* frontale
		face *f* avant
front side	Bestückungsseite *f*	côté *m* composants *m/pl*
	Vorderseite *f*	front *m*
		face *f* avant
front view	Vorderseite *f*	front *m*
		face *f* avant
frying noise	Mikrofongeräusch *n*	bruits *m/pl* parasites du microphone *m*
full capacity	Vollausbau *m*	pleine capacité *f*
full-duplex traffic operation	Gegenschreiben *n*	fonctionnement *m* en full-duplex *m*
full-matrix display board	Vollmatrixtafel *f*	tableau *m* d'affichage *m* matriciel
full-motion image	Bewegtbild *n*	image *f* mobile
fully equipped configuration	Vollausbau *m*	pleine capacité *f*
fully restricted	hausberechtigt	poste *m* privé
	nichtamtsberechtigt	discrimination *f* d'accès *m* au réseau *m*
fully-restricted extension	nichtamtsberechtigte Nebenstelle *f*	poste *m* supplémentaire sans accès *m* au réseau *m* public
function	Funktion *f*	fonction *f*
		exploitation *f*
function alarm	Funktionsalarm *m*	fonction *f* d'alarme *f*
function key	Funktionstaste *f*	touche *f* de fonction *f*
function sharing	Funktionsteilung *f*	partage *m* de fonction *f*
function state	Funktionszustand *m*	état *m* de fonctionnement *m*
functional coupling unit	Funktionskoppler *m*	coupleur *m* de fonction *f*
functional group	Funktionsgruppe *f*	groupe *m* fonctionnel
		groupement *m* fonctionnel
functional grouping	Funktionsgruppe *f*	groupe *m* fonctionnel
		groupement *m* fonctionnel
fuse	Sicherung *f*	fusible *m*
fuse cartridge	Schmelzeinsatz *m*	lame *f* fusible
		cartouche *f* fusible *m*

fuse holder	Sicherungshalter *m*	porte *m* fusible
fuse protection	Absicherung *f*	protection *f* fusible *m*
fuse switch	Fernmeldeschutzschalter *m*	coupe-circuit *m*
fusing	Absicherung *f*	protection *f* fusible *m*

G

garbled message	verstümmelt	mutilé
gate	Gatter *n*	grille *f*
		porte *f*
gate circuit	Torschaltung *f*	circuit *m* porte *f*
		circuit *m* ET
gate station	Torsprechstelle *f*	poste *m* extérieur
general	Allgemeines *n*	généralités *f/pl*
general call	Sprachdurchsage *f* an alle	appel *m* général
general cancellation	Annullieren *n*, allgemeines ~	annulation *f* générale
general drawing	Übersichtsplan *m*	diagramme *m* schématique
		plan *m* général
German association of electrical engineers	Verband *m* deutscher Elektrotechniker *m/pl* (VDE)	Association *f* allemande des ingénieurs *m/pl* en électricité *f*
German Federal Post Office (DBP)	Bundespost *f* (DBP)	Administration *f* des PTT en Allemagne
glass fiber	Lichtleitfaser *f*	fibre *f* optique
glow discharge (circuit)	Glimmentladung *f* (Stromkreis *m*)	décharge *f* luminescente (circuit)
glue label	Schild *n* anbringen	fixer/coller une plaque *f* signalétique
go off-hook	aushängen	décrocher (le combiné *m*)
go on-hook	auflegen	raccrocher
	einhängen	
go out	verlöschen	éteindre
gold-diffused reed contacts	golddiffundierte Kontaktlamellen *f/pl*	contact reed *m* en or *m*
gooseneck microphone	Schwanenhalsmikrofon *n*	microphone *m* sur flexible
government agencies and services	Behörde *f*	autorités *f/pl*
grade of service	Betriebsgüte *f*	qualité *f* de service *m*
	Verkehrsgüte *f*	qualité *f* de trafic *m*
grading switching group	Mischkoppelgruppe *f*	circuits *m/pl* de couplage *m*
graduation	Maßstab *m*	échelle *f*
		graduation *f*
green	grün	vert
grey	grau	gris
grid	Raster *n*	grille *f*
		trame *f*
ground (Am)	Masse *f*	terre *f*
		masse *f*
ground button identification (Am)	Erdtastenerkennung *f*	identification *f* du bouton *m* de terre *f*
grounding busbar	Sammelerdschiene *f*	barre *f* de terre *f* commune
grounding system	Erdung *f*	système *m* de mise *f* à la terre *f*
		mise *f* à la terre *f*
group	Bündel *m*	faisceau *m* de lignes *f/pl*
group abbreviated dialing	Gruppenkurzwahl *f*	numérotation *f* abrégée du groupement *m*
group adaptor	Gruppenvorsatz *m*	adaptateur *m* de groupement *m*
group branching switch	Gruppenweiche *f*	sélection *f* de groupement *m*
group busbars interface	Interface *n* Sammelschiene *f* Gruppen *f/pl* (ISSG)	interface *f* barres *f/pl* omnibus *m* - groupes /pl
group call	Gruppenruf *m*	accès *m* direct à un groupe *m*
group clock distribution	Taktverteilung *f* Gruppe *f* (TVG)	distribution *f* d'horloge *f* du groupe *m*
group connector	Gruppenverbinder *m*	connecteur *m* de groupement *m*
group control	Gruppensteuerung *f*	gestion *f* de groupement *m*

group coupler	Gruppenkoppler *m*	coupleur *m* de groupe *m*
group coupling stage	Gruppenkoppelstufe *f*	niveau *m* de couplage *m* du groupe *m*
group delay	Gruppenlaufzeit *f*	temps *m* de propagation *f* de group *m*
group delay distortion	Laufzeitverzerrung *f* der Gruppe *f/pl*	distortion *f* du temps *m* de propagation *f* de groupe *f*
group hunting	Sammelanschluß *m*	lignes *f/pl* groupées groupement *m* de postes *m/pl*
group hunting line	Sammelleitung *f*	barre *f* omnibus *m* bus *m* de communication *f*
group identifier	Gruppenerkenner *m*	identificateur *m* de groupes *m/pl*
group junction equipment	Gruppenverbindungssatz *m*	joncteur *m*
group multiwire line	Gruppenvielfachleitung *f*	ligne *f* multibrin *m*
group number	Gruppennummer *f*	numéro *m* du groupement *m*
group of trunks	Leitungsbündel *n*	faisceau *m* de lignes *f/pl* faisceau *m* de circuits *m/pl*
group selection	Gruppenauswahl *f*	sélection *f* de groupe *m*
group signal and clock	Gruppensignal- und Zeittaktgeber *m*	signal *m* et horloge *f* de groupe *m*
group signaling display panel	Gruppensignalfeld-Anzeigeteil *m/n*	afficheurs *m/pl* du tableau *m* signalisation *f* de groupement *m*
group signaling panel	Gruppensignalfeld *n*	tableau *m* de signalisation *f* de groupe *m*
group signals	Gruppensignale *n/pl*	signaux *m/pl* de groupe *m*
group switch	Bündelweiche *f*	aiguillage *m* de faisceau *m*
group system clock	Taktsystem *n* Gruppe *f* (TSG)	système *m* d'horloge *f* du group *m*
group velocity	Gruppengeschwindigkeit *f*	vitesse *f* de propagation *f* de groupe *m*
guide bar	Führungsschiene *f*	barre *f* de guidage *m* rail *m* de guidage *m*
guide plate	Führungsblech *n*	tôle *f* de guidage *m*
guide wire	Leitader *f*	fil *m* de commande *f*
guiding dimension	Richtmaß *n*	dimension *f* théorique

H

half channel measurement	Halbkanalmessung *f*	mesure *f* sur demi-canal *m*
half-duplex operation	Halbduplexbetrieb *m*	fonctionnement *m* en mi-duplex *m*
half-wave	Halbwelle *f*	demi-onde *f*
hand-held telephone with integrated pushbutton dialing	Handtelefon *n*	poste *m* portatif avec clavier *m* incorporé
hand-held two-way radio	Handsprechfunk *m*	poste *m* émetteur-récepteur *m* portatif
handle	Griff *m*	poignée *f*
handset	Hörer *m*	combiné *m*
	Handapparat *m*	
handset cradle	Handapparat-Ablage *f*	crochet *m* combiné *m*
handsfree telephone	Freisprechapparat *m*	poste *m* mains-libres
		téléphone *m* mains-libres
handsfree unit	Freisprecheinrichtung *f*	équipement *m* mains-libres
hang up	einhängen	raccrocher
hard-to-reach code	Zielbereich *m*, schwer erreichbar	zone *f* de destination *f* difficilement accessible
hardware	Hardware *f*	matériel *m*
harmonic distortion	harmonische Verzerrung *f*	distorsion *f* harmonique
harmonic distortion attenuation	Klirrdämpfung *f*	affaiblissement *m* de distortion *f* harmonique
Hartley circuit (oscillator)	Dreipunktschaltung *f*	montage *m* de Hartley
headphone	Kopfhörer *m*	casque *m*
		écouteur *m*
headroom	Raumhöhe *f*	hauteur *f* de passage *m*
headset	Sprechgarnitur *f*	casque *m*
heat dissipation	Wärmeabfuhr *f*	dissipation *f* de chaleur *f*
	Wärmeableiter *m*	dissipateur *m* de chaleur *f*
heat resistance	Wärmebeständigkeit *f*	résistance *f* calorifique
heat sink	Kühlkörper *m*	élément *m* de refroidissement *m*
	Wärmeableiter *m*	dissipateur *m* de chaleur *f*
heat sink		
heat-conductive	wärmeleitend	conducteur *m* de chaleur *f*
heat-sensitive	wärmeempfindlich	sensible à la chaleur *f*
hed-end station	Kopfstation *f*	station *f* de tête *f*
height	Höhe *f*	hauteur *f*
hermetically sealed dry-reed contact	Herkon-Kontakt *m*	relais *m* à lames *f/pl* vibrantes
hexa division	Hexateilung *f*	division *f* en hexadécimal
hexagonal nut	Sechskantmutter *f*	écrou hexagonal
		écrou 6 pans *m/pl*
hexagonal screw	Sechskantschraube *f*	vis *f* hexagonale
		vis *f* à tête *f* 6 pans *m/pl*
hierarchical network	hierarchisches Netz *n*	réseau *m* hyerarchisé
high frequency	Hochfrequenz *f* (HF)	haute-fréquence *f* (HF)
higher layer functions	Funktionen *f/pl* höherer Schichten *f/pl*	fonctions *f/pl* des couches *f/pl* supérieures
higher parent exchange	übergeordnetes Amt *n*	central *m* subordonné
higher rank exchange	übergeordnetes Amt *n*	central *m* subordonné
high-level selection	Hochpegelwahl *f*	sélection *f* de niveaux *m/pl* hauts
high-resolution	hochauflösend	haute résolution *f*
high-resolution color data display	Farbdatensichtgerät *n*	appareil *m* de visualisation *f* de données *f/pl* couleur *f*
high-usage route	Direktweg *m*	acheminement *m* direct
	Querweg *m*	voie *f* à fort trafic *m*

hinged	schwenkbar	pliant
		pivotant
hinged frame rack	Drehrahmengestell *n*	bâti *m* pivotant
hinged part	Schwenkteil *n*	partie *f* pivotante
hold	halten	mise *f* en garde *f*
hold on internal calls	Wartestellung *f* bei	attente *f* sur poste *m* occupé
	Internverbindungen *f/pl*	attente *f* sur appel *m* intérieur
hold-for pickup	Einmann-Umlegung *f*	transfert *m* non-supervisé
holding coil	Haltedrossel *f*	bobine *f* de garde *f*
holding key	Haltetaste *f*	touche *f* de mise *f* en garde *f*
holding lamp	Haltelampe *f*	voyant *m* de mise *f* en garde *f*
holding time	Belegungsdauer *f*	durée *f* d'occupation *f*
	Belegungszeit *f*	temps *m* d'occupation *f*
holding time supervision	Belegt-Zeitüberwachung *f*	supervision *f* du temps *m* d'occupation *f*
		contrôle *m* du temps *m* d'occupation
hold-on tone	Warteton *m*	tonalité *f* d'attente *f*
hold-up alarm system	Überfallmeldesystem *n*	système *m* d'alarme *f* anti-vol *m*
hole	Loch *n*	perforation *f*
		orifice *m*
home entertainment electronics	Unterhaltungselektronik *f*	électronique *f* grand public *m*
home or office protection	Raumsicherung *f*	protection *f* domestique
homogenization of the subscriber network	Homogenisierung *f* des Anschlußnetzes *n*	homogénéisation *f* du réseau *m* abonneés *m/pl*
hook flash	Gabelschlag *m*	crochet *m* commutateur *m*
hook switch	Gabelumschalter *m*	contacts *m/pl* du crochet *m*
	Hakenschalter *m*	commutateur *m*
		commutateur *m* à crochet *m*
		contacteur *m* à crochet *m*
hook up	verbinden	connecter
		relier
hookup wire	Schaltdraht *m*	fil *m* de connexion *f*
horizontal row of radiators	Schallzeile *f*	rangée *f* horizontale de radiateurs *m/pl*
horn loudspeaker	Trichterlautsprecher *m*	haut-parleur *m* à pavillon *m*
host computer	übergeordneter Rechner *m*	ordinateur *m* principal
	Großrechner *m*	ordinateur *m* central
hot line	Direktruf *m*	appel *m* au décroché *m*
hot line service	Standverbindung *f*	liaison *f* fixe
	Direktrufdienst *m*	ligne *f* spécialiseé
	festgeschaltete Leitung *f*	ligne *f* spécialisée
		ligne *f* louée
house connection	Hausanschluß *m*	ligne *f* de service *m*
house emergency alarm terminal	Hausnotrufzentrale *f*	terminal *m* d'alarme *f* interne
housing	Gehäuse *n*	bôitier *m*
		coffret *m*
Hoyt balancing network	Hoyt-Nachbildung *f*	équilibreur *m* Hoyt
hum	Stromversorgungsgeräusch *n*	bruit *m* d'alimentation *f*
human factors in telephony	Mensch *m* und Telefon *n*	facteurs *m/pl* humains en téléphonie *f*
hunt group marker	Sammelanschlußmarkierer *m*	marqueur *m* de lignes *f/pl* groupées
hurry-up lamp	Drängellampe *f*	voyant *m* d'appel *m* en attente *f*
hybrid	Gabel *f* (Gabelschaltung)	termineur *m*
hybrid amplifier	Gabelverstärker *m*	amplificateur *m* d'un termineur *m*

I

i.f. band	Zwischenfrequenzband *n*	bande *f* de fréquence *f* intermédiaire
IBRD = International Bank for Reconstruction and Development (World Bank)	Internationale Bank für Wiederaufbau und Entwicklung (Weltbank)	Banque Internationale pour la Reconstruction et le Développement (Banque Mondiale)
ID = identity card	Personalausweis *m*	carte *f* d'identification *f*
IDA = International Development Association	Internationale Entwicklungs-Organisation	Association Internationale de Développement
identification	Identifizierung *f* Kennung *f*	identification *f* code *m*
identification code	Identifizierungskode *m*	code *m* d'identification *f*
identification facility	Identifizierungseinrichtung *f*	dispositif *m* d'identification *f*
identification plate	Typenschild *n*	plaque *f* signalétique
identification store	Identifizierungsspeicher *m*	sauvegarde *f* de l'identification *f*
identification system	Kennungssystem *n*	système *m* d'identification *f*
identifier	Erkenner *m*	identificateur *m*
identify	identifizieren	identifier
identity card (ID) reader	Ausweisleser *m*	lecteur *m* de carte *f* d'identité *f*
idle	frei	libre
idle (electr.)	spannungslos	sans tension *f*
idle condition	Freizustand *m*	état *m* libre
IF-amplifier	ZF-Verstärker *m*	amplificateur *m* de fréquence *f* intermédiaire (F.I.)
IFRB = International Frequency Registration Board	Internationaler Ausschuß zur Registrierung von Frequenzen	Comité International d'Enregistrement des Fréquences
illegal	ungültig	non valable nul annulé
illuminated display	Leuchtziffernanzeige *f*	indication *f* digitale lumineuse afficheur *m* digital lumineux
illuminated push-button	Leuchttaste *f*	bouton-poussoir *m* lumineux
illustration	Bild *n*	figure *f* illustration *f* schéma *m*
image	Bild *n*	figure *f* illustration *f* schéma *m*
image attenuation	Vierpoldämpfung *f*	affaiblissement *m* du quadripôle *m*
image geometry	Bildgeometrie *f*	géométrie *f* d'image *f*
image impedance	Kennwiderstand *m*	impédance *f* cractéristique impédance *f* image *f*
image loss	Vierpoldämpfung *f*	affaiblissement *m* du quadripôle *m*
image resolution	Bildauflösung *f*	résolution *f* d'image *f*
image-attenuation coefficient	Vierpoldämpfungsmaß *n*	coefficient *m* d'affaiblissement *m* du quadripôle *m*
image-attenuation constant (Am)	Vierpoldämpfungsmaß *n*	coefficient *m* d'affaiblissement *m* du quadripôle *m*
image-phase change coefficient	Vierpolwinkelmaß *n*	déphasage *m* introduit par le quadripôle *m*
image-phase change constant (Am)	Vierpolwinkelmaß *n*	déphasage *m* introduit par le quadripôle *m*

image-transfer coefficient	Vierpolübertragungsmaß *n*	mesure *f* de transmission *f* du quadripôle *m*
image-transfer constant (Am)	Vierpolübertragungsmaß *n*	mesure *f* de transmission *f* du quadripôle *m*
imbalance	Unsymmetrie *f*	asymétrie *f*
		disymétrie *f*
imbalance degree	Unsymmetriegrad *m*	gain *m* asymétrique
immediate busy	Sofortsperre *f*	blocage *m* immédiat
immediate call	Sofortruf *m*	appel *m* immédiat
immunity to EMI (electromagnetic interference)	Störunempfindlichkeit *f*	résistance *f* aux interférences *f/pl*
impact resistance (dielectrics)	Schlagfestigkeit *f* (Dielektr.)	résistance *f* au choc *m*
impedance	Impedanz *f*	impédance *f*
impulse distortion	Impulsverzerrung *f*	distortion *f* d'impulsion *f*
in sections	abschnittweise	par sections *f/pl*
		par tranches *f/pl*
		section *f* par section *f*
inacceptable	unzulässig	inadmissible
		inacceptable
inaccuracy	Abweichung *f*	déviation *f*
inadmissible	unzulässig	inadmissible
		inacceptable
inband signaling	Signalisierung *f* im Sprachband *n*	signalisation *f* dans la bande *f*
in-car system	Fahrzeugsystem *n*	système *m* véhicule
in-car transceiver	Kraftfahrzeugfunk *m*	radio-téléphone *m*
		radio *f* mobile
incoming	ankommend	entrant
incoming international call	ankommende Auslandsverbindung *f*	appel *m* international entrant
incoming international traffic	ankommender Auslandsverkehr *m*	trafic *m* international entrant
incoming long-distance call	ankommende Fernverbindung *f*	appel *m* international entrant
incoming traffic	ankommender Verkehr *m*	appel *m* réseau *m* entrant
		trafic *m* entrant
incoming trunk call	ankommende Fernverbindung *f*	appel *m* international entrant
		appel *m* réseau *m* entrant
incoming trunk line	kommende Fernleitung *f*	ligne *f* réseau *m* arrivée (SPB)
incomplete dialing	unvollständige Wahl *f*	numérotation *f* incomplète
incorrect dial	falsch wählen	numérotation *f* erronée
increase	Erhöhung *f*	augmentation *f*
increase of operational reliability	Erhöhung *f* der Betriebssicherheit *f*	augmentation *f* de la sécurité *f* de fonctionnement *m*
index	Inhaltsverzeichnis *n*	sommaire *m*
	Kennzeichen *n*	table *f* des matières *f/pl*
		index *m*
		repère *m*
in-dialing circuit	Durchwahlübertragung *f* (DUE)	circuit *m* de sélection *f* directe à l'arrivée *f*
in-dialing test extension	Durchwahlprüfteilnehmer *m*	combiné *m* d'essai de sélection *f* directe à l'arrivée *f*
indication	Anzeige *f*	affichage *m*
indication off	Anzeige *f* aus	affichage *m* éteint
indication on	Anzeige *f* ein	affichage *m* allumé
indirect-control system	indirekt gesteuertes System *n*	système *m* à commande *f* indirecte
individual input	Einzeleingabe *f*	entrée *f* individuelle
induced noise (Am)	Starkstromgeräusch *n*	bruit *m* d'induction *f*
induction loop	Induktionsschleife *f*	boucle *f* inductive
inductive dialing	Induktivwahl *f*	sélection *f* par induction *f*

industrial data acquisition	Betriebsdatenerfassung *f*	saisie *f* de données *f/pl* industrielles
ineffective	unwirksam	inefficient
ineffective call	erfolgloser Anruf *m*	appel *m* infructueux appel *m* non abouti
ineffective connection	erfolglose Verbindung *f*	connexion *f* non réalisée
information capacity	Informationskapazität *f*	capacité *f* d'informations *f/pl*
information channel	Nutzkanal *m*	canal *m* utile
information density	Informationsdichte *f*	densité *f* d'information *f*
information flow	Informationsfluß *m*	débit *m* d'information *f*
information generator	Informationsgeber *m*	générateur *m* d'information *f*
information line	Hilfsleitung *f*	ligne *f* pilote
	Hinweisleitung *f*	ligne *f* de transmission *f* d'informations *f/pl* ligne *f* d'informations *f/pl*
information multiple	Informationsvielfach *n*	ensemble *m* d'informations *f/pl*
information multiple amplifier	Informationsvielfach-Verstärker *m*	amplificateur *m* d'informations *f/pl* multiples
information path	Nachrichtenpfad *m*	routage *m*
information position	Auskunftsplatz *m*	poste *m* de renseignements *m/pl*
information processing	Informationsverarbeitung *f*	traitement *m* des informations *f/pl*
information retrieval	Informations-Abruf *m*	récupération *f* d'information
information service	Auskunftsdienst *m*	service *m* de
	Informationsdienst *m*	renseignements *m//pl* service *m* d'information *f*
information store	Ruf- und Wahlinformationsspeicher *m*	enregistreur *m* d'appel *m* et de numérotation *f*
information system	Auskunftssystem *n*	système *m* d'interrogation *f* réponse *f* de renseignements *m/pl*
information technology	Informationstechnik *f*	technique *f* de l'information *f*
information translator	Informationszuordner *m*	translateur *m* d'informations *f/pl*
information transmission	Nachrichtenübertragung *f*	transmission *f* d'information *f*
infrastructural	infrastrukturgebunden	infrastructurel
inhibit	sperren	bloquer interdire discriminer
in-house data network	In-Haus-Datennetz *n*	réseau *m* interne
in-house emergency alarm system	Hausnotrufsystem *n*	système *m* d'alarme *f* interne
initial capacity	Erstausbau *m*	capacité *f* initiale
initial position	Grundstellung *f* (Gerät *n*)	position *f* initiale
initialization	Initialisierung *f* (Gerät *n*)	initialisation *f*
initialization programming	Erstprogrammierung *f*	programme *m* d'initialisation *f*
initialize (digital circuit)	initialisieren (Digitalschaltung *f*)	initialiser
injection-moulded plastic part	Kunststoff-Spritzgußteil *n*	élément *m* en plastique *m* injecté
input	Eingang *m*	entrée *f*
input balance attenuation	Eingangssymmetriedämpfung *f*	affaiblissement *m* d'équilibre *m* d'entrée *f*
input circuit	Eingangschaltung *f*	circuit *m* d'entrée *f*
input impedance	Eingangsscheinwiderstand *m*	impédance *f* d'entrée *f*
input keyboard	Eingabetastatur *f*	clavier *m* d'entrée *f*
input panel	Eingangsfeld *n*	tableau *m* d'entrée *f*
input side pins	eingangsseitige Stifte *m/pl*	broches *f/pl* d'entrée *f*
input terminal	Eingabe-Terminal *m*	terminal *m* d'entrée *f*
input unit	Eingabegerät *n*	unité *f* d'entrée *f*
input voltage	Eingangsspannung *f*	tension *f* d'entrée *f*
input/output circuit	Eingabe/Ausgabe-Schaltung *f*	circuit *m* d'entrée *f* sortie *f*

inquire (Am)	abfragen	se renseigner
		répondre
		interroger
inquiry station	Abfrageplatz *m*	position *f* de réponse *f*
		position *f* d'opératrice *f*
insert	einlegen	insérer
insertion	Einsatz *m*	insertion *f*
		utilisation *f*
		application *f*
insertion gain	Einfügungsgewinn *m*	gain *m* d'insertion *f*
insertion loss	Durchgangsdämpfung *f*	affaiblissement *m* d'insertion *f*
	Einfügungsdämpfung *f*	
	Einfügungsverlust *m*	
inside	innen	intérieur
		interne
in-slot signalling	Inband-Kennzeichengabe *f*	signalisation *f* dans le
		créneau *m* temporel
installation	Montage *f*	montage *m*
		installation *f*
installation height	Aufstellungshöhe *f*	hauteur *f* d'installation *f*
		hauteur *f*
installation instructions	Aufbauanleitung *f*	instructions *f/pl* de montage *m*
installation wiring diagram	Montageschaltplan *m*	plan *m* de câblage *m*
		schéma *m* de câblage *m*
instruction	Anweisung *f*	instruction *f*
	Befehl *m*	commande *f*
instruction bus	Befehlsbus *m*	bus *m* de commande *f*
instrument	Apparat *m*	poste *m* téléphonique
insulating resistance	Isolationswiderstand *m*	résistance *f* d'isolement *m*
insulation (electrical)	Isolierung *f*	isolation *f*
insulation strength	Isolationsfestigkeit *f*	résistance *f* d'isolement *m*
insulator	Isolator *m*	isolateur *m*
integrated	eingebaut	encastré
		inséré
		incorporé
		intégré
integrated central part A, B	integrierter Zuordner-Zentralteil *m* A, B	translateur *m* intégré-point *m* milieu A, B
integrated digital network	integriertes Digitalnetz *n*	réseau *m* numérique intégré
integrated digital transmission and switching	integrierte Digitalübertragung *f* und -durchschaltung *f*	transmission *f* et commutation *f* numériques intégrées
integrated services digital network (ISDN)	diensteintegrierendes digitales Fernmeldenetz *n*, ISDN *n*	réseau *m* Numéris
		RNIS (Réseau *m* Numérique à Intégration de Services)
		réseau *m* numérique avec intégration *f* des services *m/pl* (RNIS)
		NUMERIS
integrated services network	diensteintegrierendes Fernmeldenetz *n*	réseau *m* avec intégration *f* des services *m/pl*
integrated text and data network	integriertes Text- und Datennetz *n* (IDN)	réseau *m* intégré de données *f/pl*
integrated translator	integrierter Zuordner *m*	translateur *m* intégré
integrated translator central part A, B	integrierter Zuordner-Zentralteil *m* A, B	translateur *m* intégré-point *m* milieu A, B
integrated translator sender	integrierter Zuordner-Sender *m*	translateur *m* intégré émetteur *m*
intelligibility	Verständlichkeit *f*	intelligibilité *f*
intelligible crosstalk	verständliches Nebensprechen *n*	diaphonie *f* intelligible

INTELSAT = International Telecommunications Satellite Consortium	Internationales Fernmeldesatellitenkonsortium	Organisation Internationale des Télécommunications par Satellites
intended	vorgesehen	prévu
interactive videotex (Btx)	Bildschirmtext *m* (BTX)	vidéotext *m*
		télétel *m*
intercept	abfangen	intercepter
intercept key	Fangtaste *f*	touche *f* d'interception *f*
intercept line	Hinweisleitung *f*	ligne *f* d'informations *f/pl*
intercept service	Bescheiddienst *m*	service *m* d'information *f*
	Hinweisdienst *m*	service *m* d'interception *f* d'appels *m/pl* d'informations *f/pl* service *m* d'informations *f/pl*
intercept service **interception of calls service**	Hinweisdienst *m*	service *m* d'interception *f* d'appels *m/pl* d'informations *f/pl* service *m* d'informations *f/pl*
interchange	austauschen	échanger
	wechseln	remplacer
intercom	Wechselsprechen *n*	communication *f* par intercom *m*
intercom system	Reihenanlage *f*	système *m* d'intercommunication *f*
	Sprechsystem *n*	intercom *m*
	Wechselsprechanlage *f*	installation *f* d'intercommunication *f*
interconnect	zusammenschalten	interconnecter
intercontinental telecasting	Fernsehsendung *f*, intercontinentale	télédiffusion *f* intercontinentale
interdialing pause	Zwischenwahlzeit *f*	pause *f* inter-digit *m*
interdialing time	Zwischenwahlzeit *f*	pause *f* inter-digit *m*
interdigital interval	Zwischenwahlzeit *f*	pause *f* inter-digit *m*
interdigital pause	Pause zwischen zwei Impulsen *m/pl*	entre-train *m* créneau *m* entre deux impulsions *f/pl* intervalle *m*
	Wählpause *f*	
	Zwischenwahlzeit *f*	pause *f* inter-digit *m*
interexchange signaling	Ämtersignalisierung *f*	signalisation *f* inter-centraux *m/pl*
interface	Schnittstelle *f* (Interface *n*)	interface *f*
interface adapter	Schnittstellenanpassung *f*	adaptateur *m* d'interface *f*
interface board	Schnittstellenkarte *f* (SSK)	carte *f* d'interface *f*
interface conditions	Anschlußbedingungen *f/pl*	conditions *f/pl* de branchement *m*
interface distributor	Schnittstellenverteiler *m* (SSV)	répartiteur *m* d'interface *f*
interface lockout	Anschlußsperre *f*	couper la ligne *f* à un utilisateur *m* blocage *m* de terminal *m*
interface specification	Schnittstellenspezifikation *f*	spécification *f* d'interface *f*
interface structure	Schnittstellenstruktur *f*	structure *f* d'interface *f*
interface switch	Schnittstellenschalter *m*	interrupteur *m* d'interface *f*
interference	Störbeeinflussung *f*	interférence *f*
	Störung *f*	perturbation *f* dérangement *m* panne *f*
interference immunity	Störunempfindlichkeit *f*	résistance *f* aux interférences *f/pl*
interference suppressor	Entstörglied *n*	élément *m* d'antiparasitage *m*
interference susceptibility	Störempfindlichkeit *f*	sensibilité *f* aux interférences *f/pl*

interference voltage	Störspannung *f*	tension *f* perturbatrice
		tension *f* parasite
interlacing of networks	Verflechtung *f* von Netzen *n/pl*	interconnexion *f* de
		réseaux *m/pl*
interlock	Verriegelung *f*	verrouillage *m*
intermediate amplification	Zwischenverstärkung *f*	amplification *f* intermédiaire
intermediate circuit voltage	Zwischenkreisspannung *f* (ZKS)	tension *f* de circuit *m*
		intermédiaire
intermediate electronic buffer	Zwischenspeicher *m*	mémoire *f* tampon *m*
		mémoire *f* intermédiaire
		tampon *m*
intermediate electronic memory	Zwischenspeicher *m*	mémoire *f* tampon *m*
		mémoire *f* intermédiaire
		tampon *m*
intermediate frequency band	Zwischenfrequenzband *n*	bande *f* de fréquence *f*
		intermédiaire
intermediate junction	Zwischenverbindungssatz *m*	joncteur *m* intermédiaire
internal	innen	intérieur .
		interne
internal blocking	Blockierung *f*, innere~	blocage *m* intérieur
internal call	Hausgespräch *n*	numérotation *f* d'accès *m* à
	Interngespräch *n*	l'opératrice *f*
		appel *m* intérieur
internal call connection	Hausverbindung *f*	communication *f* interne
internal call privacy	geheimer Internverkehr *m*	trafic *m* interne privé
		secret *m* des
		communications *f/pl* internes
internal call traffic	Hausverkehr *m*	trafic *m* des communications *f/pl*
		internes
internal calls	interne Gespräche *n/pl*	appels *m/pl* internes
internal conference	Intern-Konferenz *f*	conférence *f* intérieure
internal connecting set	Hausverbindungssatz *m*	circuit *m* des
		communications *f/pl* internes
internal connection	Hausanschluß *m*	ligne *f* de service *m*
internal consultation call	Raumrückfrage *f*	double appel *m* intérieur
internal cut-in	internes Aufschalten *n*	entrée en tiers *m* dans une
		communication *f* intérieure
internal link	Innenverbindungssatz *m*	circuit *m* de connexion *f* interne
internal network clock	netzinterner Takt *m*	horloge *f* interne au réseau *m*
internal network timing	netzinterner Takt *m*	horloge *f* interne au réseau *m*
internal refer-back button	Raumrückfragetaste *f*	touche *f* de double appel *m*
		intérieur
internal traffic	Internverkehr *m*	trafic *m* interne
international call	Auslandsverbindung *f*	communication *f* internationale
		liaison *f* internationale
international call charge rates	Auslandsgebühren *f/pl*	taxes *f/pl* internationales
international call exchange	Auslandsvermittlung *f*	centre *m* international
		central *m* international
international circuit	Auslandsleitung *f*	circuit *m* international
		ligne *f* internationale
international connection	Auslandsverbindung *f*	communication *f* internationale
		liaison *f* internationale
international dialing	Auslandswahl *f*	numérotation *f* internationale
international line	Auslandsleitung *f*	circuit *m* international
	Internationale Leitung *f*	ligne *f* internationale
international line bundle	Auslandsbündel *n*	faisceau *m* de lignes *f/pl*
		internationales
international line code	Auslandskennziffer *f*	code *m* d'appels *m/pl*
		internationaux
international line group	Auslandsbündel *n*	faisceau *m* de lignes *f/pl*
		internationales

International Standards Organisation	ISO *f* (Intern. Normungsorganisation)	Organisation *f* Internationale de Normalisation *f*
International Telegraph und Telephone Consultative Committee	CCITT (internationaler beratender Ausschuß *m* für den Telegrafen- u. Fernsprechdienst *m*)	Comité *m* Consultatif International Téléphonique et Télégraphique
international traffic	Auslandsverkehr *m*	trafic *m* international
interoffice local junction line	Ortsverbindungsleitung *f*	ligne *f* locale
inter-office trunk call	Fernverbindung *f*	appel *m* interurbain
interoffice trunk junction line	Ortsverbindungsleitung *f*	ligne *f* locale
interposition call and transfer	Platzüberweisung *f*	appel *m* transfert entre positions *f/pl*
interpret (statement, signal)	auswerten (Daten)	interpréter utiliser évaluer
interrogation clock pulse	Abfragetakt *m*	rythme *m* de scrutation *f* cycle *m* de scrutation *f*
interrogation command (telecontrol)	Abfragebefehl *m* (Fernwirktechnik *f*)	commande *f* d'interrogation *f* (télécommande *f*)
interrupt	unterbrechen (Programm *n*)	interrompre
interrupt routine	Interruptroutine *f*	sous-programme *m* d'interruption *f* routine *f* d'interruption *f*
interrupted	unterbrochen	déconnecté coupé
interruption	Unterbrechung *f*	interruption *f*
interval time of calls	Einfallabstand *m* -RUF-	intervalle *m* de temps *m* entre appels *m/pl*
intervention tone	Eintretezeichen *n*	signal *m* d'entrée *f* en tiers *m* de l'operatrice *f*
intracompany information system	innerbetriebliche Informationswesen *n*	système *m* d'information *f* à usage *m* interne
intradistrict traffic	Bezirkssprung *m*	trafic *m* régional
intrinsic loss (equipment)	Eigendämpfung *f* (Gerät)	affaiblissement *m* intrinsèque
intrinsically safe	explosionsgeschützt	antidéflagrant
intrude	eintreten	entrer intervention *f* en ligne *f* intrusion *f*
intrusion	Aufschalten *n*	intervention *f* en ligne *f* priorité avec écoute *f* intrusion *f*
intrusion tone	Aufschalteton *m* Eintretezeichen *n*	tonalité *f* d'entrée *f* en tiers *m* signal *m* d'entrée *f* en tiers *m* de l'operatrice *f*
invalid	ungültig	non valable nul annulé
in-vehicle radio unit	Fahrzeugfunkgerät *n*	appareil *m* radio pour véhicules *m/pl*
inverted crosstalk (Am)	unverständliches Nebensprechen *n*	diaphonie *f* inintelligible
inverter	Wechselrichter *m*	onduleur *m*
invoicing	Berechnung *f*	calcul *m* facturation *f*
I/O interface	Ein/Ausgabeschnittstelle *f*	interface *f* entrée *f* sortie *f*
I/O port	Ein-Ausgabeanschluß *m*	port *m* entrée *f* sortie *f*
ISDN = integrated services digital network	ISDN *n*	RNIS (Réseau *m* Numérique à Intégration de Services), réseau *m* Numéris
ISDN connection	ISDN-Anschlußeinheit *f* ISDN-Verbindung *f*	connexion *f* RNIS

ISDN connection attribute	ISDN-Verbindungsmerkmal *n*	attribut *m* de connexion *f* RNIS
ISDN connection element	ISDN-Verbindungselement *n*, -abschnitt *m*	élément *m* de connexion *f* RNIS
ISDN connection type	ISDN-Verbindungs-, Anschlußart *f*	type *m* de connexion *f* RNIS
ISDN reference configuration	ISDN-Bezugskonfiguration *f*	configuration *f* de référence *f* du RNIS
ISDN reference point	ISDN-Bezugspunkt *m* ISDN-Referenzpunkt *m*	point *m* de référence *f* du RNIS
ISO = International Standardization Organisation	Intern. Normungsorganisation	Organisation *f* Internationale de Normalisation *f*
isolating capacitor	Entkopplungskondensator *m*	condensateur *m* de découplage *m*
isolating transformer	Trenntransformator *m*	transformateur *m* d'isolation *f*
isolation (separation)	Isolierung *f*	isolation *f*
item No.	Positionsnummer *f*	numéro *m* d'emplacement *m*
itemized bill	Rechnung *f*, detaillierte	facture *f* détaillée
itemized billing	Einzelabrechnung (Gebühr) *f*	facturation *f* détaillée facturation *f* détaillée par communication *f*
itemized list	Stückliste *f*	liste *f* de pièces *f/pl* détachées
iterative attenuation constant	Kettendämpfung *f*	affaiblissement *m* itératif
iterative impedance	Kettenwiderstand *m*	impédance *f* itérative
iterative phase coefficient	Kettenwinkelmaß *n*	déphasage *m* itératif
iterative phase constant	Kettenwinkelmaß *n*	déphasage *m* itératif
iterative propagation coefficient	Kettenübertragungsmaß *n*	constante *f* itérative de propagation *f* coefficient *m* itératif de propagation *f*
iterative propagation constant	Kettenübertragungsmaß *n*	constante *f* itérative de propagation *f* coefficient *m* itératif de propagation *f*

J

joining element	Verbindungselement *n*	élément *m* de raccordement *m*
joint protection closure	Verbindungsschutzmuffe *f*	fermeture *f* de protection *f*
		d'une connexion *f*
jumper	überbrücken	ponter
	Drahtbrücke *f*	straper
	Schaltdraht *m*	strap *m*
		cavalier *m*
		fil *m* de connexion *f*
jumper board	Rangierplatte *f*	carte *f* de connexions *f/pl*
jumper plug	Steckbrücke *f*	strap *m* enfichable
jumpering distributor	Rangierverteiler *m*	répartiteur *m*
jumpering field	Rangierfeld *n*	baie *f* de connexion *f*
jumpering wire	Rangierdraht *m*	jarretière *f* de connexion *f*
jumpers 2-point connection	Drahtbrücken *f/pl* -	strap *m/pl*
	Zweipunktverbindung *f*	
junction box	Anschaltekasten *m*	boîte *f* de jonction *f*
	Anschlußkasten *m*	boîtier *m* de raccordement *m*
junction group	Verbindungssatzgruppe *f*	groupe *m* de joncteur *m*
junction marker	Verbindungssatzmarkierer *m*	marqueur *m* de joncteurs *m/pl*

K

K factor = (nonlinear) distortion factor	Klirrfaktor *f*	coefficient *m* de distortion *f* harmonique
key	Taste *f*	touche *f* bouton *m* bouton *m* poussoir *m*
key field	Tastenfeld *n*	clavier *m*
key in	eintasten	saisir
key signal	Schlüsselzeichen *n*	indication *f* de clé *f*
key switch	Tastenschalter *m*	commutateur *m* à touches *f/pl*
key system	Reihenanlage *f*	système *m* d'intercommunication *f*
keyboard	Tastatur *f* Tastenfeld *n* Wähltastatur *f* Zifferntastatur *f*	clavier *m* clavier *m* de numérotation *f*
keyboard block	Tastenblock *m*	bloc *m* à touches *f/pl* pavé *m* de touches *f/pl*
keyboard dialing	Tastaturwahl *f*	numérotation *f* clavier *m*
keyboard level	Tastenebene *f* (Telefon *n*)	niveau *m* clavier *m*
keyboard lock	Tastatursperre *f*	verrouillage *m* du clavier *m*
keying	tastend	par touches *f/pl*
keying pulse selection receiver	Tastwahl-Empfänger *m*	récepteur *m* à clavier *m*
keying ratio	Tastenverhältnis *n*	rapport *m* de touches *f/pl*
keypad	Tastatur *f* Wähltastatur *f* Zifferntastatur *f*	clavier *m* clavier *m* de numérotation *f*
keysender	Zahlengeber *m*	émetteur *m* d'impulsions *f/pl* tabulateur *m*
keysender connecting set	Zahlengeberanschaltsatz *m*	équipement *m* de connexion *f* d'émetteur *m* d'impulsions *f/pl*
keysender keyboard	Zahlengebertastatur *f*	clavier *m* d'émetteur *m* automatique d'impulsions *f/pl* clavier *m* numérique
kit	Bausatz *m*	ensemble *m* de montage *m* jeu *m* de montage *m*
kit (rack)	Einbausatz *m* (Gestell-~)	kit *m* (bâti *m*)
knocking	Anklopfen *n* anklopfen	offre *f* en tiers *m* attente *f* signalisation *f* d'appel *m* en instance

L

label	Etikett *n*, Schiebebild *n*	étiquette *f*
labeling	Beschriftung *f*	repérage *m*
		marquage *m*
		étiquetage *m*
lag effect	Nahzieheffekt *m*	effet *m* de rémance *f*
large-capacity telephone system	Groß-Fernsprechsystem *n*	système *m* téléphonique à grande capacité *f*
large-scale digital system	digitales Großsystem *n*	système *m* numérique grande capacité *f*
large-scale display	Großanzeige *f*	grand affichage *m*
large-scale integration (LSI circuits)	hochintegriert (Schaltungen *f/pl*)	haute intégration *f* (circuits *m/pl* intégrés)
last number redial	Wahlwiederholung *f* der zuletzt gewählten Rufnummer *f*	répétition *f* du dernier numéro *m*
		répétition *f* du dernier numéro *m* composé
		répétition *f* de la numérotation *f*
last-choice route	Letztweg *m*	dernière route *f* accessible
		chemin *m* de dernier choix *m*
last-party release	Auslösen *n* durch den zuletzt auflegenden Teilnehmer *m*	libération *f* de la ligne *f* par raccrochage *m* du dernier abonné *m*
latch	einrasten	enficher
layer (level)	Schicht *f* (Ebene *f*)	couche *f* (niveau)
layer interface	Schichtschnittstelle *f*	interface *f* de couche *f*
layout diagram	Belegungsplan *m*	plan *m* d'implantion *f*
layout index	Belegungsverzeichnis *n*	index *m* d'implantation *f*
leak resistance (resistor)	Ableitungswiderstand *m*	résistance *f* de fuite *f*
leakage	Ableitung *f* (Verlust *m*)	dérivation *f*
lease of circuits	Leitungsmiete *f*	location *f* de ligne *f*
leased circuit	Mietleitung *f*	circuit *m* loué
		circuit *m* de location
leased line	festgeschaltete Leitung *f*	ligne *f* spécialisée
		ligne *f* louée
		liaison *f* fixe
LED = light-emitting diode	Leuchtdiode *f*	diode *f* électroluminescente (DEL)
LED matrix	Leuchtdiodenmatrix *f*	matrice *f* de DEL
lens aberrations	Objektivfehler *m*	erreur *m* d'objectif *m*
lettering	Beschriftung *f*	repérage *m*
		marquage *m*
		étiquetage *m*
lettering example	Beschriftungsbeispiel *n*	exemple *m* de repérage *m*
		exemple *m* de marquage *m*
		exemple *m* d'étiquetage *m*
lettering film	Beschriftungsfilm *n*	film *m* de repérage *m*
		film *m* de marquage *m*
		film *m* d'étiquetage *m*
level	Pegel *m*	niveau *m*
level monitoring	Pegelüberwachung *f*	surveillance *f* de niveau *m*
lifetime	Lebensdauer *f*	durée *f* de vie *f*
lift	abheben	décrocher
lift the handset	aushängen	décrocher (le combiné *m*)
light	leuchten	allumer
		briller
		rayonner

light display	Leuchtanzeige *f*	écran *m* de visualisation *f*
light impulse	Lichtblitz *m*	impulsion *f* optique
light loss	Lichtverlust *m*	perte *f* de lumière *f*
light signal unit	Lichtzeicheneinrichtung *f*	équipement *m* de signal *m* lumineux
		afficheur *m*
light-emitting diode (LED)	Leuchtdiode *f* (LED)	diode *f* électroluminescente (DEL)
lightning protection	Blitzschutz *m*	parafoudre *m*
		éclateur *m*
light-sensitive diode	lichtempfindliche Diode *f*	diode *f* photosensible
light-up push-button	Leuchttaste *f*	bouton-poussoir *m* lumineux
limit	begrenzen	limiter
limit frequency	Eckfrequenz *f*	fréquence *f* limite *f*
limitation	Einschränkung *f*	limitation *f*
		restriction *f*
limitation of internal traffic	Einschränken *n* des Internverkehrs *m*	limitation *f* du trafic *m* interne
limiter	Begrenzer *m*	limiteur *m*
limiting frequency	Grenzfrequenz *f*	fréquence *f* limite
line	Anschluß *m*	connexion *f*
	Leitung *f* (Ltg)	raccordement *m*
	Zeile *f*	port *m*
		ligne *f*
		rangée *f*
line adaption	Leitungsanpassung *f*	adaption *f* de lignes *f/pl*
line amplifier	Leitungsverstärker *m*	répéteur *m* (de circuit *m*)
line and position connecting units	Leitungs- und Platzanschaltungsorgane *n/pl*	organes *m/pl* de connexion *f* pour des lignes *f/pl* et du poste *m* opérateur *m*
line attenuation	Leitungsdämpfung *f*	pertes *f/pl* en ligne *f*
line balancing network	Leitungsnachbildung *f*	équilibreur *m* de ligne *f* artificielle
line blocked or ceased	Anschluß *m* gesperrt oder aufgehoben	terminal *m* verrouillé/hors-service
line branching	Leitungsverzweigung *f*	branchement *m* de ligne *f*
line bundle	Leitungsbündel *n*	faisceau *m* de lignes *f/pl*
		faisceau *m* de circuits *m/pl*
line call button	Linienruftaste *f*	bouton *m* d'appel *m* de ligne *f*
line charger	Netzladegerät *n*	chargeur *m* de ligne *f*
line circuit	Teilnehmerschaltung *f*	circuit *m* d'abonné *m*
line circuit area	Anschlußbereich *m*	circonscription *f* téléphonique
line concentrator	Leitungskonzentrator *m*	concentrateur *m* de lignes *f/pl*
	Wählsterneinrichtung *f*	
line connection	Leitungsanschaltung *f*	connexion *f* de lignes *f/pl*
line distribution plate	Linienverteilerplatte *f*	carte *f* de distribution *f* de lignes *f/pl*
line expenses	Leitungskosten *f/pl*	frais *m/pl* de ligne *f*
line facilities	Leitungseinrichtungen *f/pl*	facultés *f/pl* offertes sur la ligne *f*
line fault	Leitungsstörung *f*	dérangement *m* de ligne *f*
line feed	Zeilenvorschub *m*	saut *m* de ligne *f*
		interligne *m*
line group	Bündel *m*	faisceau *m* de lignes *f/pl*
line identification code	Anschlußerkennung *f*	code *m* de d'identification *f* de ligne *f*
line interface	Leitungsschnittstelle *f*	interface *f* de ligne *f*
line location	Anschlußlage *f*	couche *f* de raccordement *m*
		position *f* de raccordement *m*
line matching	Leitungsanpassung *f*	adaption *f* de lignes *f/pl*
line noise	Leitungsgeräusche *n/pl*	bruits *m/pl* de ligne *f*

line protection time	Amtsleitungs-Schutzzeit *f*	temps *m* de protection *f* de ligne *f*
line resistance	Leitungswiderstand *m*	résistance *f* de ligne *f*
line scratches	Kratzgeräusche *n/pl*	bruits *m/pl* de friture *f*
		bruits *m/pl* de contact *m*
line section	Leitungsteil *m*	section *f* d'une ligne *f*
line seizure	Leitungsbelegung *f*	prise *f* (de ligne *f*)
line signal	Leitungssignal *n*	signal *m* de ligne *f*
	Leitungszeichen *n*	
line switchover	Leitungsumschaltung *f*	basculement *m* de ligne *f*
line utilization rate	Leitung *f*, Ausnutzungsgrad *m* einer Leitung	taux *m* d'utilisation *f* de la ligne *f*
line-busy tone	Anschlußbesetztton *m*	tonalité *f* d'occupation *f*
line-of-sight connection	Sichtverbindung *f*	connexion *f* visuelle
line-of-sight contact	Sichtkontakt *m*	contact *m* visuel
Lineplex process	Line-Plex Verfahren *n*	méthode *f* Line-Plex
line-terminating equipment (LTE)	Leitungsendgerät *n*	équipement *m* de terminaison *f* de ligne *f*
link	Verbindungsleitung *f* einkoppeln	liaison *f* coupler
link access protocol (LAP)	Übertragungsprotokoll *n*	protocole *m* d'accès *m* à la liaison *f* (PAL)
link arrangement	Zwischenleitungsanordnung *f*	disposition *f* des lignes *f/pl* intermédiaires
link line	Zwischenleitung *f*	ligne *f* intermédiaire ligne *f* auxiliaire
link marker	Zwischenleitungsmarkierer *m*	marqueur *m* de lignes *f/pl* intermédiaires
link system	Zwischenleitungssystem *n*	système *m* de lignes *f/pl* intermédiaires
link test	Zwischenleitungsprüfung *f*	contrôle *m* de ligne *f* intermédiaire
link-by-link signaling	Signalisierung *f*, abschnittweise	signalisation *f* section *f* par section *f* signalisation *f* de proche en proche signalisation *f* par section *f*
links	Brücken *f/pl*	straps *m/pl* pontages *m/pl*
listen	mithören	observer surveiller être à l'écoute *f*
listen-in key	Mithörtaste *f*	touche *f* d'observation *f* touche *f* d'écoute *f*
listing	Listing *n*	liste *m*
load	Last *f*	charge *f*
load (DP)	Bereitstellung *f*	préparation *f* mise *f* en place *f* mise *f* à disposition *f*
load (electrical)	Belastung *f*	charge *f*
load distribution	Lastverteilung *f*	répartition *f* de charge *f* distribution *f* de charge *f*
load range	Belastungsbereich *m*	régime *m* de charge *f*
load sharing	Lastteilung *f*	partage *m* de charge *f*
loaded cable	bespultes Kabel *n*	câble *m* pupinisé
local area	Ortsbereich *m*	zone *f* locale
local area network (LAN)	lokales Netzwerk *n*	réseau *m* local
local battery adapter	Ortsbatterievorsatz *m*	adapteur *m* de batterie *f* locale
local battery operation	OB-Betrieb *m*	fonctionnement *m* en batterie *f* locale
local cable	Ortskabel *n*	câble *m* local

local cable network	Ortskabelnetz *n*	réseau *m* local câblé
local call	Ortsverbindung *f*	liaison *f* locale
local call fee	Ortsgebühr *f*	taxe *f* locale
local circuit	Ortskreis *m*	circuit *m* local
local exchange	Endvermittlungsstelle *f*	centre *m* terminal de
	Ortsamt *n*	commutation *f*
	Ortsvermittlung *f*	central *m* local
	Ortsvermittlungsstelle *f* (OVSt)	central *m* urbain
		service *m* urbain des
		télécommunications
local feeding	Ortsspeisung *f* (von	batterie *f* locale
	Fernsprechgeräten *n/pl*)	
local line	Ortskreisleitung *f*	ligne *f* locale
local line network	Ortsleitungsnetz *n*	réseau *m* urbain
		réseau *m* local
local network	Ortsnetz *n*	réseau *m* de distribution *f* local
		réseau *m* local
local office	Ortsvermittlungsstelle *f* (OVSt)	central *m* local
		central *m* urbain
		service *m* urbain des
		télécommunications
local rate	Ortsgebühr *f*	taxe *f* locale
local subscriber	Ortsteilnehmer *m*	poste *m* d'abonné *m* local
local subscriber station	Ortsteilnehmer *m*	poste *m* d'abonné *m* local
local tandem exchange	Gruppenvermittlungsstelle *f*	réseau *m*
		d'autocommutateurs *m/pl*
		autocommutateurs *m/pl* en
		réseau *m*
local tariff	Ortstarif *m*	tarif *m* urbain
		tarif *m* local
local time	Ortszeit *f*	heure *f* locale
local time clock	Ortszeituhr *f*	horloge *f* d'heure *f* locale
local time error register	Ortszeitfehlerregister *n*	registre *m* d'erreurs *f/pl*
		d'heure *f* locale
local traffic	Ortsverkehr *m*	service *m* urbain
		trafic *m* local
local zone	Nahbereichszone *f*, Ortszone *f*	zone *f* locale
		zone *f* urbaine
location	Lage *f* (räumliche)	emplacement *m*
	Standort *m*	localité *f*
location plan	Belegungsplan *m*	plan *m* d'implantion *f*
lock	Schleuse *f*	sas *m*
	Schloß *n*	serrure *f*
	einrasten	enficher
locking	Verriegelung *f*	verrouillage *m*
	rastend	automaintenu *m*
locking button	rastende Taste *f*	bouton *m* maintenu
locking key	Sperrtaste *f*	touche *f* de blocage *m*
lockout key	Sperrtaste *f*	touche *f* de blocage *m*
log off (program)	abmelden, sich ~	se déloguer
	(Programm *n*)	
logatom list	Logatomliste *f*	liste *f* de logatome
long-distance cable	Fernkabel *n*	câble *f* longue distance *f*
long-distance calls	Fernverkehr *m*	trafic *m* interurbain
long-distance center	Fernvermittlungsstelle *f*	centre *m* interurbain
long-distance code	Fernverkehrskennziffer *f*	préfixe *m* interurbain
		indicatif *m* interurbain
long-distance control	Fernsteuern *n*	contrôle *m* à distance *f*
		télécommande *f*

long-distance dialing	Fernwahl *f*	sélection *f* interurbaine automatique *f* numérotation *f* interurbaine
long-distance exchange	Fernvermittlung *f*	central *m* distant central *m* interurbain
long-distance line	Fernleitung *f*	ligne *f* réseau *m* interurbain
long-distance monitoring	Fernüberwachung *f*	surveillance *f* à distance *f*
long-distance network	Fernnetz *n*	réseau *m* interurbain
long-distance rate	Ferntarif *m*	tarif *m* interurbain
long-distance subscriber	Fernteilnehmer *m*	abonné *m* interurbain
long-distance subscriber circuit	Fernteilnehmeranschluß *m*	circuit *m* d'abonné *m* interurbain
long-distance traffic	Fernverkehr *m*	trafic *m* interurbain
long-distance traffic network	Weitverkehrsnetz *n*	trafic *m* réseau *m* longue distance *f*
long-distance traffic system	Weitverkehrsystem *n*	système de trafic *m* longue distance *f*
long-distance trunk call	Fernverbindung *f*	appel *m* interurbain
long-distance trunk group	Weitverkehrsbündel *n*	faisceau *m* de circuits *m/pl* interurbains
long-distance zone	Fernzone *f*	zone *f* téléphonique interurbaine
long-trunk line	Fernleitung *f*	ligne *f* réseau *m* interurbain
loop	Schleife *f*	boucle *f*
loop current characteristic	Schleifenstromkennlinie *f*	caractéristique *f* de courant *m* de boucle *f*
loop dialing	Schleifenwahl *f*	numérotation *f* décimale
loop gain	Schleifenverstärkung *f*	gain *m* de boucle *f*
loop identification	Schleifenerkennung *f*	détection *f* de boucle *f*
loop in	einschleifen	roder
		meuler
		insérer dans la boucle *f*
loop interruption	Schleifenunterbrechung *f*	ouverture *f* de boucle *f*
		rupture *f* de boucle *f*
loop resistance	Schleifenwiderstand *m*	résistance *f* de boucle *f*
loop voltage	Schleifenspannung *f*	tension *f* de boucle *f*
loop-disconnect signaling	Hauptanschluß-Kennzeichen *n* (HKZ)	identification *f* du poste *m* principal signalisation *f* par rupture *f* de boucle *f*
loose cable	unbespultes Kabel *n*	câble *m* non pupinisé
loose connection	Wackelkontakt *m*	connexion *f* lâche
loose contact	Wackelkontakt *m*	connexion *f* lâche
loss	Dämpfung *f*	affaiblissement *m* atténuation *f*
loss system	Verlustsystem *n*	système *m* à perte *f*
loudspeaker	Lautsprecher *m*	haut-parleur *m*
low	leise	bas faible
low traffic period	verkehrsschwache Zeit *f*	période *f* creuse de trafic *m*
lower cabinet	Unterschrank *m*	armoire *f* inférieure
low-frequency system	Tieftonsystem *n*	système *m* à basse fréquence *f*
low-level selection	Tiefpegelwahl *f*	sélection *f* bas niveau *m*
lowpass filter	Tiefpassfilter *m*	filtre *m* passe-bas
low-profile plug	Flachstecker *m*	connecteur *m* plat
low-rate	gebührengünstig	tarif *m* heures *f/pl* creuses
lug	Zunge *f*	cosse *f* lame *f*
luminous display	Leuchtziffernanzeige *f*	indication *f* digitale lumineuse afficheur *m* digital lumineux

luminous signal unit Lichtzeicheneinrichtung *f* équipement *m* de signal *m*
lumineux
afficheur *m*

M

magnetic field	Feld *n*, magnetisches ~	champ *m* magnétique
magnetic recording equipment	MAZ	équipement *m* d'enregistrement *m* magnétique
magnetic tape-recording equipment	Magnetaufzeichnungsgerät *n*	appareil *m* d'enregistrement *m* magnétique
main distribution frame (MDF)	Hauptverteiler *m* (HVT)	répartiteur *m* général répartiteur *m* principal
main exchange	Hauptamt *n*	central *m* principal
main exchange traffic	Hauptamtsverkehr *m*	trafic *m* du central *m* principal
main line	Hauptanschluß *m*	poste *m* principal d'abonné *m* poste *m* d'abonné *m*
main memory	Arbeitsspeicher *m*	mémoire *f* principale
main station	Hauptstelle *f*	poste *m* principal
main telephone	Hauptanschluß *m*	poste *m* principal d'abonné *m* poste *m* d'abonné *m*
main traffic	Hauptverkehrsstunde *f*	heure *f* chargée heure *f* de pointe *f*
mainframe	Großrechner *m*	ordinateur *m* central ordinateur *m* principal
mains cable connection	Netzkabelanschluß *m*	branchement *m* de câble *m* secteur *m* branchement *m* de câble *m* d'alimentation *f*
mains connecting cable	Netzanschlußkabel *n* Netzkabel *n*	câble *m* d'alimentation *f* câble *m* secteur *m*
mains connection	Netzanschluß *m* (Lichtnetz)	branchement *m* secteur *m* alimentation *f* secteur *m*
mains connector	Netzstecker *m*	douille *f* secteur *m* connecteur *m* secteur *m*
mains failure	Netzausfall *m*	panne *f* de secteur *m*
mains failure operation	Netzausfallschaltung *f*	connexion *f* en cas de panne *f* secteur *m*
mains filter	Netzfilter *n*/m	filtre *m* de secteur *m*
mains fuse	Netzsicherung *f*	fusible *m* secteur *m*
mains lead	Netzleitung *f*	câble *m* secteur *m*
mains plug	Netzstecker *m*	douille *f* secteur *m* connecteur *m* secteur *m*
mains supervision	Netzüberwachung *f*	surveillance *f* du réseau *m*
mains unit	Netzgerät *n* Netzspeisegerät *n* (NSG)	appareil *m* d'alimentation *f* bloc-secteur *m*
mains voltage	Anschlußspannung *f*	tension *f* secteur *m*
maintenance	Wartung *f*	entretien *m* maintenance *f*
make	durchführen	exécuter conduire faire effectuer
male plug	Steckerstift *m*	douille *f* mâle
malfunction	Fehlfunktion *f* Störung *f*	défaut *m* de fonctionnement *m* perturbation *f* dérangement *m* panne *f* interférence *f*
malicious call tracing	Fangen *n*	détection *f* d'appels *m/pl* malveillants

man-machine language	Mensch-Maschinen-Sprache *f* (MML)	dialogue *m* homme *m* - machine *f*
manual answering	Rufbeantwortung *f*, manuelle	réponse *f* manuelle
manual mode	Schlußtastennachbildung *f*	mode *m* auto
		mode *m* manu
manual operator position	Handvermittlungsplatz *m*	standard *m* manuel
manual signaling	Morseruf *m*	signalisation *f* manuelle
manually put through	handvermittelt	établi en service *m* manuel
		passer une communication *f* en manuel
manually switched	handvermittelt	établi en service *m* manuel
		passer une communication *f* en manuel
manufacturing date	Herstellungsdatum *n*	date *f* de fabrication *f*
manufacturing number	Fertigungsnummer *f*	numéro *m* de série *f*
		numéro *m* de fabrication *f*
mark	Kennzeichen *n*	index *m*
	Marke *f*	repère *m*
	markieren	marque *f*
		marquer
		indiquer
		repérer
marker	Markierer *m*	marqueur *m*
marking	Beschriftung *f*	repérage *m*
		marquage *m*
		étiquetage *m*
marking relay	Markierrelais *n*	relais *m* de repère *m*
mark-to-pulse ratio	Zeichen/Pausen-Verhältnis *n*	rapport *m* d'impulsions *f/pl*
mark-to-space ratio	Puls/Pausenverhältnis *n*	intervalle *m* d'impulsions *f/pl*
mass storage	Massenspeicher *m*	mémoire *f* de masse *f*
master bus unit	zentrale Busstation *f*	unité *f* principale de bus *m*
master exchange	Muttervermittlungsstelle *f*	central *m* maître *m*
		autocommutateur *m* maître *m*
master telephone transmission reference system	Ureichkreis *m*	système *m* fondamental de référemce *f* pour la transmission *f* téléfonique SFERT
master workstation	Master Arbeitsplatz *m*	poste *m* de travail *m* maître *m*
		station *f* de travail *m* principale
matching	Anpassung *f*	adaptation *f*
matching attenuation	Anpassungsdämpfung *f*	affaiblissement *m* d'adaptation *f*
materials data gathering	Materialdatenerfassung *f*	saisie *f* de données *f/pl* matériel *m*
matrix block	Koppelblock *m*	bloc *m* de couplage *m*
matrix control	Matrixsteuerung *f*	gestion *f* de matrice *f*
matrix group	Koppelgruppe *f*	groupe *m* de connexion *f*
matrix path	Koppelfeldweg *m*	itinéraire *m* dans le réseau *m* de connexion *f*
matrix setting time	Koppelfeldeinstellzeit *f*	temps *m* d'étabblissement *m* d'une connexion *f* dans le réseau *m* de connexion *f*
matrix stage	Koppelstufe *f*	étage *m* du réseau *m* de connexion *f*
matrix-capable display panel	matrixfähige Anzeigentafel *f*	tableau *m* d'affichage *m* matriciel
maximum	Höchstwert *m* (Stromkreise *m/pl*)	valeur *f* pic
		valeur *f* maximum
MDF = main distribution frame	Hauptverteiler *m*	répartiteur *m* général, répartiteur *m* principal
mean delay	mittlere Wartedauer *f*	délai *m* d'attente *f* moyen
		durée *f* moyenne d'attente *f*

mean holding duration	mittlere Belegungsdauer *f*	durée *f* moyenne d'occupation *f* de ligne durée *f* moyenne de prise *f* de ligne
mean holding time	mittlere Belegungszeit *f*	temps *m* moyen de prise *f* (de ligne *f*)
mean sea level (MSL)	NN (Normalnull *n*)	niveau *m* moyen de la mer *f*
means of communication	Kommunikationsmittel *n*	moyens *m/pl* de communication *f*
measure	Maßnahme *f*	mesure *f* décision *f*
medium system	Mittelbandsystem *n*	système *m* bande *f* moyenne
melting point (dielectric)	Schmelzpunkt *m* (Dielektr.)	point *m* de fusion *f*
membrane keyboard	Folientastatur *f*	clavier *m* à effleurement *m*
membrane keypad	Folientastatur *f*	clavier *m* à effleurement *m*
memory	Speicher *m*	mémoire *f*
memory location	Speicherplatz *m*	position *f* de la mémoire
memory unit	Speichereinheit *f*	module *m* mémoire *f* unité *f* mémoire *f*
message	Rückmeldung *f*	signal *m* de confirmation *f* acquit *m*
message switching	Teilstreckentechnik *f*	système *m* avec mémorisation *f* intermédiaire
metal film resistor	Metallschichtwiderstand *m*	résistance *f* à couche *f* métallique
meter	Zähler *m* (Meßgerät- *n*)	compteur *m*
meter pulse	Gebührenimpuls *m*	impulsion *f* de taxe *f*
meter pulse rate	Gebührenzone *f*	circonscription *f* de taxes *f/pl* zone *f* de taxation *f*
metering pulse	Zählimpuls *m*	impulsion *f* de comptage *m*
metering pulse train	Gebührentaktserie *f*	impulsions *f/pl* de taxation *f*
metering zone	Gebührenzone *f*	circonscription *f* de taxes *f/pl* zone *f* de taxation *f*
microcassette module	Mikrokassettenmodul *n*	module *m* à microcassettes *f/pl*
microelectronics	Mikroelektronik *f*	microélectronique *f*
microphone disconnect button	Mikrofon-Abschaltetaste *f*	touche *f* microphone *m* marche *f* arrêt *m*
microwave connection	Richtfunkverbindung *f*	connexion *f* par micro-ondes *f/pl*
microwave equipment	Richtfunkverbindung *f*	connexion *f* par micro-ondes *f/pl*
microwave frequency	Richtfunkfrequenz *f*	fréquence *f* des micro-ondes *f/pl*
microwave radio link	Mikrowellen-Funkstrecke *f*	liaison *f* radio *f* par ondes *f/pl* courtes
microwave radio system	Richtfunksystem *n*	système *m* à micro-ondes *f/pl*
microwave radio-link technology	Richtfunktechnik *f*	technique *f* radio à micro-ondes *f/pl*
microwave relay station	Richtfunkrelaisstation *f*	station *f* relais *m* à micro-ondes *f/pl*
microwave system	Richtfunk *m*	système *m* radio à micro-ondes *f/pl*
middle part	Mittelteil *m*	partie *f* centrale
mid-point tapping	Mittelpunktschaltung *f*	circuit *m* à point *m* milieu
mind	beachten	observer prendre en considération *f* tenir compte
minimum charge	Mindestgebühr *f*	taxe *f* minimum
minimum configuration	Mindestausbau *m*	configuration *f* minimale
minimum fee	Mindestgebühr *f*	taxe *f* minimum

mismatch	Stoßdämpfung *f*	affaiblissement *m* de désadaption *f* perte *f* de transition *f*
mixer	Mischer *m* (MIS)	mélangeur *m*
mixer control panel	Mischpulte *n/pl*	table *f* de mixage *m*
mixing of bundles	Bündel *n*, Mischung *f* von ~	mixage *m* de faisceaux *m/pl* faisceau *m* mixte
MML = man-machine language	Mensch-Maschine-Sprache *f*	dialogue *m* homme *m* - machine *f*
mobile communications	mobile Informationstechnik *f*	communications *f/pl* mobiles
Mobile Communications Division	Geschäftsbereich *m* Mobile Kommunikation *f*	Département communication mobile
mobile microwave station	mobile Richtfunkstation *f*	station *f* mobile ondes *f/pl* courtes
(private) mobile radio	Kraftfahrzeugfunk *m*	radio-téléphone *m* radio *f* mobile
mobile radio system	mobiles Funksystem *n*	système *m* de radio *f* mobile
mobile studio unit	mobile Aufnahmeeinheit *f*	unité *f* de studio *m* mobile
mobile switching center	Funkvermittlung *f*	commutation *f* radio *f*
mobile telephone	Mobiltelefon *n*	téléphone *f* mobile
mobile-telephone network	Mobilfunknetz *n*	réseau *m* de téléphonie *f* mobile
mobile-telephone technology	mobile Fernsprechtechnik *f*	technique *f* de téléphonie *f* mobile
mode of operation	Arbeitsweise *f*, grundsätzliche ~	mode *m* opératoire de base *f*
modem	Modem *n*	modem *m*
modem circuit	Modemschaltung *f*	circuit *m* modem *m*
modem pools	freie Zuordnung *f* von Modems *m*	pool *m* de modems *m/pl*
modification	Änderung *f*	modification *f*
modification circuit	Änderungsschaltung *f*	circuit *m* de modification *f*
modification measure	Änderungsmaßnahme *f*	décision *f* de modification *f* mesure *f* de modification *f*
modification of COS	Berechtigungsumschaltung *f*	modification *f* de la classe *f* de service *m*
modification step	Änderungsmaßnahme *f*	décision *f* de modification *f* mesure *f* de modification *f*
modular concept	Baukastenprinzip *m*	système *m* à éléments *m/pl* standardisés
modular construction	Modulaufbau *m*	construction *f* modulaire
modular multi-user system	modulares Mehrplatzsystem *n*	système *m* multi-poste *m* modulaire
modular principle	Baukastenprinzip *m*	système *m* à éléments *m/pl* standardisés
modular system	Bausteinsystem *n*	système *m* modulaire
modularity	Baukastenprinzip *m*	système *m* à éléments *m/pl* standardisés
modulated light	moduliertes Licht *n*	lumière *f* modulée
modulation frequency	Modulationsfrequenz *f*	fréquence *f* de modulation *f*
modulation rate	Schrittgeschwindigkeit *f*	rapidité *f* de modulation *f* vitesse *f* de modulation *f*
modulator	Modulationsgerät *n*	modulateur *m*
module	Baugruppe *f* Baustein *m*	module *m* composant *m*
module frame	Baugruppenrahmen *m*	cage *f*
module system	Aufbausystem *n*	système *m* de construction *f*
momentum wheel	Schwungrad *n*	volant *m*
monitor	mithören	observer surveiller être à l'écoute *f*

monitoring	Überwachung f (UEB)	contrôle m
	Betriebsüberwachung f	surveillance f
	Lauthören	observation f
		surveillance f système m
		écoute f amplifée f
monitoring button	Mithörtaste f	touche f d'observation f
		touche f d'écoute f
monitoring circuit	Abhörschaltung f	circuit m d'écoute f
monitoring device	Mithöreinrichtung f	dispositif m d'observation f
monitoring equipment	Überwachungsgerät n	poste m de contrôle m
		poste m de surveillance f
		poste m d'observation f
monitoring request button	Mithöraufforderungstaste f	touche f d'observation f
monitoring set	Mithörapparat m	poste m de surveillance f
monitoring-connection button	Mithörverbindungstaste f	touche f de connexion f pour observation f
		touche f de connexion f pour écoute f
monolitique semiconductor circuit	monolitische Halbleiterschaltung f	circuit m intégré monolithique à semiconducteurs m/pl
motherboard	Basisleiterplatte f	carte f principale
		carte f mère f
motherboard for connecting circuits	Verdrahtungsplatte f für Anschlußorgane n/pl (VAO)	carte f de câblage m pour organes m/pl de connexion f
motherboard for duplicated control system	Verdrahtungsplatte f für gedoppelte Steuerung f (VSD)	carte f de câblage m pour système de gestion f doublé
motherboard for multi-group system	Verdrahtungsplatte f für mehrgruppige Anlage f	carte f de câblage m pour système m de gestion f multigroupe
motherboard for power supply	Verdrahtungsplatte f für Stromversorgung f (VSV)	carte f de câblage m pour l'alimentation f
motherboard for single control system	Verdrahtungsplatte f für einfache Steuerung f (VSE)	carte f de câblage m pour système m de gestion f simple
mounting	Montage f	montage m
		installation f
mounting bracket	Befestigungsbügel m	réglette f de fixation f
mounting clip	Befestigungsschelle f	anneau m de fixation f
mounting dimensions	Einbaumaß n	dimension f de montage m
mounting frame	Montagerahmen m	châssis m de montage m
mounting instructions	Montageanweisung f	instruction f de montage m
moving image	Bewegtbild n	image f mobile
MSL = mean sea level	NN (Normalnull n)	niveau m (moyen) de la mer f
mulitplex mode	Multiplexbetrieb m	trafic m multiplex m
		mode m multiplex m
		en multipex m
multi-access line	Mehrfachanschluß m	connexion f multiple
		accès multipoint m
multi-address	Mehrfachanschrift f	adresse f multiple
multi-channel outfitting	Mehrkanalausstattung f	équipement m multicanal
multifunctional terminal	Multifunktionsterminal n (MFT)	terminal m multifonctions f/pl
multilayer	Mehrlagen f/pl (ML)	multicouche
multimeter	Universal-Vielfachmeßgerät n	multimètre m
multi-metering	Mehrfachzählung f	taxation f multiple
multi-party facility	Sammelgespräch n	conférence f
multi-PBX	Mehrfachnebenstellenanlage f	PBX m multiple
multiple	Vielfach n	multiple m
		bus m
multiple amplifier	Vielfachverstärker m	amplificateur m multiple
multiple attendant position	Platzzuordnung f	affectation f de table f d'opératrice f

multiple connection	Vielfachschaltung *f*	connexion *f* multiple
multiple position group	Mehrfach-Platzgruppe *f*	groupe *m* de positions *f/pl* multiples
multiple regenerator	Vielfachverstärker *m*	amplificateur *m* multiple
multiple routing (exchange)	Mehrwegführung *f* (Vermit.)	acheminement *m* multiple
multiplex line	Multiplexleitung *f*	ligne *f* multiplex *m*
multiplex link	Mehrfachanschluß *m*	connexion *f* multiple
		accès multipoint *m*
multiplex operation	Multiplexbetrieb *m*	trafic *m* multiplex *m*
		mode *m* multiplex *m*
		en multipex *m*
multiplex system	Multiplexsystem *n*	système *m* multiplex *m*
multiplex unit	Multiplexgerät *n*	appareil *m* multiplex *m*
multiplexing	Multiplexbetrieb *m*, im Multiplexbetrieb arbeiten	exploitation *f* en multiplex *m*
multiplexing equipment	Multiplexeinrichtungen *f/pl*	équipement *m* de multiplexage *m*
multiplexor channel	Multiplexorkanal *m*	canal *m* multiplexeur *m*
multiplier	Vervielfacher *m*	multiplicateur *m*
multipoint access	Mehrfachanschluß *m*	connexion *f* multiple
		accès multipoint *m*
multipoint connection	Mehrpunkt-Anschluß *m*	connexion *f* multi-point
multipoint connector	Steckerleiste *f*	connecteur *m* multi-point
multipole	mehrpolig	multipolaire
multistage network	mehrstufiges Netzwerk *n*	réseau *m* à étages *m/pl* multiples
multi-user system	Mehrplatzsystem *n*	poste *m* de travail *m* multiple
music on hold	Musik *f* in Wartestellung *f*	attente *f* musicale
		musique *f* d'ambiance *f*
music scan	Sendersuchlauf *m*	marche *f* de détection *f* des émetteurs *m/pl*
mutilated pulse	verstümmelt	mutilé
mutual capacitance	Betriebskapazität *f*	capacité *f* effective
mutual inductance	Kabelinduktivität *f*	induction *f* effective
mutual interference (signaling channel)	gegenseitige Beeinflussung *f* (Signalkanal *m*)	interférence *f* mutuelle

N

naked wire	Blankdraht *m*	fil *m* dénudé
nameplate	Bezeichnungsschild *n*	plaque *f* signalétique
narrowband network	Schmalband-Netz *n*	réseau *m* à bande *f* étroite
narrowband system	Schmalbandsystem *n*	système *m* à bande *f* étroite
narrowband transmission	Schmalbandübertragung *f*	transmission *f* bande *e* étroite
national trunk traffic	Inlandsverkehr *m*	trafic *m* interurbain
		trafic *m* national
nationwide trunk dialing	Landesfernwahl *f*	numérotation *f* interurbaine
Navigation Information System Berlin (LISB)	Leit- und Informationssystem *n* Berlin (LISB)	Système *m* d'information *f* et navigation *f* Berlin
nc = normally closed contact	Ruhekontakt *m*	contact *m* de repos *m*, interrupteur *m* à contact *m* au repos
near-end crosstalk	Nahnebensprechen *n*	paradiaphonie *f*
net loss (Am)	Restdämpfung *f*	affaiblissement *m* effectif
network	Netz *n*, Leitungsnetz *n*	réseau *m*
network architecture functional model	funktionelles Modell *n* der Netzwerkarchitektur *f*	modèle *m* fonctionnel d'architecture *f* de réseau *m*
network code number	Netzkennzahl *f*	numéro *m* de code *m* du réseau *m* code réseau *m*
network connection	Netzanschluß *m* (Netzwerk)	connexion *f* réseau *m*
network level	Netzebene *f*	niveau *m* de réseau *m*
network maintenance	Unterhaltung *f* eines Netzes	maintenance *f* du réseau *m*
network management	Netzführung *f*	gestion *f* du réseau *m*
network operation	Betrieb *m* eines Netzes *n*	exploitation *f* en réseau *m*
network parameter	Netzmerkmal *n*	caractéristique *f* du secteur *m*
network structure	Netzstruktur *f*	structure *f* du réseau *m*
network termination (NT)	Netzabschluß *m*	terminaison *f* réseau *m*
network terminations	Netzendeinrichtungen *f/pl*	terminaisons *f/pl* réseau *m*
network utility	Netzmerkmal *n*	caractéristique *f* du secteur *m*
networked	vernetzt	en réseau *m*
networking	Vernetzung *f*	mise *f* en réseau *m*
networking solutions	Vernetzungslösungen *f/pl*	solutions *f/pl* de mise *f* en réseau *m*
neutral conductor	Nulleiter *m* (N)	neutre *m*
new master system for the determination of reference equivalents	NOSFER-Verfahren *n*	NOSFER Nouveau Système Fondamental pour la détermination des Equivalents de Référence
night changeover switch	Nachtumschalter *m*	commutateur *m* pour renvoi *m* de nuit *f*
night ringer	Ringabfrage *f* bei Nacht *f*	renvoi *m* de nuit *f* tournant
night service	Nachtschaltung *f*	service *m* de nuit *f* renvoi *m* de nuit *f*
night service number	Nachtrufnummer *f*	numéro *m* d'appel *m* de nuit *f*
night switching	Nachtschaltung *f*	service *m* de nuit *f* renvoi *m* de nuit *f*
night-service	Umschalten auf Nachtbetrieb *m*	basculer sur service *m* de nuit *f* basculer en service *m* réduit
night-time rate	Nachttarif *m*	tarif *m* de nuit *f*
No. = number	Nummer *f*	numéro *m*
node	Knoten *m*	nœud *m*
no-delay traffic	Sofortverkehr *m*	trafic *m* direct
no-exit condition	gassenbesetzt	encombrement *m*

noise	Geräusch *n*	bruit *m*
	Rauschen *n*	
noise immunity	Störfestigkeit *f*	résistance *f* aux
		interférences *f/pl*
noise level	Störpegel *m*	niveau *m* de bruit *m*
noise suppression	Störunterdrückung *f*	suppression *f* de l'interférence *f*
noise suppression filter	Endstörfilter *m*	filtre *m* anti-parasite
noise voltage	Störspannung *f*	tension *f* perturbatrice
		tension *f* parasite
noise-reduction system	Rauschunterdrückungssystem *n*	système *m* de réduction *f* de
		bruit *m*
nominal bit rate	Nennbitrate *f*	flux *m* numérique nominal
nominal current	Nennstrom *m*	courant *m* nominal
nominal current, load	Nennstrom *m*, Last *f*	courant *m* nominal, charge *f*
nominal current, no load	Nennstrom *m*, Leerlauf *m*	courant *m* nominal, tension *f* à
		vide
nominal frequency	Nennfrequenz *f*	fréquence *f* nominale
		fréquence *f* assignée
nominal load	Nennlast *f*	charge *f* nominale
nominal voltage	Nennspannung *f*	tension *f* nominale
non-abbreviated call number	Langrufnummer *f*	numéro *m* complet
non-blocking (switching)	blockierungsfrei	système *m* non bloquant
	(Durchschaltung *f*)	
non-blocking switching matrix	Koppelfeld *n*,	réseau *m* de connexion *f* sans
	blockierungsfreies	blocage *m*
non-chargeable	gebührenfreie Verbindung *f*	communication *f* en franchise *f*
	gebührenfrei	appel *m* gratuit
		non soumis à la taxation *f*
		non-taxé
		gratuit
nonglare	blendfrei	antiaveuglant
nonlinear distortion	nichtlineare Verzerrung *f*	distortion *f* non linéaire
		distortion *f* de non-linéarité *f*
nonlinear distortion factor	Klirrfaktor *m*	coefficient *m* de distortion *f*
		harmonique
non-loaded	unbespult	non chargé
nonrecurring charge	einmalige Gebühr *f*	taxation *f* simple
nonrestricted	vollamtsberechtigt	non discriminé
		ayant la prise *f* directe
nonrestricted data traffic	datenverkehrsberechtigt	accès *m* au trafic *m* de
		données *f/pl*
nonrestricted dialing	amtsberechtigt	autorisation *f* globale réseau *m*
		prise *f* réseau *m* sans
		discrimination *f*
nonrestricted extension	Nebenstelle *f*,	poste *m* à sortie *f* illimitée
	vollamtsberechtigte	
nonrestricted local exchange	ortsamtsberechtigt	ayant accès *m* aux appels *m/pl*
dialing		locaux
nonrestricted trunk dialing	fernwahlberechtigt	numérotation *f* sans
		discrimination *f*
non-switched connection	festgeschaltete Verbindung *f*	circuit *m* point-à-point
		circuit *m* permanent
		connexion *f* non commutée
non-switched connection	festgeschaltetes	élément *m* de connexion *f* non
element	Verbindungselement *n*	commutée
non-switched ISDN	festgeschaltetes ISDN-	élément *m* de connexion *f* RNIS
connection element	Verbindungselement *n*	non commutée
normal position	Grundstellung *f* (Gerät *n*)	position *f* initiale
normally closed (nc) contact	Ruhekontakt *m*	contact *m* de repos *m*
		interrupteur *m* à contact *m* au
		repos

not connected	nicht beschaltet	non connecté
not required	entfällt	supprimé
not wired	nicht beschaltet	non connecté
note	Anmerkung *f*	remarque *f*
	Bemerkung *f*	observation *f*
	Fußnote *f*	noter
	vormerken	réserver
note bit	Merkbit *n*	bit *m* de test *m*
		bit *m* de repère *m*
note No.	Mitteilungsnummer *f*	numéro *m* d'information *f*
		numéro *m* de message *m*
notepad	Notiz *f* (Leistungsmerkmal *n*)	bloc-notes *m*
notification of chargeable time	Gebührenzuschreibung *f*	imputation *f* des unités *f/pl* de taxation *f*
null	ungültig	non valable
		nul
		annulé
number	Anzahl *f*	quantité *f*
		nombre *m*
number verification	rückprüfen	vérification *f* de numéro
numbering	Numerierung *f*	numérotage *m*
		numérotation *f*
numbering plan	Rufnummernplan *m*	plan *m* de numérotation *f*
numbering scheme	Numerierungsplan *m*	plan *m* de numérotage *m*
numerical combination block lock	Zahlenkombinationsblockschloß *n*	serrure *f* à combinaison *f*
nut	Mutter *f* (Schrauben)	écrou *m*
	Schraubenmutter *f*	

O

objecitve reference system test station	objektiver Bezugsdämpfungsmeßplatz *m* (OBDM)	appareil *m* de mesure *f* objective d'affaiblissement *m* équivalent = OREM
observe	beachten	observer prendre en considération *f* tenir compte
occupancy	Belegung *f*	occupation *f* prise *f*
octet	Byte *n*	octet *m*
offering signal	Anbietezeichen *n*	signal *m* d'offre *f*
offering signal amplifier	Anbietezeichenverstärker *m*	amplificateur *m* du signal *m* d'offre *m*
offering signal regenerator	Anbietezeichenverstärker *m*	amplificateur *m* du signal *m* d'offre *m*
offical trip	Dienstreise *f*	voyage *m* d'affaires *f/pl*
office communications	Bürokommunikation *f*	bureautique *f*
office telephone system	Bürotelefonanlage *f*	installation *f* téléphonique de bureau *m*
office workstation	Büro-Arbeitsplatz *m*	poste *m* de travail *m* de bureau *m*
office-information technology	Büroinformationstechnik *f*	bureautique *f*
official trip	Dienstgang *m*	démarche *f* administrative
off-load	unbelastet	déchargé
off-premises extension (OPX)	außenliegende Nebenstelle *f*	poste *m* distant
off-premises extension/station	Außennebenstelle *f*	poste *m* distant
omitted	entfällt	supprimé
one way	einseitig	à sens *m* unique simple face *f*
one-hand control	Einhandbedienung *f*	contrôle *m* d'une seule main *f*
one-out-of-ten code	Code *m* 1 aus 10	code *m* 1 parmi 10
one-time charge	einmalige Gebühr *f*	taxation *f* simple
one-way operation	Simplexbetrieb *m*	fonctionnement *m* en simplex *m*
one-way trunk	Leitung *f*, gerichtet betriebene	ligne *f* unidirectionnelle
on-hook	Einhängezeichen *n*	signal *m* de raccrochage *m*
on-hook dialing	Wahl *f* bei aufgelegtem Handapparat *m*	numérotation *f* sans décrocher
only if required	nur bei Bedarf *m*	seulement en cas *m* de nécessité *f* optionnel en option *f*
on/off (display)	ein/aus (Anzeige *f*)	allumé/éteint (affichage *m*)
open	öffnen	ouvrir
open listening	Lauthören	écoute *f* amplifiée *f*
open numbering	Numerierung *f*, offene	numérotation *f* ouverte
open systems interconnection	Kommunikation *f* offener Systeme *n/pl* offene Kommunikationssysteme *f/pl*	interconnexion *f* des systèmes *m/pl*
open-air line	Freileitung *f*	ligne *f* aérienne
operate	drücken erregen (Relais *n*)	appuyer actionner exciter (un relais *m*)
operate in the time-division multiplex mode	Zeitmultiplexbetrieb *m*, im ~ arbeiten	exploitation *f* en mode *m* temporel
operating capacity	Betriebskapazität *f*	capacité *f* effective
operating conditions	Betriebsbedingungen *f/pl*	conditions *f/pl* opératoires
operating control	Bedienungseinrichtung *f*	équipement *m* de commande *f*

operating earth	Betriebserde *f*	terre *f*
operating error	Bedienungsfehler *m*	erreur *f* de manipulation *f*
		erreur *f* d'opération *f*
operating facilities	Bedienungseinrichtung *f*	équipement *m* de commande *f*
operating feature	Betriebsmerkmal *n*	caractéristique *f* d'exploitation *f*
		faculté *f* de service *m*
operating instructions	Bedienungsanleitung *f*	mode *m* d'emploi *m*
operating mode	Betriebsart *f*	mode *m* opératoire
operating observation	Betriebsüberwachung *f*	monitoring *m*
		surveillance *f* système *m*
operating range (equipment)	Arbeitsbereich *m* (Gerät *n*)	domaine *m* d'utilisation *f*
operating reliability	Betriebssicherheit *f*	sécurité *f* de service *m*
		sécurité *f* de fonctionnement *m*
		sécurité *f* opérationelle
operating voltage	Betriebsspannung *f*	tension *f* de service *m*
		tension *f* de fonctionnement *m*
		tension *f* d'exploitation *f*
operation	Funktion *f*	fonction *f*
		exploitation *f*
operational earth	Betriebserde *f*	terre *f*
operational qualitiy	Betriebsgüte *f*	qualité *f* de service *m*
operational reliability	Betriebszuverlässigkeit *f*	fiabilité *f* opérationnelle
operational security	Betriebssicherheit *f*	sécurité *f* de service *m*
		sécurité *f* de fonctionnement *m*
		sécurité *f* opérationelle
operative	betriebsbereit	prêt à fonctionner
operator	Bedienungsperson *f*	opérateur *m*
	Vermittlung *f* (Person *f*)	opératrice *f*
operator circuit	Vermittlungssatz *m*	circuit *m* d'opératrice *f*
operator console	Vermittlungspult *n*	console *f* d'opératrice *f*
	Vermittlungstisch *m*	table *f* d'opératrice *f*
operator control	Vermittlungssteuerung *f*	commande *f* du poste *m*
		d'opérateur *m*
operator desk	Abfragetisch *m*	table *f* d'opératrice *f*
	Vermittlungstisch *m*	
operator panel	Bedientableau *n*	tableau *m* d'opérateur *m*
operator position	Abfrageapparat *m*	poste *m* d'opérateur *m* (P.O.)
	Abfrageplatz *m*	pupitre *m* d'opérateur *m*
	Abfragestelle *f*	position *f* de réponse *f*
	Vermittlungsapparat *m* (VA)	position *f* d'opératrice *f*
		poste *m* opératrice *f* (P.O.)
operator set	Abfrageapparat *m*	poste *m* d'opérateur *m* (P.O.)
		pupitre *m* d'opérateur *m*
operator's console	Bedienungsplatz *m*	poste *m* opérateur *m* (PO)
		position *f* d'opératrice *f*
operator's mistake	Bedienungsfehler *m*	erreur *f* de manipulation *f*
		erreur *f* d'opération *f*
operator-assisted call	platzvermittelte Verbindung *f*	appel *m* transféré par
		opératrice *f*
opposite system	Gegenanlage *f*	système *m* en duplex *m*
optical fiber	Lichtleitfaser *f*	fibre *f* optique
	Lichtwellenleiterfaser *f*	
optical transmission system	optische Übertragungssystem *n*	système *m* de transmission *f*
		optique
optional	nur bei Bedarf *m*	seulement en cas *m* de
		nécessité *f*
		optionnel
		en option *f*

optional extras	Ergänzungen *f/pl*	équipements *m/pl*
	Zusatzeinrichtungen *f/pl*	complémentaires
		équipements *m/pl* optionnels
		options *f/pl*
optocoupler	Optokoppler *m*	coupleur *m* optique
opto-electrical converter	optisch-elektrischer Wandler *m*	convertisseur *m* opto-électrique
optoelectronics	Optoelektronik *f*	optoélectronique *f*
OPX = off premises extension	außenliegende Nebenstelle *f*	poste *m* distant
OR circuit	Oder-Schaltung *f*	porte *f* OU
originating exchange	Ursprungsvermittlungsstelle *f*	central *m* d'origine *f*
originating register	Leitregister *n*	registre *m* de commande *f*
originating traffic	Ursprungsverkehr *m*	trafic *m* d'origine *f*
originator	Absender *m* (eines Rufes *m*)	appelant *m*
		usager *m* appelant *m*
originator (executive set DKC)	Einberufer *m* - Chefapparat *m*	maître *m* de conférence *f*
	DRE	(poste *m* chef *m*)
outage	Ausfall *m*	coupure *f*
		panne *f*
outband signaling	Signalisierung *f* außerhalb des	signalisation *f* hors bande *f*
	Sprachbandes	
outband signaling for carrier system	systemeigene Wahl *f*	signalisation *f* hors bande *f* pour système *m* à porteuse
outfitting	Bestückung *f*	équipement *m*
		arrangement *m*
		implantation *f*
		configuration *f*
outgoing	abgehend	sortant
		de départ *m*
outgoing call	abgehender Ruf *m*	appel *m* sortant
outgoing connection	abgehende Verbindung *f*	liaison *f* sortante
outgoing exchange call	abgehendes Amtsgespräch *n*	appel *m* PTT sortant
outgoing international traffic	abgehender Auslandsverkehr *m*	trafic *m* sortant international
outgoing line	abgehende Leitung *f*	ligne *f* départ *m*
outgoing long distance traffic	abgehender Fernverkehr *m*	trafic *m* sortant international
outgoing traffic	abgehender Verkehr *m*	trafic *m* sortant
outgoing trunk line	gehende Fernleitung *f*	circuit *m* interurbain de sortie *f*
		ligne *f* réseau *m* sortante
outgoing trunk queuing	selbsttätiger Rückruf *m*	rappel *m* automatique
outgoing trunk traffic	abgehender Fernverkehr *m*	trafic *m* sortant international
outlet	Steckdose *f*	prise *f* femelle
		douille *f*
output	Ausgabe *f*	édition *f*
		sortie *f*
output (informations, signals)	ausgeben (Werte *m/pl*,	émettre (signal *m*)
	Signale *n/pl*)	écrire (données *f/pl*)
output conductance (semiconductor)	Ausgangsleitwert *m* (Halbleiter)	conductance *f* de sortie *f*
output driver	Ausgangstreiber *m*	driver *m* de sortie *f*
output stage	Ausgangsstufe *f*	étage *m* de sortie *f*
output voltage	Ausgangsspannung *f*	tension *f* de sortie *f*
outside	außen	extérieur
		externe
outside camera	Außenkamera *f*	caméra *f* extérieure
outside extension/station	Außennebenstelle *f*	poste *m* distant
outside-broadcasting vehicle	Ü-Wagen *m*	car *m* de reportage *m*
out-slot signaling	Außenband-Kennzeichengabe *f*	signalisation *f* hors créneau *m*
	Außenband-Signalisierung *f*	temporel
overall amplification	Betriebsverstärkung *f*	gain *m* composite
overall attenuation	Betriebsdämpfung *f*	affaiblissement *m* composite
overall attenuation plan	Dämpfungsplan *m*	plan *m* d'affaiblissement *m*

overall control	Gesamtsteuerung *f*	commande *f* générale
		supervision *f*
overall layout	Übersichtsplan *m*	diagramme *m* schématique
		plan *m* général
overall loss	Betriebsdämpfung *f*	affaiblissement *m* composite
	Restdämpfung *f*	affaiblissement *m* effectif
overall loss plan	Dämpfungsplan *m*	plan *m* d'affaiblissement *m*
overall plan	Übersichtsplan *m*	diagramme *m* schématique
		plan *m* général
overflow	Überlauf *m*	débordement *m*
overhead cable rack	Flächenkabelrost *m*	châssis *m* de câble *m*
overhead line	Freileitung *f*	ligne *f* aérienne
overlap	übergreifen	couvrir
overlay network	überlagertes Netz *n*	réseau *m* de débordement *m*
overload	Überlastung *f*	surcharge *f*
overload protection	Überlastungsschutz *m*	protection *f* contre la
	Schutz *m* gegen hohes	surcharge *f*
	Verkehrsaufkommen *n*	protection *f* contre les
		surcharges *f/pl*
overload protection equipment	Spannungsschutzeinrichtung *f*	équipement *m* de protection *f*
		contre les surtensions *f/pl*
overnight rate	Nachttarif *m*	tarif *m* de nuit *f*
overvoltage	Überspannung *f*	surtension *f*
overvoltage protection equipment	Spannungsschutzeinrichtung *f*	équipement *m* de protection *f*
		contre les surtensions *f/pl*
overvoltage protector	Überspannungsableiter *m*	éclateur *m*
overvoltage surge arrester	Überspannungsableiter *m*	éclateur *m*

P

PABX = Private Automatic Branch Exchange	Fernsprech-Nebenstellanlage *f* Nebenstellenanlage *f* zentrale Einrichtung *f*	PABX *m*, autocommutateur *m* privé installation *f* téléphonique commutateur *m* (central)
packet switching **packet-switched network**	Paketvermittlung *f* Paketvermittlungsnetz *n*	commutation *f* par paquets *m/pl* réseau *m* de commutation *f* par paquets *m/pl*
pad **page** **paging base station**	Verlängerungsleitung *f* Seite *f* Funkruf-Feststation *f*	ligne *f* de prolongement *m* page *f* station *f* de recherche *f* de personnes *f/pl*
paging device	Personensuchanlage *f*	système *m* de recherche *f* de personnes *f/pl*
paging network	Funkrufnetz *n*	réseau *m* de recherche *f* de personnes *f/pl*
paging system	Personensuchanlage *f*	système *m* de recherche *f* de personnes *f/pl*
paging-service number	Funkrufdienst *m*	service *m* de recherche *f* de personnes *f/pl*
paket switching	Teilstreckentechnik *f* mit paketweiser Übertragung *f*	commutation *f* par paquet *m/pl*
PAM = Pulse Amplitude Modulation	Pulsamplituden-Modulation *f* (PAM)	MIA (modulation *f* d'impulsions *f/pl* en amplitude *f*)
panel	Frontplatte *f*	plaque *f* frontale face *f* avant
panel jack **paper jam** **paper-out alarm** **paper-supply-low alarm**	Einbaubuchse *f* Papierstau *m* Papieralarm *m* Papiervoralarm *m*	jack *m* encastré engorgement *m* du papier *m* alarme *f* fin *f* de papier *m* présignalisation *f* fin *f* de papier *m*
parabolic antenna **parallel code** **parallel connection** **parallel mode**	Parabolantenne *f* Parallelcode *m* Parallelschaltung *f* Parallelbetrieb *m*	antenne *f* parabolique code *m* parallèle *f* connexion *f* parallèle service *m* en parallèle *f* exploitation *f* en parallèle *f*
parallel operation	Parallelbetrieb *m*	service *m* en parallèle *f* exploitation *f* en parallèle *f*
parity bit **parity check** **park on busy**	Paritätsbit *n* Paritätskontrolle *f* Warten *n* auf Freiwerden *n*	bit *m* de parité *f* contrôle *m* de parité *f* attendre la libération *f* se mettre en file *f* d'attente *f*
part	Bauteil *n* Teil *n*	composant *m* pièce *f*
partial barring **partial failure** **partial resistor** **partially-restricted extension**	Teilsperre *f* Teilausfall *m* Teilwiderstand *m* Nebenstelle *f*, halbamtsberechtigte	discrimination *f* partielle défaillance *f* partielle résistance *f* partielle poste *m* à sortie *f* limitée
parts added	Bauteile *n/pl* hinzu	composants *m/pl* supplémentaires
parts dropped **parts list** **parts not required** **party-line** (station)	Bauteile *n/pl* entfallen Stückliste *f* Bauteile *n/pl* entfallen Gesellschaftsanschluß *m*	composants *m/pl* supprimés liste *f* de pièces *f/pl* détachées composants *m/pl* supprimés branchement *m* sur ligne *f* commune

pass on	übermitteln	transmettre
		commuter
		envoyer
path preselection	Wegevoreinstellung *f*	présélection *f* de lignes *f/pl*
path reservation	Wegereservierung *f*	réservation *f* de lignes *f/pl*
path search	Wegsuche *f*	recherche *f* de chemin *m*
		recherche *f* de lignes *f/pl*
path searching	Wegesuche *f*	recherche *f* de chemin *m*
		recherche *f* de lignes *f/pl*
path selection	Wegeauswahl *f*	sélection *f* de route *f*
path selection control	Wegeauswahlsteuerung *f*	gestion *f* de sélection *f* de route *f*
path selection store	Wegeauswahlspeicher *m*	mémoire *f* de sélection *f* de route *f*
path tracing unit	Verbindungssuchgerät *n*	équipement *m* de recherche *f* de voie *f*
path-finding program	Wegesuchprogramm *n*	programme *m* de recherche *f* de lignes *f/pl*
path-multiple grouping	Gruppierung *f* des Wegevielfachs	groupement *m* de multiples des routes *f/pl*
PATU = Panafrican Telecommunication Union	Panafrikanische Fernmeldeunion	Union Panafricaine des Télécommunications
PAX = private automatic exchange	Hauszentrale *f*	central *m* domestique, autocommutateur *m* local, autocommutateur *m* privé
pay telephone	Fernsprechzelle *f*	cabine *f* téléphonique
payphone (Am)	Münzfernsprecher *m*	taxiphone *m*
		appareil *m* téléphonique à jetons *m/pl*
PBX = Private Branch Exchange	Nebenstellenanlage *f* (mit Amtsanschluß *m*)	PABX *m*, autocommutateur *m* privé
	zentrale Einrichtung *f*	commutateur *m* (central)
PC board (PCB)	Leiterplatte *f* (LP)	circuit *m* imprimé
		carte *f*
		module *m*
PCB = PC board, printed-circuit board	Leiterplatte *f*	circuit *m* imprimé, carte *f*, module *m*
PCM = Pulse Code Modulation	Pulscode-Modulation *f*	MIC (modulation *f* par impulsions *f/pl* et codage *m*)
PCM system	PCM-System *n*	système *m* MIC
peak forward voltage (transistors)	Spitzendurchgangsspannung *f* (Transistoren *m/pl*)	tension *f* de pointe *f* en direct
peak hour	Hauptverkehrsstunde *f*	heure *f* chargée
		heure *f* de pointe *f*
peak load	Spitzenbelastung *f*	charge *f* de pointe *f*
peak reverse voltage (transistors)	Spitzensperrspannung *f* (Transistoren *m/pl*)	tension *f* de pointe *f* à l'état *m* bloqué
peak value (circuits)	Höchstwert *m* (Stromkreise *m/pl*)	valeur *f* pic
		valeur *f* maximum
peak voltmeter	Spitzenspannungsmessgerät *n*	voltmètre *m* de pointe *f*
perform a multiplex function	Multiplexbetrieb *m*, im Multiplexbetrieb arbeiten	exploitation *f* en multiplex *m*
performance feature	Leistungsmerkmal *n* (LM)	fonction *f*
		facilité *f*
periodic metering during a connection	Mehrfachzählung *f* während einer Verbindung *f*	taxation *f* périodique au cours *m* d'une communication *f*
periodic ring condition	Weiterruf *m*	répétition *f* d'appel *m*
periodic ringing condition	Weiterruf *m*	répétition *f* d'appel *m*
peripheral bus	Peripheriebus *m* (PB)	bus *m* périphérique

peripheral connection simulator	Peripherie-Anschluß-Simulator *m* (PAS)	simulateur *m* de connexion *f* périphérique *m*
peripheral equipment	Endgerät *n*	équipement *m* terminal terminal *m*
peripheral interface bus	Interface *n* Peripheriebus *m* (IPB)	bus *m* d'interface *m* périphérique
peripherals	Peripherie *f*	périphérie *f*
periphery	Peripherie *f*	périphérie *f*
permanent circuit service	Dienst *m* mit festen Verbindungen *f/pl*	service *m* de circuit *m* permanent
	Festverbindungsdienst *m*	service *m* de circuit *m* de télécommunications *f/pl* permanent
permanent circuit telecommunication service	Dienst *m* mit festen Verbindungen *f/pl*	service *m* de circuit *m* permanent
	Festverbindungsdienst *m*	service *m* de circuit *m* de télécommunications *f/pl* permanent
permanently connected circuit	festgeschaltete Verbindung *f*	circuit *m* point-à-point circuit *m* permanent connexion *f* non commutée
permanently connected line	festgeschaltete Leitung *f*	ligne *f* spécialisée ligne *f* louée liaison *f* fixe
permissible installation height above mean sea level	zulässige Aufstellungshöhe *f* über NN	altitude *f* admissible pour l'installation *f* par rapport *m* à la mer *f*
personal call	Voranmeldegespräch *n*	appel *m* avec préavis
person-to-person call (Am)	Voranmeldegespräch *n*	appel *m* avec préavis
perspective aspect	Perspektivdarstellung *f*	vue *f* éclatée
phantom circuit	Phantomleitung *f*	circuit *m* fantôme
	Viererleitung *f*	ligne *f* fantôme
phantom power supply	Phantomspeisung *f*	alimentation *f* fantôme *m*
phase constant	Kettenwinkelmaß *n*	déphasage *m* itératif
phase delay	Phasenlaufzeit *f*	temps *m* de propagation *f* de phase *f* déphasage *m*
phase lag	Phasenlaufzeit *f*	temps *m* de propagation *f* de phase *f* déphasage *m*
phase velocity	Phasengeschwindigkeit *f*	vitesse *f* de phase *f*
phrase intelligibility	Satzverständlichkeit *f*	netteté *f* pour les phrases *f/pl* netteté *f* de la parole
physical interface	physikalische Schnittstelle *f*	interface *f* physique
physical interface specification (physical interface)	physikalische Schnittstellenspezifikation *f*	spécification *f* d'interface *f* physique (interface physique)
pick up	abheben heranholen	décrocher capter
pick-out chain	Auswählkette *f*	chaîne *f* de sélection *f*
pick-up (relay)	erregen (Relais *n*)	exciter (un relais *m*)
picture	Bild *n*	figure *f* illustration *f* schéma *m*
picture engineer	Bildingenieur *m*	ingénieur *m* d'image *f*
picture original	Bildvorlage *f*	modèle *m*
picture transmission	Bildübertragung *f*	transmission *f* d'image *f*
picturephony	Bildtelefon *n*	vidéo-téléphone *m*
pilot control	Pilotüberwachung *f*	contrôle *m* de porteuse *f*
pilot lamp	Kontrollampe *f*	voyant *m* de contrôle *m* lampe *f* pilote *m*

pin	Stift *m*	broche *f*
pin configuration	Steckerbelegung *f*	affectation *f* du connecteur *m*
pin strip	Stiftleiste *f*	barrette *f* à broches *f/pl*
ping-pong (time-separation) technique	Zeitgetrenntlageverfahren *n*	technique *f* ping-pong
pink	rosa	rose
pipe	Rohr *n*	tube *m*
		tuyau *m*
plasma display	Plasmaanzeige *f*	affichage *m* par plasma *m*
plastic bag	Kunststoffbeutel *m*	sac *m* en plastique *m*
plated-through hole	durchkontaktierte Bohrung *f*	trou *m* métallisé
plated-through hole (PCB)	Auge *n*, durchplattiertes ~ (LP)	trou *m* métallisé
playback (microcassette)	Wiedergabe *f* (Mikrokassettenmodul *n*)	reproduction *f*
plublic address (PA) system	Beschallungsanlage *f*	système *m* d'annonces *f/pl*
plug	Stecker *m*	connecteur *m*
		prise *f* mâle
plug connections	Steckerbelegung *f*	affectation *f* du connecteur *m*
plug connector	Steckverbinder *m*	embase *f*
plug connector field	Steckerfeld *n*	ensemble *m* de connecteurs *m/pl*
plug holder	Stecksockel *m*	socle *m* à fiches *f/pl*
plug pin	Steckerstift *m*	douille *f* mâle
plug receptacle (Am)	Steckdose *f*	prise *f* femelle
		douille *f*
plug transformer	Steckertransformator *m*	adapteur *m* de prise *f*
plugged	gesteckt	enfiché
plug-in card	Steckkarte *f*	carte *f* enfichable
plug-in mains unit	Steckernetzgerät *n*	alimentation *f* enfichable
plug-in module	Steckbaugruppe *f*	module *m* enfichable
	steckbare Baugruppe *f*	
plug-in point	Steckerpunkt *m*	point *m* de connexion *f*
plug-in position	Einsteckplatz *m*	emplacement *m* de la carte *f*
plug-in switchboard cable	steckbares Schaltkabel *n*	câble *m* de liaison *f* enfichable
plug-in unit	Steckbaugruppe *f*	module *m* enfichable
pocket receiver	Personenrufempfänger *m*	récepteur *m* de poche *f*
point connection	Punktverbindung *f*	liaison *f* point *m* à point *m*
point contact diode	Spitzendiode *f*	diode *f* à pointe *f*
point-to-multipoint connection	Punkt-zu-Mehrpunkt-Verbindung *f*	connexion *f* point *m* à multi-point *m*
point-to-multipoint ISDN connection	ISDN-Punkt-zu-Mehrpunkt-Verbindung *f*	connexion *f* RNIS point-multipoints
point-to-point circuit	festgeschaltete Verbindung *f*	circuit *m* point-à-point
		circuit *m* permanent
		connexion *f* non commutée
point-to-point communication	Punkt-zu-Punkt Verbindung *f*	connexion *f* point *m* à point
point-to-point connection	Punkt-zu-Punkt Verbindung *f*	connexion *f* point *m* à point
point-to-point ISDN connection	ISDN-Punkt-zu-Punkt-Verbindung *f*	connexion *f* RNIS point-à-point
polling call	Serienverbindung *f*	liaison *f* série
pollution	Verunreinigung *f*	pollution *f*
port	Anschluß *m*	connexion *f*
		raccordement *m*
		port *m*
		ligne *f*
position	Anschlußlage *f*	couche *f* de raccordement *m*
	Lage *f* (räumliche)	position *f* de raccordement *m*
		emplacement *m*
position control and monitoring relay set	Platzkontroll- und Mithörrelaissatz *m*	système *m* de relais *m* pour oberservation *f* d'une table *f*
position finder	Platzsucher *m*	recherche *f* d'une opératrice *f* libre

position group	Platzgruppe *f*	standard *m*
		pupitre *m*
position number	Positionsnummer *f*	numéro *m* d'emplacement *m*
position searcher	Platzsucher *m*	recherche *f* d'une opératrice *f* libre
position seizure	Platzbelegung *f*	prise *f* de ligne *f* opératrice *f*
position selector	Platzwähler *m*	emplacement *m* d'opératrice *f*
positive voltage	Plusspannungsüberwacher *m*	contrôleur *m* de tension *f* positive
postdialing	Nachwahl *f*	post-sélection *f*
		suffixe *m*
post-dialing delay	Rufverzug *m*	délai *m* d'attente *f* de la tonalité *f* de retour *m* d'appel *m*
		retard *m* d'appel *m*
power amplification	Leistungsverstärkung *f* (Halbleiter *m*)	amplification *f* de puissance *f*
power amplifier	Leistungsverstärker *m*	amplificateur *m* de puissance *f*
power cable connection	Netzkabelanschluß *m*	branchement *m* de câble *m* secteur *m*
		branchement *m* de câble *m* d'alimentation *f*
power connecting cable	Netzkabel *n*	câble *m* secteur *m*
		câble *m* d'alimentation *f*
power connection	Netzanschluß *m* (Lichtnetz)	branchement *m* secteur *m*
		alimentation *f* secteur *m*
power consumption	Energiebedarf *m*	consommation *f* en énergie *f*
	Stromaufnahme *f*	consommation *f* de courant *m*
power consumption (watts)	Leistungsverbrauch *m* (Watt)	consommation *f* de puissance *f*
power cord	Netzanschlußkabel *n*	câble *m* d'alimentation *f*
power dissipation	Wärmeabfuhr *f*	dissipation *f* de chaleur *f*
power fail restart	Netzausfall-Restart *m*	redémarrage *m* aprés panne *f* de secteur *m*
power induction noise	Starkstromgeräusch *n*	bruit *m* d'induction *f*
power line	Netzleitung *f*	câble *m* secteur *m*
power loss	Verlustleistung *f*	puissance *f* dissipée
power meter	Leistungsmesser *m*	wattmètre *m*
power outage (Am)	Netzausfall *m*	panne *f* de secteur *m*
power supply	Energie-, Stromversorgung *f*	alimentation *f*
		alimentation d'énergie *f*
		approvisionnement *m* en énergie *f*
		alimentation *f* de courant *m*
power supply circuit noise	Stromversorgungsgeräusch *n*	bruit *m* d'alimentation *f*
power supply interface	Versorgungsschnittstelle *f*	interface *f* d'alimentation *f*
power-level gain (semiconductor)	Leistungsverstärkung *f* (Halbleiter *m*)	amplification *f* de puissance *f*
power-up routine	Einschalteroutine *f* (ER)	routine *f* de mise *f* sous tension *f*
pre-dialing delay	Wähltonverzug *m*	attente *f* de tonalité *f* d'invitation *f* à numéroter
pre-emphasis	Vorverzerrung *f*	pré-accentuation *f*
pre-empt	verdrängen	repousser
		déplacer
prefix	Kennung *f*, vorgesetzte Verkehrsausscheidungszahl *f*, -ziffer *f* Vorwahl *f*	préfixe *m*
premature dialing	Frühwahl *f*	numérotation *f* prématurée

premature disconnection	vorzeitige Verbindungsauflösung *f* vorzeitiges Auftrennen *n*	déconnexion *f* prématurée libération *f* prématurée
preparation	Vorbereitung *f*	préparation *f*
pre-selection of external lines	Vorbelegung *f* (Reservierung *f*) von Amtsleitungen *f/pl*	pré-sélection *f* de lignes *f/pl* externes
press	drücken	appuyer actionner
pressed (key)	gedrückte (Taste *f*)	appuyée (touche *f*)
press-to-talk system	Wechselsprechanlage *f*	installation *f* d'intercommunication *f*
pressure connector	Druck- *m*, Andruckverbinder *m*	connecteur *m* par pression *f*
pretelegram	Vortelegramm *n*	pré-télégramme *m*
prevent (from)	verhindern	préserver protéger
preventive maintenance	Unterhaltung *f*, vorbeugende Wartung *f*, vorbeugende	maintenance *f* préventive entretien *m* préventif
primary image	Hauptbild *n*	image *f* primaire
primary rate access	Primärmultiplexanschluß *m*	accès *m* primaire multiplex *m*
primary trunk group	Direktbündel *n*	faisceau *m* de premier choix *m*
primary-switched power supply	primärgetaktete Stromversorgung *f*	alimentation *f* primaire commutée
principle layout	Prinzipschaltbild *n*	schéma *m* de principe *m*
print roll	Druckrolle *f* (Drucker *m*)	rouleau *m* d'impression *f*
printed circuit	gedruckte Schaltung *f*	circuit *m* imprimé
printer	Drucker *m* Protokolldrucker *m*	imprimante *f*
print-out	Ausdruck *m*	sortie *f* machine *f* impression *f* édition *f*
priority button	Bevorrechtigungstaste *f*	bouton *m* priorité *f* touche *f* priorité *f*
priority extension	bevorrechtigte Nebenstelle *f*	poste *m* prioritaire
Private (Automatic) **Branch Exchange** (PABX, PBX)	Vermittlungseinrichtung *f*	PABX *m* autocommutateur *m* privé équipement *m* de commutation *f*
private automatic exchange (PAX)	Hauszentrale *f*	central *m* domestique autocommutateur *m* local autocommutateur *m* privé
private communication system	privates Kommunikationssystem *n*	système *m* de communication *f* privé
private communications engineering	private Kommunikationstechnik *f*	technique *f* de communication *f* privée
private exchange (PX)	Privatfernsprechanlage *f*	installation *f* téléphonique *m* privée
private network	privates Netz *n*	réseau *m* privé
Private Telecommunication Network (PTN)	Nebenstellenanlage *f*, automatische (W) Telekommunikationsanlage *f* (auf einem Grundstück *n*) Telekommunikationssystem *n* (auf mehreren Grundstücken *n/pl*)	installation *f* téléphonique d'abonnés *m/pl* réseau *m* privé d'entreprise *f*
procedure	Ablauf *m* (Verfahren *n*)	procédure *f*
proceed-to-dial	Wählaufforderung *f*	invitation *f* à numéroter
proceed-to-dial condition	Wählbereitschaft *f*	état *m* de disponibilité *f* pour la numérotation *f*
proceed-to-dial detector	Wahlbereitschaftsfühler *m*	détecteur *m* de disponibilité *f* pour la numérotation *f*

proceed-to-dial signal	Wahlaufforderungszeichen *n* Wahlbeginnzeichen *n*	signal *m* de numérotation *f* signal *m* de début *m* de numérotation *f*
proceed-to-select signal	Wahlabrufzeichen *n*	signal *m* d'invitation *f* à numéroter
process control (videotex modem)	Ablaufsteuerung *f* (BTX- Modem)	commande *f* séquentielle
processing (EDP)	Bearbeitung *f* (EDV)	traitement *m*
processor bus	Prozessorbus *m* (PRB)	bus *m* du processeur *m*
processor unit	Prozessoreinheit *f* (PE)	processeur *m* unité *f* centrale
procurement time	Beschaffungszeitraum *m*	temps *m* d'approvisionnement *m*
production data gathering	Fertigungsdatenerfassung *f*	saisie *f* de données *f/pl* de fabrication *f*
production direction	Fernsehregie *f*	régie *f* de production *f*
professional radio equipment	Betriebsfunk *m*	radiotechnique *f* professionnelle
program abortion	Programmabbruch *m*	interruption *f* de programme *m*
program control	Programmsteuerung *f*	gestion *f* de programme *m*
program delay time	Programmlaufzeit *f*	temps *m* d'exécution *f* de programme *m*
program direct selection	Programmdirektwahl *f*	sélection *f* directe programmée
program field	Programmfeld *n*	zone *f* de programme *m*
program list	Programmliste *f* (PL)	liste *f* de programme *m*
program panel	Programmfeld *n*	zone *f* de programme *m*
program plug panel	Programmsteckerfeld *n*	tableau *m* de fiches *f/pl* programme
program selection	Programmauswahl *f*	sélection *f* de programme *m*
programmable access code	Ausscheidungsziffer *f*	code *m* d'accès *m* programmable
propagation constant	Übertragungskonstante *f* Fortpflanzungskonstante *f*	constante *f* de propagation *f* constante *f* de transmission *f*
propagation factor	Übertragungskonstante *f*	constante *f* de propagation *f* constante *f* de transmission *f*
propagation time	Laufzeit *f*	temps *m* de propagation *f*
property-protection system	Objektschutzsystem *n*	système *m* de protection *f* des objets *m/pl*
protected (Brit)	abgeschirmt	blindé (inf. blinder) protégé (inf. protéger)
protected data connection	geschützte Datenverbindung *f*	liaison *f* de données *f/pl* protégée
protection	Schutz *m*	protection *f*
protection earth	Schutzerde *f* (PE)	terre *f* de protection *f*
protection ground	Schutzerde *f* (PE)	terre *f* de protection *f*
protective circuit	Schutzschaltung *f*	circuit *m* de protection *f*
protocol	Protokoll *n*	protocole *m*
protocol reference model	Protokoll-Referenzmodell *n*	modèle *m* de référence *f* de protocoles *m/pl*
provided	bestückt	équipé
provision	Bereitstellung *f*	préparation *f* mise *f* en place *f* mise *f* à disposition *f*
psophometric voltage	Geräuschspannung *f*	bruit *m* pondéré tension *f* psophométrique
PSTN = public switched telephone network	Fernsprechnetz *n* (öffentliches)	réseau *m* téléphonique public, réseau *m* téléphonique commuté
PTN = Private Telecommunication Network	Nebenstellenanlage *f*, automatische (W) Telekommunikationsanlage *f* (auf einem Grundstück)	installation *f* téléphonique d'abonnés *m/pl*, reseau *m* privé d'entreprise *f* réseau *m* privé d'entreprise *f*

PTT	Postbehörde *f*	autorités *f/pl* postales
PTT network	Postnetz *n*	réseau *m* PTT
public authority	Behörde *f*	autorités *f/pl*
public communications systems	öffentliche Kommunikationssysteme *n/pl*	systèmes *m/pl* de communications *f/pl* publics
public data network	öffentliches Datennetz *n*	réseau *m* public de données *f/pl*
public digital switching system	öffentliches Digital-Vermittlungssystem *n*	système *m* numérique de commutation *f* publique
public exchange	öffentliche Vermittlungsstelle *f* Amt *n*	central *m* public central *m* téléphonique
public exchange engineering	öffentliche Vermittlungstechnik *f*	technique *f* de commutation *f* publique
public exchange subscriber	Teilnehmer, Amts- *m*	abonné *m* du réseau *m* public
public service office	Dienststelle *f*	bureau *m* de service *m* public
public switched telephone network (PSTN)	Fernsprechnetz *n* (öffentliches)	réseau *m* téléphonique public réseau *m* téléphonique commuté
public switching system	öffentliches Vermittlungssystem *n*	centre *m* de commutation *f* public
public telephone network (ATN)	öffentliches Netz *n*	réseau *m* public
public transport authority	kommunale Verkehrsbetrieb *m*	autorité *f* des transports *m/pl* publics
public-address (PA) system	Beschallungssystem *n*	système *m* d'annonces *f/pl*
pulg-in board	Steckkarte *f*	carte *f* enfichable
pull relief	Zugentlastung *f*	décharge *f* de traction *f* soutenu en traction *f*
pulse	Impuls *m*	impulsion *f*
pulse absorbtion	Impulsunterdrückung *f*	suppression *f* des impulsions *f/pl*
pulse behaviour	Impulsverhalten *n*	comportement *m* des impulsions *f/pl*
Pulse Code Modulation (PCM)	PCM (Pulscode-Modulation *f*)	MIC (modulation *f* par impulsions *f/pl* et codage *m*)
pulse counter	Taktzähler *m*	compteur *m* d'impulsions *f/pl* cadencement *m*
pulse dialing	Impulswahl *f*	numérotation *f* décimale
pulse dialing method	Impulswahlverfahren *n* (IWF)	procédure *f* de numérotation *f* décimale système *m* de numérotation *f* décimale principe *m* de numérotation *f* décimale
pulse dialing principle	Impulswahlverfahren *n* (IWF)	procédure *f* de numérotation *f* décimale système *m* de numérotation *f* décimale principe *m* de numérotation *f* décimale
pulse dialing receiver	Impulswahlempfänger *m*	récepteur *m* de numérotation *f* décimale
pulse dialing sender	Impulswahlsender *m*	émetteur de numérotation *f* décimale
pulse dialing system	Impulswahlverfahren *n* (IWF)	procédure *f* de numérotation *f* décimale système *m* de numérotation *f* décimale principe *m* de numérotation *f*· décimale
pulse dialing transmitter	Impulswahlsender *m*	émetteur de numérotation *f* décimale

pulse duration	Impulsdauer *f*	durée *f* d'impulsion *f*
pulse edge	Pulsflanke *f*	flanc *m* d'impulsion *f*
pulse frequency	Pulsfrequenz *f*	fréquence *f* d'impulsion *f*
pulse generation	Takterzeugung *f*	générateur *m* d'impulsions *f/pl*
pulse ratio	Impulsverhältnis *n*	rapport *m* d'impulsions *f/pl*
pulse repetition	Impulswiederholung *f*	répétition *f* d'impulsion *f*
pulse shape	Pulsform *f*	forme *f* de l'impulsion *f*
pulse signal	Impulskennzeichen *n* (IKZ)	code *m* d'identification *f* de l'impulsion *f* signalisation *f* par impulsions *f/pl*
pulse signaling	Impulskennzeichen *n* (IKZ) Impulssignalisierung *f*	code *m* d'identification *f* de l'impulsion *f* signalisation *f* par impulsions *f/pl*
pulse supervisory relay	Wahlbegleitrelais *n*	relais *m* d'impulsion *f* d'appel *m*
pulse supervisory signal	Wahlbegleitzeichen *n*	signal *m* d'impulsion *f* d'appel *m*
pulse suppression	Impulsunterdrückung *f*	suppression *f* des impulsions *f/pl*
pulse train	Impulsfolge *f* (Serie *f*)	train *m* d'impulsions *f/pl*
pulse-amplitude modulation (PAM)	Pulsamplitudenmodulation *f* (PAM)	modulation *f* par amplitude *f* d'impulsion *f*
pulse-code modulation (PCM)	Pulscode-Modulation *f* (PCM)	modulation *f* par impulsion *f* codée (MIC)
pulse-frequency modulation (PFM)	Pulsfrequenzmodulation *f* (PFM)	modulation *f* par fréquence *f* d'impulsion *f*
pulsing keysender	Impulszahlgeber *m*	générateur *m* d'impulsions *f/pl*
pulsing system	Impulsverfahren *n*	technique *f* par impulsions *f/pl*
punched card reader	Lochkartenleser *m*	lecteur *m* de cartes *f/pl* perforées
punched tape reader	Lochstreifenleser *m*	lecteur *m* de rubans *m/pl* perforés
Pupin coil	Pupinspule *f*	bobine *f* de pupinisation *f*
pushbutton	Druckknopf *m* Taste *f*	bouton *m* poussoir *m* touche *f* bouton *m*
pushbutton assignment	Tastenzuteilung *f*	affectation *f* par clavier *m*
pushbutton block	Tastenblock *m*	bloc *m* à touches *f/pl* pavé *m* de touches *f/pl*
pushbutton dialing	Tastenwahl *f*	numérotation *f* clavier *m*
pushbutton selection	Tastwahl *f*	numérotation *f* clavier *m*
pushbutton selection receiver	Tastwahl-Empfänger *m*	récepteur *m* à clavier *m*
pushed (key)	gedrückte (Taste *f*)	appuyée (touche *f*)
PX = private exchange	Nebenstellenanlage *f*	installation *f* téléphonique *m* privée

Q

quality class	Qualitätsklasse *f*	classe *f* de qualité
quality control protocol	Güteprüfprotokoll *n*	protocole *m* de contrôle *m* qualité *f*
quantity	Anzahl *f*	quantité *f*
		nombre *m*
quantization noise	Quantisierungsgeräusch *n*	bruit *m* de quantification *f*
quartz oscillator	Schwingquarz *m*	oscillateur *m* à quartz *m*
quasi pushbutton dialing	Tastwahl *f*, unechte	numérotation *f* clavier *m* fictive
quenching diode	Löschdiode *f*	diode *f* d'amortissement *m*
queue	Warteschlange *f*	file *f* d'attente *f*
queue relay set	Wartefeldrelaissatz *m*	relais *m* de file d'attente
queue seizure	Wartefeldbelegung *f*	occupation *f* de file *f* d'attente *f*
queuing	Warten *n* auf Freiwerden *n*	attendre la libération *f*
		se mettre en file *f* d'attente *f*
queuing field display	Wartefeldanzeige *f*	tableau *m* d'attente *f*
		afficheur *m* de file *f* d'attente
quick	schnell	vite
		rapide
quick acting (fuse)	flink (bei Sicherungen *f/pl*)	fusion *f* rapide
quick-call button	Schnellruftaste *f*	touche *f* d'appel *m* rapide
		touche *f* d'appel *m* direct
quick-call key	Schnellruftaste *f*	touche *f* d'appel *m* rapide
		touche *f* d'appel *m* direct

R

rack	Gestell *n*	support *m*
	Gestellrahmen *m*	rack *m*
	Rahmen *m*	bâti *m*
		baie *f*
rack line	Gestellreihe *f*	travée *f*
rack row	Gestellreihe *f*	travée *f*
radio alarm	Funkalarm *m*	alarme *f* radio *f*
radio alarm system	Funkalarmsystem *n*	système *m* d'alarme *f* radio *f*
radio and television	Fernseh- und	technique *f* radio *f* et
engineering	Rundfunktechnik *f*	télévision *f*
radio broadcasting	Funkübertragung *f*	transmission *f* radio *f*
(private) **radio center**	Funkzentrale *f*	central *m* radio *f*
Radio Data System (RDS)	RDS	RDS
		système *m* de données *f/pl* radio
radio engineering	Rundfunktechnik *f*	technique *f* radio
radio hop	Funkfeld *n*	champs *m* hertzien
radio link	Funkverbindung *f*	liaison *f* radio *f*
radio network	Funknetz *n*	réseau *m* de radio *f*
radio reception	Rundfunkempfang *m*	réception *f* radio
radio system	Funksystem *n*	système *m* radio *f*
radio technology	Funktechnik *f*	radiotechnique *f*
	Rundfunktechnik *f*	technique *f* radio
radio telephone system	Funkfernsprechsystem *n*	système *m* de radio-téléphone *m*
radio-exchange facilities	Funkvermittlungseinrichtung *f*	dispositif *m* de commutation *f*
		radio *f*
radiofrequency interference	Hochfrequenzstörung *f*	perturbation *f* haute
(RFI)		fréquence *f*
radio-link installation	Richtfunkanlage *f*	installation *f* de liaison *f* radio
radiopaging and information	Personenruf- und	système *m* d'information *f* et
system	Informationsanlage *f*	recherche *f* de personnes *f/pl*
radio-relay system	Richtfunk *m*	système *m* radio à micro-
		ondes *f/pl*
radiotelephone	Sprechfunkgerät *n*	radio-téléphone *m*
radiotelephone (public)	Funktelefon *n*	radiotéléphone *m*
radiotelephone system	Sprechfunkanlage *f*	installation *f* radio-téléphonique
random check	Stichprobe *f*	contrôle *m* aléatoire
range	Bereich *m*	zône *f*
	Reichweite *f*	gamme *f*
		plage *f*
		secteur *m*
		portée *f*
rapid	schnell	vite
		rapide
rate accounting	Gebührenaufzeichnung *f*	enregistrement *m* de la
		taxation *f*
rate district	Gebührenbezeichnung *f*	circonscription *f* de taxes *f/pl*
rate meter	Tarifgerät *n*	taxeur *m*
rate structure	Gebührengestaltung *f*	système *m* de taxation *f*
		(principe)
rated frequency	Nennfrequenz *f*	fréquence *f* nominale
		fréquence *f* assignée
rated load	Nennlast *f*	charge *f* nominale
rated voltage	Nennspannung *f*	tension *f* nominale
RC (resistance-capacitance)	RC-Glied *n*	circuit *m* RC
element		

reach	erreichen	atteindre
		parvenir à
		obtenir
read out	ausspeichern	lire la mémoire *f*
		extraire
read out (data)	ausgeben (Werte *m/pl*,	émettre (signal *m*)
	Signale *n/pl*)	écrire (données *f/pl*)
read-in control	Einspeichersteuerung *f*	commande *f* de sauvegarde *f*
read-only memory (ROM)	Festspeicher *m*	mémoire *f* morte
		ROM
read-write memory	Schreiblesespeicher *m*	mémoire *f* d'écriture/lecture *f*
ready condition	Bereitzustand *m*	prêt
ready for data	Übertragungsbereitschaft *f*	prêt à transmettre
ready for operation	betriebsbereit	prêt à fonctionner
ready key	Bereitschaftstaste *f*	bouton *m* de disponibilité *f*
ready-to-operate button	Bereitschaftstaste *f*	bouton *m* de disponibilité *f*
rear side	Rückseite *f*	côté *m* postérieur
	Verdrahtungsseite *f*	côté *m* arrière
		côté *m* câblage *m*
re-arrangement of a call	Verlagern *n* einer Verbindung *f*	réarrangment *m* d'une
		communication *f*
reason for modification	Änderungsgrund *m*	raison *f* de modification *f*
		motif *m* de modification *f*
recall	Rückruf *m*	rappel *m*
	Wiederanruf *m*	retour *m* d'appel *m*
		rappel *m* automatique
receipt signal	Quittungszeichen *n*	signal *m* d'accusé *m*
		signal *m* de réception *f*
receive not ready (RNR)	nicht empfangsbereit	non disponible pour la
		réception *f*
receive path	Empfangsleitung *f*	ligne *f* de réception *f*
receive wire	Empfangsader *f*	fil *m* de réception *f*
received clock pulse	Empfangstakt *m*	impulsion *f* de réception *f*
receiver	Empfänger *m*	destinataire *m*
	Empfangseinrichtung *f*	récepteur *m*
	Empfangsgerät *n*	appareil *m* de réception *f*
	Hörer *m*	combiné *m*
receiver capsule	Hörkapsel *f*	capsule *f* réceptrice
receiver inset	Hörkapsel *f*	capsule *f* réceptrice
receiving bus	Empfangssammelschiene *f*	bus *m* de réception *f*
	(ESA)	
receiving equipment	Empfangseinrichtung *f*	récepteur *m*
receiving frequency	Empfangsfrequenz *f*	fréquence *f* de réception *f*
receiving module	Empfangsmodul *n*	module *m* récepteur
receiving reference loss	Empfangsbezugdämpfung *f*	équivalent *m* de référence *f* à la
		réception *f*
		affaiblissement *m* de référence *f*
		de réception *f*
receiving subscriber	Empfangsteilnehmer *m*	abonné *m* destinataire *m*
		abonné *m* récepteur *m*
receptacle	Steckhülse *f*	prise *f* femelle
reception	Empfangen *n*	réception *f*
reception confirmation	Empfangsbestätigung *f*	confirmation *f* de réception *f*
		acquit *m*
		signal *m* d'acquit *m*
reception equipment	Empfangsanlage *f*	équipement *m* de réception *f*
reception facility	Empfangsanlage *f*	équipement *m* de réception *f*
reception monitor	Empfangsmonitor *m*	moniteur *m* de réception *f*
reception quality	Empfangsqualität *f*	qualité *f* de réception *f*
reciprocal (value)	Kehrwert *m* (Math.)	valeur *f* réciproque

recognition (signal)	Erkennung *f* (Signalisierung *f*)	reconnaissance *f* détection *f*
recognition circuit	Erkenner *m*	identificateur *m*
recognition system	Erkennungsmethode *f*	méthode *f* de reconnaissance *f*
recognizer	Erkenner *m*	identificateur *m*
recommanded	vorgeschlagen	recommandé
record	Zeugnis *n*	certificat *m*
recorded information service	Ansagedienst *m*	service *m* des annonces *f/pl* appels *m/pl* renseignements *m/pl*
recorder system	Aufzeichnungssystem *n*	système *m* d'enregistrement *m*
recording	Aufzeichnung *f*	enregistrement *m*
recording set	Registriersatz *m*	équipement *m* d'enregistrement *m*
recording store	Registrierspeicher *m*	mémoire *f* d'enregistrement *m*
rectifier	Gleichrichter *m*	redresseur *m*
rectifier unit	Gleichrichtergerät *n*	appareil *m* redresseur *m* alimentation *f*
red	rot	rouge
redialing	Wahlwiederholung *f*	répétition *f* du dernier numéro *m* composé répétition *f* de la numérotation *f*
redirection of calls	Umleiten *n* von Verbindungen *f/pl*	ré-acheminement *m* des appels *m/pl*
reduced night-time rate	verbilligter Nachttarif *m*	tarif *m* de nuit *f* (réduit)
reduced rate	verbilligter Tarif *m*	tarif *m* réduit
reduction factor	Reduzierungsfaktor *m*	facteur *m* de réduction *f*
redundancy	Redundanz *f* Weitschweifigkeit *f*	redondance *f*
reed relay	Herkon-Relais *n*	relais *m* reed
Ref. No. = reference number	Sachnummer *f*	numéro de référence *f*
refer-back call (Brit)	Rückfrage *f* Rückfragegespräch *n*	double appel *m* attente *f* pour recherche *f* rétro-appel *m*
refer-back coupler	Rückfragekoppler *m*	coupleur *m* de rétro-appel *m*
refer-back during a call	Rückfragen *f/pl* während eines Gespräches *n*	consultation *f* pendant une conversation *f*
refer-back extension	Rückfrageteilnehmer *m*	abonné *m* de rétro-appel *m* poste *m* de rétro-appel *m*
reference circuit	Bezugsverbindung *f* Eichleitung *f*	circuit *m* de référence *f* ligne *f* d'étalonnage *m* circuit *m* d'étalon *m*
reference configuration	Bezugskonfiguration *f*	configuration *f* de référence *f*
reference equivalent	Bezugsdämpfung *f*	affaiblissement *m* équivalent
reference frequency	Vergleichsfrequenz *f*	fréquence *f* de référence *f*
reference information tone	Hinweiston *m*	tonalité *f* d'information *f* spéciale tonalité *f* modulée
reference level	Bezugspegel *m*	niveau *m* de référence *f*
reference number (Ref. No.)	Sachnummer *f*	numéro de référence *f*
reference point	Bezugspunkt *m* Referenzpunkt *m*	point *m* de référence *f*
reference value	Sollwert *m*	valeur *f* de référence *f* paramètre *m* de référence *f*
regenerate	regenerieren	régénérer
regeneration	Entdämpfung *f*	compensation *f* de l'armortissement *m* régénération *f*
regenerator	Regenerator *m*	régénérateur *m*
regional key	Regionaltaste *f*	touche *f* régionale
register	Register *n*	index *m*

register character	Registersignal *n*	signal *m* de registre *m*
register control	Registersteuerung *f*	gestion *f* de registre *m*
register coupling group	Registerkoppelgruppe *f*	groupe *m* de connexions *f/pl* de registre *m*
register group connector	Registergruppenverbinder *m*	connecteur *m* de groupes *m/pl* de registre *m*
register mark	Registersignal *n*	signal *m* de registre *m*
register marker	Register-Markierer *m*	marqueur *m* de registre *m*
register request	Anforderung *f* Register *n*	demande *f* de registre *m*
register signal	Registerzeichen *n*	signal *m* de registre *m*
register store	Registerspeicher *m*	mémoire *f* de registre *m*
register switching network	Registerkoppelnetz *n*	réseau *m* de connexion *f* de registre *m*
register unit	Registergerät *n*	enregistreur *m*
regularity return loss (Brit)	Rückflußdämpfung *f*	affaiblissement *m* de régularité *f*
regulating key	Stelltaste *f*	touche *f* de réglage *m*
relative humidity	relative Luftfeuchte *f*	humidité *f* relative
relative level	relativer Pegel *m*	niveau *m* relatif
relay	Relais *n*	relais *m*
relay bus	Relaisschiene *f*	bus *m* relais *m*
relay keysender	Relaiszahlengeber *m*	clavier *m* à relais *m*
relay repeater	Relaisverstärker *m*	station *f* répétrice
relay set	Relaissatz *m*	jeu *m* de relais *m/pl*
relay station	Relaisstation *f*	station *f* relais *m* répétiteur *m*
relay store	Relaisspeicher *m*	mémoire *f* à relais *m*
relay strip	Relaisstreifen *m*	barette *f* à relais *m*
relay technology	Überleittechnik *f*	technique *f* de transition *f*
release	Abwurf *m*	retour *m*
	Freigabe *f*	libération *f*
	freischalten	déblocage *m* libérer
release (button)	loslassen (Taste *f*)	relâcher (touche *f*)
release (connection)	auslösen (Verbindung *f*)	libérer (une communication *f*)
release delay	Abfallverzögerung *f*	retard *m* au déclenchement *m* retombée *f* temporisée
release delay time	Auslöse-Verzögerungszeit *f*	retard *m* de libération *f*
release guard signal	Auslösequittungszeichen *n*	signal *m* d'acquit *m* de libération *f*
release pulse	Auslöseimpuls *m*	impulsion *f* de libération *f*
release signal	Auslösezeichen *n*	signal *m* de libération *f* (de ligne *f*)
release time	Auslösedauer *f*	temps *m* de libération *f*
release time (relay)	Abfallzeit *f* (Relais)	temps *m* de déplacement *m* (relais *m*) temps *m* de relâchement *m* (relais *m*)
release time (signal)	Abklingzeit *f* (Signal *n*)	durée *f* de retour *m* au zéro *m* temps *m* d'amortissement *m*
releasing a line	Entsperren einer Leitung *f*	déblocage *m* d'une ligne *f*
reliability	Zuverlässigkeit *f*	fiabilité *f*
remaining	restliche	résiduel
reminder lamp	Drängellampe *f*	voyant *m* d'appel *m* en attente *f*
remote adjustment	Ferneinstellen *n*	réglage *m* à distance *f*
remote control	Fernbedienung *f* Fernsteuerung *f*	commande *f* à distance *f*
remote data processing	Datenfernverarbeitung *f*	télégestion *f* de données *f/pl*
remote diagnostic	Ferndiagnose *f*	télémaintenance *f*
remote diagnostic/remote maintenance	Ferndiagnose *f/* Fernverwaltung *f* (FDV)	télémaintenance *f*/télégestion *f*
remote maintenance	Fernverwaltung *f*	télégestion *f*

remote switching	Fernschalten *n*	commutation *f* à distance *f*
remote-control signal	Fernwirksignal *n*	signal *m* de contrôle *m* à distance *f*
remote-control systems	Fernwirkanlage *f*	système *m* de contrôle *m* à distance *f*
removable	abnehmbar	séparable
	ausziehbar	démontable
		déconnectable
remove	entfernen	enlever
		démonter
		retirer
removed	entfällt (bei Ausbau *m*)	démonté
repeat	Wiederholung *f*	répétition *f*
repeated call attempt	Folgeanruf *m*	appel *m* renouvelé
repeater station	Relaisstation *f*	station *f* relais *m*
		répétiteur *m*
repertory code	Kurzrufnummer *f*	numéro *m* abrégé
repetition	Wiederholung *f*	répétition *f*
repetition rate	Pulsfrequenz *f*	fréquence *f* d'impulsion *f*
replace the handset	auflegen	raccrocher
	einhängen	
replaced (by)	ersetzt (durch)	remplacé (par)
replacement sheet	Ersatzblatt *n*	feuille *f* de mise *f* à jour *m*
reply	Rückmeldung *f*	signal *m* de confirmation *f*
		acquit *m*
request	abrufen	demander
	anfordern	interroger
		exiger
request for service	Anforderung *f* des Dienstes *m*	demande *f* de service *m*
required circuit modification	Bedarfsänderungsschaltung *f*	modification *f* optionnelle de circuit *m*
requirement	Bedarf *m*	besoin *m*
requirements	Anforderungen *f/pl*	exigences *f/pl*
		conditions *f/pl*
rerouting	umsteuern	rerouter
reseizure	Wiederbelegung	reprise *f*
reservation system	Buchungsanlage *f*	distributeur *m* automatique d'appels *m/pl*
		dispositif *m* de distribution *f* d'appels *m/pl*
		système *m* de réservation *f*
reserved	reserviert	réservé
reserved circuit service	Leitungsvoranmeldedienst *m*	service *m* de circuit *m* réservé
	Reservierungsdienst *m*	service *m* de circuit *m* de télécommunications *f/pl* réservé
reserved circuit telecommunication service	Leitungsvoranmeldedienst *m*	service *m* de circuit *m* réservé
	Reservierungsdienst *m*	service *m* de circuit *m* de télécommunications *f/pl* réservé
reset	rücksetzen	ré-initialiser
reset key	Rückholtaste *f*	touche *f* d'initialisation *f*
resettable meter	rückstellbarer Zähler *m*	compteur *m* avec remise *f* à zéro *m*
resetting	Rückstellung *f*	remise *f*
	rücksetzen	reset *m*
		ré-initialisation *f*
		ré-initialiser
residual	restliche	résiduel
residual current	Reststrom *m*	courant *m* résiduel
residual voltage	Restspannung *f*	tension *f* résiduelle

resistance (value)	Widerstand *m* (Wert *m*)	résistance *f* (valeur *f*)
resistor (unit)	Widerstand *m* (Bauteil *n*)	résistance *f* (composant *m*)
resistor network	Widerstandsnetz *n*	réseau *m* de résistances *f*/*pl*
resonance quality	Schalleigenschaft *f*	facteur *m* de qualité *f*
respective	jeweilig	respectif
		chaque fois
response delay	Ansprechverzögerung *f*	retard *m* de réponse *f*
response rate	Ansprechgeschwindigkeit *f*	vitesse *f* de réponse *f*
response threshold	Ansprechschwelle *f*	seuil *m* de réponse *f*
	Ansprechwert *m*	valeur *f* seuil *m*
response time (oscillator)	Einschwingzeit *f* (Oszillator *m*)	temps *m* de réponse *f* (oscillateur *m*)
rest	Ruhe *f*	repos *m*
restart	Restart *m*	redémarrage *m*
	Wiederanlauf *m*	remise *f* sous tension *f*
restriction	Einschränkung *f*	limitation *f*
		restriction *f*
retractable antenna	Versenkantenne *f*	antenne *f* téléscopique
retrofit	nachrüsten	effectuer une extension *f* (de l'équipement *m*)
return	Abwurf *m*	retour *m*
		libération *f*
return current coefficient	Anpassungskoeffizient *m*	coefficient *m* d'adaptation *f*
	Reflexionsfaktor *m*	
return current factor	Reflexionsfaktor *m*	coefficient *m* d'adaptation *f*
return loss	Anpassungsdämpfung *f*	affaiblissement *m* d'adaptation *f*
	Reflexionsdämpfung *f*	
return loss between line and network (Am)	Fehlerdämpfung *f*	affaiblissement *m* d'équilibrage *m*
reverbertion	Nachhall *m*	réverbération *f*
reverse charging	Gebührenübernahme *f*	PCV
reverse charging acceptance	Annahme *f* der Gebührenübernahme *f*	acceptation d'appel en PCV
reversed charge call (Brit)	R-Gespräch *n*	PCV
		conversation *f* payable à l'arrivée *f*
reversed charges	Wechsel *m* der Gebührenpflicht *f*	taxation *f* inverse
reversed polarity	Verpolung *f*	inversion *f* de polarité *f*
revertive call	Umkehrverbindng *f*	appel *m* inverse
rewind	Rücklauf *m*	recul *m*
ribbon cable	Bandkabel *n*	câble *m* plat
	Flachbandkabel *n*	
right-of-access code	Berechtigungszeichen *n*	code *m* de classe *f* de service *m*
ring	rufen (läuten)	appeler
		sonner
ring modulator	Ringmodulator *m*	modulateur *m* en anneau *m*
		modulateur *m* toroïdal
ring power	Rufstrom *m*	courant *m* de sonnerie *f*
ring up	rufen (läuten)	appeler
		sonner
ringback tone	Freiton *m*	tonalité *f* de retour *m* d'appel *m*
	Rufton *m*	retour *m* d'appel *m*
		sonnerie *f*
ringer (Am)	Wecker *m*	réveil *m*
ringing	rufen (läuten)	appeler
		sonner
ringing and signaling machine	Ruf- und Signalmaschine *f*	machine *f* d'appels *m*/*pl* et de signaux *m*/*pl*
ringing and tone generator	Ruf- und Signalgeber *m*	générateur *m* de tonalité *f* et de sonnerie *f*

ringing condition	Rufzustand m	phase f sonnerie f
ringing current	Rufstrom m	courant m de sonnerie f
ringing generator	Rufgenerator m	générateur m de sonnerie f
ringing pulse	Rufimpuls m	impulsion f de sonnerie f
ringing time	Rufdauer f	durée f de sonnerie f
ringing tone	Anrufton m	signal m d'appel m
	Rufton m	retour m d'appel m
		sonnerie f
ringing unit	Anruforgan n	dispositif m de sonnerie f
	Ruforgan n	sonnerie f
ringing voltage	Rufspannung f	tension f de sonnerie f
ripple-free	Sauber m (nicht pulsierende Spannung f)	sans ondulation f
rise (signal)	Anstieg m (Signal n)	montée f (signal m)
road data	Straßendaten f/pl	données f/pl routières
road section	Straßenabschnitt m	section f routière
roll out	ausspeichern	lire la mémoire f
		extraire
ROM = read only memory	Festwertspeicher m	mémoire f morte (ROM), ~fixe, ~ de lecture
room noise	Raumgeräusch n	bruit m de salle f
		bruit m de fond m
root (of)	Wurzel f (aus)	racine f carrée (de)
rotary beacon	Rundumkennleuchte f	feu m tournant à éclats m/pl généraux
rotary dial	Nummernschalterwerk n	cadran m d'appel m
	Nummernscheibe f	
rounded off (number)	abgerundet (Zahl f)	arrondi (nombre m)
route	Leitweg m	voie f d'acheminement m
	Straßenverlauf m	route f
		chemin m
route advance (Am)	Leitweglenkung f	routage m
Route Guidance and Info system (ALI)	Autofahrer-Leit- und Infosystem n (ALI)	système m de radioguidage et d'information f routière
route interpreter	Umwerter m	traducteur m
		translateur m
route preselection	Wegevoreinstellung f	présélection f de lignes f/pl
route reservation	Wegereservierung f	réservation f de lignes f/pl
route search	Wegsuche f	recherche f de chemin m
		recherche f de lignes f/pl
route searching	Wegesuche f	recherche f de chemin m
		recherche f de lignes f/pl
route selection	Richtungsausscheidung f	sélection f de route f
	Wegeauswahl f	routage m
route selection control	Wegeauswahlsteuerung f	gestion f de sélection f de route f
route selection store	Wegeauswahlspeicher m	mémoire f de sélection f de route f
route-finding program	Wegesuchprogramm n	programme m de recherche f de lignes f/pl
routing	Vermittlung f (Tätigkeit f)	commutation f
		acheminement m
row	Zeile f	rangée f
		ligne f
rubber foot	Gummifuß m	patin m en caoutchouc m
run	Ablauf m	exécution f
		procédure f
rural telephone	Rural Telefon n	téléphonie f rurale

S

safety cut-out	Sicherungsautomat *m*	coupe-circuit *m* automatique
safety precaution	Schutzmaßnahme *f*	mesure *f* de protection *f*
sample pulse	Abtastimpuls *m*	impulsion *f* d'échantillonnage *m*
sample-and-hold technique	Abtast- und Haltetechnik *f*	technique *f* d'échantillonage *m*
sampler	Abtaster *m*	dispositif *m* de balayage *m*
sampling	Stichprobenverfahren *n*	échantillonnage *m*
sampling frequency	Abtastfrequenz *f*	fréquence *f* de balayage *m*
sampling test	Stichprobenprüfung *f*	test *m* d'échantillonnage *m*
sat communications reception system (SKE)	Satelliten-Kommunikations-Empfang *m* (SKE)	système *m* de réception *f* de communications *f/pl* par satellite *m*
satellite exchange	Teilvermittlungsstelle *f* Unteranlage *f*	central *m* satellite *m* sous-central *f*
satellite PABX	Zweitnebenstellenanlage *f*	autocommutateur *m* satellite *m*
satellite radio TV service	Satelliten-Rundfunkdienst *m*	service *m* de radio TV par satellite *m*
satellite receiving system	Satellitenempfänger *m*	système *m* de réception *f* satellite
satellite reception station	Satellitenempfangsstelle *f*	station *f* de réception *f* satellite *m*
satellite section	Satellitenabschnitt *m*	section *f* satellite *m*
satellite technology	Satellitentechnik *f*	technologie *f* des satellites *m/pl*
satellite transmission	Satellitenübertragung *f*	transmission *f* satellite *m*
satellite transponder	Satellitentransponder *m*	transpondeur *m* satellite *m*
scale	Maßstab *m*	échelle *f* graduation *f*
scale drawing	Maßbild *n*	plan *m*
scale of charges	Gebührenordnung *f*	réglementation *f* de la taxation *f*
scanner	Abtaster *m*	dispositif *m* de balayage *m*
scanning (computer)	Abfrage *f* (Computer *m*)	scrutation *f* (ordinateur *m*)
scanning frequency	Abtastfrequenz *f*	fréquence *f* de balayage *m*
scanning system	Abtastsystem *n*	système *m* de scrutation *f*
scatter loss	Streuverlust *m*	fuite *f*
schedule of rates	Gebührenordnung *f*	réglementation *f* de la taxation *f*
schematic	Schaltung *f* Stromlaufplan *m*	schéma *m* schéma *m* de circuit *m*
scratchpad	Notiz *f* (Leistungsmerkmal *n*)	bloc-notes *m*
screen	Bildschirm *m* Raster *n*	écran *m* grille *f* trame *f*
screen (Brit)	abschirmen	blinder protéger
screen printing process	Siebdruck *m*	sérigraphie *f*
screened	abgeschirmt	blindé (inf. blinder) protégé (inf. protéger)
screw	Schraube *f*	vis *f*
screw cap	Schraubkappe *f*	capuchon *m* à vis *f*
SDM = space-division multiplex	Raummultiplex *n*	commutation *f* spatiale, multiplex *m* spatial
second display	Zweitanzeige *f*	visualisation *f* doublée deuxième affichage *m*
secondary connection	Sekundaranschluß *m*	connexion *f* secondaire
secondary PABX	Zweitnebenstellenanlage *f*	autocommutateur *m* satellite *m*

secret internal traffic	geheimer Internverkehr *m*	trafic *m* interne privé secret *m* des communications *f/pl* internes
secretary system	Vorzimmeranlage *f*	poste *m* patron poste *m* secrétaire *f*
section	Abschnitt *m* Schnitt *m* (Profil *n*)	segment *m* section *f* coupe *f*
section by section	abschnittweise	par sections *f/pl* par tranches *f/pl* section *f* par section *f*
sector	Bereich *m*	zône *f* gamme *f* plage *f* secteur *m*
security code	Schlüsselzahl *f*	clé *f* de codage *m* code *m* chiffré
security control center	Sicherheitsleitstelle *f*	centre *m* principal de sécurité *f*
security engineering	Sicherheitstechnik *f*	technique *f* de sécurité *f*
security service	Sicherheitsdienst *m* Sicherheitsservice *m*	service *m* de sécurité *f*
security system	Sicherheitssystem *n*	système *m* de sécurité *f*
security system for open field	Freilandsicherung *f*	système *m* de sécurité *f* de plain champ *m*
seize (line)	belegen (Leitung *f*)	occuper (un circuit *m*) affecter
seizing acknowledgement signal	Rückbelegung *f*	signal *m* d'acquit *m* de prise *f*
seizing signal	Belegungssignal *n*	signal *m* de prise *f* signal *m* d'occupation *f*
seizure	Belegung *f*	occupation *f* prise *f*
seizure control	Belegungssteuerung *f*	gestion *f* de prise *f*
seizure counter	Belegungszählung *f*	comptage *m* du temps *m* d'occupation *f*
seizure time	Belegungsdauer *f* Belegungszeit *f*	durée *f* d'occupation *f* temps *m* d'occupation *f*
select chain	Auswählkette *f*	chaîne *f* de sélection *f*
selection code	Ausscheidungsziffer *f*	code *m* d'accès *m* programmable
selection code acceptance	Wahlaufnahme *f*	réception *f* de la numérotation *f* acceptation *f* de la numérotation *f*
selection digit	Wählziffer *f*	chiffre *m* de sélection *f*
selection distributor	Auswahlverteiler *m*	répartiteur *m* de sélection *f*
selection memory	Auswahlspeicher *m*	mémoire *f* de sélection *f*
selection stage	Wahlstufe *f*	étage *m* de sélection *f*
selective call acceptance	Auswahl *f* bei ankommenden Gesprächen *n/pl*	réponse *f* sélective
self-allocation of external lines	Selbstzuordnung *f* von Amtsleitungen *f/pl*	affectation *f* automatique de lignes *f* extérieurs
self-assignment	Eigenzuweisung *f*	affectation *f* particulière
self-checking code	fehlererkennender Code *m*	code *m* détecteur *m* d'erreur *f*
self-correcting code	fehlerkorrigierender Code *m*	code *m* auto-correcteur code *m* correcteur *m* d'erreur *f*
semi time-lag (fuse)	mittelträge (Si)	action *f* demi-retardée
semiconductor	Halbleiter *m*	semi-conducteur *m*
semiconductor laser	Halbleiterlaser *m*	laser *m* à semiconducteurs *m/pl*
semiconductor rectifier unit	Halbleitergleichrichtergerät *n*	redresseur *m* à semi- conducteurs *m/pl*

semirestricted	halbamtsberechtigt	prise *f* contrôlée du réseau *m*
		discrimination *f* partielle
		prise *f* directe réseau *m*
semirestricted exchange dialing	teilamtsberechtigt	partiellement discriminé pour la prise *f* réseau *m*
semirestricted extension	Nebenstelle *f*,	poste *m* à sortie *f* limitée
	halbamtsberechtigte	abonné *m* ayant droit à prise *f*
	halbamtsberechtigter	directe réseau *m* partielle
	Teilnehmer *m*	discriminée
semirestricted trunk dialing	teilfernwahlberechtigt	partiellemennt discriminé pour la prise *f* réseau *m* interurbain
semi-synthesized voice	halbsynthetische Stimme *f*	voix *f* à demi-synthétisée
send	übermitteln	transmettre
	übertragen	commuter
		envoyer
sending end impedance	Eingangsscheinwiderstand *m*	impédance *f* d'entrée *f*
sensitivity (measuring instrument)	Empfindlichkeit *f* (Meßgerät *n*)	sensibilité *f*
sensor	Sensor *m*	détecteur *m*
	Sensorgerät *n*	
separate	zerlegen	séparer
sequence	Ablauffolge *f*	séquence *f*
sequential call	Kettengespräch *n* (-e *n/pl*)	chaînage *m* d'appels *m/pl*
sequential call facility	Kettengesprächseinrichtung *f*	facultés *f/pl* de chaînage *m*
sequential call transfer facility	Kettengesprächseinrichtung *f*	facultés *f/pl* de chaînage *m*
sequential hunting	Absuchvorgang *m*,	appel *m* tournant
	geordneter~,	acheminement *m* séquentiel de
	geordneter Absuchvorgang *m*	l'appel *m* sur une ligne *f*
serial call	Kettengespräch *n* (-e *n/pl*)	chaînage *m* d'appels *m/pl*
serial number	Fertigungsnummer *f*	numéro *m* de série *f*
		numéro *m* de fabrication *f*
series code	Reihencode *m*	code *m* série *f*
series-parallel circuit	Reihenparallelschaltung *f*	connexion *f* série-parallèle
serigraphy	Siebdruck *m*	sérigraphie *f*
serrated washer	Zahnscheibe *f*	rondelle *f* éventail *m*
server	Server	serveur *m*
servers sector	Serverbereich *m*	domaine *m* du serveur *m*
service	Dienst *m*	service *m*
service area	Anschlußbereich *m*	circonscription *f* téléphonique
service attribute	Dienstmerkmal *n*	attribut *m* de service *m*
	(Merkmalsattribut *n*)	attribut *m* de service *m* de télécommunications *f/pl*
		faculté *f*
service call	Dienstgespräch *n*	appel *m* de service *m*
	Meldeanruf *m*	appel *m* d'information *f*
service life	Lebensdauer *f*	durée *f* de vie *f*
	Nutzungsdauer *f*	durée *f* d'utilisation *f*
		longévité *f*
service plug	Servicestecker *m*	prise *f* de maintenance *f*
service quality	Dienstgüte *f*	qualité *f* de service *m*
service terminal	Serviceendeinrichtung *f* (SEE)	terminal *m* de maintenance *f*
set	Apparat *m*	poste *m* téléphonique
	setzen	mettre en service *m*
		activer
set key	Stelltaste *f*	touche *f* de réglage *m*
set the clock	Uhr *f* stellen	mise *f* à l'heure *f*
set up (connection, call)	aufbauen (Verbindung *f*, Gespräch *n*)	établir (une communication *f*)
set up a bridge	Brücke *f* einlegen	ponter
set up a connection	Verbindung *f* aufbauen	établir une liaison *f*
		établir une communication *f*

set value	Sollwert *m*	valeur *f* de référence *f*
		paramètre *m* de référence *f*
setscrew	Stellschraube *f*	vis *f* de réglage *m*
setting	Einstellung *f*	réglage *m*
		ajustement *m*
settlement	gütlich (nach freier	de gré à gré
	Übereinkunft *f*)	
setup (device)	Initialisierung *f* (Gerät *n*)	initialisation *f*
shared line	Gemeinschaftsanschluß *m*	raccordement *m* collectif
		lignes *f/pl* collectives
sharpness	Bildschärfe *f*	définition *f* (d'image *f*)
sheet	Blatt *n*	feuille *f*
SHF converter	SHF-Umsetzer *m*	convertisseur *m* SHF
shield	abschirmen	blinder
		protéger
shielded (Am)	abgeschirmt	blindé (inf. blinder)
		protégé (inf. protéger)
shielding	Abschirmung *f*	écran *m*
		blindage *m*
short announcement	Kurzansage *f*	message *m* court
		message *m* bref
short code dialing	Kurzwahl *f*	numérotation *f* abrégée
		numéro *m* court
short description	Kurzbeschreibung *f*	descriptif *m* condensé
short-circuit-proof	kurzschlußfest	protégé contre le court-
		circuit *m*
shorting plug	Kurzschlußbügel *m*	shunt *m*
short-wave link	Kurzwellenverbindung *f*	liaison *f* par ondes *f/pl* courtes
		(o.c.)
Si transistor	Si-Transistor *m*	transistor *m* au silicium *m*
sidetone attenuation	Rückhördämpfung *f*	affaiblissement *m* du signal *m*
		local
sidetone reference equivalent	Rückhörbezugsdämpfung *f*	affaiblissement *m* d'effet *m* local
		affaiblissement *m* d'effet *m* anti-
		local
sight-impaired operator	Blindenplatz *m*	position *f* pour opérateur *m*
position		non-voyant
signal	Signal *n*	signal *m*
signal breakdown	Signalstörung *f*	dérangement *m* de
		signalisation *f*
		panne *f* de signalisation *f*
signal controller	Signalkontrolleinrichtung *f*	circuit *m* de contrôle *m* de
		signalisation *f*
signal distortion	Signalverzerrung *f*	distorsion *f* du signal *m*
signal generator	Signalgenerator *m*	générateur *m* de signalisation *f*
signal imitation	Zeichenimitation *f*	imitation *f* de signal *m*
signal light system	Lichtrufsystem *n*	système *m* de signalisation *f*
		lumineuse
signal multiple	Signalvielfach *n*	multiplex *m*
		signal *m* multiple
signal panel display	Signalfeldanzeige *f*	afficheur *m* du tableau *m* de
		signalisation *f*
signal pulse	Taktsignal *n*	impulsion *f* d'horloge *f*
signal receiver	Signalempfänger *m*	récepteur *m* de signalisation *f*
		récepteur *m* de signaux *m/pl*
signal regeneration	Signalregenerierung *f*	régénération *f* de signal *m*
signal sender	Wahlsender *m*	transmetteur *m* de
		numérotation
signal sender switching matrix	Wahlsenderkoppelfeld *n*	matrice *f* de transmission *f* de la
(network)		numérotation *f*
signal sequence	Zeichenfolge *f*	série *f* de signaux *m/pl*

signal transmission	Signalübertragung *f*	transmission *f* de signalisation *f*
	Signalgabe *f*	transmission *f* de signaux *m/pl*
		signalisation *f*
signal transmitter	Signalgeber *m*	émetteur *m* de signaux *m/pl*
signaling	Kennzeichengabe *f*	signalisation *f*
	Kennzeichnung *f*	transmission *f* de signaux *m/pl*
	Signalgabe *f*	
	Signalisierung *f*	
	Zeichengabe *f*	
signaling bit	Meldebit *n*	binaire *m* de signalisation *f*
signaling bus	Meldebus *m*	bus *m* de signalisation *f*
signaling circuit	Signalisierungskreis *m*	circuit *m* de signalisation *f*
signaling panel	Signalfeld *n*	champ *m* de signalisation *f*
	Signalfeldeinschub *m*	module *m* enfichable du
		tableau *m* de signalisation *f*
signaling protocol (interface)	Zeichengabeverfahren *n*	protocole *m* de signalisation *f*
	(Schnittstelle *f*)	
signaling system	Signalisierungsverfahren *n*	système *m* de signalisation *f*
signalling	Schaltkennzeichengabe *f*	signalisation *f*
signal-to-crosstalk ratio	Grundwert *m* des	écart *m* diaphonique
	Nebensprechens	
signal-to-noise ratio	Geräuschabstand *m*	rapport *m* signal *m* sur bruit *m*
	Signalgeräuschabstand *m*	rapport *m* signal/bruit
	Störabstand *m*	
simple data service	einfacher Datendienst *m*	service *m* simple de données *f/pl*
simple data transmission	einfache Datenübertragung *f*	transmission *f* simple de
		données *f/pl*
simplex dialing	Simultanwahl *f*	numérotation *f* simultanée
simplex operation	Simplexbetrieb *m*	fonctionnement *m* en simplex *m*
simplex signaling	simultane Zeichengabe *f*	signalisation *f* simultanée
simultaneous access	Parallelzugriff *m*	accès *m* parallèle
sine wave	Sinusschwingung *f*	oscillation *f* sinusoïdale
single	einzeln	seul
		unique
		individuel
single clock	Einzeltakt *m*	impulsions *f/pl* d'horloge *f*
single line	Einzelanschluß *m*	ligne *f* individuelle
single metering	Einfachzählung *f*	taxation *f* simple
single pulse	Einzeltakt *m*	impulsions *f/pl* d'horloge *f*
single timing pulse	Einzeltakt *m*	impulsions *f/pl* d'horloge *f*
single-digit code	einstellige Kennzahl *f*	code *m* à un chiffre *m*
single-line circuit	Einzelanschlußleitung *f*	ligne *f* individuelle d'abonné *m*
single-line subscriber	Einzelanschlußleitung *f*	ligne *f* individuelle d'abonné *m*
single-mode fibers	Einmodemfaser *f*	fibre *f* monomode
single-mode technology	Einmodemtechnik *f*	technique *f* monomode
single-sided	einseitig	à sens *m* unique
		simple face *f*
single-stage grouping	Gruppierung *f*, einstufig	groupement *m* à un étage *m*
single-stage switching array	einstufige Koppelung *f*	réseau *m* de connexion *f* à un
		étage *m*
single-stage switching coupling	einstufige Koppelung *f*	réseau *m* de connexion *f* à un
		étage *m*
sinusoidal	sinusförmig	sinusoïdal
size of PCB	Plattengröße *f* (LP-)	format *m* de carte *f*
skip	überspringen	sauter
		jaillir
slave clock	Nebenuhr *f*	horloge *f* secondaire
slave clock movement	Nebenuhrwerk *n*	mouvement *m* récepteur *m*
slave exchange	Tochtervermittlungsstelle *f*	central *m* esclave
sleeve	Buchse *f*	douille *f*
sleeve connector strip	Buchsenklemmleiste *f*	plaque *f* à bornes *f/pl*

slide scanner	Diaabtaster *m*	balayage *m* de diapositive *f*
slide switch	Schiebeschalter *m*	commutateur *m* à coulisse *f*
slide-in panel	Signalfeldeinschub *m*	module *m* enfichable du tableau *m* de signalisation *f*
slide-in technique	Einschubtechnik *f*	principe *m* d'enfichage *m* de carte *f*
slimline rack	Schmalgestellbauweise *f*	châssis *m* étroit
slot	Steckplatz *m*	encoche *f*
slow-motion capability	Zeitlupenmöglichkeit *f*	faculté *f* ralenti *m*
sluice	Schleuse *f*	sas *m*
SMDR = Station Message Detail Recording, call data recording (Am)	Gebührenerfassung *f* Gesprächsdatenerfassung *f*	taxation *f* enregistrement *m* de la taxation *f*
snap in	einrasten	enficher
snap-on contact	Steckhülse *f* mit Rastung *f*	avéole *m*
socket	Buchse *f*	douille *f*
	Steckdose *f*	prise *f* femelle
socket connector	Federleiste *f*	jack *m* à ressorts *m/pl*
socket connector bracket	Federleistenträger *m*	connecteur *m* à jack *m* à ressorts *m/pl*
socket connector support	Federleistenträger *m*	connecteur *m* à jack *m* à ressorts *m/pl*
software	Software *f*	logiciel *m*
software lock	Softwareschloß *n*	verrouillage *m* pour logiciel *m*
solder	einlöten	souder
solder distributor	Lötverteiler *m*	réglette *f* à souder
solder extraction device	Entlötgerät *n*	déssoudeur *m* appareil *m* à déssouder
solder jumper	Lötbrücke *f*	strap *m* à souder
solder side	Leiterseite *f*	côté *m* soudure *f*
solder side No.	Ls Nr. *f*	numéro *m* côté *m* soudure *f*
solder terminal	Lötanschluß *m*	borne *f* de soudure *f*
soldered connection	Lötanschluß *m*	borne *f* de soudure *f*
soldering eyelet	Lötöse *f*	cosse *f* à souder
soldering lug	Lötöse *f*	cosse *f* à souder
soldering pin	Lötstift *m*	broche *f* cheville *f* plot *m* à soudure *f*
soldering points	Lötpunkte *m/pl*	points *m/pl* de soudure *f*
soldering side	Lötseite *f*	côté *m* soudure *f*
soldering tag	Lötöse *f*	cosse *f* à souder
solderless	lötfrei (Anschlußdraht auflegen)	sans soudure *f*
sound and video mixer	Ton- und Bildmischer *m*	mixeur *m* son *m* et image *f*
sound pattern	Klangbild *n*	image *f* sonore
sound studio equipment	Tonstudio-Einrichtung *f*	équipement *m* du son *m* pour studio *m*
sound-control system	Tonregie-Anlage *f*	système *m* de contrôle *m* du son *m*
sound-mixing system	Tonmischanlage *f*	système *m* de mixage *m* du son *m*
space	Leerzeichen *n* räumliche Durchschaltung *f*	espace *m* (clavier *m*) commutation *f* spatiale
space bar (keyboard)	Leertaste *f* (Tastatur *f*)	tiret *m* d'espacement *m* (clavier *m*)
space requirement (module)	Platzbedarf *m* (Gerät *n*/Baugruppe *f*)	dimensionnement *m*
space-division coupling field	Raummultiplexkoppelfeld *n*	matrice *f* de connexion *f* de multiplex *m* spatial réseau *m* de connexion de multiplex *m* spatial

space-division matrix field	Raummultiplexkoppelfeld *n*	matrice *f* de connexion *f* de multiplex *m* spatial
		réseau *m* de connexion de multiplex *m* spatial
space-division mode	Raummultiplexbetriebsweise *f*	exploitation *f* en multiplex *m* spatial
space-division multiple (SDM) principle	Raumvielfach *n*	principe *m* de multiplex *m* spatial
space-division multiplex (SDM)	Raummultiplex *n*	commutation *f* spaciale multiplex *m* spatial
space-division multiplex method	Raummultiplexverfahren *n*	principe *m* de multiplex *m* spatial
space-division multiplex system	Raumvielfachsystem *n*	système *m* de communication *f* spatiale
		système *m* de multiplex *m* spatial
space-division network	Raummultiplexnetzwerk *n*	réseau *m* en multiplex *m* spatial
space-division switching	räumliche Durchschaltung *f*	commutation *f* spatiale
space-division through-connection	Raummultiplexdurchschaltung *f*	commutation *f* en multiplex *m* spatial
spacers	Distanzrohre *n/pl*	entretoises *f/pl*
space-spatial switching	räumliche Durchschaltung *f*	commutation *f* spatiale
spare	Reserve *f*	réserve *f*
spare parts list	Ersatzteilliste *f*	liste *f* de pièces *f/pl* détachées
spatial path through-connection	räumliche Wegedurchschaltung *f*	commutation *f* de voie *f* spatiale
SPC = stored-program control	speicherprogrammierte Steuerung *f*	programme *m* mise *f* en mémoire *f*
speak key	Sprechtaste *f*	bouton *m* de conversation *f*
special identifier (code, mark)	Sonderkennzeichen *n*	code *m* spécial
		identificateur *m* particulier
special information signal	Aufmerksamkeitssignal *n*	signal *m* de mise *f* en garde *f*
special information tone	Hinweiston *m*	tonalité *f* d'information *f* spéciale
		tonalité *f* modulée
special junction	Sonderverbindungssatz *m*	joncteur *m* spécial
special line circuit	Sonderteilnehmer *m*	abonné *m* spécial
		ligne *f* spécialisée
special line extension	Sonderteilnehmer *m*	abonné *m* spécial
		ligne *f* spécialisée
special service	Sonderdienst *m*	service *m* spécial
special transfer	Umlegen *n* besonderer Art *f*	transfert *m* spécial
specific	spezifisch	spécifique
speech	Sprache *f*	langue *f*
		conversation *f*
		discours *m*
		voix *f*
speech circuit	Sprechkreis *m*	circuit *m* de parole *f*
speech connection	Sprechverbindung *f*	liaison *f* de parole *f*
speech digit signaling	Sprachband-Signalisierung *f*	signalisation *f* par éléments *m/pl* numériques vocaux
speech intelligibility	Sprachverständlichkeit *f*	intélligibilité *f* de la parole
speech level	Sprachpegel *m*	niveau *m* de modulation *f*
speech path	Sprechweg *m*	voie *f* de conversation *f*
	Verbindungsweg *m*	voie *f* de communication *f*
		canal *m* téléphonique
		voie *f* de liaison *f*
speech path adaption	Sprechweganpassung *f*	adaptation *f* de canal *m*
speech path matching	Sprechweganpassung *f*	adaptation *f* de canal *m*
speech path network	Sprechwegenetz *n*	matrice *f* de connexion *f*
speech path network unit	Sprechwegenetzwerk *n*	réseau *m* de connexion *f*

speech protection	Sprachschutz *m*	protection *f* contre les fréquences *f/pl* parlées circuit *m* de protection *f* de la voix *f*
speech protection factor	Sprachschutzfaktor *m*	sensibilité *f* relative du circuit *m* de garde *f* sensibilité *f* relative du circuit *m* de signalisation *f*
speech recognition	Spracherkennung *f*	reconnaissance *f* de la voix *f*
speech recording unit	Sprachaufzeichnungsgerät *n*	enregistreur *m* de messagerie *f* vocale
speech reproduction	Sprachausgabe *f*	reproduction *f* de la voix *f*
speech sample	Sprachmuster *n*	échantillon *m* de parole *f*
speech security	Sprachsicherheit *f*	sécurité *f* vers fréquences *f/pl* parlées
speech signal	Sprachsignal *n*	signal *m* de parole *f*
speech synthesizer	Sprachsynthesierer *m*	synthétiseur *m* vocal
speech transmission	Sprachübertragung *f*	transmission *f* de la parole *f*
speech wire	Sprechader *f*	fil *m* de parole *f*
speech-based control	Sprachsteuerung *f*	contrôle *m* vocal
speechpath through-connection	Wegedurchschaltung *f*	commutation *f* de lignes *f/pl*
speech-recognition system	Spracherkennungssystem *n*	système *m* de reconnaissance de la voix *f*
speed dialing	Kurzwahl *f*	numérotation *f* abrégée numéro *m* court
speed of phase	Phasengeschwindigkeit *f*	vitesse *f* de phase *f*
speed of propagation	Fortpflanzungsgeschwindigkeit *f*	vitesse *f* de propagation *f*
splice	Spleiße *f*	épissure *f*
splicing technique	Spleißtechnik *f*	technique *f* de l'épissure *f*
splitting	Umschalten *n*, abfrage-/zuteilseitig	va-et-vient *m*
spoken message	Sprachdurchsage *f*	annonce *f* parlée
spreadsheet calculation	Tabellenkalkulation *f*	calcul *m* par tableaux *m/pl*
spring connector strip	Federleiste *f*	jack *m* à ressorts *m/pl*
square-section plug	Segmentstecker *m*	#####
stability	Stabilität *f*	stabilité *f*
staff-location system	Personensuchanlage *f*	système *m* de recherche *f* de personnes *f/pl*
stage	Stufe *f*	étage *m* niveau *m*
stage-by-stage switching	Verbindungsaufbau *m*, schritthaltender	connexion *f* synchronisée
staggered (in time)	versetzt (zeitlich)	en temps *m* différé
standard dimension	Richtmaß *n*	dimension *f* théorique
standard transmission line	Eichleitung *f*	ligne *f* d'étalonnage *m* circuit *m* d'étalon *m*
standby	Reserve *f*	réserve *f*
standby circuit	Ersatzschaltung *f*	circuit *m* d'attente *f*
standby condition	Wartezustand *m* (im ~)	appel *m* en attente *f*
standby lead-acid accumulator	Reserve-Blei-Akkubatterie *f*	accumulateur *m* de secours *m* au plomb *m* batterie *f* de secours *m* au plomb *m*
standby lead-acid battery	Reserve-Blei-Akkubatterie *f*	accumulateur *m* de secours *m* au plomb *m* batterie *f* de secours *m* au plomb *m*
standby path	Ersatzleitung *f*	ligne *f* d'attente *f*
standby power supply	Netzersatzapparatur *f*	alimentation *f* secourue

star coupler	Sternverteiler *m*	coupleur *m* en étoile *f*
start	anlassen	démarrer
		mettre en marche *f*
		mise *f* en service *m*
start of charging	Zähleinsatz *m*	début *m* de taxation *f*
		départ *m* de taxation *f*
start signal	Beginnzeichen *n*	signal *m* de réponse *f*
		signal *m* de début *m*
start up (power supply)	anlaufen (Stromversorgung *f*)	démarrer
starting	Einschaltung *f*	mise *f* sous tension *f*
		démarrage *m*
start-of-selection signal	Wähleinleitungszeichen *n*	signal *m* de début *m* de numérotation *f*
state	Zustand *m*	état *m*
		condition *f*
statement	Aussage *f*	affirmation *f*
station	Endgerät *n*	équipement *m* terminal
		terminal *m*
station camp-on	Wartestellung *f* für Nebenstellen *f/pl*	mise *f* en attente *f*
station guarding	Anrufschutz *m* (Leistungsmerkmal *n*)	faculté *f* "ne pas déranger"
		fonction *f* "ne pas déranger"
		limitation *f* des appels *m/pl* en arrivée *f*
station hunting	Sammelanschluß *m*	lignes *f/pl* groupées
		groupement *m* de postes *m/pl*
station override security	Aufhebung *f* des geheimen Internverkehrs *m/pl*	désactivation *f* du trafic *m* local confidentiel
station store	Stationsspeicher *m*	mémoire *f* de la station *f*
status	Zustand *m*	état *m*
		condition *f*
status control unit	Zustandsteuerwerk *n*	unité *f* de contrôle *m* d'état *m*
status report	Zustandsmeldung *f*	message *m* d'état *m*
steady state gain	Übertragungsfaktor *m*	facteur *m* de transmission *f*
step	Maßnahme *f*	mesure *f*
		décision *f*
step-by-step switching	Verbindungsaufbau *m* mit direkter Wählereinstellung *f*	connexion *f* en mode *m* pas à pas
stereo radio	Stereo-Hörfunk *m*	radio *f* en stéréo
stereo transmission capability	Stereo-Übertragungsmöglichkeit *f*	possibilité *f* de transmission *f* stéréo
stick label	Schild *n* anbringen	fixer/coller une plaque *f* signalétique
sticker	Aufkleber *m*	autocollant *m*
stimulate (pulse train)	anregen (Pulsfolge *f*)	exciter
		stimuler
stop watch	Stoppuhr *f*	chronomètre *m*
storage medium	Speichermedium *n*	moyen *m* de mémorisation *f*
store	Speicher *m*	mémoire *f*
	einspeichern	mémoriser
	speichern	sauvegarder
store (EDP)	abspeichern (EDV)	mémoriser
		mettre en mémoire *f*
store keysender	Speicherzahlengeber *m*	clavier *m* à mémoire *f*
store-and-forward principle	Teilstreckentechnik *f*	système *m* avec mémorisation *f* intermédiaire
stored-program control (SPC)	Programm *n* im Speicher *m*	programme *m* mise *f* en mémoire *f*
stored-program control system (SPC)	speicherprogrammgesteuertes System *n*	système *m* piloté par programme *m* gravé en mémoire *f*

storing control	Einspeichersteuerung *f*	commande *f* de sauvegarde *f*
straight outward completion (Am)	Sofortverkehr *m*	trafic *m* direct
strain (mechanical)	Belastung *f*	charge *f*
strain relief	Zugentlastung *f*	décharge *f* de traction *f*
		soutenu en traction *f*
strap	Drahtbrücke *f*	strap *m*
	Lötbrücke *f*	cavalier *m*
		strap *m* à souder
stress (mechanical)	Belastung *f*	charge *f*
stress-free	spannungsfrei	sans tension *f*
strip	Leiste *f*	réglette *f*
structural return loss (Am)	Rückflußdämpfung *f*	affaiblissement *m* de régularité *f*
stud (Am)	Raumhöhe *f*	hauteur *f* de passage *m*
studio camera	Studiokamera *m*	caméra *f* de studio *m*
stuffing bit	Leerbit *n*	binaire *m* vide
style	Bauweise *f*	système *m* de construction *f*
		exécution *f*
sub-addressing	Subadressierung *f* (Unteradressierung *f*)	sous-adressage *m*
subcenter	Teilvermittlungsstelle *f*	central *m* satellite *m*
sub-exchange	Unteramt *n*	sous-central *m*
	Unteranlage *f*	central *m* rural détaché
	Zweitnebenstellenanlage *f*	central *m* satellite *m*
		autocommutateur *m* satellite *m*
sub-exchange line	Nebenanschlußleitung *f* (NAL)	ligne *f* de poste *m* secondaire
submarine cable	Seekabel *n*	câble *m* sous-marin
sub-module	Unterbaugruppe *f*	sous-module *m*
submodule	Submodul *n*	sous-module *m*
sub-office	Unteramt *n*	sous-central *m*
		central *m* rural détaché
subrack	Baugruppenrahmen *m*	cage *f*
	Baugruppenträger *m*	châssis *m*
		rack *m*
sub-routine (EDP)	Unterprogramm *n* (EDV)	sous-programme *m*
subscriber	Teilnehmer *m*	abonné *m*
		usager *m*
		titulaire *m*
subscriber apparatus	Endstelleneinrichtung *f*	équipement *m* terminal
subscriber circuit	Teilnehmerschaltung *f*	circuit *m* d'abonné *m*
subscriber connector	Teilnehmeranschalteeinheit *f*	connecteur *m* d'abonné *m*
subscriber dialing	Teilnehmerwahl *f*	appel *m* d'abonné *m*
		appel *m* du correspondant *m*
		appel *m* d'un usager *m*
subscriber dialing traffic	Teilnehmerwahlverkehr *m*	trafic *m* d'appel *m* d'abonné *m*
subscriber exchange	Teilnehmeramt *n*	central *m* d'abonnés *m*/*pl*
subscriber identification	Teilnehmererkennung *f*	identification *f* d'abonnés *m*/*pl*
subscriber line	Anschlußleitung *f*	ligne *f* d'abonné *m*
	Teilnehmeranschluß *m*	accès *m* d'usager *m*
	Teilnehmeranschlußleitung *f*	ligne *f* d'usager *m*
subscriber number	Teilnehmernummer *f*	numéro *m* de poste *m*
	Teilnehmerrufnummer *f*	numéro *m* d'appel *m* d'abonné *m*
subscriber rate meter	Teilnehmerzähler *m*	compteur *m* d'abonné *m*
subscriber ringing signal	Teilnehmerruf *m*	signal *m* d'appel *m* d'abonné *m*
subscriber set	Fernsprechapparat *m*	téléphone *m*
		poste *m* d'abonné *m*
		poste *m* téléphonique
subscriber set (device)	Fernsprechanschluß *m*	connexion *f* téléphonique
		poste *m* téléphonique
subscriber system	Teilnehmersystem *n*	système *m* d'abonné *m*

subscriber telephone	Hauptanschluß *m*	poste *m* principal d'abonné *m*
		poste *m* d'abonné *m*
subscriber terminal	Teilnehmerendeinrichtung *f*	terminal *m* d'abonné *m*
subscriber trunk dialing	Selbstwählfernwahl *f*	sélection *f* à distance *f* de
	Teilnehmerfernwahl *f*	l'abonné *m* demandé
		numérotation *f* d'abonné *m* sur
		réseau *m* interurbain
subscriber trunk dialing	Selbstwählferndienst *m*	service *m* interurbain
service		automatique
		prise *f* directe pour
		l'interurbain *m*
subscriber's number	Rufnummer *f* (RN)	numéro *m* d'appel *m*
		numéro *m* d'abonné *m*
subscriber-dialed international	Selbstwähl-	service *m* international
call	Auslandsverbindung *f*	automatique
		prise *f* directe pour
		l'international *m*
subsequent dialing	Nachwahl *f*	post-sélection *f*
		suffixe *m*
sudden failure	Sprungausfall *m* (Bauteil *n*)	panne *f* subite
suffix	Kennung *f*, nachgesetzte	suffixe *m*
suffix dialing	Nachwahl *f*	post-sélection *f*
		suffixe *m*
supersede	verdrängen	repousser
		déplacer
supervision	Überwachung *f* (UEB)	contrôle *m*
		surveillance *f*
		observation *f*
supervisory button	Überwachungstaste *f*	touche *f* d'observation *f*
supervisory unit	Überwachungsgerät *n*	poste *m* de contrôle *m*
	Plusspannungsüberwacher *m*	poste *m* de surveillance *f*
		poste *m* d'observation *f*
		contrôleur *m* de tension *f*
		positive
supplement	Zusatz *m*	supplément *m*
supplementary equipment	Ergänzungseinrichtung *f*	équipement *m* supplémentaire
supplementary unit	Ergänzungseinrichtung *f*	équipement *m* supplémentaire
	Zusatz *m*	supplément *m*
supplementary units	Ergänzungen *f/pl*	équipements *m/pl*
		complémentaires
		équipements *m/pl* optionnels
supplier	Auftragnehmer *m*	fournisseur *m*
		adjudicataire *m*
		titulaire *m*
supply current	Versorgungsstrom *m*	courant *m* d'alimentation *f*
supply line	Versorgungsleitung *f*	ligne *f* auxiliaire
supply voltage	Speisespannung *f*	tension *f* d'alimentation *f*
	Versorgungsspannung *f*	
support	Halterung *f*	fixation *f*
supporting column	Tragsäule *f*	colonne *f* support *m*
suppressed	unterdrückt	supprimé
surface	Oberfläche *f*	surface *f*
surface temperature of ...	Oberflächentemperatur *f* von ...	température *f* surfacique de ...
surface wiring	Aufputzmontage *f*	installation *f* sur crépi *m*
surge arrester	Blitzschutz *m*	parafoudre *m*
		éclateur *m*
surge reverse voltage	Stoßsperrspannung *f*	surtension *f* à l'état *m* bloqué
(transistor)	(Transistor *m*)	
surge voltage	Stoßspannung *f*	tension *f* de choc *m*

surge voltage limiter	Stoßspannungsbegrenzer *m*	limiteur *m* de tension *f* de choc *m*
swinging	schwenkbar	pliant
		pivotant
switch (call charge)	Gebührenweiche *f*	détecteur *m* de taxes *f/pl*
	Weiche *f* (Gebühren)	aiguille *f* de taxes *f/pl*
switch between lines (Brit)	makeln	double appel *m* courtier *m*
switch lock	Schaltschloß *n*	verrouillage *m* de connexion *f*
switch off	abschalten	débrancher
	ausschalten	couper le circuit
		déconnecter
switch on	zuschalten	allumer
		mettre sous tension *f*
switch over	umschalten	commuter
		basculer
switch setting	Schaltereinstellung *f*	positionnement *m* des interrupteurs *m/pl*
switch signal	Schaltsignal *n*	signal *m* de connexion *f*
switch through	durchschalten	commuter
		basculer
		brancher
switchable	umschaltbar	commutable
switched connection	Wählverbindung *f*	liaison *f* commutée
		connexion *f* commutée
switched connection element	Wählverbindungselement *n*	élément *m* de connexion *f* commutée
switched ISDN connection element	ISDN-Wählverbindungselement *n*	élément *m* de connexion *f* RNIS commutée
switched network	Wählnetz *n*	réseau *m* commuté
		réseau *m* automatique
switched off	abgeschaltet	déconnecté
switching	Durchschaltung *f*	commutation *f*
	Vermittlung *f* (Tätigkeit *f*)	acheminement *m*
	koppeln	
	vermitteln	
switching center	Vermittlungsstelle *f*	central *m* téléphonique
switching component	Koppelbaustein *m*	composant *m* de commutation *f*
switching element	Koppelelement *n*	élément *m* de connexion *f*
switching equipment	Vermittlungseinrichtung *f*	PABX *m*
		autocommutateur *m* privé
		équipement *m* de commutation *f*
switching facility	vermittlungstechnische Einrichtung *f*	faculté *f* de commutation *f*
switching matrix	Koppelfeld *n*	réseau *m* de connexion *f*
	Koppelmatrix *f*	réseau *m* de couplage *m*
	Koppelvielfach *n*	matrice *f* de commutation *f*
		réseau *m* de connexion *f* multiple
switching matrix control	Koppelfeldsteuerung *f* (KST)	commande *f* de panneau *m* de couplage *m*
		gestion *f* du réseau *m* de connexion *f*
		commande *f* du réseau *m* de connexion *f*
switching matrix control module	Koppelfeldsteuerungsbaugruppe *f* (KS)	module *m* de gestion *f* du réseau *m* de connexion *f*
switching network	Koppelfeld *n*, Koppelnetzwerk *n*	réseau *m* de connexion *f*
	Koppelnetz *n*	

switching node	Durchschalteknoten *m*	næud *m* de commutation *f*
	Vermittlungsknoten *n*	
switching on	Einschaltung *f*	mise *f* sous tension *f*
		démarrage *m*
switching phase	Durchschaltephase *f*	phase *f* de commutation *f*
switching quality	Vermittlungsgüte *f*	qualité *f* de commutation *f*
switching section	Koppelabschnitt *m*	section *f* de commutation *f*
switching speed	Arbeitsgeschwindigkeit *f*	vitesse *f* de fonctionnement *m*
switching stage	Koppelstufe *f*	étage *m* du réseau *m* de
		connexion *f*
switching system	Vermittlungssystem *n*	système *m* de commutation *f*
switching technology	Vermittlungstechnik *f*	technique *f* de commutation *f*
switching voltage	Schaltspannung *f*	tension *f* de connexion *f*
switchover	Umschaltung *f* (UM)	basculement *m*
switchover button	Umschaltetaste *m*	touche *f* de basculement *m*
switchover logic	Umschaltelogik *f* (UMML)	logique *f* de basculement *m*
swiveling	schwenkbar	pliant
		pivotant
syllable articulation	Silbenverständlichkeit *f*	netteté *f* pour les
		logatomes *m/pl*
syllable intelligibility	Silbenverständlichkeit *f*	netteté *f* pour les
		logatomes *m/pl*
symbol	Zeichen *n*	caractère *m*
		signal *m*
		signe *m*
		symbole *m*
symmetry	Symmetrie *f*	symétrie *f*
sync clock generation	Synchrontakterzeugung *f* (STE)	générateur *m* d'horloge *f*
		synchrone
sync clock phase-in	Einphasung *f* Synchrontakt *m*	synchronisation *f*
	(ESY)	
synchronizing device	Synchronisiereinrichtung *f*	générateur *m* d'horloge *f*
	(SYE)	
(fully) synthesized voice	synthetische Stimme *f*	voix *f* synthétique
system architecture	Systemarchitektur *f*	architecture *f* du système *m*
system bus	Systembus *m* (SB)	bus *m* système *m*
system bus buffer	Systembuspuffer *m* (SBB)	registre *m* tampon *m* du bus *m*
		système *m*
system bus interface for	Interface *n* Systembus *m* für	interface *f* bus *m* système *m*
switching matrix control	Koppelfeldsteuerung *f*	pour la gestion *f* des
		matrices *f/pl* de connexion *f*
system bus neutral point	Sternpunkt *m* Systembus *m*	point *m* neutre du bus *m*
	(SSB)	système *m*
system clock	Systemtakt *m* (ST)	horloge *f* système *m*
system clock error	Fehler *m* Taktsystem *n* (FTS)	erreur *f* de l'horloge *f*
		système *m*
system clock processing	Aufbereitung *f* Systemtakt *m*	gestion *f* de l'horloge *f*
		système *m*
system configuration	Systemausbau *m*	configuration *f* de système *m*
system earth	Fernmeldebetriebserde *f* (FE)	terre *f* téléphonique
system load	Systembelastung *f*	charge *f* admissible
system software	Betriebssoftware *f*	logiciel *m* d'exploitation *f*
system unit	Systembaustein *m*	module *m* système *m*
system-associated	systemgebunden	associé au système *m*
		dépendant du système *m*
system-dependent	systembedingt	en fonction *f* du système *m*
	systemgebunden	associé au système *m*
		dépendant du système *m*
system-related	systemgebunden	associé au système *m*
		dépendant du système *m*

systems network compound	Systemverbund *m*	compound *m* de systèmes *m/pl* réseau *m*
system-tied	systemgebunden	associé au système *m* dépendant du système *m*

T

table housing	Tischgehäuse *n*	boîtier *m* de table *f*
table of contents	Inhaltsverzeichnis *n*	sommaire *m*
		table *f* des matières *f/pl*
take into account	beachten	observer
		prendre en considération *f*
		tenir compte
talk button	Sprechtaste *f*	bouton *m* de conversation *f*
tandem exchange	Durchgangsamt *n*	central *m* de transit *m*
	Knotenvermittlungsstelle *f*	central *m* nodal
tandem switching	Durchgangsamt *n*	central *m* de transit *m*
tandem tie trunk switching	Querverbindung *f/*	ligne *f* interautomatique en
(Am)	Verbundleitung *f*	fonctionnement *m* tandem *m*
tap (voltage from amplifier)	abnehmen (Spannung *f* vom	prendre (la tension d'un
	Verstärker *m*)	amplificateur *m*)
tape reader	Magnetbandleser *m*	lecteur *m* de bande *f*
		magnétique
tape recorder	Tonbandmaschine *f*	magnétophone *m*
tape recording	Bandaufnahme *f*	enregistrement *m* sur bande *f*
tape unit	Magnetbandmaschine *f*	appareil *m* à bandes *f/pl*
		magnétiques
tariff rate	Gebührentarif *m*	tarif *m* de taxation *f*
		tarification *f*
tariff stage	Tarifstufe *f*	niveau *m* de taxes *f/pl*
tariff zone	Gebührenzone *f*	circonscription *f* de taxes *f/pl*
		zone *f* de taxation *f*
tariff zoner	Tarifgerät *n*	taxeur *m*
tax indication	Gebührenanzeige *f*	visualisation *f* de la taxation *f*
TDM = time-division multiplex	Zeitmultiplex *n*	commutation *f* temporelle
team function	Teamfunktion *f*	fonction *f*
		d'intercommunication *f*
technical data	technische Daten *f/pl*	spécification *f* technique
technical specification	technische Daten *f/pl*	spécification *f* technique
technology	Technik *f*	technique *f*
		technologie *f*
teleaction service	Fernwirkdienst *m*	service *m* de téléaction *f*
telecast	Fernsehübertragung *f*	transmission *f* de télévision *f*
telecine	Filmabtaster *m*	analyseur *m* de films *m/pl*
telecomand	Fernsteuern *n*	contrôle *m* à distance *f*
		télécommande *f*
telecommuncations service	Telekommunikationsdienst *m*	service *m* de
		télécommunications *f/pl*
telecommunication	Fernmeldewesen *n*	télécommunication *f*
	Telekommunikation *f*	
telecommunication circuit	Telekommunikationsleitung *f*	circuit *m* de
		télécommunications *f/pl*
telecommunication network	Telekommunikationsnetz *n*	réseau *m* de
		télécommunications *f/pl*
telecommunication service	Fernmeldedienst *m*	service *m* de
		télécommunications *f/pl*
		service *m* téléphonique
Telecommunications Act	Telekommunikationsordnung *f*	réglementation *f* des
	(TKO)	télécommunications *f/pl*
	Fernmeldeordnung *f* (FO)	
telecommunications	Fernmeldebehörde *f*	administration *f* des
authorities		télécommunications *f/pl*
telecommunications	fernmeldetechnisches	centre *m* technique de
engineering centre	Zentralamt *n* (FTZ)	télécommunications *f/pl*

telecommunications link	Nachrichten-Verbindung *f*	liaison *f* de télécommunications *f/pl*
telecommunications network	Fernmeldenetz *n*	réseau *m* téléphonique
telecommunications office	Fernmeldeamt *n*	central *m* public
telecommunications payload	nachrichtentechnische Nutzlast *f*	charge *f* utile de communications *f/pl*
telecommunications station	Telekommunikationsmedium *n*	station *f* de télécommunication *f*
telecommunications system	Fernmeldeanlage *f* Telekommunikationsanlage *f*	système *m* de télécommunication *f*
telecopier	Fernkopierer *m*	télécopieur *m*
telecopying	Fernkopieren *n*	télécopie *f*
telefax	Telefax *n*	télécopie *f* (message) télécopieur *m* (appareil)
telegraph noise	Telegrafiegeräusch *n*	bruit *m* de télégraphe *m*
telegraph speed	Telegrafiergeschwindigkeit *f*	vitesse *f* de télégraphie *f*
telemetering	Fernmessen *n*	télémesure *f*
Telemetry exchange service	Temex	Temex (service T.e.l.e.c.o.m.)
telemetry service	Telemetriedienst *m*	service *m* de télémesure *f*
telephone	Apparat *m*	poste *m* téléphonique
telephone bell	Wecker *m*	réveil *m*
telephone call	Anruf *m* (Telefonanruf *m*) Telefongespräch *n*	appel *m* appel *m* téléphonique
telephone channel	Gesprächskanal *m*	canal *m* vocal
telephone circuit	Fernsprechleitung *f* Telefonschaltung *f*	ligne *f* téléphonique circuit *m* téléphonique
telephone communication	Fernsprechkommunikation *f*	communication *f* téléphonique
telephone connection	Fernsprechanschluß *m* Telefonanschluß *m*	connexion *f* téléphonique poste *m* téléphonique
telephone directory	Fernsprechbuch *n* Teilnehmerverzeichnis *n*	annuaire *m* téléphonique
telephone equipment	Fernsprecheinrichtung *f*	équipement *m* téléphonique
telephone exchange (Brit)	Fernsprechanlage *f*	installation *f* téléphonique
telephone instrument	Fernsprechapparat *m* Telefonapparat *m*	téléphone *m* poste *m* d'abonné *m* poste *m* téléphonique
telephone network	Fernmeldenetz *n* Fernsprechnetz *n*	réseau *m* téléphonique
telephone service	Fernmeldedienst *m*	service *m* de télécommunications *f/pl* service *m* téléphonique
telephone set	Fernsprechapparat *m* Telefonapparat *m*	téléphone *m* poste *m* d'abonné *m* poste *m* téléphonique
telephone station	Sprechstelle *f*	poste *m* (téléphonique)
telephone switching network	Fernsprechvermittlungsnetz *n*	réseau *m* de commutation *f* téléphonique
telephone system	Fernsprechsystem *n* Telefonanlage *f*	système *m* téléphonique installation *f* téléphonique
telephone technology	Fernsprechtechnik *f*	technique *f* téléphonique
telephone terminal	Telefonterminal *n*	terminal *m* téléphonique
telephone traffic	Fernsprechverkehr *m* Telefonverkehr *m*	trafic *m* téléphonique
telephone trunk zone	Fernverkehrszone *f*	zone *f* interurbaine
teleprinter (Brit) .	Fernschreiber *m*	téléscripteur *m* télétype *m*
teleprocessing	Datenfernverarbeitung *f*	télégestion *f* de données *f/pl*
teleservice	Teledienst *m*	téléservice *m*
teletex	Teletex	télétext *m*
teletex connecting unit	Teletexanschlußeinheit *f* (TAE)	équipement *m* de connexion *f* de télétext *m*
teletex station	Teletexstation *f*	station *f* télétext *m*

teletex terminal	Teletex-Endgerät *n*	terminal *m* télétext *m*
teletype machine	Fernschreiber *m*	téléscripteur *m*
		télétype *m*
teletypewriter (Am)	Fernschreiber *m*	téléscripteur *m*
		télétype *m*
television and studio	Fernseh- und Studiotechnik *f*	équipement *m* de studio *m* et
equipment		télévision *f*
television studio	Fernsehstudio *n*	studio *m* de télévision *f*
television technology	Fernsehtechnik *f*	technique *f* télévisuelle
television transmission	Fernsehübertragung *f*	transmission *f* de télévision *f*
telex converter integrated data	Telex-Umsetzer *m* Integriertes	réseau *m* de données *f/pl* avec
network	Datennetz *n* (TUI)	convertisseur *m* de télétex *m*
temperature feeler	Temperaturfühler *m*	palpeur *m* de température *f*
		sonde *f* de température *f*
temperature sensor	Temperaturfühler *m*	palpeur *m* de température *f*
		sonde *f* de température *f*
temporary call diversion	zeitweilige Rufumleitung *f*	renvoi *m* temporaire
temporary call forwarding	zeitweilige Rufumleitung *f*	renvoi *m* temporaire
temporary call transfer	zeitweilige Rufumschaltung *f*	transfert *m* temporaire
TENOCODE-authorized	codewahlberechtigter	abonné *m* ayant accès *m* à la
extension	Teilnehmer *m* (TENOCODE)	numérotation *f* abrégée
		(TENOCODE)
Tenofix strip	Tenofixleiste *f*	réglette *f* TENOFIX
tensile strength	Zugfestigkeit *f*	résistance *f* à la traction *f*
terminal	Anschluß *m*	connexion *f*
	Endgerät *n*	raccordement *m*
	Klemme *f*	port *m*
	Terminal *n*	ligne *f*
		équipement *m* terminal
		terminal *m*
		borne *f*
		broche *f* terminale
		pince *f*
terminal adapter	Endgeräte-Anpassung *f*	adaptateur *m* de terminal
terminal amplifier	Endverstärker *m*	amplificateur *m* final
terminal balance return loss	Nachbild-Fehlerdämpfung *f*	écho *m* et stabilité *f*
		effet *m* anti-local
terminal clamp	Anschlußklemme *f*	bornier *m* de raccordement *m*
terminal conditions	Anschlußbedingungen *f/pl*	conditions *f/pl* de
		branchement *m*
terminal equipment	Endgerät *n*	équipement *m* terminal
	Endgeräte-Einrichtung *f*	terminal *m*
terminal exchange	Endamt *n*	central *m* régional
terminal per line	Anschluß *m* je	raccordement *m* par ligne *f*
	Anschlußleitung *f*	terminal *m* par ligne *f*
terminal per station	Anschluß *m* je Sprechstelle *f*	terminal *m* par poste *m*
		téléphonique
		raccordement *m* par poste *m*
		téléphonique
terminal repeater	Endverstärker *m*	amplificateur *m* final
terminal resistance	Abschlußwiderstand *m*	résistance *f* terminale
terminal station	Endstelle *f*	poste *m* terminal
terminal strip	Klemmleiste *f*	réglette *f* à bornes *f/pl*
	Messerleiste *f*	bornier *m*
	Verteilerleiste *f*	réglette *f* terminale
		barrette *f* terminale
terminating character	Endzeichen *n*	caractère *m* final
terminating circuit	Endschaltung *f*	circuit *m* termineur
	Gabel *f* (Gabelschaltung)	
terminating circuit		termineur *m*
termination	Gabel *f* (Gabelschaltung)	termineur *m*

termination (cable end)	Abschluß *m* (Endverschluß *m*)	extrémité *f* (boîte *f* d'~)
		terminaison *f*
test	prüfen	contrôler
		vérifier
		tester
test allotter	Prüfverteiler *m*	répartiteur *m* de test *m*
test extension	Prüfteilnehmer *m*	poste *m* de maintenance *f*
test level	Meßpegel *m*	niveau *m* de mesure *f*
		dénivellement *m*
		niveau *m* attendu
test loop	Prüfschleife *f*	boucle *f* d'essai *m*
	Testschleife *f*	
test point	Meßpunkt *m*	point *m* de mesure *f*
	Prüfpunkt *m*	point *m* de contrôle *m* (test *m*)
	Testpunkt *m*	
test result	Prüfergebnis *n*	résultat *m* (d'un contrôle *m*)
test set	Prüfgerät *n*	dispositif *m* de test *m*
		dispositif *m* de contrôle *m*
		contrôleur *m*
test set attachment	Prüfgerätezusatz *m*	adapteur *m* des dispositifs *m/pl*
		de test *m*
test set coupling matrix	Prüfgeräte-Koppelvielfach *n*	matrice *f* de couplage *m* de
		dispositifs *m/pl* de test *m*
test setup	Versuchsanordnung *f*	mise *f* en place *f* d'un test *m*
test station	Meßplatz *m*	table *f* de mesure *f*
test unit	Prüfgerät *n*	dispositif *m* de test *m*
		dispositif *m* de contrôle *m*
		contrôleur *m*
tested	geprüft	vérifié
		testé
		contrôlé
text communication	Textkommunikation *f*	communication *f* de texte *m*
text overlay	Texteinblendung *f*	composition *f* de texte *m*
text processing	Textverarbeitung *f*	traitement *m* de texte *m*
text transmission	Textübertragung *f*	transmission *f* de texte *m*
theft protection	Diebstahlsicherung *f*	protection *f* antivol *m*
thermal printout	Thermoaufzeichnung *f*	impression *f* thermique
thermal resistivity	Wärmebeständigkeit *f*	résistance *f* calorifique
thick-film	Dickschicht *f*	couche *f* épaisse
thick-film hybrid	Dickschichthybrid *n*	hybride *m* couche *f* épaisse
thin-film circuit	Dünnschichtschaltung *f*	circuit *m* couche *f* fine
three-party call	Dreier-Konferenz *f*	conférence *f* à trois
	Dreiergespräch *n*,	
	Konferenzgespräch *n*	
three-party conference	Dreier-Konferenz *f*	conférence *f* à trois
three-point connection (circuit)	Dreipunktschaltung *f*	montage *m* de Hartley
threshold	Ansprechschwelle *f*	seuil *m* de réponse *f*
threshold frequency	Grenzfrequenz *f*	fréquence *f* limite
threshold value	Ansprechwert *m*	valeur *f* seuil *m*
	Schwellwert *m*	seuil *m*
threshold value voltage	Schwellwertspannung *f*	tension *f* de seuil *m*
through	über	via
		par l'intermédiaire de
through connect	durchschalten	commuter
		basculer
		brancher
through dialing attachment	Durchwahlzusatz *m*	dispositif *m* de sélection *f*
		directe à l'arrivée *f*
through level	Meßpegel *m*	niveau *m* de mesure *f*
		dénivellement *m*
		niveau *m* attendu

through-connect phase	Durchschaltephase *f*	phase *f* de commutation *f*
through-connection	Durchschaltung *f*	commutation *f*
through-connection signal	Durchschaltesignal *n*	signal *m* de commutation *f*
through-switching instruction	Koppelbefehl *m*	instruction *f* de connexion *f*
through-switching junction	Durchschalteverbindungssatz *m*	joncteur *m* de commutation *f*
through-switching supplementary attachment	Durchschaltezusatz *m*	équipement *m* supplémentaire de commutation *f*
through-switching supplementary unit	Durchschaltezusatz *m*	équipement *m* supplémentaire de commutation *f*
tie	verbinden	connecter relier
tie line	Querverbindungsleitung *f* Querverbindungssatz *m*	ligne *f* interautomatique joncteur *m* pour liaison *f* interautomatique
tie line (a/b earth)	Querverbindung *f* (a/b Erde *f*) - (QUA)	connection *f* interautomatique
tie line a.c. signaling	Querverbindung *f* Wechselstrom-Kennzeichen *n*	ligne *f* interautomatique signalisation *f* en c.a.
tie line E and M signaling	Querverbindung *f* E + M- Kennzeichen *n* (QUM)	ligne *f* interautomatique signalisation *f* RON-TRON
tie-line attachment	Querverkehrszusatz *m*	adaptateur *m* de trafic *m* interautomatique
tie-line circuit	Querverbindungsübertragung *f* (QUE)	circuit *m* de ligne *f* interautomatique
tie-line connection	Querverbindung *f*/ Verbundleitung *f*	ligne *f* interautomatique en fonctionnement *m* tandem *m*
time counter	Zeitzähler *m*	compteur *m* horaire
time delay	Zeitverzögerung *f*	retard *m*
time display	Uhrzeitanzeige *f* Zeitanzeige *f*	affichage *m* de l'heure *f*
time element	Verzögerungsglied *n*	temporisateur *m* dispositif *m* de retard *m*
time metering	Zeitmessung *f*	chronométrage *m*
time pulse clock	Zeittaktgeber *m*	générateur *m* d'horloge *f*
time pulse generator	Zeittaktgeber *m*	générateur *m* d'horloge *f*
time recording	Zeiterfassung *f*	contrôle *m* horaire enregistrement *m* horaire
time schedule	Zeitplan *m*	chronologie *f*
time slot	Zeitkanal *m* Zeitlage *f* (ZL) Zeitschlitz *m*	voie *f* temporelle intervalle *m* de temps *m* intervalle *m* temporel
time tariff	Zeittarif *m*	taxation *f* en fonction *f* de la durée *f*
time transmitter	Uhrzeitgeber *m*	horloge *f*
time unit	Zeiteinheit *f*	unité *f* de temps *m*
time-base fault	Zeitbasisfehler *m*	défaut *m* de la base *f* de temps *m*
timed recall	Wiederanruf *m* nach Zeit *f*	appel *m* temporisé
time-dependent	zeitabhängig	fonction *f* du temps *m*
Time-Division Multiplex (TDM)	Zeitmultiplex *m*	multiplex *m* temporel commutation *f* temporelle
time-division multiplex channel	Zeitmultiplexkanal *m*	voie *f* temporelle
time-division multiplex equipment	Zeitmultiplexübertragungs- einrichtung *f*	équipement de multiplexage *m* temporel
time-division multiplex mode	Zeitmultiplexbetriebsweise *f*	mode *m* de multiplexage *m* par répartition *f* dans le temps *m* multiplexage *m* temporel mode *m* temporel

time-division multiplex switching	Zeitmultiplexdurchschaltung *f*	commutation *f* par répartition *f* dans le temps *m* commutation *f* temporelle connexion *f* temporelle
time-division multiplex switching coupling field	Zeitmultiplexkoppelfeld *n*	réseau *m* de commutation *f* temporelle
time-division multiplex switching matrix	Zeitmultiplexkoppelfeld *n*	réseau *m* de commutation *f* temporelle
time-division multiplex switching of connecting paths	zeitmultiplexe Wegedurchschaltung *f*	commutation *f* de lignes *f/pl* par répartion *f* dans le temps *m*
time-division multiplex switching system	zeitmultiplexes Vermittlungssystem *n*	système *m* de commutation *f* temporelle
time-division multiplex switching technique	zeitmultiplexes Durchschalteverfahren *n*	technique *f* de commutation *f* temporelle
time-division multiplex system	Zeitmultiplexsystem *n* Zeitvielfachsystem *n*	*système m* multiple à répartition *f* dans le temps *m* système *m* de multiplexage *m* temporel système *m* temporel
time-division multiplex system for speech transmission	Zeitmultiplexsystem *n* für Sprachübermittlung *f*	système *m* de commutation *f* temporelle pour la parole *f*
time-division multiplexing equipment	Zeitmultiplexgerät *n*	équipement *m* de commutation *f* temporelle
timekeeping service	Zeitdienst *m*	service *m* horaire
time-lag device	Verzögerungsglied *n*	temporisateur *m* dispositif *m* de retard *m*
time-management system	Zeitwirtschaftssystem *n*	système *m* de gestion *f* temporelle
time-out-control	Vorgabezeit *f*	temps *m* alloué
time-recording system	Zeiterfassungssystem *n*	sytème *m* d'enregistrement *m* horaire
time-service system	Zeitdienstanlage *f*	système *m* de service *m* horaire
time-slot interchange element	Zeitlagenvielfach *n*	multiplexage *m* temporel
time-zone meter	Zeitzonenzähler *m*	compteur *m* de zones *f/pl* horaires
timing device	Zeitmeßeinrichtung *f*	chronomètre *m*
timing diagram	Impulsdiagramm *n*	chronogramme *m* diagramme *m* temporel
timing element	Zeitglied *n*	circuit *m* temporisé
timing generator	Synchronisiereinrichtung *f* (SYE)	générateur *m* d'horloge *f*
timing pulse	Takt *m*, Takte *m/pl*	impulsions *f/pl* d'horloge *f*
timing pulse bus clock	Taktvielfach *n*	impulsions *f/pl* multiples de l'horloge *f*
timing pulse bus multiple	Taktvielfach *n*	impulsions *f/pl* multiples de l'horloge *f*
timing pulse generator	Taktverstärker *m*	amplificateur *m* du signal *m* d'horloge *f*
timing pulse rate	Taktfolge *f*	fréquence *f* des impulsions *f/pl* d'horloge *f*
timing scheme	Taktschema *n*	diagramme *m* des temps *m/pl* schéma *m* des signaux *m/pl* d'horloge *f*
tin-coated	verzinnt	étamé étaîné
tinned	verzinnt	étamé étaîné
toggle switch	Kippschalter *m*	interrupteur *m* à bascule *f*

toll call (Am)	Ferngespräch *n*	appel *m* tandem
		communication téléphonique
		interurbaine
toll exchange	Fernvermittlung *f*	central *m* distant
		central *m* interurbain
toll network (Am)	Fernnetz *n*	réseau *m* interurbain
toll office (Am)	Fernvermittlungsstelle *f*	centre *m* interurbain
tone cadence	Tonsignal-Rhythmus *m*	cadencement *m* de tonalité *f*
tone ringing	Tonruf *m*	sonnerie *f*
		tonalité *f* d'appel *m*
tones	Töne *m/pl*	tonalités *f/pl*
tongue	Zunge *f*	cosse *f*
		lame *f*
top frame	Kopfrahmen *m*	châssis *m* supérieur
top view	Draufsicht *f*	vue *f* de dessus
total barring	Vollsperre *f*	discrimination *f* totale
total discharge	Tiefentladung *f*	décharge *f* totale
total distortion	Gesamtverzerrung *f*	distorsion *f* totale
total duration	Gesamtdauer *f*	durée *f* totale
totalizing meter	Summenzähler *m*	compteur *m* totalisateur *m*
totalizing metering	Summenzählung *f*	comptage *m* de taxes *f/pl*
touchscreen	Touchscreen *f*	écran *m* tactil
touch-tone dialing	tonfrequente Tastwahl *f*	numérotation *f* clavier *m* à
		fréquences *f/pl* vocales
track	Spur *f* (Magnetband *n*)	piste *f*
		trace *f*
traffic	Verkehr *m*	trafic *m*
traffic balancing	Verkehrsausgleich *m*	comparaison *f* du trafic *m*
traffic bottleneck	Engpass *m*	surcharge *m* de trafic *m*
traffic capacity	Verkehrsleistung *f*	capacité *f* de trafic *m*
traffic control	Verkehrssteuerung *f*	contrôle *m* de trafic *m*
traffic control unit	Verkehrsordner *m*	directeur *m* de trafic *m*
traffic density	Verkehrsdichte *f*	densité *f* de trafic *m*
traffic direction	Verkehrsrichtung *f*	direction *f* du trafic *m*
		sens *m* du trafic *f*
traffic flow	Verkehrsfluß *m*	trafic *m*
traffic handling capacity	Leistung *f* (z.B. eines Bündels)	capacité *f* (ex. d'un faiseau)
traffic information	Verkehrsinformation *f*	information *f* sur le trafic *m*
traffic intensity indication	Verkehrswertanzeige *f*	visualisation *f* de la densité de
		trafic *m*
traffic load	Verkehrsbelastung *f*	charge *f* de trafic *m*
traffic measurement	Verkehrsmessung *f*	mesure *f* du trafic *m*
traffic measuring unit	Verkehrsmessgerät *n*	équipement *m* de mesure *f* du
		trafic *m*
traffic monitoring	Verkehrsüberwachung *f*	surveillance *f* du trafic *m*
traffic occupancy	Verkehrsbelegung *f*	charge *f* de trafic *m*
traffic overflow	Verkehrsüberlastung *f*	surcharge *f* de trafic *m*
traffic overload	Verkehrsüberlastung *f*	surcharge *f* de trafic *m*
traffic quality	Verkehrsgüte *f*	qualité *f* de trafic *m*
		qualité *f* de service *m*
traffic volume	Verkehrsaufkommen *n*	volume *m* de trafic *m*
	Verkehrsmenge *f*	
traffic-control system	Verkehrsleitsystem *n*	système *m* de contrôle *m* de
		trafic *m*
transducer loss (Am)	Wirkdämpfung *f*	affaiblissement *m* réel
transfer	Weitergabe *f*	transfert *m*
transfer (call)	umlegen (Ruf *m*)	transférer (une
		communication *f*)
transfer button	Umlegetaste *f*	touche *f* de transfert *m*
transfer factor	Übertragungsfaktor *m*	facteur *m* de transmission *f*

transfer of call	Weitergeben *n* eines Gespräches *n*	transfert *m*
transfer plug	Übergabestecker *m*	fiche *f* de tranfert *m*
transfer rate	Übertragungsrate *f*	débit *m* de transmission *f*
transformer	Übertrager *m*	transformateur *m*
transhybrid loss	Gabelübergangsdämpfung *f*	affaiblissement *m* d'une terminaison *f*
transient noise	Geräusch *n* durch Einschwingvorgänge *m/pl*	bruits *m/pl* transitoires
transistor	Transistor *m*	transistor *m*
transistorized microphone	Transistormikrofon *n*	microphone *m* à transistors *m/pl*
transit exchange	Durchgangsvermittlungsstelle *f* Transitvermittlungsstelle *f*	centre *m* de transit *m* central *m* de transit *m*
transit register	Durchgangsregister *n*	registre *m* de transit *m*
transit time	Laufzeit *f*	temps *m* de propagation *f*
transit traffic	Durchgangsverkehr *m*	trafic *m* de transit *m*
transition loss	Stoßdämpfung *f*	affaiblissement *m* de désadaption *f* perte *f* de transition *f*
translator	Umwerter *m* Zuordner *m*	traducteur *m* translateur *m*
transmission	Übertragung *f*	transmission *f*
transmission bandwidth	Übertragungsbandbreite *f*	largeur *f* de *f* bande *f* de transmission *f*
transmission capability	Übertragungsmöglichkeit *f*	possibilité *f* de transmission *f*
transmission capacity	Übertragungskapazität *f*	capacité *f* de transmission *f*
transmission center	Vermittlungs-Zentrale *f*	centre *m* de commutation *f*
transmission channel	Übertragungskanal *m* Übertragungsweg *m*	voie *f* de transmission *f* canal *m* de transmission *f* voie *f* canal *m*
transmission coefficient	Transmissionskoeffizient *m*	coefficient *m* de transmission *f*
transmission direction	Senderichtung *f*	direction *f* d'émission *f*
transmission disturbance	Übertragungsstörung *f*	bruit *m* de transmission *f*
transmission equipment	Übertragungseinrichtung *f*	équipement *m* de transmission *f*
transmission facility	Sende-Anlage *f*	dispositif *m* d'émission *f*
transmission frequency range	Sendefrequenzbereich *m*	domaine *m* de fréquence *f* en émission *f*
transmission level	Sendepegel *m*	niveau *m* d'émission *f*
transmission link	Übertragungsabschnitt *m* Übertragungsstrecke *f*	liaison *f* de transmission *f*
transmission loss	Leitungsdämpfung *f*	pertes *f/pl* en ligne *f*
transmission measurement	Übertragungsmessung *f*	téléphonométrie *f*
transmission monitor	Sendemonitor *m*	moniteur *m* d'émission *f*
transmission path	Übertragungsweg *m* Nachrichtenpfad *m*	canal *m* de transmission *f* voie *f* canal *m* voie *f* de transmission *f* routage *m*
transmission quality	Übertragungsgüte *f*	qualité *f* de transmission *f*
transmission range	Übertragungsbereich *m*	domaine *m* de transmission *f* portée *f* de la transmission *f*
transmission route	Übertragungsweg *m*	canal *m* de transmission *f* voie *f* canal *m* voie *f* de transmission *f*
transmission speed	Übertragungsgeschwindigkeit *f*	vitesse *f* de transmission *f* débit *m* de transmission *f*
transmission systems	Nachrichtenübertragungs-systeme *n/pl*	systèmes *m/pl* de transmission *f* (d'information *f*)
transmission technology	Übertragungstechnik *f*	technique *f* de transmission *f*
transmission time	Übertragungszeit *f*	temps *m* de transmission *f*

transmit	übermitteln	transmettre
	übertragen	commuter
	senden	envoyer
transmit data	Sendedaten *f/pl*	données *f/pl* de transmission *f*
transmitted dialing	abgesetzte Wahl *f*	numérotation *f* transmise
transmitter	Geber *m*	émetteur *m*
	Sender *m*	générateur *m*
transmitter inset	Sprechkapsel *f*	capsule *f* microphonique
transmitter noise	Mikrofongeräusch *n*	bruits *m/pl* parasites du
		microphone *m*
transmitting busbar	Sendesammelschiene *f* (SSA)	bus *m* d'émission *f*
transmitting identification	Senderidentifizierung *f*	identification *f* d'émission *f*
transmitting module	Sendermodul *n*	module *m* d'émission *f*
transmitting reference loss	Sendebezugsdämpfung *f*	affaiblissement *m* relatif à
		l'émission *f*
transverse voltage	Querspannung *f*	tension *f* transversale
tree-way calling	Dreier-Konferenz *f*	conférence *f* à trois
trigger	ansteuern	exciter
trimming screw	Abgleichschraube *f*	vis *f* à syntoniser
trouble	Fehlerstörung *f*	panne *f*
		avarie *f*
trouble signal	Störungssignal *n*	signal *m* d'alarme *f*
troubleshooting	Fehlersuche *f* (Hardware)	dépannage *m*
trunk amplifier	Streckenverstärker *m*	amplificateur *m* de ligne *f*
trunk call (Brit)	Ferngespräch *n*	appel *m* tandem
		communication téléphonique
		interurbaine
trunk call signal	Fernkennzeichen *n*	signal *m* d'appel *m* réseau *m*
trunk calls	Fernverkehr *m*	trafic *m* interurbain
trunk dialing	Fernwahl *f*	sélection *f* interurbaine
		automatique *f*
		numérotation *f* interurbaine
trunk exchange	Fernvermittlung *f*	central *m* distant
		central *m* interurbain
trunk group	Bündel *m*	faisceau *m* de lignes *f/pl*
trunk scheme grouping	Gruppierung *f* des	groupement *m* de multiples des
	Wegevielfachs	routes *f/pl*
trunk switching center	Fernvermittlung *f*	central *m* distant
		central *m* interurbain
trunk-busy tone	Wegebesetztton *m*	tonalité *f* d'encombrement *m*
		de lignes *f/pl*
		tonalité *f* de surcharge *f* de
		lignes *f/pl*
trunking array	Gruppierungsanordung *f*	configuration *f* de groupes *m/pl*
trunking diagram	Gruppenverbindungsplan *m*	plan *m* de groupement *m*
		diagramme *m* général des
		jonctions *f/pl*
trunking unit	Gruppierungsbaustein *m*	module *m* de groupement *m*
tube	Rohr *n*	tube *m*
		tuyau *m*
tube parameter	Röhrenparameter *m*	paramètre *m* de tube *m*
tuning screw	Abgleichschraube *f*	vis *f* à syntoniser
turn-off time (semiconductor)	Ausschaltzeit *f* (Halbleiter *m*)	temps *m* de coupure *f*
		(semiconducteur *m*)
TV broadcasting corporation	Fernsehanstalt *f*	station *f* de télédiffusion *f*
TV broadcasting station	Fernsehanstalt *f*	station *f* de télédiffusion *f*
TV camera recording system	Kamera-	système *m* d'enregistrement *m*
	Aufzeichnungssystem *n*	par caméra *f*
TV network	Fernsehübertragungsnetz *n*	réseau *m* de télédiffusion *f*
TV reception	Fernsehempfang *m*	téléréception *f*
TV signal	Fernsehsignal *n*	signal *m* télévisuel

TV supervision = television supervision	TV-Überwachung *f*	surveillance *f* par télévision *f*
twisting of cables	Verseilung *f*	câblage *m*
two way	doppelt gerichtet	bidirectionnel
two-dimensional coding	zweidimensionale Codierverfahren *n*	codage *m* bi-dimensionnel
two-party line	Zweieranschluß *m*	ligne *f* commune
		ligne *f* partagée
two-way communication	Wechselsprechverbindung *f*	liaison *f* par intercom *m*
two-way intercom system	Gegensprechanlage *f*	système *m* d'intercommunication *f*
two-way line	Leitung *f*, doppeltgerichtete	ligne *f* bidirectionnelle
two-way radio	Funkgerät *n*	poste *m* de radio *f*
two-way telephone system	Wechselsprechanlage *f*	installation *f* d'intercommunication *f*
two-wire	zweiadrig	à deux fils *m/pl*
two-wire extension	W(Wähl)-Teilnehmer *m*	poste *m* à deux fils *m/pl*
two-wire line (subscriber)	Zweidrahtleitung *f* (Teilnehmer *m*)	ligne *f* à deux fils *m/pl*
two-wire switching	Zweidrahtdurchschaltung *f*	commutation *f* à deux fils *m/pl*
type	Ausbau *m*	capacité *f*
	Baustufe *f*	type *m*
		version *f*
type of connection	Verbindungsart *f*	type *m* de connexion *f*
type of operation	Betriebsfall *m*	type *m* d'exploitation *f*
		type *m* de fonctionnement *m*
type plate	Typenschild *n*	plaque *f* signalétique
typing mechanism	Schreibwerk *n*	mécanisme *m* enregistreur *m*
		imprimeur *m*

U

unassigned	unbenutzt	non utilisé
unassigned answer	Amtsabfrage *f*, offene~	réponse *f* non affectée
		réponse *f* non attribuée
unblocking a line	Entsperren einer Leitung *f*	déblocage *m* d'une ligne *f*
unconditional path search	nichtbedingte Wegsuche *f*	recherche *f* de lignes *f/pl* inconditionnelle
unconditional route search	nichtbedingte Wegsuche *f*	recherche *f* de lignes *f/pl* inconditionnelle
uncontrolled	ungeregelt	non régularisé
ungrounded	erdfrei	montage *m* flottant
		non relié à la terre *f*
UNIDO = United Nations Industrial Development Organization	Organisation der Vereinten Nationen für industrielle Entwicklung	Organisation des Nations Unies pour le Développement Industriel
unintelligible crosstalk	unverständliches Nebensprechen *n*	diaphonie *f* inintelligible
uninverted crosstalk (Am)	verständliches Nebensprechen *n*	diaphonie *f* intelligible
unit	Baustein *m*	module *m*
	Organ *n*	composant *m*
		dispositif *m*
		équipement *m*
		circuit *m*
		organe *m*
unit fee	Gebühreneinheit *f*	unité *f* de taxe *f*
unloaded	unbelastet	déchargé
unloaded cable	unbespultes Kabel *n*	câble *m* non pupinisé
unnecessary seizure	unnötige Belegung *f*	prise *f* inutile
unsolder	auslöten	dessouder
unsoldering set	Entlötgerät *n*	déssoudeur *m*
		appareil *m* à déssouder
unsuccessful call	erfolgloser Anruf *m*	appel *m* infructueux
		appel *m* non abouti
unsuccessful connection	erfolglose Verbindung *f*	connexion *f* non réalisée
unused	unbenutzt	non utilisé
unweighted noise voltage	Fremdspannung *f*	tension *f* indépendante
		tension *f* externe
update (data)	aktualisieren (Daten *f/pl*)	actualiser
up-grading	Aktualität *f*	mise *f* à jour *m*
upper bit rate	Oberbitrate *f*	limite *f* du flux *m* numérique
upper part	Oberteil *n*	partie *f* supérieure
		sommet *f*
		haut *m*
uptime	Verfügbarkeitszeitraum *m*	période *f* de disponibilité *f*
UPU = Universal Postal Union	Weltpostverein *m*	Union Postale Universelle
urgent lamp	Drängellampe *f*	voyant *m* d'appel *m* en attente *f*
usable level	Nutzpegel *m*	niveau *m* utile
use	Anwendung *f*	application *f*
	Einsatz *m*	utilisation *f*
		insertion *f*
useful time	Nutzungsdauer *f*	durée *f* de vie *f*
		durée *f* d'utilisation *f*
		longévité *f*
user	Abnehmer *m*	usager *m*
	Benutzer *m*	

user access	Benutzeranschluß *m*	accès *m* usager *m*
	(Anwenderzugriff *m*)	ligne *f* d'abonné *m*
	Benutzerzugang *m*	
	Teilnehmeranschluß *m*	
user channel	Nutzkanal *m*	canal *m* utile
user class of service	Benutzerklasse *f*	classe *f* de service *m*
user interface	Benutzerschnittstelle *f*	interface *f* usager *m*
user of a telecommunication	Teilnehmer *m* des	usager *m* d'un réseau *m* de
network	Telekommunikationsnetzes *n*	télécommunications *f/pl*
user surface	Benutzerschnittstelle *f*	interface *f* usager *m*
user-defined	kundenspezifisch	relatif aux données *f/pl* client *m*
user-friendly	bedienungsfreundlich	convivial
user-network access	Benutzer-Netzzugang *m*	accès usager-réseau
user-network interface	Teilnehmer-Amtsschnittstelle *f*	interface *f* usager-réseau *m*
user-to-user protocol	Benutzerprotokoll *n*	protocole *m* usager *m*
user-user protocol	Teilnehmer-Teilnehmer-	protocole *m* d'usager *m* à usager
	Protokoll *n*	
USTA = United States	Vereinigung amerikanischer	Association des Compagnies
Telephone Association	Telefongesellschaften	Téléphonique Américaines
utilization of 1st metering	Ausnutzung *f* des 1.	utilisation *f* de la première
pulse	Gebührenimpulses *m*	impulsion *f* de taxation *f*
utilization time	Nutzungszeit *f* (Nutzzeit *f*)	temps *m* d'utilisation
utilized	verwendet	utilisé
		employé

V

vacant	nicht beschaltet	non connecté
validity	Gültigkeit *f*	validité *f*
value-added services	Mehrwertdienste *m/pl*	services *m/pl* à valeur *f* ajoutée
VDU = video display unit	Datensichtgerät *n*	appareil *m* console *m* de visualisation *f* des données *f*/p, afficheur *m*
vehicle navigation system	Fahrzeugnavigationssystem *n*	système *m* de navigation *f*
verification	Nachprüfen *n* einer Identitätsangabe *f*	vérification *f* d'une identification *f*
verify	überprüfen	vérifier contrôler
version	Ausbaustufe *f* Ausführung *f* Baustufe *f*	version *f* exécution *f* type *m*
vertical resolution	vertikale Auflösung *f*	résolution *f* verticale
VF ringing	Tonruf *m*	sonnerie *f* tonalité *f* d'appel *m*
VF/AF pushbutton selection = voice frequency/audio frequency touch-tone dialing	tonfrequente Tastwahl *f*	numérotation *f* clavier *m* à fréquences *f/pl* vocales
VF/AF-signaling	Tonfrequenzsignalisierung *f*	signalisation *f* à fréquences *f/pl* vocales
via	über	via par l'intermédiaire de
video (display) telephone	Bildfernsprecher *m*	visiotéléphone *m*
video camera	Videokamera *f*	caméra *f* vidéo
video cassette recorder	Videorecorder *m*	enregistreur *m* vidéo
video coder	Bildkodierer *m*	encodeur *m* vidéo
video display unit	Datensichtgerät *n*	appareil *m* console *m* de visualisation *f* des données *f/pl* afficheur *m*
video engineer	Videoingenieur *m*	ingénieur *m* d'image *f*
video engineering	Bildtechnik *f*	technique *f* vidéo *f*
video isolating amplifier	Video-Trennverstärker *m*	amplificateur - séparateur *m* de vidéo *f*
video mixer	Bildmischer *m*	vidéo-mixeur *m*
video mixing equipment	Bildmischgerät *n*	équipement *m* mixeur d'image *f*
video monitor system	Fernsehüberwachungssystem *n*	système *m* de moniteur *m* vidéo *f*
video rack	Videoturm *m*	châssis *m* vidéo *m*
video recording	Video-Aufnahme *f*	enregistrement *m* vidéo
video tape unit	Video-Magnetbandmaschine *f*	unité *f* de bande *f* magnétique
video technology	Fernsehtechnik *f* Videotechnik *f*	technique *f* télévisuelle technique *f* vidéo
video telephone	Bildschirmtelefon *n*	vidéo-téléphone *m*
video telephony	Fernsehtelefonie *f*	visiophone *m*
video workstation	Bildschirmarbeitsplatz *m*	poste *m* de travail *m* vidéo
video-tape equipment	Videobandanlage *f*	équipement *m* de cassettes *f/pl* vidéo *f*
videotelephone	Bildtelefonie *f*	vidéo-téléphonie *f*
videotex	Bildschirmtext *m* (BTX)	vidéotext *m* télétel *m*
view	Ansicht *f*	vue *f* d'ensemble *m*
violet	violett	violet
visual busy indicator	Besetztschauzeichen *n*	signal *m* lumineux d'occupation *f*
visual inspection	Sichtprüfung *f*	inspection *f* visuelle

vocoder (voice-operated coder)	Sprachcodierer *m*	codeur *m* vocal
voice	Sprache *f*	langue *f*
		conversation *f*
		discours *m*
		voix *f*
voice calling	Sprachdurchsage *f*	annonce *f* parlée
voice channel	Gesprächsband *n*	bande *f* vocale
	Gesprächskanal *m*	canal *m* vocal
voice encoder	Sprachcodierer *m*	codeur *m* vocal
voice entry system	Spracheingabesystem *n*	système *m* de saisie *f* vocal
voice mail	Sprachspeicher *m*	mémoire *f* de parole *f*
		boîte *f* à lettre *f* vocale
voice reproduction system	Sprachausgabesystem *n* (SPRAUS)	système *m* de reproduction *f* de la voix *f*
voiceband	Sprachband *n*	bande *f* de fréquences *f/pl* vocales
void	ungültig	non valable
		nul
		annulé
voltage attenuation	Spannungsdämpfung *f*	affaiblissement *m* de tension *f*
voltage changing	Spannungsumschaltung *f*	commutation *f* de la tension *f*
voltage deviation	Spannungsabweichung *f*	écart *m* de tension *f*
voltage divider	Spannungsteiler *m*	diviseur *m* de la tension *f*
voltage drop	Spannungsabfall *m*	chute *f* de tension *f*
	Spannungsdämpfung *f*	affaiblissement *m* de tension *f*
voltage loss	Spannungsdämpfung *f*	affaiblissement *m* de tension *f*
voltage monitoring	Spannungsüberwachung *f*	contrôle *m* de tension *f*
voltage pulse	Spannungsimpuls *m*	impulsion *f* en tension *f*
voltage transformer	Spannungswandler *m*	transformateur *m* de tension *f*
voltmeter	Spannungsmeßgerät *n*	voltmètre *m*
volume	Inhalt *m* (Raum *m*)	volume *m*
	Lautstärke *f*	niveau *m* sonore
		intensité *f* du son *m*
volume (telephony)	Volumen *n* (Fernsprechen *n*)	volume *m*
volume control	Lautstärketaste *f*	touche *f* de volume *m*
		bouton *m* de réglage *m* du volume *m*

W

waiting field display	Wartefeldanzeige *f*	tableau *m* d'attente *f*
		afficheur *m* de file *f* d'attente
waiting for extension to become free	warten auf Freiwerden *n* der Nebenstelle *f*	attente *f* de libération *f*
wake-up service	Weckdienst *m*	service *m* de réveil *m*
walkie-talkie	Handsprechfunkgerät *n*	walkie-talkie *m*
	Sprechfunkgerät *n*	radio-téléphone *m*
wall housing	Wandgehäuse *n*	boîtier *m* mural
		coffret *m* mural
wall telephone instrument	Fernsprech-Wandapparat *m*	poste *m* téléphonique mural
wall telephone set	Fernsprech-Wandapparat *m*	poste *m* téléphonique mural
warning	Achtung *f*	attention *f*
		précaution *f*
WARNING (danger to life)	Warnung *f* (auf Geräten *n/pl*)	ATTENTION *f*
		MISE EN GARDE *f*
washer	Scheibe *f*	rondelle *f*
watchman feature	Wächterprotokolleinrichtung *f*	équipement *m* de rapport *m* de ronde *f*
watchman's round report	Wächterrundgangsmeldung *f*	rapport de ronde *f*
water conduit	Wasserleitung *f*	conduite *f* d'eau *f*
water pipe	Wasserleitung *f*	conduite *f* d'eau *f*
waterproof	wasserdicht	étanche
wattage referred to	Wattangaben *f/pl* bezogen auf	indication *f* de puissance *f* par rapport *m* à
wave attenuation	Wellendämpfung *f*	affaiblissement *m* caractéristique
weight	Gewicht *n*	poids *m*
weight data gathering	Gewichtsdatenerfassung *f*	acquisition *f* de données *f/pl* de poids *m*
		saisie *f* des données *f/pl* concernant le poids *m*
weighted noise	Geräuschspannung *f*	bruit *m* pondéré
		tension *f* psophométrique
white	weiß	blanc
white balance	Weißabgleich *m*	équilibrage *m* des blancs *m/pl*
Wide-Area Network	WAN	réseau *m* des communications *f/pl* à longue distance *f*
wideband data channel	Breitband-Datenkanal *m*	canal *m* de données *f/pl* large bande *f*
width	Breite *f*	largeur *f*
winding	Wicklung *f*	enroulement *m*
winding and square designation	Wicklung- u. Feldbezeichnung *f*	repérage *m* de l'enroulement *m* et du champ *m*
window	Fenster *n*	fenêtre *f*
wire	Ader *f* (Draht *m*)	fil *m*
	Draht *m*	brin *m*
wire bridge	Drahtbrücke *f*	strap *m*
		cavalier *m*
wire diameter	Aderndicke *f*	diamètre *m* de brin *m*
		diamètre *m* de fil *m*
wire pair	Doppelader *f*	paire *f*
	Leitungspaar *n*	paire *f* (ligne *f*)
wire pair		
wired-program control	Programm *n* in der Verdrahtung *f*	programme *m* en logique *f* câblée
wireless	drahtlos	sans fil *m*

wire-wrapping tool	Wrapwerkzeug *n*	outil *m* de sertissage *m*
wiring	Verdrahtung *f*	câblage *m*
wiring board	Verdrahtungsplatte *f* (VP)	plaque *f* de câblage *m*
		carte *f* de câblage *m*
wiring diagram	Bauschaltplan *m*	schéma *m* de connexions *f/pl*
wiring frame	Verdrahtungsrahmen *m* (VR)	fond *m* de cage *f*
wiring harness (Am)	Kabelbaum *m*	forme *f* de câbles *m/pl*
		peigne *m* de câbles *m/pl*
wiring plate	Verdrahtungsplatte *f* (VP)	plaque *f* de câblage *m*
		carte *f* de câblage *m*
wiring side	Verdrahtungsseite *f*	côté *m* câblage *m*
with equivalent types	durch gleichwertige Typen *f/pl*	par types *m/pl* equivalents
with independent timing	taktautonom	avec horloge *f* indépendante
withdraw	herausschalten, sich ~	retirer
		se déconnecter
withdrawing from automatic	Herausschalten *n* aus dem	poste *m* déconnecté du
hunting	Sammelanschluß *m*	groupement *m* de postes *m/pl*
without tension	spannungsfrei	sans tension *f*
witness circuit	Zeugenschaltung *f*	circuit *m* témoin *m*
word processing	Textverarbeitung *f*	traitement *m* de texte *m*
working speed	Arbeitsgeschwindigkeit *f*	vitesse *f* de fonctionnement *m*
workstation	Arbeitsplatz *m*	poste *m* de travail *m*
		workstation *f*
		position *f* de travail *m*
wrap	wrappen	sertir
		wrapper
wrapping tool	Wrapwerkzeug *n*	outil *m* de sertissage *m*
wrong connection	Falschverbindung *f*	fausse connexion *f*
	Fehlschaltung *f*	connection *f* erronée
wrong dialing	falsch wählen	numérotation *f* erronée
wrong selection	Falschwahl *f*	fausse numérotation *f*

Y

yellow   gelb   jaune

Z

zero	Null *f*	zéro *m*
		nul *m*
zero-loss (circuit)	verlustlos (Leitung *f*)	sans pertes *f/pl*
zoner	Verzoner *m*	calculateur *m* de zonage *m*
	Zoner *m*	générateur *m* d'impulsions *f/pl*
		par zones *f/pl*
zoning	verzonen	répartir en zone *f*
		zonage *m*

Dictionnaire
Telecom

Tome 3
Français   *Allemand*   *Anglais*

A

à deux fils *m/pl*	zweiadrig	two-wire
		bifilar
à sens *m* unique	einseitig	single-sided
		one way
AAB = abonné *m* ayant droit au service *m* des abonnés *m/pl* absents	Berechtigung *f* für Rufweiterschaltung *f*	call transfer facility
abonné *m*	Teilnehmer *m*	extension
		subscriber
		extension user
abonné *m* appelant	Anrufer *m*	calling party
		caller
abonné *m* ayant accès *m* à la numérotation *f* abrégée (TENOCODE)	codewahlberechtigter Teilnehmer *m* (TENOCODE)	TENOCODE-authorized extension
abonné *m* ayant droit à prise *f*	halbamtsberechtigter Teilnehmer *m*	semirestricted extension
abonné *m* de rétro-appel *m*	Rückfrageteilnehmer *m*	refer-back extension
abonné *m* demandeur *m*	rufender Teilnehmer *m*	calling subscriber
		calling station
		calling extension
abonné *m* destinataire *m*	Empfangsteilnehmer *m*	receiving subscriber
abonné *m* du réseau *m* public	Teilnehmer *m*, Amts- *m*	public exchange subscriber
abonné *m* interurbain	Fernteilnehmer *m*	long-distance subscriber
abonné *m* récepteur *m*	Empfangsteilnehmer *m*	receiving subscriber
abonné *m* spécial	Sonderteilnehmer *m*	special line circuit
		special line extension
abonné appelé	gerufener Teilnehmer *m*	called subscriber
		called party
abonné demandé	gerufener Teilnehmer *m*	called subscriber
		called party
abonnement *m* mensuel	feste monatliche Gebühr *f*	fixed monthly charge
ABS = abonné *m* absent	abwesender Teilnehmer *m*	absent subscriber
acceptation *f* d'appel *m*	Rufannahme *f*	call-accepted signal
acceptation *f* de la numérotation *f*	Wahlaufnahme *f*	dial reception
		selection code acceptance
acceptation d'appel en PCV	Annahme *f* der Gebührenübernahme *f*	reverse charging acceptance
accès multipoint *m*	Mehrfachanschluß *m*	multiplex link
		multi-access line
		multipoint access
accès *m*	Zugang *m*	access
accès *m* à la conférence *f*	Konferenzberechtigung *f*	conference access status
accès *m* au bus *m*	Sammelschienenzugang *m* (SSZ)	bus access
accès *m* au central *m* public	Amtszugriff *m*	access to public exchange
accès *m* au trafic *m* de données *f/pl*	datenverkehrsberechtigt	nonrestricted data traffic
accès *m* d'usager *m*	Benutzerzugang *m*	user access
	Teilnehmeranschluß *m*	subscriber line
accès *m* de base *f*	Basisanschluß *m*	basic access
accès *m* direct à un groupe *m*	Gruppenruf *m*	group call
accès *m* direct aux lignes *f/pl* réseau *m*	direkte Amtswahl *f*	direct access to external lines
accès *m* direct individuel	Einzelruf *m*	direct individual access
accès *m* parallèle	Parallelzugriff *m*	simultaneous access
accès *m* primaire multiplex *m*	Primärmultiplexanschluß *m*	primary rate access
accès *m* usager *m*	Benutzeranschluß *m* (Anwenderzugriff *m*)	user access

accès usager-réseau	Benutzer-Netzzugang *m*	user-network access
accessoires *m/pl*	Zubehör *n*	accessories
accumulateur *m* de secours *m* au plomb *m*	Reserve-Blei-Akkubatterie *f*	standby lead-acid accumulator standby lead-acid battery
accumuler	ansammeln	accumulate
acheminement *m*	Vermittlung *f* (Tätigkeit *f*)	switching routing
acheminement *m* direct	Direktweg *m*	direct route high-usage route
acheminement *m* multiple	Mehrwegführung *f* (Vermit.)	multiple routing (exchange)
acheminement *m* séquentiel de l'appel *m* sur une ligne *f*	geordneter Absuchvorgang *m*	sequential hunting
acquisition *f* de données *f/pl* de poids *m*	Gewichtsdatenerfassung *f*	weight data gathering
acquit *m*	Empfangsbestätigung *f* Quittung *f* Rückmeldung *f*	reception confirmation acknowledgement signal acknowledgment answer back acknowledge message reply
acquittement *m*	Quittung *f*	acknowledgment
acquitter (signal *m*)	quittieren (Signal *n*)	acknowledge
actif	wirksam	effective
action *f* demi-retardée	mittelträge (Si)	semi time-lag (fuse)
actionner	drücken	press operate depress
activation *f* tactile	Touchbetätigung *f*	activation by touching
activer	aktivieren setzen	activate enable set
actualiser	aktualisieren (Daten *f/pl*)	update (data)
adaptateur *m* d'interface *f*	Schnittstellenanpassung *f*	interface adapter adapter circuit
adaptateur *m* de groupement *m*	Gruppenvorsatz *m*	group adaptor
adaptateur *m* de terminal	Endgeräte-Anpassung *f*	terminal adapter
adaptateur *m* de trafic *m* interautomatique	Querverkehrszusatz *m*	tie-line attachment
adaptation *f*	Anpassung *f*	adaptation adaption matching
adaptation *f* de canal *m*	Sprechweganpassung *f*	speech path adaption speech path matching
adapteur *m* de batterie *f* locale	Ortsbatterievorsatz *m*	local battery adapter
adapteur *m* de prise *f*	Steckertransformator *m*	plug transformer
adapteur *m* des dispositifs *m/pl* de test *m*	Prüfgerätezusatz *m*	test set attachment
adaption *f* de lignes *f/pl*	Leitungsanpassung *f*	line matching line adaption
addenda *m*	Nachtrag *m*	addendum addenda
adjonction *f*	Zuordnung *f*	arrangement assignment allocation
adjudicataire *m*	Auftragnehmer *m*	supplier contractor
ADL = adresse *f* ligne *f*	Leitungsadresse *f*	line address
Administration *f* des PTT en Allemagne	Bundespost *f* (DBP)	German Federal Post Office (DBP)

administration *f* des télécommunications *f/pl*	Fernmeldebehörde *f*	telecommunications authorities
adressable	aufrufbar	addressable
adressage	Adressierung *f*	addressing
adresse *f*	Adresse *f* (EDV)	address (EDP)
adresse *f* de l'usager *m*	Abnehmeradresse *f*	customer address
adresse *f* des données *f/pl*	Datenadresse *f*	data address
adresse *f* multiple	Mehrfachanschrift *f*	multi-address
AELE = Association Européenne de Libre Échange	Europäische Freihandelsgesellschaft *f* (EFTA *f*)	European Free Trade Association (EFTA)
affaiblissement *m*	Dämpfung *f*	attenuation loss
affaiblissement *m* asymétrique	Unsymmetriedämpfung *f*	balance-to-imbalance ratio
affaiblissement *m* caractéristique	Wellendämpfung *f*	wave attenuation
affaiblissement *m* composite	Betriebsdämpfung *f*	overall loss overall attenuation
affaiblissement *m* conjugué	konjugierte-komplexe Dämpfung *f*	conjugate attenuation constant
affaiblissement *m* d'adaptation *f*	Anpassungsdämpfung *f* Reflexionsdämpfung *f*	matching attenuation return loss
affaiblissement *m* d'alimentation *f*	Speisestromdämpfung *f*	feeding loss
affaiblissement *m* d'écho *m*	Echodämpfung *f*	echo attenuation active return loss (Am)
affaiblissement *m* d'effet *m* anti-local	Rückhörbezugsdämpfung *f*	sidetone reference equivalent
affaiblissement *m* d'effet *m* local	Rückhörbezugsdämpfung *f*	sidetone reference equivalent
affaiblissement *m* d'équilibrage *m*	Fehlerdämpfung *f*	balance return loss return loss between line and network (Am)
affaiblissement *m* d'équilibre *m* d'entrée *f*	Eingangssymmetriedämpfung *f*	input balance attenuation
affaiblissement *m* d'insertion *f*	Durchgangsdämpfung *f* Einfügungsdämpfung *f* Einfügungsverlust *m*	insertion loss
affaiblissement *m* d'une terminaison *f*	Gabelübergangsdämpfung *f* Gabeldämpfung *f*	transhybrid loss attenuation of a terminating circuit attenuation of a terminating set
affaiblissement *m* de désadaption *f*	Stoßdämpfung *f*	mismatch transition loss
affaiblissement *m* de diaphonie *f*	Übersprechdämpfung *f*	cross-talk attenuation
affaiblissement *m* de distortion *f* harmonique	Klirrdämpfung *f*	harmonic distortion attenuation
affaiblissement *m* de réaction *f*	Umlaufdämpfung *f*	feedback loss
affaiblissement *m* de référence *f* de réception *f*	Empfangsbezugdämpfung *f*	receiving reference loss
affaiblissement *m* de régularité *f*	Rückflußdämpfung *f*	regularity return loss (Brit) structural return loss (Am)
affaiblissement *m* de tension *f*	Spannungsdämpfung *f*	voltage loss voltage drop voltage attenuation
affaiblissement *m* diaphonique	Nebensprechdämpfung *f*	crosstalk attenuation
affaiblissement *m* du quadripôle *m*	Vierpoldämpfung *f*	image attenuation image loss
affaiblissement *m* du signal *m* local	Rückhördämpfung *f*	sidetone attenuation

affaiblissement *m* effectif	Restdämpfung *f*	overall loss
		net loss (Am)
affaiblissement *m* équivalent	Bezugsdämpfung *f*	reference equivalent
affaiblissement *m* intrinsèque	Eigendämpfung *f* (Gerät)	intrinsic loss (equipment)
affaiblissement *m* itératif	Kettendämpfung *f*	attenuation constant
		iterative attenuation constant
affaiblissement *m* réel	Wirkdämpfung *f*	effective attenuation
		transducer loss (Am)
affaiblissement *m* relatif à l'émission *f*	Sendebezugsdämpfung *f*	transmitting reference loss
affaiblissement *m* symétrique	Symmetriedämpfung *f*	balance loss
		balanced attenuation
affectation *f*	Zuordnung *f*	arrangement
	Zuweisung *f*	assignment
		allocation
affectation *f* automatique de lignes *f* extérieurs	Selbstzuordnung *f* von Amtsleitungen *f/pl*	self-allocation of external lines
affectation *f* de table *f* d'opératrice *f*	Platzzuordnung *f*	multiple attendant position
affectation *f* des baies *f/pl*	Belegung *f* von Buchten *f/pl*	allocation of bays
affectation *f* du connecteur *m*	Steckerbelegung *f*	plug connections
		pin configuration
affectation *f* par clavier *m*	Tastenzuteilung *f*	pushbutton assignment
affectation *f* particulière	Eigenzuweisung *f*	self-assignment
affecter	belegen (Leitung *f*)	seize (line)
		engage
affichage *m*	Anzeige *f*	display
		indication
affichage *m* allumé	Anzeige *f* ein	display on
		indication on
affichage *m* d'appel *m*	Aufrufanzeige *f*	call-up display
affichage *m* de l'heure *f*	Uhrzeitanzeige *f*	time display
	Zeitanzeige *f*	
affichage *m* éteint	Anzeige *f* aus	display off
		indication off
affichage *m* numérique	Digitalanzeige *f*	digital display
affichage *m* par plasma *m*	Plasmaanzeige *f*	plasma display
afficheur *m*	Anzeigenblock *m*	display block
afficheur *m*	Datensichtgerät *n*	video display unit
	Lichtzeicheneinrichtung *f*	VDU
		CRT display
		light signal unit
		luminous signal unit
afficheur *m* de file *f* d'attente	Wartefeldanzeige *f*	waiting field display
		queuing field display
afficheur *m* de messages *m/pl*	Klartextanzeige *f*	alphanumeric display
afficheur *m* digital lumineux	Leuchtziffernanzeige *f*	luminous display
		illuminated display
afficheur *m* du tableau *m* de signalisation *f*	Signalfeldanzeige *f*	signal panel display
afficheurs *m/pl* du tableau *m* signalisation *f* de groupement *m*	Gruppensignalfeld-Anzeigeteil *m/n*	group signaling display panel
affirmation *f*	Aussage *f*	statement
agrafe *f*	Bügel *m*	bracket
	Klammer *f*	brace
		clip
		clamp
agrément *m*	Zulassung *f*	approval
aiguillage *m* de faisceau *m*	Bündelweiche *f*	bundle switch
		group switch

aiguille *f* de taxes *f/pl*	Gebührenweiche *f*	switch (call charge)
ajouté	kommt hinzu	added
	hinzu	
ajustable	verstellbar	adjustable
ajustement *m*	Einstellung *f*	setting
		adjustment
ajuster	einpegeln	adjust (level)
	justieren	
alarme *f* fin *f* de papier *m*	Papieralarm *m*	end-of-paper warning
		paper-out alarm
alarme *f* radio *f*	Funkalarm *m*	radio alarm
alarme *f* système *m*	Gerätealarm *m*	equipment alarm
alignement *m*	Abgleich *m*	alignment
alignement *m* automatique	automatischer Abgleich *m*	automatic alignment
alimentation *f*	Energie-, Stromversorgung *f*	power supply
alimentation *f* de courant *m*	Stromversorgung *f*	power supply
alimentation *f* enfichable	Steckernetzgerät *n*	plug-in mains unit
alimentation *f* fantôme *m*	Phantomspeisung *f*	phantom power supply
alimentation *f* primaire	primärgetaktete	primary-switched power supply
commutée	Stromversorgung *f*	
alimentation *f* secourue	Netzersatzapparatur *f*	standby power supply
	Notstromversorgung *f*	emergency power supply
alimentation *f* secteur *m*	Netzanschluß *m* (Lichtnetz)	power connection
		mains connection
alimentation courant *m* continu	Gleichspannungsmodul *n*	DC voltage module
alimentation d'énergie *f*	Energie-, Stromversorgung *f*	power supply
alimenté par batterie *f*	netzunabhängig	battery-powered
alimenter	speisen	feed
allumé/éteint (affichage *m*)	ein/aus (Anzeige *f*)	on/off (display)
allumer	leuchten	light
	zuschalten	switch on
allure *f* de la courbe *f*	Kurvenverlauf *m*	curve shape
altitude *f* admissible pour	zulässige Aufstellungshöhe *f*	permissible installation height
l'installation *f* par rapport *m* à	über NN	above mean sea level
la mer *f*		
alvéole *f*	Schiene *f*	bar
âme *f* (fibre *f* optique)	Innenkern *m* (Glasfaser *f*)	core
amortissement *m*	Abschwächung *f* (eines	attenuation (transmit signal)
	Signals *n*)	
amplificateur - séparateur *m*	Video-Trennverstärker *m*	video isolating amplifier
de vidéo *f*		
amplificateur *m*	Verstärker *m*	amplifier
amplificateur *m*	Informationsvielfach-	information multiple amplifier
d'informations *f/pl* multiples	Verstärker *m*	
amplificateur *m* d'un	Gabelverstärker *m*	hybrid amplifier
termineur *m*		
amplificateur *m* de fréquence *f*	ZF-Verstärker *m*	IF-amplifier
intermédiaire (F.I.)		
amplificateur *m* de ligne *f*	Streckenverstärker *m*	trunk amplifier
amplificateur *m* de puissance *f*	Leistungsverstärker *m*	power amplifier
amplificateur *m* du signal *m*	Taktverstärker *m*	timing pulse generator
d'horloge *f*		clock pulse amplifier
amplificateur *m* du signal *m*	Anbietezeichenverstärker *m*	offering signal amplifier
d'offre *m*		offering signal regenerator
amplificateur *m* final	Endverstärker *m*	terminal repeater
		terminal amplifier
amplificateur *m* multiple	Vielfachverstärker *m*	multiple regenerator
		multiple amplifier
amplification *f* audio	Niederfrequenzverstärker *m*	audio-frequency amplifier

amplification *f* de puissance *f*	Leistungsverstärkung *f* (Halbleiter *m*)	power-level gain (semiconductor)
		power amplification
amplification *f* intermédiaire	Zwischenverstärkung *f*	intermediate amplification
amplitude *f*	Amplitude *f*	amplitude
AMRT = accès *m* multiple à répartition *f* dans le temps *m*	Zeitlagenzugriff *m*	time-slot access
AMV = appel *m* malveillant	Fangen *n*/Fangschaltung *f*	malicious call tracing
analogique	analog	analogic
analyse *f*	Analyse *f*	analysis
analyseur *m*	Auswerte-Einrichtung *f*	evaluation unit
analyseur *m* de films *m/pl*	Filmabtaster *m*	film scanner
		telecine
angle *m*	Winkel *m*	angle
anneau *m* de fixation *f*	Befestigungsschelle *f*	mounting clip
annexe *f*	Anhang *m*	appendix
		annex
annonce *f*	Ansage *f*	announcement
	Durchsage *f*	
annonce *f* parlée	Sprachdurchsage *f*	spoken message
		voice calling
annuaire *m* électronique	Elektronisches Telefonbuch *n* (ETB)	electronic telephone directory
annuaire *m* téléphonique	Fernsprechbuch *n*	telephone directory
	Teilnehmerverzeichnis *n*	extension list
annulation *f* générale	Annullieren *n*, allgemeines	general cancellation
annulé	gelöscht	erased
	ungültig	canceled
		cleared
		void
		null
		invalid
		illegal
annuler	auflösen	cancel
	streichen, tilgen	clear
		delete
		erase
anodiser	eloxieren	anodize
antenne *f* collective	Gemeinschaftsantenne *f*	community antenna
antenne *f* directionnelle	Richtantenne *f*	directional antenna
antenne *f* parabolique	Parabolantenne *f*	parabolic antenna
antenne *f* téléscopique	Versenkantenne *f*	retractable antenna
antiaveuglant	blendfrei	nonglare
anti-choc *m* acoustique	Gehörschutz *m*	click absorber
	Gehörschutzdiode *f*	acoustic shock absorber
		acoustic shock absorber diode
antidéflagrant	explosionsgeschützt	intrinsically safe
ANTIOPE = acquisition *f* numérique et télévisualisation *f* d'images *f/pl*	digitale Bilderfassung *f* und -fernübertragung *f*	digital image recording and transmission
anti-rebonds *m*	Entprellung *f*	chatter suppression
appareil *m* à bandes *f/pl* magnétiques	Magnetbandmaschine *f*	tape unit
appareil *m* à déssouder	Entlötgerät *n*	unsoldering set
		solder extraction device
appareil *m* branché	Anschaltsatz *m*	connecting set
appareil *m* console *m* de visualisation *f* des données *f/pl*	Datensichtgerät *n*	video display unit
		VDU
		CRT display
appareil *m* d'alimentation *f*	Netzgerät *n*	mains unit

appareil *m* d'enregistrement *m* magnétique	Magnetaufzeichnungsgerät *n*	magnetic tape-recording equipment
appareil *m* d'entrée *f* en tiers *m*	Aufschaltsatz *m*	cut-in set
appareil *m* de mesure *f* objective d'affaiblissement *m* équivalent = OREM	objektiver Bezugsdämpfungsmeßplatz *m* (OBDM)	objecitve reference system test station
appareil *m* de réception *f*	Empfangsgerät *n*	receiver
appareil *m* de visualisation *f*	Sichtgerät *n*	display device (VDU) display unit
appareil *m* de visualisation *f* de données *f/pl* couleur *f*	Farbdatensichtgerät *n*	high-resolution color data display
appareil *m* multiplex *m*	Multiplexgerät *n*	multiplex unit
appareil *m* radio pour véhicules *m/pl*	Fahrzeugfunkgerät *n*	in-vehicle radio unit
appareil *m* redresseur *m* alimentation *f*	Gleichrichtergerät *n*	rectifier unit
appareil *m* téléphonique à jetons *m/pl*	Münzfernsprecher *m*	coin telephone payphone (Am)
appel *m*	Anruf *m* (Telefonanruf *m*) Ruf *m*	telephone call call
appel *m* au décroché *m*	Direktruf *m*	hot line direct line direct-access call
appel *m* automatique	Selbstwahl *f*	direct dialing automatic dialing
appel *m* avec attente *f*	Vormerkgespräch *n*	delayed call
appel *m* avec préavis	Voranmeldegespräch *n*	personal call person-to-person call (Am)
appel *m* d'abonné *m*	Teilnehmerwahl *f*	subscriber dialing
appel *m* d'information *f*	Meldeanruf *m*	service call
appel *m* d'un usager *m*	Teilnehmerwahl *f*	subscriber dialing
appel *m* d'urgences *f/pl*	Notruf *m*	emergency call
appel *m* de recherche *f*	Aufruf *m*	call-in call
appel *m* de service *m*	Dienstgespräch *n*	service call
appel *m* direct	Direktanruf *m* Schnellruf *m*	direct call direct station selection
appel *m* direct d'abonné *m* à abonné *m*	direkter Wahlverkehr *m* zwischen Teilnehmern *m/pl*	direct extension-extension dialing
appel *m* du correspondant *m*	Teilnehmerwahl *f*	subscriber dialing
appel *m* en attente *f*	Wartezustand *m* (im ~)	standby condition calls on hold
appel *m* externe	externes Gespräch	external call
appel *m* général	Sprachdurchsage *f* an alle	general call
appel *m* gratuit	gebührenfreie Verbindung *f*	non-chargeable free call
appel *m* immédiat	Sofortruf *m*	immediate call
appel *m* infructueux	erfolgloser Anruf *m*	ineffective call unsuccessful call
appel *m* initial	Erstanruf *m*	first call attempt
appel *m* intérieur	Interngespräch *n*	internal call
appel *m* intérieur	internes Gespräch *n*	extension-to-extension call
appel *m* international entrant	ankommende Auslandsverbindung *f* ankommende Fernverbindung *f*	incoming international call incoming long-distance call incoming trunk call
appel *m* interurbain	Fernverbindung *f*	long-distance trunk call inter-office trunk call
appel *m* inverse	Umkehrverbindng *f*	revertive call
appel *m* national	Inlands-Fernverbindung *f*	domestic trunk call

appel *m* non abouti	erfolgloser Anruf *m*	ineffective call unsuccessful call
appel *m* opératrice *f*	Bedienaufruf *m* Platzanruf *m*	console request call to operator
appel *m* PO	Bedienaufruf *m*	console request call to operator
appel *m* PTT sortant	abgehendes Amtsgespräch *n*	outgoing exchange call
appel *m* renouvelé	Folgeanruf *m*	repeated call attempt
appel *m* réseau *m*	Amtsgespräch *n* Amtsverbindung *f*	external call exchange line call exchange line connection
appel *m* réseau *m* entrant	ankommende Fernverbindung *f*	incoming long-distance call incoming trunk call
appel *m* sortant	abgehender Ruf *m*	outgoing call
appel *m* tandem	Ferngespräch *n*	trunk call (Brit) toll call (Am)
appel *m* téléphonique	Telefongespräch *n*	telephone call
appel *m* temporisé	Wiederanruf *m* nach Zeit *f*	timed recall
appel *m* tournant	Absuchvorgang *m*, geordneter~	sequential hunting
appel *m* transféré par opératrice *f*	platzvermittelte Verbindung *f*	operator-assisted call
appel *m* transfert entre positions *f/pl*	Platzüberweisung *f*	interposition call and transfer
appelant *m*	Absender *m* (eines Rufes *m*) Anrufer *m*	calling party originator caller
appeler	rufen (läuten)	ringing ring ring up
appels *m/pl* internes	interne Gespräche *n/pl*	internal calls
appels *m/pl* renseignements *m/pl*	Ansagedienst *m*	recorded information service
appendice *m*	Anhang *m*	appendix annex
application *f*	Anwendung *f* Einsatz *m* Verwendung *f*	application use insertion
appliquer (tension *f*)	anlegen (Spannung *f*)	apply (voltage)
apppareil *m* connecté	Anschaltsatz *m*	connecting set
approvisionnement *m* en énergie *f*	Energie-, Stromversorgung *f*	power supply
appuyée (touche *f*)	gedrückte (Taste *f*)	pressed (key) depressed (key) pushed (key)
appuyer	drücken	press operate depress
apte à l'émission *f*	sendefähig	broadcast-ready
architecture *f* du système *m*	Systemarchitektur *f*	system architecture
armoire *f*	Schrank *m* Schrankgehäuse *n*	cabinet cabinet housing
armoire *f* inférieure	Unterschrank *m*	lower cabinet
arrangement *m*	Anordnung *f* Bestückung *f*	arrangement configuration equipment outfitting
arrêt *m*	Mikrofon-Abschaltetaste *f*	microphone disconnect button
arrêt *m* d'appel *m*	Rufabweisung *f*	call stopping
arrêt *m* du ronfleur *m*	Summerabschaltung *f*	buzzer cut-off
arrondi (nombre *m*)	abgerundet (Zahl *f*)	rounded off (number)
assemblage *m*	Zusammenbau *m*	assemblage
asservissement *m*	Rückkopplung *f*	feedback

asservissement *m* de données *f/pl*	Datenrückkopplung *f*	data feedback
assignation *f*	Zuordnung *f* Zuteilung *f*	arrangement assignment allocation
assignation *f* variable de la numérotation *f*	freizügige Rufnummernzuteilung *f*	fexible call numbering
assisté par ordinateur *m*	rechnergestützt	computerized computer-assisted
Association *f* allemande des ingénieurs *m/pl* en électricité *f*	Verband *m* deutscher Elektrotechniker *m/pl* (VDE)	German association of electrical engineers
association *f* centrale de l'industrie *f* de l'équipement *m* électrique	Zentralverband *m* Elektrotechnik- und Elektronikindustrie (ZVEI)	central association of the German electrical and electronics industry
associé (avec)	zugehörig	associated (with)
associé au système *m*	systemgebunden	system-associated system-dependent system-related system-tied
asymétrie *f*	Unsymmetrie *f*	imbalance asymmetry
AT = adapteur *m* de terminal *m*	Terminaladapter *m*	terminal adapter
attache *f*	Klammer *f*	clip clamp
atteindre	erreichen	access reach
attendre la libération *f*	Warten *n* auf Freiwerden *n*	camp on busy park on busy queuing camp on individual (Am)
attente *f*	Anklopfen *n*	call waiting knocking
attente *f* de libération *f*	warten auf Freiwerden *n* der Nebenstelle *f*	waiting for extension to become free
attente *f* de tonalité *f* d'invitation *f* à numéroter	Wähltonverzug *m*	pre-dialing delay
attente *f* musicale	Musik *f* in Wartestellung *f*	music on hold
attente *f* pour recherche *f*	Rückfrage *f*	consultation call refer-back call (Brit) call hold (Am)
attente *f* pour recherche *f*	Rückfragegespräch *n*	consultation call refer-back call (Brit) call hold (Am)
attente *f* sur appel *m* intérieur	Wartestellung *f* bei Internverbindungen *f/pl*	hold on internal calls
attente *f* sur poste *m* occupé	Wartestellung *f* bei Internverbindungen *f/pl*	hold on internal calls
ATTENTION *f*	Warnung *f* (auf Geräten *n/pl*)	CAUTION (damage to equipment) WARNING (danger to life)
attention *f*	Achtung *f* Vorsicht *f*	attention caution warning
atténuateur *m*	Dämpfungsglied *n*	attenuator attenuator pad
atténuation *f*	Abschwächung *f* (eines Signals *n*) Dämpfung *f*	attenuation (transmit signal) attentuation loss
attribut *m* de connexion *f*	Verbindungsmerkmal *n*	connection attribute
attribut *m* de connexion *f* RNIS	ISDN-Verbindungsmerkmal *n*	ISDN connection attribute

attribut *m* de service *m*	Dienstmerkmal *n* (Merkmalsattribut *n*)	service attribute
attribut *m* de service *m* de télécommunications *f/pl*	Dienstmerkmal *n* (Merkmalsattribut *n*)	service attribute
attribution *f*	Zuordnung *f*	arrangement assignment allocation
attribution *f* de l'extension *f* abonné *m*	Teilnehmerzuordner *m*	extension allotter
attribution *f* de la taxation *f*	Gebührendatenzuschreibung *f*	call data notification
augmentation *f*	Erhöhung *f*	increase
augmentation *f* de la sécurité *f* de fonctionnement *m*	Erhöhung *f* der Betriebssicherheit *f*	increase of operational reliability
autocollant *m*	Aufkleber *m*	sticker adhesive label
AUTOCOM = autocommutateur *m*	Wählnebenstellenanlage *f*	automatic exchange (PABX)
autocommutateur *m*	Wählvermittlungsstelle *f*	automatic exchange
autocommutateur *m* géré par calculateur *m*	rechnergesteuertes Vermittlungssystem *n*	computer-controlled switching system
autocommutateur *m* local	Hauszentrale *f*	private automatic exchange (PAX)
autocommutateur *m* maître *m*	Muttervermittlungsstelle *f*	master exchange
autocommutateur *m* privé	Hauszentrale *f* Vermittlungseinrichtung *f*	Private (Automatic) Branch Exchange (PABX, PBX) exchange equipment switching equipment
autocommutateur *m* satellite *m*	Zweitnebenstellenanlage *f*	secondary PABX satellite PABX sub-exchange
autocommutateurs *m/pl* en réseau *m*	Gruppenvermittlungsstelle *f*	local tandem exchange
automaintenu *m*	rastend	locking
automatique	Selbstwähl-Auslandsverbindung *f*	subscriber-dialed international call
auto-reverse	Autoreverse *n*	auto-reverse
autorisation *f* au service *m* secouru	Notbetriebsberechtigung *f*	emergency operation authorization
autorisation *f* globale réseau *m*	amtsberechtigt	direct outward dialing nonrestricted dialing
autorité *f* des transports *m/pl* publics	kommunale Verkehrsbetrieb *m*	public transport authority
autorités *f/pl*	Behörde *f*	public authority government agencies and services
autorités *f/pl* postales	Postbehörde *f*	PTT
autotéléphone *m*	Autotelefon *n*	car telephone
avance *f*	Vorlauf *m* Vorschub *m*	forward run feed
avancement *m*	Vorschub	feed
avarie *f*	Fehlerstörung *f*	trouble failure
avec horloge *f* indépendante	taktautonom	with independent timing clock-autonomous
avéole *m*	Steckhülse *f* mit Rastung *f*	snap-on contact
avertisseur *m* d'effraction *f*	Einbruchmeldesystem *n*	burglar-alarm system
ayant accès *m* aux appels *m/pl* locaux	ortsamtsberechtigt	nonrestricted local exchange dialing
ayant la prise *f* directe	vollamtsberechtigt	nonrestricted

B

baie *f*	Bucht *f*	bay
	Gestellrahmen *m*	rack
	Rahmen *m*	frame (Am)
baie *f* de connexion *f*	Rangierfeld *n*	jumpering field
balayage *m* de diapositive *f*	Diaabtaster *m*	slide scanner
banc *m* de test *m* piloté par ordinateur *m*	rechnergesteuerter Prüfplatz *m*	computer-controlled test station
bande *f* de fréquence *f* intermédiaire	Zwischenfrequenzband *n*	intermediate frequency band i.f. band
bande *f* de fréquences *f/pl* vocales	Sprachband *n*	voiceband
bande *f* vocale	Gesprächsband *n*	voice channel
barette *f* à relais *m*	Relaisstreifen *m*	relay strip
barre *f*	Schiene *f*	bar
barre *f* collectif	Sammelschiene *f* (SS)	busbar bus
barre *f* de guidage *m*	Führungsschiene *f*	guide bar
barre *f* de masse *f*	Erdschiene *f*	earth bar earth bus
barre *f* de terre *f* commune	Sammelerdschiene *f*	grounding busbar common earth bar
barre *f* omnibus *m*	Sammelleitung *f*	group hunting line communication bus communication line
barrette *f* à broches *f/pl*	Stiftleiste *f*	pin strip
barrette *f* terminale	Verteilerleiste *f*	terminal strip
bas	leise	low
bascule *f*	Flip - Flop *n*	flip-flop
basculement *m*	Umschaltung *f* (UM)	switchover
basculement *m* de ligne *f*	Leitungsumschaltung *f*	line switchover
basculement *m* des équipements *m/pl* de supervision *f*	Zentralüberwachungs- geräteumschaltung *f*	central monitoring device switching
basculer	durchschalten	switch through
	umschalten	through connect switch over change over
basculer en service *m* réduit	Umschalten auf Nachtbetrieb *m*	night-service
basculer sur service *m* de nuit *f*	Umschalten auf Nachtbetrieb *m*	night-service
base *f* de données *f/pl*	Datenbestand *m* (EDV)	data stock (EDP) database
bâti *m*	Gestell *n*	rack
bâti *m* pivotant	Drehrahmengestell *n*	hinged frame rack
batterie *f*	Batterie *f*	battery
batterie *f* centrale	Zentralbatterie *f* (ZB)	central battery (CB)
batterie *f* de secours *m* au plomb *m*	Reserve-Blei-Akkubatterie *f*	standby lead-acid accumulator standby lead-acid battery
batterie *f* du central (public)	Amtsbatterie *f*	exchange battery
batterie *f* locale	Ortsspeisung *f* (von Fernsprechgeräten *n/pl*)	local feeding
batterie *f* tampon *m*	Pufferbatterie *f*	buffer battery
besoin *m*	Bedarf *m*	requirement
BF = basse fréquence *f*	Niederfrequenz *f*	LF

bidirectionnel	doppelt gerichtet	bothway
		two way
binaire *m* de signalisation *f*	Meldebit *n*	signaling bit
binaire *m* vide	Leerbit *n*	stuffing bit
BIP = bip sonore	Klangruf *m*	harmonious tone
bit *m*	Bit *n*	bit
bit *m* d'excitation *f*	Anreizbit *n*	event bit
bit *m* de contrôle *m*	Kontrollbit *n*	check bit
		flag bit
bit *m* de parité *f*	Paritätsbit *n*	parity bit
bit *m* de repère *m*	Merkbit *n*	check bit
		note bit
bit *m* de test *m*	Merkbit *n*	check bit
		note bit
bit *m* supplémentaire	Zusatzbit *n*	extra bit
BL = batterie *f* locale	Ortsbatterie *f* (OB)	local battery (LB)
blanc	weiß	white
bleu	blau	blue
blindage *m*	Abschirmung *f*	shielding
blindé (inf. blinder)	abgeschirmt	screened
		protected (Brit)
		shielded (Am)
blinder	abschirmen	shield
		screen (Brit)
bloc *m* à touches *f/pl*	Tastenblock *m*	keyboard block
		pushbutton block
bloc *m* circuit *m*	Schaltungsblock *m*	circuit block
bloc *m* d'affichage *m*	Anzeigenblock *m*	display block
bloc *m* de couplage *m*	Koppelblock *m*	coupling block
		matrix block
blocage *m*	Blockierung *f*	blocking
	Sperrung *f*	congestion
		barring
blocage *m* de terminal *m*	Anschlußsperre *f*	interface lockout
blocage *m* extérieur	Blockierung *f*, äußere~	external blocking
blocage *m* immédiat	Sofortsperre *f*	immediate busy
blocage *m* intérieur	Blockierung *f*, innere~	internal blocking
blocage d'entrée *f* en tiers *m*	Aufschaltesperre *f*	cut-in prevention
bloc-notes *m*	Notiz *f* (Leistungsmerkmal *n*)	notepad
		scratchpad
bloc-secteur *m*	Netzspeisegerät *n* (NSG)	mains unit
bloqué	gesperrt	barred
		blocked
bloquer	sperren	bar
		inhibit
		disable
bobine *f*	Drossel *f*	choke
bobine *f* de garde *f*	Haltedrossel *f*	holding coil
bobine *f* de garde *f* du réseau *m*	Amtshaltedrossel *f*	exchange line holding coil
bobine *f* de pupinisation *f*	Pupinspule *f*	Pupin coil
boîte *f* à lettre *f* vocale	Sprachspeicher *m*	voice mail
boîte *f* de distribution *f*	Verteilerkasten *m*	distribution box
boîte *f* de jonction *f*	Anschaltekasten *m*	connection box
		junction box
bôitier *m*	Gehäuse *n*	housing
		casing
		case
boîtier *m* auxiliaire d'identification *f*	Identifizierungskasten *m*	associated identification box
boîtier *m* de raccordement *m*	Anschlußkasten *m*	connecting box
		junction box

boîtier *m* de table *f*	Tischgehäuse *n*	desk housing
		table housing
boîtier *m* mural	Wandgehäuse *n*	wall housing
borne *f*	Klemme *f*	terminal
		clamp
		binder
borne *f* de soudure *f*	Lötanschluß *m*	soldered connection
		solder terminal
borne *f* de terre *f*	Erdanschlußklemme *f*	earthing terminal
bornier *m*	Klemmleiste *f*	terminal strip
bornier *m* de raccordement *m*	Anschlußklemme *f*	connecting clamp
		terminal clamp
bouchon *m*	Blindstopfen *m*	dummy plug
boucle *f*	Schleife *f*	loop
boucle *f* d'essai *m*	Prüfschleife *f*	test loop
	Testschleife *f*	
boucle *f* inductive	Induktionsschleife *f*	induction loop
bouton *m*	Knopf *m* (Betätigungs-)	button
	Taste *f*	pushbutton
		key
bouton *m* de terre *f*	Erdtaste *f*	earth button
bouton *m* d'appel *m* de ligne *f*	Linienruftaste *f*	line call button
bouton *m* de connexion *f*	Anschaltetaste *f*	connect button
bouton *m* de conversation *f*	Sprechtaste *f*	talk button
		speak key
bouton *m* de coupure *f* calibré	Flashtaste *f*	flash key
bouton *m* de disponibilité *f*	Bereitschaftstaste *f*	ready-to-operate button
		ready key
bouton *m* de fin *f*	Schlußtaste *f*	clearing button
		clearing key
bouton *m* de flashing *m*	Flashtaste *f*	flash key
bouton *m* de réglage *m*	Einstelltaste *f*	adjusting button
bouton *m* de réglage *m* du volume *m*	Lautstärketaste *f*	volume control
bouton *m* de transfert *m*	Durchsetztaste *f*	carry-through button
bouton *m* maintenu	rastende Taste *f*	locking button
bouton *m* poussoir *m*	Druckknopf *m*	pushbutton
	Taste *f*	key
bouton *m* priorité *f*	Bevorrechtigungstaste *f*	priority button
bouton-poussoir *m* encastré	Einbautaster *m*	build-in pushbutton
bouton-poussoir *m* lumineux	Leuchttaste *f*	illuminated push-button
		light-up push-button
branchement *m* de câble *m* d'alimentation *f*	Netzkabelanschluß *m*	power cable connection
		mains cable connection
branchement *m* de câble *m* secteur *m*	Netzkabelanschluß *m*	power cable connection
		mains cable connection
branchement *m* de ligne *f*	Leitungsverzweigung *f*	line branching
branchement *m* secteur *m*	Netzanschluß *m* (Lichtnetz)	power connection
		mains connection
branchement *m* sur ligne *f* commune	Gesellschaftsanschluß *m*	party-line (station)
brancher	anschließen	connect
	durchschalten	switch through
		through connect
briller	leuchten	light
brin *m*	Ader *f* (Draht *m*)	wire
broche *f*	Lötstift *m*	soldering pin
	Stift *m*	pin
broche *f* terminale	Klemme *f*	terminal
		clamp
		binder

broches *f/pl* d'entrée *f*	eingangsseitige Stifte *m/pl*	input side pins
bruit *m*	Geräusch *n*	noise
	Rauschen *n*	
bruit *m* blanc	Dauergeräusch *n*	continuous noise
bruit *m* d'alimentation *f*	Stromversorgungsgeräusch *n*	power supply circuit noise
		hum
bruit *m* d'induction *f*	Starkstromgeräusch *n*	power induction noise
		induced noise (Am)
bruit *m* de fond *m*	Raumgeräusch *n*	room noise
bruit *m* de quantification *f*	Quantisierungsgeräusch *n*	quantization noise
bruit *m* de salle *f*	Raumgeräusch *n*	room noise
bruit *m* de télégraphe *m*	Telegrafiegeräusch *n*	telegraph noise
bruit *m* de transmission *f*	Übertragungsstörung *f*	transmission disturbance
bruit *m* pondéré	Geräuschspannung *f*	weighted noise
		psophometric voltage
bruits *m/pl* de contact *m*	Kratzgeräusche *n/pl*	line scratches
		contact noise (Am)
bruits *m/pl* de friture *f*	Kratzgeräusche *n/pl*	line scratches
		contact noise (Am)
bruits *m/pl* de ligne *f*	Leitungsgeräusche *n/pl*	line noise
bruits *m/pl* parasites du microphone *m*	Mikrofongeräusch *n*	frying noise
		transmitter noise
bruits *m/pl* transitoires	Geräusch *n* durch Einschwingvorgänge *m/pl*	transient noise
brun	braun	brown
bufférisé	gepuffert	buffered
bureau *m* de service *m* public	Dienststelle *f*	public service office
bureautique *f*	Büroinformationstechnik *f*	office-information technology
	Bürokommunikation *f*	office communications
bus *m*	Sammelschiene *f* (SS)	busbar
	Vielfach *n*	bus
		multiple
bus *m* d'émission *f*	Sendesammelschiene *f* (SSA)	transmitting busbar
bus *m* d'interface *m* périphérique	Interface *n* Peripheriebus *m* (IPB)	peripheral interface bus
bus *m* de commande *f*	Befehlsbus *m*	instruction bus
bus *m* de communication *f*	Sammelleitung *f*	group hunting line
		communication bus
		communication line
bus *m* de conférence *f*	Konferenzsammelschiene *f*	conference bus
bus *m* de réception *f*	Empfangssammelschiene *f* (ESA)	receiving bus
bus *m* de signalisation *f*	Meldebus *m*	signaling bus
bus *m* de terre *f*	Erdsammelschiene *f* (Kabelschrank *m*)	earth bus (cable cabinet)
bus *m* du processeur *m*	Prozessorbus *m* (PRB)	processor bus
bus *m* périphérique	Peripheriebus *m* (PB)	peripheral bus
bus *m* relais *m*	Relaisschiene *f*	relay bus
bus *m* système *m*	Systembus *m* (SB)	system bus
buzzer *m*	Schnarre *f*	buzzer (ac)

C

CAA = centre *m* autonomie d'acheminement *m*	Zentralvermittlungsamt *n*	central switching office
cabestan *m*	Antriebsrolle *f*	capstan
cabine *f*	Apparaturraum *m*	equipment room
cabine *f* téléphonique	Fernsprechzelle *f*	pay telephone
câblage *m*	Verdrahtung *f*	wiring
	Verkabelung *f*	cabling
	Verseilung *f*	twisting of cables
câble *f* longue distance *f*	Fernkabel *n*	long-distance cable
câble *m*	Anschlußschnur *f*	connecting cord
		connecting flex
câble *m* d'alimentation *f*	Netzanschlußkabel *n*	power cord
	Netzkabel *n*	mains connecting cable
		power connecting cable
câble *m* de campagne *f*	Feldkabel *n*	field cable
câble *m* de connexion *f*	Verbindungskabel *n*	connecting cable
câble *m* de fibre *f* optique	Glasfaserkabel *n*	fiber-optic cable
	Lichtwellenleiterkabel *n*	
câble *m* de liaison *f* enfichable	steckbares Schaltkabel *n*	plug-in switchboard cable
câble *m* de raccordement *m*	Anschlußkabel *n*	connecting cable
câble *m* de télécommunication *f* de campagne *f*	Feldfernkabel *n*	field trunk cable
câble *m* local	Ortskabel *n*	local cable
câble *m* non pupinisé	unbespultes Kabel *n*	loose cable
		unloaded cable
câble *m* plat	Bandkabel *n*	ribbon cable
	Flachbandkabel *n*	flat cable
câble *m* pupinisé	bespultes Kabel *n*	coiled cable
		loaded cable
câble *m* secteur *m*	Netzkabel *n*	power connecting cable
	Netzleitung *f*	mains connecting cable
		power line
		mains lead
câble *m* sous-marin	Seekabel *n*	submarine cable
cadencement *m* de tonalité *f*	Tonsignal-Rhythmus *m*	tone cadence
cadran *m* d'appel *m*	Nummernschalterwerk *n*	rotary dial
	Nummernscheibe *f*	
cadran *m* décimal	Nummernschalter *m*	dial switch
		dial
cage *f*	Baugruppenrahmen *m*	module frame
		subrack
cahier *m* de charges *f/pl*	Pflichtenheft *n*	equipment specifications
calcul *m*	Berechnung *f*	calculation
		invoicing
calcul *m* par tableaux *m/pl*	Tabellenkalkulation *f*	spreadsheet calculation
calculateur *m* de zonage *m*	Verzoner *m*	zoner
caméra *f* couleur *f*	Farbkamera *f*	color TV camera
caméra *f* de studio *m*	Studiokamera *m*	studio camera
caméra *f* extérieure	Außenkamera *f*	outside camera
caméra *f* vidéo	Videokamera *f*	video camera
CAN = convertisseur *m* analogique/numérique	Analog-/Digitalkonverter *m*	analog-digital converter

canal *m*	Übertragungsweg *m* Kanal *m*	channel transmission path transmission route transmission channel
canal *m* commun de signalisation *f*	Zeichenabgabesystem *n* zentraler Zeichenabgabekanal *m*	common-channel signaling system common signaling channel
canal *m* D (RNIS)	D-Kanal *m* (Steuerkanal ISDN)	D channel (ISDN)
canal *m* d'accès *m*	Anschlußkanal *m*	access channel
canal *m* de commande *f*	Steuerkanal *m*	control channel
canal *m* de données *f/pl*	Datenkanal *m*	data channel
canal *m* de données *f/pl* large bande *f*	Breitband-Datenkanal *m*	broadband data channel wideband data channel
canal *m* de transmission *f*	Übertragungsweg *m*	channel transmission path transmission route transmission channel
canal *m* multiplexeur *m*	Multiplexorkanal *m*	multiplexor channel
canal *m* sémaphore	zentraler Zeichenkanal *m*	common signaling channel
canal *m* téléphonique	Sprechweg *m*	speech path channel
canal *m* utile	Nutzkanal *m*	user channel information channel
canal *m* vocal	Gesprächskanal *m*	voice channel telephone channel
caniveau *m* des câbles *m/pl*	Kabelkanal *m*	cable channel cable duct cable conduit
capacité *f*	Ausbau *m* Leistungsfähigkeit *f*	capacity type call handling capacity
capacité *f* (batterie *f*)	Kapazität *f* (Batterie *f*)	capacity (battery)
capacité *f* (ex. d'un faiseau)	Leistung *f* (z.B. eines Bündels)	traffic handling capacity
capacité *f* d'accès *m*	Anschlußfähigkeit *f* Anschlußkapazität *f* Zugangsfähigkeit *f*	access capability
capacité *f* d'informations *f/pl*	Informationskapazität *f*	information capacity
capacité *f* de couplage *m*	Nebensprechkopplung *f*	crosstalk coupling
capacité *f* de trafic *m*	Verkehrsleistung *f*	traffic capacity
capacité *f* de transmission *f*	Übertragungskapazität *f*	transmission capacity
capacité *f* effective	Betriebskapazität *f*	mutual capacitance operating capacity
capacité *f* initiale	Erstausbau *m*	initial capacity basic capacity
capacité *f* par rapport *m* à la terre *f*	Erdkapazität *f*	earth capacitance capacity to earth
capacité finale	Endausbau *m*	final capacity
capot *m*	Deckel *m*	cover
capsule *f* d'écoute	Hörmuschel *f*	earpiece
capsule *f* microphonique	Sprechkapsel *f*	transmitter inset
capsule *f* réceptrice	Hörkapsel *f*	receiver inset receiver capsule
capter	heranholen	pick up
capuchon *m* à vis *f*	Schraubkappe *f*	screw cap
car *m* de reportage *m*	Ü-Wagen *m*	outside-broadcasting vehicle
caractère *m*	Zeichen *n*	character symbol
caractère *m* final	Endzeichen *n*	terminating character
caractéristique *f* d'atténuation *f*	Dämpfungsverlauf *m*	attenuation characteristic
caractéristique *f* d'exploitation *f*	Betriebsmerkmal *n*	operating feature

caractéristique f de courant m de boucle f	Schleifenstromkennlinie f	loop current characteristic
caractéristique f de la connexion f	Verbindungsmerkmal n	connection attribute
caractéristique f du secteur m	Netzmerkmal n	network utility network parameter
caractéristiques f/pl électriques	elektrische Daten n/pl	electrical data
carte f	Leiterplatte f (LP)	PC board (PCB)
carte f à mémoire f	Chipkarte f	chipcard
carte f d'accès m	Berechtigungskarte f	authorization card
carte f d'interface f	Schnittstellenkarte f (SSK)	interface board
carte f de câblage m	Verdrahtungsplatte f (VP)	wiring plate wiring board
carte f de câblage m pour l'alimentation f	Verdrahtungsplatte f für Stromversorgung f (VSV)	motherboard for power supply
carte f de câblage m pour organes m/pl de connexion f	Verdrahtungsplatte f für Anschlußorgane n/pl (VAO)	motherboard for connecting circuits
carte f de câblage m pour système m de gestion f multigroupe	Verdrahtungsplatte f für mehrgruppige Anlage f	motherboard for multi-group system
carte f de câblage m pour système m de gestion f simple	Verdrahtungsplatte f für einfache Steuerung f (VSE)	motherboard for single control system
carte f de câblage m pour système de gestion f doublé	Verdrahtungsplatte f für gedoppelte Steuerung f (VSD)	motherboard for duplicated control system
carte f de connexions f/pl	Rangierplatte f	jumper board
carte f de distribution f de lignes f/pl	Linienverteilerplatte f	line distribution plate
carte f de raccordement m	Anschlußplatte f	connecting board
carte f enfichable	Steckkarte f	plug-in card pulg-in board
carte f européenne	Europakartenformat n	Eurocard (Euroformat card)
carte f mère f	Basisleiterplatte f	motherboard
carte f principale	Basisleiterplatte f	motherboard
carte f routière numérique	digitale Straßenkarte f	digital road map
cartouche f fusible m	Schmelzeinsatz m	fuse cartridge
casque m	Kopfhörer m	headphone
	Sprechgarnitur f	headset
catégorie f	Berechtigung f	class of service (COS)
	Teilnehmerklasse f	access status
catégorie f de poste m	Anschlußklasse f	class of line
cause f de la perturbation f	Störungsursache f	cause of malfunction
cavalier m	Drahtbrücke f	strap wire bridge jumper
CCBNT = circuit m commuté dans un canal m B non transparent	nichttransparente, schaltbare Verbindung f in einem B-Kanal m	nontransparent switchable connection in a B channel
CCBT = circuit m commuté dans un canal m B transparent	transparente, schaltbare Verbindung f in einem B-Kanal m	transparent switchable connection in a B channel
CCIR = Comité Consultatif International des Radio-Communications	Internationaler beratender Funk-Ausschuß m	International Radio Consultative Committee
CCITT = Comité m Consultatif International Téléphonique et Télégraphique	internationaler beratender Ausschuß m für den Telegrafen- u. Fernsprechdienst m	International Telegraph und Telephone Consultative Committee
CEE = Commission Économique des Nations Unies pour Europe	Wirtschaftskommission f der Vereinten Nationen f für Europa n	United Nations Economic Commission for Europe

CEI = Commission *f* Electrotechnique Internationale	Internationale Elektrotechnische Kommission *f*	International Electrotechnical Commission
cellule *f*	Zelle *f* (Element *n*)	cell
CEM = Centre *m* d'Exploitation *f* et Maintenance *f*	Betriebs- und Wartungszentrum *n*	operation and maintenance center
CEN = Comité *m* Européen de Normalisation *f*	Europäisches Komitee *n* für Normung *f*	European Committee for Standardization
CENELEC = Comité *m* Européen de Normalisation *f* Électrotechnique	Europäisches Komitee *n* für elektrotechnische Normung *f*	European Committee for Electrotechnical Standardization
central *m* (téléphonique)	Vermittlungsamt *n*	exchange
central *m* automatique	Wählvermittlungsstelle *f*	automatic exchange
central *m* d'abonnés *m/pl*	Teilnehmeramt *n*	subscriber exchange
central *m* d'origine *f*	Ursprungsvermittlungsstelle *f*	originating exchange
central *m* de destination *f*	Zielvermittlungsstelle *f*	destination exchange
central *m* de transit *m*	Durchgangsamt *n* Transitvermittlungsstelle *f*	tandem switching center exchange tandem exchange transit exchange
central *m* distant	Fernvermittlung *f*	trunk exchange toll exchange trunk switching center long-distance exchange
central *m* domestique	Hauszentrale *f*	private automatic exchange (PAX)
central *m* esclave	Tochtervermittlungsstelle *f*	slave exchange
central *m* international	Auslandsvermittlung *f*	international call exchange
central *m* interurbain	Fernvermittlung *f*	trunk exchange toll exchange trunk switching center long-distance exchange
central *m* local	Ortsamt *n* Ortsvermittlung *f* Ortsvermittlungsstelle *f* (OVSt)	local exchange local office
central *m* maître *m*	Muttervermittlungsstelle *f*	master exchange
central *m* nodal	Knotenvermittlungsstelle *f*	tandem exchange
central *m* numérique	digitale Vermittlungseinrichtung *f*	digital exchange
central *m* principal	Hauptamt *n* Zentralamt *n*	district exchange main exchange central exchange central office
central *m* public	öffentliche Vermittlungsstelle *f* Amt *n* Fernmeldeamt *n*	public exchange exchange central office (Am) telecommunications office
central *m* radio *f*	Funkzentrale *f*	(private) radio center
central *m* régional	Endamt *n*	terminal exchange end exchange
central *m* rural détaché	Unteramt *n*	sub-exchange sub-office
central *m* satellite *m*	Teilvermittlungsstelle *f* Unteranlage *f*	satellite exchange subcenter sub-exchange
central *m* subordonné	übergeordnetes Amt *n*	higher rank exchange higher parent exchange

central *m* téléphonique	Amt *n*	exchange
	Vermittlungsstelle *f*	central office (Am)
		public exchange
		switching center
central *m* urbain	Ortsamt *n*	local exchange
	Ortsvermittlungsstelle *f* (OVSt)	local office
centrale *f* de détection *f*	Brandmelderzentrale *f*	fire alarm system
incendie *m*		fire alarm terminal station
centre *m* de commutation *f*	Vermittlungs-Zentrale *f*	transmission center
centre *m* de commutation *f*	öffentliches	public switching system
public	Vermittlungssystem *n*	
centre *m* de transit *m*	Durchgangsvermittlungsstelle *f*	transit exchange
centre *m* international	Auslandsvermittlung *f*	international call exchange
centre *m* interurbain	Fernvermittlungsstelle *f*	long-distance center
		toll office (Am)
centre *m* principal	Zentralamt *n*	central exchange
		central office
centre *m* principal de sécurité *f*	Sicherheitsleitstelle *f*	security control center
centre *m* technique de	fernmeldetechnisches	telecommunications
télécommunications *f/pl*	Zentralamt *n* (FTZ)	engineering centre
centre *m* terminal de	Endvermittlungsstelle *f*	local exchange
commutation *f*		
centre *m* vidéotext *m*	Bildschirmtext-Zentrale *f*	Btx center
CEPAL = Commission *f*	Wirtschaftskommission der	United Nations Economic
Économique des Nations	Vereinten Nationen für	Commission for Latin
Unies pour l'Amérique Latine	Lateinamerika	America
CEPT = Conférence *f*	Europäische Konferenz *f* für	European conference of postal
Européene des	das Post- u.	and telecommunications
Administrations des Postes et	Fernmeldewesen *n*	administrations
Télécommunications		
céramique *f*	Keramik *f*	ceramic
certificat *m*	Zeugnis *n*	record
		certificate
chaînage *m* d'appels *m/pl*	Kettengespräch *n* (-e *n/pl*)	sequential call
		chain call
		serial call
châine *f* de comptage *m*	Zählkette *f*	counter chain
		counting chain
chaîne *f* de connexion *f*	Verbindung *f*	connection
	Verbindungsweg *m*	
chaîne *f* de discrimination *f*	Ausscheidungskette *f*	discrimination chain
chaîne *f* de sélection *f*	Ausscheidungskette *f*	discrimination chain
	Auswählkette *f*	select chain
		pick-out chain
champ *m* de signalisation *f*	Signalfeld *n*	signaling panel
champ *m* électrique	Feld *n*, elektrisches ~	electric field
champ *m* magnétique	Feld *n*, magnetisches ~	magnetic field
champ *m* magnétique d'une	Spulenfeld *n* (Magnetfeld *n*)	coil field
bobine *f*		
champs *m* hertzien	Funkfeld *n*	radio hop
change *m*	Wechsel *m*	change
chaque fois	jeweilig	respective
		each time
charge *f*	Belastung *f*	load (electrical)
	Last *f*	strain (mechanical)
		stress (mechanical)
		charge
charge *f* admissible	Systembelastung *f*	system load
charge *f* de pointe *f*	Spitzenbelastung *f*	peak load
charge *f* de trafic *m*	Verkehrsbelastung *f*	traffic load
	Verkehrsbelegung *f*	traffic occupancy

charge *f* du faisceau *m*	Bündelbelastung *f*	bundle usage load
charge *f* nominale	Nennlast *f*	nominal load
		rated load
charge *f* utile de communications *f/pl*	nachrichtentechnische Nutzlast *f*	telecommunications payload
chargeur *m* de ligne *f*	Netzladegerät *n*	line charger
châssis *m*	Baugruppenträger *m*	subrack
châssis *m* de câble *m*	Flächenkabelrost *m*	overhead cable rack
châssis *m* de montage *m*	Montagerahmen *m*	mounting frame
châssis *m* **étroit**	Schmalgestellbauweise *f*	slimline rack
châssis *m* supérieur	Kopfrahmen *m*	top frame
châssis *m* vidéo *m*	Videoturm *m*	video rack
chemin *m*	Straßenverlauf *m*	route
chemin *m* alternatif *m*	Ersatzweg *m*	alternate route
chemin *m* de dernier choix *m*	Letztweg *m*	last-choice route
chemin *m* de premier choix *m*	Erstweg *m*	first choice route
cheville *f*	Lötstift *m*	soldering pin
chiffre *m*	Ziffer *f*	digit
chiffre *m* de sélection *f*	Wählziffer *f*	selection digit
chip *m* de connexion *f*	Zuschaltechip *m*	connection chip
chronogramme *m*	Impulsdiagramm *n*	timing diagram
chronologie *f*	Zeitplan *m*	time schedule
chronométrage *m*	Zeitmessung *f*	time metering
chronomètre *m*	Stoppuhr *f*	stop watch
	Zeitmeßeinrichtung *f*	timing device
chute *f* de tension *f*	Spannungsabfall *m*	voltage drop
CI (circuit *m* imprimé)	LP (Leiterplatte)	CB (circuit board)
circonscription *f* de taxes *f/pl*	Gebührenbezeichnung *f*	rate district
	Gebührenzone *f*	meter pulse rate
		tariff zone
		metering zone
circonscription *f* téléphonique	Anschlußbereich *m*	exchange area
		service area
		line circuit area
circuit m des communications *f/pl* internes	Hausverbindungssatz *m*	internal connecting set
circuit *m*	Leitung *f* (Schaltkreis *m*)	circuit
	Organ *n*	device
		element
		unit
circuit *m* à point *m* milieu	Mittelpunktschaltung *f*	mid-point tapping
circuit *m* analogique d'abonné *m*	Teilnehmerschaltung *f*, analog (TSA)	analog subscriber circuit
circuit *m* couche *f* fine	Dünnschichtschaltung *f*	thin-film circuit
circuit *m* d'abonné *m*	Teilnehmerschaltung *f*	line circuit
		extension circuit
		subscriber circuit
circuit *m* d'abonné *m* interurbain	Fernteilnehmeranschluß *m*	long-distance subscriber circuit
circuit *m* d'abonné *m* numérique	digitale Teilnehmerschaltung *f* (TDN)	digital subscriber circuit
circuit *m* d'attente *f*	Ersatzschaltung *f*	standby circuit
	Wartekreis *m*	call parking
circuit *m* d'écoute *f*	Abhörschaltung *f*	monitoring circuit
circuit *m* d'entrée *f*	Eingangschaltung *f*	input circuit
circuit *m* d'entrée *f* sortie *f*	Eingabe/Ausgabe-Schaltung *f*	input/output circuit
circuit *m* d'étalon *m*	Eichleitung *f*	standard transmission line
		reference circuit
circuit *m* d'opératrice *f*	Vermittlungssatz *m*	operator circuit

circuit *m* de conférence *f*	Konferenzschaltung *f*	conferencing conference circuit conference connection
circuit *m* de connexion *f* interne	Innenverbindungssatz *m*	internal link
circuit *m* de contrôle *m* de signalisation *f*	Signalkontrolleinrichtung *f*	signal controller
circuit *m* de découplage *m*	Entkopplungsschaltung *f*	decoupling circuit
circuit *m* de ligne *f* interautomatique	Querverbindungsübertragung *f* (QUE)	tie-line circuit
circuit *m* de location	Mietleitung *f*	leased circuit
circuit *m* de modification *f*	Änderungsschaltung *f*	modification circuit
circuit *m* de parole *f*	Sprechkreis *m*	speech circuit
circuit *m* de protection *f*	Schutzschaltung *f*	protective circuit
circuit *m* de protection *f* anti-choc *m* acoustique	Gehörschutz *m*	click absorber acoustic shock absorber
circuit *m* de protection *f* de la voix *f*	Sprachschutz *m*	speech protection
circuit *m* de raccordement *m*	Anschlußorgan *n*	connecting device connecting circuit
circuit *m* de référence *f*	Bezugsverbindung *f*	reference circuit
circuit *m* de réglage *m*	Regelschaltung *f*	control circuit
circuit *m* de sélection *f* directe à l'arrivée *f*	Durchwahlübertragung *f* (DUE)	in-dialing circuit DID circuit
circuit *m* de signalisation *f*	Signalisierungskreis *m*	signaling circuit
circuit *m* de télécommunications *f/pl*	Telekommunikationsleitung *f*	telecommunication circuit
circuit *m* de temporisation *f*	Verzögerungsschaltung *f*	delay circuit
circuit *m* ET	Torschaltung *f*	gate circuit AND circuit
circuit *m* fantôme	Phantomleitung *f* Viererleitung *f*	phantom circuit
circuit *m* hybride	Amtsgabel *f*	exchange hybrid
circuit *m* imprimé	Leiterplatte *f* (LP) gedruckte Schaltung *f*	PC board (PCB) printed circuit
circuit *m* intégré de numérotation *f*	Wählbaustein *m*	dialing chip
circuit *m* intégré monolithique à semiconducteurs *m/pl*	monolitische Halbleiterschaltung *f*	monolitique semiconductor circuit
circuit *m* international	Auslandsleitung *f*	international circuit international line
circuit *m* interurbain de sortie *f*	gehende Fernleitung *f*	outgoing trunk line
circuit *m* libre	freie Leitung *f*	free-line condition free line
circuit *m* local	Ortskreis *m*	local circuit
circuit *m* loué	Mietleitung *f*	leased circuit
circuit *m* modem *m*	Modemschaltung *f*	modem circuit
circuit *m* **numérique**	digitale Leitung *f* (Schaltkreis *m*)	digital circuit
circuit *m* numérique de télécommunications *f/pl*	digitale Telekommunikationsleitung *f*	digital telecommunication circuit
circuit *m* permanent	festgeschaltete Verbindung *f*	point-to-point circuit non-switched connection permanently connected circuit dedicated circuit
circuit *m* point-à-point	festgeschaltete Verbindung *f*	point-to-point circuit non-switched connection permanently connected circuit dedicated circuit
circuit *m* porte *f*	Torschaltung *f*	gate circuit AND circuit

circuit *m* RC	RC-Glied *n*	RC (resistance-capacitance) element
circuit *m* récepteur *m* de taxe *f*	Gebührenempfangskreis *m* (GEK)	call charge receiving unit
circuit *m* retardateur	Verzögerungsschaltung *f*	delay circuit
circuit *m* téléphonique	Telefonschaltung *f*	telephone circuit
circuit *m* témoin *m*	Zeugenschaltung *f*	witness circuit
circuit *m* temporisé	Zeitglied *n*	timing element
circuit *m* termineur	Endschaltung *f*	terminating circuit
circuits *m/pl* de couplage *m*	Mischkoppelgruppe *f*	grading switching group
CL = centre *m* local	Ortsamt *n*/Ortsvermittlungs-stelle *f*	local exchange
CLA = poste *m* à clavier *m*	Tastwahlapparat *m*	pushbutton telephone
CLASS 4 = centre *m* de transit *m*	Durchgangsamt *n*, Ortsknotenamt *n*	tandem switching center, local tandem exchange
CLASS 5 = central *m* local	Ortsamt *n*, Endamt *n*	local exchange
classe *f* d'abonné *m*	Anschlußklasse *f*	class of line
classe *f* de qualité	Qualitätsklasse *f*	quality class
classe *f* de service *m*	Amtsberechtigung *f*	class of service (COS)
	Anschlußberechtigung *f*	class of line
	Benutzerklasse *f*	user class of service
	Berechtigung *f*	acuss status
	Berechtigungsklasse *f*	authorization
	Betriebsberechtigung *f*	
	Teilnehmerklasse *f*	
clavier *m*	Tastatur *f*	keyboard
	Tastenfeld *n*	keypad
		key field
clavier *m* à effleurement *m*	Folientastatur *f*	membrane keypad
		membrane keyboard
clavier *m* à mémoire *f*	Speicherzahlengeber *m*	store keysender
clavier *m* à relais *m*	Relaiszahlengeber *m*	relay keysender
clavier *m* alphanumérique	alphanumerische Tastatur *f*	alphanumeric keyboard
clavier *m* d'émetteur *m* automatique d'impulsions *f/pl*	Zahlengebertastatur *f*	keysender keyboard
clavier *m* d'entrée *f*	Eingabetastatur *f*	input keyboard
clavier *m* de numérotation *f*	Wähltastatur *f*	keypad
	Zifferntastatur *f*	keyboard
clavier *m* de répartition *f*	Zuteiltastatur *f*	assignment keyboard
clavier *m* numérique	Zahlengebertastatur *f*	keysender keyboard
clé *f* de codage *m*	Schlüsselzahl *f*	security code
		code number
clics *m/pl*	Knackgeräusche *n/pl*	clicks
		clicking noise
client *m*	Kunde *m*	customer
clignoter	blinken (Displayanzeige)	flashing
	blinken	blink
	flackern	flash
		flicker
		flutter
CLS = classe *f* pour appel *m* standard *m*	Gesprächsberechtigung *f* der Vermittlung *f*	operator-position class of service
CNA = convertisseur *m* numérique/analogique	Digital-Analog-Konverter *m*	digital-analog converter
CNE = concentrateur *m* numérique éloigné	abgesetzter Anlagenteil *m*	remote system part (concentrator)
CNET = Centre *m* National d'Etudes *f/pl* des Télécommunications *f/pl*	französisches FTZ *n*	French central telecommunications engineering office
codage *m* bi-dimensionnel	zweidimensionale Codierverfahren *n*	two-dimensional coding

code *m*	Kennung *f*	code
	Kode *m*	identification
code *m* 1 parmi 10	Code *m* 1 aus 10	one-out-of-ten code
code *m* à un chiffre *m*	einstellige Kennzahl *f*	single-digit code
code *m* auto-correcteur	fehlerkorrigierender Code *m*	self-correcting code
code *m* binaire	Dualcode *m*	binary code
code *m* chiffré	Schlüsselzahl *f*	security code
		code number
code *m* correcteur *m* d'erreur *f*	fehlerkorrigierender Code *m*	self-correcting code
code *m* d'accès *m*	Zugangskennung *f*	access code
code *m* d'accès *m* programmable	Ausscheidungsziffer *f*	programmable access code selection code
code *m* d'appels *m/pl* internationaux	Auslandskennziffer *f*	international line code
code *m* d'identification *f*	Identifizierungskode *m*	identification code
code *m* d'identification *f* de l'impulsion *f*	Impulskennzeichen *n* (IKZ)	pulse signal pulse signaling
code *m* de blocage *m*	Sperrzahl *f*	barring number
code *m* de classe *f* de service *m*	Berechtigungszeichen *n*	right-of-access code class-of-service code
code *m* de d'identification *f* de ligne *f*	Anschlußerkennung *f*	line identification code
code *m* de destination *f*	Empfängererkennung *f*	destination identifier
code *m* de numérotation *f* réseau *m*	Amtskennziffer *f*	external line code
code *m* détecteur *m* d'erreur *f*	fehlererkennender Code *m*	self-checking code
code *m* parallèle *f*	Parallelcode *m*	parallel code
code *m* réseau *m*	Amtskennzahl *f*, Netzkennzahl *f*	exchange code, network code number
code *m* série *f*	Reihencode *m*	series code
code *m* spécial	Sonderkennzeichen *n*	special identifier (code, mark)
codeur *m*	Kodierer *m*	coder
		encoder
		coding device
		coding
codeur *m* vocal	Sprachcodierer *m*	vocoder (voice-operated coder)
		voice encoder
coefficient *m* d'adaptation *f*	Anpassungskoeffizient *m*	return current coefficient
	Reflexionsfaktor *m*	return current factor
coefficient *m* d'affaiblissement	Dämpfungskonstante *f*	attenuation coefficient
		attenuation constant (Am)
coefficient *m* d'affaiblissement *m* du quadripôle *m*	Vierpoldämpfungsmaß *n*	image-attenuation coefficient image-attenuation constant (Am)
coefficient *m* d'atténuation *f*	Dämpfungskonstante *f*	attenuation coefficient attenuation constant (Am)
coefficient *m* de distortion *f* harmonique	Klirrfaktor *m*	K factor nonlinear distortion factor
coefficient *m* de transmission *f*	Transmissionskoeffizient *m*	transmission coefficient
coefficient *m* itératif de propagation *f*	Kettenübertragungsmaß *n*	iterative propagation constant iterative propagation coefficient
coffret *m*	Gehäuse *n*	housing
	Schrankgehäuse *n*	casing
		case
		cabinet housing
coffret *m* mural	Wandgehäuse *n*	wall housing
COFIDEC = codeur-filtre-décodeur *m*	Kodierer *m*/Dekodierer *m* /Filter *n*/m	coder/decoder/filter
coïncidence *f* d'abonnés *m/pl* d'extension	Teilnehmeranbietekoinzidenz *f*	extension offering coincidence

colonne *f*	Säule *f* Spalte *f*	column
colonne *f* support *m*	Tragsäule *f*	supporting column
COM = communication *f*	Gespräch *n*	conversation/call
combiné *m*	Hörer *m* Handapparat *m*	receiver handset
combiné *m* d'essai de sélection *f* directe à l'arrivée *f*	Durchwahlprüfteilnehmer *m*	in-dialing test extension
combiné *m* monté sur pupitre *m*	Pulteinbau-Sprechstelle *f*	desk-mounted set
combiner	zusammensetzen	combine
Comité *m* Consultatif International Téléphonique et Télégraphique	CCITT (internationaler beratender Ausschuß *m* für den Telegrafen- u. Fernsprechdienst *m*)	International Telegraph und Telephone Consultative Committee
commandé	gesteuert	controlled
commande *f*	Befehl *m* Steuerung *f* (ST)	instruction command control
commande *f* à distance *f*	Fernbedienung *f* Fernsteuerung *f*	remote control
commande *f* centrale	Zentralsteuerung *f* zentrale Steuerung *f*	central control
commande *f* d'interrogation *f* (télécommande *f*)	Abfragebefehl *m* (Fernwirktechnik *f*)	interrogation command (telecontrol)
commande *f* de panneau *m* de couplage *m*	Koppelfeldsteuerung *f* (KST)	switching matrix control
commande *f* de sauvegarde *f*	Einspeichersteuerung *f*	storing control read-in control
commande *f* des équipements *m/pl* d'abonné *m*	Teilnehmersteuerung *f*	extension control
commande *f* du poste *m* d'opérateur *m*	Vermittlungssteuerung *f*	operator control
commande *f* du réseau *m* de connexion *f*	Koppelfeldsteuerung *f* (KST)	switching matrix control
commande *f* finale	Endregler *m*	final control
commande *f* générale	Gesamtsteuerung *f*	overall control
commande *f* séquentielle	Ablaufsteuerung *f* (BTX- Modem)	process control (videotex modem)
commun	gemeinsam	common
commun *m* de supervision *f*	Zentralüberwachungs- gemeinsam *n*	central monitoring multiple
communication *f*	Übermittlung *f* Kommunikation *f*	communication
communication *f* à longue distance *f* nationale	Inlands-Fernverbindung *f*	domestic trunk call
communication *f* de données *f/pl*	Datenkommunikation *f*	data communication
communication *f* de texte *m*	Textkommunikation *f*	text communication
communication *f* en franchise *f*	gebührenfreie Verbindung *f*	non-chargeable free call
communication *f* identifiée	Verbindung *f*, gekennzeichnete	flagged call
communication *f* internationale	Auslandsverbindung *f*	international call international connection
communication *f* interne	Hausverbindung *f*	internal call connection
communication *f* large bande *f*	Breitbandkommunikation *f*	broadband communication
communication *f* locale	Ortsgespräch *n*	city call
communication *f* par intercom *m*	Wechselsprechen *n*	intercom
communication *f* réseau *m*	Amtsgespräch *n*	external call exchange line call

communication *f* téléphonique	Fernsprechkommunikation *f*	telephone communication
communication téléphonique interurbaine	Ferngespräch *n*	trunk call (Brit) toll call (Am)
communications *f/pl* mobiles	mobile Informationstechnik *f*	mobile communications
commutable	umschaltbar	switchable
commutateur *m*	Gabelumschalter *m*	hook switch cradle switch
commutateur *m* (central)	Vermittlung *f* (Anlage *f*) zentrale Einrichtung *f*	exchange CO (Am) PABX PBX
commutateur *m* à coulisse *f*	Schiebeschalter *m*	slide switch
commutateur *m* à crochet *m*	Hakenschalter *m*	hook switch
commutateur *m* à touches *f/pl*	Tastenschalter *m*	key switch
commutateur *m* crossbar	Koordinatenwähler *m*	crossbar switch
commutateur *m* numérique	digitale Vermittlung *f* digitale zentrale Einrichtung *f*	digital switching digital exchange
commutateur *m* pour renvoi *m* de nuit *f*	Nachtumschalter *m*	night changeover switch
commutation *f*	Durchschaltung *f* Vermittlung *f* (Tätigkeit *f*) koppeln vermitteln	switching through-connection routing
commutation *f* à deux fils *m/pl*	Zweidrahtdurchschaltung *f*	two-wire switching
commutation *f* à distance *f*	Fernschalten *n*	remote switching
commutation *f* à quatre fils *m/pl*	Vierdraht-Durchschaltung *f*	four-wire switching
commutation *f* de la tension *f*	Spannungsumschaltung *f*	voltage changing
commutation *f* de lignes *f/pl*	Wegedurchschaltung *f*	speechpath through-connection
commutation *f* de lignes *f/pl* par répartion *f* dans le temps *m*	zeitmultiplexe Wegedurchschaltung *f*	time-division multiplex switching of connecting paths
commutation *f* de parole	Gesprächsvermittlung *f*	call switching
commutation *f* de voie *f* spatiale	räumliche Wegedurchschaltung *f*	spatial path through-connection
commutation *f* du tarif *m* jour *m*/nuit *f*	Tag/Nacht-Umschaltung *f* der Gebühren *f/pl*	day/night change-over of tariff rates
commutation *f* en multiplex *m* spatial	Raummultiplexdurchschaltung *f*	space-division through-connection
commutation *f* numérique	digitale Vermittlung *f* digitales Vermitteln *n*	digital switching digital exchange
commutation *f* par paquet *m/pl*	Teilstreckentechnik *f* mit paketweiser Übertragung *f* Paketvermittlung *f*	paket switching
commutation *f* par répartition *f* dans le temps *m*	Zeitmultiplexdurchschaltung *f*	time-division multiplex switching
commutation *f* radio *f*	Funkvermittlung *f*	mobile switching center
commutation *f* spaciale	Raummultiplex *n*	space-division multiplex (SDM)
commutation *f* spatiale	räumliche Durchschaltung *f*	space-division switching space-spatial switching
commutation *f* temporelle	Zeitmultiplex *m* Zeitmultiplexdurchschaltung *f*	Time-Division Multiplex (TDM) time-division multiplex switching
commutation numérique	digitale Durchschaltung *f*	digital switching
commuter	übermitteln durchschalten umschalten	transmit send forward pass on switch through through connect switch over change over

comparaison *f* du trafic *m*	Verkehrsausgleich *m*	traffic balancing
compatibilité *f* électromagnétique (EMC)	elektro-magnetische Verträglichkeit *f* (EMV)	electro-magnetic compatibility (EMC)
compensation *f* de l'armortissement *m*	Entdämpfung *f*	deattenuation regeneration
compensation *f* du temps *m* de propagation *f*	Laufzeitausgleich *m*	delay equalization
comportement *m* des impulsions *f/pl*	Impulsverhalten *n*	pulse behaviour
composant *m*	Bauelement *n* Baustein *m* Bauteil *n* Teil *n*	component module unit part component part
composant *m* de commutation *f*	Koppelbaustein *m*	switching component
composants *m/pl* supplémentaires	Bauteile *n/pl* hinzu	parts added
composants *m/pl* supprimés	Bauteile *n/pl* entfallen	parts dropped parts not required
composer	wählen	dial
composer un numéro *m*	anwählen	dial a number
composition *f* de texte *m*	Texteinblendung *f*	text overlay fade-in
compound *m* de systèmes *m/pl* réseau *m*	Systemverbund *m*	systems network compound
compressé	komprimiert	compressed
comptage *m* de taxes *f/pl*	Summenzählung *f* Gebührenzählung *f* Belegungszählung *f*	totalizing metering call charge metering seizure counter
comptage *m* du temps *m* d'occupation *f*		
compteur *m*	Zähler *m* (Meßgerät- *n*)	counter meter
compteur *m* avec remise *f* à zéro *m*	rückstellbarer Zähler *m*	resettable meter
compteur *m* binaire	Binär-Zähler *m*	binary counter
compteur *m* d'abonné *m*	Teilnehmerzähler *m*	extension rate meter subscriber rate meter
compteur *m* d'appels *m/pl*	Gesprächszähler *m*	call meter
compteur *m* d'évènements *m/pl* du faisceau *m*	Bündelereigniszähler *m*	bundle event counter
compteur *m* d'impulsions *f/pl* cadencement *m*	Taktzähler *m*	pulse counter
compteur *m* d'occupation *f*	Besetztzählgerät *n*	busy counter
compteur *m* de communication *f*	Gesprächszähler *m*	call meter
compteur *m* de limitation *f* d'appels *m/pl*	Rufbegrenzungszähler *m*	call limiting counter
compteur *m* de taxes *f/pl* de frais *m/pl*	Summenzähler *m* für Kostenstelle *f*	departmental account meter
compteur *m* de zones *f/pl* horaires	Zeitzonenzähler *m*	time-zone meter
compteur *m* des taxes *f/pl*	Gebührenzähler *m*	call charge meter
compteur *m* horaire	Zeitzähler *m*	time counter
compteur *m* totalisateur *m*	Summenzähler *m*	totalizing meter
COMSAT	COMSAT	Communications Satellite Corporation
concentrateur *m*	Konzentrator *m*	concentrator
concentrateur *m* de lignes *f/pl*	Leitungskonzentrator *m* Wählsterneinrichtung *f*	line concentrator
concentration *f* d'appels *m/pl*	Anrufkonzentration *f*	concentrated call facility
condensateur *m*	Kondensator *m*	capacitor

condensateur *m* anti-parasite	Entstörkondensator *m*	anti-interference capacitor
condensateur *m* céramique multicouche	Keramik-Vielschicht-Kondensator *m*	ceramic multiple layer capacitor
condensateur *m* céramique tubulaire	Keramik-Rohr-Kondensator *m*	ceramic tubular capacitor
condensateur *m* de découplage *m*	Entkopplungskondensator *m*	isolating capacitor decoupling capacitor
condensateur *m* électrolytique	Elektrolyt-Kondensator *m*	electrolytic capacitor
condition *f*	Zustand *m*	status
		state
		condition
condition *f* d'abonné *m* occupé	Teilnehmerbesetztzustand *m*	extension busy condition
conditions *f/pl*	Anforderungen *f/pl*	requirements
conditions *f/pl* de branchement *m*	Anschlußbedingungen *f/pl*	interface conditions terminal conditions
conditions *f/pl* opératoires	Betriebsbedingungen *f/pl*	operating conditions
conductance *f* de sortie *f*	Ausgangsleitwert *m* (Halbleiter)	output conductance (semiconductor)
conducteur *m*	Leiter *m*	conductor
conducteur *m* de chaleur *f*	wärmeleitend	heat-conductive
conducteur *m* imprimé	Leiterbahn *f*	conductor track conducting path
conductivité *f*	Leitfähigkeit *f*	conductivity
conduire	durchführen	carry out
		conduct
		make
		effect
conduite *f* d'eau *f*	Wasserleitung *f*	water conduit water pipe
CONF = conference *f*	Konferenz *f*	conference
conférence *f*	Konferenzgespräch *n*	conference call
	Sammelgespräch *n*	multi-party facility
conférence *f* à trois	Dreier-Konferenz *f*	tree-way calling
	Dreiergespräch *n*,	three-party conference
	Konferenzgespräch *n*	three-party call
Conférence *f* Européene des Administrations des Postes et Télécommunications	CEPT (Europäische Konferenz *f* für das Post- u. Fernmeldewesen *n*)	European conference of postal and telecommunications administrations
conférence *f* intérieure	Intern-Konferenz *f*	internal conference
CONFIG = configuration *f*	Anordnung *f*/Bestückung *f*	configuration/arrangement
configuration *f*	Anordnung *f*	arrangement
	Bestückung *f*	configuration
		equipment
		outfitting
configuration *f* de groupes *m/pl*	Gruppierungsanordung *f*	trunking array
configuration *f* de référence *f*	Bezugskonfiguration *f*	reference configuration
configuration *f* de référence *f* du RNIS	ISDN-Bezugskonfiguration *f*	ISDN reference configuration
configuration *f* de système *m*	Systemausbau *m*	system configuration
configuration *f* minimale	Mindestausbau *m*	minimum configuration
confirmation *f*	Bestätigung *f*	confirmation
confirmation *f* de réception *f*	Empfangsbestätigung *f*	reception confirmation acknowledgement signal
confirmé	gesehen	approved
conflit *m* d'accès *m*	Zugriffskonflikt *m*	access conflict access contention
connecter	anschließen	connect
	verbinden	hook up
		tie

connecteur *m*	Stecker *m*	plug
	Verbindungsstecker *m*	connector
		connecting plug
connecteur *m* à jack *m* à	Federleistenträger *m*	socket connector bracket
ressorts *m/pl*		socket connector support
connecteur *m* AV	AV-Anschluß *m*	AV jack
connecteur *m* cylindrique	Walzenstecker *m*	cylindrical plug
connecteur *m* d'abonné *m*	Teilnehmeranschalteeinheit *f*	subscriber connector
connecteur *m* de groupement *m*	Gruppenverbinder *m*	group connector
connecteur *m* de groupes *m/pl*	Teilnehmergruppenverbinder *m*	extension group connector
d'abonnés *m/pl*		
connecteur *m* de groupes *m/pl*	Registergruppenverbinder *m*	register group connector
de registre *m*		
connecteur *m* multi-point	Steckerleiste *f*	multipoint connector
connecteur *m* par pression *f*	Andruckverbinder *m*	pressure connector
	Druck- *m*, Andruckverbinder *m*	
connecteur *m* plat	Flachstecker *m*	low-profile plug
connecteur *m* secteur *m*	Netzstecker *m*	mains connector
		mains plug
connecteur *m* téléphonique	Doppelanschluß *m*	dual-telephone connection
double		
connection *f* erronée	Fehlschaltung *f*	wrong connection
		faulty switching
connection *f* interautomatique	Querverbindung *f* (a/b Erde *f*) -	tie line (a/b earth)
	(QUA)	
connexion *f*	Anschluß *m*	connection
	Leitung *f* (Ltg)	port
	Verbindung *f*	line
	Verbindungsweg *m*	terminal
connexion *f* (avec)	Anschaltung *f* (an)	connection (to)
connexion *f* automatique des	automatische Anschaltung *f*	automatic line connection
lignes *f/pl* réseau *m*	von Amtsleitungen *f/pl*	
connexion *f* bidirectionnelle	Doppelverbindung *f*	double connection
connexion *f* commutée	Wählverbindung *f*	dial connection
		automatic connection
		switched connection
connexion *f* de commutateur	Anschlußeinheit *f*	exchange connection
connexion *f* de commutateur *m*	vermittelte Verbindung *f*	exchange connection
connexion *f* de lignes *f/pl*	Leitungsanschaltung *f*	line connection
connexion *f* de rétro-appel *m*	Rückfrageverbindung *f*	enquiry call
connexion *f* en cas de panne *f*	Netzausfallschaltung *f*	mains failure operation
secteur *m*		
connexion *f* en mode *m* pas à	Verbindungsaufbau *m* mit	step-by-step switching
pas	direkter Wählereinstellung *f*	
connexion *f* fibre *f* optique	Glasfaser-Anschluß *m*	fiber-optic connection
connexion *f* lâche	Wackelkontakt *m*	loose contact
		loose connection
connexion *f* multiple	Mehrfachanschluß *m*	multiplex link
	Vielfachschaltung *f*	multi-access line
		multipoint access
		multiple connection
connexion *f* multi-point	Mehrpunkt-Anschluß *m*	multipoint connector
connexion *f* non commutée	festgeschaltete Verbindung *f*	point-to-point circuit
		non-switched connection
		permanently connected circuit
		dedicated circuit
connexion *f* non réalisée	erfolglose Verbindung *f*	ineffective connection
		unsuccessful connection
connexion *f* non synchronisée	Verbindungsaufbau *m*, nicht	common control switching
	schritthaltender	
connexion *f* numérique	Digitalverbindung *f*	digital connection

connexion *f* par micro-ondes *f/pl*	Richtfunkverbindung *f*	microwave connection microwave equipment
connexion *f* parallèle	Parallelschaltung *f*	parallel connection
connexion *f* point *m* à multi-point *m*	Punkt-zu-Mehrpunkt-Verbindung *f*	point-to-multipoint connection
connexion *f* point *m* à point	Punkt-zu-Punkt Verbindung *f*	point-to-point communication point-to-point connection
connexion *f* réseau *m*	Amtsverbindung *f* Netzanschluß *m* (Netzwerk)	exchange line call exchange line connection network connection
connexion *f* RNIS	ISDN-Anschlußeinheit *f* ISDN-Verbindung *f*	ISDN connection
connexion *f* RNIS point-à-point	ISDN-Punkt-zu-Punkt-Verbindung *f*	point-to-point ISDN connection
connexion *f* RNIS point-multipoints	ISDN-Punkt-zu-Mehrpunkt-Verbindung *f*	point-to-multipoint ISDN connection
connexion *f* secondaire	Sekundaranschluß *m*	secondary connection
connexion *f* série-parallèle	Reihenparallelschaltung *f*	series-parallel circuit
connexion *f* synchronisée	Verbindungsaufbau *m*, schritthaltender	stage-by-stage switching
connexion *f* téléphonique	Fernsprechanschluß *m* Telefonanschluß *m*	telephone connection subscriber set (device)
connexion *f* temporelle	Zeitmultiplexdurchschaltung *f*	time-division multiplex switching
connexion *f* visuelle	Sichtverbindung *f*	line-of-sight connection
console *f* d'opératrice *f*	Vermittlungspult *n*	operator console
console *f* de visualisation *f* de données *f/pl*	Datenanzeigeeinrichtung *f*	data display equipment
consommateur *m*	Verbraucher *m*	consumer
consommation *f* de courant *m*	Stromaufnahme *f*	power consumption
consommation *f* de puissance *f*	Leistungsverbrauch *m* (Watt)	power consumption (watts)
consommation *f* en énergie *f*	Energiebedarf *m*	power consumption
constante *f* d'affaiblissement *m*	Dämpfungskonstante *f*	attenuation coefficient attenuation constant (Am)
constante *f* d'atténuation *f*	Dämpfungskonstante *f*	attenuation coefficient attenuation constant (Am)
constante *f* de propagation *f*	Übertragungskonstante *f* Fortpflanzungskonstante *f*	propagation factor propagation constant
constante *f* de transmission *f*	Übertragungskonstante *f*	propagation factor propagation constant
constante *f* itérative de propagation *f*	Kettenübertragungsmaß *n*	iterative propagation constant iterative propagation coefficient
construction *f* modulaire	Modulaufbau *m*	modular construction
consultation *f*	Rückfrage *f*, Halten *n* in Rückfrage *f* Rücksprache *f*	consultation hold consultation
consultation *f* pendant une conversation *f*	Rückfragen *f/pl* während eines Gespräches *n*	refer-back during a call
contact *m* à came *f*	Nockenkontakt *m*	cam contact
contact *m* de repos *m*	Ruhekontakt *m*	break contact normally closed (nc) contact
contact *m* visuel	Sichtkontakt *m*	line-of-sight contact
contact reed *m* en or *m*	golddiffundierte Kontaktlamellen *f/pl*	gold-diffused reed contacts
contacteur *m* à crochet *m*	Hakenschalter *m*	hook switch
contacts *m/pl* du crochet *m*	Gabelumschalter *m*	hook switch cradle switch
contenu *m*	Inhalt *m*	contents content
contre-cellule *f*	Gegenzelle *f*	countercell

contrôlé	geprüft	checked
	gesteuert	tested
contrôlé *m*	Kontrolle *f*	
	Überwachung *f* (UEB)	controlled
		check
		control
		examination
		supervision
		monitoring
contrôle *m* à distance *f*	Fernsteuern *n*	long-distance control
		telecomand
contrôle *m* aléatoire	Stichprobe *f*	random check
contrôle *m* automatique	Regelung *f*	automatic control
contrôle *m* d'accès *m*	Zutrittskontrolle *f*	access control
contrôle *m* d'une seule main *f*	Einhandbedienung *f*	one-hand control
contrôle *m* de contraste *m*	Kontrastverstärkung *f*	contrast control
contrôle *m* de données *f/pl*	Datenprüfung *f*	data validation
contrôle *m* de ligne *f* intermédiaire	Zwischenleitungsprüfung *f*	link test
contrôle *m* de parité *f*	Paritätskontrolle *f*	parity check
contrôle *m* de porteuse *f*	Pilotüberwachung *f*	pilot control
contrôle *m* de tension *f*	Spannungsüberwachung *f*	voltage monitoring
contrôle *m* de trafic *m*	Verkehrssteuerung *f*	traffic control
contrôle *m* du temps *m* d'occupation	Belegt-Zeitüberwachung *f*	holding time supervision
contrôle *m* horaire	Zeiterfassung *f*	time recording
contrôle *m* vocal	Sprachsteuerung *f*	speech-based control
contrôler	überprüfen	check
	prüfen	verify
		test
contrôleur *m*	Prüfgerät *n*	test set
		test unit
contrôleur *m* de durée *f* d'impulsions *f/pl* de numérotation *f*	Wahlimpulszeitmesser *m*	dial pulse meter
contrôleur *m* de tension *f* positive	Plusspannungsüberwacher *m*	positive voltage supervisory unit
conversation *f*	Sprache *f*	speech
		voice
conversation *f* payable à l'arrivée *f*	R-Gespräch *n*	reversed charge call (Brit)
		collect call (Am)
conversion *f* numérique-analogique	D/A-Umsetzung *f* (Digital-Analog-Umsetzung)	digital-to-analog conversion
		D-A conversion
convertisseur *m*	Umsetzer *m*	converter
	Wandler *m*	
convertisseur *m* à courant *m* continu	Gleichspannungswandler *m*	DC voltage converter
		DC voltage transformer
convertisseur *m* continu-continu	Gleichspannungswandler *m*	DC voltage converter
		DC voltage transformer
convertisseur *m* de canaux *m/pl*	Kanalumsetzer *m*	channel converter
convertisseur *m* de code *m*	Codewandler *m*	code converter
convertisseur *m* de données *f/pl*	Datenwandler *m*	data converter
convertisseur *m* de taxes *f/pl*	Gebührenumrechner *m*	call charge converter
	Gebührenumsetzer *m*	call charge translator
convertisseur *m* opto-électrique	optisch-elektrischer Wandler *m*	opto-electrical converter
convertisseur *m* SHF	SHF-Umsetzer *m*	SHF converter
convivial	bedienungsfreundlich	user-friendly
COP = carte *f* operateur *m*	Leiterplatte *f* Vermittlungsplatz *m*	circuit board (CB) operator position
CORBF = correspondant *m* BF	Niederfrequenzverbindung *f*	LF (low frequency) connection
cordon *m* de raccordement *m*	Anschlußschnur *f*	connecting cord
		connecting flex

correction *f*	Korrektur *f*	correction
correspondant *m* au téléphone *m*	gerufener Teilnehmer *m*	called subscriber called party
corroder	ätzen	etch
cosse *f*	Zunge *f*	lug tongue
cosse *f* à souder	Lötöse *f*	soldering lug soldering tag soldering eyelet
cosses *f/pl*	Hülsen *f* (Steck-) für Anschlußdraht	adaptor plug
côté *m* arrière	Rückseite *f*	rear side back side
côté *m* câblage *m*	Verdrahtungsseite *f*	wiring side rear side
côté *m* composants *m/pl*	Bauteilseite *f* Bestückungsseite *f*	components side front side
côté *m* postérieur	Rückseite *f*	rear side back side
côté *m* raccordement *m*	Anschlußseite *f*	connection side
côté *m* soudure *f*	Lötseite *f* Leiterseite *f*	soldering side solder side
couche *f* (niveau)	Schicht *f* (Ebene *f*)	layer (level)
couche *f* céramique *f*	Keramiksubstrat *n*	ceramic substrate
couche *f* de raccordement *m*	Anschlußlage *f*	position line location
couche *f* épaisse	Dickschicht *f*	thick-film
couleur *f*	Farbe *f*	colour (Brit) color (Am)
coupé	unterbrochen	interrupted cut off
coupe *f*	Schnitt *m* (Profil *n*)	section
coupe-circuit *m*	Fernmeldeschutzschalter *m*	circuit breaker automatic cutout fuse switch
coupe-circuit *m* automatique	Sicherungsautomat *m*	automatic cut-out safety cut-out
couper	trennen	disconnect cut off
couper la ligne *f* à un utilisateur *m*	Anschlußsperre *f*	interface lockout
couper le circuit	abschalten	disconnect switch off
couple *m* différentiel	Differentialkuppler *m*	differential coupler
coupler	einkoppeln	apply couple link
coupleur *m*	Koppler *m*, Koppeleinheit *f*	coupling unit
coupleur *m* auxiliaire	Hilfskoppler *m*	auxiliary connector auxiliary coupler
coupleur *m* d'abonné *m*	Teilnehmerkoppler *m*	extension coupler
coupleur *m* de bus *m*	Buskoppler *m*	bus coupler
coupleur *m* de fonction *f*	Funktionskoppler *m*	functional coupling unit
coupleur *m* de groupe *m*	Gruppenkoppler *m*	group coupler
coupleur *m* de rétro-appel *m*	Rückfragekoppler *m*	consultation call coupling unit refer-back coupler
coupleur *m* en étoile *f*	Sternverteiler *m*	star coupler
coupleur *m* optique	Optokoppler *m*	optocoupler
coupure *f*	Ausfall *m*	failure breakdown outage

courant	laufend	currend
courant *m* alternatif de sonnerie *f*	Rufwechselstrom *m*	ac ringing current
courant *m* correcteur	Stellstrom *m*	corrective current
		control current
courant *m* d'alimentation *f*	Versorgungsstrom *m*	supply current
courant *m* de sonnerie *f*	Rufstrom *m*	ring power
		ringing current
courant *m* nominal	Nennstrom *m*	nominal current
courant *m* nominal, charge *f*	Nennstrom *m*, Last *f*	nominal current, load
courant *m* nominal, tension *f* à vide	Nennstrom *m*, Leerlauf *m*	nominal current, no load
courant *m* résiduel	Reststrom *m*	residual current
courbe *f* d'atténuation *f*	Dämpfungsverlauf *m*	attenuation characteristic
couvercle *m*	Abdeckung *f*	cover(ing)
	Deckel *m*	cover plate
	Deckplatte *f*	
couvercle *m* de protection *f*	Abdeckblech *n*	cover plate
couverture *f*	Abdeckung *f*	cover(ing)
	Deckel *m*	
couvrir	übergreifen	cover
		overlap
		cross
CP = centre *m* primaire	Hauptanlage *f*	main system
CPA = concentrateur *m* principal d'abonnés *m/pl*	Hauptteilnehmerbündler *m*	main subscriber concentrator
CPT = compteur *m*	Zähler *m*	counter (meter)
créneau *m* entre deux impulsions *f/pl* intervalle *m*	Pause zwischen zwei Impulsen *m/pl*	interdigital pause
critère *m*	Kriterium *n*	criterion
critérium *m*	Kriterium *n*	criterion
crochet *m*	Klammer *f* (eckig)	bracket(s)
crochet *m* combiné *m*	Handapparat-Ablage *f*	handset cradle
crochet *m* commutateur *m*	Gabelschlag *m*	hook flash
CSE = concentrateur *m* satellite électronique	elektronische Unteranlage *f*	electronic subsystem
CSN = concentrateur *m* satellite numérique	digitale Unteranlage *f*	digital subexchange
CT = centre *m* de transit *m*	Durchgangsvermittlungstelle *f*	transit exchange
CTF = courant *m* de trafic *m*	Betriebsspannung *f*, -strom *m*	operating voltage, current
cuivre *m*	Kupfer *n*	copper
CV = circuit *m* virtuel	Logikschaltkreis *m*	logic circuit
CVB = circuit *m* virtuel dans un canal *m* B	virtuelle Verbindung *f* in einem B-Kanal *m*	virtual connection in a B channel
CVC = circuit *m* virtuel commuté	geschaltete, virtuelle Verbindung *f*	switched virtual connection
CVD = circuit *m* virtuel dans un canal *m* D	virtuelle Verbindung *f* in einem D-Kanal *m*	virtual connection in a D channel
CVP = circuit *m* virtuel permanent	permanente, virtuelle Verbindung *f*	permanent virtual connection
cycle *m*	Zyklus *m*	cycle
cycle *m* de scrutation *f*	Abfragetakt *m*	interrogation clock pulse

D

DA = double appel *m*	Rückfrage *f*/Rückfragegespräch *n*	consultation/refer-back call (Brit)
DACT = Direction *f* des Affaires *f/pl* Commerciales et Télématiques *f/pl*	Oberste französische Fernmeldebehörde *f* für kommerzielle und Masseninformatik-Angelegenheiten *f/pl*	French supreme authorities for telecommunication and telematics affairs
date *f*	Datum *n*	date
date *f* de fabrication *f*	Herstellungsdatum *n*	manufacturing date
de départ *m*	abgehend	outgoing
de gré à gré	gütlich (nach freier Übereinkunft *f*)	settlement
de la technique *f* de communications *f/pl*	nachrichtentechnisch ...	communications
débit *m* binaire	Bitrate *f*	bit rate
débit *m* d'information *f*	Informationsfluß *m*	information flow
débit *m* de transmission *f*	Übertragungsgeschwindigkeit *f* Übertragungsrate *f*	data signaling rate transmission speed transfer rate
débit *m* efficace	Nutzbitrate *f*	effective bit rate
déblocage *m*	Freigabe *f*	release
déblocage *m* d'une ligne *f*	Entsperren einer Leitung *f*	unblocking a line clearing a line releasing a line enabling of a line
débordement *m*	Überlauf *m*	overflow
débrancher	abschalten	disconnect switch off
début *m* de taxation *f*	Zähleinsatz *m*	start of charging
décalage *m* de fréquence *f*	Frequenzverwerfung *f*	frequency shift deviation
décentralisé	dezentral	decentralized
déchargé	unbelastet	unloaded off-load
décharge *f*	Entladung *f* (Stromkreis *m*)	discharge (circuit)
décharge *f* de traction *f*	Zugentlastung *f*	pull relief strain relief
décharge *f* luminescente (circuit)	Glimmentladung *f* (Stromkreis *m*)	glow discharge (circuit)
décharge *f* totale	Tiefentladung *f*	total discharge
décision *f*	Maßnahme *f*	step measure
décision *f* de modification *f*	Änderungsmaßnahme *f*	modification measure modification step
décodeur *m* vidéotext *m*	Btx-Decoder *m*	Btx decoder
déconnectable	ausziehbar	removable
déconnecté	abgeschaltet unterbrochen	cut off disconnected switched off interrupted
déconnecter	abschalten auftrennen ausschalten trennen	disconnect switch off cut off
déconnection *f*	Abschaltung *f*	disconnection

déconnexion *f* prématurée	vorzeitige Verbindungsauflösung *f* vorzeitiges Auftrennen *n*	premature disconnection cleardown release clearing release
décrocher	abheben	lift pick up
décrocher (le combiné *m*)	aushängen	lift the handset go off-hook
défaillance *f* partielle	Teilausfall *m*	partial failure
défault *m* de composant *m*	Bauteilausfall *m*	component failure
défaut *m*	Fehler *m*, Störung *f*	fault defect error
défaut *m* de fonctionnement *m*	Fehlfunktion *f*	malfunction
défaut *m* de la base *f* de temps *m*	Zeitbasisfehler *m*	time-base fault
défaut *m* de supervision *f*	Zentralüberwachungsfehler *m*	central monitoring fault
définir (critères)	festlegen (Kriterien)	define (criteria) determine
définition *f* (d'image *f*)	Bildschärfe *f*	sharpness
DEL = diode *f* électroluminescente	Leuchtdiode *f*	light-emitting diode (LED)
délai *m* d'attente *f* de la tonalité *f* de retour *m* d'appel *m*	Rufverzug *m*	post-dialing delay
délai *m* d'attente *f* moyen	mittlere Wartedauer *f*	mean delay
délai *m* de réponse *f*	Meldeverzug *m*	answering delay
démagnétisation *f*	Entmagnetisierung *f*	demagnetization
demande *f* d'appel *m*	Gesprächsanmeldung *f* Rufanforderung *f*	call request call booking
demande *f* de communication *f*	Belegungswunsch *m* Verbindungsanforderung *f*	call request
demande *f* de prise *f*	Belegungswunsch *m*	call request
demande *f* de registre *m*	Anforderung *f* Register *n*	register request
demande *f* de service *m*	Anforderung *f* des Dienstes *m*	request for service
demander	abrufen anfordern	request
démarche *f* administrative	Dienstgang *m*	official trip
démarrage *m*	Einschaltung *f*	cut-over starting switching on
démarrer	anlassen anlaufen (Stromversorgung *f*)	start start up (power supply)
demi-onde *f*	Halbwelle *f*	half-wave
démontable	abnehmbar	dismountable removable
démonté	entfällt (bei Ausbau *m*)	removed dropped
démonter	entfernen	remove
dénivellement *m*	Meßpegel *m*	test level through level expected level (Am)
densité *f* (du réseau *m*)	Dichte (Netz) *f*	coverage (of network)
densité *f* d'information *f*	Informationsdichte *f*	information density
densité *f* de trafic *m*	Verkehrsdichte *f*	traffic density
densité *f* de trafic *m* du faisceau *m*	Bündelbelastung *f*	bundle usage load
dépannage *m*	Fehlersuche *f* (Hardware)	fault location (hardware) troubleshooting
dépannage *m* (logiciel)	Fehlersuche *f* (Software)	debugging (software)
départ *m* de taxation *f*	Zähleinsatz *m*	start of charging

Département communication mobile	Geschäftsbereich *m* Mobile Kommunikation *f*	Mobile Communications Division
dépasser	überschreiten	exceed
dépendant du système *m*	systemgebunden	system-associated
		system-dependent
		system-related
		system-tied
déphasage *m*	Phasenlaufzeit *f*	phase delay
		phase lag
déphasage *m* conjugué	konjugiert-komplexes Winkelmaß *n*	conjugate phase constant
déphasage *m* introduit par le quadripôle *m*	Vierpolwinkelmaß *n*	image-phase change coefficient
		image-phase change constant (Am)
déphasage *m* itératif	Kettenwinkelmaß *n*	phase constant
		iterative phase coefficient
		iterative phase constant
déplacer	verdrängen	pre-empt
		displace
		supersede
dérangement *m*	Störung *f*	malfunction
		fault
		failure
		interference
dérangement *m* de ligne *f*	Leitungsstörung *f*	line fault
dérangement *m* de signalisation *f*	Signalstörung *f*	signal breakdown
dérivation *f*	Ableitung *f* (Verlust *m*)	derivation
	Gabel *f* (Abzweigung)	leakage
		branch connection
dernière route *f* accessible	Letztweg *m*	last-choice route
DES = décharge *f* électrostatique	elektrostatische Entladung *f*	electrostatic discharge
désactivation *f* du trafic *m* local confidentiel	Aufhebung *f* des geheimen Internverkehrs *m/pl*	station override security
descriptif *m* condensé	Kurzbeschreibung *f*	short description
description *f*	Beschreibung *f*	description
description *f* de faisceau *m*	Bündelbeschreibung *f*	bundle description
désignation *f*	Benennung *f*	designation
	Bezeichnung *f*	
déssin *m* assisté par ordinateur *m* (DAO)	computergestützte Entwicklung *f*	computer-aided design (CAD)
dessouder	auslöten	unsolder
déssoudeur *m*	Entlötgerät *n*	unsoldering set
		solder extraction device
destinataire *m*	Empfänger *m*	destination
		receiver
		address
détecteur *m*	Anreizsucher *m*	event detector
	Melder *m*	detector
	Sensor *m*	call point
	Sensorgerät *n*	alarm device
		sensor
détecteur *m* (de taxes *f/pl*)	Weiche *f* (Gebühren~)	switch (call charge)
détecteur *m* d'angle *m*	Winkelsensor *m*	angle sensor
détecteur *m* de disponibilité *f* pour la numérotation *f*	Wahlbereitschaftsfühler *m*	proceed-to-dial detector
détecteur *m* de phase *f*	Winkelsensor *m*	angle sensor
détecteur *m* de taxes *f/pl*	Gebührenweiche *f*	switch (call charge)
détecteur *m* de voie *f*	Wegsensor *m*	distance sensor
détection *f*	Erkennung *f* (Signalisierung *f*)	recognition (signal)

détection *f* d'appels *m/pl* malveillants	Fangen *n*	malicious call tracing
détection *f* d'erreur *f*	Fehlererkennung *f*	error detection
détection *f* de boucle *f*	Schleifenerkennung *f*	loop identification
détection *f* du signal *m* de numérotation *f*	Erkennung *f* des Wähltons *m*	dial tone detection
déterminer	festlegen (Kriterien)	define (criteria) determine
deuxième affichage *m*	Zweitanzeige *f*	second display
déviation *f*	Ausschlag *m* (Anzeige *f*)	deflection (meter)
	Ablenkung *f*	deviation
	Abweichung *f*	inaccuracy
déviation *f* en fréquence *f*	Frequenzabweichung *f*	frequency deviation
dévier	abweichen (Frequenz *f*)	deviate (frequency)
DGT = Direction *f* Générale des Télécommunications *f/pl*	Generaldirektion *f* für Telekommunikation *f* (franz. Behörde *f*)	French general telecoms direction
diagnostic *m* d'erreur *f*	Fehlerdiagnose *f*	error diagnosis fault diagnosis
diagramme *m*	Blockschaltbild *n*	block diagram
	Diagramm *n*	diagram
diagramme *m* des temps *m/pl*	Taktschema *n*	timing scheme
diagramme *m* général des jonctions *f/pl*	Gruppenverbindungsplan *m*	trunking diagram
diagramme *m* schématique	Übersichtsplan *m*	general drawing overall layout overall plan
diagramme *m* temporel	Impulsdiagramm *n*	timing diagram
dialogue *m* avec l'ordinateur *m*	Computerdialog *m*	computer dialogue
dialogue *m* homme *m* - machine *f*	Mensch-Maschinen-Sprache *f* (MML)	man-machine language
diamètre *m* (câble *m*)	Querschnitt *m* (Kabel *n*)	cross section (cable)
diamètre *m* de brin *m*	Aderndicke *f*	wire diameter
diamètre *m* de fil *m*	Aderndicke *f*	wire diameter
diaphonie *f*	Fernnebensprechen *n*	far-end crosstalk
	Nebensprechen *n*	crosstalk
diaphonie *f* inintelligible	unverständliches Nebensprechen *n*	unintelligible crosstalk inverted crosstalk (Am)
diaphonie *f* intelligible	verständliches Nebensprechen *n*	intelligible crosstalk uninverted crosstalk (Am)
différentier	differenzieren	differentiate
digit *m*	Kennziffer *f*	code digit
	Ziffer *f*	digit
dimension *f*	Abmessung *f*	dimension
dimension *f* de montage *m*	Einbaumaß *n*	mounting dimensions
dimension *f* théorique	Richtmaß *n*	standard dimension guiding dimension
dimensionnement *m*	Abmessung *f*	dimension
	Platzbedarf *m* (Gerät *n*/Baugruppe *f*)	space requirement (module)
diode *f*	Diode *f*	diode
diode *f* à pointe *f*	Spitzendiode *f*	point contact diode
diode *f* d'amortissement *m*	Löschdiode *f*	quenching diode
diode *f* de protection *f*	Gehörschutzdiode *f*	acoustic shock absorber diode
diode *f* électroluminescente (DEL)	Leuchtdiode *f* (LED)	light-emitting diode (LED)
diode *f* photosensible	lichtempfindliche Diode *f*	light-sensitive diode
directe réseau *m* partielle discriminée	halbamtsberechtigter Teilnehmer *m*	semirestricted extension
directeur *m* de trafic *m*	Verkehrsordner *m*	traffic control unit
direction *f*	Richtung *f*	direction

direction f d'émission f	Senderichtung f	transmission direction
direction f du trafic m	Verkehrsrichtung f	traffic direction
dirigé	gesteuert	controlled
discours m	Sprache f	speech
		voice
DISCRI = discriminination f	Sperre f/Sperrung f/	barring/blocking/acces
	Berechtigung f	status/inhibiting
discriminateur m	Rufnummernsperre f	call restrictor
	Sperreinrichtung f	discriminator
	Sperrwerk n	barring unit
		dial code restriction facility
		code restriction (Am)
discrimination f	Sperrung f	barring
		blocking
discrimination f d'accès m au	nichtamtsberechtigt,	fully restricted
réseau m	hausberechtigt	
discrimination f d'appel m	Rufnummernsperre f	call restrictor
		discriminator
discrimination f des	Teilnehmerberechtigung f	extension access status
abonnés m/pl d'extension f		
discrimination f partielle	Teilsperre f	partial barring
	halbamtsberechtigt	semirestricted
discrimination f totale	Vollsperre f	total barring
discriminer	sperren	bar
		inhibit
		disable
disjoncteur m de protection f	Schutzschalter m	automatic circuit breaker
disponibilité f	Verfügbarkeit f	availability
disponible	vorhanden	existing
		available
dispositif m	Organ n	device
		circuit
		element
		unit
dispositif m d'émission f	Sende-Anlage f	transmission facility
dispositif m d'identification f	Identifizierungseinrichtung f	identification facility
dispositif m d'observation f	Mithöreinrichtung f	monitoring device
dispositif m d'orientation f	Antennenausricht-	antenna pointing mechanism
d'antenne f	mechanismus m	
dispositif m de balayage m	Abtaster m	scanner
		sampler
dispositif m de commutation f	Funkvermittlungseinrichtung f	radio-exchange facilities
radio f		
dispositif m de contrôle m	Prüfgerät n	test set
		test unit
dispositif m de distribution f	Buchungsanlage f	Automatic Call Distributor
d'appels m/pl		(ACD)
		automatic call distribution
		(ACD) system
		reservation system
dispositif m de retard m	Verzögerungsglied n	time element
		time-lag device
dispositif m de sélection f	Durchwahlzusatz m	through dialing attachment
directe à l'arrivée f		
dispositif m de sonnerie f	Anruforgan n	ringing unit
dispositif m de test m	Prüfgerät n	test set
		test unit
dispositif m de verrouillage m	Klemmvorrichtung f	clamping arrangement
disposition f des lignes f/pl	Zwischenleitungsanordnung f	link arrangement
intermédiaires		
disque m mémoire f	Plattenspeicher m (EDV)	disk storage (EDP)

disquette *f*	Diskette *f*	diskette
		floppy disk
dissipateur *m* de chaleur *f*	Wärmeableiter *m*	heat sink
		heat dissipation
dissipation *f* de chaleur *f*	Wärmeabfuhr *f*	heat dissipation
		power dissipation
distorsion *f*	Verzerrung *f*	distortion
distorsion *f* de phase *f*	Laufzeitverzerrung *f*	frequency delay distortion
		envelope delay distortion
distorsion *f* du signal *m*	Signalverzerrung *f*	signal distortion
distorsion *f* du temps *m* de propagation	Laufzeitverzerrung *f*	frequency delay distortion
		envelope delay distortion
distorsion *f* harmonique	harmonische Verzerrung *f*	harmonic distortion
distorsion *f* totale	Gesamtverzerrung *f*	total distortion
distortion *f* d'affaiblissement *m* en fonction *f* de la fréquence *f*	Dämpfungsverzerrung *f*	attenuation distortion
		frequency distortion (Am)
distortion *f* d'impulsion *f*	Impulsverzerrung *f*	impulse distortion
distortion *f* de non-linéarité *f*	nichtlineare Verzerrung *f*	nonlinear distortion
distortion *f* du temps *m* de propagation *f* de groupe *f*	Laufzeitverzerrung *f* der Gruppe *f/pl*	group delay distortion
distortion *f* non linéaire	nichtlineare Verzerrung *f*	nonlinear distortion
distributeur *m* automatique d'appels *m/pl*	Buchungsanlage *f*	Automatic Call Distributor (ACD)
		automatic call distribution (ACD) system
		reservation system
distributeur *m* de communications *f/pl* large bande *f*	Breitbandverteil-kommunikation *f*	broad-band distributor communications
distribution *f* d'appels *m/pl*	Anrufteilung *f*	call sharing
distribution *f* d'horloge *f* centrale	Taktverteilung *f* Zentral (TVZ)	central clock distribution
distribution *f* d'horloge *f* du bus *m*	Taktverteilung *f* Sammelschiene *f* (TVS)	bus clock distribution
distribution *f* d'horloge *f* du groupe *m*	Taktverteilung *f* Gruppe *f* (TVG)	group clock distribution
distribution *f* de charge *f*	Lastverteilung *f*	load distribution
		call load sharing
distribution *f* de courant *m*	Stromverteilung *f*	current distribution
disymétrie *f*	Unsymmetrie *f*	imbalance
		asymmetry
diviseur *m* de la tension *f*	Spannungsteiler *m*	voltage divider
division *f* en hexadécimal	Hexateilung *f*	hexa division
doce *m* de transfert *m* d'apppel *m*	Umlegekennzeichen *n*	call transfer code
documents *m/pl* supplémentaires	Zusatzunterlagen *f/pl*	additional documents
		additional data
domaine *m* d'utilisation *f*	Arbeitsbereich *m* (Gerät *n*)	operating range (equipment)
domaine *m* de correction *f*	Entzerrbereich *m* (Empfangssignal *n*)	equalization range (received signal)
domaine *m* de fréquence *f* en émission *f*	Sendefrequenzbereich *m*	transmission frequency range
domaine *m* de réglage *m* fin	Feineinstellbereich *m*	fine adjustment range
domaine *m* de transmission *f*	Übertragungsbereich *m*	transmission range
domaine *m* des fréquences *f/pl*	Frequenzbereich *m*	frequency range
domaine *m* du serveur *m*	Serverbereich *m*	servers sector
données *f/pl* de connexion *f*	Verbindungsdaten *f/pl*	call data
		connecting data
données *f/pl* de taxation *f*	Gebührendaten *f*	charging information
	Gebühreninformation *f*	call charge data
données *f/pl* de transmission *f*	Sendedaten *f/pl*	transmit data

données *f/pl* radio *f*	Datenfunk *m*	data radio
données *f/pl* routières	Straßendaten *f/pl*	road data
double appel *m*	Rückfrage *f*	consultation call
	Rückfragegespräch *n*	refer-back call (Brit)
		call hold (Am)
double appel *m* courtier *m*	Makelverbindung *f*	broker's call
	makeln	brokerage
		conduct broker's calls
		switch between lines (Brit)
		consultation hold (Am)
double appel *m* intérieur	Raumrückfrage *f*	internal consultation call
douille *f*	Buchse *f*	sleeve
	Steckdose *f*	socket
		outlet
		plug receptacle (Am)
douille *f* cylindrique	Walzenstecker *m*	cylindrical plug
douille *f* de codage *m*	Kodierstecker *m*	coding plug
douille *f* entretoise	Blindbuchse *f*	dummy jack
douille *f* mâle	Steckerstift *m*	plug pin
		male plug
douille *f* secteur *m*	Netzstecker *m*	mains connector
		mains plug
douilles *f/pl*	Hülsen *f* (Steck-) für	adaptor plug
	Anschlußdraht	
driver *m*	Laufwerk *n*	disk drive
	Treiber *m*	drive
		driver
driver *m* d'unité *f*	Gerätetreiber *m*	device driver
driver *m* de sortie *f*	Ausgangstreiber *m*	output driver
durée *f* d'établissement *m* d'une communication *f*	Aufbauzeit *f* einer Verbindung *f*	connection set-up time
durée *f* d'impulsion *f*	Impulsdauer *f*	pulse duration
durée *f* d'occupation *f*	Belegungsdauer *f*	seizure time
		holding time
durée *f* d'utilisation *f*	Nutzungsdauer	service life
		useful time
durée *f* de communication *f* taxable	Verbindungsdauer *f*, gebührenpflichtige	chargeable time
		billing time
durée *f* de la communication *f*	Gesprächsdauer *f*	call duration
		conversation time
durée *f* de la conversation *f*	Gesprächsdauer *f*	call duration
		conversation time
durée *f* de numérotation *f*	Wähldauer *f*	dialing time
durée *f* de retour *m* au zéro *m*	Abklingzeit *f* (Signal *n*)	release time (signal)
		decay time
durée *f* de sonnerie *f*	Rufdauer *f*	ringing time
durée *f* de vie *f*	Lebensdauer *f*	lifetime
	Nutzungsdauer *f*	service life
		useful time
durée *f* moyenne d'attente *f*	mittlere Wartedauer *f*	mean delay
durée *f* moyenne d'occupation *f* de ligne	mittlere Belegungsdauer *f*	mean holding duration
durée *f* moyenne de prise *f* de ligne	mittlere Belegungsdauer *f*	mean holding duration
durée *f* taxable	gebührenpflichtige Zeit *f*	chargeable time
durée *f* taxable d'un appel *m*	gebührenpflichtige Verbindungsdauer *f*	chargeable call time
durée *f* taxable d'une communication *f*	gebührenpflichtige Verbindungsdauer *f*	chargeable call time
durée *f* totale	Gesamtdauer *f*	total duration
dynamique *f*	Dynamik *f* (der Sprache *f*)	dynamic range

E

EAE = étage *m* d'abonné *m* éloigné	Fernverkehrsebene *f*	long-distance traffic level
eb = élément *m* binaire/bit *m*	Bit *n*	bit
écart *m* de tension *f*	Spannungsabweichung *f*	voltage deviation
écart *m* diaphonique	Grundwert *m* des Nebensprechens	signal-to-crosstalk ratio
échange *m* d'identification *f*	Kennungsaustausch *m*	exchange of identification
échange *m* de données *f/pl*	Datenaustausch *m*	data exchange
échange *m* de signaux *m/pl*	Zeichenaustausch *m*	exchange of signals
échanger	austauschen wechseln	interchange
échantillon *m* de parole *f*	Sprachmuster *n*	speech sample
échantillonnage *m*	Stichprobenverfahren *n*	sampling
échelle *f*	Maßstab *m*	scale graduation
écho *m*	Echo *n*	echo
écho *m* et stabilité *f*	Nachbild-Fehlerdämpfung *f*	terminal balance return loss
éclateur *m*	Überspannungsableiter *m*	overvoltage protector overvoltage surge arrester
éclateur *m*	Blitzschutz *m*	lightning protection surge arrester
écoute *f* amplifiée *f*	Lauthören	monitoring amplified voice open listening
écouteur *m*	Kopfhörer *m*	headphone
écran *m*	Abschirmung *f*	shielding
	Anzeigefeld *n*	display panel
	Bildschirm *m*	screen
écran *m* de visualisation *f*	Leuchtanzeige *f*	light display
écran *m* de visualisation *f* de l'occupation *f*	Belegt-Anzeigenfeld *n*	busy indication field
écran *m* tactil	Touchscreen *f*	touchscreen
écrire (données *f/pl*)	ausgeben (Werte *m/pl*, Signale *n/pl*)	read out (data) output (informations, signals)
écrou 6 pans *m/pl*	Sechskantmutter *f*	hexagonal nut
écrou hexagonal	Sechskantmutter *f*	hexagonal nut
écrou *m*	Mutter *f* (Schrauben) Schraubenmutter *f*	nut
éditer	editieren	edit
édition *f*	Ausdruck *m*	print-out
	Ausgabe *f*	edition output
effacé	gelöscht	erased canceled cleared
effacer	streichen, tilgen	delete cancel erase
effacer une mémoire	Speicher *m* löschen	clear memory erase memory
effectuer	durchführen	carry out conduct make effect
effectuer une extension *f* (de l'équipement *m*)	nachrüsten	retrofit

effet *m* anti-local	Nachbild-Fehlerdämpfung *f*	terminal balance return loss
effet *m* de rémance *f*	Nahzieheffekt *m*	lag effect
efficient	wirksam	effective
EJE = étage *m* de joncteur *m* éloigné	Fernübertragung *f*	remote transmission
électronique *f* grand public *m*	Unterhaltungselektronik *f*	home entertainment electronics consumer electronics
élémemt *m* de commande *f*	Bedienungselement *n*	control element
élément *m* binaire (eb)	Bit *n*	bit
élément *m* d'antiparasitage *m*	Entstörglied *n*	interference suppressor
élément *m* de connexion *f*	Koppelelement *n*	switching element
	Verbindungselement *n*, -abschnitt *m*	connection element
élément *m* de connexion *f* commutée	Wählverbindungselement *n*	switched connection element
élément *m* de connexion *f* non commutée	festgeschaltetes Verbindungselement *n*	non-switched connection element
élément *m* de connexion *f* RNIS	ISDN-Verbindungselement *n*, -abschnitt *m*	ISDN connection element
élément *m* de connexion *f* RNIS commutée	ISDN-Wählverbindungselement *n*	switched ISDN connection element
élément *m* de connexion *f* RNIS non commutée	festgeschaltetes ISDN-Verbindungselement *n*	non-switched ISDN connection element
élément *m* de contrôle *m*	Steuerelement *n*	control unit
	Steuersatz *m*	control set
élément *m* de raccordement *m*	Verbindungselement *n*	connecting piece joining element
élément *m* de refroidissement *m*	Kühlkörper *m*	heat sink
élément *m* en plastique *m* injecté	Kunststoff-Spritzgußteil *n*	injection-moulded plastic part
embase *f*	Sockel *m*	base
	Steckverbinder *m*	plug connector
emboutir	crimpen	crimp
embranchement *m*	Gabel *f* (Abzweigung)	branch connection
EMC = compatibilité *f* électromagnétique	elektro-magnetische Verträglichkeit (EMV)	electro-magnetic compatibility
émetteur *m*	Geber *m*	transmitter
	integrierter Zuordner-Sender *m*	integrated translator sender
émetteur *m* d'impulsions *f/pl*	Zahlengeber *m*	keysender
émetteur *m* de données *f/pl*	Datengeber *m*	data transmitter
émetteur *m* de numéros *m/pl*	Nummerngeber *m*	electric key sender
émetteur *m* de numéros *m/pl* d'appel *m* abrégés	Rufnummerngeber *m*	call number transmitter automatic dialer
émetteur *m* de signaux *m/pl*	Signalgeber *m*	signal transmitter
émetteur *m* MF (Q23)	MFV-Sender *m*	DTMF-transmitter
émetteur de numérotation *f* décimale	Impulswahlsender *m*	pulse dialing sender pulse dialing transmitter
émettre (signal *m*)	ausgeben (Werte *m/pl*, Signale *n/pl*)	read out (data) output (informations, signals)
émission *f* d'impulsions *f/pl* du cadran *m*	Nummernschalterwahl *f*	dial selection
emplacement *m*	Lage *f* (räumliche)	location position
emplacement *m* d'opératrice *f*	Platzwähler *m*	position selector
emplacement *m* de la carte *f*	Einsteckplatz *m*	plug-in position
emploi *m*	Verwendung *f*	application
employé	verwendet	applied utilized
EN = Européenne Norme	Europäische Norm *f*	European Standard
en fonction *f* du système *m*	systembedingt	system-dependent

311

en multipex *m*	Multiplexbetrieb *m*	multiplex operation
		mulitplex mode
en option *f*	nur bei Bedarf *m*	only if required
		optional
en réseau *m*	vernetzt	networked
en temps *m* différé	versetzt (zeitlich)	staggered (in time)
encastré	Einbau ...	built-in ...
	eingebaut	built-in
		integrated
enchaîner	überblenden	fading one image into another
encoche *f*	Steckplatz *m*	slot
encodeur *m* vidéo	Bildkodierer *m*	video coder
encombrement *m*	gassenbesetzt	congestion
		all trunks busy
		no-exit condition
enfiché	gesteckt	plugged
enficher	einrasten	latch
		snap in
		catch
		lock
engorgement *m* du papier *m*	Papierstau *m*	paper jam
enlever	entfernen	remove
enregistrement *m*	Aufzeichnung *f*	recording
enregistrement *m* audio	Tonaufnahme *f*	audio recording
enregistrement *m* automatique de taxes *f/pl*	automatische Gebührenregistrierung *f*	automatic call charge recording
enregistrement *m* de défauts *m/pl*	Störungsaufzeichnung *f*	fault recording
enregistrement *m* de la taxation *f*	Amtsgebührenerfassung *f*	call charge registering
		call charge recording
	Gebührenaufzeichnung *f*	call charge recording
	Gesprächsdatenerfassung *f*	rate accounting
		call charge data recording
		SMDR (Am)
enregistrement *m* détaillé de taxes *f/pl*	Einzelgesprächserfassung *f*	detailed registration of call charges
enregistrement *m* horaire	Zeiterfassung *f*	time recording
enregistrement *m* sur bande *f*	Bandaufnahme *f*	tape recording
enregistrement *m* vidéo	Video-Aufnahme *f*	video recording
enregistreur *m*	Registergerät *n*	register unit
enregistreur *m* d'appel *m* et de numérotation *f*	Ruf- und Wahlinformationsspeicher *m*	information store
enregistreur *m* de messagerie *f* vocale	Sprachaufzeichnungsgerät *n*	speech recording unit
enregistreur *m* vidéo	Videorecorder *m*	video cassette recorder
enroulement *m*	Wicklung *f*	winding
ensemble *m* d'informations *f/pl*	Informationsvielfach *n*	information multiple
ensemble *m* de connecteurs *m/pl*	Steckerfeld *n*	plug connector field
ensemble *m* de montage *m*	Bausatz *m*	assembly set
		kit
entrant	ankommend	incoming
entrée *f*	Eingang *m*	input
	Zugang *m*	access
entrée *f* de données *f/pl*	Dateneingabe *f*	data input
		data entry
entrée *f* individuelle	Einzeleingabe *f*	individual input
entrée en tiers *m* dans une communication *f* intérieure	internes Aufschalten *n*	internal cut-in
entrer	eintreten	assist
		intrude
		cut-in

entretien *m*	Wartung *f*	maintenance
entretien *m* préventif	Wartung *f*, vorbeugende	preventive maintenance
entretoises *f/pl*	Distanzrohre *n/pl*	distance pieces
		spacers
entre-train *m*	Pause zwischen zwei Impulsen *m/pl*	interdigital pause
envoyer	übermitteln	transmit
		send
		forward
		pass on
épissure *f*	Spleiße *f*	splice
équilibrage *m* automatique de lignes *f/pl*	Leitungsausgleich *m*, automatischer	automatic line equalization
équilibrage *m* des blancs *m/pl*	Weißabgleich *m*	white balance
équilibreur *m*	Kompensationsglied *n*	compensator
	Nachbildung *f* (Leitung)	balancing network
équilibreur *m* complexe	komplexes Nachbild *n*	complex terminal balance
équilibreur *m* de ligne *f* artificielle	Leitungsnachbildung *f*	line balancing network
équilibreur *m* Hoyt	Hoyt-Nachbildung *f*	Hoyt balancing network
équipé	bestückt	assembled
		provided
		fitted
équipement *m*	Bestückung *f*	arrangement
	Organ *n*	equipment
		outfitting
		configuration
		device
		circuit
		element
		unit
équipement *m* commun	gemeinsame Einrichtung *f*	common equipment
équipement *m* d'alimentation *f* supplémentaire	Zusatzspeisegerät *n*	booster
équipement *m* d'enregistrement *m*	Registriersatz *m*	recording set
équipement *m* d'enregistrement *m* de données *f/pl*	Datenregistriereinrichtung *f*	data recording equipment
équipement *m* d'enregistrement *m* magnétique	MAZ	magnetic recording equipment
équipement *m* de base *f*	Grundausbau *m*	basic design
		basic capacity
équipement *m* de cassettes *f/pl* vidéo *f*	Videobandanlage *f*	video-tape equipment
équipement *m* de commande *f*	Bedienungseinrichtung *f*	operating control
		operating facilities
équipement *m* de commutation *f*	Vermittlungseinrichtung *f*	Private (Automatic) Branch Exchange (PABX, PBX)
		exchange equipment
		switching equipment
équipement *m* de commutation *f* temporelle	Zeitmultiplexgerät *n*	time-division multiplexing equipment
équipement *m* de conférence *f*	Konferenzeinrichtung *f*	conference equipment
	Mitsprecheinrichtung *f*	call participation device
équipement *m* de connexion *f*	Verbindungssatz *m*	connecting junction
		connecting set
équipement *m* de connexion *f* d'émetteur *m* d'impulsions *f/pl*	Zahlengeberanschaltsatz *m*	keysender connecting set

équipement *m* de connexion *f* de télétext *m*	Teletexanschlußeinheit *f* (TAE)	teletex connecting unit
équipement *m* de luxe *m*	Komfortausstattung *f*	convenience outfitting
		deluxe outfitting
équipement *m* de mesure *f* du trafic *m*	Verkehrsmessgerät *n*	traffic measuring unit
équipement *m* de multiplexage *m*	Multiplexeinrichtungen *f/pl*	multiplexing equipment
équipement *m* de numérotation *f* automatique	Wähleinrichtung *f*, automatische	automatic calling equipment automatic dialing equipment
équipement *m* de protection *f* contre les surtensions *f/pl*	Spannungsschutzeinrichtung *f*	overvoltage protection equipment
		overload protection equipment
équipement *m* de rapport *m* de ronde *f*	Wächterprotokolleinrichtung *f*	watchman feature
équipement *m* de réception *f*	Empfangsanlage *f*	reception facility
		reception equipment
équipement *m* de recherche *f* de voie *f*	Verbindungssuchgerät *n*	path tracing unit
équipement *m* de signal *m* lumineux	Lichtzeicheneinrichtung *f*	light signal unit
		luminous signal unit
équipement *m* de studio *m* et télévision *f*	Fernseh- und Studiotechnik *f*	television and studio equipment
équipement *m* de taxation *f*	Anlage *f* zur Gebührenzählung *f* Gebührenerfassungs- einrichtung *f*	call charge metering system call charge equipment
équipement *m* de terminaison *f* de ligne *f*	Leitungsendgerät *n*	line-terminating equipment (LTE)
équipement *m* de transmission *f*	Übertragungseinrichtung *f*	transmission equipment
équipement *m* du son *m* pour studio *m*	Tonstudio-Einrichtung *f*	sound studio equipment
équipement *m* mains-libres	Freisprecheinrichtung *f*	handsfree unit
équipement *m* mixeur d'image *f*	Bildmischgerät *n*	video mixing equipment
équipement *m* multicanal	Mehrkanalausstattung *f*	multi-channel outfitting
équipement *m* supplémentaire	Ergänzungseinrichtung *f*	supplementary equipment
		supplementary unit
équipement *m* supplémentaire de commutation *f*	Durchschaltezusatz *m*	through-switching supplementary unit
		through-switching supplementary attachment
équipement *m* téléphonique	Fernsprecheinrichtung *f*	telephone equipment
équipement *m* terminal	Endgerät *n*	terminal equipment
	Endgeräte-Einrichtung *f*	peripheral equipment
	Endstelleneinrichtung *f*	station
		terminal
		subscriber apparatus
équipement de multiplexage *m* temporel	Zeitmultiplexübertragungs- einrichtung *f*	time-division multiplex equipment
équipements *m/pl* complémentaires	Ergänzungen *f/pl* Zusatzeinrichtungen *f/pl*	supplementary units optional extras
équipements *m/pl* optionnels	Ergänzungen *f/pl*	supplementary units optional extras
équipment *m* de raccordement *m*	Anschlußorgan *n*	connecting device connecting circuit
équivalent	gleichwertig	equivalent
équivalent *m* de référence *f* à la réception *f*	Empfangsbezugdämpfung *f*	receiving reference loss
erlang *m*	Erlang *n*	erlang
erreur *f*	Fehler *m*	defect
		error

erreur f d'opération f	Bedienungsfehler m	operator's mistake
		operating error
erreur f de code m	Codefehler m	code error
erreur f de l'horloge f	Fehler m Taktsystem n (FTS)	system clock error
système m		
erreur f de manipulation f	Bedienungsfehler m	operator's mistake
		operating error
erreur m d'objectif m	Objektivfehler m	lens aberrations
espace m (clavier m)	Leerzeichen n	space
		blank
essai m de numérotation f	Wählversuch m	dial attempt
établi en service m manuel	handvermittelt	manually switched
		manually put through
établir (une communication f)	aufbauen (Verbindung f,	set up (connection, call)
	Gespräch n)	establish (connection, call)
établir une liaison f	Verbindung f aufbauen	set up a connection
		establish a connection
établissement m d'une	Verbindungsaufbau m mit	call setup with return
communication f avec	Rücksprung m	
retour m		
établissement m d'une	Verbindungsaufbau m	connection set up
communication f	Verbindungsherstellung f	call set up
		call establishment
établissement m du point m de	Koppelpunkteinstellung f	crosspoint setting
connexion f		
étage m	Stufe f	stage
étage m de sélection f	Wahlstufe f	selection stage
étage m de sortie f	Ausgangsstufe f	output stage
étage m du réseau m de	Koppelstufe f	matrix stage
connexion f		switching stage
étainé	verzinnt	tinned
		tin-coated
étamé	verzinnt	tinned
		tin-coated
étanche	wasserdicht	waterproof
état m	Zustand m	status
		state
		condition
état m d'occupation f	Belegtzustand m	busy condition
état m de communication f	Verbindungszustand m	connection status
état m de disponibilité f pour la	Wählbereitschaft f	proceed-to-dial condition
numérotation f		
état m de fonctionnement m	Funktionszustand m	function state
état m de la communication f	Gesprächszustand m	conversation condition
		call condition
état m libre	Freizustand m	idle condition
état m libre/occupé	Frei/Besetzt-Zustand m	free/busy status
		free/busy condition
éteindre	verlöschen	extinguish
		go out
étiquetage m	Beschriftung f	lettering
		marking
		labeling
étiquette f	Etikett n, Schiebebild n	label
étiquette f de repérage m	Bezeichnungsstreifen m	designation strip
être à l'écoute f	mithören	monitor
		listen
Eurosignal m	Eurosignal n	Eurosignal

évaluer	auswerten (Daten)	evaluate
		detect (signal)
		analyze (error listing etc.)
		interpret (statement, signal)
évènement *m*	Anreiz *m*	event
excitation *f*	Anreiz *m*	event
exciter	anregen (Pulsfolge *f*)	stimulate (pulse train)
	ansteuern	drive
		trigger
		activate
exciter (un relais *m*)	erregen (Relais *n*)	energize
		operate
		pick-up (relay)
exclure	ausnehmen	exempt
		except
		exclude
excursion *f* (instrument *m*)	Ausschlag *m* (Anzeige *f*)	deflection (meter)
exécuter	durchführen	carry out
		conduct
		make
		effect
exécuter (signal *m*)	ausführen (Signal *n*)	execute (e.g. signal)
exécution *f*	Ablauf *m*	flow
	Ausführung *f*	run
	Bauweise *f*	version
		execution
		construction
		design
		style
exécution *f* de base *f*	Grundausbau *m*	basic design
		basic capacity
exécution *f* sur rail *m*	Schienenbauweise *f*	bar-mounted execution
		bar-mounted construction
		bar-mounted design
		bar-mounted style
exemple *m* d'étiquetage *m*	Beschriftungsbeispiel *n*	lettering example
exemple *m* de marquage *m*	Beschriftungsbeispiel *n*	lettering example
exemple *m* de repérage *m*	Beschriftungsbeispiel *n*	lettering example
exigences *f/pl*	Anforderungen *f/pl*	requirements
exiger	anfordern	request
existant	vorhanden	existing
		available
expansion *f*	Ausdehnung *f*	extension
		extent
		expansion
exploitation *f*	Funktion *f*	function
		operation
exploitation *f* avec numérotation *f* automatique	Wählbetrieb *m*	automatic operation
exploitation *f* en mode *m* temporel	Zeitmultiplexbetrieb *m*, im ~ arbeiten	operate in the time-division multiplex mode
exploitation *f* en multiplex *m*	Multiplexbetrieb *m*, im Multiplexbetrieb arbeiten	perform a multiplex function multiplexing
exploitation *f* en multiplex *m* spatial	Raummultiplexbetriebsweise *f*	space-division mode
exploitation *f* en parallèle *f*	Parallelbetrieb *m*	parallel operation
		parallel mode
exploitation *f* en réseau *m*	Betrieb *m* eines Netzes *n*	network operation
exposant *m* de transfert *m* sur impédance *f* conjuguée	konjugiert-komplexes Übertragungsmaß *n*	conjugate transfer constant

extension *f*	Ausdehnung *f*	extension
		extent
		expansion
extérieur	außen	outside
		external
externe	außen	outside
		external
extraire	ausspeichern	read out
		roll out
extrait *m*	Auszug *m*	extract
		excerpt
extrémité *f* (boîte *f* d'~)	Abschluß *m* (Endverschluß *m*)	termination (cable end)

F

fabrication *f* assistée par ordinateur *m* (FAO)	computergestützte Herstellung *f*	computer-aided manufacturing (CAM)
face *f* avant	Frontplatte *f*	front plate
	Vorderseite *f*	panel
		front side
		front view
facilité *f*	Leistungsmerkmal *n* (LM)	performance feature
		feature
facilité *f* d'opération *f*	Bedienbarkeit *f*	ease of operation
facteur *m* de qualité *f*	Schalleigenschaft *f*	resonance quality
facteur *m* de réduction *f*	Reduzierungsfaktor *m*	reduction factor
facteur *m* de transmission *f*	Übertragungsfaktor *m*	transfer factor
		steady state gain
facteurs *m/pl* humains en téléphonie *f*	Mensch *m* und Telefon *n*	human factors in telephony
facturation *f*	Berechnung *f*	calculation
		invoicing
facturation *f* abonné	Gebührenrechnung *f* des Teilnehmers	extension rate bill
facturation *f* détaillée	Einzelabrechnung (Gebühr) *f*	detailed bill
		charge per-call basis
		itemized billing
facturation *f* détaillée des communications *f/pl*	Einzelgesprächserfassung *f*	detailed registration of call charges
facturation *f* détaillée par communication *f*	Einzelabrechnung (Gebühr) *f*	detailed bill
		charge per-call basis
		itemized billing
facturation *f* entre administrations f/pl des postes *f/pl*	Abrechnung *f* zwischen Postverwaltungen *f/pl*	accounting between postal administrations
facturation *f* globale	Summenrechnung *f*	bulk billing
facture *f* détaillée	Rechnung *f*, detaillierte	itemized bill
faculté *f*	Dienstmerkmal *n*	facility
		service attribute
faculté *f* "ne pas déranger"	Anrufschutz *m* (Leistungsmerkmal *n*)	do-not-disturb facility
		station guarding
faculté *f* d'appel *m* au décroché *m*	Direktrufeinrichtung *f*	direct-access facility
faculté *f* de commutation *f*	vermittlungstechnische Einrichtung *f*	switching facility
faculté *f* de discrimination *f*	Sperreinrichtung *f*	barring unit
		discriminator
		dial code restriction facility
faculté *f* de numérotation *f* abrégée	Zielwahleinrichtung *f*	automatic full-number dialing unit
faculté *f* de service *m*	Betriebsmerkmal *n*	operating feature
faculté *f* ralenti *m*	Zeitlupenmöglichkeit *f*	slow-motion capability
facultés *f/pl* de chaînage *m*	Kettengesprächseinrichtung *f*	sequential call facility
		sequential call transfer facility
facultés *f/pl* offertes sur la ligne *f*	Leitungseinrichtungen *f/pl*	line facilities
		circuit facilites
fading *m*	Schwund *m* (Radio *n*/Telefon *n*)	fading
faible	leise	low

faire	durchführen	carry out
		conduct
		make
		effect
faire une exception *f*	ausnehmen	exempt
		except
		exclude
faisceau *m* d'usagers *m/pl*	Abnehmerbündel *n*	customer bundle
faisceau *m* de circuits *m/pl*	Leitungsbündel *n*	group of trunks
		line bundle
faisceau *m* de circuits *m/pl* interurbains	Weitverkehrsbündel *n*	long-distance trunk group
faisceau *m* de lignes *f/pl*	Bündel *m*	group
	Leitungsbündel *n*	bundle
		trunk group
		line group
		group of trunks
		line bundle
faisceau *m* de lignes *f/pl* directes	direktes Bündel *n*	direct trunk bundle
faisceau *m* de lignes *f/pl* internationales	Auslandsbündel *n*	international line group
		international line bundle
faisceau *m* de lignes *f/pl* réseau *m*	Amtsbündel *n*	exchange line trunk group
		exchange line bundle
faisceau *m* de premier choix *m*	Direktbündel *n*	primary trunk group
		direct circuit group
faisceau *m* mixte	Bündel *n*, Mischung *f* von ~	mixing of bundles
faisceau *m* occupé	Bündel *n* besetzt	bundle busy
falsification *f*	Verfälschung *f*	falsification
fausse connexion *f*	Falschverbindung *f*	wrong connection
fausse numérotation *f*	Falschwahl *f*	faulty selection
		wrong selection
FC = fréquence *f* de contrôle *m*	Kontrollfrequenz *f*	control frequency
FCT = fonction *f*	Funktion *f*	function
fenêtre *f*	Fenster *n*	window
		frame
fermeture *f* de protection *f* d'une connexion *f*	Verbindungsschutzmuffe *f*	joint protection closure
feu *m* tournant à éclats *m/pl* généraux	Rundumkennleuchte *f*	rotary beacon
feuille *f*	Blatt *n*	sheet
feuille *f* de mise *f* à jour *m*	Ersatzblatt *n*	replacement sheet
fiabilité *f*	Zuverlässigkeit *f*	reliability
fiabilité *f* opérationnelle	Betriebszuverlässigkeit *f*	operational reliability
fibre *f* monomode	Einmodemfaser *f*	single-mode fibers
fibre *f* optique	Lichtleitfaser *f*	optical fiber
	Lichtwellenleiterfaser *f*	glass fiber
fiche *f* cylindrique	Walzenstecker *m*	cylindrical plug
fiche *f* de caractéristiques *f/pl*	Datenblatt *n*	data sheet
fiche *f* de tranfert *m*	Übergabestecker *m*	transfer plug
fiche *f* technique	Datenblatt *n*, technisches~	data sheet
fichier *m* de données *f/pl*	Datei *f* (EDV)	data file (EDP)
fichier *m* réseau *m*	Amtskartei *f*	exchange file
figure *f*	Abbildung *f*	figure
	Bild *n*	picture
	Illustration *f*	illustration
		image
fil *m*	Ader *f* (Draht *m*)	wire
	Draht *m*	
fil *m* A/B de conversation *f*	A/B Sprechader *f*	A/B speaking wire
fil *m* de commande *f*	Leitader *f*	guide wire

319

fil *m* de connexion *f*	Schaltdraht *m*	jumper
		hookup wire
fil *m* de parole *f*	Sprechader *f*	speech wire
fil *m* de pont *m*	Brückenstecker *m*	bridging plug
fil *m* de réception *f*	Empfangsader *f*	receive wire
fil *m* dénudé	Blankdraht *m*	bare wire
		naked wire
file *f* d'attente *f*	Warteschlange *f*	queue
file *f* d'attente *f* de faisceau *m*	Bündelwarteliste *f*	bundle waiting list
file *f* d'attente *f* sur abonné *m* occupé	Zuteilung *f* auf besetzte Nebenstelle *f*	camp-on
file *f* d'attente *f* sur poste *m* opérateur *m* (P.O.)	Anrufordnung *f*	call queuing
film *m*	Film *m*	film
film *m* d'étiquetage *m*	Beschriftungsfilm *n*	lettering film
film *m* de marquage *m*	Beschriftungsfilm *n*	lettering film
film *m* de repérage *m*	Beschriftungsfilm *n*	lettering film
FILTR = filtrage *m*	Filter *n/m*	filter
filtrage *m* d'appel *m*	Gesprächsfilterung *f* (Voranmeldung *f*)	call filtering
filtre *m*	Filter *m*	filter
filtre *m* anti-parasite	Endstörfilter *m*	noise suppression filter
filtre *m* de canal *m*	Kanalfilter *m*	channel filter
filtre *m* de secteur *m*	Netzfilter *n/m*	mains filter
filtre *m* passe-bas	Tiefpassfilter *m*	lowpass filter
fin *f* de numérotation *f*	Wahlende *n*	end of selection
		end of dialing
FITCE = Fédération *f* des Ingénieurs des Télécommunications de la Communauté Européene	Föderation *f* der Ingenieure des Fernmeldewesens der Europäischen Gemeinschaft	Federation of Telecom. Engineers of the European Community
fixation *f*	Halterung *f*	support
		bracket
		base (fuse)
fixer/coller une plaque *f* signalétique	Schild *n* anbringen	attach lable
		attach plate
		glue label
		stick label
flanc *m* d'impulsion *f*	Pulsflanke *f*	pulse edge
fluctuation *f*	Schwankung *f*	fluctuation
fluctuation *f* en fréquence *f*	Frequenzabweichung *f*	frequency deviation
fluctuations *f/pl*	Netzfrequenzschwankungen *f/pl*	fluctuations of the mains frequency
flux *m* de données *f/pl*	Datenrate *f*	data rate
flux *m* numérique efficace	Nutzbitrate *f*	effective bit rate
flux *m* numérique nominal	Nennbitrate *f*	nominal bit rate
FNU = filtrage *m* numérique	digitaler Filter *m*	digital filter
foncionnement sur alimentation *f* secourue	Notstrombetrieb *m*	emergency operation
fonction *f*	Funktion *f*	function
	Leistungsmerkmal *n* (LM)	operation
		performance feature
		feature
fonction *f* "ne pas déranger"	Anrufschutz *m* (Leistungsmerkmal *n*)	do-not-disturb facility
		station guarding
fonction *f* d'alarme *f*	Funktionsalarm *m*	function alarm
fonction *f* d'intercommunication *f*	Teamfunktion *f*	custom intercom
		team function
fonction *f* du temps *m*	zeitabhängig	time-dependent
fonction *f* patron *m*/secretaire *f*	Chef-/Sekretär-Funktion *f*	executive/secretary function

fonctionnement *m* en batterie *f* locale	OB-Betrieb *m*	local battery operation
fonctionnement *m* en duplex *m*	Duplexbetrieb *m*	duplex operation
fonctionnement *m* en full-duplex *m*	Gegenschreiben *n*	full-duplex traffic operation
fonctionnement *m* en mi-duplex *m*	Halbduplexbetrieb *m*	half-duplex operation
fonctionnement *m* en simplex *m*	Simplexbetrieb *m*	one-way operation
		simplex operation
fonctionnement *m* multi-point à commande *f* centrale	Mehrpunktbetrieb *m*, zentralgesteuerter ~	centrallized multipoint facility
fonctionnement *m* secouru	Notbetrieb *m*	emergency operation
fonctions *f/pl* des couches *f/pl* supérieures	Funktionen *f/pl* höherer Schichten *f/pl*	higher layer functions
fond *m* de cage *f*	Verdrahtungsrahmen *m* (VR)	wiring frame
force *f* électromotrice (fem)	Kraft *f*, elektromotorische ~ (EMK, Widerstand)	electromotive force (EMF, resistance)
format *m* de carte *f*	Plattengröße *f* (LP-)	size of PCB
forme *f* de câbles *m/pl*	Kabelbaum *m*	cable form
		wiring harness (Am)
forme *f* de l'impulsion *f*	Pulsform *f*	pulse shape
fournisseur *m*	Auftragnehmer *m*	supplier
		contractor
frais *m/pl* de ligne *f*	Leitungskosten *f/pl*	line expenses
fréquence *f* assignée	Nennfrequenz *f*	rated frequency
		nominal frequency
fréquence *f* d'impulsion *f*	Pulsfrequenz *f*	pulse frequency
		repetition rate
fréquence *f* de balayage *m*	Abtastfrequenz *f*	scanning frequency
		sampling frequency
fréquence *f* de modulation *f*	Modulationsfrequenz *f*	modulation frequency
fréquence *f* de réception *f*	Empfangsfrequenz *f*	receiving frequency
fréquence *f* de référence *f*	Vergleichsfrequenz *f*	reference frequency
fréquence *f* des impulsions *f/pl* d'horloge *f*	Taktfolge *f*	clock pulse rate
	Taktfrequenz *f*	timing pulse rate
		clock pulse frequency
fréquence *f* des micro-ondes *f/pl*	Richtfunkfrequenz *f*	microwave frequency
fréquence *f* limite	Grenzfrequenz *f*	threshold frequency
	Eckfrequenz *f*	limiting frequency
		limit frequency
		cut-off frequency
fréquence *f* nominale	Nennfrequenz *f*	rated frequency
		nominal frequency
fréquencemètre *m*	Frequenzmeßgerät *n*	frequency meter
friture *f*	Knackgeräusche *n/pl*	clicks
		clicking noise
front *m*	Vorderseite *f*	front side
		front view
front *m* du signal *m* d'appel *m*	Anrufflanke *f*	call signal edge
FSC = faisceau *m*	Bündel *n*	bundle/group
FT = France Telecom	französische Telecom-(Behörde *f*)	French telecoms authority
fuite *f*	Streuverlust *m*	scatter loss
fusible *m*	Sicherung *f*	fuse
fusible *m* secteur *m*	Netzsicherung *f*	mains fuse
fusion *f* rapide	flink (bei Sicherungen *f/pl*)	quick acting (fuse)
FV = fréquence *f* vocale	Tonfrequenz *f*/Sprachfrequenz *f*	audio/voice frequency

G

gain *m* asymétrique	Unsymmetriegrad *m*	imbalance degree
gain *m* composite	Betriebsverstärkung *f*	overall amplification
gain *m* d'insertion *f*	Einfügungsgewinn *m*	insertion gain
gain *m* de boucle *f*	Schleifenverstärkung *f*	loop gain
gain *m* transductique	Wirkverstärkung *f*	effective amplification
galet *m* tendeur *m*	Spannrolle *f*	drag roller
gamme *f*	Bereich *m*	area
		range
		field
		sector
généralités *f/pl*	Allgemeines *n*	general
générateur *m*	Sender *m*	transmitter
générateur *m* d'horloge *f*	Synchronisiereinrichtung *f* (SYE)	timing generator
		synchronizing device
	Zeittaktgeber *m*	time pulse generator
		time pulse clock
générateur *m* d'horloge *f* synchrone	Synchrontakterzeugung *f* (STE)	sync clock generation
générateur *m* d'impulsions *f/pl*	Impulsgeber *m*	digit emitter
	Impulszahlgeber *m*	electronic pulse generator
	Takterzeugung *f*	pulsing keysender
		pulse generation
générateur *m* d'impulsions *f/pl* d'horloge *f*	Taktgeber *m*	clock generator
générateur *m* d'impulsions *f/pl* par zones *f/pl*	Zoner *m*	zoner
générateur *m* d'information *f*	Informationsgeber *m*	information generator
générateur *m* de numérotation *f*	Wahlgeber *m*	dial transmitter
générateur *m* de signalisation *f*	Signalgenerator *m*	signal generator
générateur *m* de sonnerie *f*	Rufgenerator *m*	ringing generator
générateur *m* de tonalité *f* et de sonnerie *f*	Ruf- und Signalgeber *m*	ringing and tone generator
générateur *m* de tonalités *f/pl*	Hörtongenerator *m* (HTG)	audible tone generator
géométrie *f* d'image *f*	Bildgeometrie *f*	image geometry
géré par ordinateur *m*	computergesteuert	computer controlled
gestion *f*	Steuerung *f* (ST)	control
gestion *f* de couplage *m*	Koppelkontrolle *f*	coupling control
gestion *f* de groupement *m*	Gruppensteuerung *f*	group control
gestion *f* de l'horloge *f* système *m*	Aufbereitung *f* Systemtakt *m*	system clock processing
gestion *f* de la supervision *f*	Zentralüberwachungs- steuerung *f*	central monitoring control
gestion *f* de matrice *f*	Matrixsteuerung *f*	matrix control
gestion *f* de prise *f*	Belegungssteuerung *f*	seizure control
gestion *f* de programme *m*	Programmsteuerung *f*	program control
gestion *f* de registre *m*	Registersteuerung *f*	register control
gestion *f* de réponse *f/pl*	Abfragesteuerung *f*	answering control
gestion *f* de sélection *f* de route *f*	Wegeauswahlsteuerung *f*	route selection control
		path selection control
gestion *f* des joncteurs *m/pl* réseau *m*	Amtsverbindungs- satzsteuerung *f*	exchange line junction control
gestion *f* du réseau *m*	Netzführung *f*	network management
gestion *f* du réseau *m* de connexion *f*	Koppelfeldsteuerung *f* (KST)	switching matrix control

gestion *f* dupliquée par ordinateur *m*	duplizierte Rechnersteuerung *f*	duplicated computer control
graduation *f*	Maßstab *m*	scale
		graduation
grand affichage *m*	Großanzeige *f*	large-scale display
gratuit	gebührenfrei	non-chargeable
		free
grille *f*	Gatter *n*	gate
	Raster *n*	grid
		screen
grille *f* de fréquences *f/pl*	Frequenzraster *m*	frequency pattern
gris	grau	grey
groupe *m* d'abonnés *m/pl*	Teilnehmergruppe *f*	extension group
groupe *m* de connexion *f*	Koppelgruppe *f*	matrix group
groupe *m* de connexions *f/pl* de direction *f*	Richtungskoppelgruppe *f*	directional coupling group
groupe *m* de connexions *f/pl* de registre *m*	Registerkoppelgruppe *f*	register coupling group
groupe *m* de couplage *m* d'abonnés *m/pl*	Teilnehmerkoppelgruppe *f*	extension switching group
groupe *m* de joncteur *m*	Verbindungssatzgruppe *f*	junction group
groupe *m* de positions *f/pl* multiples	Mehrfach-Platzgruppe *f*	multiple position group
groupe *m* fermé d'usagers *m/pl*	geschlossene Teilnehmergruppe *f*	closed extension group closed user group
groupe *m* fonctionnel	Funktionsgruppe *f*	functional group functional grouping
groupement *m* à un étage *m*	Gruppierung *f*, einstufig	single-stage grouping
groupement *m* de multiples des routes *f/pl*	Gruppierung *f* des Wegevielfachs	trunk scheme grouping path-multiple grouping
groupement *m* de postes *m/pl*	Sammelanschluß *m* geschlossene Teilnehmergruppe *f*	group hunting extension hunting station hunting closed extension group closed user group
groupement *m* fonctionnel	Funktionsgruppe *f*	functional group functional grouping
guide *m* d'ondes *f/pl* optique	Lichtwellenleiter *m*	beam waveguide

H

haut *m*	Oberteil *n*	upper part
haute intégration *f* (circuits *m/pl* intégrés)	hochintegriert (Schaltungen *f/pl*)	large-scale integration (LSI circuits)
haute résolution *f*	hochauflösend	high-resolution
haute-fréquence *f* (HF)	Hochfrequenz *f* (HF)	high frequency
hauteur *f*	Aufstellungshöhe *f*	installation height
	Höhe *f*	height
hauteur *f* d'installation *f*	Aufstellungshöhe *f*	installation height
hauteur *f* de passage *m*	Raumhöhe *f*	headroom
		clear height
		stud (Am)
haut-parleur *m*	Lautsprecher *m*	loudspeaker
haut-parleur *m* à pavillon *m*	Trichterlautsprecher *m*	horn loudspeaker
heure *f* chargée	Hauptverkehrsstunde *f*	main traffic
		busy hour
		peak hour
heure *f* de pointe *f*	Hauptverkehrsstunde *f*	main traffic
		busy hour
		peak hour
heure *f* locale	Ortszeit *f*	local time
HF = haute-fréquence *f*	Hochfrequenz *f*	high frequency
homogénéisation *f* du réseau *m* abonneés *m/pl*	Homogenisierung *f* des Anschlußnetzes *n*	homogenization of the subscriber network
horloge *f*	Uhr *f*	clock
	Uhrzeitgeber *m*	time transmitter
horloge *f* d'heure *f* locale	Ortszeituhr *f*	local time clock
horloge *f* de référence *f*	Grundtakt *m*	basic clock signal
		basic timing signal
horloge *f* de supervision *f*	Zentralüberwachungstakte *m/pl*	central monitoring clocks
horloge *f* interne au réseau *m*	netzinterner Takt *m*	internal network timing
		internal network clock
horloge *f* maître *f*	zentraler Taktgeber *m*	central clock
horloge *f* secondaire	Nebenuhr *f*	slave clock
horloge *f* système *m*	Systemtakt *m* (ST)	system clock
housse *f*	Staubschutzhülle *f*	dust cover
humidité *f* relative	relative Luftfeuchte *f*	relative humidity
hybride *m* couche *f* épaisse	Dickschichthybrid *n*	thick-film hybrid

I

identificateur *m*	Erkenner *m*	identifier
		recognition circuit
		recognizer
identificateur *m* d'abonné *m*	Teilnehmererkenner *m*	extension recognizing unit
		extension recognizing identifier
identificateur *m* d'appels *m/pl*	Anruferkenner *m*	call identifier
identificateur *m* de connexion *f*	Verbindungserkennung *f*	connection identifier
identificateur *m* de faisceau *m*	Bündelerkennung *f*	bundle identification
identificateur *m* de groupes *m/pl*	Gruppenerkenner *m*	group identifier
identificateur *m* de ligne *f*	Leitungskennung *f*	circuit identification
identificateur *m* particulier	Sonderkennzeichen *n*	special identifier (code, mark)
identification *f*	Identifizierung *f*	identification
	Kennung *f*	code
identification *f* (de l'appelant *m*)	Identifizierung *f* des Anrufers *m*	call identification
identification *f* automatique du demandeur *m*	Identifizierung *f* des Rufes, automatische	automacic caller's identification
identification *f* d'abonnés *m/pl*	Teilnehmererkennung *f*	subscriber identification
	Teilnehmeridentifizierung *f*	extension identification
identification *f* d'appel *m*	Ruferkennung *f*	call identification
identification *f* d'émission *f*	Senderidentifizierung *f*	transmitting identification
identification *f* de commande *f*	Steuerkennung *f*	control identification
identification *f* du bouton *m* de terre *f*	Erdtastenerkennung *f*	earth button identification
		ground button identification (Am)
identification *f* du poste *m* principal	Hauptanschluß-Kennzeichen *n* (HKZ)	loop-disconnect signaling
identifier	identifizieren	identify
IEEE	Verein *m* der Elektro- und Elektronik-Ingenieure	The Institute of Electrical and Electronics Engineers
illustration *f*	Abbildung *f*	figure
	Bild *n*	picture
		illustration
		image
image *f* de film *m*	Filmbild *n*	frame
image *f* mobile	Bewegtbild *n*	moving image
		full-motion image
image *f* primaire	Hauptbild *n*	primary image
image *f* sonore	Klangbild *n*	sound pattern
imitation *f* de signal *m*	Zeichenimitation *f*	signal imitation
impédance *f*	Impedanz *f*	impedance
impédance *f* charactéristique	Wellenwiderstand *m*	characteristic wave impedance
impédance *f* conjugée	konjugiert-komplexer Widerstand *m*	conjugate impedance
impédance *f* cractéristique	Kennwiderstand *m*	characteristic impedance
		image impedance
impédance *f* d'entrée *f*	Eingangsscheinwiderstand *m*	input impedance
		sending end impedance
impédance *f* image *f*	Kennwiderstand *m*	characteristic impedance
		image impedance
impédance *f* itérative	Kettenwiderstand *m*	iterative impedance

implantation *f*	Bestückung *f*	arrangement
		equipment
		outfitting
		configuration
impression *f*	Ausdruck *m*	print-out
impression *f* thermique	Thermoaufzeichnung *f*	thermal printout
imprimante *f*	Drucker *m*	printer
	Protokolldrucker *m*	
imprimante *f* à matrice *f*	Matrix-Drucker *m*	dot-matrix printer
imprimeur *m*	Schreibwerk *n*	typing mechanism
impulsion *f*	Impuls *m*	pulse
impulsion *f*	Abtastimpuls *m*	sample pulse
d'échantillonnage *m*		
impulsion *f*	Einzelabtastimpuls *m*	discrete sampling pulse
d'échantillonnage *m* unique		
impulsion *f* d'horloge *f*	Taktsignal *n*	signal pulse
	Zeittakt *m*	clock pulse
impulsion *f* de caractère *m*	Zeichentakt *m*	character pulse
impulsion *f* de comptage *m*	Zählimpuls *m*	metering pulse
	Zähltakt *m*	counting pulse
		counter pulse
impulsion *f* de libération *f*	Auslöseimpuls *m*	release pulse
		clearing pulse
impulsion *f* de numérotation *f*	Wahlimpuls *m*	dial pulse
impulsion *f* de réception *f*	Empfangstakt *m*	received clock pulse
impulsion *f* de référence *f*	Vergleichsimpuls *m*	comparison pulse
impulsion *f* de sonnerie *f*	Rufimpuls *m*	ringing pulse
impulsion *f* de taxe *f*	Gebührenimpuls *m*	meter pulse
impulsion *f* de trame *f*	Rahmentakt *m*	frame clock-timing
impulsion *f* en tension *f*	Spannungsimpuls *m*	voltage pulse
impulsion *f* optique	Lichtblitz *m*	light impulse
impulsions *f/pl* d'horloge *f*	Einzeltakt *m*	single clock
	Takt *m*, Takte *m/pl*	single clock
		single timing pulse
		timing pulse
		clock
impulsions *f/pl* de taxation *f*	Gebührentaktserie *f*	metering pulse train
impulsions *f/pl* multiples de	Taktvielfach *n*	timing pulse bus clock
l'horloge *f*		timing pulse bus multiple
imputation *f* des unités *f/pl* de	Gebührenzuschreibung *f*	notification of chargeable time
taxation *f*		
inacceptable	unzulässig	inadmissible
		inacceptable
inadmissible	unzulässig	inadmissible
		inacceptable
incorporé	eingebaut	built-in
		integrated
index *m*	Kennzeichen *n*	index
	Register *n*	mark
		register
index *m* d'implantation *f*	Belegungsverzeichnis *n*	layout index
indicateur *m* d'appel *m*	Rufanzeiger *m*	call indicator
indicateur *m* d'évènement *m*	Anreizindikator *m*	event indicator
indicateur *m* d'occupation *f*	Besetztanzeiger *m*	busy indicator
indicatif *m*	Kennzahl *f*	code
indicatif *m* interurbain	Fernverkehrskennziffer *f*	long-distance code
	Ortsnetzkennzahl *f*	area code
indicatif *m* national	Landeskennzahl *f*	destination country code
		destination code
indication *f* d'appels *m/pl* en	Anrufanzeige *f*	call waiting indication
attente *f*		

indication *f* d'état *m* pour la ligne *f* réseau *m*	Amtsleitungs-Zustandsanzeige *f*	display of line status
indication *f* de clé *f*	Schlüsselzeichen *n*	key signal
indication *f* de défaut *m*	Störungsmeldung *f*	fault report
		failure indication
indication *f* de poste *m* occupé	Nebenstellen-Besetztanzeige *f*	extension busy indication
indication *f* de puissance *f* par rapport *m* à	Wattangaben *f/pl* bezogen auf	wattage referred to
indication *f* digitale lumineuse	Leuchtziffernanzeige *f*	luminous display
		illuminated display
indiquer	markieren	mark
individuel	einzeln	single
induction *f* effective	Kabelinduktivität *f*	mutual inductance
inefficient	unwirksam	ineffective
information *f* d'abonné *m*	Teilnehmermeldung *f*	call connected signal
		extension answering
information *f* de numérotation *f*	Wahlinformation *f*	dialing information
information *f* sur le trafic *m*	Verkehrsinformation *f*	traffic information
information *f* téléphonique	Fernsprechauskunft *f*	directory inquiries (service)
infrastructurel	infrastrukturgebunden	infrastructural
ingénieur *m* d'image *f*	Bildingenieur *m*	picture engineer
	Videoingenieur *m*	video engineer
ingénieur *m* du son *m*	Toningenieur *m*	audio engineer
initialisation *f*	Initialisierung *f* (Gerät *n*)	initialization
		setup (device)
initialiser	initialisieren (Digitalschaltung *f*)	initialize (digital circuit)
inséré	Einbau ...	built-in ...
	eingebaut	built-in
		integrated
insérer	einlegen	insert
insérer dans la boucle *f*	einschleifen	loop in
insertion *f*	Einsatz *m*	insertion
		use
		application
inspection *f* visuelle	Sichtprüfung *f*	visual inspection
installation *f*	Montage *f*	installation
		mounting
installation *f* d'intercommunication *f*	Wechselsprechanlage *f*	press-to-talk system
		intercom system
		two-way telephone system
installation *f* de liaison *f* radio	Richtfunkanlage *f*	radio-link installation
installation *f* de traitement *m* de données *f/pl*	Datenverarbeitungsanlage *f*	data-processing system
installation *f* fixe de radiotéléphonie *f*	ortsfeste Sprechfunkanlage *f*	base-station transceiver
installation *f* radio-téléphonique	Sprechfunkanlage *f*	radiotelephone system
installation *f* sur crépi *m*	Aufputzmontage *f*	surface wiring
installation *f* téléphonique	Fernsprech-Nebenstellenanlage *f*	PABX
	Fernsprechanlage *f*	telephone exchange (Brit)
	Nebenstellenanlage *f*	CO (Central Office) (Am)
	Telefonanlage *f*	telephone system
installation *f* téléphonique *m* privée	Privatfernsprechanlage *f*	private exchange (PX)
installation *f* téléphonique d'abonnés *m/pl*	Nebenstellenanlage *f*, automatische (W)	Private Telecommunication Network (PTN)
installation *f* téléphonique de bureau *m*	Bürotelefonanlage *f*	office telephone system

Institut *m* Européen des Normes *f/pl* de Télécommunications *f/pl*	ETSI Europäisches Institut *n* für Telekommunikations- standards *m/pl*	European Telecomms Standards Institute (ETSI)
instruction *f*	Anweisung *f* Befehl *m*	instruction command
instruction *f* de connexion *f*	Koppelbefehl *m*	through-switching instruction
instruction *f* de montage *m*	Montageanweisung *f*	mounting instructions
instruction *f* de réglage *m*	Einstellvorschrift *f*	adjustment instructions
instructions *f/pl* de montage *m*	Aufbauanleitung *f*	installation instructions
intégré	eingebaut	built-in integrated
intelligibilité *f*	Verständlichkeit *f*	intelligibility
intélligibilité *f* de la parole	Sprachverständlichkeit *f*	speech intelligibility
intensité *f* du son *m*	Lautstärke *f*	volume
intercepter	abfangen	intercept
interception *f* d'appel *m*	Anrufübernahme *f* Heranholen *n* von Anrufen	call pick up
intercom *m*	Sprechsystem *n*	intercom system
interconnecter	zusammenschalten	interconnect
interconnexion *f* de réseaux *m/pl*	Verflechtung *f* von Netzen *n/pl*	interlacing of networks
interconnexion *f* des systèmes *m/pl* ouverts	Kommunikation *f* offener Systeme *n/pl*	open systems interconnection
interconnexion *f* des systèmes *m/pl* ouverts	offene Kommunikationssysteme *f/pl*	open systems interconnection
interdiction *f*	Sperrung *f*	barring blocking
interdiction *f* de déranger	Ruhe *f* vor dem Telefon *n*	do-not-disturb service do-not-disturb facility
interdire	sperren	bar inhibit disable
interface *f*	Schnittstelle *f* (Interface *n*)	interface
interface *f* barrres *f/pl* omnibus *m* - groupes /pl	Interface *n* Sammelschiene *f* Gruppen /pl (ISSG)	group busbars interface
interface *f* bus *m* système *m* pour la gestion *f* des matrices *f/pl* de connexion *f*	Interface *n* Systembus *m* für Koppelfeldsteuerung *f*	system bus interface for switching matrix control
interface *f* d'alimentation *f*	Versorgungsschnittstelle *f*	power supply interface
interface *f* d'unité *f*	Geräteinterface *n* (GI)	device interface
interface *f* de communication *f*	Kommunikationsschnittstelle *f*	communication interface
interface *f* de couche *f*	Schichtschnittstelle *f*	layer interface
interface *f* de courant *m*	Stromschnittstelle *f*	current loop
interface *f* de données *f/pl*	Datenschnittstelle *f*	data interface
interface *f* de ligne *f*	Leitungsschnittstelle *f*	line interface
interface *f* entrée *f* sortie *f*	Ein/Ausgabeschnittstelle *f*	I/O interface
interface *f* physique	physikalische Schnittstelle *f*	physical interface
interface *f* usager *m*	Benutzerschnittstelle *f*	user interface user surface
interface *f* usager-réseau *m*	Teilnehmer-Amtsschnittstelle *f*	user-network interface
interférence *f*	Störbeeinflussung *f* Störung *f*	interference malfunction fault failure
interférence *f* mutuelle	gegenseitige Beeinflussung *f* (Signalkanal *m*)	mutual interference (signaling channel)
intérieur	innen	inside internal
interligne *m*	Zeilenvorschub *m*	line feed
interne	innen	inside internal

interpréter	auswerten (Daten)	evaluate
		detect (signal)
		analyze (error listing etc.)
		interpret (statement, signal)
interpréteur *m*	Auswerte-Einrichtung *f*	evaluation unit
interroger	abfragen	accept a call
	abrufen	answer
		enquire (Brit)
		inquire (Am)
		request
interrompre	unterbrechen (Programm *n*)	abort (program)
		interrupt
interrupteur *m* à bascule *f*	Kippschalter *m*	toggle switch
interrupteur *m* à contact *m* au repos	Ruhekontakt *m*	break contact
		normally closed (nc) contact
interrupteur *m* d'interface *f*	Schnittstellenschalter *m*	interface switch
interrupteur *m* de codage *m*	Kodierschalter *m*	coding switch
interruption *f*	Unterbrechung *f*	interruption
interruption *f* de programme *m*	Programmabbruch *m*	program abortion
intervalle *m* d'impulsions *f/pl*	Puls/Pausenverhältnis *n*	mark-to-space ratio
intervalle *m* de temps *m*	Zeitlage *f* (ZL)	time slot
intervalle *m* de temps *m* entre appels *m/pl*	Einfallabstand *m* -RUF-	interval time of calls
intervalle *m* temporel	Zeitschlitz *m*	time slot
intervention *f* en ligne *f*	Aufschalten *n*	cut-in, break-in
	eintreten	busy override
		intrusion
		call offering
		assist
		intrude
intrusion *f*	Aufschalten *n*	cut-in, break-in
	aufschalten	busy override
	eintreten	intrusion
		call offering
		assist
		intrude
INUM = indicateur *m* numérotation *f*	Wahlanzeige *f*	dialing indication
inversion *f* de polarité *f*	Verpolung *f*	reversed polarity
invitation *f* à numéroter	Wählaufforderung *f*	proceed-to-dial
IP = installation *f* privée	private Einrichtung *f*/ Nebenstellenanlage *f*	private system
isolateur *m*	Isolator *m*	insulator
isolation *f*	Isolierung *f*	insulation (electrical)
		isolation (separation)
IT = intervalle *m* temporel	Zeitlage *f*	time slot
ITA = installation *f* terminale d'abonné *m*	Teilnehmerendeinrichtung *f*	subscriber terminal equipment
itinéraire *m* dans le réseau *m* de connexion *f*	Koppelfeldweg *m*	matrix path
ITON = indicateur *m* de tonalité *f*	Wähltonanzeige *f*	dialing tone indication

J

JAB = joncteur *m* abonné *m*	Teilnehmerschaltung *f*	subscriber/extension circuit
jack *m* à ressorts *m/pl*	Federleiste *f*	spring connector strip
		socket connector
		female multipoint connector
jack *m* encastré	Einbaubuchse *f*	panel jack
jaillir	überspringen	skip
JAN = joncteur *m* abonné *m* numérique	digitale Teilnehmerschaltung *f*	digital subscriber circuit
JAR = joncteur *m* réseau *m*	Amtsübertrager *m*	exchange line circuit
jarretière *f* de connexion *f*	Rangierdraht *m*	jumpering wire
jaune	gelb	yellow
JCT = joncteur *m*	Übertrager *m*	transformer/interface/circuit
jeu *m* de montage *m*	Bausatz *m*	assembly set
		kit
jeu *m* de relais *m/pl*	Relaissatz *m*	relay set
joncteur *m*	Gruppenverbindungssatz *m*	group junction equipment
	Verbinder *m*	connector
	Verbindungssatz *m*	connecting junction
		connecting set
joncteur *m* de commutation *f*	Durchschalteverbindungssatz *m*	through-switching junction
joncteur *m* de messages *m/pl* généraux	Rundspruchverbindungssatz *m*	broadcasting junction
joncteur *m* intermédiaire	Zwischenverbindungssatz *m*	intermediate junction
joncteur *m* pour liaison *f* interautomatique	Querverbindungssatz *m*	tie line
joncteur *m* pour numérotation *f* à 3 chiffres *m/pl*	Verbinder *m* für dreistellige Wahl *f*	connector for 3-digit selection
joncteur *m* réseau *m*	Amtsverbindungssatz *m*	exchange line junction
joncteur *m* spécial	Sonderverbindungssatz *m*	special junction
jour *m*	Tag *m*	day

K

kit *m* (bâti *m*)　　　　Einbausatz *m* (Gestell-~)　　　kit (rack)

L

lame *f*	Zunge *f*	lug tongue
lame *f* fusible	Schmelzeinsatz *m*	fuse cartridge
lampe *f* à résistance *f*	Ballastlampe *f*	ballast lamp
lampe *f* ballast *m*	Ballastlampe *f*	ballast lamp
lampe *f* pilote *m*	Kontrollampe *f*	pilot lamp
langue *f*	Sprache *f*	speech voice
large bande *f* RNIS	Breitband *n* ISDN	broadband ISDN
largeur *f*	Breite *f*	width
largeur *f* de *f* bande *f* de transmission *f*	Übertragungsbandbreite *f*	transmission bandwidth
laser *m* à semiconducteurs *m/pl*	Halbleiterlaser *m*	semiconductor laser
LBR = libre	frei/unbelegt	free/unused
LD = ligne *f* directe	Direktverbindung *f*/ Fernvermittlungsleitung *f*	direct connection/trunk junction circuit (Brit)/toll switching trunk (Am)
lecteur *m* de bande *f* magnétique	Magnetbandleser *m*	tape reader
lecteur *m* de carte *f* d'identité *f*	Ausweisleser *m*	identity card (ID) reader badge reader
lecteur *m* de cartes *f/pl* perforées	Lochkartenleser *m*	punched card reader
lecteur *m* de code *m* barre *f*	Lesestift *m* Strichcode-Lesestift *m*	decoder light pen bar-code scanner
lecteur *m* de données *f/pl*	Datenleser *m*	data reader
lecteur *m* de rubans *m/pl* perforés	Lochstreifenleser *m*	punched tape reader
LIA = ligne *f* inter-automatique	Querverbindung *f*	tie-line
liaison *f*	Verbindungsleitung *f*	link
liaison *f* commutée	Wählverbindung *f*	dial connection automatic connection switched connection
liaison *f* de données *f/pl* protégée	geschützte Datenverbindung *f*	protected data connection
liaison *f* de parole *f*	Sprechverbindung *f*	speech connection
liaison *f* de télécommunications *f/pl*	Nachrichten-Verbindung *f*	telecommunications link
liaison *f* de transmission *f*	Übertragungsabschnitt *m* Übertragungsstrecke *f*	transmission link
liaison *f* de transmission *f* numérique	digitaler Übertragungsabschnitt *m*	digital link digital transmission link
liaison *f* ET	und-Verknüpfung *f*	AND-operation
liaison *f* fixe	Standverbindung *f* festgeschaltete Leitung *f*	dedicated line hot line service leased line permanently connected line
liaison *f* internationale	Auslandsverbindung *f*	international call international connection
liaison *f* locale	Ortsverbindung *f*	local call
liaison *f* numérique	digitaler Übertragungsabschnitt *m*	digital link digital transmission link
liaison *f* par intercom *m*	Wechselsprechverbindung *f*	two-way communication
liaison *f* par ondes *f/pl* courtes (o.c.)	Kurzwellenverbindung *f*	short-wave link

liaison f point m à point m	Punktverbindung f	point connection
liaison f radio f	Funkverbindung f	radio link
liaison f radio f par ondes f/pl courtes	Mikrowellen-Funkstrecke f	microwave radio link
liaison f série	Serienverbindung f	polling call
liaison f sortante	abgehende Verbindung f	outgoing connection
LIB = libération f	Abwurf m/Auslösung f	release
libération f	Abwurf m	return
		release
libération f (bouton m de ~)	Ende n (-Taste f)	clearing button
		end button
libération f au raccrochage m du demandeur m	Rückwärtsauslösung f	backward release
		called-subscriber release
libération f de la ligne f par l'abonné m demandé	Auslösen n durch den gerufenen Teilnehmer m	called-party release
libération f de la ligne f par l'abonné m demandeur	Auslösen n durch den rufenden Teilnehmer m	calling-party release
libération f de la ligne f par raccrochage m du dernier abonné m	Auslösen n durch den zuletzt auflegenden Teilnehmer m	last-party release
libération f forcée	Zwangsauslösung f	forced release
libération f inverse	Rückauslösung f	back release
libération f par raccrochage m du premier abonné m	Auslösen n durch den zuerst auflegenden Teilnehmer m	first-party release
libération f prématurée	vorzeitige Verbindungsauflösung f	premature disconnection
		cleardown release
		clearing release
libéré	befreit	disengaged
libérer	befreien	disengage
	freischalten	release
		clear
libérer (une communication f)	auslösen (Verbindung f)	clear down (connection)
		release (connection)
		disconnect (connection)
libre	frei	idle
	unbelegt	free
		disengaged
ligne f	Anschluß m	connection
	Leitung f (Ltg)	port
	Zeile f	line
		terminal
		row
ligne f à deux fils m/pl	Zweidrahtleitung f (Teilnehmer m)	two-wire line (subscriber)
ligne f à fréquence f porteuse	TF-Leitung f (Trägerfrequenz-)	carrier frequency (CF) line
ligne f aérienne	Freileitung f	overhead line
		open-air line
ligne f analogique	Analoganschluß m	analog line
ligne f auxiliaire	Versorgungsleitung f	supply line
	Zwischenleitung f	link line
		auxiliary line
ligne f bidirectionnelle	Leitung f, doppeltgerichtete	bothway line
	Leitung f, ungerichtet betriebene	two-way line
		bothway trunk
ligne f commune	Zweieranschluß m	two-party line
ligne f d'abonné m	Anschlußleitung f	subscriber line
	Teilnehmeranschluß m	user access
	Teilnehmeranschlußleitung f	
ligne f d'attente f	Ersatzleitung f	standby path
ligne f d'étalonnage m	Eichleitung f	standard transmission line
		reference circuit

ligne f d'informations f/pl	Hinweisleitung f	intercept line
		information line
ligne f d'usager m	Teilnehmeranschlußleitung f	subscriber line
ligne f de branchement m	Abzweigleitung f	branch line
ligne f de communication f impérméable au CC (courant m continu)	abgeriegelte Fernmeldeleitung f	DC-isolated communication line
ligne f de dérivation f	Abzweigleitung f	branch line
ligne f de données f/pl	Datenleitung f	data line
ligne f de poste m secondaire	Nebenanschlußleitung f (NAL)	extension line
		sub-exchange line
ligne f de prolongement m	Verlängerungsleitung f	artificial line
		pad
		extension cable
ligne f de réception f	Empfangsleitung f	receive path
ligne f de service m	Hausanschluß m	internal connection
		house connection
ligne f de supervision f	Zentralüberwachungs- leitungsteil m	central monitoring line section
ligne f de transmission f d'informations f/pl	Hilfsleitung f	information line
ligne f de transmission f de données f/pl	Datenleitung f	data line
ligne f de transmission f numérique	digitale Übertragerverbindung f (DUEV)	digital transmission link
ligne f départ m	abgehende Leitung f	outgoing line
ligne f directe	Direktrufdienst m	hot-line service
ligne f du faisceau m	Bündelleitung f	bundle line
ligne f fantôme	Viererleitung f	phantom circuit
ligne f individuelle	Einzelanschluß m	single line
ligne f individuelle d'abonné m	Einzelanschlußleitung f	single-line circuit
		single-line subscriber
ligne f interautomatique	Querverbindungsleitung f	tie line
ligne f interautomatique en fonctionnement m tandem m	Querverbindung f/ Verbundleitung f	tie-line connection
		tandem tie trunk switching (Am)
ligne f interautomatique signalisation f RON-TRON	Querverbindung f E + M- Kennzeichen n (QUM)	tie line E and M signaling
ligne f interautomatique signalisation f en c.a.	Querverbindung f Wechselstrom-Kennzeichen n	tie line a.c. signaling
ligne f intermédiaire	Zwischenleitung f	link line
		auxiliary line
ligne f internationale	Auslandsleitung f	international circuit
	internationale Leitung f	international line
ligne f libre	freie Leitung f	free-line condition
		free line
ligne f locale	Ortskreisleitung f	local line
	Ortsverbindungsleitung f	interoffice trunk junction line
		interoffice local junction line
ligne f louée	festgeschaltete Leitung f	leased line
		permanently connected line
		hot line service
		dedicated line
ligne f multibrin m	Gruppenvielfachleitung f	group multiwire line
ligne f multiplex m	Multiplexleitung f	multiplex line
ligne f numérique	Digitalanschluß m	digital line
ligne f partagée	Zweieranschluß m	two-party line
ligne f pilote	Hilfsleitung f	information line
ligne f principale	Amtsleitung f	exchange line

ligne *f* réseau *m*	Amtsleitung *f*	exchange line
ligne *f* réseau *m* arrivée (SPB)	kommende Fernleitung *f*	incoming trunk line
ligne *f* réseau *m* interurbain	Fernleitung *f*	long-distance line
		long-trunk line
ligne *f* réseau *m* sortante	gehende Fernleitung *f*	outgoing trunk line
ligne *f* spécialisée	Sonderteilnehmer *m*	special line circuit
	Standleitung *f*	special line extension
	festgeschaltete Leitung *f*	dedicated (leased or private) line
		permanently connected line
		hot line service
ligne *f* téléphonique	Fernsprechleitung *f*	telephone circuit
ligne *f* unidirectionnelle	Leitung *f*, gerichtet betriebene	one-way trunk
lignes *f/pl* collectives	Gemeinschaftsanschluß *m*	shared line
lignes *f/pl* groupées	Sammelanschluß *m*	group hunting
		extension hunting
		station hunting
limitation *f*	Einschränkung *f*	limitation
		restriction
limitation *f* des appels *m/pl* en arrivée *f*	Anrufschutz *m* (Leistungsmerkmal *n*)	do-not-disturb facility
		station guarding
limitation *f* du courant *m*	Strombegrenzung *f*	current control
		current limiting
limitation *f* du trafic *m* interne	Einschränken *n* des Internverkehrs *m*	limitation of internal traffic
limite *f* du flux *m* numérique	Oberbitrate *f*	upper bit rate
limiter	begrenzen	limit
limiteur *m*	Begrenzer *m*	delimiter
		limiter
limiteur *m* de chocks *m/pl* acoustiques	Knackschutz *m*	click suppression
		acoustic shock absorber
limiteur *m* de tension *f* de choc *m*	Stoßspannungsbegrenzer *m*	surge voltage limiter
lire la mémoire *f*	ausspeichern	read out
		roll out
LIS = liaison *f* inter-standards *m/pl*	Verbindung *f* zwischen Vermittlungsplätzen m/pl	connection between operator positions
liste *f* de connexion *f* des lignes *f/pl*	Beschaltungsliste *f*	assignment list
		allocation list
liste *f* de faisceau *m*	Bündelliste *f*	bundle list
liste *f* de logatome	Logatomliste *f*	logatom list
liste *f* de pièces *f/pl* détachées	Ersatzteilliste *f*	spare parts list
	Stückliste *f*	parts list
		itemized list
liste *f* de programme *m*	Programmliste *f* (PL)	program list
liste *m*	Listing *n*	listing
LLP = liaison *f* logique permanente	Logikdauerverbindung *f*	permanent logic connection
localisation *f* de défauts *m/pl*	Fehlerortung *f*	fault location
localité *f*	Standort *m*	location
location *f* de ligne *f*	Leitungsmiete *f*	lease of circuits
logiciel *m*	Software *f*	software
logiciel *m* d'exploitation *f*	Betriebssoftware *f*	system software
logique *f* de basculement *m*	Umschaltelogik *f* (UMML)	switchover logic
longévité *f*	Nutzungsdauer *f*	service life
		useful time
lot *m* de composants *m/pl*	Teilesatz *m*	components set
lot *m* de montage *m*	Einbausatz *m*	build-in set
		assembly set
LR = ligne *f* réseau *m*	Amtsleitung *f*	exchange line

LS = ligne *f* spécialisée	Sonderteilnehmer *m*/ festgeschaltete Leitung *f*	special subscriber/permanently-connected line
LSD = liaison *f* sémaphore de données *f/pl*	Datenverbindung *f*	data connection
lu et approuvé	gesehen	approved
lumière *f* clignotante	Blinklicht *n*	flashing light
lumière *f* modulée	moduliertes Licht *n*	modulated light

M

machine *f* d'appels *m/pl* et de signaux *m/pl*	Ruf- und Signalmaschine *f*	ringing and signaling machine
magnétophone *m*	Tonbandmaschine *f*	tape recorder
maintenance *f*	Wartung *f*	maintenance
maintenance *f* corrective	Unterhaltung *f*, instandsetzende	corrective maintenance
maintenance *f* du réseau *m*	Unterhaltung *f* eines Netzes	network maintenance
maintenance *f* préventive	Unterhaltung *f*, vorbeugende	preventive maintenance
maître *m* de conférence *f* (poste *m* chef *m*)	Einberufer *m* - Chefapparat *m* DRE	convener (executive set DKC) originator (executive set DKC)
marche *f* de détection *f* des émetteurs *m/pl*	Sendersuchlauf *m*	music scan
marquage *m*	Beschriftung *f*	lettering marking labeling
marque *f*	Marke *f*	mark
marquer	markieren	mark
marqueur *m*	Markierer *m*	marker
marqueur *m* d'abonné *m*	Teilnehmermarkierer *m*	extension marker
marqueur *m* de direction *f*	Richtungsmarkierer *m*	directional marker
marqueur *m* de joncteurs *m/pl*	Verbindungssatzmarkierer *m*	junction marker
marqueur *m* de lignes *f/pl* groupées	Sammelanschlußmarkierer *m*	hunt group marker
marqueur *m* de lignes *f/pl* intermédiaires	Zwischenleitungsmarkierer *m*	link marker
marqueur *m* de réception *f* de numérotation *f*	Wahlempfängermarkierer *m*	dial receiver marker
marqueur *m* de registre *m*	Register-Markierer *m*	register marker
marqueur *m* de répartition *f*	Zuteilmarkierer *m*	assignment marker
marqueur *m* de transmission *f* de la numérotation *f*	Wahlsendermarkierer *m*	dial sender marker
marqueur *m* final	Endmarkierer *m*	end marker final marker
masse *f*	Masse *f*	earth ground (Am)
matériel *m*	Hardware *f*	hardware
matrice *f* d'abonnés *m/pl*	Teilnehmer-Koppelfeld *n*	extension matrix
matrice *f* de commutation *f*	Koppelmatrix *f*	switching matrix
matrice *f* de connexion *f*	Sprechwegenetz *n*	connecting matrix speech path network
matrice *f* de connexion *f* de multiplex *m* spatial	Raummultiplexkoppelfeld *n*	space-division matrix field space-division coupling field
matrice *f* de couplage *m* de dispositifs *m/pl* de test *m*	Prüfgeräte-Koppelvielfach *n*	test set coupling matrix
matrice *f* de DEL	Leuchtdiodenmatrix *f*	LED matrix
matrice *f* de réception *f* de numérotation *f*	Wahlempfängerkoppelfeld *n*	dial receiver switching matrix (network)
matrice *f* de routage *m*	Richtungskoppelfeld *n*	directional matrix field directional coupling field
matrice *f* de transmission *f* de la numérotation *f*	Wahlsenderkoppelfeld *n*	signal sender switching matrix (network)
MCX = mode *m* de connexion *f*	Anschlußart *f*	type of connection/connecting mode
mécanisme *m* enregistreur *m*	Schreibwerk *n*	typing mechanism
mélangeur *m*	Mischer *m* (MIS)	mixer

mémoire *f*	Speicher *m*	memory
		store
mémoire *f* à ferrite *m*	Kernspeicher *m*	core memory
mémoire *f* à noyau *m*	Kernspeicher *m*	core memory
mémoire *f* à relais *m*	Relaisspeicher *m*	relay store
mémoire *f* d'écriture/lecture *f*	Schreiblesespeicher *m*	read-write memory
mémoire *f* d'enregistrement *m*	Registrierspeicher *m*	recording store
mémoire *f* de la station *f*	Stationsspeicher *m*	station store
mémoire *f* de masse *f*	Hintergrundspeicher *m* (HGS)	background memory
	Massenspeicher *m*	mass storage
mémoire *f* de numéros *m/pl*	Rufnummernspeicher *m*	call number memory
mémoire *f* de parole *f*	Sprachspeicher *m*	voice mail
mémoire *f* de registre *m*	Registerspeicher *m*	register store
mémoire *f* de sélection *f*	Auswahlspeicher *m*	selection memory
mémoire *f* de sélection *f* de route *f*	Wegeauswahlspeicher *m*	route selection store
		path selection store
mémoire *f* de taxation *f*	Gebührenspeicher *m*	call charge memory
mémoire *f* de transmission *f* de la numérotation *f*	Wahlsenderspeicher *m*	dial sender memory
mémoire *f* intermédiaire	Zwischenspeicher *m*	intermediate electronic memory
		intermediate electronic buffer
		buffer memory
mémoire *f* morte (ROM)	Festspeicher *m*	read-only memory (ROM)
	Festwertspeicher *m*	
mémoire *f* principale	Arbeitsspeicher *m*	main memory
mémoire *f* tampon *m*	Pufferspeicher *m*	buffer memory
	Zwischenspeicher *m*	intermediate electronic memory
		intermediate electronic buffer
mémoire *f* vive dynamique	dynamischer Speicher *m* (DSP)	dynamic memory
mémoriser	abspeichern (EDV)	store (EDP)
	einspeichern	buffer
	speichern	
	zwischenspeichern	
message *m* bref	Kurzansage *f*	short announcement
message *m* court	Kurzansage *f*	short announcement
message *m* d'erreur *f*	Fehlermeldung *f*	error message
		fault report
message *m* d'état *m*	Zustandsmeldung *f*	status report
message *m* de perturbation *f*	Störungsmeldung *f*	fault report
		failure indication
message *m* de taxation *f*	Gebührenmeldung *f*	customer billing information
messagerie *f* électronique	elektronische Nachrichten *f*	electronic mail
mesure *f*	Maßnahme *f*	step
		measure
mesure *f* de modification *f*	Änderungsmaßnahme *f*	modification measure
		modification step
mesure *f* de protection *f*	Schutzmaßnahme *f*	safety precaution
mesure *f* de transmission *f* du quadripôle *m*	Vierpolübertragungsmaß *n*	image-transfer coefficient
		image-transfer constant (Am)
mesure *f* du trafic *m*	Verkehrsmessung *f*	traffic measurement
mesure *f* sur demi-canal *m*	Halbkanalmessung *f*	half channel measurement
méthode *f* de conception *f*	Entwurfsverfahren *n*	design method
méthode *f* de facturation *f*	Abrechnungsverfahren *n*	accounting method
	Gebührenabrechnungs-verfahren *n*	billing method
méthode *f* de reconnaissance *f*	Erkennungsmethode *f*	recognition system
méthode *f* de signalisation *f* centrale	zentrales Signalisierungsverfahren *n*	common-channel signaling system

méthode *f* de taxation *f*	Abrechnungsverfahren *n*	accounting method
	Gebührenabrechnungs-verfahren *n*	billing method
méthode *f* Line-Plex	Line-Plex Verfahren *n*	Lineplex process
mettre en marche *f*	anlassen	start
mettre en mémoire *f*	abspeichern (EDV)	store (EDP)
mettre en service *m*	setzen	set
mettre sous tension *f*	zuschalten	switch on
meuler	einschleifen	loop in
MF = récepteur *m* MF (Q 23) de signalisation *f* multifréquence	MFV-Empfänger *m*	DTMF receiver
MIA = modulation *f* d'impulsions *f/pl* en amplitude *f*	Pulsamplituden- Modulation *f* (PAM)	Pulse-Amplitude Modulation (PAM)
MIC (modulation *f* par impulsions *f/pl* et codage *m*)	PCM (Pulscode-Modulation *f*)	Pulse Code Modulation (PCM)
MIC2G = MIC de deuxiéme génération *f*	Pulscode-Modulation *f* (PCM) der zweiten Generation *f*	pulse code modulation of the second generation
microélectronique *f*	Mikroelektronik *f*	microelectronics
microphone *m* à grenaille *f* de carbone *m*	Kohlemikrofon *n*	carbon microphone
microphone *m* à transistors *m/pl*	Transistormikrofon *n*	transistorized microphone
microphone *m* au carbone *m*	Kohlemikrofon *n*	carbon microphone
microphone *m* sur flexible	Schwanenhalsmikrofon *n*	gooseneck microphone
minuterie *f*	Taktgeber *m*	clock generator
mise *f* à disposition *f*	Bereitstellung *f*	provision
		load (DP)
mise *f* à jour *m*	Aktualität *f*	up-grading
mise *f* à jour *m* schéma *m*	Schaltungsnachtrag *m*	circuit addendum
mise *f* à l'heure *f*	Uhr *f* stellen	set the clock
mise *f* à la terre *f*	Erdung *f*	grounding system
		earthing (Brit)
mise *f* en attente *f*	Wartestellung *f* für Nebenstellen *f/pl*	station camp-on camp-on status
	Wartestellung *f*	camp-on position
mise *f* en garde *f*	halten	hold
mise *f* en place *f*	Bereitstellung *f*	provision
		load (DP)
mise *f* en place *f* d'un test *m*	Versuchsanordnung *f*	experimental arrangement
		test setup
mise *f* en réseau *m*	Vernetzung *f*	networking
mise *f* en service *m*	Inbetriebnahme *f*	commissioning
	anlassen	start
mise *f* sous tension *f*	Einschaltung *f*	cut-over
		starting
		switching on
MISE EN GARDE *f*	Warnung *f* (auf Geräten *n/pl*)	CAUTION (damage to equipment)
		WARNING (danger to life)
mixage *m* de faisceaux *m/pl*	Bündel *n*, Mischung *f* von ~	mixing of bundles
mixeur *m* son *m* et image *f*	Ton- und Bildmischer *m*	sound and video mixer
mode *m* auto	Schlußtastennachbildung *f*	auto mode
		manual mode
mode *m* d'emploi *m*	Bedienungsanleitung *f*	operating instructions
mode *m* de fonctionnement *m* du faisceau *m*	Bündelbetriebsart *f*	bundle operating mode
mode *m* de multiplexage *m* par répartition *f* dans le temps *m*	Zeitmultiplexbetriebsweise *f*	time-division multiplex mode
mode *m* manu	Schlußtastennachbildung *f*	auto mode
		manual mode

mode *m* multiplex *m*	Multiplexbetrieb *m*	multiplex operation
		mulitplex mode
mode *m* opératoire	Betriebsart *f*	operating mode
mode *m* opératoire de base *f*	Arbeitsweise *f*, grundsätzliche ~	mode of operation
		basic principles of operation
mode *m* temporel	Zeitmultiplexbetriebsweise *f*	time-division multiplex mode
modèle *m*	Bildvorlage *f*	picture original
modèle *m* de référence *f* de protocoles *m/pl*	Protokoll-Referenzmodell *n*	protocol reference model
modèle *m* fonctionnel d'architecture *f* de réseau *m*	funktionelles Modell *n* der Netzwerkarchitektur *f*	network architecture functional model
modem *m*	Modem *n*	modem
modification *f*	Änderung *f*	modification
		change
modification *f* de la classe *f* de service *m*	Berechtigungsumschaltung *f*	modification of COS
		COS changeover
modification *f* optionnelle de circuit *m*	Bedarfsänderungsschaltung *f*	required circuit modification
modulateur *m*	Modulationsgerät *n*	modulator
modulateur *m* en anneau *m*	Ringmodulator *m*	ring modulator
modulateur *m* toroïdal	Ringmodulator *m*	ring modulator
modulation *f* en fréquence *f*	Frequenzmodulation *f*	frequency modulation
modulation *f* par amplitude *f* d'impulsion *f*	Pulsamplitudenmodulation *f* (PAM)	pulse-amplitude modulation (PAM)
modulation *f* par fréquence *f* d'impulsion *f*	Pulsfrequenzmodulation *f* (PFM)	pulse-frequency modulation (PFM)
modulation *f* par impulsion *f* codée (MIC)	Pulscode-Modulation *f* (PCM)	pulse-code modulation (PCM)
module *m*	Baugruppe *f*	module
	Baustein *m*	component
	Leiterplatte *f* (LP)	unit
		PC board (PCB)
module *m* à microcassettes *f/pl*	Mikrokassettenmodul *n*	microcassette module
module *m* amplificateur *m*	Verstärkermodul *m*	amplifier module
module *m* d'émission *f*	Sendermodul *n*	transmitting module
module *m* d'extension *f*	Erweiterungsbaugruppe *f*	expansion module
module *m* de base *f*	Grundbaustein *m*	basic unit
module *m* de gestion *f* du réseau *m* de connexion *f*	Koppelfeldsteuerungs- baugruppe *f* (KS)	switching matrix control module
module *m* de groupement *m*	Gruppierungsbaustein *m*	trunking unit
module *m* de réponse *f*	Abfragebaustein *m*	answering module
module *m* enfichable	Steckbaugruppe *f*	plug-in module
	aufsetzbarer Bausatz *m*	plug-in unit
	steckbare Baugruppe *f*	detachable kit
module *m* enfichable du tableau *m* de signalisation *f*	Signalfeldeinschub *m*	slide-in panel
		signaling panel
module *m* mémoire *f*	Speichereinheit *f*	memory unit
module *m* plat	Flachbaugruppe *f*	flat module
module *m* récepteur	Empfangsmodul *n*	receiving module
module *m* système *m*	Systembaustein *m*	system unit
moniteur *m* d'émission *f*	Sendemonitor *m*	transmission monitor
moniteur *m* de caméra *f*	Kameramonitor *m*	camera monitor
moniteur *m* de contrôle *m* de qualité *f* de couleur *f*	Farbbild-Qualitäts-Kontroll- Empfänger *m*	color-quality control monitor
moniteur *m* de réception *f*	Empfangsmonitor *m*	reception monitor
moniteur *m* vidéo en couleur *f*	Farbfernsehmonitor *m*	color video monitor
monitoring *m*	Betriebsüberwachung *f*	monitoring
		operating observation
montage *m*	Montage *f*	installation
		mounting

montage *m* de Hartley	Dreipunktschaltung *f*	three-point connection (circuit)
		Hartley circuit (oscillator)
montage *m* en série	Hintereinanderschalten *n*	connection in series
montage *m* flottant	erdfrei	ungrounded
		earth free
montée *f* (signal *m*)	Anstieg *m* (Signal *n*)	rise (signal)
motif *m* de modification *f*	Änderungsgrund *m*	reason for modification
mouvement *m* récepteur *m*	Nebenuhrwerk *n*	slave clock movement
moyen *m* de chargement *m* de données *f/pl*	Datenladegerät (LG) *n*	data loader
moyen *m* de mémorisation *f*	Speichermedium *n*	storage medium
moyens *m/pl* de communication *f*	Kommunikationsmittel *n*	means of communication
multible *m* libre-occupé	Frei/Besetzt-Vielfach *n*	free/busy multiple
multicouche	Mehrlagen *f/pl* (ML)	multilayer
multimètre *m*	Universal-Vielfachmeßgerät *n*	multimeter
multiple *m*	Vielfach *n*	multiple
		bus
multiplex *m*	Signalvielfach *n*	signal multiple
multiplex *m* de données *f/pl*	Datenvielfach *n*	data multiple
multiplex *m* spatial	Raummultiplex *n*	space-division multiplex (SDM)
multiplex *m* temporel	Zeitmultiplex *m*	Time-Division Multiplex (TDM)
multiplexage *m* fréquentiel	Frequenzmultiplex *n*	frequency-division multiplex (FDM)
multiplexage *m* temporel	Zeitlagenvielfach *n*	time-slot interchange element
	Zeitmultiplexbetriebsweise *f*	time-division multiplex mode
multiplexeur *m* de fréquence *f*	Frequenzmultiplexer *m*	frequency-division multiplexer
multiplexeur *m* fréquentiel	Frequenzmultiplexer *m*	frequency-division multiplexer
multiplicateur *m*	Vervielfacher *m*	multiplier
multipolaire	mehrpolig	multipole
murmure *m* confus	Babbeln *n*	babble
musique *f* d'ambiance *f*	Musik *f* in Wartestellung *f*	music on hold
musique *f* de fond *m*	Hintergrundmusik *f*	background music
mutilé	verstümmelt	mutilated pulse
		garbled message
MUX = multiplexeur *m*	Multiplexer *m*	multiplexer

N

NA = numéro *m* d'annuaire *m*	Rufnummer *f*	call number/subscriber number/telephone number
nœud *m*	Knoten *m*	node
nœud *m* d'alarme *f*	Meldeknoten *m*	alarm node
nœud *m* de commutation *f*	Durchschalteknoten *m* Vermittlungsknoten *n*	switching node
nœud *m* de commutation *f* numérique	digitaler Durchschalteknoten *m* digitaler Vermittlungsknoten *m*	digital switching node
NCS = numéro *m* de circuit *m* de suivi *m*	Kennziffer *f* für Follow-me *n*	follow-me code
ND = numéro *m* de désignation *f*	Zielnummer *f*	destination number
NE = numéro *m* d'équipement *m*	Positionsnummernvielfach *n*	equipment number program/equipment program
ne pas déranger	Ruhe *f* vor dem Telefon *n*	do-not-disturb service do-not-disturb facility
NEF = normes *f/pl* d'exploitation *f* françaises	französische Betriebsnormen *f/pl*	French operating standards
NET = Norme Européenne de Télécommunications	Europ. Norm für Telekommunikation	European Telecommunications Standard
netteté *f* de la parole	Satzverständlichkeit *f*	phrase intelligibility
netteté *f* pour les logatomes *m/pl*	Silbenverständlichkeit *f*	syllable intelligibility syllable articulation
netteté *f* pour les phrases *f/pl*	Satzverständlichkeit *f*	phrase intelligibility
neutre *m*	Nulleiter *m* (N)	neutral conductor
niveau *m*	Pegel *m* Stufe *f*	level stage
niveau *m* absolu	absoluter Pegel *m*	absolute level
niveau *m* attendu	Meßpegel *m*	test level through level expected level (Am)
niveau *m* clavier *m*	Tastenebene *f* (Telefon *n*)	keyboard level
niveau *m* d'émission *f*	Sendepegel *m*	transmission level
niveau *m* de bruit *m*	Störpegel *m*	noise level
niveau *m* de couplage *m* du groupe *m*	Gruppenkoppelstufe *f*	group coupling stage
niveau *m* de mesure *f*	Meßpegel *m*	test level through level expected level (Am)
niveau *m* de modulation *f*	Sprachpegel *m*	speech level audio level
niveau *m* de parasites *m/pl*	Funkstörgrad *m*	degree of RFI
niveau *m* de référence *f*	Bezugspegel *m*	reference level
niveau *m* de réseau *m*	Netzebene *f*	network level
niveau *m* de taxes *f/pl*	Tarifstufe *f*	tariff stage
niveau *m* moyen de la mer *f*	NN (Normalnull *n*)	mean sea level (MSL)
niveau *m* relatif	relativer Pegel *m*	relative level
niveau *m* sonore	Lautstärke *f*	volume
niveau *m* utile	Nutzpegel *m*	usable level
NNU = numéro *m* non utilisé	nichtbeschaltete Nummer *f*	unused number
noir	schwarz	black
nombre *m*	Anzahl *f*	quantity number
nomenclature *f*	Benennung *f*	designation
non chargé	unbespult	non-loaded

non connecté	nicht beschaltet	vacant
		not wired
		not connected
non discriminé	vollamtsberechtigt	nonrestricted
non disponible pour la	nicht empfangsbereit	receive not ready (RNR)
réception *f*		
non employé	unbelegt	free
non régularisé	ungeregelt	uncontrolled
non relié à la terre *f*	erdfrei	ungrounded
		earth free
non soumis à la taxation *f*	gebührenfrei	non-chargeable
		free
non utilisé	unbenutzt	unassigned
		unused
non valable	ungültig	void
		null
		invalid
		illegal
non-taxé	gebührenfrei	non-chargeable
		free
NOSFER = Nouveau système	NOSFER-Verfahren *n*	New Master System for the
Fondamental pour la		Determination of Reference
Détermination des		Equivalents
Équivalents de Référence		
note *f*	Anmerkung *f*	note
	Fußnote *f*	
notice *f* de montage *m*	Montageanleitung *f*	assembly instructions
nul	ungültig	void
		null
		invalid
		illegal
nul *m*	Null *f*	zero
numérique	digital	digital
NUMERIS	diensteintegrierendes digitales	integrated services digital
	Fernmeldenetz *n*	network (ISDN)
numérisation *f*	Digitalisierung *f*	digitalization
numéro *m* abrégé	Kurzrufnummer *f*	abbreviated number
		repertory code
numéro *m* complet	Langrufnummer *f*	non-abbreviated call number
numéro *m* complet obtenu par	Rufnummer *f*, Prinzip *n* der	deducible directory number
construction *f*	konstruierbaren ~	
numéro *m* côté *m*	Bauteilseiten-Nummer *f*	components side No.
composants *m/pl*		
numéro *m* côté *m* soudure *f*	Ls Nr. *f*	solder side No.
numéro *m* court	Kurzwahl *f*	abbreviated code dialing
		short code dialing
		speed dialing
numéro *m* d'abonné *m*	Rufnummer *f* (RN)	call number
		subscriber's number
numéro *m* d'appel *m*	Rufnummer *f* (RN)	call number
		subscriber's number
numéro *m* d'appel *m* collectif	Sammelrufnummer *f*	collective number
numéro *m* d'appel *m*	Teilnehmerrufnummer *f*	subscriber number
d'abonné *m*		
numéro *m* d'appel *m* de nuit *f*	Nachtrufnummer *f*	night service number
numéro *m* d'appel *m* réseau *m*	Amtsrufnummer *f*	exchange call number
numéro *m* d'emplacement *m*	Positionsnummer *f*	position number
		item No.
numéro *m* d'équipement *m*	Positionsnummernvielfach *n*	equipment number program
		equipment program
numéro *m* d'information *f*	Mitteilungsnummer *f*	note No.

numéro *m* d'ordre *m*	laufende Nummer *f* (Lfd. Nr.)	consecutive No.
numéro *m* de code *m* du réseau *m*	Netzkennzahl *f*	network code number
numéro *m* de fabrication *f*	Fertigungsnummer *f*	serial number
		manufacturing number
numéro *m* de facturation *f*	Verrechnungsnummer *f*	account No.
numéro *m* de faisceau *m*	Bündelposition *f*	bundle number
numéro *m* de message *m*	Mitteilungsnummer *f*	note No.
numéro *m* de poste *m*	Teilnehmernummer *f*	extension number
		subscriber number
numéro *m* de série *f*	Fertigungsnummer *f*	serial number
		manufacturing number
numéro *m* du groupement *m*	Gruppennummer *f*	group number
numéro de référence *f*	Sachnummer *f*	reference number (Ref. No.)
numérotage *m*	Numerierung *f*	numbering
	Wahl *f*	dialing
numérotation *f*	Numerierung *f*	numbering
	Wahl *f*	dialing
numérotation *f* abrégée	Codewahl *f*	code dialing
	Kurzwahl *f*	abbreviated dialing
	Zielwahl *f*	abbreviated code dialing
		short code dialing
		speed dialing
		destination speed dialing
		automatic full-number dialing
		automatic speed dialing
numérotation *f* abrégée du groupement *m*	Gruppenkurzwahl *f*	group abbreviated dialing
numérotation *f* automatique	automatische Wahl *f*	automatic dialing
		automatic selection
numérotation *f* automatique complète	Zielwahl *f*	destination speed dialing
		automatic full-number dialing
		automatic speed dialing
numérotation *f* clavier *m*	Tastaturwahl *f*	keyboard dialing
	Tastenwahl *f*	pushbutton dialing
	Tastwahl *f*	pushbutton selection
numérotation *f* clavier *m* à fréquences *f/pl* vocales	tonfrequente Tastwahl *f*	VF/AF pushbutton selection
		touch-tone dialing
numérotation *f* clavier *m* fictive	Tastwahl *f*, unechte	quasi pushbutton dialing
numérotation *f* d'abonné *m* sur réseau *m* interurbain	Teilnehmerfernwahl *f*	subscriber trunk dialing
numérotation *f* d'accès *m* à l'opératrice *f*	Hausgespräch *n*	internal call
numérotation *f* décimale	Impulswahl *f*	pulse dialing
	Schleifenwahl *f*	loop dialing
numérotation *f* du destinataire *m*	Zielwahl *f*	destination speed dialing
		automatic full-number dialing
		automatic speed dialing
numérotation *f* erronée	falsch wählen	faulty dialing
		wrong dialing
		incorrect dial
numérotation *f* fermée	Numerierung *f*, verdeckte	closed numbering
numérotation *f* incomplète	unvollständige Wahl *f*	incomplete dialing
numérotation *f* internationale	Auslandswahl *f*	international dialing
numérotation *f* interurbaine	Fernwahl *f*	long-distance dialing
	Landesfernwahl *f*	trunk dialing
		nationwide trunk dialing
numérotation *f* ouverte	Numerierung *f*, offene	open numbering
numérotation *f* prématurée	Frühwahl *f*	premature dialing

numérotation *f* sans décrocher	Wahl *f* bei aufgelegtem Handapparat *m*	on-hook dialing
numérotation *f* sans discrimination *f*	fernwahlberechtigt	nonrestricted trunk dialing
numérotation *f* simultanée	Simultanwahl *f*	simplex dialing
numérotation *f* transmise	abgesetzte Wahl *f*	transmitted dialing
numérotation multifréquence *f*	Mehrfrequenzverfahren *n* (MFV)	dual-tone multifrequency dialing (DTMF)
numéroter	anwählen wählen	dial a number dial
numéroteur *m* automatique	Rufnummerngeber *m*	call number transmitter automatic dialer

O

o.c. = liaison *f* par ondes *f/pl* courtes	Kurzwellenverbindung *f*	short-wave link
OBS = observation *f*	Überwachung *f*	supervision/monitoring
observation *f*	Überwachung *f* (UEB)	supervision
	Bemerkung *f*	monitoring
		note
observer	beachten	observe
	mithören	mind
		take into account
		follow
		monitor
		listen
obtenir	erreichen	access
		reach
occupation *f*	Belegung *f*	seizure
		allocation
		occupancy
occupation *f* de file *f* d'attente *f*	Wartefeldbelegung *f*	queue seizure
occupation *f* fictive	Blindbelegung *f*	dummy connection
occupé	besetzt	busy
		engaged
occuper (un circuit *m*)	belegen (Leitung *f*)	seize (line)
		engage
OCR = occupation *f* circuit *m*	Leitungsbelegung *f*	line seizure/line occupancy
octet *m*	Byte *n*	byte
		octet
offre *f* en tiers *m*	Anklopfen *n*	call waiting
		knocking
offrir	zuteilen	assign
		allot
onduleur *m*	Wechselrichter *m*	inverter
		dc/ac converter
opérateur *m*	Bedienungsperson *f*	operator
	Vermittlung *f* (Person *f*)	attendant
opérateur *m* (PABX)	Bedienungsperson *f* (Nebenstellenanlage *f*)	attendant operator (PABX)
opératrice *f*	Bedienungsperson *f* (Nebenstellenanlage *f*)	attendant operator (PABX)
		operator
optionnel	nur bei Bedarf *m*	only if required
		optional
options *f/pl*	Zusatzeinrichtungen *f/pl*	optional extras
optoélectronique *f*	Optoelektronik *f*	optoelectronics
ordinateur *m* central	Großrechner *m*	host computer
		mainframe
ordinateur *m* principal	übergeordneter Rechner *m*	host computer
	Großrechner *m*	main frame
ordinateurs *m/pl* en réseau *m*	Rechner-Verbundnetz *n*	computer network
oreille *f* artificielle	künstliches Ohr *n*	artificial ear
OREM = appareil *m* de mesure *f* objective d'affaiblissement *m* équivalent	objektiver Bezugsdämpfungsmeßplatz *m*	objecitve reference system test station
organe *m*	Organ *n*	device
		circuit
		element
		unit
organe *m* circuit *m* réseau *m*	Amtsorgan *n*	exchange circuit

organes *m/pl* de connexion *f* pour des lignes *f/pl* et du poste *m* opérateur *m*	Leitungs- und Platzanschaltungsorgane *n/pl*	line and position connecting units
Organisation *f* Internationale de Normalisation *f*	ISO *f* (Intern. Normungsorganisation)	International Standards Organisation
orifice *m*	Loch *n*	hole
oscillateur *m* à quartz *m*	Schwingquarz *m*	quartz oscillator
oscillation *f*	Schwankung *f*	fluctuation
oscillation *f* sinusoïdale	Sinusschwingung *f*	sine wave
outil *m* de sertissage *m*	Crimpwerkzeug *n*	crimping tool
	Wrapwerkzeug *n*	wire-wrapping tool wrapping tool
ouverture *f* de boucle *f*	Schleifenunterbrechung *f*	loop interruption
ouvrir	öffnen	open
oxyder électrolytiquement	eloxieren	anodize

P

p.e(x). = par exemple	z.B.	e.g. = exempli gratia
P.O. = poste *m* d'opérateur *m*	Abfrageapparat *m*	operator set
P.S. = poste *m* supplémentaire	Nebenanschluß *m*	extension line
PABX *m*	Vermittlungseinrichtung *f*	Private (Automatic) Branch
	zentrale Einrichtung *f*	Exchange (PABX, PBX)
		exchange equipment
		switching equipment
		exchange
page *f*	Seite *f*	page
page *f* de garde *f*	Deckblatt *n*	cover sheet
paire *f* (ligne *f*)	Leitungspaar *n*	wire pair
palpeur *m* de température *f*	Temperaturfühler *m*	temperature sensor
		temperature feeler
panne *f*	Ausfall *m*	failure
	Fehler *m*, Störung *f*	breakdown
	Fehlerstörung *f*	outage
		fault
		trouble
		malfunction
		interference
panne *f* de secteur *m*	Netzausfall *m*	mains failure
		power outage (Am)
panne *f* de signalisation *f*	Signalstörung *f*	signal breakdown
panne *f* générale	Gesamtausfall *m*	blackout
panne *f* subite	Sprungausfall *m* (Bauteil *n*)	sudden failure
panneau *m* de porte *f*	Türtableau *n*	do-not-enter sign
panneau *m* de service *f*	Bedienfeld *n*	control panel
paquet *m* de données *f/pl*	Datenblock *m*	data block
par l'intermédiaire de	über	via
		through
		by means of
par sections *f/pl*	abschnittweise	in sections
		section by section
par touches *f/pl*	tastend	keying
par tranches *f/pl*	abschnittweise	in sections
		section by section
par types *m/pl* equivalents	durch gleichwertige Typen *f/pl*	with equivalent types
paradiaphonie *f*	Nahnebensprechen *n*	near-end crosstalk
parafoudre *m*	Blitzschutz *m*	lightning protection
		surge arrester
paramètre *m* de référence *f*	Sollwert *m*	reference value
		set value
		control value
paramètre *m* de tube *m*	Röhrenparameter *m*	tube parameter
parcage *m*	Wartekreis *m*	call parking
partage *m* de charge *f*	Lastteilung *f*	load sharing
partage *m* de fonction *f*	Funktionsteilung *f*	function sharing
partie *f* centrale	Mittelteil *m*	middle part
	Zentralteil *n*	central section
partie *f* pivotante	Schwenkteil *n*	hinged part
partie *f* supérieure	Oberteil *n*	upper part
partiellemennt discriminé **pour la prise** *f* réseau *m* interurbain	teilfernwahlberechtigt	semirestricted trunk dialing
partiellement discriminé pour la prise *f* réseau *m*	teilamtsberechtigt	semirestricted exchange dialing

parvenir à	erreichen	access
		reach
passer une communication *f*	handvermittelt	manually switched
en manuel		manually put through
patin *m* en caoutchouc *m*	Gummifuß *m*	rubber foot
pause *f* inter-digit *m*	Zwischenwahlzeit *f*	interdigital interval
	Wählpause *f*	interdigital pause
		interdialing time
		interdialing pause
pavé *m* de touches *f/pl*	Tastenblock *m*	keyboard block
		pushbutton block
PBX *m* multiple	Mehrfachnebenstellenanlage *f*	multi-PBX
PCS = point *m* de contrôle *m*	Prüfanschluß *m*/Testpunkt *m*	testing point
de service *m*		
PCV = conversation *f* payable	R-Gespräch *n*	reversed charge call (Brit),
à l'arrivée *f*	Gebührenübernahme *f*	collect call (Am)
		reverse charging
peigne *m* de câbles *m/pl*	Kabelbaum *m*	cable form
		wiring harness (Am)
perçage *m*	Bohrung *f*	drilling
		bore hole
		boring
percer	bohren	drill
perforation *f*	Loch *n*	hole
période *f* creuse de trafic *m*	verkehrsschwache Zeit *f*	low traffic period
période *f* de disponibilité *f*	Verfügbarkeitszeitraum *m*	uptime
		available time
périphérie *f*	Peripherie *f*	periphery
		peripherals
périphérique *m* de supervision *f*	Zentralüberwachungs-	central monitoring periphery
	peripherie *f*	
perte *f* d'information *f*	Dropout *m*	dropout
perte *f* de couplage *m*	Koppelverlust *m*	coupling loss
perte *f* de lumière *f*	Lichtverlust *m*	light loss
perte *f* de transition *f*	Stoßdämpfung *f*	mismatch
		transition loss
pertes *f/pl* en ligne *f*	Leitungsdämpfung *f*	line attenuation
		transmission loss
perturbation *f*	Störung *f*	malfunction
		fault
		failure
		interference
perturbation *f* haute	Hochfrequenzstörung *f*	radiofrequency interference
fréquence *f*		(RFI)
PH = phase *f*	Phase *f*/Operation *f*/Takt *m*	phase/operation/clock
phase *f* de commutation *f*	Durchschaltephase *f*	switching phase
		through-connect phase
phase *f* sonnerie *f*	Rufzustand *m*	ringing condition
pièce *f*	Teil *n*	part
		component part
pièce *f* détachée	Bauelement *n*	component
pièces *f/pl* de monnaie *f*	Geld *n* (~stücke *n/pl*)	coins
pile *f*	Batterie *f*	battery
pilote *m*	Laufwerk *n*	disk drive
		drive
pilote *m* électronique pour les	Elektronischer Verkehrslotse *m*	autonomous traffic pilot for
automobilistes *m/pl*	für Autofahrer *m/pl*	motorists
piloté par ordinateur *m*	rechnergesteuert	computer-controlled
pince *f*	Klemme *f*	terminal
		clamp
		binder

pine *f*	Klammer *f*	clip
		clamp
piste *f*	Leiterbahn *f*	conductor track
	Spur *f* (Magnetband *n*)	conducting path
		track
pivotant	schwenkbar	swinging
		swiveling
		hinged
plage *f*	Bereich *m*	area
		range
		field
		sector
plain language *m* display *m*	Klartextanzeige *f*	alphanumeric display
plan *m*	Maßbild *n*	scale drawing
plan *m* d'affaiblissement *m*	Dämpfungsplan *m*	overall loss plan
		overall attenuation plan
plan *m* d'implantion *f*	Belegungsplan *m*	location plan
		layout diagram
plan *m* de câblage *m*	Montageschaltplan *m*	installation wiring diagram
plan *m* de groupement *m*	Gruppenverbindungsplan *m*	trunking diagram
plan *m* de numérotage *m*	Numerierungsplan *m*	numbering scheme
plan *m* de numérotation *f*	Rufnummernfeld *n*	call number field
	Rufnummernplan *m*	numbering plan
plan *m* de numérotation *f* fermé	verdeckte Rufnummern *f/pl*	closed numbering schema
plan *m* de numérotation *f* programmable	freie Rufnummernzuordnung *f*	flexible numbering system
plan *m* échelonné	Maßzeichnung *f*	dimensional drawing
		dimensioned drawing
plan *m* général	Übersichtsplan *m*	general drawing
		overall layout
		overall plan
plaque *f* à bornes *f/pl*	Buchsenklemmleiste *f*	sleeve connector strip
plaque *f* de câblage *m*	Verdrahtungsplatte *f* (VP)	wiring plate
		wiring board
plaque *f* de couverture *f*	Deckplatte *f*	cover plate
plaque *f* frontale	Frontplatte *f*	front plate
		panel
plaque *f* signalétique	Bezeichnungsschild *n*	nameplate
	Typenschild *n*	designation plate
		identification plate
		type plate
platine *f* de commande *f*	Steuerplatte *f*	control board
platine *f* de relais *m* de commande *f*	Steuerrelaisschiene *f*	control relay bar
pleine capacité *f*	Vollausbau *m*	fully equipped configuration
		full capacity
pliant	schwenkbar	swinging
		swiveling
		hinged
plot *m* à soudure *f*	Lötstift *m*	soldering pin
PO = poste *m* opérateur *m*	Vermittlungsapparat *m*/ Vermittlungsplatz *m*	operator set/operator position
pochette *f* de cassette *f*	Cassettendeck *n*	cassette deck
poids *m*	Gewicht *n*	weight
poignée *f*	Griff *m*	handle
point *m* de connexion *f*	Koppelpunkt *m*	crosspoint
	Steckerpunkt *m*	plug-in point
point *m* de contrôle *m* (test *m*)	Prüfpunkt *m*	test point
point *m* de couplage *m* de barre *f*	Schienenkoppelpunkt *m*	bar crosspoint

point *m* de fusion *f*	Schmelzpunkt *m* (Dielektr.)	melting point (dielectric)
point *m* de mesure *f*	Meßpunkt *m*	test point
point *m* de référence *f*	Bezugspunkt *m*	reference point
	Referenzpunkt *m*	
point *m* de référence *f* du RNIS	ISDN-Bezugspunkt *m*	ISDN reference point
	ISDN-Referenzpunkt *m*	
point *m* neutre du bus *m*	Sternpunkt *m* Systembus *m*	system bus neutral point
système *m*	(SSB)	
points *m/pl* de soudure *f*	Lötpunkte *m/pl*	soldering points
points *m/pl* de test *m*	Testpunkte *m/pl*	test points
pollution *f*	Verunreinigung *f*	contamination
		pollution
pont *m* d'alimentation *f*	Speisebrücke *f*	feeding bridge
pontages *m/pl*	Brücken *f/pl*	bridges
		links
ponter	überbrücken	bridge
	Brücke *f* einlegen	jumper
		set up a bridge
pool *m* de modems *m/pl*	freie Zuordnung *f* von	modem pools
	Modems *m*	
port *m*	Anschluß *m*	connection
		port
		line
		terminal
port *m* entrée *f* sortie *f*	Ein-Ausgabeanschluß *m*	I/O port
port *m* universel	freie	free port assignment
	Anschlußorganzuordnung *f*	
porte *f*	Gatter *n*	gate
porte *f* ET	und-Verknüpfung *f*	AND-operation
porte *f* OU	Oder-Schaltung *f*	OR circuit
porte *m* fusible	Sicherungshalter *m*	fuse holder
portée *f*	Reichweite *f*	range
portée *f* de la transmission *f*	Übertragungsbereich *m*	transmission range
porteur *m* d'information *f*	Nachrichtenträger *m*	carrier for ...
portier *m*	Torstation *f*	door station
portier *m* mains-libre	Türfreisprecheinrichtung *f*	door handsfree device
		door handsfree unit
position *f* d'opératrice *f*	Abfrageplatz *m*	inquiry station
	Abfragestelle *f*	operator position
	Bedienungsplatz *m*	answering position
		attendant console
		operator's console
position *f* d'opératrice *f* pour	Abfragestelle *f* für	answering station for external
les lignes *f/pl* réseau *m*	Amtsleitungen *f/pl*	lines
position *f* de la mémoire	Speicherplatz *m*	memory location
position *f* de raccordement *m*	Anschlußlage *f*	position
		line location
position *f* de réponse *f*	Abfrageplatz *m*	inquiry station
	Abfragestelle *f*	operator position
		answering position
position *f* de travail *m*	Arbeitsplatz *m*	workstation
position *f* initiale	Grundstellung *f* (Gerät *n*)	normal position
		initial position
position *f* pour opérateur *m*	Blindenplatz *m*	sight-impaired operator
non-voyant		position
		blind-operator position
positionnement *m* des	Schaltereinstellung *f*	switch setting
interrupteurs *m/pl*		
possibilité *f* de transmission *f*	Übertragungsmöglichkeit *f*	transmission capability
possibilité *f* de transmission *f*	Stereo-	stereo transmission capability
stéréo	Übertragungsmöglichkeit *f*	

poste *m* (téléphonique)	Sprechstelle *f*	telephone station
poste *m* à deux fils *m/pl*	W(Wähl)-Teilnehmer *m*	two-wire extension
poste *m* à quatre fils *m/pl*	R-(Reihen *f/pl*)Teilnehmer *m*	four-wire extension
poste *m* à sortie *f* illimitée	Nebenstelle *f*, vollamtsberechtigte	nonrestricted extension
poste *m* à sortie *f* limitée	Nebenstelle *f*, halbamtsberechtigte	partially-restricted extension / semirestricted extension
poste *m* abonné *m* occupé	Teilnehmer *m* besetzt	extension busy
poste *m* d'abonné *m*	Fernsprechapparat *m* / Hauptanschluß *m*	subscriber set / telephone set / telephone instrument / main line / main telephone / subscriber telephone
poste *m* d'abonné *m* local	Ortsteilnehmer *m*	local subscriber / local subscriber station
poste *m* d'appel *m* au décroché *m*	Direktrufteilnehmer *m*	direct-access extension
poste *m* d'observation *f*	Überwachungsgerät *n*	monitoring equipment / supervisory unit
poste *m* d'opérateur *m* (P.O.)	Abfrageapparat *m* / Abfrageeinrichtung *f*	operator set / operator position / answering set / answering equipment
poste *m* de bureau *m*	Fernsprechtischapparat *m*	desk telephone / desk set / desk instrument
poste *m* de contrôle *m*	Überwachungsgerät *n*	monitoring equipment / supervisory unit
poste *m* de directeur *m*	Chefapparat *m*	executive set
poste *m* de maintenance *f*	Prüfteilnehmer *m*	test extension
poste *m* de radio *f*	Funkgerät *n*	two-way radio
poste *m* de renseignements *m/pl*	Auskunftsplatz *m*	information position
poste *m* de rétro-appel *m*	Rückfrageteilnehmer *m*	refer-back extension
poste *m* de surveillance *f*	Überwachungsgerät *n* / Mithörapparat *m*	monitoring equipment / supervisory unit / monitoring set
poste *m* de test *m* automatique	automatischer Prüfteilnehmer *m*	automatic test extension
poste *m* de travail *m*	Arbeitsplatz *m*	workstation
poste *m* de travail *m* de bureau *m*	Büro-Arbeitsplatz *m*	office workstation
poste *m* de travail *m* en communications *f/pl*	Kommunikationsschreibplatz *m*	communication workstation
poste *m* de travail *m* maître *m*	Master Arbeitsplatz *m*	master workstation
poste *m* de travail *m* multiple	Mehrplatzsystem *n*	multi-user system
poste *m* de travail *m* vidéo	Bildschirmarbeitsplatz *m*	video workstation
poste *m* de travail *m* vidéotext	Bildschirmtext-Eingabegerät *n*	Btx workstation
poste *m* déconnecté du groupement *m* de postes *m/pl*	Herausschalten *n* aus dem Sammelanschluß *m*	withdrawing from automatic hunting
poste *m* destinataire *m* des appels *m/pl* transférés	Nebenstelle *f* zur Rufweiterleitung *f*	delayed call transfer extension
poste *m* distant	Außennebenstelle *f* / außenliegende Nebenstelle *f*	outside extension/station / external extension/station / off-premises extension/station (OPX)
poste *m* émetteur-récepteur *m* portatif	Handsprechfunk *m*	hand-held two-way radio
poste *m* évolué	Komfort-Apparat *m*	convenience telephone / feature set
poste *m* extérieur	Torsprechstelle *f*	gate station

poste *m* mains-libres	Freisprechapparat *m*	handsfree telephone
poste *m* opérateur *m* (P.O.)	Abfragesatz *m*	answering set
	Bedienungsplatz *m*	attendant console
		operator's console
poste *m* opératrice *f* (P.O.)	Vermittlungsapparat *m* (VA)	operator set
		operator position
poste *m* patron	Vorzimmeranlage *f*	executive system
		secretary system
poste *m* portatif avec clavier *m* incorporé	Handtelefon *n*	hand-held telephone with integrated pushbutton dialing
poste *m* principal	Hauptstelle *f*	main station
poste *m* principal d'abonné *m*	Hauptanschluß *m*	main line
		main telephone
		subscriber telephone
poste *m* prioritaire	bevorrechtigte Nebenstelle *f*	priority extension
poste *m* privé	hausberechtigt	fully restricted
poste *m* secrétaire *f*	Vorzimmeranlage *f*	executive system
		secretary system
poste *m* supplémentaire (P.S.)	Nebenstelle *f*	extension
	Nebenstellenapparat *m*	extension line
	Nebenanschluß *m*	
poste *m* supplémentaire sans accès *m* au réseau *m* public	nichtamtsberechtigte Nebenstelle *f*	fully-restricted extension
poste *m* téléphonique	Apparat *m*	instrument
	Fernsprechanschluß *m*	set
	Fernsprechapparat *m*	telephone
	Telefonapparat *m*	telephone connection
		subscriber set (device)
		telephone set
		telephone instrument
poste *m* téléphonique à carte *f*	Chipkartentelefon *n*	card-operated telephone
	Kartentelefon *n*	
poste *m* téléphonique évolué	intelligenter Fernsprechapparat *m* (IFA)	automatic computerized telephone
poste *m* téléphonique mural	Fernsprech-Wandapparat *m*	wall telephone set
		wall telephone instrument
poste *m* terminal	Endstelle *f*	terminal station
postes *m/pl* patron *m/*secretaire *f*	Chefanlagen *f/pl*	chief/secretary extensions
post-sélection *f*	Nachwahl *f*	suffix dialing
		subsequent dialing
		postdialing
potentiel *m* cohérent	Frittpotential *n*	coherer potential
pour écoute *f*	Mithörverbindungstaste *f*	monitoring-connection button
pré-accentuation *f*	Vorverzerrung *f*	pre-emphasis
précaution *f*	Achtung *f*	attention
	Vorsicht *f*	caution
		warning
précision *f* d'alignement	Abgleichgenauigkeit *f*	adjustment accuracy
précision *f* d'équilibrage	Abgleichgenauigkeit *f*	adjustment accuracy
précision *f* de couleur *f*	Farbtreue *f*	color accuracy
préfixe *m*	Kennung *f*, vorgesetzte	prefix
	Verkehrsausscheidungszahl *f*, ziffer *f*	area code
	Vorwahl *f*	
préfixe *m* d'accès *m*	Zugriffskennziffer *f*	access digit
préfixe *m* de numérotation *f* abrégée	Codewahl-Kennzeichen *n*	abbreviated-dialing code
préfixe *m* interurbain	Fernverkehrskennziffer *f*	long-distance code
	Vorwahlnummer *f*	area code number
prEN = Project de EN	vorläufige europ. Norm	Draft European Standard

prendre (la tension d'un amplificateur *m*)	abnehmen (Spannung *f* vom Verstärker *m*)	tap (voltage from amplifier)
prendre en considération *f*	beachten	observe
		mind
		take into account
		follow
prENV = Project de ENV	vorläufige europ. Vornorm	Draft European Prestandard
préparation *f*	Bereitstellung *f*	provision
	Vorbereitung	load (DP)
		preparation
préparation *f* des données *f/pl*	Datenaufbereitung *f*	data preparation
	Datenvorbereitung *f*	
préparation *f* des données *f/pl*		data preparation
pré-routage *m* central	zentrale Wegevoreinstellung *f*	central path preselection
		central route preselection
présélection *f* de lignes *f/pl*	Wegevoreinstellung *f*	route preselection
		path preselection
pré-sélection *f* de lignes *f/pl* externes	Vorbelegung *f* (Reservierung *f*) von Amtsleitungen *f/pl*	pre-selection of external lines
préserver	verhindern	prevent (from)
présignalisation *f* fin *f* de papier *m*	Papiervoralarm *m*	paper-supply-low alarm
prêt	Bereitzustand *m*	ready condition
prêt à fonctionner	betriebsbereit	ready for operation
		operative
prêt à transmettre	Übertragungsbereitschaft *f*	ready for data
pré-télégramme *m*	Vortelegramm *n*	pretelegram
prévu	vorgesehen	intended
principe *m* d'enfichage *m* de carte *f*	Einschubtechnik *f*	slide-in technique
principe *m* de multiplex *m* spatial	Raummultiplexverfahren *n*	space-division multiplex method
	Raumvielfach *n*	space-division multiple (SDM) principle
principe *m* de numérotation *f* décimale	Impulswahlverfahren *n* (IWF)	pulse dialing method
		pulse dialing system
		pulse dialing principle
priorité avec écoute *f*	Aufschalten *n*	cut-in, break-in
		busy override
		intrusion
		call offering
prise *f*	Belegung *f*	seizure
		allocation
		occupancy
prise *f* (de ligne *f*)	Leitungsbelegung *f*	line seizure
prise *f* contrôlée du réseau *m*	halbamtsberechtigt	semirestricted
prise *f* de ligne *f* opératrice *f*	Platzbelegung *f*	position seizure
prise *f* de maintenance *f*	Servicestecker *m*	service plug
prise *f* directe	Selbstwahl *f*	direct dialing
	Vollamtsberechtigung *f*	automatic dialing
		direct outward dialing (DOD)
prise *f* directe pour l'international *m*	Selbstwähl-Auslandsverbindung *f*	subscriber-dialed international call
prise *f* directe pour l'interurbain *m*	Selbstwählferndienst *m*	subscriber trunk dialing service
	Selbstwählfernverkehr *m*	direct distance dialing (DDD)
prise *f* directe réseau *m*	halbamtsberechtigt	semirestricted
prise *f* femelle	Steckdose *f*	socket
	Steckhülse *f*	outlet
		plug receptacle (Am)
		receptacle
prise *f* inutile	unnötige Belegung *f*	unnecessary seizure

prise *f* mâle	Stecker *m*	plug
		connector
prise *f* réseau m sans	amtsberechtigt	direct outward dialing
discrimination *f*		nonrestricted dialing
procédé *m* de signalisation *f*	MFV-Verfahren *n*	DTMF-system
multifréquence *f*		
procédure *f*	Ablauf *m* (Verfahren *n*)	procedure
		flow
		run
procédure *f* de numérotation *f*	Impulswahlverfahren *n* (IWF)	pulse dialing method
décimale		pulse dialing system
		pulse dialing principle
procédure *f* RON et TRON	E & M-Signalisierung *f*	E & M signaling
processeur *m*	Prozessoreinheit *f* (PE)	processor unit
processeur *m* de	Kurzwahlprozessor *m*	abbreviated dialing processor
numérotation *f* abrégée		
profondeur *f*	Tiefe *f*	depth
programme *m* d'initialisation *f*	Erstprogrammierung *f*	initialization programming
programme *m* de recherche *f*	Fehlersuchprogramm *n*	debugger
d'erreurs *f/pl*		
programme *m* de recherche *f*	Wegesuchprogramm *n*	route-finding program
de lignes *f/pl*		path-finding program
programme *m* en logique *f*	Programm *n* in der	wired-program control
câblée	Verdrahtung *f*	
programme *m* mise *f* en	Programm *n* im Speicher *m*	stored-program control (SPC)
mémoire *f*		
propagation *f* de l'erreur *f*	Fehlerfortpflanzung *f*	error propagation
protection *f*	Schutz *m*	protection
protection *f* antivol *m*	Diebstahlsicherung *f*	theft protection
protection *f* contre la	Überlastungsschutz *m*	overload protection
surcharge *f*		
protection *f* contre les	Sprachschutz *m*	speech protection
fréquences *f/pl* parlées		
protection *f* contre les	Schutz *m* gegen hohes	overload protection
surcharges *f/pl*	Verkehrsaufkommen *n*	
protection *f* de données *f/pl*	Datenschutz *m*	data protection
	Datensicherung *f*	data privacy
protection *f* des lignes *f/pl* de	Schutz *m* von	data privacy
données *f/pl* contre	Datenverbindungen *f/pl* gegen	data restriction
l'intrusion *f*	Aufschalten *n*	
protection *f* domestique	Raumsicherung *f*	home or office protection
protection *f* fusible *m*	Absicherung *f*	fusing
		fuse protection
protégé (inf. protéger)	abgeschirmt	screened
		protected (Brit)
		shielded (Am)
protégé contre le court-	kurzschlußfest	short-circuit-proof
circuit *m*		
protéger	abschirmen	shield
	verhindern	screen (Brit)
		prevent (from)
protocole *m*	Protokoll *n*	protocol
protocole *m* d'accès *m*	Zugangsprotokoll *n*	access protocol
protocole *m* d'accès *m* à la	Übertragungsprotokoll *n*	link access protocol (LAP)
liaison *f* (PAL)		
protocole *m* d'usager *m* à	Teilnehmer-Teilnehmer-	user-user protocol
usager	Protokoll *n*	
protocole *m* de contrôle *m*	Güteprüfprotokoll *n*	quality control protocol
qualité *f*		
protocole *m* de signalisation *f*	Zeichengabeverfahren *n*	signaling protocol (interface)
	(Schnittstelle *f*)	

protocole *m* usager *m*	Benutzerprotokoll *n*	user-to-user protocol
PRV = privé	privat	private
PS = poste *m* supplémentaire	Endstellenterminal *n*/ Nebenstellenapparat *m*	subscriber terminal/extension telephone
PTT = Postes *f/pl* et Télécommunications *f/pl*	französische Post-und Telekommunikationsbehörde *f*	French Postal and Telecommunication Authority
PTT = Postes Télégraphe et Téléphone	int. für Post *f*	postal, telegraph and telephone administration
puce *f*	Chip *m*	chip
puissance *f* dissipée	Verlustleistung *f*	power loss
		dissipated power
pupitre *m*	Platzgruppe *f*	position group
pupitre *m* d'opérateur *m*	Abfrageapparat *m*	operator set
	Abfrageeinrichtung *f*	operator position
		answering set
		answering equipment
pupitre *m* de mixage *m* du son *m*	Tonmischpult *m*	audio-mixing control panel

Q

quadripôle *m*	Vierpol *m*	four-terminal network
		fourpole
qualité *f* de commutation *f*	Vermittlungsgüte *f*	switching quality
qualité *f* de réception *f*	Empfangsqualität *f*	reception quality
qualité *f* de service *m*	Betriebsgüte *f*	grade of service
	Dienstgüte *f*	operational qualitiy
	Verkehrsgüte *f*	service quality
		traffic quality
qualité *f* de trafic *m*	Verkehrsgüte *f*	traffic quality
		grade of service
qualité *f* de transmission *f*	Übertragungsgüte *f*	transmission quality
quantité *f*	Anzahl *f*	quantity
		number

R

raccordement *m*	Anschluß *m*	connection
	Leitung *f* (Ltg)	port
		line
		terminal
raccordement *m* collectif	Gemeinschaftsanschluß *m*	shared line
raccordement *m* concentré de lignes *f/pl*	konzentrierte Leitungsanschaltung *f*	concentrated line connection
raccordement *m* par ligne *f*	Anschluß *m* je Anschlußleitung *f*	terminal per line
raccordement *m* par poste *m* téléphonique	Anschluß *m* je Sprechstelle *f*	terminal per station
raccordement *m* secondaire	Nebenanschluß *m*	extension line
raccrocher	auflegen	replace the handset
	einhängen	go on-hook
		hang up
racine *f* carrée (de)	Wurzel *f* (aus)	root (of)
rack *m*	Baugruppenträger *m*	subrack
	Gestell *n*	rack
radiateur *m*	Kühler *m*	cooler
radio *f* en stéréo	Stereo-Hörfunk *m*	stereo radio
radio *f* mobile	Kraftfahrzeugfunk *m*	in-car transceiver
		(private) mobile radio
radiotechnique *f*	Funktechnik *f*	radio technology
radiotechnique *f* professionnelle	Betriebsfunk *m*	professional radio equipment
radio-téléphone *m*	Kraftfahrzeugfunk *m*	in-car transceiver
	Sprechfunkgerät *n*	(private) mobile radio
		radiotelephone
		walkie-talkie
radiotéléphone *m*	Funktelefon *n*	radiotelephone (public)
rail *m* de guidage *m*	Führungsschiene *f*	guide bar
raison *f* de modification *f*	Änderungsgrund *m*	reason for modification
rangée *f*	Zeile *f*	line
		row
rangée *f* horizontale de radiateurs *m/pl*	Schallzeile *f*	horizontal row of radiators
rapide	schnell	fast
		rapid
		quick
rapidité *f* de modulation *f*	Schrittgeschwindigkeit *f*	modulation rate
rappel *m*	Rückruf *m*	callback
	Wiederanruf *m*	recall
rappel *m* automatique	Rückrufautomatik *f*	automatic call-back
	Wiederanruf *m*	automatic recall
	automatische Rufwiederholung *f*	recall
		automatic retry
	automatischer Rückruf *m*	call repetition
	selbsttätiger Rückruf *m*	call-back
		outgoing trunk queuing
rapport *m* d'impulsions *f/pl*	Impulsverhältnis *n*	pulse ratio
	Zeichen/Pausen-Verhältnis *n*	mark-to-pulse ratio
rapport *m* de touches *f/pl*	Tastenverhältnis *n*	keying ratio
rapport *m* signal *m* sur bruit *m*	Geräuschabstand *m*	signal-to-noise ratio
rapport *m* signal/bruit	Störabstand *m*	signal-to-noise ratio
	Signalgeräuschabstand *m*	
rapport de ronde *f*	Wächterrundgangsmeldung *f*	watchman's round report

rayer	streichen, tilgen	delete
		cancel
		erase
rayonner	leuchten	light
RCX = réseau *m* de connexion *f*	Koppelfeld *n*/Koppelnetz *n*/ Sprechwegenetzwerk *n*	switching network/switching matrix/speechpath network unit
RDS	RDS	Radio Data System (RDS)
ré-acheminement *m* des appels *m/pl*	Umleiten *n* von Verbindungen *f/pl*	redirection of calls
réarrangment *m* d'une communication *f*	Verlagern *n* einer Verbindung *f*	re-arrangement of a call
récepteur *m*	Empfänger *m*	destination
	Empfangseinrichtung *f*	receiver
		address
		receiving equipment
récepteur *m* à clavier *m*	Tastwahl-Empfänger *m*	keying pulse selection receiver
		pushbutton selection receiver
récepteur *m* d'appel *m*	Rufempfänger *m*	call receiver
récepteur *m* de numérotation *f*	Wahlempfänger *m*	dial receiver
récepteur *m* de numérotation *f* décimale	Impulswahlempfänger *m*	pulse dialing receiver
récepteur *m* de poche *f*	Personenrufempfänger *m*	pocket receiver
récepteur *m* de signalisation *f*	Signalempfänger *m*	signal receiver
récepteur *m* de signaux *m/pl*	Signalempfänger *m*	signal receiver
récepteur *m* Eurosignal *m*	Eurosignalempfänger *m*	Eurosignal receiver
récepteur *m* MF (Q 23) de signalisation *f* multifréquence	MFV-Empfänger *m*	DTMF receiver
réception *f*	Empfangen *n*	reception
réception *f* de défaults *m/pl*	Störungsannahme *f*	fault recording
réception *f* de la numérotation *f*	Wahlaufnahme *f*	dial reception
		selection code acceptance
réception *f* radio	Rundfunkempfang *m*	radio reception
recherche *f*	Aufruf *m*	call-in
		call
recherche *f* d'une opératrice *f* libre	Platzsucher *m*	position searcher
		position finder
recherche *f* de chemin *m*	Wegesuche *f*	path searching
	Wegsuche *f*	route searching
		route search
		path search
recherche *f* de lignes *f/pl*	Wegesuche *f*	path searching
	Wegsuche *f*	route searching
		route search
		path search
recherche *f* de lignes *f/pl* inconditionnelle	nichtbedingte Wegsuche *f*	unconditional path search
		unconditional route search
recommandé	vorgeschlagen	recommended
reconnaissance *f*	Erkennung *f* (Signalisierung *f*)	recognition (signal)
reconnaissance *f* de la voix *f*	Spracherkennung *f*	speech recognition
rectification *f*	Korrektur *f*	correction
recul *m*	Rücklauf *m*	rewind
récupération *f* d'information	Informations-Abruf *m*	information retrieval
redémarrage *m*	Restart *m*	restart
	Wiederanlauf *m*	
redémarrage *m* aprés panne *f* de secteur *m*	Netzausfall-Restart *m*	power fail restart
redevance *f*	Gebühr *f*	charge
		fee
redevance *f* d'abonnement *m*	Grundgebühr *f*	fixed charge

redondance *f*	Redundanz *f* Weitschweifigkeit *f*	redundancy
redresseur *m*	Gleichrichter *m*	rectifier
redresseur *m* à semi- conducteurs *m/pl*	Halbleitergleichrichtergerät *n*	semiconductor rectifier unit
redresseur *m* anti-choc *m* acoustique	Gehörschutzgleichrichter *m*	acoustic shock absorber rectifier
refroidisseur *m*	Kühler *m*	cooler
régénérateur *m*	Regenerator *m*	regenerator
régénération *f*	Entdämpfung *f*	deattenuation regeneration
régénération *f* de signal *m*	Signalregenerierung *f*	signal regeneration
régénérer	regenerieren	regenerate
régie *f* de production *f*	Fernsehregie *f*	production direction
régime *m* de charge *f*	Belastungsbereich *m*	load range
registre *m* d'erreurs *f/pl* d'heure *f* locale	Ortszeitfehlerregister *n*	local time error register
registre *m* de commande *f*	Leitregister *n*	originating register
registre *m* de répartition *f*	Zuteilregister *n*	assignment register
registre *m* de supervision *f*	Zentralüberwachungsregister *n*	central monitoring register
registre *m* de transit *m*	Durchgangsregister *n*	transit register
registre *m* tampon *m* du bus *m* système *m*	Systembuspuffer *m* (SBB)	system bus buffer
réglable	verstellbar	adjustable
réglage *m*	Einstellung *f*	setting adjustment
réglage *m* à distance *f*	Ferneinstellen *n*	remote adjustment
réglage *m* de fréquence *f*	Frequenzeinstellung *f*	frequency setting
réglementation *f* de la taxation *f*	Gebührenordnung *f*	schedule of rates scale of charges
réglementation *f* des télécommunications *f/pl*	Telekommunikationsordnung *f* (TKO)	Telecommunications Act
règlements *m/pl* des télécommunications *f/pl*	Fernmeldeordnung *f* (FO)	telecommunications act
régler	einpegeln regeln	adjust (level) control
régler au maximum *m*	aussteuern (Relaiskontakt *m*)	drive (relay contact)
réglette *f*	Leiste *f*	strip
réglette *f* à bornes *f/pl*	Klemmleiste *f*	terminal strip
réglette *f* à souder	Lötverteiler *m*	solder distributor
réglette *f* de fixation *f*	Befestigungsbügel *m*	mounting bracket
réglette *f* incorporée	Einbauschiene *f*	built-in bar
réglette *f* TENOFIX	Tenofixleiste *f*	Tenofix strip
réglette *f* terminale	Messerleiste *f*	terminal strip
regrouper	zusammensetzen	combine
ré-initialisation *f*	Rückstellung *f*	resetting
ré-initialiser	rücksetzen	reset resetting
rejet *m* d'appel *m*	Rufabweisung *f*	call stopping
relâcher (touche *f*)	loslassen (Taste *f*)	release (button)
relais *m*	Relais *n*	relay
relais *m* à lames *f/pl* vibrantes	Herkon-Kontakt *m*	hermetically sealed dry-reed contact
relais *m* d'impulsion *f* d'appel *m*	Wahlbegleitrelais *n*	pulse supervisory relay
relais *m* de comptage *m*	Zählrelais *n*	counting relay
relais *m* de file d'attente	Wartefeldrelaissatz *m*	queue relay set
relais *m* de ligne *f* réseau *m*	Amtsleitungsübertrager *m* (Wählanlage *f*)	exchange line relay set
relais *m* de repère *m*	Markierrelais *n*	marking relay
relais *m* reed	Herkon-Relais *n*	reed relay

relatif aux données *f/pl* client *m*	kundenspezifisch	customer-specific
		user-defined
relier	verbinden	connect
		hook up
		tie
remarque *f*	Anmerkung *f*	note
	Bemerkung *f*	
remise *f*	Rückstellung *f*	resetting
remise *f* en circuit *m*	Vorwärtsauslösung *f*	forward release
remise *f* sous tension *f*	Wiederanlauf *m*	restart
remplacé (par)	ersetzt (durch)	replaced (by)
remplacer	wechseln	interchange
rendement *m*	Leistungsfähigkeit *f*	call handling capacity
rendement *m* acoustique	Sprechwirkungsgrad *m*	efficiency of speech
rendez-vous *m* (faculté *f*	Termin *m*	appointment (feature)
téléphonique)	(Leistungsmerkmal *n*)	
renforcement *m* de fréquence *f*	Frequenzanhebung *f*	boost (graphic equalizer)
	(Oktavfilterentzerrer)	
renvoi *m*	Rufmitnahme *f* (follow me)	follow me
	Rufumleitung *f*	call diversion
		call forwarding
renvoi *m* à l'opérateur *m*	Abwurf zur Abfragestelle *f*	call return to attendant
renvoi *m* automatique	Rufweiterschaltung *f*	call forwarding
	selbsttätige Rufweiterschaltung	call transfer
		automatic call forwarding
renvoi *m* d'appel *f* fixe	feste Rufumleitung *f*	fixed call diversion
renvoi *m* d'appel *m*	Rufumleitung *f*	call diversion
		call forwarding
renvoi *m* d'appel *m* variable	veränderliche	flexible call transfer
	Besuchsschaltung *f*	
renvoi *m* d'un poste *m*	Anrufumleitung *f*	call diversion
renvoi *m* de nuit *f*	Nachtschaltung *f*	night service
		night switching
renvoi *m* de nuit *f* collectif	Sammelnachtschaltung *f*	common night switching
renvoi *m* de nuit *f* tournant	Ringabfrage *f* bei Nacht *f*	night ringer
renvoi *m* fixe temporisé	Anrufweiterschaltung *f*	call forwarding
renvoi *m* temporaire	Besuchsschaltung	call transfer
	Gesprächsweiterleitung *f*	temporary call forwarding
	zeitweilige Rufumleitung *f*	temporary call diversion
renvoi *m* temporisé	Rufweiterleitung *f* nach Zeit *f*	delayed call transfer
REP = réponse *f*	Abfrage *f*	answering
répartir	zuteilen	assign
		allot
répartir en zone *f*	verzonen	zoning
répartiteur *m*	Rangierverteiler *m*	jumpering distributor
	Verteiler *m*	distributor
répartiteur *m* d'interface *f*	Schnittstellenverteiler *m* (SSV)	interface distributor
répartiteur *m* de sélection *f*	Auswahlverteiler *m*	selection distributor
répartiteur *m* de test *m*	Prüfverteiler *m*	test allotter
répartiteur *m* général	Hauptverteiler *m* (HVT)	main distribution frame (MDF)
répartiteur *m* principal	Hauptverteiler *m* (HVT)	main distribution frame (MDF)
répartition *f*	Zuteilung *f*	allocation
		assignment
répartition *f* d'abonné *m*	Teilnehmerrangierung *f*	extension jumpering
répartition *f* d'affichage *m*	Anzeigeverteilung *f*	display distribution
répartition *f* d'appel *m*	Gesprächszuteilung *f*	call assignment
répartition *f* de charge *f*	Lastverteilung *f*	load distribution
		call load sharing
répartition *f* de zones *f/pl*	Bereichsaufteilung *f*	area partitioning
répartition *f* des appels *m/pl*	Anrufverteilung *f*	call distribution

répartition *f* des lignes *f/pl* réseau *m*	Amtsleitungsrangierung *f*	exchange line jumpering
répartition *f* du trafic *m* sur les faisceaux *m/pl*	Bündelspaltung *f*	bundle splitting
repérage *m*	Beschriftung *f*	lettering marking labeling
repérage *m* de l'enroulement *m* et du champ *m*	Wicklung- u. Feldbezeichnung *f*	winding and square designation
repère *m*	Kennzeichen *n*	index mark
repère *m* de contacts *m/pl* et de colonnes *f/pl*	Kontakt- u. Feldanzeige *f*	contact and square designation
repérer	markieren	mark
répéteur *m* (de circuit *m*)	Leitungsverstärker *m*	circuit release line amplifier
répétiteur *m*	Relaisstation *f*	relay station repeater station
répétition *f*	Wiederholung *f*	repeat repetition
répétition *f* d'appel *m*	Weiterruf *m*	periodic ring condition periodic ringing condition
répétition *f* d'impulsion *f*	Impulswiederholung *f*	pulse repetition
répétition *f* de la numérotation *f*	Wahlwiederholung *f*	redialing last number redial (Am)
répétition *f* du dernier numéro *m*	Wahlwiederholung *f* der zuletzt gewählten Rufnummer *f*	last number redial
répétition *f* du dernier numéro *m* composé	Wahlwiederholung *f*	redialing last number redial (Am)
répondeur *m* téléphonique	Anrufbeantworter *m*	answering machine
répondre	abfragen	accept a call answer enquire (Brit) inquire (Am)
réponse *f*	Abfrage *f* (Telefon *n*)	answering (telephone)
réponse *f* automatique	Rufbeantwortung *f*, automatische	automatic answering
réponse *f* automatique	automatische Abfrage *f*	automatic answer
réponse *f* concentrée	konzentrierte Abfrage *f*	concentrated answering
réponse *f* de renseignements *m/pl*	Auskunftssystem *n*	information system
réponse *f* manuelle	Rufbeantwortung *f*, manuelle	manual answering
réponse *f* non affectée	Amtsabfrage *f*, offene~	unassigned answer
réponse *f* non attribuée	Amtsabfrage *f*, offene~	unassigned answer
réponse *f* sélective	Auswahl *f* bei ankommenden Gesprächen *n/pl*	selective call acceptance
repos *m*	Ruhe *f*	rest
repousser	verdrängen	pre-empt displace supersede
reprise *f*	Wiederbelegung	reseizure
reproduction *f*	Wiedergabe *f* (Mikrokassettenmodul *n*)	playback (microcassette)
reproduction *f* de la voix *f*	Sprachausgabe *f*	speech reproduction
rerouter	umsteuern	rerouting
réseau *m*	Leitungsnetz *n*, Netz *n*	network
réseau *m* à bande *f* étroite	Schmalband-Netz *n*	narrowband network
réseau *m* à étages *m/pl* multiples	mehrstufiges Netzwerk *n*	multistage network
réseau *m* à fibre *f* optique	Glasfasernetz *n*	fiber-optics network
réseau *m* à large bande *f*	Breitbandnetz *n*	broadband network

réseau *m* automatique	Wählnetz *n*	switched network
		automatic network
réseau *m* avec intégration *f* des services *m/pl*	diensteintegrierendes Fernmeldenetz *n*	integrated services network
réseau *m* B	B-Netz *n*	B-network
réseau *m* C	C-Netz *n*	C-network
réseau *m* câblé large bande *f*	Breitbandkabelnetz *n*	broadband cable network
réseau *m* commuté	Wählnetz *n*	switched network
		automatic network
réseau *m* correcteur *m*	Ausgleichsschaltung *f*	compensating circuit
réseau *m* D	D-Netz *n*	D-network
réseau *m* d'autocommutateurs *m/pl*	Gruppenvermittlungsstelle *f*	local tandem exchange
réseau *m* d'ordinateurs *m/pl*	Rechner-Verbundnetz *n*	computer network
réseau *m* de communication *f*	Kommunikationsnetz *n*	communication network
réseau *m* de communications *f/pl*	Nachrichtennetz *n*	communications network
réseau *m* de commutation *f* par paquets *m/pl*	Paketvermittlungsnetz *n*	packet-switched network
réseau *m* de commutation *f* téléphonique	Fernsprechvermittlungsnetz *n*	telephone switching network
réseau *m* de commutation *f* temporelle	Zeitmultiplexkoppelfeld *n*	time-division multiplex switching matrix
		time-division multiplex switching coupling field
réseau *m* de connexion *f*	Koppelfeld *n*,	switching network
	Koppelnetzwerk *n*	switching matrix
	Koppelnetz *n*	coupling network
	Sprechwegenetzwerk *n*	speech path network unit
	gefaltetes Koppelnetz *n*	folded network
réseau *m* de connexion *f* à un étage *m*	einstufige Koppelung *f*	single-stage switching array
		single-stage switching coupling
réseau *m* de connexion *f* de direction *f*	Richtungskoppelnetz *n*	directional coupling network
réseau *m* de connexion *f* de registre *m*	Registerkoppelnetz *n*	register switching network
réseau *m* de connexion *f* multiple	Koppelvielfach *n*	switching matrix
réseau *m* de connexion *f* sans blocage *m*	Koppelfeld *n*, blockierungsfreies	non-blocking switching matrix
réseau *m* de connexion de multiplex *m* spatial	Raummultiplexkoppelfeld *n*	space-division matrix field
		space-division coupling field
réseau *m* de couplage *m*	Koppelfeld *n*	switching matrix
réseau *m* de couplage *m* d'abonnés *m/pl*	Teilnehmerkoppelnetz *n*	extension coupling network
réseau *m* de débordement *m*	überlagertes Netz *n*	overlay network
réseau *m* de distribution *f* large bande *f*	Breitbandverteilernetz *n*	broad-band distributor network
réseau *m* de distribution *f* local	Ortsnetz *n*	local network
réseau *m* de données *f/pl*	Datennetz *n*	data network
réseau *m* de données *f/pl* avec convertisseur *m* de télétex *m*	Telex-Umsetzer *m* Integriertes Datennetz *n* (TUI)	telex converter integrated data network
réseau *m* de radio *f*	Funknetz *n*	radio network
réseau *m* de radio-téléphone *m* cellulaire	zellulares Funktelefonnetz *n*	cellular radio telephone network
réseau *m* de recherche *f* de personnes *f/pl*	Funkrufnetz *n*	paging network
réseau *m* de résistances *f/pl*	Widerstandsnetz *n*	resistor network
réseau *m* de télécommunications *f/pl*	Telekommunikationsnetz *n*	telecommunication network
réseau *m* de télédiffusion *f*	Fernsehübertragungsnetz *n*	TV network

réseau *m* de téléphonie *f* mobile	Mobilfunknetz *n*	mobile-telephone network
réseau *m* des communications *f/pl* à longue distance *f*	WAN	Wide-Area Network
réseau *m* en multiplex *m* spatial	Raummultiplexnetzwerk *n*	space-division network
réseau *m* hyerarchisé	hierarchisches Netz *n*	hierarchical network
réseau *m* intégré de données *f/pl*	integriertes Text- und Datennetz *n* (IDN)	integrated text and data network
réseau *m* interne	In-Haus-Datennetz *n*	in-house data network
réseau *m* interurbain	Fernnetz *n*	long-distance network toll network (Am)
réseau *m* local	Ortsleitungsnetz *n* Ortsnetz *n* lokales Netzwerk *n*	local line network local network local area network (LAN)
réseau *m* local câblé	Ortskabelnetz *n*	local cable network
réseau *m* national	Inlandsnetz *n*	domestic network
réseau *m* numérique	digitales Netz *n*	digital network
réseau *m* numérique avec intégration *f* des services *m/pl* (RNIS)	diensteintegrierendes digitales Fernmeldenetz *n*	integrated services digital network (ISDN)
réseau *m* numérique intégré	integriertes Digitalnetz *n*	integrated digital network
réseau *m* Numéris	ISDN *n*	integrated services digital network
réseau *m* privé	privates Netz *n*	private network
réseau *m* privé d'entreprise *f*	Telekommunikationsanlage *f* (auf einem Grundstück *n*) Telekommunikationssystem *n* (auf mehreren Grundstücken *n/pl*) Nebenstellenanlage *f*, automatische (W)	Private Telecommunication Network (PTN)
réseau *m* PTT	Postnetz *n*	PTT network
réseau *m* public	öffentliches Netz *n*	public telephone network (ATN)
réseau *m* public de données *f/pl*	öffentliches Datennetz *n*	public data network
réseau *m* régional	Bezirksnetz *n*	district network
réseau *m* téléphonique	Fernmeldenetz *n* Fernsprechnetz *n*	telecommunications network telephone network
réseau *m* téléphonique commuté	Fernsprechnetz *n* (öffentliches)	public switched telephone network (PSTN)
réseau *m* téléphonique public	Fernsprechnetz *n* (öffentliches)	public switched telephone network (PSTN)
réseau *m* urbain	Ortsleitungsnetz *n*	local line network
réservation *f* de lignes *f/pl*	Wegereservierung *f*	route reservation path reservation
réservé	reserviert	reserved
réserve *f*	Reserve *f*	spare standby
réserver	vormerken	note
reset *m*	Rückstellung *f*	resetting
résiduel	restliche	remaining residual
résistance *f* (composant *m*)	Widerstand *m* (Bauteil *n*)	resistor (unit)
résistance *f* (valeur *f*)	Widerstand *m* (Wert *m*)	resistance (value)
résistance *f* à couche *f* métallique	Metallschichtwiderstand *m*	metal film resistor
résistance *f* à la traction *f*	Zugfestigkeit *f*	tensile strength
résistance *f* au choc *m*	Schlagfestigkeit *f* (Dielektr.)	impact resistance (dielectrics)
resistance *f* au vieillissement *m*	Alterungsbeständigkeit *f*	aging stability
résistance *f* aux interférences *f/pl*	Störfestigkeit *f*	noise immunity

résistance f aux interférences f/pl	Störunempfindlichkeit f	immunity to EMI (electromagnetic interference) interference immunity
résistance f calorifique	Wärmebeständigkeit f	thermal resistivity heat resistance
résistance f d'équilibrage m	Abgleichwiderstand m	adjustable resistor balancing resistor
résistance f d'isolement m	Isolationsfestigkeit f Isolationswiderstand m	insulation strength insulating resistance
résistance f de boucle f	Schleifenwiderstand m	loop resistance
résistance f de contact m	Kontaktübergangswiderstand m	contact transition resistance
résistance f de fuite f	Ableitungswiderstand m	leak resistance (resistor)
résistance f de ligne f	Leitungswiderstand m	line resistance
résistance f de tarage m	Abgleichwiderstand m	adjustable resistor balancing resistor
résistance f diélectrique	Spannungsfestigkeit f	dielectric strength
résistance f fixe	Festwiderstand m	fixed resistor
résistance f partielle	Teilwiderstand m	partial resistor
résistance f passante (semiconducteur)	Gleichstrom- Durchlaßwiderstand m (Halbleiter m)	DC forward resistance (semiconductor)
résistance f terminale	Abschlußwiderstand m	terminal resistance
résolution f d'image f	Bildauflösung f	image resolution
résolution f de conflit m d'accès m	Auflösung f des Zugriffskonfliktes m	access coontention resolution
résolution f verticale	vertikale Auflösung f	vertical resolution
respectif	jeweilig	respective each time
restriction f	Einschränkung f	limitation restriction
résultat m (d'un contrôle m)	Prüfergebnis n	test result
retard m	Zeitverzögerung f	time delay
retard m au déclenchement m	Abfallverzögerung f	release delay delayed release
retard m d'appel m	Rufverzug m	post-dialing delay
retard m d'horloge f	Taktverzögerung f	clock delay
retard m de libération f	Auslöse-Verzögerungszeit f	release delay time
retard m de réponse f	Ansprechverzögerung f Meldeverzug m	response delay answering delay
retardé	verzögert	delayed
retirer	entfernen herausschalten, sich	remove withdraw
retombée f temporisée	Abfallverzögerung f	release delay delayed release
retour m	Abwurf m	return release
retour m d'appel m	Rückruf m Rufton m	callback recall ringing tone ringback tone
retour m d'appel m sur opérateur m	Abwurf m auf den Bedienplatz m	call return to attendant call return to operator
rétro-appel m	Rückfragegespräch n automatischer Rückruf m	consultation call refer-back call (Brit) call hold (Am)
rétro-appel m automatique	selbsttätige Rückfrage f	automatic refer-back
réveil m	Wecker m	telephone bell bell (Brit) ringer (Am)
réverbération f	Nachhall m	reverbertion double echo

RFT = renvoi *m* fixe temporisé	verzögerte, feste Rufumleitung *f*	delayed, fixed call forwarding
RG = répartiteur *m* général	Hauptverteiler *m* (HVT)	main distribution frame (MDF)
RHM = relations *f/pl* homme-machine	Mensch-Maschine-Verhältnis *n*	man-machine communication/man-machine dialog
RNIS = Réseau *m* Numérique à Intégration de Services	ISDN *n*	integrated services digital network (ISDN)
roder	einschleifen	loop in
ROM	Festspeicher *m*	read-only memory (ROM)
rondelle *f*	Scheibe *f*	washer
rondelle *f* éventail *m*	Zahnscheibe *f*	serrated washer
ronfleur *m*	Schnarre *f*	buzzer (ac)
	Summer *m*	
rose	rosa	pink
roue *f* de réglage *m*	Justierrad *n*	adjusting wheel
rouge	rot	red
rouleau *m* d'impression *f*	Druckrolle *f* (Drucker *m*)	print roll
routage *m*	Leitweglenkung *f*	alternate routing
	Nachrichtenpfad *m*	route advance (Am)
	Richtungsausscheidung *f*	information path
		transmission path
		direction selection
		route selection
		direction discrimination
routage *m* de faisceau *m*	Richtungsausscheidung *f* für Leitungsbündel *n/pl*	direct bundle selection
routage *m* de la connexion *f*	Amtsaufschaltung *f*	cut-in on exchange line
route *f*	Leitweg *m*	route
	Straßenverlauf *m*	
routine *f* d'interruption *f*	Interruptroutine *f*	interrupt routine
routine *f* de mise *f* sous tension *f*	Einschalteroutine *f* (ER)	power-up routine
rupture *f* de boucle *f*	Schleifenunterbrechung *f*	loop interruption
rythme *m* de scrutation *f*	Abfragetakt *m*	interrogation clock pulse

S

sac *m* en plastique *m*	Kunststoffbeutel *m*	plastic bag
saisie *f* de données *f/pl*	Datenerfassung *f* (EDV)	data acquisition (EDP)
		data collection
		data recording
saisie *f* de données *f/pl* de fabrication *f*	Fertigungsdatenerfassung *f*	production data gathering
saisie *f* de données *f/pl* industrielles	Betriebsdatenerfassung *f*	industrial data acquisition
saisie *f* de données *f/pl* matériel *m*	Materialdatenerfassung *f*	materials data gathering
saisie *f* des données *f/pl* concernant le poids *m*	Gewichtsdatenerfassung *f*	weight data gathering
saisir	eintasten	key in
sans fil *m*	drahtlos	wireless
sans ondulation *f*	Sauber *m* (nicht pulsierende Spannung *f*)	ripple-free
sans pertes *f/pl*	verlustlos (Leitung *f*)	zero-loss (circuit)
sans soudure *f*	lötfrei (Anschlußdraht auflegen)	solderless
sans tension *f*	spannungsfrei	stress-free
	spannungslos	without tension
		dead
		idle (electr.)
sas *m*	Schleuse *f*	sluice
		lock
satellite *m* de communications *f/pl*	Nachrichtensatellit *m*	communications satellite
satellite *m* expérimental de télécommunications *f/pl*	Versuchs-Nachrichten-Satellit *m*	experimental communications satellite
saturation *f*	Rufanzahlüberschreitung *f*	call rate overflow
saturation *f* de fréquence *f*	Frequenzknappheit *f*	congestion ... frequency
saut *m* de ligne *f*	Zeilenvorschub *m*	line feed
sauter	überspringen	skip
sauvegarde *f* cyclique	Umlaufspeicher *m*	cyclic storage
sauvegarde *f* de données *f/pl*	Datensicherung *f*	data protection
sauvegarde *f* de l'identification *f*	Identifizierungsspeicher *m*	identification store
sauvegarde *f* intermédiaire	Zwischenspeicherung *f*	buffering
sauvegarder	einspeichern	store
schéma *m*	Bild *n*	figure
	Schaltung *f*	picture
	Stromlaufplan *m*	illustration
		image
		circuit diagram
		schematic
schéma *m* de câblage *m*	Montageschaltplan *m*	installation wiring diagram
schéma *m* de circuit *m*	Schaltung *f*	circuit diagram
		schematic
schéma *m* de connexions *f/pl*	Bauschaltplan *m*	wiring diagram
schéma *m* de montage *m*	Aufbauzeichung *f*	component layout plan
schéma *m* de principe *m*	Prinzipschaltbild *n*	basic circuit diagram
		principle layout
schéma *m* des signaux *m/pl* d'horloge *f*	Taktschema *n*	timing scheme
schéma effectif	Wirkschaltplan *m*	effective circuit diagram

scintiller	blinken (Displayanzeige)	flashing
	flackern	blink
		flash
		flicker
		flutter
scrutation *f* (ordinateur *m*)	Abfrage *f* (Computer *m*)	scanning (computer)
scrutation *f* de données *f/pl*	Datenprüfung *f*	data validation
SDA = sélection *f* directe à l'arrivée *f*	Nebenstellendurchwahl *f*, Durchwahl (DUWA)	direct inward dialing (DID)
se déconnecter	herausschalten, sich ~	withdraw
se déloguer	abmelden, sich ~ (Programm *n*)	log off (program)
se mettre en file *f* d'attente *f*	Warten *n* auf Freiwerden *n*	camp on busy
		park on busy
		queuing
		camp on individual (Am)
se renseigner	abfragen	accept a call
		answer
		enquire (Brit)
		inquire (Am)
secret *m* des communications *f/pl* internes	geheimer Internverkehr *m*	internal call privacy
		secret internal traffic
secteur *m*	Bereich *m*	area
		range
		field
		sector
section *f*	Abschnitt *m*	section
section *f* (câble *m*)	Querschnitt *m* (Kabel *n*)	cross section (cable)
section *f* d'une ligne *f*	Leitungsteil *m*	line section
section *f* de commutation *f*	Koppelabschnitt *m*	switching section
section *f* par section *f*	abschnittweise	in sections
		section by section
section *f* routière	Straßenabschnitt *m*	road section
section *f* satellite *m*	Satellitenabschnitt *m*	satellite section
sécurité *f* de données *f/pl*	Datensicherheit *f*	data security
sécurité *f* de fonctionnement *m*	Betriebssicherheit *f*	operating reliability
		operational security
sécurité *f* de service *m*	Betriebssicherheit *f*	operating reliability
		operational security
sécurité *f* opérationelle	Betriebssicherheit *f*	operating reliability
		operational security
sécurité *f* vers fréquences *f/pl* parlées	Sprachsicherheit *f*	speech security
segment *m*	Abschnitt *m*	section
sélecteur *m* final	Leitungswähler *m*	final selector
sélection *f* à distance *f* de l'abonné *m* demandé	Selbstwählfernwahl *f*	subscriber trunk dialing
sélection *f* bas niveau *m*	Tiefpegelwahl *f*	low-level selection
sélection *f* de faisceaux *m/pl*	Bündelauswahl *f*	bundle selection
sélection *f* de groupe *m*	Gruppenauswahl *f*	group selection
sélection *f* de groupement *m*	Gruppenweiche *f*	group branching switch
sélection *f* de niveaux *m/pl* hauts	Hochpegelwahl *f*	high-level selection
sélection *f* de programme *m*	Programmauswahl *f*	program selection
sélection *f* de route *f*	Richtungsausscheidung *f*	direction selection
	Wegeauswahl *f*	route selection
		direction discrimination
		path selection
sélection *f* directe	Hereinwahl *f*	direct dial-in (DDI)
	Selbstwahl *f*	direct dialing
		automatic dialing

sélection *f* directe à l'arrivée *f* (SDA)	Durchwahl *f* (DUWA) Nebenstellendurchwahl *f*	direct inward dialing (DID)
sélection *f* directe programmée	Programmdirektwahl *f*	program direct selection
sélection *f* interurbaine automatique *f*	Fernwahl *f*	long-distance dialing trunk dialing
sélection *f* par clavier *m* pour courant *m* continu	Gleichstrom-Tastwahl *f*	DC push-button dialing
sélection *f* par induction *f*	Induktivwahl *f*	inductive dialing
sélectionner	wählen	dial
self *f*	Drossel *f*	choke
self *f* de garde *f* du réseau *m*	Amtshaltedrossel *f*	exchange line holding coil
semi-conducteur *m*	Halbleiter *m*	semiconductor
sens *m*	Richtung *f*	direction
sens *m* du trafic *f*	Verkehrsrichtung *f*	traffic direction
sensibilité *f*	Empfindlichkeit *f* (Meßgerät *n*)	sensitivity (measuring instrument)
sensibilité *f* aux interférences *f/pl*	Störempfindlichkeit *f*	interference susceptibility
sensibilité *f* relative du circuit *m* de garde *f*	Sprachschutzfaktor *m*	speech protection factor
sensibilité *f* relative du circuit *m* de signalisation *f*	Sprachschutzfaktor *m*	speech protection factor
sensible à la chaleur *f*	wärmeempfindlich	heat-sensitive
séparable	abnehmbar	dismountable removable
séparateur *m* de fichiers *m/pl*	Hauptgruppen-Trennzeichen *n*	file separator
séparation *f* de faisceaux *m/pl*	Bündeltrennung *f*	bundle separation
séparation *f* entre pistes *f/pl*	Leiterbahntrennung *f*	conductor track cut conductor track separation
séparer	trennen zerlegen	disconnect cut off separate disassemble
séquence *f*	Ablauffolge *f*	sequence
SER = service *m*	Dienst *m*/Betrieb *m*/Verkehr *m*	service/operation/traffic
série *f* de signaux *m/pl*	Zeichenfolge *f*	character string signal sequence
sérigraphie *f*	Siebdruck *m*	serigraphy screen printing process
serrure *f*	Schloß *n*	lock
serrure *f* à combinaison *f*	Zahlenkombinationsblockschloß *n*	numerical combination block lock
serrure *f* d'interdiction *f*	Sperrschloß *n*	barring facility
serti	gesickt	crimped creased flanged
sertir	crimpen wrappen	crimp wrap
serveur *m*	Server	server
service *m*	Dienst *m*	service
service *m* d'incendies *m/pl*	Feuerwehr *f*	fire department
service *m* d'information *f*	Bescheiddienst *m* Informationsdienst *m*	intercept service information service
service *m* d'informations *f/pl*	Hinweisdienst *m*	intercept service interception of calls service
service *m* d'interception *f* d'appels *m/pl* d'informations *f/pl*	Hinweisdienst *m*	intercept service interception of calls service
service *m* de circuit *m* de télécommunications *f/pl* permanent	Dienst *m* mit festen Verbindungen *f/pl* Festverbindungsdienst *m*	permanent circuit service permanent circuit telecommunication service

service *m* de circuit *m* de télécommunications *f/pl* réservé	Leitungsvoranmeldedienst *m* Reservierungsdienst *m*	reserved circuit service reserved circuit telecommunication service
service *m* de circuit *m* permanent	Dienst *m* mit festen Verbindungen *f/pl* Festverbindungsdienst *m*	permanent circuit service permanent circuit telecommunication service
service *m* de circuit *m* réservé	Leitungsvoranmeldedienst *m* Reservierungsdienst *m*	reserved circuit service reserved circuit telecommunication service
service *m* de nuit *f*	Nachtschaltung *f*	night service night switching
service *m* de radio TV par satellite *m*	Satelliten-Rundfunkdienst *m*	satellite radio TV service
service *m* de recherche *f* de personnes *f/pl*	Funkrufdienst *m*	paging-service number
service *m* de renseignements *m//*pl	Auskunftsdienst *m*	information service
service *m* de renseignements *m/pl* téléphoniques	Rufnummernauskunft *f*	directory information service
service *m* de réveil *m*	Weckdienst *m*	wake-up service
service *m* de sécurité *f*	Sicherheitsdienst *m* Sicherheitsservice *m*	security service
service *m* de téléaction *f*	Fernwirkdienst *m*	teleaction service
service *m* de télécommunications *f/pl*	Fernmeldedienst *m* Telekommunikationsdienst *m*	telecommunication service telephone service
service *m* de télémesure *f*	Telemetriedienst *m*	telemetry service
service *m* de transmission *f*	Übermittlungsdienst *m*	bearer service
service *m* des abonnés *m/pl* absents	Abwesenheitsdienst *m*	absent-subscriber service
service *m* des annonces *f/pl*	Ansagedienst *m*	recorded information service
service *m* en parallèle *f*	Parallelbetrieb *m*	parallel operation parallel mode
service *m* horaire	Zeitdienst *m*	timekeeping service
service *m* international	Selbstwähl-Auslandsverbindung *f*	subscriber-dialed international call
service *m* interurbain automatique	Selbstwählferndienst *m*	subscriber trunk dialing service
service *m* local de recherche *f* de personnes *f/pl* par radio *f*	Stadtfunkrufdienst *m* (SFuRD)	city radio-paging service
service *m* simple de données *f/pl*	einfacher Datendienst *m*	simple data service
service *m* spécial	Sonderdienst *m*	special service
service *m* support *m*	Unterstützungsdienst *m*	bearer service
service *m* téléphonique	Fernmeldedienst *m*	telecommunication service telephone service
service *m* urbain	Ortsverkehr *m*	local traffic
service *m* urbain des télécommunications	Ortsvermittlungsstelle *f* (OVSt)	local office local exchange
service de demandes *f/pl*	Anforderungsdienst *m*	demand service
services *m/pl* à valeur *f* ajoutée	Mehrwertdienste *m/pl*	value-added services
seuil *m*	Schwellwert *m*	threshold value
seuil *m* de réponse *f*	Ansprechschwelle *f*	response threshold threshold
seul	einzeln	single

seulement en cas *m* de nécessité *f*	nur bei Bedarf *m*	only if required optional
SFERT = système *m* fondamental de référence *f* pour la transmission *f* téléphonique	Ureichkreis *m*	master telephone transmission reference system
shunt *m*	Kurzschlußbügel *m*	shorting plug
SIA = signal *m* indicateur *m* d'alarme *f* (en MIC)	Alarmsignalgeber *m* (bei PCM)	alarm indicator
signal *m*	Signal *n* Zeichen *n*	signal character symbol
signal *m* (temporel) discret	diskret-getaktetes Signal *n*	discretely-timed signal
signal *m* acoustique	akustisches Zeichen *n*	audible signal
signal *m* analogique	Analogsignal *n* analoges Kennzeichen *n*	analogue signal
signal *m* audible	akustisches Zeichen *n*	audible signal
signal *m* continu	Dauerkennzeichen *n*	continuous signal
signal *m* d'accusé *m*	Quittungszeichen *n*	acknowledgment signal receipt signal
signal *m* d'acquit *m*	Empfangsbestätigung *f*	reception confirmation acknowledgement signal
signal *m* d'acquit *m* de libération *f*	Auslösequittungszeichen *n*	release guard signal
signal *m* d'acquit *m* de prise *f*	Rückbelegung *f*	seizing acknowledgement signal
signal *m* d'alarme	Alarmmeldung *f*	alarm signal
signal *m* d'alarme *f*	Störungssignal *n*	alarm signal trouble signal
signal *m* d'appel *m*	Anrufsignal *n* Anrufton *m*	calling signal ringing tone
signal *m* d'appel *m* d'abonné *m*	Teilnehmerruf *m*	subscriber ringing signal
signal *m* d'appel *m* réseau *m*	Fernkennzeichen *n*	trunk call signal
signal *m* d'effacement *m*	Löschsignal *n*	erase signal
signal *m* d'entrée *f* en tiers *m* de l'operatrice *f*	Eintretezeichen *n*	intrusion tone intervention tone
signal *m* d'impulsion *f* d'appel *m*	Wahlbegleitzeichen *n*	pulse supervisory signal
signal *m* d'invitation *f* à numéroter	Amtszeichen *n*	dial tone
signal *m* d'occupation *f*	Wahlabrufzeichen *n* Belegungssignal *n* Besetztzeichen *n*	proceed-to-select signal seizing signal busy signal busy tone
signal *m* d'offre *f*	Anbietezeichen *n*	offering signal
signal *m* de base *f*	Grundsignal *n* (Takt *m*)	basic signal (clock pulse)
signal *m* de blocage *m*	Sperrsignal *n*	blocking signal
signal *m* de commutation *f*	Durchschaltesignal *n*	through-connection signal
signal *m* de confirmation *f*	Rückmeldung *f*	answer back acknowledge message reply
signal *m* de confirmation *f* d'appel *m*	Anrufbestätigung *f*	call confirmation signal
signal *m* de connexion *f*	Schaltsignal *n*	switch signal
signal *m* de contrôle *m* à distance *f*	Fernwirksignal *n*	remote-control signal
signal *m* de début *m*	Beginnzeichen *n*	answer signal start signal
signal *m* de début *m* de numérotation *f*	Wähleinleitungszeichen *n* Wahlbeginnzeichen *n*	start-of-selection signal proceed-to-dial signal dial beginning request

signal *m* de fin *f* de numérotation *f*	Wahlendezeichen *n*	end of dialing signal end of clearing signal end-of-selection signal
signal *m* de libération *f*	Schlußzeichen *n*	clear-back signal disconnect signal
signal *m* de libération *f* (de ligne *f*)	Auslösezeichen *n*	release signal
signal *m* de ligne *f*	Leitungssignal *n* Leitungszeichen *n*	line signal
signal *m* de mise *f* en garde *f*	Aufmerksamkeitssignal *n*	special information signal
signal *m* de numérotation *f*	Amtszeichen *n* Wahlaufforderungszeichen *n*	dial tone dialing request signal proceed-to-dial signal
signal *m* de parole *f*	Sprachsignal *n*	speech signal
signal *m* de prise *f*	Belegungssignal *n*	seizing signal
signal *m* de raccrochage *m*	Einhängezeichen *n*	on-hook clearing signal
signal *m* de réception *f*	Quittungszeichen *n*	acknowledgment signal receipt signal
signal *m* de registre *m*	Registersignal *n* Registerzeichen *n*	register character register mark register signal
signal *m* de réponse *f*	Beginnzeichen *n* Meldesignal *n*	answer signal start signal answering signal
signal *m* et horloge *f* de groupe *m*	Gruppensignal- und Zeittaktgeber *m*	group signal and clock
signal *m* inverse	Rückwärtszeichen *n*	backward signal
signal *m* lumineux d'occupation *f*	Besetztanzeige *f* Besetztschauzeichen *n*	busy lamp display visual busy indicator
signal *m* lumineux de prise *f*	Besetztanzeige *f*	busy lamp display
signal *m* multiple	Signalvielfach *n*	signal multiple
signal *m* numérique	Digitalsignal *n* digitales Signal *n*	digital signal
signal *m* télévisuel	Fernsehsignal *n*	TV signal
signalisation *f*	Kennzeichengabe *f* Kennzeichnung *f* Schaltkennzeichengabe *f* Signalgabe *f* Signalisierung *f* Zeichengabe	signaling signal transmission
signalisation *f* à fréquences *f/pl* vocales	Tonfrequenzsignalisierung *f*	VF/AF-signaling
signalisation *f* collective de réseau *m*	Allgemeiner Anruf *m*	common ringing
signalisation *f* collective des appels *m/pl*	Allgemeiner Anruf *m*	common ringing
signalisation *f* d'appel *m* en instance	anklopfen	knocking
signalisation *f* dans la bande *f*	Signalisierung *f* im Sprachband *n*	inband signaling
signalisation *f* dans le créneau *m* temporel	Inband-Kennzeichengabe *f*	in-slot signalling
signalisation *f* de bout *m* en bout *m*	durchgehende Signalisierung *f*	end-to-end signaling
signalisation *f* de proche en proche	Signalisierung *f*, abschnittweise	link-by-link signaling
signalisation *f* des appels *m/pl* en attente *f*	Signalisierung *f* wartender Gespräche *f/pl*	automatic ring back on held calls

signalisation *f* en courant *m* continu	Gleichstromsignalisierung *f*	DC signaling
signalisation *f* hors bande *f*	Signalisierung *f* außerhalb des Sprachbandes	outband signaling
signalisation *f* hors bande *f* pour système *m* à porteuse	systemeigene Wahl *f*	outband signaling for carrier system
signalisation *f* hors créneau *m* temporel	Außenband-Kennzeichengabe *f* Außenband-Signalisierung *f*	out-slot signaling
signalisation *f* inter-centraux *m/pl*	Ämtersignalisierung *f*	interexchange signaling
signalisation *f* manuelle	Morseruf *m*	manual signaling
signalisation *f* multifréquence *f*	Mehrfrequenzsignalisierung *f* Multifrequenzverfahren *n* (MFV)	dual-tone multifrequency signaling (DTMF)
signalisation *f* par canal *m* sémaphore	Zentralkanal-Zeichengabe *f*	common channel signaling
signalisation *f* par courant *m* alternatif	Wechselstromsignalisierung *f*	ac signaling
signalisation *f* par éléments *m/pl* numériques vocaux	Sprachband-Signalisierung *f*	speech digit signaling
signalisation *f* par impulsions *f/pl*	Impulskennzeichen *n* (IKZ) Impulssignalisierung *f*	pulse signal pulse signaling
signalisation *f* par rupture *f* de boucle *f*	Hauptanschluß-Kennzeichen *n* (HKZ)	loop-disconnect signaling
signalisation *f* par section *f*	abschnittweise Signalisierung *f*	link-by-link signaling
signalisation *f* par système *m* asservi	Zwangslaufverfahren *n*, Signalisierung im ~	compelled signaling
signalisation *f* section *f* par section *f*	Signalisierung *f*, abschnittweise	link-by-link signaling
signalisation *f* simultanée	simultane Zeichengabe *f*	simplex signaling
signalisation *f* sur voie *f* commune	Zeichengabe *f* mit gemeinsamen Zeichenkanal *m*	common channel signaling
signalisation *f* voie *f* par voie *f*	assoziierte Kanalzeichengabe *f* kanalgebundene Signalisierung *f*	channel associated signaling
signaux *m/pl* audibles	Hörtöne *m/pl*	audible tones
signaux *m/pl* de baie *f*	Buchtsignale *n/pl*	bay signals
signaux *m/pl* de groupe *m*	Gruppensignale *n/pl*	group signals
signaux *m/pl* tonalités *f/pl*	Hörtöne *m/pl*	audible tones
signe *m*	Zeichen *n*	character symbol
simple face *f*	einseitig	single-sided one way
simulateur *m* de connexion *f* périphérique *m*	Peripherie-Anschluß-Simulator *m* (PAS)	peripheral connection simulator
sinusoïdal	sinusförmig	sinusoidal
socle *m*	Fußrahmen *m* Sockel *m*	base frame base
socle *m* à fiches *f/pl*	Stecksockel *m*	plug holder
sol *m*	Boden *m*	base
solutions *f/pl* de mise *f* en réseau *m*	Vernetzungslösungen *f/pl*	networking solutions
sommaire *m*	Inhaltsverzeichnis *n*	index table of contents
sommet *f*	Oberteil *n*	upper part
sonde *f* de température *f*	Temperaturfühler *m*	temperature sensor temperature feeler
sonner	rufen (läuten)	ringing ring ring up

sonnerie *f*	Ruf *m*	call
	Ruforgan *n*	ringing unit
	Rufton *m*	ringing tone
	Tonruf *m*	ringback tone
		VF ringing
		tone ringing
sonnerie *f* différenciée	Ruf *m*, unterschiedlicher	distinctive ring
sortant	abgehend	outgoing
sortie *f*	Ausgabe *f*	edition
		output
sortie *f* machine *f*	Ausdruck *m*	print-out
souder	einlöten	solder
soumis à la taxe *f*	gebührenpflichtig	chargeable
source *f* d'erreurs *f/pl*	Fehlerquelle *f*	error source
source *f* de données *f/pl*	Datenquelle *f*	data source
sous-adressage *m*	Subadressierung *f* (Unteradressierung *f*)	sub-addressing
sous-central *m*	Unteranlage *f*	satellite exchange
		sub-exchange
sous-module *m*	Submodul *n*	submodule
	Unterbaugruppe *f*	
sous-programme *m*	Unterprogramm *n* (EDV)	sub-routine (EDP)
sous-programme *m* d'interruption *f*	Interruptroutine *f*	interrupt routine
soutenu en traction *f*	Zugentlastung *f*	pull relief
		strain relief
SPA = spécialisé départ *m*	gehend gerichtet	outgoing
SPB = ligne *f* réseau *m* arrivée	kommende Fernleitung *f*	incoming trunk line
SPB = spécialisé arrivée *f*	kommend gerichtet	incoming
spécification *f* d'interface *f*	Schnittstellenspezifikation *f*	interface specification
spécification *f* d'interface *f* physique (interface physique)	physikalische Schnittstellenspezifikation *f*	physical interface specification (physical interface)
spécification *f* technique	technische Daten *f/pl*	technical data
		technical specification
spécifique	spezifisch	specific
stabilité *f*	Stabilität *f*	stability
standard *m*	Platzgruppe *f*	position group
standard *m* manuel	Handvermittlungsplatz *m*	manual operator position
station *f* au sol *m*	Bodenstation *f*	earth station
	Erdfunkstelle *f*	
station *f* caméra *f*	Kamerastation *f*	camera station
station *f* d'amplification *f*	Verstärkerstation *f*	amplifier station
station *f* de base *f*	Basisstation *f*	base station
station *f* de radio-diffusion *f*	Rundfunkanstalt *f*	broadcasting corporation
		broadcasting station
station *f* de réception *f* satellite *m*	Satellitenempfangsstelle *f*	satellite reception station
station *f* de recherche *f* de personnes *f/pl*	Funkruf-Feststation *f*	paging base station
station *f* de télécommunication *f*	Telekommunikationsmedium *n*	telecommunications station
station *f* de télédiffusion *f*	Fernsehanstalt *f*	TV broadcasting corporation
		TV broadcasting station
station *f* de tête *f*	Kopfstation *f*	hed-end station
station *f* de travail *m* principale	Master Arbeitsplatz *m*	master workstation
station *f* émettrice	Sendestation *f*	broadcasting station
station *f* mobile ondes *f/pl* courtes	mobile Richtfunkstation *f*	mobile microwave station
station *f* relais *m*	Relaisstation *f*	relay station
		repeater station

station *f* relais *m* à micro-ondes *f/pl*	Richtfunkrelaisstation *f*	microwave relay station
station *f* répétrice	Relaisverstärker *m*	relay repeater
station *f* télétext *m*	Teletexstation *f*	teletex station
stimuler	anregen (Pulsfolge *f*)	stimulate (pulse train)
strap *m*	Drahtbrücke *f*	strap
		wire bridge
		jumper
strap *m* à souder	Lötbrücke *f*	solder jumper
		strap
strap *m* de fil *m*	Blankdrahtbrücke *f*	bare wire strap
strap *m* enfichable	Steckbrücke *f*	jumper plug
strap *m/pl*	Drahtbrücken *f/pl* -Zweipunktverbindung *f*	jumpers 2-point connection
straper	überbrücken	bridge
		jumper
straps *m/pl*	Brücken *f/pl*	bridges
		links
structure *f* d'interface *f*	Schnittstellenstruktur *f*	interface structure
structure *f* du réseau *m*	Netzstruktur *f*	network structure
studio *m* de télévision *f*	Fernsehstudio *n*	television studio
suffixe *m*	Kennung *f*, nachgesetzte	suffix
	Nachwahl *f*	suffix dialing
		subsequent dialing
		postdialing
suiveur *m* de communications *f/pl*	rückwärtsverfolgen	call tracing
suivez-moi *m*	Rufmitnahme *f* (follow me)	follow me
	Rufumleitung *f*	call diversion
		call forwarding
surveillance *f* par télévision *f*	TV-Überwachung *f*	TV supervision
supervision *f*	Gesamtsteuerung *f*	overall control
supervision *f* du temps *m* d'occupation *f*	Belegt-Zeitüberwachung *f*	holding time supervision
supplément *m*	Nachtrag *m*	addendum
	Zusatz *m*	addenda
		supplement
		supplementary unit
		attachment
supplémentaire	hinzu, kommt hinzu	added
support *m*	Bügel *m*	bracket
	Gestell *n*	brace
		rack
support *m* de données *f/pl*	Datenträger *m*	data support
suppression *f* de l'interférence *f*	Störunterdrückung *f*	noise suppression
suppression *f* de la friture *f*	Knackschutz *m*	click suppression
		acoustic shock absorber
suppression *f* des impulsions *f/pl*	Impulsunterdrückung *f*	pulse absorbtion
		pulse suppression
supprimé	entfällt	omitted
	unterdrückt	deleted
		dropped
		not required
		suppressed
surcharge *f*	Überlastung *f*	overload
surcharge *f* de faisceau *m*	Bündelüberlauf *m*	bundle overflow
surcharge *f* de trafic *m*	Verkehrsüberlastung *f*	traffic overload
		traffic overflow
surcharge *m* de trafic *m*	Engpass *m*	traffic bottleneck

surchauffe *f*	Burn-in *m* (Einbrennen *n*)	burn-in
surface *f*	Oberfläche *f*	surface
surtension *f*	Überspannung *f*	overvoltage
surtension *f* à l'état *m* bloqué	Stoßsperrspannung *f* (Transistor *m*)	surge reverse voltage (transistor)
surveillance *f*	Überwachung *f* (UEB)	supervision monitoring
surveillance *f* à distance *f*	Fernüberwachung *f*	long-distance monitoring
surveillance *f* centrale	zentrale Überwachung *f*	central monitoring central supervision
surveillance *f* d'erreurs *f/pl*	Fehlerüberwachung *f*	error control
surveillance *f* de niveau *m*	Pegelüberwachung *f*	level monitoring
surveillance *f* du réseau *m*	Netzüberwachung *f*	mains supervision
surveillance *f* du trafic *m*	Verkehrsüberwachung *f*	traffic monitoring
surveillance *f* par télévision *f*	TV-Überwachung *f*	TV supervision
surveillance *f* système *m*	Betriebsüberwachung *f*	monitoring operating observation
surveiller	mithören	monitor listen
symbole *m*	Zeichen *n*	character symbol
symétrie *f*	Symmetrie *f*	symmetry balance
synchrone avec l'horloge *f*	taktsynchron	clock-synchronous
synchronisation *f*	Einphasung *f* Synchrontakt *m* (ESY)	sync clock phase-in
synthétiseur *m* vocal	Sprachsynthesizer *m*	speech synthesizer
système *m* à attente *f*	Wartesystem *n*	delay system
système *m* à bande *f* étroite	Schmalbandsystem *n*	narrowband system
système *m* à basse fréquence *f*	Tieftonsystem *n*	low-frequency system
système *m* à commande *f* directe	System *n*, direkt gesteuert	direct-control system
système *m* à commande *f* indirecte	indirekt gesteuertes System *n*	indirect-control system
système *m* à contrôle *m* direct	direkt gesteuertes System *n*	direct-control system
système *m* à éléments *m/pl* standardisés	Baukastenprinzip *m*	modularity modular concept modular principle
système *m* à micro-ondes *f/pl*	Richtfunksystem *n*	microwave radio system
système *m* à onde *f* commune	Gleichwellen-System *n*	common wave system
système *m* à perte *f*	Verlustsystem *n*	loss system
système *m* acoustique d'écriture *f* de données *f/pl*	akustisches Datenerfassungssystem *n*	acoustic data entry system
système *m* acoustique d'entrée *f* de données *f/pl*	Dialoggerät *n*	Acoustic Data Entry system
système *m* analogique	Analogsystem *n*	analog system
système *m* asservi	Zwangslaufverfahren *n*	compelled signaling system
système *m* avec mémorisation *f* intermédiaire	Teilstreckentechnik *f*	message switching store-and-forward principle
système *m* bande *f* moyenne	Mittelbandsystem *n*	medium system
système *m* courtier *m*	Makleranlage *f*	brogerage system
système *m* d'abonné *m*	Teilnehmersystem *n*	subscriber system
système *m* d'acquisition *f* de données *f/pl*	Datenerfassungssystem *n*	data acquisition system
système *m* d'affichage *m*	Anzeigesystem *n*	display system
système *m* d'alarme *f*	Gefahrenmeldeanlage *f*	danger alarm system
système *m* d'alarme *f* anti-vol *m*	Überfallmeldesystem *n*	hold-up alarm system
système *m* d'alarme *f* incendie *m*	Brandmeldesystem *n*	fire-alarm system
système *m* d'alarme *f* interne	Hausnotrufsystem *n*	in-house emergency alarm system

système *m* d'alarme *f* radio *f*	Funkalarmsystem *n*	radio alarm system
système *m* d'allocation *f* d'appels *m/pl*	Anrufverteilsystem *n*	call distribution system
système *m* d'annonces *f/pl*	Beschallungsanlage *f* Beschallungssystem *n*	plublic address (PA) system
système *m* d'antenne *f*	Antennensystem *n*	antenna system
système *m* d'appel *m*	Rufsystem *n*	call system
système *m* d'appel *m* courtier *m*	Makleranlage *f*	brogerage system
système *m* d'enregistrement *m*	Aufzeichnungssystem *n*	recorder system
système *m* d'enregistrement *m* par caméra *f*	Kamera-Aufzeichnungssystem *n*	TV camera recording system
système *m* d'horloge *f*	Taktversorgung *f*	clock pulse supply clock supply
système *m* d'horloge *f* du bus *m*	Taktsystem *n* Sammelschiene *f* (TSS)	bus system clock
système *m* d'horloge *f* du group *m*	Taktsystem *n* Gruppe *f* (TSG)	group system clock
système *m* d'identification *f*	Kennungssystem *n*	identification system
système *m* d'information *f* à usage *m* interne	innerbetriebliche Informationswesen *n*	intracompany information system
Système *m* d'information *f* et navigation *f* Berlin	Leit- und Informationssystem *n* Berlin (LISB)	Navigation Information System Berlin (LISB)
système *m* d'information *f* et recherche *f* de personnes *f/pl*	Personenruf- und Informationsanlage *f*	radiopaging and information system
système *m* d'intercommunication *f*	Gegensprechanlage *f* Reihenanlage *f*	two-way intercom system intercom system key system
système *m* d'interrogation *f*	Auskunftssystem *n*	information system
système *m* d'opération *f* partagé	verteiltes Betriebssystem *n*	distributed operating system
système *m* de contrôle *m* de trafic *m*	Verkehrsleitsystem *n*	traffic-control system
système *m* de communication *f* privé	privates Kommunikationssystem *n*	private communication system
système *m* de communication *f* spatiale	Raumvielfachsystem *n*	space-division multiplex system
système *m* de communications *f/pl*	Kommunikationssystem *n*	communication system
système *m* de commutation *f*	Vermittlungssystem *n*	switching system
système *m* de commutation *f* numérique	EWSD	digital switching system
système *m* de commutation *f* temporelle pour la parole *f*	Zeitmultiplexsystem *n* für Sprachübermittlung *f*	time-division multiplex system for speech transmission
système *m* de commutation *f* temporelle	zeitmultiplexes Vermittlungssystem *n*	time-division multiplex switching system
système *m* de composants *m/pl*	Komponentenanlage *f*	component system
système *m* de construction *f*	Aufbausystem *n* Bauweise *f*	module system construction design style
système *m* de construction *f* sur rail *m*	Schienenbauweise *f*	bar-mounted execution bar-mounted construction bar-mounted design bar-mounted style
système *m* de contrôle *m* à distance *f*	Fernwirkanlage *f*	remote-control systems
système *m* de contrôle *m* du son *m*	Tonregie-Anlage *f*	sound-control system
système *m* de contrôle *m* et affichage *m*	Anzeige- und Bediensystem *n*	display and control system

système *m* de détection *f* d'incendie *m*	Feuermeldesystem *n*	fire-detection system
système *m* de distribution *f*	Verteilsystem *n*	distributor system
système *m* de données *f/pl*	Datensystem *n*	data system
		data-processing system
système *m* de données *f/pl* radio	RDS	Radio Data System (RDS)
système *m* de génération *f* des impulsions *f/pl* d'horloge *f* du groupe *m*	Takterzeugungssystem *n* (TSE)	clock generator system
système *m* de gestion *f* temporelle	Zeitwirtschaftssystem *n*	time-management system
système *m* de lignes *f/pl* intermédiaires	Zwischenleitungssystem *n*	link system
système *m* de mise *f* à la terre *f*	Erdung *f*	grounding system
		earthing (Brit)
système *m* de mixage *m* du son *m*	Tonmischanlage *f*	sound-mixing system
système *m* de moniteur *m* vidéo *f*	Fernsehüberwachungssystem *n*	video monitor system
système *m* de multiplex *m* spatial	Raumvielfachsystem *n*	space-division multiplex system
système *m* de multiplexage *m* temporel	Zeitvielfachsystem *n*	time-division multiplex system
système *m* de navigation *f*	Fahrzeugnavigationssystem *n*	vehicle navigation system
système *m* de numérotation *f* décimale	Impulswahlverfahren *n* (IWF)	pulse dialing method
		pulse dialing system
		pulse dialing principle
système *m* de protection *f* des objets *m/pl*	Objektschutzsystem *n*	property-protection system
système *m* de radio *f* mobile	mobiles Funksystem *n*	mobile radio system
système *m* de radioguidage et d'information *f* routière	Autofahrer-Leit- und Infosystem *n* (ALI)	Route Guidance and Info system (ALI)
système *m* de radio-téléphone *m*	Funkfernsprechsystem *n*	radio telephone system
système *m* de réception *f* de communications *f/pl* par satellite *m*	Satelliten-Kommunikations-Empfang *m* (SKE)	sat communications reception system (SKE)
système *m* de réception *f* satellite	Satellitenempfänger *m*	satellite receiving system
système *m* de recherche *f* de personnes *f/pl*	Personensuchanlage *f*	paging system
		staff-location system
		paging device
système *m* de reconnaissance de la voix *f*	Spracherkennungssystem *n*	speech-recognition system
système *m* de réduction *f* de bruit *m*	Rauschunterdrückungssystem *n*	noise-reduction system
système *m* de relais *m* pour oberservation *f* d'une table *f*	Platzkontroll- und Mithörrelaissatz *m*	position control and monitoring relay set
système *m* de repérage *m* de véhicules *m/pl* pour les véhicules d'intervention *f*	Ortung *f* von Kraftfahrzeugen *n/pl* für Einsatzfahrzeuge *n/pl*	automatic vehicle location system for fleet management (OKE)
système *m* de reproduction *f* de la voix *f*	Sprachausgabesystem *n* (SPRAUS)	voice reproduction system
système *m* de réservation *f*	Buchungsanlage *f*	Automatic Call Distributor (ACD)
		automatic call distribution (ACD) system
		reservation system
système *m* de saisie *f* vocal	Spracheingabesystem *n*	voice entry system
système *m* de scrutation *f*	Abtastsystem *n*	scanning system
système *m* de sécurité *f*	Sicherheitssystem *n*	security system

système *m* de sécurité *f* de plain champ *m*	Freilandsicherung *f*	security system for open field
système *m* de sélection *f* numérique	Digital Wählsystem *n*	digital dialing system
système *m* de service *m* horaire	Zeitdienstanlage *f*	time-service system
système *m* de signalisation *f*	Signalisierungsverfahren *n*	signaling system
système *m* de signalisation *f* lumineuse	Lichtrufsystem *n*	signal light system
système *m* de signalisation *f* par voie *f* commune	zentrales Zeichenabgabesystem *n*	common-channel signaling system
système *m* de taxation *f* (principe)	Gebührengestaltung *f*	rate structure
système *m* de télécommunication *f*	Fernmeldeanlage *f* Telekommunikationsanlage *f*	telecommunications system
système *m* de télécommunications *f/pl* par fibre *f* optique	Fernmeldekabelanlage *f*	fiber-optic telecommunications system
système *m* de transmission *f* de text *m* Bosch	Bosch-Text-Übertragungssystem *n*	Bosch text transmission system (BOTE)
système *m* de transmission *f* optique	optische Übertragungssystem *n*	optical transmission system
système *m* en duplex *m*	Gegenanlage *f*	opposite system distant system
système *m* fondamental de référemce *f* pour la transmission *f* téléfonique SFERT	Ureichkreis *m*	master telephone transmission reference system
système *m* large bande *f*	Breitbandsystem *n*	broadband system
système *m* MIC	PCM-System *n*	PCM system
système *m* modulaire	Bausteinsystem *n*	modular system
système *m* multiple à répartition *f* dans le temps *m*	Zeitmultiplexsystem *n*	time-division multiplex system
système *m* multiplex *m*	Multiplexsystem *n*	multiplex system
système *m* multi-poste *m* modulaire	modulares Mehrplatzsystem *n*	modular multi-user system
système *m* non bloquant	blockierungsfrei (Durchschaltung *f*)	non-blocking (switching)
système *m* numérique	Digitalsystem *n*	digital system
système *m* numérique de commutation *f* publique	öffentliches Digital-Vermittlungssystem *n*	public digital switching system
système *m* numérique grande capacité *f*	digitales Großsystem *n*	large-scale digital system
système *m* ondes *f/pl* courtes à large bande *f*	Breitbandrichtfunksystem *n*	broadband microwave radio system
système *m* piloté par programme *m* gravé en mémoire *f*	speicherprogrammgesteuertes System *n*	stored-program control system (SPC)
système *m* radio *f*	Funksystem *n*	radio system
système *m* radio à micro-ondes *f/pl*	Richtfunk *m*	microwave system radio-relay system
système *m* téléphonique	Fernsprechsystem *n*	telephone system
système *m* téléphonique à grande capacité *f*	Groß-Fernsprechsystem *n*	large-capacity telephone system
système *m* temporel	Zeitvielfachsystem *n*	time-division multiplex system
système *m* véhicule	Fahrzeugsystem *n*	in-car system
système de trafic *m* longue distance *f*	Weitverkehrsystem *n*	long-distance traffic system
systèmes *m/pl* de communications *f/pl* publics	öffentliche Kommunikationssysteme *n/pl*	public communications systems
systèmes *m/pl* de transmission *f* (d'information *f*)	Nachrichtenübertragungs-systeme *n/pl*	transmission systems
système *m* d'enregistrement *m* horaire	Zeiterfassungssystem *n*	time-recording system

T

table f d'extension f du faisceau m	Bündelerweiterungstabelle f	bundle expansion table
table f d'opératrice f	Vermittlungstisch m	operator desk
	Abfragetisch m	operator console
table f de mesure f	Meßplatz m	test station
table f de mixage m	Mischpulte n/pl	mixer control panel
table f des matières f/pl	Inhaltsverzeichnis n	index
		table of contents
tableau m d'affichage m	Anzeigetafel f	display panel
tableau m d'affichage m matriciel	Vollmatrixtafel f	full-matrix display board
	matrixfähige Anzeigentafel f	matrix-capable display panel
tableau m d'attente f	Wartefeldanzeige f	waiting field display
		queuing field display
tableau m d'entrée f	Eingangsfeld n	input panel
tableau m d'opérateur m	Bedientableau n	operator panel
tableau m de commande f	Bedienfeld n	control panel
tableau m de fiches f/pl programme	Programmsteckerfeld n	program plug panel
tableau m de signalisation f de groupe m	Gruppensignalfeld n	group signaling panel
tableau m des voyants m/pl d'occupation f	Besetztlampenfeld n	busy lamp panel
tabulateur m	Zahlengeber m	keysender
TAF = type m d'affichage m	Anzeigeart f	type of display
taille f	Abmessung f	dimension
taille f de faisceaux m/pl	Bündelstärke f	bundle size
taille f du faisceau m	Bündelgröße f	bundle size
tampon m	Puffer m	buffer
	Zwischenspeicher m	intermediate electronic memory
		intermediate electronic buffer
		buffer memory
tamponné	gepuffert	buffered
tarif m	Gebühr f	charge
		fee
tarif m de nuit f	Nachttarif m	night-time rate
		overnight rate
tarif m de nuit f (réduit)	verbilligter Nachttarif m	reduced night-time rate
tarif m de taxation f	Gebührentarif m	call charge rate
		tariff rate
tarif m forfaitaire	Pauschaltarif m	flat-rate tariff
tarif m heures f/pl creuses	gebührengünstig	cheap-rate period
		low-rate
tarif m interurbain	Ferntarif m	long-distance rate
tarif m local	Ortstarif m	local tariff
tarif m réduit	verbilligter Tarif m	reduced rate
tarif m urbain	Ortstarif m	local tariff
tarification f	Gebührentarif m	call charge rate
		tariff rate
taux m d'affaiblissement m (d'une ligne f)	Dämpfungsmaß n (einer Leitung f)	attenuation measure (of a line)
		attenuation constant
		attenuation equivalent
taux m d'erreurs f/pl	Fehlerrate f	error rate
taux m d'impulsion f d'erreur f	Fehlerimpulshäufigkeit f	error pulse rate
taux m d'utilisation f de la ligne f	Leitung f, Ausnutzungsgrad m einer Leitung	line utilization rate

taux *m* de pannes *f/pl*	Ausfallhäufigkeitsdichte *f*	failure density
	Ausfallrate *f*	failure rate
taxable	gebührenpflichtig	chargeable
taxation *f*	Gebührenberechnung *f*	call rate accounting
	Gebührenerfassung *f*	call charging
		call charge registration
		call charge recording
		call metering
		SMDR (Am)
taxation *f*		
taxation *f* centralisée	zentrale Gebührenerfassung *f*	centralized call charge recording
		CAMA (Am)
taxation *f* d'abonnés *m/pl*	Teilnehmergebührenerfassung *f*	extension call charge recording
taxation *f* des abonnés *m/pl*	Gebührenzählung *f* (Nebenstelle)	call charge metering (extension)
taxation *f* en fonction *f* de la durée *f*	Zeittarif *m*	time tariff
taxation *f* inverse	Wechsel *m* der Gebührenpflicht *f*	reversed charges
taxation *f* multiple	Mehrfachzählung *f*	multi-metering
taxation *f* périodique au cours *m* d'une communication *f*	Mehrfachzählung *f* während einer Verbindung *f*	periodic metering during a connection
taxation *f* simple	Einfachzählung *f*	single metering
	einmalige Gebühr *f*	nonrecurring charge
		one-time charge
taxe *f*	Gebühr *f*	charge
		fee
taxe *f* de base *f*	Grundgebühr *f*	fixed charge
taxe *f* forfaitaire	Pauschalgebühr *f*	flat fee
		flat rate
		bulk connection charge
		flat connection charge
taxe *f* locale	Ortsgebühr *f*	local rate
		local call fee
taxe *f* minimum	Mindestgebühr *f*	minimum charge
		minimum fee
taxer	Gebühren *f/pl* zuschreiben	allocate the charges to the caller
taxes *f/pl* internationales	Auslandsgebühren *f/pl*	international call charge rates
taxeur *m*	Tarifgerät *n*	tariff zoner
		rate meter
taxiphone *m*	Münzfernsprecher *m*	coin telephone
		payphone (Am)
TC = type *m* de conversation *f*	Gesprächsart *f*	type of call
technique *f*	Technik *f*	technology
		engineering
technique *f* audio	Audiotechnik *f*	audio engineering
technique *f* d'échantillonage *m*	Abtast- und Haltetechnik *f*	sample-and-hold technique
technique *f* de communication *f*	Kommunikationstechnik *f*	communication(s) technology
technique *f* de communication *f* privée	private Kommunikationstechnik *f*	private communications engineering
technique *f* de commutation *f*	Durchschaltetechnik *f*	circuit switching
	Vermittlungstechnik *f*	switching technology
technique *f* de commutation *f* publique	öffentliche Vermittlungstechnik *f*	public exchange engineering
technique *f* de commutation *f* temporelle	zeitmultiplexes Durchschalteverfahren *n*	time-division multiplex switching technique
technique *f* de conception *f*	Entwurftechnik *f*	design techniques
technique *f* de l'épissure *f*	Spleißtechnik *f*	splicing technique

technique *f* de l'information *f*	Informationstechnik *f*	information technology
technique *f* de l'informatique *f*	Datentechnik *f*	data engineering
technique *f* de sécurité *f*	Sicherheitstechnik *f*	security engineering
technique *f* de téléphonie *f* mobile	mobile Fernsprechtechnik *f*	mobile-telephone technology
technique *f* de transition *f*	Überleittechnik *f*	relay technology
technique *f* de transmission *f*	Übertragungstechnik *f*	transmission technology
technique *f* des fibres *f/pl* optiques	Glasfasertechnik *f*	fiber optics
technique *f* du son *m*	Tontechnik *f*	audio engineering
technique *f* MF (multifréquence)	MFV-Verfahren *n*	DTMF-system
technique *f* monomode	Einmodemtechnik *f*	single-mode technology
technique *f* numérique	Digitaltechnik *f*	digital technology
technique *f* par impulsions *f/pl*	Impulsverfahren *n*	pulsing system
technique *f* ping-pong	Zeitgetrenntlageverfahren *n*	ping-pong (time-separation) technique
technique *f* radio	Rundfunktechnik *f*	radio engineering radio technology
technique *f* radio *f* et télévision *f*	Fernseh- und Rundfunktechnik *f*	radio and television engineering
technique *f* radio à micro-ondes *f/pl*	Richtfunktechnik *f*	microwave radio-link technology
technique *f* téléphonique	Fernsprechtechnik *f*	telephone technology
technique *f* télévisuelle	Fernsehtechnik *f*	television technology video technology
technique *f* vidéo	Videotechnik *f*	video technology
technique *f* vidéo *f*	Bildtechnik *f*	video engineering
technologie *f*	Technik *f*	technology engineering
technologie *f* des satellites *m/pl*	Satellitentechnik *f*	satellite technology
télécommande *f*	Fernsteuern *n*	long-distance control telecomand
télécommunication *f*	Fernmeldewesen *n* Telekommunikation *f*	telecommunication
télécopie *f*	Fernkopieren *n*	telecopying
télécopie *f* (message)	Telefax *n*	telefax
télécopieur *m*	Fernkopierer *m*	fax facsimile (machine) telecopier
télécopieur *m* (appareil)	Telefax *n*	telefax
télécopieur *m* numérique	digitaler Fernkopierer *m*	digital telecopier
télédiaphonie *f*	Fernnebensprechen *n*	far-end crosstalk
télédiffusion *f* intercontinentale	Fernsehsendung *f*, intercontinentale	intercontinental telecasting
télégestion *f*	Fernverwaltung *f*	remote maintenance
télégestion *f* de données *f/pl*	Datenfernverarbeitung *f*	remote data processing teleprocessing
télémaintenance *f*	Ferndiagnose *f*	remote diagnostic
télémaintenance *f*/télégestion *f*	Ferndiagnose *f*/ Fernverwaltung *f* (FDV)	remote diagnostic/remote maintenance
télémesure *f*	Fernmessen *n*	telemetering
téléphone *m*	Fernsprechapparat *m* Telefonapparat *m*	subscriber set telephone set telephone instrument
téléphone *m* de campagne *f*	Feldfernsprecher *m*	field telephone
téléphone *m* évolué	Komforttelefon *n*	convenience telephone deluxe set feature telephone
téléphone *m* mains-libres	Freisprechapparat *m*	handsfree telephone
téléphone-radio *m*	Autotelefon *n*	car telephone

téléphonie *f* bidirectionelle	Gegensprechen *n*	duplex operation
		duplex communication
téléphonie *f* duplex *m*	Gegensprechen *n*	duplex operation
		duplex communication
téléphonie *f* mobile	Mobiltelefon *n*	mobile telephone
téléphonie *f* rurale	Rural Telefon *n*	rural telephone
téléphonométrie *f*	Übertragungsmessung *f*	transmission measurement
téléréception *f*	Fernsehempfang *m*	TV reception
téléscripteur *m*	Fernschreiber *m*	teleprinter (Brit)
		teletype machine
		teletypewriter (Am)
téléservice *m*	Teledienst *m*	teleservice
télétel *m*	Bildschirmtext *m* (BTX)	interactive videotex (Btx)
		videotex
télétext *m*	Teletex	teletex
télétype *m*	Fernschreiber *m*	teleprinter (Brit)
		teletype machine
		teletypewriter (Am)
télévision *f* câblée	Kabelfernsehanlage *f*	cable TV system
Temex (service T.e.l.e.c.o.m.)	Temex	Telemetry exchange service
température *f* ambiante	Umgebungstemperatur *f*	ambient temperature
température *f* surfacique de ...	Oberflächentemperatur *f* von ...	surface temperature of ...
temporisateur *m*	Verzögerungsglied *n*	time element
		time-lag device
temporisé	verzögert	delayed
temps *m* alloué	Vorgabezeit *f*	time-out-control
		allowed time
temps *m* d'accès *m*	Zugriffszeit *f*	access time
temps *m* d'amortissement *m*	Abklingzeit *f* (Signal *n*)	release time (signal)
		decay time
temps *m* d'approvisionnement *m*	Beschaffungszeitraum *m*	acquisition time
		procurement time
temps *m* d'arrêt *m*	Ausfallzeitraum *m*	down time
temps *m* d'étabblissement *m* d'une connexion *f* dans le réseau *m* de connexion *f*	Koppelfeldeinstellzeit *f*	matrix setting time
temps *m* d'établissement *m* d'une communication *f*	Aufbauzeit *f* einer Verbindung *f*	connection set-up time
temps *m* d'exécution *f* de programme *m*	Programmlaufzeit *f*	program delay time
temps *m* d'identification *f* d'appel *m*	Ruferkennungszeit *f*	call identification time
temps *m* d'occupation *f*	Belegungszeit *f*	seizure time
		holding time
temps *m* d'utilisation	Nutzungszeit *f* (Nutzzeit *f*)	utilization time
temps *m* de charge *f*	Aufladezeit *f*	charging time
temps *m* de coupure *f* (semiconducteur *m*)	Ausschaltzeit *f* (Halbleiter *m*)	turn-off time (semiconductor)
temps *m* de décroissance *f* (transistor *m*)	Abfallzeit *f* (Schalttransistor und Impulse)	fall time (switching transistor and pulses)
temps *m* de déplacement *m* (relais *m*)	Abfallzeit *f* (Relais)	release time (relay)
temps *m* de libération *f*	Auslösedauer *f*	release time
temps *m* de mise *f* à zéro *m* (impulsion *f*)	Abfallzeit *f* (Impuls)	decay time (pulse)
temps *m* de propagation *f*	Laufzeit *f*	transit time
		propagation time
temps *m* de propagation *f* de group *m*	Gruppenlaufzeit *f*	envelope delay
		group delay

temps *m* de propagation *f* de l'écho *m*	Echolaufzeit *f*	echo-transmission time
temps *m* de propagation *f* de phase *f*	Phasenlaufzeit *f*	phase delay phase lag
temps *m* de protection *f* de ligne *f*	Amtsleitungs-Schutzzeit *f*	line protection time
temps *m* de relâchement *m* (relais *m*)	Abfallzeit *f* (Relais)	release time (relay)
temps *m* de réponse *f* (oscillateur *m*)	Einschwingzeit *f* (Oszillator *m*)	response time (oscillator)
temps *m* de surveillance *f* d'appel *m*	Rufüberwachungszeit *f*	call monitoring time
temps *m* de transmission *f*	Übertragungszeit *f*	transmission time
temps *m* moyen de prise *f* (de ligne *f*)	mittlere Belegungszeit *f*	mean holding time
tenir compte	beachten	observe mind take into account follow
tension *f* alternative	Wechselspannung *f*	ac voltage
tension *f* d'alimentation *f*	Speisespannung *f* Versorgungsspannung *f*	supply voltage
tension *f* d'entrée *f*	Eingangsspannung *f*	input voltage
tension *f* d'exploitation *f*	Betriebsspannung *f*	operating voltage
tension *f* de boucle *f*	Schleifenspannung *f*	loop voltage
tension *f* de choc *m*	Stoßspannung *f*	surge voltage
tension *f* de circuit *m* intermédiaire	Zwischenkreisspannung *f* (ZKS)	intermediate circuit voltage
tension *f* de connexion *f*	Schaltspannung *f*	switching voltage
tension *f* de fonctionnement *m*	Betriebsspannung *f*	operating voltage
tension *f* de pointe *f* à l'état *m* bloqué	Spitzensperrspannung *f* (Transistoren *m/pl*)	peak reverse voltage (transistors)
tension *f* de pointe *f* en direct	Spitzendurchgangsspannung *f* (Transistoren *m/pl*)	peak forward voltage (transistors)
tension *f* de service *m*	Betriebsspannung *f*	operating voltage
tension *f* de seuil *m*	Schwellwertspannung *f*	threshold value voltage
tension *f* de sonnerie *f*	Rufspannung *f*	ringing voltage
tension *f* de sortie *f*	Ausgangsspannung *f*	output voltage
tension *f* disruptive	Durchschlagspannung *f*	disruptive voltage breakdown voltage
tension *f* externe	Fremdspannung *f*	external voltage unweighted noise voltage
tension *f* indépendante	Fremdspannung *f*	external voltage unweighted noise voltage
tension *f* nominale	Nennspannung *f*	nominal voltage rated voltage
tension *f* parasite	Störspannung *f*	interference voltage noise voltage
tension *f* perturbatrice	Störspannung *f*	interference voltage noise voltage
tension *f* psophométrique	Geräuschspannung *f*	weighted noise psophometric voltage
tension *f* résiduelle	Restspannung *f*	residual voltage
tension *f* secteur *m*	Anschlußspannung *f*	mains voltage a.c. voltage (rectifier)
tension *f* transversale	Querspannung *f*	transverse voltage
tentative *f* de prise *f*	Belegungsversuch *m*	call attempt
terminaison *f*	Abschluß *m* (Endverschluß *m*)	termination (cable end)
terminaison *f* quatre fils *m/pl*	Vierdraht-Gabel *f*	four-wire termination
terminaison *f* réseau *m*	Netzabschluß *m*	network termination (NT)
terminaisons *f/pl* réseau *m*	Netzendeinrichtungen *f/pl*	network terminations

terminal *m*	Endgerät *n*	terminal equipment
	Terminal *n*	peripheral equipment
		station
		terminal
terminal *m* d'abonné *m*	Teilnehmerendeinrichtung *f*	subscriber terminal
terminal *m* d'alarme *f*	Meldezentrale *f*	alarm terminal
terminal *m* d'alarme *f* interne	Hausnotrufzentrale *f*	house emergency alarm terminal
terminal *m* d'entrée *f*	Eingabe-Terminal *m*	input terminal
terminal *m* de données *f/pl*	Datenstelle *f*	data station
	Datenterminal *m*	data terminal
terminal *m* de maintenance *f*	Serviceeendeinrichtung *f* (SEE)	service terminal
terminal *m* de réseau *m* de données *f/pl*	Datennetzabschlußeinrichtung (DNAE) *f*	data network terminating equipment
terminal *m* de transmission *f* de données *f/pl*	Datenendeinrichtung *f*	data terminal
terminal *m* multifonctions *f/pl*	Multifunktionsterminal *n* (MFT)	multifunctional terminal
terminal *m* par ligne *f*	Anschluß *m* je Anschlußleitung *f*	terminal per line
terminal *m* par poste *m* téléphonique	Anschluß *m* je Sprechstelle *f*	terminal per station
terminal *m* téléphonique	Telefonterminal *n*	telephone terminal
terminal *m* télétext *m*	Teletex-Endgerät *n*	teletex terminal
terminal *m* verrouillé/hors-service	Anschluß *m* gesperrt oder aufgehoben	line blocked or ceased
terminaux *m/pl* de communication *f*	Endgeräte *n/pl* der Kommunikationstechnik *f*	communication terminals
termineur *m*	Gabel *f* (Gabelschaltung)	hybrid
		terminating circuit
		termination
terre *f*	Betriebserde *f*	operating earth
	Masse *f*	operational earth
		earth
		ground (Am)
terre *f* de compensation *f*	Ausgleichserdung *f*	compensating earth
terre *f* de protection *f*	Schutzerde *f* (PE)	protection earth
		protection ground
terre *f* téléphonique	Fernmeldebetriebserde *f* (FE)	system earth
test *m* d'échantillonnage *m*	Stichprobenprüfung *f*	sampling test
test *m* d'occupation *f*	Besetztprüfung *f*	busy test
test *m* de code *m*	Codeprüfung *f*	code check
test *m* de continuité *f*	Durchgangsprüfung *f*	continuity check
	Kontinuitätsprüfung *f*	
testé	geprüft	checked
		tested
tester	prüfen	test
		check
testeur *m* de lignes *f/pl* d'abonné *m*	Teilnehmerprüfgerät *n*	extension test set
tête *f* de distribution *f* de câble *m*	Trennendverschluß *m*	cable distribution head
ticket *m* de taxation *f*	Abrechnungszettel *m*	call charge ticket
TIN = tonalité *f* d'invitation *f* à numéroter	Wählton *m*	dial tone
tiret *m* d'espacement *m* (clavier *m*)	Leertaste *f* (Tastatur *f*)	space bar (keyboard)

titulaire *m*	Auftragnehmer *m*	supplier
	Teilnehmer *m*	contractor
		extension
		subscriber
		extension user
TNA = terminaison *f* numérique d'abonné *m*	digitale Teilnehmerendeinrichtung *f*	digital subscriber terminal
TNR = terminal *m* numérique de réseau *m*	digitaler Netzabschluß *m* (NT)	digital network termination
tôle *f* de guidage *m*	Führungsblech *n*	guide plate
tôle *f* de protection *f*	Abdeckblech *n*	cover plate
TON = tonalité *f*	Hörton *m*	audible tone
tonalité *f* d'encombrement *m* de lignes *f/pl*	Wegebesetztton *m*	congestion tone, trunk-busy tone
tonalité *f* composée	Kombinationston *m*	combination tone
tonalité *f* continue	Dauerton *m*	continuous tone
tonalité *f* d'appel *m*	Tonruf *m*	VF ringing, tone ringing
tonalité *f* d'attente *f*	Warteton *m*	hold-on tone
tonalité *f* d'entrée *f* en tiers *m*	Aufschalteton *m*	intrusion tone, cut-in tone
tonalité *f* d'information *f* spéciale	Hinweiston *m*	reference information tone, special information tone
tonalité *f* d'invitation *f* à numéroter	Amtswählton *m*, Wählton *m* (WT)	exchange dial tone, dial tone, dialing tone
tonalité *f* d'invitation *f* à numéroter		
tonalité *f* d'occupation *f*	Anschlußbesetztton *m*, Besetztton *m*, Besetztzeichen *n*	line-busy tone, busy tone, busy signal
tonalité *f* de numérotation *f*	Wählton *m* (WT)	dial tone, dialing tone
tonalité *f* de retour *m* d'appel *m*	Freiton *m*	ringback tone
tonalité *f* de surcharge *f* de lignes *f/pl*	Wegebesetztton *m*	congestion tone, trunk-busy tone
tonalité *f* modulée	Hinweiston *m*	reference information tone, special information tone
tonalités *f/pl*	Töne *m/pl*	tones
top *m* de synchronisation *f*	Einigungstakt *m*	agreement pulse
top *m* de synchronisation *f* externe	externer Synchrontakt *m* (EXSYN)	external sync clock
totalisateur *m* pour centre *m* de frais *m/pl*	Summenzähler *m* für Kostenstelle *f*	departmental account meter
touche *f*	Taste *f*	pushbutton, key
touche *f* auxiliaire	Hilfstaste *f*	auxiliary button
touche *f* d'appel *m*	Ruftaste *f*	call button
touche *f* d'appel *m* collectif	Sammelruftaste *f*	collective call button
touche *f* d'appel *m* direct	Schnellruftaste *f*	quick-call key, quick-call button
touche *f* d'appel *m* rapide	Schnellruftaste *f*	quick-call key, quick-call button
touche *f* d'écoute *f*	Mithörtaste *f*	listen-in key, monitoring button
touche *f* d'initialisation *f*	Rückholtaste *f*	reset key
touche *f* d'interception *f*	Fangtaste *f*	intercept key
touche *f* d'interdiction *f* réseau *m*	Amtssperrtaste *f*	exchange line barring button

touche *f* d'observation *f*	Überwachungstaste *f*	supervisory button
	Mithöraufforderungstaste *f*	monitoring request button
	Mithörtaste *f*	listen-in key
		monitoring button
touche *f* de basculement *m*	Umschaltetaste *m*	switchover button
touche *f* de blocage *m*	Sperrtaste *f*	lockout key
		locking key
touche *f* de commutation *f*	Wahlumschaltetaste *f*	dial changeover key
d'appel *m*		
touche *f* de conférence *f*	Konferenztaste *f*	conference key
		conference button
touche *f* de connexion *f*	Mithörverbindungstaste *f*	monitoring-connection button
touche *f* de connexion *f* pour	Mithörverbindungstaste *f*	monitoring-connection button
observation *f*		
touche *f* de coupure *f*	Trenntaste *f*	cut-off key
		cancel key
		disconnect button
touche *f* de dérangement *m*	Irrungstaste *f*	fault button
touche *f* de double appel *m*	Raumrückfragetaste *f*	internal refer-back button
intérieur		
touche *f* de fonction *f*	Funktionstaste *f*	function key
touche *f* de mise *f* à la terre *f*	Erdtaste *f*	earth button
touche *f* de mise *f* en garde *f*	Haltetaste *f*	holding key
touche *f* de numérotation *f*	Zieltaste *f* (Telefon *n*)	destination key
abrégée		
touche *f* de réglage *m*	Stelltaste *f*	set key
		regulating key
touche *f* de réponse *f/pl*	Abfragetaste *f*	answering button
touche *f* de sélection *f* de	Bündeltaste *f*	bundle button
faisceaux *m/pl*		
touche *f* de transfert *m*	Umlegetaste *f*	transfer button
touche *f* de volume *m*	Lautstärketaste *f*	volume control
touche *f* microphone *m*	Mikrofon-Abschaltetaste *f*	microphone disconnect button
marche *f*		
touche *f* priorité *f*	Bevorrechtigungstaste *f*	priority button
touche *f* régionale	Regionaltaste *f*	regional key
touches *f/pl* d'édition *f*	Editiertasten *f/pl*	editing keys
trace *f*	Spur *f* (Magnetband *n*)	track
traducteur *m*	Umwerter *m*	translator
		director
		route interpreter
traducteur *m* de code *m* central	zentraler Codewandler *m*	central code converter
traducteur *m* de numéros *m/pl*	Rufnummernzuordner *m*	call number translator
d'appel *m*		call number allotter
traducteur *m* du numéro *m* de	Gruppennummernzuordner *m*	extension group number
groupe *m* d'abonnés *m/pl*		translator
trafic *m*	Verkehr *m*	traffic
	Verkehrsfluß *m*	traffic flow
trafic *m* automatique	Wählverkehr *m*	automatic traffic
trafic *m* avec numérotation *f*	wahlfähiger Verkehr *m*	dial traffic
trafic *m* d'appel *m* au	Direktwahlverkehr *m*	direct-dialing traffic
décroché *m*		
trafic *m* d'appel *m* d'abonné *m*	Teilnehmerwahlverkehr *m*	subscriber dialing traffic
trafic *m* d'origine *f*	Ursprungsverkehr *m*	originating traffic
trafic *m* de transit *m*	Durchgangsverkehr *m*	transit traffic
trafic *m* des	Hausverkehr *m*	internal call traffic
communications *f/pl* internes		
trafic *m* direct	Sofortverkehr *m*	no-delay traffic
		straight outward completion
		(Am)

trafic *m* du central *m* principal	Hauptamtsverkehr *m*	district exchange traffic
		main exchange traffic
trafic *m* entrant	ankommender Verkehr *m*	incoming traffic
trafic *m* fictif	Blindverkehr *m*	blind traffic
		dummy traffic
trafic *m* international	Auslandsverkehr *m*	international traffic
trafic *m* international automatique	Auslandswählverkehr *m*	automatic international traffic
trafic *m* international entrant	ankommender Auslandsverkehr *m*	incoming international traffic
trafic *m* interne	Internverkehr *m*	internal traffic
trafic *m* interne privé	geheimer Internverkehr *m*	internal call privacy
		secret internal traffic
trafic *m* interurbain	Fernverkehr *m*	long-distance traffic
	Inlandsverkehr *m*	long-distance calls
		trunk calls
		domestic trunk traffic
		national trunk traffic
trafic *m* interurbain automatique *f*	Selbstwählfernverkehr *m*	direct distance dialing (DDD)
trafic *m* local	Ortsverkehr *m*	local traffic
trafic *m* multiplex *m*	Multiplexbetrieb *m*	multiplex operation
		mulitplex mode
trafic *m* national	Inlandsverkehr *m*	domestic trunk traffic
		national trunk traffic
trafic *m* régional	Bezirkssprung *m*	intradistrict traffic
trafic *m* réseau *m* longue distance *f*	Weitverkehrsnetz *n*	long-distance traffic network
trafic *m* sortant	abgehender Verkehr *m*	outgoing traffic
trafic *m* sortant international	abgehender Auslandsverkehr *m*	outgoing international traffic
	abgehender Fernverkehr *m*	outgoing long distance traffic
		outgoing trunk traffic
trafic *m* téléphonique	Fernsprechverkehr *m*	telephone traffic
	Telefonverkehr *m*	
train *m* d'impulsions *f/pl*	Impulsfolge *f* (Serie *f*)	pulse train
traitement *m*	Bearbeitung *f* (EDV)	processing (EDP)
traitement *m* d'impulsions *f/pl*	Taktaufbereitung *f* (TAB)	clock pulse processing
traitement *m* de canal *m*	Kanalaufbereitung *f*	channel processing equipment
traitement *m* de données *f/pl*	Datenverarbeitung *f*	data processing
traitement *m* de la taxation *f*	Gesprächsdatenverarbeitung *f* (GDV)	call charge data processing
traitement *m* de texte *m*	Textverarbeitung *f*	text processing
		word processing
traitement *m* des données *f/pl* centralisé	zentrale Datenverarbeitung *f*	centralized data processing
traitement *m* des informations *f/pl*	Informationsverarbeitung *f*	information processing
trame *f*	Raster *n*	grid
		screen
TRAN = transit *m*	Transit *m*, Durchgang *m*	transit
transférer (une communication *f*)	umlegen (Ruf *m*)	transfer (call)
transférer en mémoire *f* auxiliaire	zwischenspeichern	buffer
transfert *m*	Besuchsschaltung	call transfer
	Gesprächsweiterleitung *f*	call forwarding
	Rufweitergabe *f*	transfer
	Weitergabe *f*	transfer of call
	Weitergeben *n* eines Gespräches *n*	

transfert *m* automatique d'appel *m* réseau *m*	selbsttätige Amtsrufweiterschaltung *f*	automatic exchange call transfer
transfert *m* d'appel *m*	Rufweiterleitung *f* Weitervermittlung *f*	call transfer call assignment
transfert *m* d'appel *m* automatique	selbsttätige Rufweiterleitung *f*	automatic call transfer
transfert *m* de base *f*	Gesprächsweiterleitung *f*	call forwarding call transfer
transfert *m* en cas *m* d'occupation *f*	Rufweiterleitung *f* bei besetztem Anschluß *m*	busy line transfer
transfert *m* en cas *m* de non-réponse *m*	Gesprächsweiterleitung *f*	call forwarding call transfer
transfert *m* fixe	Besuchsschaltung *f*, feste ~	fixed call transfer
transfert *m* non-supervisé	Einmann-Umlegung *f*	hold-for pickup
transfert *m* spécial	Umlegen *n* besonderer Art *f*	special transfer
transfert *m* temporaire	zeitweilige Rufumschaltung *f*	temporary call transfer
transfert *m* variable	Besuchsschaltung *f*, veränderliche ~	flexible call transfer
transformateur *m*	Übertrager *m*	transformer
transformateur *m* d'isolation *f*	Trenntransformator *m*	isolating transformer
transformateur *m* de tension *f*	Spannungswandler *m*	voltage transformer
transistor *m*	Transistor *m*	transistor
transistor *m* au silicium *m*	Si-Transistor *m*	Si transistor
translateur *m*	Umwerter *m* Zuordner *m*	translator director route interpreter allocator
translateur *m* d'informations *f/pl*	Informationszuordner *m*	information translator
translateur *m* de ligne *f* réseau *m*	Amtsleitungsübertrager *m* Amtsleitungsübertragung *f*	exchange line repeater coil exchange line transformer exchange line circuit
translateur *m* de numéro *m* abrégé	Kurzwahlzuordner *m*	abbreviated dialing translator
translateur *m* intégré	integrierter Zuordner *m*	integrated translator
translateur *m* intégré émetteur	integrierter Zuordner-Sender *m*	integrated translator sender
translateur *m* intégré-point *m* milieu A, B	integrierter Zuordner-Zentralteil *m* A, B	integrated translator central part A, B integrated central part A, B
transmetteur *m* de numérotation	Wahlsender *m*	signal sender dial transmitter
transmettre	übermitteln übertragen senden	transmit send forward pass on
transmission *f*	Übertragung *f*	transmission
transmission *f* bande *e* étroite	Schmalbandübertragung *f*	narrowband transmission
transmission *f* d'image *f*	Bildübertragung *f*	picture transmission
transmission *f* d'information *f*	Nachrichtenübertragung *f*	information transmission
transmission *f* de données *f/pl*	Datenübertragung *f*	data transmission
transmission *f* de la parole *f*	Sprachübertragung *f*	speech transmission
transmission *f* de signalisation *f*	Signalübertragung *f*	signal transmission
transmission *f* de signaux *m/pl*	Signalgabe *f*	signal transmission signaling
transmission *f* de télévision *f*	Fernsehübertragung *f*	television transmission telecast
transmission *f* de texte *m*	Textübertragung *f*	text transmission
transmission *f* en duplex *m*	Zweiwegeübertragung *f*	duplex transmission
transmission *f* et commutation *f* numériques intégrées	integrierte Digitalübertragung *f* und -durchschaltung *f*	integrated digital transmission and switching

transmission *f* numérique	digitale Übertragung *f*	digital transmission
transmission *f* ondes *f/pl* courtes large bande *f*	Breitband-Richtfunk *m*	broad-band microwave transmission
transmission *f* radio *f*	Funkübertragung *f*	radio broadcasting
transmission *f* satellite *m*	Satellitenübertragung *f*	satellite transmission
transmission *f* simple de données *f/pl*	einfache Datenübertragung *f*	simple data transmission
TRANSPAC = Réseau *m* de commutation *f* par paquets *m/pl*	franz. Paketvermittlungsnetz *n*	X.25 packet switched network used in France
transpondeur *m* satellite *m*	Satellitentransponder *m*	satellite transponder
travée *f*	Gestellreihe *f*	rack line
		rack row
TRF = transfert *m*	Umlegung *f*/Umschaltung *f*/ Weiterleitung *f*/ Weiterschaltung *f*	transfer/forwarding/switchover/ diversion/delayed transfer
troncature *f* (ordinateur *m*)	Abbruch *m* (EDV)	abort (EDP)
trou *m*	Bohrung *f*	drilling
		bore hole
		boring
trou *m* métallisé	Auge *n*, durchplattiertes ~ (LP) durchkontaktierte Bohrung *f*	plated-thruhole (PCB) feed-through
TRS = tiers *m*	dritter/dritte/Drittel *n*	third party/one-third
TTY = télétype *m*	Fernschreiber *m*/Telexgerät *n*	teletype/teleprinter (Brit)/teletypewriter (Am)
tube *f* image *f* en couleurs *f/pl*	Farbbildrohr *n*	color picture tube
tube *m*	Rohr *n*	tube
		pipe
tuner *m* à large bande *f*	Allband-Tuner *m*	all-band tuner
tuyau *m*	Rohr *n*	tube
		pipe
type *m*	Ausbau *m*	capacity
	Baustufe *f*	type
		version
type *m* d'exploitation *f*	Betriebsfall *m*	type of operation
type *m* de connexion *f*	Verbindungs-, Anschlußart *f* Verbindungsart *f*	connection type type of connection
type *m* de connexion *f* RNIS	ISDN-Verbindungs-, Anschlußart *f*	ISDN connection type
type *m* de fonctionnement *m*	Betriebsfall *m*	type of operation

U

UAPT = Union Africaine des Postes et Télécommunications	Afrikanische Post- und Fernmeldeunion	African Postal and Telecommunications Union
UC = unité *f* centrale	CPU *f*, Zentraleinheit *f*, Prozessoreinheit *f* (PE)	central processing unit, processor unit
UE = unité *f* d'échange *m*	Austauschgerät *n*/Austauschteil *n*	exchange device/replacement device/replacement unit/exchange part
UEX = unité *f* d'exploitation *f*	Betriebseinheit *f*	operating unit
UGT = unité *f* de gestion *f* téléphonique	Telefonsteuerungsgerät *n*	telephone control/telephone management/telephone supervisory unit
UIT = Union Internationale des Télécommunications	Internationale Fernmeldeunion	International Telecommunication Union
un évènement *m*	Anreizbit *n*	event bit
unique	einzeln	single
unité *f* centrale	Prozessoreinheit *f* (PE) Zentraleinheit *f*	processor unit central processing unit (CPU)
unité *f* d'acquisition *f* de données *f/pl*	Datenerfassungsgerät *n*	data acquisition unit
unité *f* d'entrée *f*	Eingabegerät *n*	input unit
unité *f* de bande *f* magnétique	Video-Magnetbandmaschine *f*	video tape unit
unité *f* de base *f*	Grundbaustein *m*	basic unit
unité *f* de canaux *m/pl* de supervision *f*	Zentralüberwachungs- kanalwerk *n*	central monitoring channel unit
unité *f* de commande *f*	Steuereinheit *f*	control unit
unité *f* de commande *f* du réseau *m* de connexion *f*	Koppelsteuerwerk *n*	coupling control unit
unité *f* de contrôle *m* d'état *m*	Zustandsteuerwerk *n*	status control unit
unité *f* de disques *m/pl*	Plattenlaufwerk *n* (EDV)	disk drive (EDP)
unité *f* de driver *m* et de contrôle *m*	Treiber- und Überwachungseinheit *f* (TRU)	driver and supervisory unit
unité *f* de raccordement *m* numérique	digitale Anschlußeinheit *f* (DAE)	digital connecting unit
unité *f* de studio *m* mobile	mobile Aufnahmeeinheit *f*	mobile studio unit
unité *f* de taxe *f*	Gebühreneinheit *f*	call charge unit unit fee
unité *f* de temps *m*	Zeiteinheit *f*	time unit clock unit
unité *f* de visualisation *f*	Anzeigeeinrichtung *f*	display equipment
unité *f* mémoire *f*	Speichereinheit *f*	memory unit
unité *f* principale de bus *m*	zentrale Busstation *f*	master bus unit
unité de visualisation *f*	Anzeigegerät *n*	display unit display device
UR = unité *f* de raccordement *m*	Anschlußeinheit *f*	connecting unit, port
URA = unité *f* de raccordement *m* d'abonnés *m/pl*	Teilnehmeranschlußeinheit *f*	subscriber connecting unit
URAD = unité *f* de raccordement *m* d'abonnés *m/pl* distante	Anschlußeinheit *f* entfernter Teilnehmer *m/pl*	remote subscriber connecting unit
URM = unité *f* de raccordement *m* mobile	mobile Anschlußeinheit *f*	mobile connecting unit
usage *m*	Verwendung *f*	application

usager *m*	Abnehmer *m*	consumer
	Benutzer *m*	user
	Teilnehmer *m*	customer
	Verbraucher *m*	extension
		subscriber
		extension user
usager *m* appelant *m*	Absender *m* (eines Rufes *m*)	calling party
		originator
usager *m* d'un réseau *m* de télécommunications *f/pl*	Teilnehmer *m* des Telekommunikationsnetzes *n*	user of a telecommunication network
utilisateur *m*	Verbraucher *m*	consumer
utilisateur *m* vidéodext *m*	Bildschirmtextbenutzer *m*	Btx user
utilisation *f*	Anwendung *f*	application
	Einsatz *m*	use
	Verwendung *f*	insertion
utilisation *f* de la première impulsion *f* de taxation *f*	Ausnutzung *f* des 1. Gebührenimpulses *m*	utilization of 1st metering pulse
utilisé	verwendet	applied
		utilized
utiliser	auswerten (Daten)	evaluate
		detect (signal)
		analyze (error listing etc.)
		interpret (statement, signal)

V

va-et-vient *m*	Makeln *n*	brokerage
	Umschalten *n*, abfrage-/zuteilseitig	splitting
valeur *f* de référence *f*	Sollwert *m*	reference value
		set value
		control value
valeur *f* maximum	Höchstwert *m* (Stromkreise *m/pl*)	peak value (circuits)
		maximum
valeur *f* pic	Höchstwert *m* (Stromkreise *m/pl*)	peak value (circuits)
		maximum
valeur *f* réciproque	Kehrwert *m* (Math.)	reciprocal (value)
valeur *f* seuil *m*	Ansprechwert *m*	response threshold
		threshold value
validité *f*	Gültigkeit *f*	validity
variante *f* d'équipement *m*	Bestückungsvariante *f*	equipping variant
variations *f* de fréquences *f/pl* du réseau *m*	Netzfrequenzschwankungen *f/pl*	fluctuations of the mains frequency
vérification *f*	Kontrolle *f*	check
		control
		examination
vérification *f* d'une identification *f*	Nachprüfen *n* einer Identitätsangabe *f*	verification
vérification *f* de code *m*	Codeprüfung *f*	code check
vérification *f* de numéro	rückprüfen	number verification
vérifié	geprüft	checked
		tested
vérifier	überprüfen	check
	prüfen	verify
		test
verrou *m* codé	Zahlenschloß *n*	combination lock
verrouillage *m*	Verriegelung *f*	interlock
		locking
verrouillage *m* de connexion *f*	Schaltschloß *n*	switch lock
verrouillage *m* du clavier *m*	Tastatursperre *f*	keyboard lock
verrouillage *m* pour logiciel *m*	Softwareschloß *n*	software lock
verrouillé	gesperrt	barred
		blocked
version *f*	Ausbaustufe *f*	version
	Ausführung *f*	execution
	Baustufe *f*	type
vert	grün	green
via	über	via
		through
		by means of
vibreur *m*	Schnarre *f*	buzzer (ac)
vidéo-mixeur *m*	Bildmischer *m*	video mixer
vidéo-signal *m* couleur *f*	Farbvideosignal *n*	color TV images
vidéo-téléphone *m*	Bildschirmtelefon *n*	video telephone
	Bildtelefon *n*	picturephony
vidéo-téléphonie *f*	Bildtelefonie *f*	videotelephone
vidéo-téléphonie *f* à images *m/pl* fixes	Festbildtelefonie *f*	fixed-image videotelephony
vidéotext *m*	Bildschirmtext *m* (BTX)	interactive videotex (Btx)
		videotex
vieillissement *m*	Alterung *f*	aging
		degradation (Brit)

violet	violett	violet
vis *f*	Schraube *f*	screw
vis *f* à syntoniser	Abgleichschraube *f*	tuning screw
		trimming screw
vis *f* à tête *f* 6 pans *m/pl*	Sechskantschraube *f*	hexagonal screw
vis *f* à tête *f* cylindrique	Zylinderschraube *f*	cheesehead screw
vis *f* de réglage *m*	Stellschraube *f*	adjusting screw
		setscrew
vis *f* hexagonale	Sechskantschraube *f*	hexagonal screw
vis *f* noyée	Senkschraube *f*	countersunk screw
visa *m*	Sichtvermerk *m*	endorsement
visiophone *m*	Fernsehtelefonie *f*	video telephony
visiotéléphone *m*	Bildfernsprecher *m*	video (display) telephone
visualisation *f* de la classe *f* de service *m*	Amtsberechtigungsanzeige *f*	COS display
visualisation *f* de la densité de trafic *m*	Verkehrswertanzeige *f*	traffic intensity indication
visualisation *f* de la taxation *f*	Gebührenanzeige *f*	call charge display
		tax indication
visualisation *f* doublée	Zweitanzeige *f*	second display
vite	schnell	fast
		rapid
		quick
vitesse *f* de fonctionnement *m*	Arbeitsgeschwindigkeit *f*	switching speed
		working speed
vitesse *f* de frappe *f*	Zeichengeschwindigkeit *f*	character rate
vitesse *f* de modulation *f*	Schrittgeschwindigkeit *f*	modulation rate
vitesse *f* de phase *f*	Phasengeschwindigkeit *f*	phase velocity
		speed of phase
vitesse *f* de propagation *f*	Fortpflanzungs- geschwindigkeit *f*	speed of propagation
vitesse *f* de propagation *f* de groupe *m*	Gruppengeschwindigkeit *f*	envelope velocity
		group velocity
vitesse *f* de réponse *f*	Ansprechgeschwindigkeit *f*	response rate
vitesse *f* de télégraphie *f*	Telegrafiergeschwindigkeit *f*	telegraph speed
vitesse *f* de transmission *f*	Übertragungsgeschwindigkeit *f*	data signaling rate
		transmission speed
voie *f*	Übertragungsweg *m*	channel
	Kanal *m*	transmission path
		transmission route
		transmission channel
voie *f* à fort trafic *m*	Querweg *m*	high-usage route
voie *f* conductrice	Leiterbahn *f*	conductor track
		conducting path
voie *f* d'acheminement *m*	Leitweg *m*	route
voie *f* de communication *f*	Sprechweg *m*	speech path
	Verbindungsweg *m*	channel
		connecting path
voie *f* de conversation *f*	Sprechweg *m*	speech path
voie *f* de liaison *f*	Verbindungsweg *m* (Sprechweg *m*)	speech path
voie *f* de transmission *f*	Übertragungskanal *m*	transmission channel
	Übertragungsweg *m*	channel
		transmission path
		transmission route
voie *f* de transmission *f* numérique	digitaler Übertragungskanal *m*	digital channel
		digital transmission channel
voie *f* détournée	Umweg *m*	alternate route
voie *f* numérique	digitaler Übertragungskanal *m*	digital channel
		digital transmission channel

voie *f* temporelle	Zeitkanal *m*	time slot
	Zeitlage *f* (ZL)	time-division multiplex channel
	Zeitmultiplexkanal *m*	
voix *f* à demi-synthétisée	halbsynthetische Stimme *f*	semi-synthesized voice
voix *f* artificielle	künstlicher Mund *m*	artificial mouth
voix *f* synthétique	synthetische Stimme *f*	(fully) synthesized voice
volant *m*	Schwungrad *n*	momentum wheel
voltmètre *m*	Spannungsmeßgerät *n*	voltmeter
voltmètre *m* de pointe *f*	Spitzenspannungsmessgerät *n*	peak voltmeter
volume *m*	Inhalt *m* (Raum *m*)	volume
	Lautstärke *f*	volume (telephony)
	Volumen *n* (Fernsprechen *n*)	
volume *m* de trafic *m*	Verkehrsaufkommen *n*	traffic volume
	Verkehrsmenge *f*	
voyage *m* d'affaires *f/pl*	Dienstreise *f*	offical trip
voyant *m* d'appel *m*	Anruflampe *f*	calling lamp
voyant *m* d'appel *m* en attente *f*	Drängellampe *f*	reminder lamp
		hurry-up lamp
		urgent lamp
voyant *m* d'occupation *f* de faisceau *m*	Bündellampe *f*	bundle lamp
voyant *m* de conférence *f*	Konferenzlampe *f*	conference lamp
voyant *m* de contrôle *m*	Kontrollampe *f*	pilot lamp
voyant *m* de mise *f* en garde *f*	Haltelampe *f*	holding lamp
VT = voie *f* temporelle	Zeitmultiplexweg *m*	time-division multiplex path
vue *f* d'ensemble *m*	Ansicht *f*	view
vue *f* de dessus	Draufsicht *f*	top view
vue *f* éclatée	Perspektivdarstellung *f*	perspective aspect

W

walkie-talkie *m*	Handsprechfunkgerät *n*	walkie-talkie
wattmètre *m*	Leistungsmesser *m*	power meter
workstation *f*	Arbeitsplatz *m*	workstation
wrapper	wrappen	wrap

Z

Ze = impedance *f* côté *m*
  réseau *m* analogique
zéro *m*
Zi = impédance *f* côté *m*
  abonné *m* analogique
zonage *m*
zône *f*

zone *f* d'affichage *m*

zone *f* de destination *f*
zone *f* de destination *f*
  difficilement accessible
zone *f* de numéro *m* d'abonné *m*
zone *f* de programme *m*

zone *f* de recouvrement *m*
zone *f* de taxation *f*

zone *f* interurbaine
zone *f* locale

zone *f* téléphonique
  interurbaine
zone *f* urbaine
ZREF = impédance *f*
  caractéristique de ligne *f*

Widerstand *m* analoge
  Amtsseite *f*
Null *f*
Widerstand *m* analoge
  Teilnehmerseite *f*
verzonen
Bereich *m*

Anzeigefeld *n* (Telefon *m*)
Anzeigeteil *m*

Zielbereich *m*
Zielbereich *m*, schwer
  erreichbar
Rufnummernfeld *n*
Programmfeld *n*

Abdeckungsbereich *m*
Gebührenzone *f*

Fernverkehrszone *f*
Nahbereichszone *f*, Ortszone *f*
Ortsbereich *m*
Fernzone *f*

Ortszone *f*
Leitungskennwiderstand *m*

analog exchange-side
  impedance
zero
analog subscriber-side
  impedance
zoning
area
range
field
sector
display area
display unit
display section
destination area
hard-to-reach code

call number field
program field
program panel
coverage area
meter pulse rate
tariff zone
metering zone
telephone trunk zone
local zone

long-distance zone

local zone
characteristic line impedance

Lieber Benutzer,

vermissen Sie einen wichtigen Telecom-Fachbegriff

oder

halten Sie eine andere Übersetzung eines Fachbegriffes für richtiger?

Bitte ärgern Sie sich nicht, sondern helfen Sie uns, die nächste Auflage noch besser zu machen.

Ein kleines Dankeschön wartet auf Sie.

Ihre Telenorma GmbH

Dear reader,

Perhaps you didn't find the word you were looking for,

or

maybe you believe there is a better translation of one of the technical terms.

Don't despair, but help us instead to make the next edition even better.

A small token of our appreciation will follow.

Telenorma GmbH

Cher lecteur,

Si vous ne trouvez pas dans ce dictionnaire le terme que vous cherchez,

ou

sa traduction vous semble inappropriée, aidez-nous à en améliorer la prochaine édition.

Votre partenaire Telenorma GmbH vous en remercie par avance.

Un petit cadeau de remerciement vous attend.

Telenorma GmbH

✂

Absender _____
Sender _____
Expéditeur _____

_____

_____

Telenorma GmbH
Presse und Öffentlichkeitsarbeit
Postfach / P.O. Box 10 21 60

D-6000 Frankfurt (M) 1

Fehlende Abkürzung
Missing abbreviation
Abréviation manquante _____

_____

Fehlender Fachbegriff
Missing technical term
Terme technique manquant _____

_____

Die Übersetzung zu . . .
wäre richtiger mit . . . _____

The translation of . . .
would be better as . . . _____

La traduction du terme . . .
serait plus exacte avec . . . _____

_____

_____

_____

_____

Absender
Sender
Expéditeur

Telenorma GmbH
Presse und Öffentlichkeitsarbeit
Postfach / P.O. Box 10 21 60

D-6000 Frankfurt (M) 1

Fehlende Abkürzung
Missing abbreviation
Abréviation manquante

Fehlender Fachbegriff
Missing technical term
Terme technique manquant

Die Übersetzung zu . . . .
wäre richtiger mit . . . .

The translation of . . . .
would be better as . . . .

La traduction du terme . . . .
serait plus exacte avec . . . .

✂

Absender
Sender
Expéditeur

Fehlende Abkürzung
Missing abbreviation
Abréviation manquante

Fehlender Fachbegriff
Missing technical term
Terme technique manquant

Die Übersetzung zu . . .
wäre richtiger mit . . .

The translation of . . .
would be better as . . .

La traduction du terme . . .
serait plus exacte avec . . .

Telenorma GmbH
Presse und Öffentlichkeitsarbeit
Postfach / P.O. Box 10 21 60

D-6000 Frankfurt (M) 1

Fehlende Abkürzung
Missing abbreviation
Abréviation manquante

Fehlender Fachbegriff
Missing technical term
Terme technique manquant

Die Übersetzung zu . . .
wäre richtiger mit . . .

The translation of . . .
would be better as . . .

La traduction du terme . . .
serait plus exacte avec . . .

Absender
Sender
Expéditeur

Telenorma GmbH
Presse und Öffentlichkeitsarbeit
Postfach / P.O. Box 10 21 60

D-6000 Frankfurt (M) 1